기독교문서선교회(Christian Literature Center: 약칭 CLC)는 1941년 영국 콜체스터에서 켄 아담스에 의해 시작되었으며 국제 본부는 미국 필라델피아에 있습니다. 국제 CLC는 59개 나라에서 180개의 본부를 두고, 약 650여 명의 선교사들이 이동도서차량 40대를 이용하여 문서 보급에 힘쓰고 있으며 이메일 주문을 통해 130여 국으로 책을 공급하고 있습니다. 한국 CLC는 청교도적 복음주의 신학과 신앙 서적을 출판하는 문서선교기관으로서, 한 영혼이라도 구원되길 소망하면서 주님이 오시는 그날까지 최선을 다할 것입니다.

추천사 1

박 경 수 박사
장로회신학대학교 교회사 교수

『영국의 종교개혁』(all things made new)은 종교개혁사 연구의 틈새인 잉글랜드 종교개혁의 기원과 전개 과정을 폭넓게 탐사하는 여행서와 같다. 역사가로서 저자는 종교개혁이라는 큰 배경을 보여준 후(제1부), 잉글랜드 종교개혁의 인물과 사건을 깊이 파헤치고(제2부), 잉글랜드국교회의 정체성을 확인한다(제3부). 방대한 주는 저자가 얼마나 치열한 연구자인지를 잘 보여 준다. 수많은 정보를 담고 있으면서도 전문 역사가만이 아니라 평신도 독자들도 쉽게 접근할 수 있는 문체로 서술하였다. 본서를 읽는 사람은 과거의 역사를 탐사하는 즐거움과 미래를 향한 전망을 동시에 얻는 여행을 하게 될 것이다.

추천사 2

최 상 준 박사
한세대학교 교회사 교수

기독교를 2천년의 역사가 아니라, 3천년의 역사로 한 권에 담아낸 압권 『3천년 기독교 역사 Ⅰ·Ⅱ·Ⅲ』(A History of Christianity:The First Three Thousand Years, CLC 刊)의 저자 디아메이드 맥클로흐(Diarmaid MacCulloch)는 『종교개혁의 역사』(The Reformation: A History, CLC 刊), 『그리스도교의 역사와 침묵』(Silence: A Christian History, CLC 刊) 등을 저술하여 이미 명불허전임을 입증했다. 저자의 눈부신 연구는 그로 하여금 옥스퍼드대학교 교회사 석좌교수라는 영예로운 자리뿐 아니라, 현존 최고의 역사신학자라는 자리에서 내려 오라고 말할 사람들의 입을 다물게 할 뿐이다. 그런 저자가 이번에 『영국의 종교개혁』(all things made new)을 또 출간함으로써 역사신학 분야의 "지존 장기집권"을 굳히고 있다.

본서는 한국 개신교의 위치 추적을 위해 특별히 중요한 서치라이트이다. 서치라이트는 어두운 곳을 비추며, 이미 훑은 지역도 "꺼진 불도 다시보자" 역할을 한다. 일정 기간 동안 마치 북한을 반대하고 비판하는 것만으로도 남한의 생존이 가능했던 것처럼, 한국 개신교도 로마 가톨릭을 반대하고 비판하는 것만으로도 생존과 번영이 가능했던 시대가 있었다.

한국 개신교는 그동안 종교개혁 때 태어난 개신교를 "성공적으로" 받아들여, "가장 성공적으로 성장시켰다"고 자부하기에 종교개혁 시기의 "출생의 비밀"은 더 캐묻지 말자는 식, 혹은 그걸 알아서 지금 무슨 도움이 되느냐는 식이 아니었을까? 더구나 지난해 좀 야단스럽게 "종교개혁 500주년"이란 셀프 잔치상을 한번 잘 차렸기에 500년의 부채를 한꺼번에 탕감했다고 생각하지는 않을까?
만에 하나라도 그랬다면 본서는 서치라이트가 되지 않을 수 없다.
본서는 3부로 구성되어 있지만, 핵심은 제2부 잉글랜드 종교개혁이다. 대단원의 막을 내리는 제3부도 제2부에 이은 잉글랜드성공회의 성공적인 이음새와 틈새를 보여 줄 뿐이다. 잉글랜드 종교개혁은 당대의 셰익스피어를 배출한 시대답게 수많은 인물들이 무대에 등장하며 숱하게 얽힌 이야기들이 막을 끌어가지만, 저자는 3부 전체를 실감나게 보여 주는 탁월한 재능을 유감없이 보여 준다.
유럽, 특히 영국 교회사 전편에 흘러넘치는 풍부한 이야기들은 지난 500년 동안 영국 토박이로서 살아오며 그 동네의 내력을 활확하는 할아버지의 이야기를 듣는 것 같은 느낌을 줄 정도이다. 카카오톡이나 트위터 등으로 대표되는 짧은 글과 이야기들이 대세인 요즘 이런 책을 머리에 이고, 가슴을 쓸어내리며 읽어보는 것은 "소확행"이 아니라, "대확행"이 될 것이다. 저자가 얘기하는 "큰 그림"은 소소한 행복을 제공하고 마는 "일부?" 한국교회에는 분명 정신이 번쩍 들도록 해주는 한밤중의 서치라이트가 될 것이다.
끝으로 본서의 초반부로 돌아가서 저자가 애석하게 여긴 종교개혁으로 인한 "분열," 즉 중세의 일체성을 파괴시킨 그 "분열"이 오늘의 한국 개신교에 고스란히 그리고 더 한심한 "분열"로 확장되고 있다면, 본서는 한국 개신교의 과거와 미래를 밝히 보여 주는 현장의 서치라이트가 되고도 남을 것이다.

영국의 종교개혁

All Things Made New
Written by Diarmaid MacCulloch
Translated by Dong Soo Han
Copyright © Diarmaid MacCulloch, 2017
All rights reserved

Korean translation copyright © 2018 by Christian Literature Center
Korean translation rights arranged with Felicity Bryan Associates Ltd.
through EYA (Eric Yang Agency).

종교개혁 시리즈 17
디아메이드 맥클로흐 시리즈 4

영국의 종교개혁

All things made new

Writing on the Reformation

디아메이드 맥클로흐 지음
한동수 옮김

CLC

영국의 종교개혁

2018년 12월 15일 초판 발행

지은이 | 디아메이드 맥클로흐
옮긴이 | 한동수

편집 | 변길용, 곽진수
디자인 | 서민정, 신봉규
펴낸곳 | (사)기독교문서선교회
등록 | 제16-25호(1980.1.18)
주소 | 서울특별시 서초구 방배로 68
전화 | 02-586-8761~3(본사) 031-942-8761(영업부)
팩스 | 02-523-0131(본사) 031-942-8763(영업부)
이메일 | clckor@gmail.com
홈페이지 | www.clcbook.com

ISBN 978-89-341-1904-3 (93230)

이 도서의 국립중앙도서관 출판예정도서목록(CIP)은 서지정보유통지원시스템 홈페이지(http://seoji.nl.go.kr)와 국가자료공동목록시스템(http://www.nl.go.kr/kolisnet)에서 이용하실 수 있습니다. (CIP제어번호: CIP2018037638)

이 책의 한국어판 저작권은 EYA (Eric Yang Agency)를 통한 Felicity Bryan Associates Ltd. 사와의 독점계약으로 '(사)기독교문서선교회'가 소유합니다.
저작권법에 의하여 한국 내에서 보호를 받는 저작물이므로 무단전재 및 복제를 금합니다.

/ 일러두기 /

* 본서에서 영국교회에 대한 다양한 영문 표기들을 다음과 같이 번역하였다.
Established Church(국교회), English Church(잉글랜드교회), The church of England(잉글랜드국교회), Anglican(s)(성공회), Anglo-Catholic(앵글로-가톨릭), British Church(영국교회).
아일랜드교회(Irish Chruch)도 아일랜드감독교회(The Church of Ireland)와 아일랜드개혁교회(Reformed Church of Ireland)로 구분하였다.

차례

추천사 _박경수 박사(장로회신학대학교 교회사 교수)
　　　　최상준 박사(한세대학교 교회사 교수)
삽화목록 / 10
저자 서문 / 12
역자 서문 / 16

서론 새 것이 되었도다 / 20

**제1부
유럽의 종교개혁**

제1장 기독교: 더 큰 그림 / 40
제2장 천사들과 종교개혁 / 51
제3장 동정녀 마리아와 프로테스탄트 종교개혁가들 / 65
제4장 존 칼빈 / 102
제5장 트렌트 공의회 / 124
제6장 이탈리아 종교재판소 / 136

제2부 잉글랜드 종교개혁

제7장 튜더 왕조의 이미지 메이킹 / 150
제8장 헨리 8세: 경건한 왕 / 161
제9장 관용적인 크랜머? / 198
제10장 공중기도서의 제작 / 225
제11장 튜더 왕조 여왕들: 메리와 엘리자베스 / 245
제12장 윌리엄 버드 / 258
제13장 킹 제임스 역 이전의 성경 / 272
제14장 킹 제임스 성경 / 285
제15장 베이 시편집 / 301

제3부 잉글랜드 종교개혁에 대한 회고

제16장 잉글랜드 종교개혁의 지형도 / 316
제17장 잉글랜드국교회의 좌표 / 347
제18장 잉글랜드 종교개혁에 대한 현대 역사가들의 연구 / 379
제19장 토머스 크랜머의 전기 작가들 / 405
제20장 리처드 후커의 명성 / 443
제21장 날조된 종교개혁 역사: 경종을 울리는 이야기 / 505
제22장 결론: 성공회주의의 특성 / 564

미주 / 570
색인 / 644

삽화목록

1. 바쓰(Bath)의 수도원교회(Cathedral Priory) 서쪽 면, 1500년경. 사진: istockphoto_____53쪽
2, 3. 서쪽 면에 있는 천사들의 자세한 모습. 사진: Alamy_____53쪽
4. 루카스 드 히어(Lucas De Heere), 헨리 8세의 가문: 튜더 왕조 왕위 계승 풍자(The Family of Henry VIII: An Allegory of the Tudor Succession), 1572년경, 카디프의 웨일스 국립박물관, 사진: Bridgeman Images._____154쪽
5. 애넌(Anon). (잉글랜드학교), 서머셋 의회 회담(The Somerset House Conference), 1604년. 런던의 영국국립초상화미술관, 사진: Stefano Baldini/Bridgeman Images._____259쪽
6. 시편 1편 첫 구절, 헨리 8세의 시편집, 1530-47. 런던의 대영도서관, (Royal 2 A. XVI, f.3). 사진: Bridgeman Images._____196쪽
7. 『잉글랜드의 성경』(The Byble in Englyshe) 겉표지, 제6판, 1541년 11월. 케임브리지대학교도서관(Bible Society, Anderson Room, BSS. 201. B41.8). 케임브리지대학교 도서관 평의회의 친절한 허가로 재인쇄함._____280쪽
8. 겔라흐 플리케(Gerlach Flicke), 토머스 크랜머 초상화, 1545년. 런던의 영국국립초상화미술관, 사진: Alamy._____440쪽
9. 토머스 크랜머 초상화. 길버트 버넷(Gilbert Burnet)의 『잉글랜드국교회의 종교개

혁 역사, 1679-82』(*The History of the Reformation of the Church of England, 1679-82*), Vol. 1, 179쪽에 수록. 사진: 캘리포니아대학교 도서관._____440쪽

10. 애년. (잉글랜드학교), 토머스 크랜머 초상화, 1547년 이후. 런던의 램버스 궁전, 사진: Bridgeman Images._____440쪽

11. 화형대에 선 크랜머, 목판화, 존 폭스(John Foxe), 『순교사』(*Rerum in ecclesia gestarum*), 1559, 726쪽에 수록. 사진: 브리드웰 도서관 특별전, 남감리교대학교 (AFH9189)._____441쪽

12. 헨리 8세와 그의 주교들. 크리스토퍼 레버(Christopher Lever), 『로마 가톨릭교회 신앙 수호자들의 역사』(*The History of the Defendors of the Catholique Faith*), 1627의 겉표지에 수록. 케임브리지대학교도서관(Peterborough.B.2.16). 케임브리지대학교도서관 평의회의 친절한 허가로 재인쇄._____441쪽

13. 길버트 버넷, 『잉글랜드국교회의 종교개혁 역사: 제2부』(*The History of the Reformation of the Church of England: The Second Part*), 1681 겉표지. 런던의 시립 웨스트민스터고문서보관소, 사진: Bridgeman Images._____442쪽

14. 웨어가 작성한 헨리 8세 시대에 대한 이야기. 런던의 대영도서관(Additional 4797, f.131r). 사진: 대영도서관 위원회._____551쪽

저자 서문

디아메이드 맥클로흐(Diarmaid MacCulloch)
영국 Oxford University St. Cross College 교회사 교수

    종교개혁 역사는 지난 30년 동안 거대한 산업으로 성장했다. 대학 도서관들은 풍성한 연구서들로 넘쳐나지만, 그들 중 대다수는 이해하기 어려우며 매우 전문적이다. 필자가 『영국의 종교개혁』(all things made new)의 여러 에세이에서 시도하는 바는, 그 모든 학문을 고찰해서 더 폭넓은 청중을 위해 해석해 주는 것이다. 필자는 지난 25년 동안 쓴 본인의 모든 에세이들을 본서에서 크게 세 부분으로 나누어 수록했다. 어떤 것들은 책에 대한 서평들이고, 어떤 것들은 특정 주제에 대한 독자적인 연구이다. 모든 글들은 예전에 출판된 것들이며, 그중에 하나는 스페인어로만 쓰였다.

    이 모든 글들을 본서에 다시 출판할 수 있게 허락해 준 모든 편집자들과 출판사들에게 깊이 감사드린다. 필자는 처음 출판될 당시에 흥미가 있었던 글들보다는 다시 출판하는 것이 좋겠다는 생각이 드는 에세이들만 선별했다. 또한, 어떤 책들에 대해 지나치게 구체적으로 비판한

내용들은 삭제했으며, 시대적으로 직접적인 연관성이 없는 것들을 완화시켰다.

전체적으로, 필자가 본서에 포함시키려고 선택한 에세이들에서는, 지나치게 전문적인 연구들을 삼갔으며, 전국적이거나 국제적이지 않고 지역적인 주제들에 관한 에세이들도 피하는 대신, 더블린(Dublin)의 로버트 웨어(Robert Ware)에 관한 긴 에세이는 포함시켰다. 왜냐하면 그의 책은 심지어 탁월한 역사학자마저도 어떻게 일반인처럼 실수할 수 있는지 보여 주는 기괴한 이야기임과 동시에 탐정 소설과도 같기 때문이다.

필자의 글을 아는 사람들 중에는 필자의 유명한 에세이들 중 하나인 "잉글랜드 종교개혁의 신화"(The Myth of the English Reformation)를 찾을지 모르지만 헛된 수고가 될 것이다. 그 속에 담긴 사상이 필자의 후대 글들에 많이 담기게 되면서, 다른 많은 논증들과 그 논증을 둘러싼 논의에 스며들어 더 이상 그 에세이를 따로 실을 필요가 없게 되었기 때문이다.

그 에세이의 본문이 본서에 수록된 다른 글들에서 반복되고 있는 것처럼 보일지도 모른다. 사실 그 본문이 초기에 그리고 부분적으로 필자의 사상을 형성한 것들이기는 하지만 말이다. 잉글랜드 역사의 신화 만들기라는 그 에세이의 결론은 여전히 종교개혁에 대한 필자의 기본적인 입장의 근간이 되고 있다.

본서에 수록된 에세이들은 바른 역사 연구에 바른 목적, 즉 실제로 (전조가 되는) 윤리적 목적이 있어야 한다는 필자의 믿음을 반영하고 있다. 바른 역사 연구는 과거에 대해 심각하게 뒤틀린 이야기들을 쏟아냄으로써 점차 미쳐 가는 사회들과 제도들을 방비할 수 있는 강력한 방벽이 된다. 필자는 지난 수 년 동안 성공회주의의 건전함을 연구하는 데에 모든 노력을 기울였다. 다른 모든 신앙 체계와 마찬가지로 특별한 권위를 주장하는 성공회주의는 종종 뒤틀린 이야기에 근거를 두고 그런 주장을 하기 때문이다.

그러나 이 에세이들은 직접적으로 성공회 교도들을 겨냥하지 않으며, 필자는 성공회 역사가 대신 성공회 교도인 역사가로 불리고 싶다. 독자들이 필자의 편견들을 포함해서 그 동안 축적되어 온 모든 편견들을 돌아봄으로써 과거에 대한 즐거움과 전망뿐 아니라 미래에 대한

바른 감각을 얻게 되기를 바란다.

 이 에세이들은 필자가 글을 쓰는 일에 크게 도움을 주고 그 과정에서 좋은 친구가 된 두 사람에게 헌정하고 싶다. 필자의 저작권 대리인인 펠리시티 브라이언(Felicity Bryan)과 펭귄(Penguin)출판사에 있는 발행인 스튜어트 프로피트(Stuart Proffitt)이다. 두 사람은 본서에 수록된 에세이들에 대해 대가를 전혀 바라지 않았다. 따라서 그들을 위해 글을 쓰게 될 때 어떻게 감사를 드려야 할지 모르겠다.

역자 서문

한 동 수 목사
미국 Trinity Evangelical Divinity School 박사과정

종교개혁 500주년을 맞이하여 한국교회 안에 종교개혁에 대한 관심이 다시 한번 크게 일었다. 하지만, 안타깝게도 한국교회는 주로 유럽 대륙의 종교개혁을 중심으로 공부하고 영국교회(본서는 잉글랜드교회를 주로 다룸)의 종교개혁에 대해서는 상대적으로 덜 관심을 갖는 경향이 있다. 종교개혁 유적지를 탐방할 때에도 가장 많이 찾는 곳이 마틴 루터 및 존 칼빈과 관련된 지역에 편향되고, 그 이외의 지역에는 큰 관심을 기울이지 못한다.

지난해에도 많은 교회들과 학생들이 종교개혁 특강과 종교개혁 유적지 탐방을 기획했지만, 대부분 유럽 대륙에 한정되었다. 그만큼 종교개혁 역사 중 영국교회의 종교개혁은 우리나라 교회들과 학생들에게 많이 알려지지 않았다. 아마도 영국교회 종교개혁에 관한 심도 있는 저서가 우리나라에 거의 소개되지 않았기 때문일 것이다. 이런 때에 디아메이드 맥클로흐의 『영국의 종교개혁』(*all things made new*)이 번역 출판된 것을 참으로 기쁘게 생각한다.

다음의 몇 가지 특징들을 유념하여 본서를 사용하면 큰 유익을 얻을 수 있을 것이다.

첫째, 본서는 영국교회의 종교개혁에 관한 일반적인 통사(通史)는 아니다.
다시 말하면, 저자가 영국교회 종교개혁을 연대기적으로 기술하기 위해 기획한 책이 아니라, 영국교회 종교개혁에 관한 다양한 주제들로 오랜 기간 동안 발표한 소논문들을 엮은 책이다. 따라서 이 점은 본서의 큰 장점임과 동시에 초심자들에게는 약점이 될 수 있다. 각 주제에 대해 원자료 중심의 매우 치밀하고 깊이 있는 논의를 하고 있기 때문에 균형 잡히고 탁월한 통찰을 얻을 수 있다는 점은 본서의 가장 큰 장점이고 매력이다.

반면에, 스토리텔링을 하기보다는 여러 주제들을 심도 있게 논의한 소논문들을 모았기에, 비록 각 장들을 서로 연결시켜 배열하려고 한 흔적이 보인다 하더라도 하나의 스토리텔링으로 매끄럽게 읽히지는 않는다. 번역을 진행하는 과정에서 각 장의 문맥을 파악하는 데에 어려움을 겪어야 했던 이유도 거기에 있다. 따라서 영국교회 종교개혁 역사에 대한 입문서로는 다소 어려울 수 있다.

둘째, 저자가 영국교회에 관한 이야기들을 재조명하는 것이다.

익히 알려진 사건들과 인물들에 대해 비평적으로 논의함으로써 독자들이 미처 생각하지 못했던 면들을 들추어 내기도 하고, 기존의 견해와 해석들을 뒤집어놓기도 한다.

무엇보다 중요한 것은, 독자들이 흔하게 빠져 있는 오류를 바로 잡아주는 점이다. 그런 점에서 본서는 영국교회 이야기를 새롭게 볼 수 있게 해 주는 '다시 쓰는 영국교회 종교개혁 이야기'라고 할 수 있다. 반면, 영국교회의 종교개혁에 익숙하지 않은 독자들에게는 본문의 내용과 전개가 다소 생소하고 까다로울 수 있는 약점이 있다.

셋째, 저자는 각 장에서 매우 해박한 문화적, 정치적, 사회적, 그리고 문학적 지식을 담아낸다.

하나의 주제를 다루기 위해 영국의 TV 프로그램, 매거진, 그리고 성당의 그림, 건축, 음악 등에 이르기까지 매우 다양한 소재들을 동원하기 때문에 종교개혁 역사를 더욱 풍성하고 흥미롭게 이해할 수 있다. 기회가 되면 독자들이 각 소재들에 대해서도 더 상세하게 찾아보면서 연구하기를 권한다.

넷째, 저자는 영국교회 이야기를 중심으로 글을 써내려간다.

영국교회가 대륙교회와 어떤 연결점과 연관성을 가지고 있는지, 루터교회 및 개혁파교회들과의 신학적 유사성과 차이점은 무엇인지, 그리고 영국교회 신학의 발전과정이 어떠했는지에 대해 응축된 논의를 보여 준다.

따라서 한편에서는 대륙과 영국의 종교개혁을 통합적으로 이해할 수 있는 시각을 열어 주고, 다른 한편에서는 독자들이 그 연결 고리들을 조금 더 깊이 있게 연구할 수 있는 동기를 부여해 준다.

한국교회에 영국교회의 종교개혁 이야기를 소개할 수 있어서 매우 기쁘다. 좋은 책을 번역할 수 있는 기회를 주신 기독교문서선교회(CLC) 박영호 목사님과 직원분들께 깊이 감사드린다. 맥클로흐의 문체가 매우 까다롭고, 문장의 호흡이 길며, 그의 학문 깊이가 깊어서 번역 과정에서 많이 애를 쓰고 공을 들여야 했다. 그래서 종종 매끄럽지 못한 문장이 있을 수도 있다.

그럼에도 불구하고 독자들이 본서를 읽는 데에 크게 불편함이 없게 하려고 노력했다. 편집팀에서 최선을 다해 다듬어 주었지만, 번역상의 모든 부족함에 대한 책임은 전적으로 본인에게 있다. 아무쪼록 독자들이 흥미를 가지고 꼼꼼하게 읽고 연구하여 종교개혁에 대한 이해의 폭을 더 넓히게 되기를 바란다.

서론

새 것이 되었도다

이전 것은 지나갔으니 보라 새 것이 되었도다(고후 5:17).

2000년대 시작과 함께 필자가 16세기 유럽 역사에 대해 책을 쓸 때, 원래 제목은 『분열된 일가』(*A House Divided*)였다. 그러나 출판사 측에서 이 제목이 구매자들을 당혹스럽게 해서 책 판매에 지장을 줄 수 있다고 지혜로운 판단을 한 덕분에, 이 제목을 부제에 넣고 『종교개혁의 역사』(*Reformation: Europe's House Divided, 1490-1700*, CLC 刊)로 바꾸게 되었다.

그러나 요점은 그대로다. 16세기를 연구하게 되면, 마치 끔찍한 자동차 사고를 당한 것과 같은 모습을 반드시 마주하게 된다. 삶의 모든 영역이 두 개의 체제로 완전히 갈라져서, 사람들은 갑자기 변해 버린 그들의 삶을 어떻게 이해해야 하는지 애를 쓰며 찾아야 했다. 필자는 지난 몇십 년 동안 그 엄청난 지각변동에 집중하여 그 이전 상황이 어땠는지 고찰했다. 이 시기는 그야말로 지각변동이었다. 왜냐하면 그로부터 500년이 지난 2017년까지도 그 선한 결과물들이 기념되고 보존되고 있기 때문이다.

우리가 중세라고 부르는 서구 유럽의 가장 두드러진 특징은 문화적, 종교적 통일성이었다. 로마 교황과의 공통된 연대, 그리고 모든 예배와 학문에서 공통적으로 사용된 라틴어를 통한 통일성이었다. 자기들의 역사에 대해 알고 있던 서구 유럽인들은, 마치 우리가 어떤 환경에서 자랄 때 그 환경을 당연한 것으로 여기고 그것을 기준으로 모든 것을 판단하는 것과 같이, 이렇게 통일된 중세의 상황을 당연한 것으로 여겼다.

그러나 인간 역사에서 단 하나의 유일신 신앙과 그에 수반된 하나의 문화에 의해 한 가지 종교가 오랫동안 지배된 것이 매우 독특한 현상이었다는 사실을 기억해야 한다. 현재 사우디아라비아를 탄생시킨 이슬람의 와하비(Wahhabi) 운동만이 그렇게 독특한 지배력을 가졌던 또 다른 예이지만, 그것은 훨씬 더 짧은 기간 동안이었다.

혹시 또 다른 예가 있다면 그 이름을 말해 보라.

이슬람은 무슬림들이 공유하는 공동체를 가리키는 움마(umma)라는 개념을 가지고 있다. 그러나 이것은 중세 서구 기독교가 가졌던 통일성과 같은 결과물이 아니다. 로마의 주교에게 집중되던 교회의 지배는 인류의 경험에서 현대에 이르기까지 엄청난 영향을 미치는 변종이었다. 16세기에 일어난 분열은 인류의 역사가 오히려 정상으로 되돌아가는 것이었다.

기독교를 이해하려는 많은 사람들은 종종 기독교인들의 가정(假定)과 선입견들, 그리고 그들이 왜 자기들이 하는 행동을 믿는지 등에 의해 휘둘린다. 『종교개혁: 분열된 유럽의 일가』와 본서의 중요한 논증들 중의 하나는, 종교개혁 시대로의 시간 여행을 하지 않으면 현대 유럽과 아메리카의 기독교를 이해할 수 없다는 것이다. 또한, 거기에는 프로테스탄트 이상의 것에 대한 연구가 있다. 종교개혁은 다양한 관심의 폭발이었다.

수많은 불평과 수많은 흥분이 함께 일어났지만, 수많은 방향으로 표출되었고, 그와 동시에 로마 가톨릭교회 안에서도 프로테스탄트 종교개혁만큼의 다양한 개혁이 있었다. 사실, 프로테스탄트가 탄생하는 동안 로마 가톨릭교회도 변화되었다. 그 변화는 종종 반종교개혁(Counter-Reformation)이라고 불리지만, 조금 모호한 표현을 써서 더 정확하게 말하면 로마 가톨릭교회 종교개혁이다. 옛 교회는 루터와 그의 동료 개혁가들을 마주했을 때 엄청난 충격을 받았다. 그리고 살아남기 위해 엄청난 갱신의 노력을 해야 했다.

여기에서 분명히 해야 할 중요한 단서가 있다. 옛 서구의 교회는 전통적인 프로테스탄트 종교개혁 이야기와 반종교개혁 이야기들이 주로 근거로 삼고 있는 것만큼 엄청나게 부패한 상태에 있었던 것은 아니라는 사실이다. 특히 잉글랜드에서 그랬지만, 잉글랜드와 불편한 이웃 관계였던 아일랜드와 같이 덜 예측 가능했던 교회에서도 마찬가지였다.

중세 아일랜드의 교회 조직이 혼돈스럽고 역기능적이기는 했지만, 종교개혁이 있기 한 세기 전부터 특히 아일랜드의 서부 게일(Gaelic) 지역 등에서 비상한 신앙부흥의 징조가 많이 있었다. 이 부흥은 프란체스코(Francis) 수도사들에 의해 주도되었다. 그들은 아일랜드의 서부 전역에 걸쳐 수도사들의 유산을 남겨 놓았다. 이 운동은 죽어가는 신앙이 아니라, 오히려 루터의 도움 없이 진행된 강렬한 변화의 과정이었다.

따라서 옛 교회가 비틀거리고 있어서 손끝만 대도 곧 넘어지고 무너질 것 같았다고 말하는 것은 프로테스탄트의 신화일 뿐이다. 결코 그렇지 않다. 옛 교회는 대부분의 사람들을 만족시켰다. 프로테스탄트 종교개혁가들은 강력하고 자기 확신에 차 있던 제도를 무너뜨렸다. 그 점이 종교개혁과 종교개혁 신학을 훨씬 더 흥미롭게 해 준다. 오직 그들의 사상과 독립정신만이 이 강력한 체제를 그렇게 극적으로 무너뜨릴 수 있었다.

그러므로 종교개혁은 사회적, 경제적 힘에 의해 야기되거나, 심지어 국가주의 같은 세속적인 사상에 의해 야기되지 않았다. 오히려 종교개혁은 죽음, 구원, 그리고 죽음 이후의 삶 등에 관한 거대한 사상에서 발생했다. 하나님은 전능하시므로, 생명의 주님이실 뿐 아니라 죽음의 주님이시다. 인간이 할 수 있는 그 무엇, 즉 중세 후기 서구 교회가 주장하던 죽은 자들을 위한 복잡한 중보 기도 제도 중에 그 어떤 것도 하나님의 자비와 심판의 결정을 대체할 수 없었다.

이것이 바로 독일 수사 마틴 루터(Martin Luther, 1483-1546)를 사로잡고 유럽의 많은 사람들에게 영감을 준 생각이었다. 그리고 이것 때문에 그 거대하고 강력한 체제가 무너졌다. 프로테스탄트가 된 사람들은 신앙적으로 냉담한 사람들이 아니었다. 오히려 루터처럼 옛 교회가 가르친 구원의 길을 열정적으로 믿으며, 자기들이 속고 있다는 것을 확신한 사람들이었다. 열정적인 로마 가톨릭교도들이 열정적인 프로테스탄트가 되었다.

이것이 바로 옛 교회의 많은 사제들이 종교개혁 지도자들이 된 이유이다. 왜냐하면 그들은 이중적 고뇌를 겪어야 했기 때문이다. 그들 스스로 구원 교리에 대해 속았을 뿐 아니라, 설교와 가르침을 통해 다른 사람들을 속였다. 그래서 이제 그들은 속죄를 해야 했다. 그러므로 옛 체제에 대한 그들의 깊은 고뇌는, 옛 체제를 변호하기 위해 싸우는 자들의 고뇌이기도 했다. 루터의 싸움에는 사람들이 구원을 얻는 데 도움이 된다고 옛 교회가 주장하던 일종의 힘에 대한 공격이 담겨 있었으므로, 그 싸움은 훨씬 넓은 의미에서 힘겨루기가 되었다.

더 주목할 만한 것은, 루터의 사상 배후에 그보다 수 세기 전에 살았던 두 사람이 있었다는 사실이다. 한 사람은 예수 그리스도와 동시대의 사도 바울이고, 다른 한 사람은 4세기 아프리카 신학자 힙포의 주교(Bishop of Hippo) 어거스틴(Augustine, 354-430)이었다. 로마 가톨릭과 프로테스탄트를 불문하고 서구 기독교에 깊은 영향을 미친 어거스틴의 중요성은 아무리 강조해도 지나치지 않는다.

어거스틴은 그보다 수 세기 전에 바울이 기록한 성경을 읽었다. 특히 로마서에서 전능하신 하나님과, 전적으로 타락하고 부패한 인간에 대한 말씀을 보았다. 어거스틴은 자기와 같은 인간을 가리켜 '지옥의 멍청이'(lump of perdition), 즉 잃어버린 멍청이라고 불렀다. 당신과 나와 같은 지옥의 멍청이가 우리의 구원을 위해 할 수 있는 것은 아무 것도 없다. 우리는 전적으로 하나님이 필요하다.

이것이 바로 어거스틴의 중심 사상이었다. 또한, 이 주제는 중세 서구 기독교 전체에 거듭 울려 퍼진 주제였지만, 루터는 이 주제로 다시 돌아가 자신의 신학 동력으로 삼았다. 루터는 당대의 교회가 사람들에게 그들이 자기 구원을 위해 무언가를 할 수 있다고 말하는 것을 보았다. 예를 들면, 그들의 영혼이나 그들이 사랑하던 죽은 자들을 위한 예배를 드리려고 돈을 지불하는 것 등이었다.

이러한 행태는 루터를 분노하게 했고, 사람들의 무력감에 대해 긍휼을 품게 했으며, 따라서 사람들을 속이는 자들을 호되게 꾸짖었다. 루터도 그러한 사상 체제를 신봉해 왔지만, 이제는 그것이 거짓 확신을 주는 속임수라고 생각하게 되었다. 이것이 바로 프로테스탄트 종교개혁의 토대이다. 이것은 어거스틴이 오래 전에 말했던 것을 더 큰 소리로 명확하게 외치는 것이었다.

그러므로 종교개혁은 인간의 철저한 수동성에 기초를 두었다. 그런 이유로, 종교개혁은 우리가 지금 르네상스라고 부르는 당대의 또 다른 거대한 운동과 불편한 관계에 있었다. 르네상스는 인간에게서 새로운 잠재력을 발견했다. 르네상스 신봉자들과 학자들은 인문주의자들이라고 불렸다. '후마네 리테레'(humanae litterae)라고 불리는 고대 그리스와 로마의 문명화되고 문명화하는 문학들에 관심을 기울였기 때문이다. 따라서 '인문주의자'라는 단어는 현대적 의미의 무신론 또는 불가지론을 담고 있지 않았다.

르네상스 시대의 인문주의 저자들, 예술가들, 그리고 학자들은 인간에게 가치가 있다는 점을 강조하기 원하던 철저한 그리스도인들이었다. 즉, 하나님께서 인간에게 재능과 은사들을 주셨으므로 인간이 그것을 받아 하나님의 영광을 위해 사용할 수 있다고 믿었다. 탁월한 인문주의였던 로테르담의 에라스무스(Erasmus of Rotterdam, 1466/9-1536) 같은 사람은 인간을 '지옥의 멍청이'라고 보는 견해를 취하지 않았다. 에라스무스는 루터와 전혀 다른 말을 했다. 또한, 당연히 어거스틴과도 달랐으며, 은연중에 싫어하기까지 했던 것 같다.

그러므로 이것은 인문주의자이기도 했던 프로테스탄트 종교개혁가들 사이에 내부적인 갈등이 있었음을 의미한다.

스위스 취리히의 개혁가 울리히 쯔빙글리(Huldrich Zwingli, 1484-1531)를 예로 들어 보자.

쯔빙글리는 인문주의자였으나 그와 동시에 프로테스탄트였다. 그는 종교개혁을 기억하는 대중의 뇌리 속에서 루터에 비해 덜 주목받았다. 그러나 쯔빙글리는 기독교가 바로 지금 여기에 있다고 강조하면서, 기독교는 현재의 사회를 발전시키는 데에 관심을 두어야 한다는 매력적인 주장을 했다. 그는 에라스무스의 글에서 영감을 얻었지만, 루터와 같이 어거스틴의 사람이었으며, 인문주의와 종교개혁 사이에서 갈등했다.

쯔빙글리는 자신이 살던 도시 취리히가 완벽한 기독교 정부를 이룰 수 있다고 말하고 싶었지만, 그와 동시에 인간이 완전히 타락했다고 주장하고 싶기도 했다. 스위스 종교개혁이 진행되는 동안 계속해서 이 역설이 이어졌다. 루터가 철저하게 어거스틴의 비관론을 신봉한 것과는 확연히 다른 모습이었다. 그 운동은 루터의 종교개혁보다 훨씬 더 사회개혁 운동이었다. 그리고 북부 유럽에서 루터주의를 신봉하는 위정자들 이외의 사람들에게 훨씬 더 광범위하게 영향을 미쳤다. 그러한 사회의식은 종종 칼빈주의라고 부정확하게 알려진 '개혁파'(즉, 비루터교) 프로테스탄트의 중요한 특징들 중의 하나이다.

이것이 우리 시대에 종교개혁을 다시 드러내는 데 있어서 중요한 이유들 중 하나는, 현대 서구인들에게 16세기의 생소함을 상기시켜 주기 때문이다. 잉글랜드인들이 스코틀랜드인들이나 웨일즈인들보다 더, 그리고 미국인들보다는 훨씬 더 이 점을 생각해야 함은 의심의 여지가 없다. 하지만, 심지어 종교개혁이 무엇인지 안다고 생각하는 사람들조차도 대체로 잘 모른다.

16세기에 유럽인들은 성찬의 떡이 하나님이 될 수 있다거나, 예수가 완전히 하나님이시라거나, 또는 완전한 하나님임과 동시에 완전한 인간이라는 사실들을 부인하는 데 서로서로 열을 올렸으며, 어떤 사람들은 주교가 다스리는 정부를 믿지 말라고 외쳤다. 과거에, 그들은 사실 매우 다르게 행동했었다. 또한, 과거는 우리를 예측 불가한 방법과 장소로 인도한다.

종교개혁 유럽의 또 다른 특징은 그것이 현대 세계를 관통하고 있는 문화 형태와 얼마나 많이 닮아 있느냐 하는 것이다. 서구 기독교는 대체로 교회와 국가를 분리했기 때문에 우리는 군주들과 정치가들이 교회 문제에 간섭하는 것을 이상하고 부적절하게 생각한다. 그러나 사회 전체를 훨씬 더 통합적으로 바라보는 현대 이슬람 문화에서는 결코 그렇지 않다. 이슬람 세계 안에서, 통치자들과 군주들은 종교에서 차이를 만든다. 따라서 이슬람 사회들은 16세기 유럽과 매우 닮아 있다. 미국에서는 이것을 더욱 기억할 필요가 있다. 왜냐하면 미국에서는 정치와 기독교회들이 서로 뒤섞여야 하는지에 대한 활발한 논의가 있기 때문이다.

과거 종교개혁으로부터 생겨난 신앙이 갑자기 다시 발흥할지는 예측하기 어렵다. 16세기와 17세기 종교개혁에서 큰 주제들 중 하나는 성경이 예언하는 종말이 곧 찾아올 것이라는 사상이었다. 이것이 바로 종교개혁이 그렇게도 긴급하면서 피를 부르는 사건이었던 여러 이유들 중 하나이다. 왜냐하면 종교개혁은 종말이 오기 전에 하나님 앞에서 모든 것을 올바르게 바꾸어놓기 위해 반드시 필요했기 때문이다.

현재 기독교 세계의 많은 지역들이 다시 한번 종말을 강조하고 있다. 우리는 이것을 아프리카와 아시아에서 목격하지만, 특히 미국에서 볼 수 있다. 19세기 이후 구원받은 자의 '휴거'라는 주제가 덧붙여지면서 종말 사상은 미국의 보수적인 복음주의 프로테스탄트 안에서 중요한 역할을 하고 있으며, 세계 정치에 다시 한번 영향을 주고 있다.

21세기가 시작되고 한 동안, 이 주제는 미국의 대외 정책에서 중요한 역할을 하게 되었다. 예를 들어, 이스라엘-팔레스타인 문제에 대한 기독교 우익 단체들의 태도 등에서 말이다. 미국의 우파와 이스라엘 사이의 강력한 유대 관계는 종말에 대한 성경의 예언에 심취한 프로테스탄트 사상에 뿌리를 내리고 있다. 왜냐하면 그리스도의 재림의 선결 조건이 유대인들이 회심하는 것이라고 생각하기 때문이다. 따라서 유대인들과의 친밀한 관계는 필연적이다(또한, 이스라엘 정부가 이 이론에 대해 어떻게 생각하든지 간에, 그 결과적인 우호 관계에 대해 기분 나쁠 일은 없다.)

이와 똑같이 중요한 것은, 종말 사상이 세계 환경 문제에도 영향을 미친다는 사실이다. 만일 종말이 다가온다면, 공기오염이나 천연자원의 고갈 문제 등을 신경 쓰는 것은 불경한 처사이다. 왜냐하면, 어떤 경우에라도 하나님께서 인간에게 필요한 것을 공급해 오셨기 때문이다. 따라서 종말 사상이 인간의 문명화에 야기한 문제에 대해 기독교 우파들은 오랫동안 관심을 기울이지 못했다. 그러나 결국 그들이 예상하지 못한 방식으로 결과가 일어났다.

유럽인들은 종말 등의 주요 종교개혁 신학 주제들을 거의 잊어버렸다. 그래서 그들은 미국 정치에 무슨 일이 일어나고 있는지 이해하지 못한다. 유럽인인 필자의 경우에, 현재 살고 있는 잉글랜드 같은 세계나 스칸디나비안들, 프랑스인들, 또는 독일인들이 살고 있는 세계들과 비교할 때, 미국이 얼마나 다른지, 그리고 미국이 종교개혁과 얼마나 친숙한지 정확히 보는 것은 중요하다.

이처럼 문화적으로 크게 구분된다는 사실은, 서유럽과 미국이 모두 종교개혁 이후 계몽 사상에 의해 탄생한 사회들이기 때문에 더욱 생소하게만 느껴진다. 그 배경에는 70년간 벌어진 일련의 종교전쟁이 있었다. 특히 피의 30년전쟁으로 유럽 사회가 철저히 파괴되자, 일종의 관용 정신을 낳게 되었다. 유럽인들은 폭력에 질려버렸으며, 신앙이라는 이름으로 너무도 무익하게 사람들을 죽이는 공의를 경험한 것이 유럽을 계몽 사상으로 돌아서게 한 하나의 원인이 되었다. 옛 확신들을 재평가하는 계몽 사상에서는, 신성한 책이 무엇인지, 그리고 그 책을 다르게 읽는다고 해서 사람들을 박해하는 것이 얼마나 비열하게 보이는지에 대한 평가가 되었다.

많은 사람들이 비참한 박해를 피하려고 북아메리카로 갔는데, 현재 미국에 남아 있는 그 후손들 대부분은 여전히 교회에 다니고 있는 반면, 유럽에 있는 후손들 대부분은 더 이상 교회에 가지 않는다. 미국인들이 교회에 다니는 것은 유럽의 패턴을 따르고 있는 것 같은 징후를 보이지만, 둘 사이에 존재하는 오래되고 지속적인 차이가 현대 종교 역사에서 가장 큰 수수께끼 중의 하나이며, 또한, 그 차이가 바로 유럽과 미국이 서로를 이해하지 못하는 이유의 핵심이기도 하다.

그럼에도 불구하고, 미국은 관용 정신을 만들어내지 않았으며, 서유럽도 마찬가지다. 16세기에는 유럽의 넓은 지역에 관용 정신이 있었는데, 우리는 그것을 잊어버렸다. 왜냐하면 주로 폴란드, 트란실바니아, 헝가리 등의 동유럽에 퍼져있었기 때문이다. 16세기 동안 이 지역들에서 수없이 다른 신앙들이 서로 경쟁하고 있었는데, 통치자들은 그 모든 신앙들이 서로의 다양성에 대해 관용하며 존재해야 한다고 결정했다. 우리가 당연하게 생각하고 주로 계몽 사상과 연결시키는 관용에 대한 진술들은 이미 폴란드와 헝가리 종교개혁에서 있었던 것들이다.

우리가 동유럽의 트란실바니아를 생각할 때, 사실상 존재하지도 않았던 드라큘라 백작을 가장 먼저 떠올리고, 반면에 모든 사람이 아무 간섭 없이 자기 방식대로 하나님을 예배할 수 있다고 공식적으로 선언한 첫 번째 기독교 정책을 기억하지 못한다는 사실이 슬프다. 트란실바니아 의회는 1568년 초에 토다(Torda)라고 불리는 마을의 교회에서 이 정책을 선언문에 담아 발표했으므로, 이 마을이야말로 성지순례의 중심지가 되어야 한다.

> 성직자들은 어느 곳에서나 자기가 이해한 복음대로 설교하고 선포할 수 있다. 따라서 만일 그들의 공동체가 기꺼이 이것을 받아들이면 좋고, 그렇지 않으면 아무도 자기 영혼의 평화를 해할 만큼 강요받아서는 안 된다. 그러나 공동체를 기쁘게 하는 가르침인 경우에는 계속해도 되며... 아무도 자기의 가르침 때문에 투옥이나 추방의 위협을 받아서는 안 된다. 믿음은 하나님의 선물이기 때문이다.

그렇다면 계몽 운동이 종교개혁 이후에 유럽 사회를 그렇게 뒤바꾸어 놓은 원인이 무엇인가?

종교개혁 전쟁은 책을 어떻게 읽을 것이냐에 관한 것이었으며, 계몽 운동이 기독교에 미친 가장 중요한 영향은 그 동일한 책을 어떻게 읽느냐에 있어서의 혁명이었다. 필자가 사용하는 학문적인 전문용어로 말하자면, 그것은 역사적인 기술의 변화였다. 즉, 신성한 성격을 가지고 있든지 그렇지 않든지를 불문하고 모든 글을 새로운 기준에 맞게 신빙성을 따져야 한다는 것인데, 이것은 그 이전의 역사적인 상황에서는 전혀 알지 못하던 것이었다. 특히 서구에서 이 현상이 두드러졌으며, 두 세기 동안 서구 기독교에 양극화를 초래하여 계몽 운동을 지지하는 사람들과 거부하는 사람들로 갈라 놓았다.

이 양극화는 이제 종교개혁의 분파들에게도 영향을 미쳤다. 이로 인해 보수적인 로마 가톨릭과 보수적인 프로테스탄트는 문화 전쟁에서 같은 편에 서게 되었다. 최근 몇십 년 사이, 이 전쟁은 특히 성(性)에 대한 논쟁에 집중해 왔으나, 우리가 전쟁터를 바꾸기만 한다면 얼마든지 다른 많은 주제들에 대해서도 논쟁할 수 있을 것이다. 무엇보다 중요한 주제는 권위에 관한 문제이다.

우리 개인적인 판단으로 진리에 이르는가?

또는 권위적인 교회 지도자들이나 무오한 성경 본문에 복종함으로써 진리에 도달하는가?

필자는 사실 이 글을 쓰는 동안 이 새로운 동맹의 변화를 인식했으며, 종교개혁에 관해 이야기하기 위해서는 로마 가톨릭교회에 대해 많은 것을 말해야 할 필요가 있음을 항상 알고 있었다. 필자의 책인 『종교개혁의 역사』의 절반은 마틴 루터, 울리히 쯔빙글리 또는 존 칼빈(1509-64) 등이 주도한 종교개혁에 맞서는 반종교개혁에 관한 내용이다. 더욱이 반종교개혁 로마 가톨릭교도들은 기독교를 아메리카, 아시아 그리고 아열대 아프리카 지역에 전파함으로써 정말로 세계적인 종교로 바꾸어 놓았다. 프로테스탄트들이 자기들의 정체성과 신앙을 정립하고 생존을 위해 싸우는 일에 급급했던 것과 달리, 로마 가톨릭교도들은 그들보다 먼저 선교를 시작했다.

그러므로 종교개혁과 반종교개혁 이야기는 남아메리카의 정글, 일본과 아프리카 왕국들의 여러 항구들에서 차고 넘친다. 이미 16세기 초기에 중앙아프리카 콩고의 왕자가 로마 가톨릭교회의 주교가 되기도 했다.

우리는 이러한 이야기를 기억하거나 말할 때 영광과 공포를 동시에 언급해야 한다. 왜냐하면 아프리카와 아메리카에서 서구 기독교의 확장은 서구 역사에서 가장 큰 범죄, 곧 대서양을 사이에 둔 노예무역과 서로 맞물려 있기 때문이다. 선량한 기독교인들이 그 무역을 만들어내서 3세기 동안 지속했다. 로마 가톨릭과 프로테스탄트가 마찬가지다. 또한, 로마 가톨릭과 프로테스탄트를 불문하고 그들은 성경이 이것을 허락한다고 믿었기 때문에 기쁘게 그 일을 했다. 17세기 말이 될 때까지 그 어느 기독교인도 노예 제도의 존립에 대해 도전하지 않았다.

만일 그 시기에 내 고향 옥스퍼드에 있는 성 메리대학교의 대학교회 등에서 설문 조사를 했더라면, 노예 제도가 악한 것이냐고 묻는 질문에 단 한 명의 기독교인도 그것이 악이라고 대답하지 않았을 것이다. 왜냐하면 성경에서 말씀하는 지배적인 목소리는 노예 제도를 하나님께서 주신 세상의 조직으로 받아들이는 것이었기 때문이다.

지금은 전혀 다른 상황이 되었다. 현재 지구상의 기독교인들 중에서 노예 제도를 옹호하는 사람은 단 한 명도 없을 것이라고 생각한다. 또한, 바로 그런 점에서, 모든 기독교는 현재 성경의 가르침에서 벗어난 것처럼 보인다.

반종교개혁은 또한 종교개혁과 함께 현대 교회의 중요한 주제다. 왜냐하면, 지난 30년 이상 교황 요한 바오로 2세(John Paul II, 1978-2005)와 베네딕트 16세(Benedict XVI, 2005-2013)가 의도적으로 로마 가톨릭교회의 반종교개혁 운동을 주도했기 때문이다. 이렇게 다양한 로마 가톨릭교회 사상의 취약점은, 로마 가톨릭이 계몽주의를 그들의 적으로 줄곧 인식해 왔다는 점과, 다른 견해를 가진 로마 가톨릭교도들을 배척하려고 한 점이다. 지금은 교황 프란시스(Pope Francis) 아래서 그 분위기가 갑자기 달라졌다. 물론 아직까지 공식적으로는 거의 달라진 것이 없지만. 향후 몇십 년은 로마 가톨릭교회에 흥미로운 일들이 일어날 것으로 보인다.

이미 제2차 바티칸 공의회(Second Vatican Council, 1962-5) 이후 20세기 후반 동안 얼마나 많은 프로테스탄트 요소들을 로마 가톨릭교회가 받아들였는지 매우 주목할 만하다. 예를 들어, 일상 언어를 사용한 예배 의식, 성경 읽기, 교회에서의 대중적인 찬송, 평신도가 찬송을 부르고, 성찬에서 떡과 포도주를 모두 받는 것 등이다. 지난 두 명의 교황들은 이것들 중에서 상당수를 반대했으며, 권위를 새롭게 인식하는 것에 반대했다. 그런 의미에서 바로 그들이 반종교개혁을 이끈 교황이라고 불리는 것이다.

그 교황들의 비극은, 크누트 왕(King Canute)이 그의 신하들에게 가르치려고 했던 교훈을 그들이 배우지 않았다는 데에 있다. 파도를 바다로 밀어내려고 해서는 안 된다. 점차 커지는 기대 속에서, 종교개혁가들이 그들에 의해 깨끗이 사라지게 될 것처럼 보일 수 있다. 따라서 교황 프란시스는 호랑이 등에 올라타려는 바람을 충분히 가져볼 만하다. 그가 성공을 하든지 그렇지 못하든지 간에, 또 다른 종교개혁이 로마 가톨릭교회 안에서 일어날 수 있다. 그러나 그것은 또 다른 반종교개혁이지는 않은 것 같다.

정교회(Churches of Orthodoxy)와 동방정교회(Oriental Orthodoxy) 등의 동방 기독교는 모든 종교개혁 이야기에서 단역 배우 같은 역할만 한다. 여기에는 간단한 이유가 있다. 즉, 이제까지 정교회는 종교개혁을 경험하지 않았기 때문이다. 8-9세기로 돌아가 보면, 정교회 대부분은 소위 '성상파괴 논쟁'에 시달렸는데, 이것은 16세기 종교개혁 시대에 각종 형상들이 예배에 도움이 되는지 그렇지 않은지에 관한 것으로 다시 한번 불거진 매우 큰 문제들 중 하나였다. 그러나 정교회의 경우, 현 상황이 재건되었으며, 16세기 서방교회에서처럼 뒤엎어지지 않았다. 즉, 성상 숭배로 다시 돌아갔다. 또한, 그리스인들은 항상 자신들의 고대 원어로 복음서와 바울 서신을 들을 수 있었다는 사실이 매우 중요했다.

서구인들은 그때까지 신약성경을 라틴어로 번역했으므로, 15세기 말에 이르러 다시 그리스어로 본문을 읽을 수 있게 된 것은 학자들에게 엄청난 충격이었다. 신약성경이 원어가 아닌 다른 언어로 알려졌다는 것은 서구 라틴교회의 권위자들에게는 가장 큰 도전 중의 하나였다. 비단 마틴 루터가 아니더라도 그것은 큰 충격이었다. 이 한 가지 사실만으로도 왜 정교회에 종교개혁이 없었는지 알 수 있다.

이 사실은 정교회에 대한 두 번째 특징을 생각하게 해 준다. 바로 정교회는 계몽 운동도 경험하지 못했다는 사실이다. 현재 21세기에 이르러서야 맞이하는 새로운 낯선 경험들이 있다. 정교회 그리스도인들은 종교개혁 이야기를 고찰함으로써 유익을 얻을 수 있으며, 사실 실제로 그렇게 하고 있다. 왜냐하면 현재 그들은, 마치 종교개혁을 경험해보지 못한 시기의 프로테스탄트나 로마 가톨릭의 모습처럼, 똑같은 모습으로 계몽 운동을 맞이하고 있기 때문이다.

역사 속에서 모순적인 것은, 정교회가 그 대적들 때문에 현대화를 피할 수 있었다는 사실이다. 무엇보다 오토만 투르크족이 비잔틴 제국을 정복할 때 정교회를 소외시켰기 때문이며, 그 다음으로는 정교회가 러시아 공산주의에 의해 잔인하게 박해를 받았기 때문이다.

그러한 상황들 속에서, 정교회는 생존하기 위해 온갖 용기와 영적인 수단들이 필요했으며, 따라서 종교개혁이나 계몽 운동 등에 대해 창의적으로 생각할 만한 사치를 부릴 수 없었다. 그러나 이제는 정교회도 예외 없이 현대 서구 사회를 특징짓는 다원주의와 선택의 자유 등과 마주하고 있으며, 이러한 경험은 큰 충격으로 보인다. 러시아정교회에서 현재 일어나는 사건들을 보노라면 착잡해진다.

모스크바정교회 총대주교는 푸틴 대통령과 크렘린의 연주곡에 맞추어 춤을 추면서, 권력의 위험을 인식하지 못한 채 그저 세상의 주목을 받는 것을 즐기고 있다. 반면 프로테스탄트들, 무슬림들, 여호와의 증인들은 모두 러시아를 비롯해 구(舊) 소련의 여러 지역에서 한 번 더 박해를 맞이하고 있다. 아마도 이제 정교회는 그만의 종교개혁을 경험하게 될 것이지만, 현재까지의 징후는 썩 좋지 않다.

서구 기독교인들은 모두 그럭저럭 프로테스탄트들인가?

종교개혁은 유럽과 미국 모두에서 서구 유산의 중심 부분이 되어 왔다. 어쩌면 종교개혁이 남긴 유산 중에서 가장 소중한 것은, 마틴 루터가 말했다고 알려진 한마디일 것이다.

"나는 여기에 서 있으며, 다른 것을 할 수 없습니다."

사실 이 문장이 처음으로 만들어진 것은 루터가 죽은 지 몇 년이 지나서였지만, 루터는 이 말을 해야만 했을 것이다. 이 한 마디가 바로 프로테스탄트가 된다는 것의 의미를 잘 요약해 주기 때문이다. 이러한 개념은 계몽주의의 중심 사상이기도 했다. 미국에서는 로마 가톨릭교회조차도 자기 스스로 결정하기 좋아하는 개인주의자들의 교회이다. 그들은 주교의 말을 듣지 않는다. 특히 주교가 인공 피임법 사용에 반대하는 강의를 할 때면 더욱 그렇다.

루터가 했을 법한 이야기를 당신이 따른다면, 당신은 당신의 하나님 앞에, 당신의 운명 앞에 (또는 그 운명을 당신이 어떻게 하든지 간에) 홀로 서 있다. 그리고 궁극적으로 전통의 도움을 결코 받지 않는다. 당신은 당신만의 형질을 가지고 있다. 그것은 서구의 특권이며 딜레마이고, 서구 계몽주의 문명의 일부가 되게 하는 무서운 선물이다. 루터는 이미 이 공포를 알고 있었다.

흥미로운 사실은, 이렇게 개인주의적 결정을 강조하는 것이 종교개혁가들의 여러 희망과 목표와는 정반대되었다는 사실이다. 종교개혁은 신앙에 대해 확신하려고 노력했다. 로마 가톨릭교회처럼, 종교개혁은 하나의 진리를 원했다. 그리고 종교개혁이 로마와 다툰 것은 바로 로마가 그 진리를 왜곡시켰다는 것이었다.

사람들에게 뿌리 깊은 가치를 느끼게 해 주는 분명하고 확고한 양식을 정하는 데에는 비극이 도사리고 있다. 왜냐하면 종교적인 신앙은 항상 변화, 다양성, 미묘한 차이, 그리고 섬세함에 열려 있기 때문이다. 탁월한 종교 지도자들은 매우 종종 기질적으로 미묘한 차이를 무시하는 경향이 있다.

그러나 하나님은 종종 우리의 손이 미치지 않는 곳에 계신다. 그래서 루터도 사실 숨어 계신 하나님에 대해 말하곤 했다. 대부분의 종교에는 대표적인 특징이 있을 뿐, 선명한 대답들을 제시하지 않는다. 어떻게 일부 보수적인 프로테스탄트와 일부 반종교개혁 로마 가톨릭교회가 모두 선명한 대답들을 선호하는지, 어떻게 그들이 매우 종종, 특히 성(性)문제에 관해 거의 동일한 것들을 말하는지 살펴보는 것은 도움이 된다.

고(故) 이언 페이즐리(Ian Paisley) 박사와 고(故) 교황 요한 바오로 2세(Pope John Paul II)가 수 년 전에 성문제에 관해 했던 말을 들어보라.

두 사람의 말에 놀라운 유사점이 있었으며, 그들을 존경하는 사람들 사이에도 똑같은 유사점이 있다. 여러 면에서 서로 미워하던 두 전통이지만, 똑같이 추구하던 확실성이 있다.

자칭 신앙적인 전통주의자들은 정작 자기의 신앙 전통에 대해 충분히 알지 못하거나, 자기가 좋아하지 않는 부분을 생략해 버리는 경향이 있다. 더욱이 그들이 주장하는 전통이란 그저 '네'라고 대답하는 것에 지나지 않는 경우가 너무 흔하다. 정당한 전통주의는 과거를 전체적으로 고찰한다. 과거의 기독교인들과 과거의 기독교 교리들이 옳은 점도 있었고 그른 점도 있었음을 기꺼이 인정한다. 과거 기독교 역사의 복잡한 이야기를 살펴보면서 필자는, 본인의 보잘 것 없는 신앙이 다른 신앙보다 본질적으로 더 우위에 있다는 가정에 매이지 않는다.

기독교 찬송가 작시자인 윌리엄 쿠퍼(William Cowper, 1731-1800)는 "맹목적인 불신앙은 분명히 잘못이다"(Blind unbelief is sure to err)라고 노래했다. 역사가들은 맹목적인 신앙이야말로 훨씬 더 나쁜 기록을 남기고 밝히 보는 의심이야말로 가장 건전한 태도라고 반박한다. 이것은 교회에게 주는 역사의 선물이다. 또한, 흥미롭고도 복잡한 방식으로 우리가 프로테스탄트 종교개혁으로부터 물려받은 선물이다.

그것에 감사하자!

제1부
유럽의 종교개혁

제1장 기독교: 더 큰 그림

제2장 천사들과 종교개혁

제3장 동정녀 마리아와 프로테스탄트 종교개혁가들

제4장 존 칼빈

제5장 트렌트공의회

제6장 이탈리아 종교재판소

제 1 장

기독교: 더 큰 그림

기독교는 필자가 다른 곳에서도 언급한 바와 같이,[1] 본질적으로 일종의 개인숭배이다. 기독교 메시지의 중심에는 한 사람, 곧 예수가 있는데, 특정한 시대와 장소에 살았던 인간으로서의 그의 역사적인 뿌리는 그가 태어났던 유대 사회에서 그 이름의 매우 평범함에 있었다. '예수'(Jesus)는 더 정확히 '예수아'(Jeshua)인데, 고대 유대 영웅의 이름으로서 영어권 성경에는 여호수아(Joshua)로 등장한다(물론 기독교인들은 그를 후대의 동명이인들과 구분하려고 할 것이다).

갈릴리 출신의 이 평범씨(Mr. Average)는 그의 성(姓)으로 오해될 만한 명칭과 함께 '예수 그리스도'라고 불린다. 그러나 그리스도는 성(姓)이 아니라 직분이며, 무엇보다도 예수가 사용하던 아람어가 아니라 헬라어다. 그 의미는 '기름부음을 받은 자'이며, 히브리어로 같은 뜻을 가진 단어, 곧 유대교나 기독교 이외의 사람들에게도 익숙한 '메시아'라는 단어의 헬라어 번역이다.

기독교인들은, 어제나 오늘이나 영원히 계시는 하나님의 한 위격이신 그리스도가 인간의 모습으로 역사적인 시간 속에 존재하신다고 믿는다. 역사는 기독교에서 매우 중요하다. 따라서 역사를 바로 인식하고 거짓 해석에 휘둘리지 않는 것이 매우 중요하다. 유대인의 과거와 하나님의 목적 속에서의 그 중요성에 관한 장엄한 이야기, 곧 기독교인들이 구약성경이라고 부르는 히브리어 성경에 포함된 많은 이야기들과 함께 예수가 성장하게 될 것을 고려하면, 역사는 처음부터 거기에 있었다. 가장 먼저 특별하게 살아남은 기독교 문헌은 예수가 어떻게 죽었는지에 관한 한 편의 이야기 또는 일련의 이야기였다.

이 이야기들은 현재 사복음서에 담겨 있는 '수난 이야기'이며, 인간을 만드신 하나님에 대해 전혀 다른 스포트라이트를 비추게 해 주는 특별한 이야기들이다. 우리 시대의 기독교인들은 또한, 예수와 함께 갈릴리에서 동행하고 그가 십자가에서 죽는 것을 목격한 제자들처럼 실제적인 방식으로 이 인자(human being)를 만날 수 있다고 믿는다. 기독교인들은 이 과거의 이야기, 곧 훨씬 기독교적인 역사에 근거해서 자기들에 관한 이야기를 한다.

기독교 역사는 또한, 책의 이야기, 곧 기독교 성경의 이야기다(성경은 실제로 책들의 총서이다. 헬라어 단어 '비블리아'[Biblia]는 복수형으로 '책들'이라는 의미이다). 서기(CE) 7-8세기에 앵글로-색슨족은 기독교 교리와 실천을 위한 자기들만의 새로운 언어를 만들어 내야 했는데, 이 성경을 나타내기에 가장 적합한 단어가 무엇일까 고민하다가 마침내 '비블리오데케'(biblioðece)라는 단어를 만들었다.

이 단어는 프랑스인들이 현재까지 '총서'(library)라는 의미로 사용하고 있다. 책들은 인간의 생각들의 보고(寶庫)이며, 따라서 성경도 예외는 아니다. 성경의 권위에 대해 사람들이 뭐라 하든지, 성경은 인간이 하나님께 나아가고 이해하려는 노력들의 기록이다.

사상들은 인간의 마음의 독립적인 변수들이므로, 그들 자신의 언어로 진지하게 받아들이고 이해하려고 노력해야 한다. 기독교는 세상의 모든 주요 신앙들처럼 거대한 변화의 가능성을 지니고 있다. 기독교인들은 이런 말을 듣는 것을 좋아하지 않는다. 특히, 스스로 교회라고 부르는 다양한 신앙 단체들의 책임자들은 더욱 그렇다. 그러나 이 변화의 가능성은 현실이며, 원래부터 그랬다. 위대한 종교들을 따르는 사람들이 이러한 변화 가능성을 미덕으로 이해하고 악한 것이라고 생각하지 않으며 기회라고 생각하고 위협이라고 생각하지 않을 때, 오히려 자신들의 정신 건강에 더 유익할 것이다.

기독교는 그 창시자인 예수가 아무 기록 문서도 남기지 않은 유대교의 한 작은 분파였다. 예수는 종말의 나팔소리가 곧 울릴 것이라고 말한 것처럼 보인다. 또한, 당대의 문화를 거슬러 그의 제자들에게 죽은 자들이 죽은 자를 장사하라고 가르쳤다. 그러나 그와 동시에 예수의 제자들은 역사가 종말에 관한 것이라는 개념에 대해 묻는 것 같았다. 제자들은 그 창시자에 관한 이야기들을 모으고 보존했다.

향후 몇십 년 동안, 제자들은 아직 종말이 찾아오지 않은 1세기 말에 확신의 대위기를 맞이해야 했다. 이것은 아마도 기독교 이야기에서 가장 큰 전환점 중의 하나라고 할 수 있을 것이다. 이로 인해 기독교 이야기는 그 창시자가 만든 체계와는 매우 다른, 또는 심지어 기독교의 위대한 사도인 바울이 가르친 체계와도 매우 다른 체계를 만들어냈고, 제도적인 계급 제도와 신앙고백들의 모음과 종결된 정경 등을 갖추게 되었다. 그러나 우리는 그에 대해 거의 알지 못한다. 기독교는 그 모체 신앙인 유대교와 달리 그의 성스러운 문서들에 대해 실망하는 글을 쓰려고 하지 않았다.

이와 같이 카멜레온 같은 기독교의 특성 중에서 기본적인 요소는 그 이중적인 기원에서 오는 불안정성이다. 단순히 원시적이고 혁명적인 예수 그리스도의 가르침과 별도로, 기독교는 훨씬 더 오래된 문화적인 수원(水源)을 가지고 있다. 바로 그리스와 이스라엘이다. 그 이야기의 시작은 예수가 태어나기 천 년 전인 고대 그리스인들과 유대인들 사이에서 시작되어야 한다.

따라서 필자가 써내려가는 이 종교의 일반적인 역사의 제목은 필자가 이미 출판한 대로『3천년 기독교 역사』(Christianity: The First Three Thousand Years, CLC 刊)이다. 3천 년 중에서 처음 천 년은 사실 천 년 동안 나란히 행진하는 동반의 역사이다. 유대인들과 기독교인들은 모두 자신들이 세계 역사에서 고유한 특권을 가지고 있다고 생각했다.

고대 그리스인들이 이룬 예술, 철학 그리고 과학 분야에서의 비상한 문화적인 업적들은 자신들이 그렇게 생각할 수 있는 충분한 이유들을 보여 주지만, 더욱 놀라운 것은 계속적인 불행과 멸망의 경험들이 결코 유대인들의 신앙을 말살하지는 못했다는 사실이다. 오히려 그러한 경험들은 유대인들이 하나님에 대해 단지 전능하시기만 한 하나님이 아니라, 그분에 대한 인간의 반응에 관심이 있으시고 그들을 사랑하실 뿐 아니라 진노하시기도 하는 분이라는 사실을 깨닫게 해 주었다.

그처럼 매우 인격적인 신은 그럼에도 불구하고 모든 인간의 하나님이시므로 플라톤의 사상 등의 그리스 철학에 나오는 최고신과 본질적으로 달랐다. 하나님은 완전하시고, 따라서 변하지 않으시며, 또한, 가변적인 속성이 전혀 없는 분이시다. 첫 세대 기독교인들은 헬라 세계에 살고 있던 지중해 동부의 유대인들이었다. 그 지역은 그때로부터 적어도 4세기 전 알렉산더 대왕 시대부터 그리스 상류 문화에 의해 형성되었다.

유대인 기독교인들은 서로 조화를 이룰 수 없는 그리스 신관(神觀)

과 유대교 신관을 조화시키려고 노력해야 했다. 그리고 그 결과 결코 끊이지 않는 질문에 대한 안정적인 답변을 내놓을 수 없었고 지금도 마찬가지이다.

현대 사회를에 살고 있는 대부분의 기독교인들은 주로 로마 가톨릭이거나 프로테스탄트인데, 두 그룹만 합해서 모든 기독교인의 약 80퍼센트를 차지한다(몰몬교를 포함시킨다면). 나머지 10퍼센트 남짓은 정교회라고 불리는데, 지역에 따라 그리스정교회, 러시아정교회, 루마니아정교회 등등으로 불린다. 그렇게 되면 단순한 셈법에 따라 나머지는 그리 많지 않다.

그러나 필자가 방금 언급한 모든 기독교인들 외에, 또 다른 소수의 기독교 분파도 한 때는 교회의 미래였다. 그것은 에티오피아와 인도에서 번성하거나, 이집트에서 편치 못한 삶을 살거나, 중동의 다른 지역들에서 목숨을 겨우 부지하거나, 또는 불행하지만 너무 종종 미국과 호주에서 망명 생활을 하는 아프리카와 아시아의 고대 기독교이다. 그들의 역사는 잃어버린 기독교 역사이다. 서구인들이 자신의 역사에 대한 올바른 전망을 얻기 위해서는 반드시 이들의 역사를 알아야 한다.

대부분의 현대 기독교인들이 로마 가톨릭이나 프로테스탄트이기 때문에 그들이 역사에서 우위를 점하고 있지만, 사실 서구의 라틴어 사용 교회의 이야기는 한때 매우 소외되고 국지적이며 그 사상이 소박했다. 그러나 결과가 매우 달라진 계기가 있었다.

서기 451년, 로마 황제 또는 오히려 그의 아내 풀케리아(Pulcheria)는 칼케돈이라 불리는 마을에 주교회의를 소집했다. 풀케리아에게 이 회의는 결코 소홀히 다룰 문제가 아니었다. 칼케돈이 콘스탄티노플에 주둔한 황제의 군대가 쉽게 닿을 수 있는 거리에 있었다는 사실은 결코 우연이 아니었다. 풀케리아의 옛 수도인 이스탄불에서 칼케돈까지는 배를 타고 약 40분 정도면 닿을 수 있었다.

칼케돈에서의 화두는 예수 그리스도의 본성(the natures of Jesus Christ)에 관한 복잡한 논쟁이었다. 즉, 인간 예수와 하나님의 아들 그리스도 사이의 균형이었다. 제국의 정부는 이 문제에 지대한 관심을 가졌다. 이 논쟁이 제국을 둘로 분열시킬 위기를 불러일으켰기 때문이다. 그래서 황제는 주교들에게 신중한 타협안을 제안했다. 두 반대 세력을 중재하려는 강압적인 조치였다.

그 핵심에는 소위 그리스도의 속성에 관한 칼케돈 신조(Chalcedonian Definition of the Natures of Christ)라고 알려지게 된 것이 들어 있다. 그 정의는 인간의 언어로 신성과 인성을 교묘하게 결합시키기 위해 '속성'과 '위격들'이라는 기술적이고 신학적인 언어를 복잡하고 장황하게 사용하고 있다.[2] 이 주제에 대해 로마 가톨릭과 프로테스탄트, 그리고 정교회는 똑같이 이 신조를 전통적으로 받아들이고 있으며, 따라서 이 신조는 결국 기독교 신앙의 핵심이다.

기독교 역사에 대한 전통적인 견해에서 451년의 칼케돈 공의회(Council of Chalcedon)는 일반적으로 초대교회 이야기의 절정으로 여겨져 왔다. 그것은 마치 대저택에서 펼쳐지는 일종의 에르퀼 푸아로(Hercule Poirot)의 대단원처럼, 초대교회의 모든 복잡한 연극이 끝난 후에 마침내 진실이 드러나고 신용이 올라가는 것이다.

그러나 이 승리 이야기는 환상일 뿐이다. 칼케돈은 재난이자 재앙이었다. 기독교의 3분의 2가 그 결정에 동의하지 않았다. 적어도 부분적으로는 기독교인들이 황제의 신학을 신뢰하지 못했기 때문이다. 그 결정은 하나의 타협이었기 때문에, 그것을 거부한 사람들이 양쪽 편 모두에 있었으며, 따라서 그들은 황제의 교회를 혐오하는 만큼이나 서로를 혐오했다. 또한, 필자가 중동의 기독교 역사를 연구하면서 발견한 바에 의하면, 이 둘은 아직도 그런 관계에 있다.

따라서 이 거부자들은 자기들만의 교회를 세우고, 자기들만의 주교의 지도를 받았다. 그리하여 황제의 교회에 속해 있던 그들의 오만한 적들은 그들에게 경멸적인 이름을 붙여 네스토리안주의자(Nestorians)와 단성론자(Monophysites)라고 불렀지만, 이러한 명칭들은 그들을 폄하하는 것이었으므로 이 그리스도인들 스스로가 정당하게 받아들일 만한 다른 이름, 곧 양성론자(Dyophysites)와 단성론자(Miaphysites)라는 구분으로 불러줄 필요가 있다.

물론 그들 스스로는 자기들을 가리켜 단순히 정통(Orthodox)이라고 부를 것이다. 우리 서구인들이 정통이라고 부르는 사람들과 서구 기독교인들에게는 이 사람들이 비정통이었고 또한, 지금도 비정통이다. 그러나 그들은 여전히 우리와 함께 있다. 그들 및 로마 가톨릭교회나 비잔틴교회가 아닌 교회들이 기독교의 미래를 대표하는 것처럼 보이던 때로부터, 황제의 교회는 로마 가톨릭교회, 프로테스탄트 그리고 정교회로 귀착하여 내려왔다.

그 결과 오랫동안 균형을 이루었다. 그 균형은 7세기 무슬림들의 엄청나게 빠른 정복 활동에 의해 크게 흔들렸지만, 사실 초기 무슬림 통치자들은 자신들의 사업을 선교의 방식으로 자기들의 신앙을 퍼뜨리는 것이라고 여기지 않았기에, 사실 양성론 기독교가 그들의 통치하에서도 번성했다. 아바스 왕조(Abbasid Dynasty)가 새로운 무슬림 대도시를 건설하고 그곳 이름을 바그다드로 지었을 때, 양성론자들은 그들에게 상당한 지적인 삶을 제공했다.

양성론 동방교회는 다른 기독교인들과 그리스도의 속성에 대해 논쟁하기를 즐겼으며, 그리스 철학과 신학을 자기들의 시리아 언어로 번역하는데 정통했기 때문에, 아랍의 통치자들이 과거의 지혜를 얻기 위해 필요한 모든 지적인 소양을 가지고 있었다. 동방교회가 없었다면, 그리고 그들이 지중해 연안의 그리스 고전들을 아랍어로 번역하지 않았다면, 우리는 수많은 그리스 철학을 접할 수 없었을 것이며, 심지어 우리 서구에서 아라비아 숫자라고 부르는 것(사실 그 숫자들은 인도에서 왔다)에 대해 알지 못했을 것이다.

또한, 중동교회(Church of the Middle East)는 극동교회(Church of the Far East)가 되었다. 중동교회가 중국에까지 진출한 이후, 중국 고대 제국의 수도였던 서안(Xi'an) 외곽에 7세기부터 내려오는 수도원이 있는데, 그 이름은 로마 제국을 중국어로 음차한 타킨(Ta Qin)이라고 불린다. 이러한 사례는 한국에서도 찾아볼 수 있고, 심지어 일본 교토의 불교사원으로 바뀐 곳들에서도 찾을 수 있다.

그러나 지속적으로 그리고 조금씩 이 기독교의 미래는 침식되었다. 역병, 학살, 그리고 광분하거나 악한 군주들에 의한 박해가 있었다. 이슬람도 이 모든 재앙들을 맞이했지만 가장 힘든 시간에 아시아에서 이슬람에게는 기독교보다 더 강력한 동맹이 있었다. 몽골의 한 장군이 양성론 기독교인이었던 자기 어머니나 누이의 말을 들었더라면 중앙아시아가 무슬림이 아닌 기독교가 되었을 텐데 그렇지 못했다. 그래서 티벳의 주교들에게는 계승자가 없었으며, 몽골에 있던 수도원들은 모두 잿더미로 변했다.

다른 기독교인들은 더 단절되었다. 특히 로마 주교인 교황이 그랬다. 필자는 서구의 이야기를 다루지 않은 『3천년 기독교 역사』에서 이 장을 가리켜 '예상치 못한 로마의 부상'(Unpredictable Rise of Rome)이라고 불렀다. 필자의 요점은, 현재의 교황 제도에 대한 필연적인 것이 없었다는 것과, 교황이 특별한 권위를 갖는다는 주장은 기독교 역사의 약 절반 동안 거의 설득력이 없었다는 사실이다.

초대교회는 한 명이 아닌 다섯 명의 교부들을 존중했다. 그리고 지금도 알렉산드리아에 또 다른 교황이 있다. 지난 세기 동안 교황 제도가 전 세계에 걸쳐 신자들을 하나로 규합하는 데에 아무리 도움이 되었다 하더라도, 로마 가톨릭교회가 한 명의 리더만을 숭상하는 것은 영적인 건강에 좋지 못했다.

더욱이 최근의 로마 가톨릭교회(16세기 교황에게 여전히 충성을 다하는 서구 교회 분파) 역사에는 모순이 들어 있다. 즉, 19세기 초부터 교황들은 유럽 전역에 걸쳐 군주제가 민주주의에 길을 내주던 시기와 똑같이 훨씬 더 독재적이 되었다. 로마 가톨릭교회는, 교회 지도자들과 심지어 일반 신자들의 공의회들을 통해, 권력과 결정권을 더 넓게 분배해야 한다고 주장하던 중세의 '총회주의' 신학으로부터 등을 돌렸다. 게다가 프랑스 혁명은 교회 내에 존재하던 경쟁 권력을 무력화시켰다. 즉 혁명은 신성 로마 제국을 파멸하고, 그 황제는 물론 군주에 대한 교황의 주장을 의심의 눈초리로 바라보던 왕자-주교들(prince-bishops)을 제거했다.

따라서 교황은 건물의 나머지 부분들이 모두 무너지던 때에 홀로 굳건한 기둥처럼 서게 되었으며, 최근에 권위를 주장하는 교황권은 모두 그러한 역사적인 상황에서 나온 것에 불과하다. 현재, 1960년대의 제2차 바티칸 공의회 이후 지난 반세기 동안 우리는 여전히 교황의 패권을 주장하는 로마 가톨릭교도들과 총회주의 체제를 회복하려는 로마 가톨릭교도들 사이의 분쟁을 목격하고 있다.

기독교 역사를 이런 식으로 다시 보려고 노력할 필요가 있을까?

단연코 그렇다. 왜냐하면 지난 40년 동안 종교는 비종교적인 유럽 사회에서 스스로 그렇게 인식되고 있다. 필자가 대학을 다니던 1960

년대 말에, 종교의 미래는 대체로 '세속화'라는 멍에를 매고 있었다. 즉, 세속적인 정신의 증가로 인해 종교가 인간의 지성에 미치는 영향력이 쇠퇴하고, 정치 세계나 공적인 세계로부터 우아하게 물러나 사적인 영역으로만 남게 될 것이라는 것이었다. 그러나 1977년에는 사상 처음으로 회심한 기독교인 대통령(지미 카터)이 당선되고, 1978년에 반종교개혁 교황인 요한 바오로 2세(John Paul II)가 선출되었으며, 1979년에는 아야톨라(Ayatollahs)가 이란 혁명의 주도권을 잡았다.

그밖에도 각 해마다 일어난 이와 같은 사건들을 연이어 제시할 수 있다. 세상이 점점 세속화되어가는 것과 별개로, 유럽은 전 세계적인 신앙을 재천명에 대한 예외를 증명해왔다. 한 가지 또는 다른 형태의 종교가 살아 있는 대다수의 사람들에게 필사적으로 중요하다. 따라서 만일 역사가들이 그 명백한 사실을 무시한다면, 그들은 현실을 무시하는 것이나 마찬가지다.

필자는 또한, 역사가들이 실마리를 제공해 줄 수 있는 현대의 전 세계적인 논쟁들에 대해서도 생각해 본다.

성(sexuality)에 대한 격렬한 논쟁을 생각해 보라.

현재 대다수 보수적인 프로테스탄트들은 성경에 충실하다는 이름으로 인간의 성에 대한 새로운 형태를 받아들이지 않으려고 한다. 그들이 놓치고 있는 것은, 그들이 이미 성경의 권위에 크게 도전한 적이 있다는 사실이다.

18세기와 19세기에 극소수였던 복음주의자들은 노예 제도의 영원한 존재를 분명하고 지속적으로 받아들인 성경을 무시하고 노예 제도 폐지를 성공적으로 이끌었다. 성경의 확실성을 주장하는 복음주의자들이 바로 성경의 확실성을 무시한 업적을 자랑하는 장본인들이다. 그런 식으로 극적인 방향 전환이 이루어진 사례가 비단 이 하나만 있는 것은 아니다. 기독교는 단지 2천 년 역사에 지나지 않으며, 수천 년에 걸친 인류의 경험 중에서 극히 일부에 해당한다. 기독교는 지금도 여전히 그 길을 찾아가고 있는 어린 종교이다. 이 사실이야말로 기독교를 고찰하는 흥미를 돋우어 준다.

기독교나 또는 어떤 종교 체계라도 그 다양성과 예기치 못한 간접적인 발전을 항상 강조할 필요가 있다. 어떤 종교적인 전망들 중에서 가장 매력적이지 못한 특징 중의 하나는 그 관점만이 그 종교에 대해 유일하고 참되고 확실한 면을 제시한다고 주장하는 것이다. 물론 이것은 종교만의 문제는 아니다. 프랑스 혁명의 공포가 지속되는 내내 유머 감각을 잃지 않으려고 했던 세바스티앙-로흐 니콜라스 드 상포르(Sébastien-Roch Nicolas de Chamfort)는 "박애가 아니면 죽음을"(Fraternity or death)이라는 슬로건을 "나의 친구가 되어라, 그렇지 않으면 죽일 것이다"라는 명제로 바꾸어 말했다.

어떤 사람은 프랑스 혁명 이후의 세계 역사를 일종의 병리학적인 계몽주의 형태의 깔끔한 성격의 관점에서 이해할 수 있을 것이다. 예를 들어, 파시즘(Fascism)과 스탈린주의(Stalinism)를 부추겨서 세상에 이루 말할 수 없는 비극을 가져다 준 독단주의적 관점으로 보는 것이다.

이렇게 흔한 독단주의적 병리학(human pathology of dogmatism)은 그것이 종교적이든지 그렇지 않든지 간에 교만에 근거를 두고 있다. 서구 기독교의 가장 설득력 있는 교리는 안타깝게도 원죄이며, 모든 죄의 뿌리에는 교만이 있다. 만일 역사가들이 선지자라면(사실 그들은 이 단어에 해당하는 히브리어 단어 '대언자'[spokespeople]의 본래 의미에 따라 정말로 선지자여야만 한다), 그들의 주요한 예언은 궁정광대의 표적이 되는 특성이기도 한 교만에 저항하는 것이다. 좋은 역사가와 성공적인 궁정광대는 서로에게 할 말이 매우 많다.

제2장

천사들과 종교개혁*

마셜(Marshall) 교수와 월섐(Walsham) 교수의 영향을 받은 일단의 수필가들에 의해 우리에게 장엄하게 소개된 천사들은, 하나님이 인간과 완전히 다르시고 신적으로 온 우주를 창조하신 전능하신 분이라고 확신하고 싶어 하는 모든 인간들이 직면한 하나의 문제에 대한 매우 자연스러운 해법이다.

모든 세상을 초월한 창조자가 어떻게 그 피조물들과 관계를 맺을 수 있을까?

천사의 발견은 만족할 만한 해답을 준다. '천사'라는 단어는 '메신저'라는 단어의 그리스어로서, 히브리어 성경 '타나크'(*Tanakh*, 기독교인들은 구약성경이라고 부름)에서는 '말라크'(*mal'ak*)라고 불린다. 따라서 천사는 신적인 존재의 위임을 받아 사역하는 의사전달 대리인이다. 타

---

* *Angels in the Early Modern World*, edited by Peter Marshall and Alexandra Walsham, Cambridge University Press, 2006, 340pp; *In the Anteroom of Divinity: The Reformation of the Angels from Colet to Milton* by Feisal G. Mohamed, University of Toronto Press, 2008, 248pp.

나크 전체에 걸쳐 천사들은 하나님을 위해 다양하고 유용한 일들을 수행한다. 예를 들어, 어떤 천사는 하나님께서 아브라함에게 그의 아들 이삭을 제물로 바치라고 명하셨던 첫 번째 명령을 마지막 순간에 취소하는 명령을 전달하기 위해 간섭한다(창 22:9-12).

그 후에 창세기 28:10-12에 의하면, 잠을 자던 야곱은 천사들이 하늘에 닿은 사다리를 오르내리면서 그들의 일상적인 일들을 수행하는 것을 본다. 16세기에 바쓰(Bath)의 수도원교회(Priory Church) 예배당 서쪽 정면에 조각된 이 천사들은 탑으로 향하는 사다리를 마치 거룩한 흰개미처럼 오르락내리락 하고 있다. 그 머리는 사람과 같으나 하나님의 결재 서류함을 등에 진 채 거꾸로 매달려 있다(삽화 1-3을 보라). 바쓰(Bath)의 수도원교회의 앙상블은 꿈에 대한 꿈을 매력적으로 기념하고 있다. 왜냐하면 예배당 전체 건물은 바스와 웰스의 올리버 킹(Oliver King) 주교가 야곱의 사다리를 묵상하면서 구상한 것이기 때문이다.

천사의 유용성은 유대교가 헬레니즘의 도전을 받으면서 더 커졌다. 진노와 사랑을 번갈아 하시는 철저히 인격적인 유대인들의 여호와는, 유대인들 사이에 유행하던 헬라 학문의 명성 때문에, 이제 플라톤 철학에 나오는 궁극적인 신의 특징인 초월성, 냉담함, 그리고 완전성 등의 관점에서 그려져야 했다.

초대 기독교인들은, 인간 예수가 어쨌든 궁극적인 신이라는 새로운 주장에 당황스러워하면서, 타나크와 플라톤주의의 일반인 버전을 포기하고, 신성에 관한 새로운 이야기 속에 나오는 천사들에게로 눈을 돌렸다. 가장 유명한 사건은, 하나님과 인간이 연합하는 신비한 순간에 천사가 등장하는 것이다. 즉, 예수의 어머니에게 수태고지를 하는 장면(눅 1:26-38)은 기독교인들이 성스러운 예술에 탐닉하기 시작하면

삽화 1
바쓰(Bath)의 수도원교회(Cathedral Priory) 서쪽 면, 야곱의 사다리, 1500년경 바쓰와 웰스의 주교였던 올리버 킹(Oliver King)의 의뢰를 받음.

삽화 2
바쓰(Bath)의 수도원교회(Cathedral Priory) 서쪽 면, 운 좋게 천국을 향해 야곱의 사다리를 올라가는 천사의 모습.

삽화 3
바쓰(Bath)의 수도원교회(Cathedral Priory) 서쪽 면, 머리를 아래로 향하여 야곱의 사다리를 내려가는 천사의 모습.

서부터 기독교 예술의 소재들 중 하나가 된 익숙한 장면이다.

타나크와 신약성경에서 어떤 천사들은 이름을 통해 독특한 성격을 부여받았다. 예를 들어 수태를 고지하는 가브리엘이 있고, 그의 훌륭한 동료이자 전사인 미카엘도 있으며, 우울할 때 찾아와 위로해 주는 라파엘도 있다. 시간이 한참 지난 후 중세 독일에서는, 지나치게 상상력이 풍부했던 베네딕트 수도원장 요하네스 트리테미우스(Johannes Trithemius)가 글쓰기 창작과 음악 대중화를 주도하는 라파엘을 조각했는데, 사실 글쓰기와 음악은 모두 몸이 회복되는 동안에 즐길 수 있는 것들이다.

또한, 한 가지 이름이 아닌 여러 이름을 가진 천사도 있었다. 그는 항상 자신만이 아는 이유 때문에 자유롭게 메신저 역할을 했으며, 다른 여러 천사들도 데리고 다녔다. 타나크에서의 그의 첫 모습은 전혀 천사의 형태와 닮지 않았지만, 항상 한 가지 형태로 나타나는 것만은 아니었다. 그는 대적 또는 하사탄(hassatan)이라고 불렸고, 히브리 성경에서는 매우 하찮고 귀찮은 존재였으나, 후기 유대 문헌에서는 그 신분이 상승했다.

특히 강력한 악마의 존재들에 대해 이야기하는 다른 종교 문화의 영향을 받은 저자들 사이에서 더욱 그러했다. 사탄은 유대교 내의 기독교 분파들의 상상력을 사로잡았다. 그래서 1세기 말에 요한계시록이 기록될 당시에는, 우주적인 중요성을 가진 존재가 되었으며, 이제 사탄(Satan) 또는 루시퍼(Lucifer)라고 불리게 되었다(사 14:12를 보라).

요한계시록 12:7-9에서, 사탄이 이사야와 에스겔의 묘사처럼 하늘에서 떨어지는 것은, 보다 상세한 하늘에서의 전쟁 이야기로 기록되었으며, 기독교인들은 사탄을 마지막 때에 하나님의 마지막 대적으로 보았다. 타락한 천사 사탄/루시퍼는 용이나 두로의 왕 또는 심지어 아름다운 선한 천사의 모습으로 둔갑할 수 있는 자로, 비평을 받는 책들과 마땅히 등장해야 할 책들 모두에 자주 모습을 보인다.

천사론은 종종 기독교인들을 흥분시키는 마귀론과 항상 밀접한 관련이 있으며, 따라서 수많은 저자들이 마법에 대한 논의를 하곤 한다. 두 주제를 다룬 현재의 책들에서 만족스러운 것은, 지난 반세기 동안 지나칠 정도로 탐구한 마녀들이 근대 기독교 초기에 이 주제에 대해 두 종류의 책들이 혁신적으로 탐구했던 방식대로 제 자리를 찾았다는 것인데, 그것이 훨씬 더 중요하다고 할 수 있다.

천사들과 관련해서 어떻게 그들의 이름의 출발점부터 인격에 대한 개념이 발달될 수 있었을까?

이름들은 아무리 희미하더라도 인간과의 일정한 정도의 유사성을 내포하고 있다. 고대 사회에서 메신저들은 주로 남성이었으므로, 천사들은 정확히 남성은 아니었지만 관습적으로 남성으로 여겨졌다. 타나크에서 아브라함이 천사들에게 저녁 식사를 대접하고 아름다운 결말을 맺는 장면을 보면, 천사들은 인간의 모습과 닮은 경향이 있었다(창 18:1-22, 비록 실제로 하나님 자신이 이 사건에서 직접 나타나셨는지는 분명하지 않지만). 만일 천사들이 계속해서 하늘로 오르락내리락 한다면, 이 신성한 존재의 초상에 대한 경험이 부족한 기독교인들로서는 그리스-로마의 승리자의 모습에서 힌트를 얻어서 천사들에게 날개를 그려준 것이 결코 놀랄 일은 아니다.

곧바로 초대교회에 문제가 일어나기 시작했다. 영웅적으로 죽은 사람들이 과연 하나님과의 중재를 할 수도 있는지에 대해 기독교인들이 생각하기 시작하면서부터, 경계선의 문제가 불거졌.

성도들이 발전시킨 예배 의식이 가브리엘, 라파엘, 그리고 미카엘과 같은 자들에 의해 수행되는 일들과 어떤 관련이 있었는가?

천사들과 인간의 사역을 구분하는 것이 매우 어렵기에 이름이 붙은 천사들은 성도들처럼 취급되었으며, 서구 라틴교회에서는 심지어 보편적으로 지키는 축제일이 있었다. 예를 들어 '성 미카엘 축일'(Michaelmas Day, 9월 29일)은 잉글랜드법에서 일 년 중 가장 중요한 경제적인 분기점에 지켜지고 있다(가브리엘은 그렇지 않지만, 한때 15세기 어느 주교의 열심 때문에 잉글랜드 엑세터의 한 교구에서 한동안 축제로 지켜진 적이 있다).

서방 로마 제국이 5세기에 산산이 부서져 전혀 다른 지경이 되자, 군인-천사(the soldier-angel) 미카엘은 성인-군인들(soldier-saints)의 자리를 대신하여 성 게오르게(George) 또는 세르기우스(Sergius)와 바커스(Bacchus) 등 비현실적인 존재들과 거의 동등하게 되었으며, 미카엘 숭배는 비성인 군인들조차 너무 친숙한 세계에서 엄청나게 인기를 얻게 되었다.

미카엘은 신자들이 예배할 수 있는 성인의 유골은 없었으나, 대신 유럽 전역에 걸쳐 신성한 높은 지위에 오르는 특별한 대우를 받게 되어 모든 사람이 그를 섬겼고, 생 몽생미셸(St. Michael-in-the-Mount) 등의 이름을 가진 교회들이 다양한 언어들로 유럽 전역에 세워지게 되었다. 미카엘과 그를 따르는 천사들에게는 여전히 날개가 있어서, 천국의 행복으로 무사통과했던 성인들과는 외형적으로 즉시 구분되는 모습이었다.

미카엘이 5-6세기 기독교인들의 상상력을 사로잡았을 무렵, 어느 시리아 수도사의 중재가 있었다. 그는 너무 알려지지 않아서 그동안 그의 실제 이름을 알 길이 없었다. 그러나 그는 동서방을 막론하고 기독교 교회 역사에서 가장 중요한 사상가들 중 한 명이다. 사실 그는 예수 그리스도 이후 가장 중요한 기독교 사상가로 꼽히는 사도 바울의 조력자였다고 주장되었다. 그는 가장 비수용적인 도시 아테네에서 바울의 주요한 회심자였던 디오니시우스 아레오파기테(Dionysius the Areopagite)의 이름과 특성을 가져다 사용했다. 사실 디오니시우스는 이 시리아 수도사보다 약 4세기 전에 살았던 인물이었음에도 말이다.

그가 이런 보호막을 쓰고 살았던 충분한 이유가 있었다. 왜냐하면 놀라운 사실 한 가지가 디오니시우스 위작들에서 발견되기 때문인데, 그는 로마 가톨릭과 정교회 기독교 시대에 이단이었다(사실 필자가 조사한 바에 의하면, 페이절 모하메드[Feisal G. Mohamed]도 그렇게 보지 않고[*In the Anteroom of Divinity: The Reformation of the Angels from Colet to Milton*], 마셜[Marshall]과 월섬[Walsham]이 편집한 책[*Angels in the Early Modern World*]의 어떤 저자도 그렇게 보지 않는다). 이 익명의 저자의 신학적인 입장은 단성론이었다.

다른 말로 하면, 그는 왕실이 451년 칼케돈 공의회(Council of Chalcedon)를 통해 억지로 이끌어낸 신조와 타협하지 않았다. 그 당시 로마 제국의 동부와 남동부 대다수 기독교들도 이 신조를 거부하고 있었다. 그런데 이 수도사는 엄청난 영향력이 있었다. 그는 위의 두 종류의 책들에 마귀만큼이나 매우 자주 등장한다. 물론 마귀와는 전혀 다른 의미지만. 그의 명성이 서방교회에서도 얼마나 높았던지, 9세기에 파리 인근의 생 드니(Saint-Denis) 수도원장이 그와 동명이인인 프랑스 주교와 혼동할 정도였는데, 사실 그 주교는 대수도원장 힐두인(Abbot Hilduin) 소유의 수도원의 수도성인이었다.

그럼에도 불구하고, 충분히 이러한 인과관계 때문에 서방에서도 위-디오니시우스(Pseudo-Dionysius)를 기꺼이 받아들인 이유가 되었고, 그 이전에는 서방신학으로 거의 지지를 받지 못하던 신비한 전통이 그때부터 만들어졌다. 디오니시우스가 미친 영향들 중에서 가장 중요한 요소는 그가 억지로 천사들의 계급을 나눈 것이었다(사실 모하메드가 지적하는 바와 같이 그가 '계급 구조'라는 말을 창시한 것처럼 보인다. 물론 모하메드가 자신의 책 9쪽에서 제시하는 어원은 이상하기는 하지만 말이다. 즉, 그가 제시한 어원의 의미는 '사제에 의한 통치'다). 이렇게 높은 존재부터 낮은 존재까지 나누어진 계급은 자연스럽게 신을 그 피조물로부터 안전하게 분리시켰다. 마치 2세기 영지주의 기독교인들의 마음을 기쁘게 해주었던 플라톤의 전략처럼 말이다.

중세 서방 기독교인들은 디오니시우스의 저술들의 단성론적 배경은 말할 것도 없고, 이 황당한 사상을 무시하면서도, 가짜 시리아인이 잘 정비된 이 천상 사회에 대한 그림만은 기꺼이 받아들였다. 결국 그들도 계급 사회에서 살고 있었기에, 천상 세계가 오히려 더 잘 조직되어 있을 것이라고 받아들이는 것이 당연했다.

사실, 그들 중 많은 사람은 디오니시우스의 사상을 발전시켜 훨씬 더 복잡하게 만들었다. 모하메드(Mohamed)는 13세기 프란체스코 신학자 보나벤츄라(Bonaventure)가 어떻게 디오니시우스를 다듬었는지 표를 통해 비교해 주고 있으며, 또한, 그로부터 거의 2세기 후에 존 콜렛(John Colet) 학장이 만든 복잡한 사본 도해의 일부도 소개하고 있다.

보나벤츄라는 이 두 권의 책들 전반에 걸쳐 자기의 주장을 펼쳐 내는 또 다른 저자이며, 그의 결론들도 천사에 대한 논의가 얼마나 자의적이 될 수 있는지 보여 주는 좋은 사례이다. 즉, 신학자가 만들고 싶은 신학적인 논지들을 너무 쉽게 만들어 버리는 것이다.

이런 논지들 중에 가장 주된 것은 모든 시대마다 성직자들이 자기 자신을 너무 중요하게 여기는 경향이었다. 중세의 서방 성직자들이 디오니시우스 사상을 그렇게 열광적으로 받아들인 이유 중 하나는, 그가 사실상 '성직자 계급 제도'(hierarchy)라는 어원을 적용하여 지상

교회의 성례와 직제에 이 계급 구조를 기획했다는 데에 있다. 디오니시우스에게 있어서 주교들은 천사들 사이에서의 '주(主)천사'(Dominations, 천사의 9계급 중 4번째 계급-역자주)에 해당하여 주께서 친히 세우신 성례들 바로 아래에 자리하며, 그 계급으로부터 성직자의 계급이 차례로 내려가 평신도 예비 신자에까지 이른다.

이 예비 신자와 동급인 천사들에게는 어떤 특정한 기술적인 칭호를 부여하지 않았다. 천사들에게 사로잡힌 태도는 종종 극단적인 교권주의와 손을 잡았으며, 실제로 존 콜렛의 경우에는 분명했다. 그러나 만일 성직자가 그렇게 천사들과 가까운 것처럼 보인다면, 그들에게 엄청난 책임이 부여되어야 했다. 시리아 수도사들 중에서 위-디오니시우스 시대의 사람들은 자기의 몸을 잔혹하게 금욕함으로써 하나님과의 친밀감을 표현했다. 그래서 콜렛은 그 시대 성직자들의 잘못을 맹렬히 비난했다. 후대에 프로테스탄트들은 그것을 오해하여 반성직주의(anti-clericalism)라고 생각했지만, 사실은 정확히 정반대였다.

성직자들의 역할을 치켜세우는 일에 전혀 관심이 없었던 르네상스 인문주의자들조차도, 비록 약간 다른 관점에서이긴 하지만, 위-디오니시우스를 받아들였다. 고대 철학과 마법에 대한 자신들의 재발견에 너무 흥분한 나머지, 그들은 디오니시우스의 시각이 모든 사람들에게 천사를 닮을 수 있는 기회를 제공한다고 보았다. 마셜과 월섬의 책에서 브루스 고든(Bruce Gordon)이 르네상스 시대의 천사 논의를 흥미롭게 분석한 내용을 보면, 고대의 어리석은 현자들이 천사들에게 마음을 빼앗길 때, 얼마나 황당한 것을 만들어내는지 매우 잘 알 수 있다.

특히, 피코 델라 미란돌라(Pico della Mirandola)와 요하네스 트리테미우스(Johannes Trithemius)가 이 문제에 있어서 교훈을 준다. 그러나 우리는 그들이 표현 불가한 것들을 묘사하기 위해 여러 단어들을 사용하려고 노력했음을 기억해야 한다. 즉, 단순히 천사의 속성이 아니라 하나님의 존재를 묘사하려 한 것이다. 그들이 쏟아내는 언어들과 천상의 이야기들은 음악 작곡과 비교될 수 있다. 즉, 어떤 면에서는 무의미하지만, 다른 면에서는 장엄한 의미를 담아내는 유일한 방법이었던 것이다.

종교개혁이 천사들에 도전하는 시기를 가져온 것은 결코 놀라운 일이 아니다. 디오니시우스 전통은 천사들을 오래된 성직자 계급주의(clerical hierarchy)와 얽혀 놓았으며, 대중 예배는 천사들을 성인 숭배 속에 깊이 새겨두었다. 따라서 프로테스탄트들은 다른 어떤 것보다도 그것들에 대해 다시 격렬하게 생각하는 일을 중요하게 다룰 수밖에 없었다. 천사들을 위한 구원의 은혜는, 성도들에 대한 은혜와 달리, 천사들이 성경에서 분명히 탁월하다는 것이었으며, 천사들이 그들의 옛 동료인 사탄의 졸개들과 끊임없이 싸우는 것은 프로테스탄트들에게 전적으로 적합한 주제였다.

왜냐하면 프로테스탄트들이 항상 저항적이었으며, 그들의 생각이 종종 적그리스도를 향했기 때문이다. 그렇게 천사들은 살아남았고, 마귀도 그와 같이 살아남았다. 심지어 선택받은 청교도들에게는 수호천사도 있었다. 사실 피터 마셜(Peter Marshall)의 『죽음의 침대 주변의 천사들』(*Angels around the deathbed*), 레이먼드 길레스피(Raymond Gillespie)의 『천사의 입술로: 실락원과 17세기 잉글랜드에서의 천사같은 대화』(*"With the tongues of angles": angelic conversations in Paradise Lost and seventeenth-century England*) 등에서 연이어 보이는 것처럼, 잉글랜드와 아일랜드 프로테스탄트 비국교도들은 잉글랜드국교회 프로테스탄트들보다 훨씬 더 천사의 능력과 잠재력에 열광했다.

예상할 수 있는 바와 같이, 루터와 칼빈은, 필립 소걸(Philip Soergel)

의 에세이 "루터와 천사"(Luther and the angels)에서 다루고 있는 대로, 서로 전혀 다른 입장을 취했다. 서로의 차이점은 예수의 어머니 마리아에 대한 견해에서 서로 다른 것과 매우 똑같다. 즉, 마리아와 천사들의 관계, 즉, 가브리엘과의 관계 및 수태고지 후에 목자들에게 나타난 자들과의 관계 등에 관한 견해 등에서 차이가 난다.

루터는 마리아와 천사들에 대한 열정적인 숭배를 결코 놓지 않는다. 다시 말하면, 그는 이 감정들을 이용해 자신의 깊은 그리스도 중심 사상을 굳건하게 하는 데 온 힘을 기울인다. 반면, 우상 숭배의 위험성을 깊이 우려하던 칼빈은 마리아와 천사에 대해서도 신랄했다. 그래서 하나님의 목적 안에서의 그들의 지위를 부인할 수 없었지만, 그것이 사람들에게 그릇된 생각을 넣어주는 경우에는 부당하게 호들갑을 떨고 싶지 않았다.

칼빈의 입장은 아마(Armagh)의 대주교 어셔(Ussher)에 의해 반복되었다. 그는 역사적인 논의들을 깊이 연구한 끝에 엄격한 개혁파 프로테스탄트 사상과 감독주의의 정당성을 균형 있게 확신하면서, 1641년 위기의 시기에 주장하기를 요한계시록 1장에 나오는 교회의 천사가 자기와 다르지 않은 인간 주교에 지나지 않는다라고 주장했다.

로마 가톨릭교회의 반종교개혁에서 천사에 대한 사상이 무분별하게 발전한 것을 생각하면, 단지 칼빈뿐만 아니라 개혁파 신학자들의 감정을 충분히 이해할 수 있다. 마치 열대우림의 나비들처럼, 매너리스트(Mannerist), 바로크(Baroque), 그리고 로코코(Rococo) 교회 건물의 실내 장식에 화려하게 널리 새겨져 있는 그림들에서 보는 것처럼, 날개를 달고 금으로 입혀진 한 무리의 존재들을 생각하지 않고서는 어떤 승리의 분위기를 생각하기 힘들 것이다. 즉, 현대의 축하카드를 판매하는 상점의 주인공이 되어 버린 두 명의 어린 천사들은 위-디오니시우스 체계가 어디까지 이르게 되었는지 잘 보여 준다. 천사가 로마 가톨릭교회의 부흥을 어떻게 다양한 방식으로 도왔는지에 대해서는 마셜과 월셤의 책에서 풍부한 연결고리들을 찾을 수 있다.

페르난도 세르반테스(Fernado Cervantes)는 신대륙에서 스페인 사람들이 마주친 다수의 신들에 속한 존재들을 토벌하고 대적하는 일에 천사들이 유용했다고 포문을 연다. 즉, 그는 티티카카호(Lake Titicaca) 천사의 이미지에서 도움을 얻고 있는데, 그 천사는 신사처럼 멋지게 차려입고, 챙이 넓은 모자를 갖춰 쓰고, 총 한 자루를 힘차게 휘두르고 있으며, 의기양양한 스페인 고관에게는 다소 과해 보이는 날개까지 달고 있다.

고(故) 트레버 존슨(Trevor Johnson)은 예수회 신자들이 다른 많은 곳에서처럼 여기에서, 교황 제도의 가장 충성스런 지지자로 성공적인 탈바꿈을 하는 동안 어떻게 천사에 대한 초기의 위험한 생각들을 완전히 잊어버렸는지 보여 준다. 예수회 입장에서는 이그나티우스(Ignatius)가 단순히 한 명의 천사가 아닌 천사장을 마리아와 공유하는 특권을 가졌었다는 점이 천만다행이다. 다시 말하면, 예수회 신자들이 '이단들, 심지어 로마 가톨릭교도들로부터도' 전방위적으로 직면해 온 공격을 생각할 때, 이것은 그들에게 꼭 필요한 예방책이다.[2]

마리아 타우지에(María Tausiet)는 특히, 프랑스 개신교와 국경을 마주한 스페인 악령들과의 싸움에 집중하는데, 그들이 마침내 패배할 때 참 교회의 권세가 입증된다고 여겼다. 로빈 브릭스(Robin Briggs)도 마귀들에 대한 선입견을 소개하는데, 이번에는 쟝 보딩(Jean Bodin)의 글을 통해서이다. 서른일곱 살 때부터, 보딩은 수호천사로 보이는 영의 지도를 지속적으로 받았다. 마녀들이 박해를 당하는지 확인하려는 이 성인(聖人)의 열정은, 매우 독특하면서도 큰 처벌을 받을 만하던 이단들에게 매우 유용한 연막이었다.

종교개혁과 반종교개혁 이후의 삶은 엘리자베스 라이스(Elizabeth Reis)의 뉴잉글랜드에 대한 설명에서 엿볼 수 있다. 뉴잉글랜드에서 천사들은 18세기 대각성으로부터 활력소를 얻었다. 여기에 아이러니가 있다. 왜냐하면, (알렉산드라 월셤이 상기시켜주는 바와 같이) 잉글랜드 본토의 대각성에서도 중요한 역할을 했던 조지 휫필드(George Whitefield)가 빌데스턴(Bildeston, 비들스톤Bidleston이 아니다)의 작은 마을 서포크(Suffolk)에서는 천사의 천적이었기 때문이다. 휫필드의 설교에 영감을 받은 교구 위원들은 예배당 지붕 중앙에 화려하게 조각된 천사들을 부수고 불태웠다. 그 훼손된 모습을 지금도 볼 수 있다.

오웬 데이비스(Owen Davies)는, 많은 아이들의 의식 속에 수호천사에 대한 생각이 계속 퍼지고 있었음에도 불구하고, 19~20세기 잉글랜드 민간전승(English folklore)에 천사가 거의 보이지 않는다는 특이한 점에 주목한다. 그리고 그는 인위적으로 조작된 천사의 방문보다는 심령술(spiritualism)이 다른 세계로의 더 믿음직스럽고 민주적인 길을 열어주게 되었다고 주장한다.

페이절 모하메드(Feisal Mohamed)의 책은 마셜과 월셤 책의 확장판이며(실제로, 이 책을 전반적으로, 그리고 적절하게 참고한다), 리처드 후커(Richard Hooker)에서 존 밀턴(John Milton)에 이르는 잉글랜드 개신교 사상에 문학적으로나 신학적으로 등장하는 천사에 대한 유용한 연구서이다. 비록 모하메드의 이야기 대부분이 아레오파기테(Areopagite)의 환상들에 회의적이었던 칼빈을 따르는 선량한 개혁주의자들에 관한 것이긴 하지만, 그는 이 주제에 관한 위-디오니시우스의 중요성을 적절히 강조한다.

콜렛이 얼마나 다르면서 얼마나 중세적이었는지만 생각한다면, 그는 이 잉글랜드 개혁주의 저자들에게 선구자와 같다(그러나 종교개혁 샛별로서의 콜렛의 주식은 최근 폭락했다. 그가 성 폴의 교구 목사직을 그럭저럭 수행했다는 조나단 아널드[Jonathan Arnold]의 평가 때문이었다).[3] 모하메드가 지적하는 대로(p. 106), 밀턴은 모든 교부들을 조롱하기 위한 목적으로 위-디오니시우스를 교부로 인정했다. 밀턴은 천사 연구에 있어서 해당 문헌의 절반을 차지할 만큼 이 분야의 대가이다.

모하메드는 밀턴이 라파엘과 미카엘을 어떻게 다루었는지 상세히 연구했다. 그는 한 사람의 예민하고 교양 있는 개혁주의 그리스도인이 자기 시대를 위한 하나의 이야기를 만들어내기 위해 2천 년 전의 종교적 경험으로부터 가치 있는 것과 버려져야 할 것들을 구분해 내면서 마주해야 했던 당혹스러움을 독자들에게 생생하게 전달해 준다.

제 3 장

동정녀 마리아와 프로테스탄트 종교개혁가들

캔터베리 대주교 토머스 크랜머(Thomas Cranmer)가 제단에 앉아 재세례파 이단들에 대한 심문을 진행하는 장면을 생각해 보자.

1549년 5월이었다. 재판관을 위해 격식을 차리지 않고 덮여있던 제단은 런던의 성 바울성당(St. Paul's Cathedral) 내에 있는 성모예배소(Lady Chapel) 제단이다. 재판을 받는 이단들 중에서 여러 명은 로마 가톨릭교회의 성육신 교리를 부인했으며, 그중의 한 명은 곧 화형을 당할 것이었다. 참으로 역설적이게도, 대주교는 성육신 교리를 변호하는 동안 성모예배소의 제단을 발로 밟고 있었다. 구경꾼들에 섞여 그 모습을 지켜보던 사람들 중에 경건하며 학식 있는 웨일즈의 로마 가톨릭교도인 토머스 스트래들링(Thomas Stradling)이 있었다.

그는 나중에 그 상황에 대한 자신의 반응을 기록으로 남겼다. 그는 그 상황이 자신의 서가에 있는 어느 문서에서 발견된 11세기 예언의 신비한 성취라고 해석했다. 그는 크랜머가 이 신성 모독 행위에 대해 일차적으로 1549년의 폭동에 의해 벌을 받고, 나중에는 비참하게 교수형을 당함으로 벌을 받게 되었다고 지적했다.[1]

크랜머의 성모예배소 제단 사건은 성모예배소에 대한 종교개혁가들의 모호한 감정에 대해 많은 것을 말해 준다. 한편에서 종교개혁가들은 동정녀 마리아가 중심이 되는 예전과 예배 행위를 뒤엎고 비신격화하는 것을 주요한 경건 사역으로 보았다. 다른 한편에서는, 종교개혁이 풀어놓은 훨씬 더 군사적인 세력에 대항하여 로마 가톨릭 신앙을 변호하기 위해 동정녀 마리아를 요새로 이용했다. 그들은 자신들이 세상을 향해 선포하지만 교황주의와 급진주의라는 두 가지 반대 세력으로부터 위협을 당한다고 느끼는 성경 이야기 안에서 동정녀 마리아가 한 부분을 차지하기 바랐다.

하지만 동정녀 마리아에 대한 그들의 모호한 감정을 가지고, 그들은 자신들이 성경 본문에서 발견한 것에 대해 점점 더 솔직해지고 있었다. 즉, 성경에서 동정녀 마리아 이야기는 범위 면에서는 제한적이긴 하지만, 찬양과 존경의 요소들을 포함하고 있었다. 종교개혁가들의 사명은 뒤엎는 것만큼이나 회복하는 데에도 있었다.

동정녀 마리아와 종교개혁가들의 관계가 상당 부분 성경 본문에 의해 결정되었으므로, 그들의 태도의 초기 단계를 데시데리우스 에라스무스(Desiderius Erasmus)의 사상에서 틀림없이 찾을 수 있다. 젊은 에라스무스는, 비록 후대에는 성경학자로서 흠이 없었지만, 다른 젊은 인문주의 사제들이 전통적인 야망을 가지고 행하던 것과 같은 일을 했다. 즉, 그는 동정녀 마리아를 찬양하는 멋진 라틴어 시를 썼다.

그의 『동정녀에게 간구함』(*Supplication to the Virgin*)에는 중세 후기 문학에서 누구나 기대할 수 있는 터무니없는 요소들이 들어 있다. 그는 동정녀 마리아를 가리켜 '나의 구원, 나의 유일하고 확실한 피난처,' '아름다운 달빛, 영원한 태양의 누이와 어머니'라고 부른다. 비슷한 시기에 쓴 그의 『찬가』(*Paean*)에서는, 『동정녀에게 간구함』에서 했던 것처럼 동정녀 마리아를 '진실한 다이애나'로 묘사한다.

그러나 1528년에 쓴 『키케로 추종자』(Ciceronian)에서, 이 성숙한 성경 비평가요 탁월한 인문주의자는 예수를 아폴로에 비유하고 그의 어머니를 다이애나에게 비유하려는 사람들을 비웃고 있으니, 그의 초기 시들이 그를 당황시킬 수밖에 없었을 것이다.[2] 위의 표현들은 그가 성경신학을 깊이 연구하기 전에 토머스 모어(Thomas More)에게 보낸 편지에서도 동일하게 발견된다. 또한, 같은 해에 쓴 그리스도 중심적인 경건한 저서 『엔키리디온』(The Enchiridion)에는 나중에 프로테스탄트 교육의 대표적인 구절이 된 문장이 처음으로 실렸다.

"동정녀 마리아의 겸손을 닮는 것보다 더 동정녀 마리아에게 기쁨이 되는 헌신은 없다"[3]

그러나 또 다른 고전적인 진술에서는 분명하면서도 서구교회에 시한폭탄과도 같은 말을 했다.

"동정녀 마리아가 아니라 그리스도가 우리의 구원의 닻이시다."[4]

에라스무스가 성경 본문에 대한 연구로 돌아섰을 때, 그가 한 일은 성경 주석의 일인자였던 제롬 등이 만들어내서 그 동안 동정녀 마리아 숭배를 발달시키는 데 중요한 역할을 했던 상당수의 비평 구조를 맹렬하게 공격하는 것이었다. 성경을 읽는 사람들이 그 본문에 들어 있는 비유에 주석을 달기 위해서는 그에 합당한 주의를 기울여야 하고, 바른 방향으로 나아가야 한다.

에라스무스는 아가서나 시락서(Book of Sirach)의 지혜라는 소재를 동정녀 마리아에게 사용하는 것을 안타까워했다. 즉, 만일 아름다운 신부나 선재하는 지혜에 관한 비유가 있다면, 이것은 교회를 가리켜야 하며, 또한, 교회와 구원자와의 관계를 가리키는 것이어야 한다는 것이었다. 프로테스탄트 주석들은 이 메시지를 거듭 강조했다.[5]

프로테스탄트들에게 더 문제가 되었던 비유 관련 문제는 마리아의 영원한 동정성이었다. 이 신앙에 대한 전통적인 신앙의 대부분은 닫힌 문을 통해 오직 주님만 들어가실 수 있다는 에스겔 44:2의 비유적인 표현에 직접 근거를 두고 있으며, 이것은 처녀가 잉태하여 아들을 임마누엘이라는 아들을 낳은 것이라는 이사야의 예언으로 뒷받침되었다(사 7:14). 에라스무스는 이 구절을 제롬이 해석한 대로 읽을 수 없었다. 그의 주석에 충격을 받아 비난하으로 답변하면서 에라스무스는 명확한 입장을 제시했다.

"우리는 성경에 아무런 해설이 없음에도 불구하고 마리아의 영원한 동정성을 믿고 있다."[6]

에라스무스의 다른 통찰들도 향후 찾아올 구원론의 혁명에 중요한 역할을 했다. 그의 1517년 개정판 신약성경에서, 에라스무스는 "성모송"(Hail Song)에 인용된 가브리엘 천사의 인사를 라틴어로 다시 번역했다. 이제 처녀(Virgin)는 '그라티아 플레나'(*gratia plena*, 은혜가 충만한 자) 대신 '그라티오사'(*gratiosa*, 은혜로운 자)가 되었고, 따라서 공로신학을 지지하기에 덜 유용하게 되었다.[7]

에라스무스는 예수께서 현재까지도 자신의 어머니에게 순종하고 있다는 주장을 확증하려고 예수께서 자신의 부모에게 순종하였다고 말씀하는 누가복음 2:51을 인용하는 미혹된 경건에 대해 비웃었다. 상식의 발견이 사소하게 들릴 수도 있지만, 이것은 매우 중요했다. 왜냐하면, 그것은 그동안 서방의 대중적인 기도 속에 너무도 만연해 있던 동정녀 마리아 중보신학 체계를 무너뜨리는 쐐기가 되었기 때문이다.[8]

그렇게 기본 원리들을 다시 생각하게 되자, 동정녀 마리아 숭배와 사실상 모든 다른 성인 숭배가 에라스무스의 눈에 들어올 수밖에 없었다. 자신의 유명한 『대화집』(*Colloquies*)에서, 에라스무스는 월싱엄 (Walshingham)과 캔터베리(Canterbury)로의 순례 여행을 대중을 위해 가벼운 희극으로 바꾸어 놓았다.[9] 이것은 중세 후기의 대중적인 경건이 얼마나 육체 중심적이고 감각적이었는지 강력하게 폭로하는 부분이었으며, 결국 에라스무스가 평신도의 헌신을 얼마나 싫어했는지 보여주었다.

따라서 한 걸음 물러나 성경을 더 열심히 읽을 것을 큰 소리로 외치고 당대의 교권주의를 신랄하게 비난한 것 때문에, 그는 서구 기독교 세계의 평신도들이 신성한 것들을 붙잡으려고 하는 현실을 정확히 간파하는 동안 엄청난 반대를 받았다.

이런 그의 혐오감이 프로테스탄트 사상에 이식되었다. 특히 개혁파 사상에 더욱 그러했다.[10] 지적인 계보는 분명하다. 에라스무스는 과도한 성물 숭배를 공격했다. 특히, 동정녀 마리아의 모유를 숭배하던 우스운 풍습을 예로 들었다. 이보다 훨씬 더 신랄한(공격적이지는 않지만) 풍자는 존 칼빈(John Calvin)이 1544년에 쓴 반성물에 관한 논문에서 찾아볼 수 있다.[11]

에라스무스는 이방 신들을 대체한 성인 개념에 대해 더 자세히 논의했다. 즉, 성 앤서니(St. Anthony)는 아이스쿨라피우스(Aesculapius, 의술의 신)을 승계한 것이었고, 동정녀 마리아는 프로세르피네(Proserpine)에 대한 쿠데타였다. 『대화집』과 또한, 다른 곳들에서 에라스무스는 실의에 빠진 뱃사람들이 동정녀 마리아를 가리켜 '바다의 별, 하늘의 여왕, 세상의 여제, 구원의 요새'라고 부르는 것을 조롱했다.[12]

이 모든 것들은 하인리히 불링거(Heinrich Bullinger)가 그의 책 『오류 있는 책들의 기원 2』(*De origine erroris libri duo*) 1539년 판에서 성인 숭배와 성물 숭배를 고전적이고 영향력 있게 공격한 데서 또 다시 찾을 수 있는데, 이 책 중에서 동정녀 마리아에 대해 가장 길게 언급한 내용은 1560년경에 잉글랜드교회의 모든 설교들에 인용되었다. 예를 들어, 거의 블록버스터 길이의 『우상 숭배의 위험에 대한 설교』(*Homily against Peril of Idolatry*)에서 불링거를 인용한 대목이 가장 중요한 부분을 차지한다.[13]

동정녀 마리아에 대한 에라스무스의 수정된 견해는, 보수주의자들을 공격하는 자들을 변호하는 격렬한 주장들과 더불어, 동정녀의 인물과 사역을 명백히 진심으로 인정하는 표현들과 함께 균형 있게 이해되어야 하며, 그의 평생의 모든 저서들에 자유로이 흩어져 있는 것들을 찾아내야 한다. 그의 생애의 거의 마지막 저서인 1535년판 기도 모음서는 동정녀 마리아에 대한 유명한 전통적인 기도를 조심스럽게 수록하고 있다.[14]

종교개혁 첫 10년 동안 그의 공격의 결과가 명확해지자, 에라스무스는 깜짝 놀라 뒤로 한 걸음 물러서서 몇몇 옛 확신들을 재확증하는 데에 최선을 다했다. 루터의 등장 이후에 쓴 그의 가장 예상치 못한 저서들 중의 하나는 바젤에서 멀지 않은 포렌트루이(Porrentruy) 사제로 있던 한 친구의 요청에 따라 1523년에 출판한 『로레토의 성모를 위한 수의미사』(*Votive Mass of Notre Dame of Loreto*)인데, 그로서는 위험을 무릅쓰고 펴낸 예배서이다.

그러나 교황청과의 화해를 꾀한 것이라고 보이는 이 시도에서 주목할 만한 것은, 성스러운 집(Holy House)을 적극적으로 기념하지는 않은 채 전적으로 그리스도의 고난을 강조한다는 점이다. 이것이 그 당시 환경에서는 큰 성과였다. 에라스무스는 중세 후기에 일반적이던 동정녀 마리아 수난이라는 주제를 곱씹을 수 있는 설교를 미사에 포함시켰지만, 그와 동시에 그것이 조장하던 예배와 성모 숭배 등에 대해서는 비판했다.

> 동정녀 마리아는 그의 아들의 수난 때문에 고통을 당했다 하지만 그녀의 인격의 힘으로 인간적 감정을 제어했으며, 탄식을 절제했고, 흐르는 눈물을 닦았으며, 다른 제자들이 두려워 도망할 때에도 홀로 요한과 함께 그의 아들의 십자가 곁에 서 있었다. 그녀가 쓰러져 혼절하고 고난을 받아 죽은 모습 등을 보여 주는 그림들은 무익하다. 동정녀 마리아는 울부짖지 않았다. 머리를 쥐어뜯지도 않았다. 가슴을 치며 자기의 불행을 외치지도 않았다. 그녀는 아들의 죽음 때문에 느끼는 고통보다는 인류의 구원 때문에 더 큰 위로를 느꼈다.[15]

여기에 개혁된 로마 가톨릭교회가 나아가야 할 방향이 담겨 있었다. 에라스무스의 전기를 쓴 레옹-어니스트(Leon-Ernest)는 실제로 에라스무스의 수정된 동정녀 마리아 신앙이 그로 하여금 무라토리(Muratori) 또는 로마 가톨릭교회 계몽 운동의 선구자가 되게 했다고 주장했다.[16]

로마 가톨릭 사상 안에 종교개혁으로부터 공격을 받지 않은 그리스도 중심의 고난신학에 집중하는 동정녀 마리아 인상이 그 이후에 생겨날 수 있었다. 예를 들어, 1530년대와 1540년대의 이탈리아의 스피리투알리(Spirituali, 로마 가톨릭 내의 개혁운동가들-역자주) 중에서 미켈란젤로의 후견인이었던 평신도 신학자 비토리아 콜로냐(Vittoria Colonna)를 예로 들 수 있다.

미켈란젤로가 그녀에게 선물로 준 "피에타"(Pieta) 그림에서 영감을 받은 콜로냐가 시를 지었는데, 고난받는 아들과 어머니 사이의 친밀한 관계라는 주제에 집중했으며, 그리스도의 죽음이 어떻게 죽음을 변형시키고, 동정녀 마리아가 쓰다듬고 있는 아들의 몸이 어떻게 성령의 거룩한 은혜를 설명해 주는지 그녀에게 밝히 밝혀 주었다. 그러므로 콜로냐의 동정녀 마리아 신앙은 죽음과 부활, 그리고 성령의 역사의 영적인(spirituale) 주제들을 강조하는 신학의 근본적인 요소가 될 수 있었다.

이 주제들은 북부 종교개혁 영성에도 낯설지 않은 것들이었다. 그러나 이러한 동정녀 마리아 신앙이 콜로냐가 또 다른 유명한 인문주의자 앙굴렘의 마가레트(Marguerite of Angouleme)와 서신을 교환할 때에는 전혀 나타나지 않았다는 것이 놀랍다. 두 여인은 모두 동정녀 마리아가 보여 주는 여성 모델을 많이 의지했을 것이다. 이 경건한 두 사람 사이에 오고간 현존하는 편지들에는 성경적인 내용들이 가득하지만, 동정녀에 대해 직접적으로나 비유적으로 언급한 내용이 없는 것이 주목할 만하다.[17]

더욱이, 영적인(Spirituale) 경건의 운명은 로마 가톨릭교회 영성으로부터 소외되어, 조직적인 억압을 받거나 또는 프로테스탄트 사상에서 그 쉼터를 찾게 될 것이었다. '스피리투알리'(Spirituali)는 로마 가톨릭의 역사가 될 뻔 했다. 이와는 반대로 로마 가톨릭교회의 실제적인 미래가 될 만한 더 중요한 사건은 에라스무스와 동시대에 살면서 수정주의 또는 중도 노선을 따르려고 했던 한 사람의 인생에서 일어났다.

그는 아비뇽의 프란체스코 탁발수사 프랑수아 램버트(François Lambert)이다. 1520년 경, 램버트는 『우리 주 예수 그리스도의 화관』(La couronne de Notre Seigneur Jésus-Christ)을 출판했다. 이 책은 묵주 기도서를 본떠서 만들었지만, 그 관심이 동정녀 마리아에게서 그리스도의 인격에로 옮겨가 그의 33년간의 사역을 담고 있다. 그러나 이 작품은 여전히 동정녀 마리아를 언급하고 있으며, 천사와 성인들의 중보와 더불어 동정녀 마리아의 중보를 추구했다. 즉, 무흠 교리를 확증했으며, 교황을 위해 헌신적으로 기도했다.[18]

그로부터 얼마 후 1522년 여름, 램버트는 종교개혁이 한창 진행되던 때에 취리히에 여행할 기회를 얻어서, 프라우뮌스터(Fraumünster)에서 동정녀 마리아와 성인들의 중보라는 주제로 설교했다. 이것이 바로 울리히 쯔빙글리가 "브루더, 다 일레스트 두"(Bruder, da irrest du, 형제여, 바로 그 점이 바로 틀렸습니다)라며 이 설교자를 크게 비난한 사건이었다. 이튿날 램버트는 쯔빙글리와 논쟁했다. 그리고 이 탁발 수사는 이때를 마지막으로 프란체스코 수사복을 벗고, 종교개혁의 지지자로서 짧지만 매우 활기찬 삶을 시작했다. 그의 입에서 다시는 동정녀 마리아의 중보에 관한 이야기가 나오지 않았다.[19]

램버트의 배교는 우리를 마침내 종교개혁 자체로 인도해 주며, 또한, 마틴 루터가 다양한 저술들에 유산으로 남겨 둔 파괴와 확증의 이중 유산으로 인도해 준다. 에라스무스는 다시 성경을 주목했으며, 순례 여행과 성인들의 중보를 뒤엎고 그리스도의 고난과 구원 사역을 강조했다.

이 모든 것으로부터 설득력 있는 파괴력을 얻은 루터는 오직 믿음으로만 얻는 칭의를 불같이 그리고 한결 같이 주장할 수 있게 되었다. 성인들의 중보도 오랫동안 루터의 메시지와 충돌을 피하지 못했던 것 같기는 하지만, 매우 활발하던 순례 여행 사업은 즉시 논쟁을 일으켰다.

1520년, 옛 세계에 대한 전쟁을 선포한 그의 중요한 글들 중의 하나인 『독일 민족의 기독교 귀족에게 고함』(Address to the Christian Nobility of the German Nation)에서 이미 루터는 독일에 가장 최근에 극적으로 만들어진 동정녀 마리아 유물에 대해 다루었다. 이 유물은 레겐스부르크

(Regensburg)의 "아름다운 마리아"(Beautiful Mary)로서 후에 급진주의자가 되는(역사적으로 아이러니하게도) 발타자르 후브마이어(Balthasar Bubmaier)가 창작한 프랑켄슈타인의 괴물이었다.

그 당시 매우 전통주의적인 대성당 설교자였던 후브마이어는 1519년 겨울에 반유대인 학살을 부추겼는데, 그 후에 회당이 파괴될 때 부상을 입은 노동자를 치유하기 위해서 성모가 고안되었다. 1519년 성모 몽소승천 축일(Feast of the Assumption, 8월 15일-역자주)에 임시로 만들어 놓은 유물을 방문하기 위해 한 달 동안 무려 5천 명의 순례객이 다녀갔다고 한다.

후브마이어의 반유대교 성향과 친-동정녀 마리아 성향이 결합된 태도는 프로테스탄트 유럽에서 동정녀 마리아의 지위에 엄청난 결과를 가져오게 되었다. 그것은 마치 요한 텟젤(Johann Tetzel)의 무분별한 행동이 루터의 격렬한 반응을 낳는 촉매제가 되었던 것과 같았다. 1년이 지난 후 '아름다운 동정녀 마리아'는 루터의 격노를 불러일으켰다. 즉, 루터가 『독일 민족의 기독교 귀족에게 고함』에서 순례 여행에 대한 신랄한 비난을 퍼부을 때 반드시 '부서져야'(vorstoret) 한다고 나열한 유물 목록 중에서 가장 나쁜 성물이었다.[20]

그러므로 루터는 자신의 지도를 기대하기 시작하는 사람들에게 파괴 활동을 위한 특별한 암시를 주었다. 파괴의 논리를 완성하기 위해 반드시 만들 필요가 있는 또 다른 연결고리가 있었다. 즉, 유물들은 종종 성상으로 되어 있었으며, 동정녀 마리아의 유물도 역시 마찬가지였다. 유물들과 우상의 죄를 일반적으로 연결시킨 사람은 루터의 동료였던 비텐베르크의 안드레아스 칼슈타트(Andreas Karlstadt)였다.

1522년 1월과 2월, 루터가 비텐베르크를 떠난 사이, 군중들은 칼슈타트의 영향을 받아 비텐베르크교회들에 있는 형상을 파괴했다.[21] 루터는 3월에 즉시 이것을 중단시켰지만, 그 이듬해에 취리히에서 쯔빙글리의 종교개혁은 칼슈타트의 지도를 따라, 일반적인 공공 기물 파손 행위를 질서 있고 철저한 교회 정화 사업으로 바꾸었다. 자연스럽게, 중세교회의 실내 장식들마다 성상의 중요한 위치를 차지하던 동정녀 마리아의 형상들은 이 과정의 가장 중요한 표적이었다. 말하자면, '하이퍼둘리아'(hyperdulia, 성모마리아 특별 숭배)를 패러디한 '하이퍼포비아'(hyperphobia, 극단적 혐오)의 희생이었다.

루터는 칼슈타트나 쯔빙글리의 취리히에 관심이 없었지만, 그가 『독일 민족의 기독교 귀족에 고함』에서 순례 여행에 대해 말했던 것들을 취소할 수 없었다. 1522년, 볼프강 루스(Wolfgang Russ)는 알토팅(Altötting)에 있는 바바리안 성모 성지(Barvarian shrine of Our Lady)에서 동정녀 마리아 숭배와 기적에 반대하는 설교를 했다. 이 사건을 시작으로 거의 반세기 동안 성물이 사라졌다가 그 후에 반종교개혁 운동이 이를 되살리기 위해 특별한 노력을 쏟았다.[22] 행동을 촉구하는 루터의 외침에 응답한 루스의 행동은 북유럽 전체에 걸쳐 반복해서 나타났다.

그로부터 2년 동안, 순례객들의 특별한 숭배 대상이었던 동정녀 마리아의 형상들은 파괴되어야 하는 가장 중요한 상징이 되었다. 1524년 3월, 알슈테트(Allstedt)에 있는 종교개혁 열광주의자들은 자신들의 설교자 토머스 뮌처(Thomas Müntzer)로부터 영향을 받아 인근에 있던 말러바흐(Mallerbach)의 동정녀 마리아 성물을 파괴했다. 그들은 성물을 지키고 있던 관리인을 위협하여 도망가게 하고, 그곳을 완전히 불태웠다.[23]

같은 해에, 멀리 북쪽으로 리가(Riga)에서도, 비슷한 그룹의 경건한 자들이 엄청난 숭배 대상이던 대성당의 동정녀 마리아 동상을 가리켜 마녀라고 비난을 퍼붓고는, 그것을 뿌리째 뽑아 강에 던져 넣었다. 나무로 만든 그 동상이 물에 떠오르자, 그들은 그 동상에 유죄를 선고한 후, 마녀들을 처형하던 쿱스베르그(Kubsberg)에서 그것을 불태웠다.[24]

이렇게 즉각적이기도 하고, 계산적이고 하며, 제의적이기도 한 다채로운 행동들은 그 다음 세기에 걸쳐 개혁파 프로테스탄트 나라들에서 일어나게 될 사건들의 본보기가 되었으며, 30년 전쟁(Thirty Years War)의 대혼란을 낳게 되었다. 예를 들어, 잉글랜드에서는 토머스 크롬웰(Thomas Cromwell), 에드워드 6세(Edward VI) 또는 엘리자베스 1세(Elizabeth I) 시대에 동정녀 마리아 형상들이 파괴된 사례들이 즐비하다. 이러한 잔혹한 행위들은 새로운 형태의 로마 가톨릭교회 내의 동정녀 마리아 숭배를 낳았으니, 곧 상처 받은 동정녀 마리아 숭배(cults of battered Marys)였다.

그래서 프로테스탄트의 성상파괴로부터 살아남은 형상들은 성모가 고난을 받은 본보기로 더 가치 있게 여겨지게 되었다. 1528년 파리의 특별한 사례들(1545년과 1551년에 다시 파괴됨), 1532년 칼빈 이전의 제네바, 또는 1600년 바야돌리드(Valladolid) 등을 예로 들 수 있다. 이 중에서 1596년에 이념적으로 무장한 잉글랜드 군대의 카디스(Cadiz) 습격으로 파괴된 이 마지막 동정녀 마리아 상은 특별히 상처 입은 성 마리아(Santa Maria Vulnerata)로 다시 불리게 되었다.[25]

그러나 동정녀 마리아의 물리적인 상징물들에 대한 이러한 과격한 공격이 개혁파 프로테스탄트 유럽과, 그리고 칼슈타트와 쯔빙글리의 후예들의 현상이었음을 강조해야 한다. 프로테스탄트 신앙이 루터 신앙의 수정된 형태로 스며들어 훗날 루터주의(Lutheranism)라고 불리게 된 곳에서는 이러한 공격이 자취를 감추었다.

비텐베르크에서 있었던 칼슈타트의 행동들의 결과를 두려워한 루터는 성상 문제를 심각하게 고민하였으며, 거기에 아무런 문제가 없다는 결론에 이르렀다. 일단 훨씬 더 우스꽝스럽고 위험한 형상들을 제거하자, 옛 동상들, 그림들 그리고 스테인드글라스 등은 신앙에 순전한 기쁨을 주고 신앙을 함양한다고 취급될 수 있었다.[26]

그 영향이 루터교의 북부 유럽에서 현재까지 목격되고 있는데, 두 가지 사례만으로도 충분하다. 뤼벡대성당(Lübeck Cathedral)에는 대형 예수 수난 십자가가 종교개혁과 동맹군의 공습에도 살아남았으며, 그 곁에 있는 동정녀 마리아와 요한은 14세기 모습 그대로 여전히 십자가에 못 박힌 예수상을 지키고 있다. 아마도 루터교회들 실내장식에 있는 동정녀 마리아의 형상들 중에서 가장 주목할 만한 것은 누렘베르크(Nuremberg) 성 로렌즈(St. Lorenz)교회의 중앙 제단 위에 매달려 있는 바이트 슈토스(Veit Stoss)의 수태고지 조각상일 것이다(이것은 최근에 신중하게 철수시켰다가 몇 년 후에 제자리에 복원해 놓았다).

루터는 칼슈타트의 어리석음이라고 생각한 것에 대응하는 데에 그치지 않았다. 그는 구원 메시지를 선포하는 중에 동정녀 마리아의 지위를 긍정적으로 재설정함으로써 동정녀 마리아 숭배에 대한 공격을 펼쳤다. 우선 그는 1521년 9월에 출판한 그의 가장 감동적인 경건서 『성모 마리아 찬가에 대한 주석』(Commentary on the Magnificat)에서 이것을 시작했다. 이것은 심지어 그가 보름스 의회(Diet of Worms)에서 신성 로마 제국 황제에게 도전하기 위해 비텐베르크를 떠나기 전에 시작되었다.[27]

루터가 동정녀 마리아 찬가를 탐구한 것은 단순히 기계적인 활동이 아니었다. 그는 천사의 인사가 담겨 있는 단락에서 동정녀 마리아에 대한 전통적인 숭배를 어느 정도까지 인정할 수 있는지 보여주었다.

"오, 성모 마리아여 그대가 복이 있도다… 그대를 찬양하라! 그대는 거룩하니, 지금부터 영원까지로다…"

'하늘의 여왕'은 '그것이 확실히 진실인 한,' 동정녀 마리아를 여신으로 만들지는 않으면서 받아들일 만했다.[28] 이 모든 것들은 루터신학의 역설적인 특징들을 강조해 주기에 보존될 수 있었다. 즉, 동정녀 마리아의 영광은 그녀가 노래하듯이 하나님께서 그녀를 낮은 곳에서 들어 올려 주신 데에 있었다.

칼슈타트가 그에게 형상과 성상의 실제적인 문제들을 대면하게 해주기 이전부터, 루터는 동정녀 마리아를 묘사하기 위해 어떻게 경건한 예술 작품들을 적절하게 재조정할 수 있을지 생각하고 있었으며, 이점에 대해 충분히 묵상한 후, 자신의 작품 내에 가장 유명한 단락을 남기게 되었다. 즉, 다음과 같은 일련의 대조이다.

> 그녀의 무가치함과 함께 하시는 하나님의 영광,
> 그녀의 충성과 함께 하시는 하나님의 공로,
> 그녀의 보잘 것 없음과 함께 하시는 하나님의 위대하심,
> 그녀의 비천함과 함께 하시는 하나님의 은혜.[29]

하나님께서 그녀의 겸손(humility)이 아니라 비천함(lowliness)을 주목하셨음이 중요했다. 겸손이었다면 그것은 공로가 될 수 있었다. 그러나 동정녀 마리아의 중대한 운명은 그녀 자신의 공로 때문에 주어진 것이 아니다. 이점에서 루터의 중심 신학은 에라스무스의 본문 주해와 맥을 같이 했다.[30]

이렇게 급진적으로 동정녀 마리아의 지위를 재설정함으로써, 성육신의 실재와 엄청난 은혜를 모두 강조하기 위해 동정녀 마리아의 인성(Mary's humanity)을 효과적으로 보호할 수 있게 되었다. 즉, 중세교회가 만들어낸 예술품들에서 분명히 알 수 있는 바와 같이, 중세 예배

의 가장 큰 오류는 '성모와 하나님을 대조시키지 않고, 우리와 성모를 대조시킨'³¹ 것이었다. 따라서 루터는 주석에서 다음과 같이 자유롭게 결론을 내렸다.

> 우리가 이 동정녀 마리아 찬가를 바르게 이해할 수 있게 해달라고 하나님께 기도하라.
> 단순히 본문을 해설하고 빛을 얻는 정도의 이해가 아니라, 몸과 마음에 타오르고 살아있는 이해를 얻으라.
> 그리스도께서 그의 사랑하는 어머니 마리아의 중보와 특별미사를 통해 이것을 우리에게 주시기를 구하노라. 아멘.³²

루터는 평생 동안 그가 『성모 마리아 찬가에 대한 주석』에서 제시한 대강령에 충실한 개혁가였다. 1962년 월터 태폴릿(Walter Tappolet)은 동정녀 마리아에 관한 루터, 쯔빙글리, 불링거, 그리고 칼빈의 글들을 모은 탁월한 선집(選集)『종교개혁가들의 동정녀 마리아 사상』(*Das Marienlob der Reformatoren*)을 출간했다.

태폴릿의 철저한 분석에는 루터와 다른 세 명의 개혁파 신학자들 사이에 불균형이 있다. 즉, 루터가 거의 절반을 차지하며, 태폴릿의 지수표에서는 루터가 여덟 페이지에 달하는 반면, 쯔빙글리, 불링거, 그리고 칼빈은 겨우 두 페이지에 불과하다.³³ 루터가 특별히 동정녀 마리아 찬가를 쓴 적은 없지만(사실, 그는 다양한 중세 순례 성가들[medieval pilgrimage hymns]을 그리스도 중심으로 수정했다), 그의 찬송이 성육신의 문맥에서 동정녀 마리아에 대한 따뜻한 언급들과 함께 여러 곳에 흩어져 있다.

이런 언급들은 당연히 그의 크리스마스 찬송가에서 두드러지지만,

1530년대 초에 지은 사랑의 노래 "존귀한 여인이여 내게 사랑스럽도다"(Sie ist mir lieb, die werte Magd)에도 섬세하고 아름답게 담겨 있다. 이 시에서, 루터는 세 개의 주제를 절묘하게 다룬다. 즉, 그가 다루는 형상은 열두 별의 관을 쓴 요한계시록 12장의 여인이지만, 그 여인은 전통적으로 교회의 형상이기도 하고 동정녀 마리아의 형상이기도 하다. 이 세 가지 모습 모두에서 여인은 그녀의 아이를 죄의 용으로부터 안전하게 보호한다.[34]

동정녀 마리아 친화적인 루터의 태도는 교회력에 따른 그의 설교에서도 이어졌다. 루터는 프로테스탄트 세계에 속한 다른 교회들보다 교회력을 더 많이 지켰기 때문이다. 루터는 비록 동정녀 마리아와 관련된 절기들을 계속 유지하기로 자유롭게 선택했지만, 동정녀 마리아 대신 그리스도에게 집중될 수 있도록 그 절기들을 지켰다.

예를 들어, 성모 수태고지일(Annunciation), 성모 방문 축일(Visitation), 그리고 성촉절(Purification) 등이다. 태폴릿은 루터가 자신의 생애 끝까지 이 절기들에 대해 설교한 반면, 성모 수태에 대해서는 1520년 이전에 마지막으로 설교했고, 성모 탄생에 대해서는 1522년에, 그리고 수태고지에 대해서는 1523년에 마지막으로 설교했다고 지적한다.[35]

동정녀 마리아 찬가는 루터가 가장 좋아하는 주제여서 성경에서 그것과 관련된 성모 방문 축일(Visitation, 7월 2일)에는 애정을 담아 그리고 정기적으로 해설했다. 루터가 성모 방문 축일을 특별히 좋아한 것은 잉글랜드국교회처럼 교회력을 새롭게 편성한 비루터교 개혁교회와 대조를 이룬다.

잉글랜드국교회는 흥미롭게도 크랜머 대주교가 잉글랜드만의 고유한 절기들을 선정할 때 성모수태고지일과 성촉절은 지속적으로 특별하게 언급했지만, 성모 방문 축일은 1549년 의식주의자들의 임시 예배기도서에서부터 제외시켰다.

이것은 잉글랜드의 저녁 기도 예식에서 동정녀 마리아 찬가가 여전히 중요하고 중추적인 역할을 담당하고 있었음에도 불구하고 벌어진 일이었다. 더욱이 여기에는 크랜머가 의도적으로 마틴 부처(Martin Buccer)의 조언을 무시한 경우도 있다. 부처는 루터처럼 이 절기에 애정이 있었으며, 1549년의 기도서를 개정하는 데 조언을 줄 때에도 이 절기를 옹호했다.[36]

취리히 종교개혁가들은 비록 루터처럼 동정녀 마리아에 대한 칭송을 공개적으로 높이지 않았지만, 그 당시 크게 인기를 얻은 루터의 『성모 마리아 찬가에 대한 주석』의 메시지를 그대로 반영했다. 왜냐하면 그 저서에 크게 논쟁의 여지가 거의 없었기 때문이었을 것이다. 루터처럼 취리히 종교개혁가들도 보수적인 로마 가톨릭교도들로부터 그들이 동정녀 마리아를 모욕한다는 비난을 받고 있음을 잘 알고 있었으므로, 그들이 할 수 있는 한 적극적인 항변의 목소리를 내기 위해 애를 썼다.

1522년, 쯔빙글리가 프라우뮌스터(Fraumünster)에서 램버트(Lambert)를 비난했던 해에, 쯔빙글리는 "우리 구주 예수 그리스도의 어머니, 영원히 순결하신 동정녀 마리아에 대하여"(On the ever pure Virgin Maid Mary the mother of Jesus Christ our Saviour)를 설교한 후, 출판했다. 이 설교에서 동정녀 마리아에 관한 성경 자료들을 신중히 나열한 후, 자신이 마리아의 동정을 부인했다는 주장에 대해 직접 반박했다.[37]

취리히 권위자들은 동정녀 마리아 숭배 문제에 있어서 점진주의자들이었다. 그래서 동정녀 마리아와 관련한 절기들은 1535년까지 폐지되지 않았다. 더욱 놀라운 것은, 불링거가 마침내 모든 것을 폐지한 1563년까지 취리히 설교 예배에서 동정녀 마리아 찬가에 해당하는 성

경 부문을 암송하는 것을 들을 수 있었다는 점이다.[38]

불링거는 놀랍게도 자신의 선택에 있어서 옛 전통을 따랐다. 즉, 스승 쯔빙글리와 달리, 에녹이나 엘리야 등이 성경적 선례들을 보여 준다는 합리적인 프로테스탄트 근거 위에서 성모 승천의 가능성을 지지한 것처럼 보인다. 매우 비공식적이기는 했지만, 예기치 않은 상황에서 논쟁이 벌어졌다. 성물과 성지 순례를 공격한 그의 유명한 1539년판 책(앞에서 언급한 책인『오류 있는 책들의 기원 2』) 때문이었다.

제롬의 저술들을 꽤 신랄하게 논평하는 과정에서, 불링거는 거침없이 단언했다.

"이런 이유로 사실상 우리는 성령의 순결한 집이요 성전인, 동정녀 마리아의 거룩한 몸이 천사에 의해 하늘로 들려 올려졌다고 믿는다."[39]

불링거의『오류 있는 책들의 기원』이 1549년에 제네바에서 출판되었을 때 이 놀라운 문장이 본문에서 삭제되었다는 점이 중요하다.[40] 칼빈에게는 동정녀 마리아에 대한 태도가 비텐베르크나 취리히에서보다 훨씬 냉담했으리라는 것을 충분히 이해할 수 있다.

루터는 1523년에 동정녀 마리아 찬가가 견고한 신앙을 가진 사람들에게 전혀 위험하지 않다고 기꺼이 인정했고, 그와 관련된 성경 본문이 취리히의 교회들에서도 계속 읽혀졌지만, 1542년에 칼빈은 그 본문을 사용하는 것이 '저주스러운 신성모독'이라고 통렬하게 비난했으며, 루터가 권장하던 동정녀 마리아에 대한 존칭들에 대해서도 마찬가지였다.[41]

칼빈의『기독교 강요』(Institutio Christianae Religionis)(칼빈의 유명한 조직신학 저서)에 천사의 인사가 전혀 인용되지 않았다는 점이 주목할 만하다. 실제로『기독교 강요』후속 판본들 전체에 걸쳐 동정녀 마리아에 관한 성경의 기본 본문들이 직접적으로나 비유적으로 전혀 인용되

지 않은 것은 매우 충격적이다. 동정녀 마리아 찬가에 대해서도 단 한 번 지나가면서 언급한다.⁴²⁾

틀림없이, 성경 주석을 쓰면서 동정녀 마리아에 관한 본문들을 다루어야 할 때, 칼빈은 본문에 대한 관심에 사로잡혀 상상력을 발휘할 수 있었다. 예를 들어, 누가복음 2:48에 대한 주석에서, 칼빈은 소년 예수가 성전에서 지체한 것을 나무란 것에 대해 동정녀 마리아를 변호했다. 즉 "3일간 지쳤기 때문에 그런 불평을 했다"라고 호의적으로 말했다.⁴³

그러나 그런 정도의 당연한 반응은 하늘의 여왕이 기대한 태도가 아니었다. 하나님을 예배하는 데에 장애가 될 우상 숭배적인 요소가 의심되는 모든 것들을 피하려는 칼빈의 일관된 태도는 루터교와 츠빙글리 개혁가들이 애써 유지하려는 균형 있는 섬세한 태도를 부정적인 방향으로 흐르게 했으며, 점차적으로 칼빈의 주장이 비루터교 유럽의 영성을 성립하는 데에 영향을 미쳤다.

예를 들어, 잉글랜드에서 첫 영어 성경이 발간될 때 누가복음 1:28의 천사의 인사에서 "은혜가 충만한"(full of grace)이라는 어구를 번역하면서, 1560년 제네바 번역을 따랐다. 즉, "마음껏 사랑을 받는 자여"(thou that art freely beloved)라고 번역했으며, 1611년 흠정역(Authorized Version)에서도 옛 구절로 되돌아가지 못한 채 "크게 은혜를 받은 자여"(thou that art highly favoured)라고 번역했다.⁴⁴

나중에 튜더 왕조에 미친 칼빈주의의 영향은 오래전부터 동정녀 마리아에 대해 부정적인 견해를 가졌던 잉글랜드의 전통적인 경향과 서로 결합되었다. 이것은 롤라드파의 특징이었는데, 휴 라티머(Hugh Latimer)의 카리스마 넘치는 설교에 의해 특별히 더 강화되었으며, 출판을 통해 엘리자베스 시대에 스며들었다.

1530년대에 우스터(Worcester)의 대주교였던 라티머는 자기의 성당에서 숭배되던 형상들을 제거했을 뿐만 아니라, 1538년에 전국적으로 시행된 동정녀 마리아 형상 파괴를 매우 기뻐했다.[45] 헨리 8세(Henry VIII) 사후에는 더 이상 방해를 받지 않은 채, 성경에 나오는 동정녀 마리아에 대한 구절들을 부정적으로 보는 에라스무스의 견해를 받아들였으며, 자신이 본래 가지고 있던 여성 혐오감을 덧붙여, 한때 잉글랜드에서 강력했던 성모 숭배의 잔재들을 소탕하는 운동을 벌였다.

라티머에게 있어서 동정녀 마리아의 최고의 덕목은 동정녀 마리아가 순종적이었다는 데에 있었다. 그것은 긍정적인 여성의 덕목이었다. 하지만 동정녀 마리아가 항상 동정녀 마리아 찬가에서처럼 겸손을 보인 것은 아니었다고 보았다. 자신의 아들의 말을 가로막아 "아들의 설교를 방해한 경우가 있는데, 그것은 좋은 매너가 아니었다." 라티머는 요한 크리소스톰(John Chrysostom)과 어거스틴(Augustine)을 즐겨 인용하여 자기의 주장을 입증하려고 했다.

> 동정녀 마리아는 약간의 허영심의 충동을 받았다. 예수님의 어머니로 알려질 것이었다. 그렇지 않았으면 예수의 설교에 성급하게 끼어들지 않았을 것이다... 학교 교사들은 동정녀 마리아가 교만했다고 말한다.

동정녀 마리아는 심지어 성전에서 예수를 잃어버린 잘못을 범했으며, 그 후에 '엄마들처럼' 아들과 다투었다. 이 대목은 라티머의 무의식적인 감정을 알 수 있는 실마리가 된다. 이 사건에서 그리스도의 독단적인 행동들은 라티머에게 있어서 예수가 이 땅에서 제한된 순종을 했음을 보여 주는 것이었다.

"인간보다 하나님을 섬기는 것이 우선이었다"(*oportet magis obedire Deo quam hominibus*).

마치 크리소스톰의 말이 이미 20년 전에 윌리엄 틴데일(William Tyndale)에게 영향을 준 바와 같이, 라티머에게도 이 모든 것들이 동정녀 마리아가 결코 흠이 없는 사람으로 인식되어서는 안 된다는 것을 손쉽게 입증해 주었다.[46]

루터교, 틴데일파, 쯔빙글리파, 칼빈파 등 프로테스탄트 안에서 새로운 교회 조직이 된 '주류'(Magisterial) 개혁가들은 그럼에도 불구하고 그들이 동정녀 마리아를 제자리에 바로 놓으려고 애쓸 때마다 항상 살얼음판을 걷는 것 같이 불안하게 생각했다. 그들과 자신들의 대적인 교황주의자들은 모두 칼케돈 공의회(Council of Chalcedon) 이후 교회에 충성하는 자들이었다.

그러나 모든 성물들의 가치는 전혀 차이가 없다는 루터의 외침에 부응하는 충격적인 반응들이 증명하듯이, 이제는 또 다른 옛 기독교 유산들이 훨씬 더 급진적인 사람들에 의해 어떻게 도전을 받게 될지 예측 가능하거나 제어 가능한 것이 아니었다. 이점에서 동정녀 마리아의 역할은 가장 불안정한 영역이었다. 어떤 반응들은 동정녀 마리아가 서방교회 예배에서 차지한 모든 것을 일반적으로 적대시하는 것이었으며, 따라서 유물과 성상들의 파괴로 이어졌다.

종교개혁 시대 전체에 걸쳐, 동정녀 마리아에 대해 모욕스런 언사를 한 사람들이 많았는데, 그들은 모두 칼빈이나 라티머의 극심한 언사들을 확장한 것이었다(비록 무분별하기는 하지만). 따라서 그것은 말하는 사람이 얼마나 좋은 프로테스탄트인지 보여주지 못하는 태도들이었다. 예를 들어, 1605년에 버킹엄셔(Buckinghamshire)의 한 장갑장수가 "동정녀 마리아는 마귀의 도구다"라고 폭언을 했을 때, 그는 단지 너

무 술에 취해 반로마 가톨릭 언사를 한 것 이상의 분명한 급진적 신학을 표현한 것이었다.[47]

그러나 칼빈을 넘어서려는 노력보다 훨씬 더 급진적인 종교개혁이 있었다. 종교개혁은 성경으로 돌아갔지만, 다시 생각해 보아야 하는 분명한 한 가지 이슈는 성경에서 가장 불확실하게 지지를 받고 있는 동정녀 마리아에 대한 명제, 즉 마리아의 평생 동정성이었다. 성경 본문에서 관련 구절들을 처음 접하는 독자라도 예수님께 형제자매가 있었다는 결론을 얻게 될 것이며, 그것은 1520년대에 수많은 독자들이 도달한 결론이기도 하다.

따라서 1525년 5월, 익명의 급진주의자는(아마도 콘라드 그레벨[Conrad Grebel]이었을 가능성이 높다), "그가 성모에게 7명의 아들이 있었다고 모욕했다"라는 이유로 성 갈렌(St. Gallen)의 도시 지도자들을 분개하게 만들었다.[48] 이같은 성경엄수주의(biblicism)가 그 자체로는 큰 문제가 아닐 수는 있었다. 하지만 우리가 곧 보게 될 것처럼, 종교개혁가들은 만장일치로 성경엄수주의를 거부했다.

부분적인 이유는, 그것이 곧 칼케돈 신조(Chalcedonian package of doctrine)에 대한 심각한 도전과 맞물릴 수 있었기 때문이다. 그 도전은 니케아 공의회(Council of Nicaea, 351년)에서 동의하고 칼케돈 공의회에서 그리스도의 인성과 신성에 관해 신중하게 협의하여 삼위일체 각 위격들의 동등성에 대해 결정한 초대교회의 결론들을 부인하는 것이었다. 급진주의자들처럼 그리스도의 성육신의 중요성을 재평가하는 것은 구원에 있어서의 동정녀 마리아의 역할을 평가 절하하는 것이었다.

이 문제에 대해 현대에나 고대에 여러 생각들이 집중되었다. 많은 급진주의자들의 경우에는 쯔빙글리 등의 인문주의 신학자들과 같이 출발점이 동정녀 마리아에게 있지 않고, 중세 후기 서방교회 예배인 미사에 초점이 맞추어졌다. 에라스무스는 육신적인 것보다 영적인 것을 일관되게 강조했다. 그가 가장 좋아하는 구절 중의 하나는 요한복음 6:63이었다.

쯔빙글리도 에라스무스를 따라 이 구절을 좋아하기 시작하여 영이 생명을 주고 육은 아무 유익이 없다고 주장하였으며, 그 원리 위에 기념설로 불리는 성찬 교리를 세우고, 성찬시에 그리스도께서 육신적으로 또는 물리적으로 임하신다는 것을 부인했다. 그처럼 권위 있는 사람들이 일단 육신주의에서 떠나게 되면, 더욱 대범하게 그러한 생각을 동정녀 마리아와 미사를 둘러싼 예식에 대한 혐오감과 결합시킬 수밖에 없었다.

만일 성찬에서 그리스도의 몸이 영적이고 세상적인 살이 아니라면, 그것은 곧 예수님의 성육신에도 적용되어야 했다. 즉, 이 세상에서의 그리스도의 육신은 동정녀 마리아에 의해 만들어지지 않고 하늘에서 만들어졌다고 보는 것이 논리적이었다.

당대 인문주의에서 뿌리를 찾을 수 있는 것 외에도, 이러한 교리적인 이탈에는 다양한 옛 원인들이 있었다. 중세의 신비주의적인 경건 안에 있던 흐름은 그리스도의 천상육체를 인정하고 묵상하게 했다. 이와 다른 중세의 유산이 롤라드파(Lollards)나 타보르파(Taborites)에서 왔는데, 그들은 동정녀 마리아 숭배에 분노하여 동정녀 마리아를 폄하하던 자들이었다. 또한, 그들은 종종 그들의 분노를 합리화하기 위해 번식에 대한 남성 판타지에 주목했다.

이것은 아리스토텔레스식 생물학에서 존중받던 것으로, 여성을 단지 남성의 씨를 받는 그릇으로 인식하는 사고였다. 남성의 씨가 그리스도의 성육신에 관여하지 않았다면, 그리스도가 인간의 살을 입지 않았다고 해야 논리적이라는 것이다. 8세기의 성상파괴자였던 비잔틴 황제 콘스탄틴 5세(Constantine V)는 생생한 비유를 들어 동정녀 마리아 '그릇' 이론을 표현했다.

> 동정녀 마리아가 그의 자궁에 그리스도를 잉태했을 때, 그녀는 마치 금으로 가득한 지갑과 같았다. 그러나 출산을 한 후에는 단지 빈 지갑에 불과했다.[49]

황제의 격언은 그 후 오랜 역사 동안 계속되었다. 비록 그 후 8세기가 넘도록 수많은 세대가 틀림없이 그 말의 기원이 무엇인지 알지 못했으면서도 말이다. 예를 들어, 찰스 5세(Charles V)의 네덜란드에서는, 구다(Gouda)에 사는 재단사 피이터 플로리즈(Pieter Florisz)의 입에서 성모가 "한 때 계피를 담고 있다가 이제는 겨우 향기만 남아 있는 자루"와 같다는 말이 나왔다. 조금 덜 호의적인 버전으로는, 빌렘 디 쿠퍼(Willem die Cuper)가 성모는 밀가루가 모두 비워진 밀가루 부대와 같다고 말했다.[50]

그 당시 잉글랜드 급진주의자들 사이에 일반적이던 갖가지 비유는, 귀중한 내용물의 향기가 오래 남아 있는 샤프론 봉투였다. 예를 들어, 라티머는 이 비유를 사용한 것 때문에 비난을 받은 적이 있는데, 그 이후에 예상대로, 그것을 전적으로 포기하지는 않고 정통적인 설교 예화로 바꾸기 위해 최선을 다할 뿐이었다.[51]

종교개혁 시대에 발전된 천상육체 교리(celestial flesh doctrine) 중에서 첫 번째 것으로 알려진 경우는 1524년 알사스(Alsace)에서였다. 이 시기는 말러바흐와 리가(Mallerbach and Riga)의 형상들이 불살라지던 때였다. 알사스의 평신도 설교자였던 클레멘트 지글러(Clement Ziegler)는 성례에 관한 시리즈 소논문에서 성육신 때에 가시적인 인간의 몸

을 입으시기 전에 선재하셨던 그리스도의 천상육체 교리를 발전시켰다.⁵²

　이 교리를 기반으로 훨씬 더 완성된 천상육체 교리들이 수없이 많이 만들어졌다. 가장 먼저 슈트라스부르(Strassburg)에서 카스파 슈벵크펠트(Caspar Schwenckfeld)와 멜키오르 호프만(Melchior Hofmann)의 상반된 주장이 있었다. 호프만은 동정녀 마리아를 봉투에 비유하는 대신에 고대 영지주의자 발렌티누스(Valentinus)의 표현을 따라 그리스도께서 "마치 관을 통과하는 물처럼" 동정녀 마리아를 통과하셨다고 주장했다.⁵³

　호프만의 개념은 비슷한 시기에 네덜란드의 정적주의 급진주의자들 사이에서 메노 시몬스(Menno Simons)에 의해 받아들여졌으며, 천상육체 교리는 그의 후예들 사이에서 비록 기술적인 부분의 차이가 있기는 했어도 대체로 공통적인 특징이 되었다. 1550년 조앤 보처(Joan Bocher)를 화형대에 오르게 한 것은 멜키오르파(Melchiorite)와 메노나이트(Mennonite)의 기독론이었다. 앞에서 언급한 크랜머 대주교가 바로 이 재판에서 성 바울성당의 성모예배소 제단에 앉아 있었다.⁵⁴

　성육신 문제를 해결하기 위한 일련의 천상육체 교리들은 발전과 거의 동시에 일신론자들(Unitarianism)의 급진주의 형태로부터 반대를 받았다. 그들은 예수가 전혀 하나님이 아니라, 선지자라고 주장했다. 천상육체 교리만큼이나 이 주장도 구원에 있어서의 동정녀 마리아의 역할을 저평가하는 것이었다.

　이 신앙은 1527년에 아우구스부르크에서 열린 급진주의자들에 대한 재판에 선 분개한 주류 종교개혁가들에 의해 채택되었다. 또한, 이 재판의 선고문이 공식적으로 공표되었을 때 고의적으로나 또는 부주의하게 전혀 근거도 없이 이 교리를 그 당시 널리 존경받던 지도자 발타사르 후브마이어의 탓으로 돌리게 되자, 역설적이지만 급진주의자들 사이에서 이 교리가 매우 널리 알려지게 되었다.[55]

천상육체 교리가 네덜란드에 정착을 하는 동안, 시몬스는 후예들에게 유니테리언주의나 아리안주의(Arianism)를 멀리하게 했다. 이 교리들은 중유럽과 동유럽에서 오랫동안 격렬하게 꽃을 피우기 이전에 이미 16세기 중반에 이탈리아에서 박해받던 복음주의자들 사이에서 잠시 유행하고 있었다.[56]

그러므로 살아남아 있던 급진주의의 두 가지 주요한 형태들은 프로테스탄트 주류보다 훨씬 더 격렬하게 동정녀 마리아를 폄하하는 수단이었다. 아마도 그것이 바로 동정녀 마리아 찬가의 진보적인 사회적 메시지가 급진주의자들에게 영감을 주지 못한 이유일 것이다. 이 성경 본문이 틀림없이 사회적 이상주의와 신성한 사회 재정비에 자극이 될 것이었음에도 불구하고 말이다. 급진적인 생각이 정반대 방향으로 거의 나아가지 않았다는 점이 중요하다. 왜 그런 일이 일어나지 않았는지 확실한 이유를 알 수 없지만, 옛 서방교회보다 더 높이 동정녀 마리아를 존중하는 일은 없었다.[57]

유일한 예외는 고집 세고 별난 천재 파라셀수스(Paracelsus)였다. 특히, 잘츠부르크(Salzburg)에 폭풍이 일던 1524-1535년, 파라셀수스는 신학적 사색을 하던 중에 삼위일체의 본질, 그리고 성모와 삼위일체의 관계 등을 근본적으로 재고찰하는 방향으로 생각을 바꾸었다.[58] 이 문제에 대해 글을 쓴 사람은 훨씬 후대에야 나왔다.

파라셀수스는 하나님 안에서 여성적 원리를 찾는 데에 관심을 가졌다. 자신의 책 『거룩한 삼위일체에 관하여』(Liber de sancta trinitate)에서 파라셀수스는 이것을 가리켜 '고틴'(Gottin)이라고 불렀다. 비록 이 책에서는 '고틴'(Gottin)을 동정녀 마리아로 지칭하지는 않았지만, 그와 거의 비슷한 시기에 동정녀 마리아에 대해 쓴 여러 소논문들에서 이 주제를 더욱 발전시켰다. 그래서 1524년에 쓰였을 것으로 보이는 『동정녀 신의 어머니』(Die Virgine Sancta theotoca)에서, 파라셀수스는 동정녀 마리아가 "신격의 일부를 이룬다"(gehört in die Gottheit)고 적고 있다.[59]

그러므로 그가 동정녀 마리아의 무흠 수태(immaculate conception)와 평생 동정성(perpetual virginity)을 강력하게 주장한 것은 당연했다. 파라셀수스가 당대의 종교개혁가들과 달랐던 또 다른 점은, 동정녀 마리아가 다른 여자들에 비해 창조의 순서에서 달랐다고 주장하는 것, 또는 동정녀 마리아를 가리켜 시락서(Sirach) 24장에 나오는 지혜라는 인물과 동일 존재라고 해석하는 전통적 주해를 따르는 것이었다.

파라셀수스는 동정녀 마리아의 지상 생애가 그녀의 선재성이나 하늘에서의 삶에 비하면 매우 짧은 기간이었으며, 지금은 그녀가 '하늘의 여왕'(Fürstin der Himmelstadt)라고 생각했다.[60]

파라셀수스의 후기 신학 저서들에서는 동정녀 마리아 주제에 관해 더 신중해졌으며, 동정녀 마리아의 신비한 선재성에 관한 논지를 철회했다. 그의 독창적인 창의성을 규정지을 수는 없지만, 1520년대 이후 그는 전통적 교회로부터 더 멀어지고 종교개혁가들에게 더 가까워졌으며, 그로 인해 옛 성상 숭배에 대한 입장을 자제하고, 권위 있는 프로테스탄트 지도자들이 동정녀 마리아에 대해 주장하는 것을 받아들이기 시작했다.[61]

또한, 독일 남부 지역의 동료들 중 한 명이 동정녀 마리아에 관한 이상한 행동을 했다는 소식을 듣고 어느 정도 충격을 받았을 수도 있다. 그 동료는 동정녀 마리아에 관심이 없던 급진주자들을 제멋대로 모함하던 사람으로, 두 번 결혼한 급진적인 모피상 니콜라스 프레이(Nocholas Frey)였다. 프레이는 로텐부르크(Rotenburg)에서 첫 번째 부인을 버리고 귀족 출신 미망인을 취하면서 자기가 새로운 동정녀 마리아, 그리고 새로운 하와와 영적 관계를 맺었다고 생각했고, 자기 스스로 삼위일체의 역할을 했다고 믿었다.

1533년에 슈트라스부르 지역 노회는 그에게 주장을 철회하라고 요구했으며, 결국 회개하지 않는 프레이를 수장시키라고 공포했다. 결국 그를 따르는 자가 아무도 없었다.[62] 매우 중요한 사실 하나는 동정녀 마리아에 관한 파라셀수스의 초기 주장들이 특히 프로테스탄트의 여러 다양한 분파들에서 나타났으며, 파라셀시안주의(Paracelsianism)라는 이름으로 분류될 만큼 열광적이었다는 사실이다.

신비주의자 야콥 뵈메(Jacob Boehme)를 예로 들어 보자.

약 반 세기 전의 파라셀수스와 마찬가지로, 뵈메는 하나님 안에 여성적인 원리가 없다는 것을 느끼고는 그 원리가 과연 무엇인지 정의하려고 노력했다. 그러나 그의 가장 신비주의적인 저서들 중의 하나인 『그리스도께로 가는 길』(The Way to Christ)에서, 뵈메는 놀랍게도 지혜의 여인(Virgin Sophia)을 동정녀 마리아와 분리시킨 후, 영혼이 지혜의 여인을 통해서만 하나님과 신비한 연합을 이룰 수 있다고 보았다.

동정녀 마리아는 성육신의 도구로서의 상투적인 기능적 역할만 할 뿐이었다. 따라서 뵈메는 성육신에 관해 자세히 해설하는 긴 단락에서 동정녀 마리아의 인간적인 몸을 강조하고, 동정녀 마리아 역시 타락의 결과로 생긴 부패한 인간의 육체를 가지고 있었다고 설명했다. 이점에서 뵈메는 그의 루터교 뿌리에 충실하고 있으며, 파라셀시안주의의 흔적이 전혀 보이지 않는다.[63]

칼케돈 신조에 위협이 되는 다양한 급진주의에 직면하여, 주류 종교개혁가들은 초대교회가 동정녀 마리아에 대해 확증했던 신앙에 자기들이 충실하다는 것을 보이려고 애를 썼다. 많은 종교개혁가들은 고대교회가 주장했던 '신의 어머니'(*Theotokos*)라는 칭호를 기꺼이 지지했으며, 이 칭호가 네스토리안주의를 배척했던 것처럼 현대의 왜곡된 기독론에 대해서도 방어가 된다고 생각했다.[64]

그들은 성모 몽소승천에 대해 각기 다른 정도의 불가지론을 보였다. 그 중에서 (앞서 본 바와 같이) 불링거가 가장 긍정적이었다.[65] 무흠 수태에 관해서는, 프로테스탄트들이 한 걸음 물러나서 로마 가톨릭교회가 이 주제에 대해 어떤 입장인지 계속 지켜 보았다.[66] 이 문제는 그들에게 단순했다. 즉, 무흠수태는 후기에 부당하게 발달한 교리로서 루터의 이신칭의 주장과 직접적으로 충돌했다. 루터의 역설적인 구원론은 동정녀 마리아의 죄악된 육체와 관련된 주제에서 가장 극적이었다. 즉, 루터는 구세주의 계보가 유다와 다말의 근친상간과 연관되는 것을 보라고 주장했다.

"하나님께서 [그리스도를] 가장 수치스러운 근친상간의 계보에서 나게 하셨다. 그분이 가장 진실하신 육체이심을 보이기 위함이었다."

그리스도는 참으로 '유다와 다말에 의해 오염된' 육체에서, 그리고 성령에 의해 참으로 성화되기도 한 육체에서 나셨다.[67] 아마도 이 복음적인 역설과 관련해서 가장 직설적인 진술은 로저 허친슨(Roger Hutchinson)이 한 주장일 것이다. 에드워드 6세 시대에 대주교 크랜머의 지도 신부였던 그는 그리스도의 인성이 동정녀 마리아의 태를 가득 채웠기 때문에 그 어떤 수치도 그리스도의 신성에 침투하지 못했다고 강조했다.

> 그리스도의 신성은 그곳에서 더럽혀지지 않았다. 마치 썩은 고기와 불결한 오물을 비추는 태양이 그것들의 악취 때문에 더럽혀지거나 수치를 당하지 않는 것과 같다.

이것은 성육신의 신비에 대한 놀라운 묵상이었다. 그리고 이것이 에드워드 6세 시대 런던에서 허친슨과 멜키오르파의 논쟁으로부터 직접 나왔다는 점을 주목할 만하다.[68]

그러나 주류 종교개혁가들이 만장일치로 확고하게 보수적 입장을 보인 부분은 동정녀 마리아의 평생 동정성이다. 그럼에도 불구하고 이 주제는 그들이 로마 가톨릭교도들과 급진주의자들 모두에게 사상적으로 공격을 받는 표적이었다. 토머스 모어(Thomas More)와 같은 인문주의 로마 가톨릭교도들은 동정녀 마리아의 평생 동정성이 신앙의 문제이지만 성경에서는 찾을 수 없다고 말한 에라스무스의 주장을 받아들였다.

만일 그렇다면, 그 신앙을 계속 갖는 것은 '기록되지 않은 진리'(unwritten verities)의 정당성을 강력하게 주장하는 것이었는데, '기록되지 않은 진리'는 교회가 보호하는 전통이었던 반면, 종교개혁가들이 널리 비난하는 교리였다.[69]

모든 로마 가톨릭교도들이 에라스무스에게 동의한 것은 결코 아니었다. 1530년대 잉글랜드의 논객 토머스 스와이너턴(Thomas Swynnerton)은 이 문제에 대해 그들이 어떻게 나뉘어져 있었는지 활발히 지적했지만, 사실 그 도전은 매우 심각했다.[70]

훨씬 더 심각한 것은 평생 동정성에 대한 급진주의자들의 도전이었다. 왜냐하면 '솔라 스크립투라'(sola scriptura, 오직 성경으로)를 확고히 믿는 두 그룹 간의 논쟁이었기 때문이다. 급진주의자들은 종교개혁가들이 평생 동정성을 주장하기 위해 성경의 기록을 확대 해석하는 것에 대해 로마 가톨릭교도들과 합세하여 비판했다. 사실 급진주의자들은 성경의 증거가 실제로는 정확히 정반대의 사실을 증명한다고 주장했다.

만일 성경엄수주의에 따라 그 논쟁을 결정해야 한다면, 권위자들을 변호하기 위한 확실한 방법은 단 한 가지밖에 없었다. 즉, 제롬이 오래 전 4세기에 헬비디우스(Helvidius)로부터 비슷한 반대를 받았을 때 신랄한 어조로 대답하면서 인용한 관련 성경 구절들을 의도적으로 주해하는 것이었다.

이것이 바로 종교개혁가들이 한 것이었다. 그들은, 제롬이 한 것처럼, 공관복음에서 예수님의 '형제들'이라고 말씀한 것이 사실은 그의 '사촌들'을 가리키며, 예수님께서 마태복음 1:24-25에서 동정녀 마리아의 첫 아들이라고 불릴 때, 그것이 사실은 동정녀 마리아의 독생자라는 의미라고 주장했다. 그들은 반복해서 그리고 한결 같이 헬비디우스의 이름을 비난했으며, 제롬이 헬비디우스의 주장을 궤멸한 것처럼 해석했다.[71]

더욱이, 어떤 종교개혁가들은 중세 시대의 풍유적인 성경 해석과 교부의 주해 방법에 다시 흥미를 갖기 시작했는데, 사실 그 방법론들은 그들이 다른 경우들에서 명백히 의심하던 것들이었다. 즉 그들은 에라스무스를 따르지 않고 에스겔 44:2와 이사야 7:14를 근거 본문으로 확신 있게 택했다.

쯔빙글리와 불링거는 이점에 있어서 자신들의 인문주의를 버렸다.[72] 교황주의자들과 급진주의자들을 똑같이 대항하는 또 다른 프로테스탄트 접근법은, 이 교리의 성경 근거에 대해 신중한 불가지론을 주장하면서, 이 문제가 부수적인 신앙의 문제일 뿐 구원의 문제가 아니라고 말하는 것이었다.[73]

그러나 종교개혁가들이 이것을 매우 기뻐한다고 느낀 사람은 아무도 없었다. 종교개혁가들이 『교회 정치』(Ecclesiastical Polity)에 있는 한 단락을 알았다면 그들의 의심이 더욱 증폭되기만 했을 것이다. 그들은 이 책을 리처드 후커(Richard Hooker)에 적용한 적이 있었다. 후커는 '신적인 문제에 있어서, 즉 우리가 우리 자신의 판단을 적법하게 의심하고 유보할' 수 있는 사례로 동정녀 마리아의 평생 동정성 교리를 제시했었는데,[74] 개혁가들이 이것을 정죄한 적이 있었던 것이다.

그렇다면 주류 종교개혁가들은 왜 평생 동정성에 그렇게 집착했을까?

일단, 그것은 서방 기독교 사회에 심각하게 만연하던 성(性)에 대한 일반적인 우려 때문이었을 것이다. 예수 그리스도는 그의 인성이 니케아 신조와 칼케돈 신조에 의해 아무리 안전하게 보호된다 하더라도, 그에 대한 참된 사랑과 존경을 보이기 위해서 반드시 그의 어머니와 함께 인간의 생식이라는 불결한 실재로부터 구별될 필요가 있었다. 이보다 더 의식 있는 신학적인 관점에서는, 평생 동정성에 관한 성경 해석을 둘러싼 논쟁이 종교개혁가들 자체 내에서의 논쟁과 깊은 관련이 있었다.

따라서 1529년 말부르크 회담(Colloquy of Marburg)에서, 쯔빙글리는 그리스도께서 성찬을 제정하실 때 하신 말씀을 문자적으로 해석하는 루터의 완고함을 탄식하면서, 루터의 태도를 헬비디우스의 외고집과 연관시켰다.[75]

그러나 진짜 원인은 급진적인 도전에 있었다. 즉 단순히 평생 동정성 논쟁을 낳은 성육신에 관한 급진적인 견해들 때문이 아니라, 급진주의자들의 다른 중요한 관심들 중의 하나였던 또 다른 문제 때문이었다. 그 문제는 유아 세례에 반대하는 성인 세례에 관한 주장이었다.

두 가지 모두의 경우에서 성경의 권위에 관한 문제가 똑같이 불거졌다. 동정녀 마리아의 평생 동정성과 유아 세례의 필요성 등처럼 주류 종교개혁가들이 유효하고 중요하다고 강력하게 믿던 신앙들은 분명히 성경에서 그 근거를 찾기에 불확실했다. 그것을 받아들이는 것은, 곧 성경의 권위(authority of scripture) 외에 교회의 권위(church authority)라는 개념을 꺼림칙하게 만지작거리는 것과 같았으며, 따라서 급진주의자들과 보수주의자들 모두에게 공격을 받을 수 있었다.

루터교 대변인이었던 헤르만 부쉬(Bermann Busche)는 뮌스터(Münster)에서 재세례파들과 논쟁하는 자리에서, 그 논쟁이 1533년 당시 아직 여전히 그곳에서 치열하게 벌어지고 있었음에도 불구하고 무심코 자신의 속내를 드러내고 말았다. 유아 세례의 근거를 성경에서 명시적으로 찾을 수 없다고 주장한 후에, 그는 이렇게 말했다.

> 지금까지 아무 거리낌 없이 받아들여지고 있는 것들 중에서 성경에 언급되지 않은 많은 것들이 있다. 예를 들어, 동정녀 마리아의 평생 동정성 또는 성경이 그 어느 곳에서도 사도들의 세례에 대해 언급하지 않는다는 사실 등이다.[76]

동정녀 마리아의 평생 동정성이 그렇게 중요하다고 생각된 것은 바로 그러한 논쟁이 마음에 있었기 때문이었다.

안드레아스 오시안더(Andreas Osiander)가 1527년에 쯔빙글리에게 편지를 쓰면서 신앙의 핵심이 마리아 동정성에 관한 만족할 만한 증거에 있다고 했을 때나, 또는 같은 해에 요하네스 외콜람파디우스(Johannes Oecolampadius)가 쯔빙글리에게 매우 유사한 용어들을 사용하여 기독교 전체가 마리아의 동정성을 인정하느냐 여부에 따라 서기도 하고 넘어지기도 한다고 말했을 때, 그들이 그렇게 말한 이유는 아우구스부르크에서 예수 그리스도가 단지 선지자에 불과하다고 주장했던 첫 번째 급진적인 주장의 결과 때문이었다.[77]

우리는 복잡하게 얽힌 이야기를 추적해 보았다. 그리고 이 대혼란은 점차 프로테스탄트가 동정녀 마리아 문제에 대해 대체로 침묵하는 쪽으로 진행되었다. 로마 가톨릭이 성모 마리아를 더 적극적으로 장려하는 것을 16세기 중반 회복 운동의 상징으로 삼으려고 했던 것은 이 문제에 아무 도움이 되지 않았다.

여왕 메리 1세(Queen Mary I)의 사후에 동정녀 마리아 찬가를 마지막으로 들을 수 있었던 잉글랜드에서는, 사람들이 선조들처럼 동정녀 마리아에 대한 노래를 부르지 못하도록 제지받았다. 런던의 출판사들이 인쇄한 노래들이 분명히 실제로 불렸던 노래들과 같지는 않지만, 그 속에 어떤 내용을 담지 않았는지 때문에 중요하다. 즉, 이 가사들에 담겨 있는 것은 성모의 섭리가 아니라 하나님의 섭리였다.[78]

루터가 사랑하고 널리 보급한 크리스마스 캐럴들은 잉글랜드에서 엘리자베스 시대에 간헐적으로 출판된 로마 가톨릭의 잔재들과 관련되어 큰 논쟁이 되다가, 17세기 초에 다시 인기를 얻었다. 잉글랜드의 출판사들은 1637년 이전까지만 해도 성가정(Holy Family) 그림을 출판하지 않았다. 대중적인 캐럴이었던 '의로운 요셉'(Righteous Joseph)은 성모에게 쏟아졌던 관심을 그의 남편에게로 돌리려는 시도를 담은 것이었다.[79]

루터교 안에서조차, 루터가 종교적인 예술에 대해 계속 헌신하고 허락했음에도 불구하고 그의 사후에는 결코 수정된 형태의 동정녀 마리아 숭배로 발전하지 않았다. 새로운 동정녀 마리아 그림들은 16세기 중엽 이후 루터교회들 안에서 자취를 감춘 대신, 십자가에 못 박힌 예수 형상들이 계속해서 루터교회 예술의 소재가 되었다. 루터가 친히 중요한 십자가 형상 하나를 장려했다는 사실이 이 침묵의 상징이었다.

루카스 크라나흐(Lucas Cranach) 장로가 루터의 성경 번역을 위해 디자인한 가장 유명한 속표지 중앙에는 십자가에 못 박힌 그리스도를 묘사한 중세의 그림이 있다. 그러나 십자가 곁에 서 있는 사람들은 더 이상 동정녀 마리아와 요한이 아니라, 루터 자신과 색슨족 선거후 요한 프리드리히(Johann Friedrich)였다.

개혁파 세계에서는, 동정녀 마리아가 구원 체계 안에 자리를 잡았다. 왜냐하면 성경과 신조들 안에 동정녀 마리아가 등장했기 때문이다. 그러나 개혁파 세계에서 교리문답을 배운 사람들은 이 주제에 대해 기능적으로 생각하는 이상으로 생각할 수 없었으며, 더 이상 죽은 성도들과의 연합에 대해 생각하도록 권면을 받지 않았다.[80] 잉글랜드국교회가 17세기에 칼빈에게서 살금살금 벗어나기 직전에, 그 운동의 선구자였던 리처드 후커는 존 칼빈처럼 동정녀 마리아에 대해 거의 말하지 않았다.

이 침묵은 교회의 전형적인 여성 본보기를 기대하던 적극적인 프로테스탄트 여인들 사이에서 특히 충격적이다. 아마도 문제는 동정녀 마리아가 그 당시에 보여주던 본보기의 범위가 제한적이었다는 사실일 것이다. 잉글랜드의 공식 설교집인 1547년과 1563년의 『설교』(Homilies)에서 동정녀 마리아에 대해 긍정적으로 평가한 몇 가지 언급은, 동정녀 마리아의 겸손에 대한 성경 구절들과 그녀가 제도적인 권위에 적법하게 순종한 것에 대한 성경 구절들을 언급한 정도였다.[81] 여기에서, 잉글랜드는 에라스무스가 강조했던 겸손이라는 주제를 선택했다는 점에서 프로테스탄트 세계(또한, 실제로 상당한 반종교개혁 영성)의 다른 부분들만 따르고 있었다.

또한, 16세기의 특징답게, 공식적인 잉글랜드는 동정녀 마리아 찬가에 들어 있던 훨씬 더 급진적인 메시지들도 무시했다. 관조적이고 수동적인 여인은 독립심을 가진 프로테스탄트 여성들이 찾던 본보기가 아니었다. 그들에게는 더 강력하고, 더 힘이 센 성경의 모델들이었으며, 신약성경에서보다는 구약성경에서 찾는 경우가 종종 있었다.

예를 들어, 슈트라스부르 찬송가 작가이자 평신도 신학자이며, 종교개혁가 마티아스 젤(Matthias Zell)의 부인인 카타리나 쉬츠(Katharina Schütz)의 글들에서 두드러진 여인들은 유딧(Judith)과 에스더(Esther), 또는 신약성경의 선지자 안나(Anna), 막달라 마리아(Mary Magdalene), 또는 바쁘게 일하던 마르다(Martha)였다. 동정녀 마리아는 거의 보이지 않는다.[82]

1582년 런던에서 토머스 벤틀리(Thomas Bentley)는 여성주의의 원형격인 『기념비적인 여인들』(*The Monument of Matrones*)에서 성경의 여인들에 대한 설명들과 삶을 모아 편집했는데, 동정녀 마리아는 결과가 좋지 않다. 구약성경의 여인들에 대해서는, 유딧의 경우 가장 길게 열다섯 페이지 반 정도 기록되었고, 사라의 경우에도 다섯 페이지에 달하는데, 성모 마리아는 불과 네 페이지만 차지한다.[83] 프로테스탄트들 사이에서는 다른 목적으로라도 동정녀 마리아에 관한 전통적인 형상을 그리려는 욕구가 거의 없었다.

엘리자베스 1세 여왕이 동정녀 마리아의 속성들을 취하여 새로운 숭배의 중심이 되었다는 과장된 이야기가 그 동안 너무 많이 있었다. 그러나 그 논의는 헬렌 해킷(Hellen Hackett)의 연구에 의해 균형을 잡게 되었다. 해킷의 연구에 따르면, 엘리자베스 여왕을 위해 동정녀 마리아 이미지를 사용하던 것이 얼마나 주변적이고, 점진적이었으며, 공식적인 권장도 별로 없었는지 잘 알 수 있다.[84]

프로테스탄트 안에서 다른 목소리에 관한 힌트를 발견할 수 있는 때는 잉글랜드의 엘리자베스가 세상을 떠날 즈음이다. 이 시기에 크리스마스 캐럴들이 다시 인쇄되기 시작했고, 교양 있는 프로테스탄트 귀족들은 개인적인 예배당에서 성모의 삶에 관한 성경의 장면들을 담은 그림들을 사용하기 시작했다.[85]

시간이 경과하면서 종교개혁의 후예들은 프로테스탄트 예배 혁명에서 잃어버리고 있던 것들에 대해 더 잘 생각할 수 있었다. 그래서 1630년대에, 프랑스 개혁파 목사이자 경건한 작가였던 샤를 드렐렝쿠르(Charles Drelincourt)는 성모 마리아에게 적합한 경의를 표하는 소논문과 가치 있는 후속 저서들을 써냈는데, 이것은 당대의 로마 가톨릭 성직자들에게 놀라움을 주었다.[86]

무엇보다 잉글랜드에서 랜설럿 앤드루스(Lancelot Andrewes)가 장려한 성직자 그룹, 곧 1620년대에 '알미니안주의자들'(Arminians)이라는 별명을 얻게 되는 '아방가르드국교도들'은 잉글랜드교회의 역사와 신학을 다시 서술하는 글들 속에서 동정녀 마리아를 많이 다루었다.

그러나 그들의 경건한 시들과, 예전적인 모험들, 또는 지도 신부 라우드(Laud) 대주교에 의해 큰 논란을 빚으면서 옥스퍼드대학교에 세워진 성모 마리아 동상에는 또 다른 이야기가 있다. 유럽 전역의 종교개혁의 옹호자였을 뿐 아니라 잉글랜드교회 옹호자였던 존 주얼(John Jewel)이 그의 옛 학교 동료이자 로마 가톨릭 학자 토머스 하딩(Thomas Harding)과의 긴 대화에서 했던 한 마디 격언으로 이 장을 맺고자 한다.

"참으로, 하딩이여, 하나님의 어머니보다 하나님의 아들에게 훨씬 더 큰 은혜가 있기를 원하노라."[87]

제 4 장

존 칼빈

암브로즈, 제롬, 어거스틴, 그레고리.

네 명의 라틴 교부들은 참으로 다채로운 사람들이다. 세 명은 주교였고, 한 명은 비록 은둔의 삶에서는 실패했으나 그럼에도 불구하고 여전히 탁월했다. 세 명은 성공한 정치인이었고, 한 명은 선교 계획의 선구자였으며, 한 명은 찬송가 작가였고, 한 명은 서방 음악 전통에 영감을 주었다. 또한, 물론 어거스틴의 경우 창의적인 천재 사상가로서 서방 기독교를 영구적으로 형성했지만, 다른 기독교 세계에 대해서는 사실상 무지했다.

이 네 사람은 중세의 많은 강단에서도 호의적으로 평가했다. 그들의 업적은, 제롬이 은둔자로 살려다가 실패했던 것을 빼고는, 모두 존 칼빈의 업적에 반영되었다. 정말로 칼빈은 그들의 유산을 계승했고, 16세기에 가장 탁월한 어거스틴주의 신학자였으며, 당대에 공교회성(Catholicity)의 진정한 목소리를 자기만의 독특한 방식으로 내기를 열망하는 교회를 창시했다.

프로테스탄트주의(Protestantism)는 감히 말하건대, 존 칼빈에게 크게 매력적인 단어가 아니었다. 오히려 공교회성이 그에게 훨씬 큰 의미가 있었다.

　로마가 제네바에 있는 유명한 '종교개혁 벽'(Reformation Wall)에 버금가는 장벽을 바티칸 시티(Vatican City) 한쪽 구석에 세웠음에도 불구하고, 칼빈이 네 명의 라틴 학자들과 나란히 위치할 수 있는 이유가 무엇인지 살펴보자.

　칼빈은 네 명의 라틴 학자들과는 또 다른 특징을 가졌다고 말할 수 있다. 그들은 칼빈이 그렇게도 경멸한 중세 서방교회의 규율, 곧 신학을 몰랐다. 피터 아벨라드(Peter Abelard)가 1120년대에 『기독교신학』(*Theologia christiana*)을 쓰기 전까지 아무도 신학에 대해 많이 말하지 않았다.

　그 시기는 이미 라틴 학자들이 세상을 떠난 후였지만, 그들의 사상이 새로운 신학교육에 잘 녹아졌으며, 그 신학교육의 원재료가 되었다. 칼빈은 중세신학의 공장 정 반대편에서 학문적 쓰레기 더미를 재활용하고 있었다. 당대의 인문주의를 공부한 법조인으로서, 그리고 명민한 인문주의적 역사 의식이 있었던 그는, 루터에서부터 쯔빙글리, 부처, 크랜머 등에 이르기까지의 초기 프로테스탄트 종교개혁가들 대부분을 양성한 스콜라 신학 훈련을 피했다. 가장 잘 알려진 종교개혁 지도자들 중에서, 칼빈은 이 점에서 유일하게 데시데리우스 에라스무스와 비견되고, 쌍트 갈렌(Sankt Gallen)의 평신도 개혁가 바디아누스(Vadianus)와 비슷하다.

　이것은 곧 칼빈이 스콜라 철학의 업적에서 한 걸음 물러나, 그가 원하는 몇 가지 것들만 취사선택했음을 의미했다. 클레르보의 버나드(Bernard of Clairvaux)는 칼빈의 까다로운 심사를 통과한 몇 안 되는 중세 신학자들 중 한 명이었다. 신학 문제들에 접근할 때 스콜라 철학 이전의 태도를 취했기 때문이었다. 그래서 앤서니 레인(Anthony Lane) 교수는 칼빈이 버나드를 얼마나 선택적으로 인용했는지 잘 볼 수 있게 해준다. 버나드의 글들을 접하는 동안, 칼빈은 이미 가지고 있던 신학적 입장을 뒷받침하기 위해 정당하게 적용할 재료들을 발견했다.

독실한 로마 가톨릭교회 신자였던 버나드는 두각을 나타내지 않았기에, 칼빈의 신학을 읽으면서 버나드가 당대에 가장 탁월한 수도사였을 것이라고 생각할 사람도 없다. 어쨌든, 칼빈이 버나드를 인용한 41개의 구절들은 『칼빈 전집』(Calvin's works)에 인용된 적어도 1,708개나 되는 힙포의 어거스틴의 인용구들에 필적한다.[1]

칼빈의 모든 가르침은, 당연히, 인문주의가 주창한 '아드 폰테스'(ad fontes, 근원으로)를 따랐는데, '아드 폰테스'는 성경을 의미했다. 디오니시우스 아레오파기테(Dionysius the Areopagite)로 알려진 신비스런 초기 신학자를 거부하는 이론을 활발히 제기하면서, 칼빈은 신학자들이 어떠해야 하고, 어떠하면 안 되는지에 대해 확고한 정의를 내렸다.

> 디오니시우스가 누구이든지 간에, 그가 『성직 계급주의』(Celestial Hierarchy)에서 많은 문제들을 훌륭하게 논의했다는 사실은 아무도 부인할 수 없다. 그러나 그 책을 조금 더 면밀하게 살펴본다면, 그 책 대부분이 단지 수다에 불과하다는 점을 발견하게 될 것이다. 신학자의 임무는 수다를 떨어 귀를 즐겁게 해주는 것이 아니라, 참되고 확실하고 유익한 것들을 가르쳐서 양심을 강화시키는 것이다… 그러므로 그렇게 어리석은 지혜와는 작별을 고하고, 주께서 우리로 하여금 무엇을 알기 원하시는지 성경의 순수한 가르침을 연구하자…[2]

칼빈은 여기에서 사실상 디오니시우스에게 회의적이었던 루터의 태도를 받아들인다. 그러나 공교회 신앙을 재정립함에 있어서는, 스콜라 철학이 관심을 보인 그리스도 이전의 유산을 사용하는 것에 대해 루터보다 훨씬 더 관대했다.

아이레나 백커스(Irena Backus) 교수는 칼빈이 신학을 해설할 때 비신학적인 인문주의 지성의 배경이 그에게 어떻게 작용했는지 잘 보여주었다. 칼빈은 세네카의 『관용론』(De Clementia)에 대한 주석을 처음으로 출판한 후 한참 뒤에도, 스토아 학파와 아리스토텔레스로부터 철학 용어들을 직접 인용하던 경향을 계속해서 유지했다.

따라서 그리스도 이전(pre-Christian) 시대의 학문에 대한 그의 친숙함은 주로 교부들이 그 시대의 학문에 대해 말한 것들을 읽음으로 얻은 것이 아니었다.[3] 칼빈은 스스로 신학을 공부했기에 거기에는 일정한 한계가 있었다. 즉, 성경 주석에 열띤 관심을 보이는 동안 칼빈은 히브리어 자료들을 거의 직접 인용하지 않았으며, 또한, 그가 히브리어를 꽤 알고 있었다는 증거 역시 희박하다.[4]

칼빈이 초기에 신학보다 시민법에 더 심취했다는 흔적이 『기독교 강요』(Institutes)에 남아 있다. 1531년 출판된 초판부터, 공교회 신앙에 대한 요약은 교리적 진술을 세우려는 초기 종교개혁가들의 노력들 중에서 과히 혁신적인 특징을 담고 있다. 즉, 루터의 『소교리문답』(Small Catechism)은 그리스도인의 의무를 나열하므로 끝낸 반면, 1536년 판 『기독교 강요』는 악한 정부와 교리를 통합하려는 체계적인 노력을 하며, 인문주의적이면서도 종종 비성경적인 용어들을 사용한다. 복잡한 진술들이긴 해도 칼빈의 유명한 저항적인 주장들은 결코 성경적 용어들로 이루어지지 않으며, 또한 스파르타 관리들의 제도, 아테네의 정책, 또는 로마 공화정 사람들의 연단을 언급한다.[5]

그러므로 칼빈이 기독교 신앙을 해설하기 위한 자기만의 적절한 성경적 기초를 만들려고 애쓰는 동안, 그의 새로운 복음주의적 학문은 기독교에 관한 위대한 질문들에 관한 자신의 사상을 세우는 데에 있어서 신선하고 비스콜라적인 접근을 한다.

1536년부터 1537년에 칼빈은 루터의 『대교리문답』(*Large Catechism*)과 『소교리문답』의 전통적 모범을 따라 두 권의 책을 출판했다. 이 책들은 기본적으로 십계명, 사도신경, 주기도문 그리고 성례로 구성되었다. 둘 중에서 더 짧은 『기독교 신앙 개요』(*Bréve Instruction chrétienne*)는 곧 세상에서 사라졌다. 실제로 1877년까지 잊혀졌다. 둘 중에서 더 길었던 책이 훨씬 더 유명해졌다. 심지어 그 초판(1536)부터 『기독교 강요』는 서방교회에서 부상하던 개혁에 체계적인 기초를 제공하는 그때까지의 가장 중요한 노력들 중 하나였다.

물론, 『기독교 강요』는 결정판이 나올 때까지 여러 번 수정되었으며, 따라서 초기의 교리적 작업이 전반적으로 재정비되었다. 그러나 모든 판본에서 일관된 한 가지 중요한 특징은 서문이었다. 서문은 프랑스의 왕 프란시스 1세(François I)에게 보내는 헌정사였다. 1535년에만 해도 칼빈이 프란시스 1세의 신하였지만, 1560년대에 마지막 판본이 출판되었을 때에는 프란시스 1세가 세상을 떠난 지 이미 오래였다.

그 당시 많은 인문주의자들이 그들과 뜻이 같거나 관용적인 후원자들에 맞추어 서문을 바꾸는 경향이 있었던 것에 비추어 볼 때, 칼빈의 태도는 낯설게 보일 수 있었다. 더욱이, 칼빈의 입장에서 보더라도, 프란시스 1세는 결코 칼빈에게 동조하거나 관대하지도 않았다.

16세기에 수많은 종교개혁가들에게 커다란 낙심을 안겨 준 군주에게 보내는 이 열정적인 항소를 계속 고집한 이유는 무엇일까?

비록 『기독교 강요』가 바젤에서 1536년에 처음 출판되긴 했지만, 서문에 들어 있는 1535년 8월이라는 시기가 매우 중요하다. 1535년 8월 경, 유럽 전역은 16세기 유럽 역사에서 가장 상처 깊은 7개월의 끝을 맞고 있었다. 그해 6월, 뮌스터의 재세례파 통치가 막을 내렸다. 한 반역자가 주교-황제 연합군을 도와 도시 방어벽을 뚫고 재세례파 왕이었던 라이덴의 존(John of Leiden)을 체포하게 했다. 지도자들은 그 당시 반역죄를 지은 사람들이 당하던 잔혹한 처벌의 본보기가 되었다.

그 사건들을 마음에 두고 있던 칼빈으로서는 프랑스 왕에게 그의 충성스런 복음주의적 신하들, 곧 참된 공교회 신자들(true Catholics)이 어떻게 뮌스터의 재세례파와 다른지 보여 주는 것이 불가피했다. 프랑스 전통주의자들은 파괴적인 라이덴의 존(John of Leiden)의 정부와 프랑스의 급진적인 파괴자들을 쉽게 연결시킬 수 있었을 것이다. 왜냐하면, 그들은 1528년에 파리에서 매우 사랑받던 성모 마리아 형상들을 파괴했으며, 1534년에는 인쇄물을 통해 미사(Mass)를 공격하므로 유명한 장소들을 손상시켜 바른 신앙을 가진 사람들을 모두 충격에 빠뜨렸기 때문이다.

칼빈은 이런 성상파괴자들과 관련이 없지 않았다. 그래서 왕에게 보내는 자신의 서문은 그가 복음주의자들을 자기의 친구로 여기며, 그들을 박해하는 자칭 공교회 신자들처럼 여기지 않는다는 사실을 알리려는 탄원이었다.

> 엘리야는 우리가 그러한 비난에 대해 어떻게 반응해야 하는지 가르쳐 주었습니다. 널리 오류를 퍼뜨리거나 폭동을 주도한 사람들은 우리가 아닙니다. 하나님의 능력에 대항하여 싸우는 사람들이 바로 그들입니다.[6]

1536년에만 해도 칼빈은 자신이 라이덴의 존을 생각나게 하는 식으로 유럽 도시들에서 유명세를 타게 될 것이라고는 미처 생각지 못했다. 그러나 그 결과에 있어서는 훨씬 더 확실하고 장기적일지라도 그 과정에서는 일정량의 피 흘림이 있을 것이라는 점에서 유사했다. 재세례파 뮌스터와 칼빈이 개조시키려고 했던 제네바 사이의 유사함을 생각해 보아야 한다.

　저명한 두 유럽 도시가 자신들의 전통적 군주와 지역 주교를 모두 거부했다. 그리고 그러한 반역 후 혼란스런 시기에, 두 도시 모두 새로운 종교개혁을 도울 저명한 외국인들을 초청하였으며, 그 과정에서 과거의 많은 것들을 과격하게 파괴했다.

　카리스마적인 외국 지도자들의 뒤를 이어, 사상적으로 자극을 받은 이민자들이 먼 지역에서부터 몰려들었다. 제네바에 도착한 수많은 평민들 외에 그 도시의 모든 사역자들은 이민자들이었으며, 특히 프랑스에서 온 자들이었다. 놀랍게도 1540년대와 1594년 사이의 제네바 목회자들 중에 제네바 사람은 한 명도 없었다.

　뮌스터와 제네바에서의 이런 이례적 상황은 조직적인 혁명으로 이어졌고, 두 곳에서 벌어진 일들은 그로부터 수 세기에 걸쳐 유럽인들의 머릿속에 늘 따라다니며 괴롭혔다. 더욱이, 재세례파들이 교회에 대해 말한 것은 칼빈이 말하려던 것과 크게 다르지 않았다. 즉, 징계와 고난(discipline and suffering)이 참된 교회의 특징이라는 그의 주장은 재세례파의 주제이기도 했다.

　이어지는 칼빈의 신학적 논의 중 상당 부분은 그가 어떻게 재세례파와 다른지 보여주기 위해 구상되었다. 『기독교 강요』 서문이 거기에 해당하고, 시민 정부에 대한 선구적 논의도 마찬가지이다. 이 논의는 나중의 판본들보다 초판에서 더 많이 군주를 지지하는 목소리를

냈다.[7]

틀림없이, 제네바에서 칼빈의 지위는 뮌스터에서 라이덴의 존의 지위와 뚜렷이 대조되었다. 신정주의자가 되기보다는, 정부 지도자들과 밀접한 관계를 유지한 것은 밀란(Milan)의 암브로즈 주교가 잇따른 로마 황제들과 맺었던 관계와 비슷했다. 즉, 정부 지도자들이 감언이설로 속이고, 위협하고, 아첨하고, 대적하며, 지속적이고 구체적으로 감시하는 상황 속에서도, 칼빈은 목사요, 설교자요, 교사로서의 역할을 부지런히 감당했다.

프랑스 왕에게 보내는 칼빈의 서문은 그럼에도 불구하고 일종의 자기기만이었다. 제네바에서 사도행전 5:29(사람에게 아니라 하나님에게 순종할 것에 대한 본문)을 설교할 때, 칼빈은 유감스러운 행동을 했다. 그는 청중들에게 이 말씀은 거짓된 로마 가톨릭교회에 저항하기 위한 도구이지만, 재세례파들과 '다른 망상가들'은 '하나님께 순종하는 척하면서 실제로는 자신들의 멍청한 머리로 직접 통치하기 원했을 때'에도 이 구절을 남용했다고 말했다.[8] 실제로 칼빈의 많은 후예들은 그 다음 세기에 자신들이 재세례파처럼 파괴적이고 혁명적임을 보여 주었다. 특히 프란시스 1세가 그의 후계자들에게 남겨 준 왕국에서 그러했다.

칼빈이 로마 가톨릭 신앙을 원상태로 돌리기 위해 성경으로 돌아갔을 때, 그는 곧 '아드 폰테스'(ad fontes)로 돌아가는 것의 함정을 발견했다. 즉, '성경을 순수하게 가르치는 것'에는 어느 정도의 해석이 필요하다는 것을 깨달은 사람은 비단 칼빈만은 아니었다. 『기독교 강요』가 출판되고 불과 일 년이 지난 후, 그에게 위기가 찾아왔다. 현대 연구에서는 이 문제와 관련한 사실들에 한 세기 이상 쉽게 접근할 수 있었던 반면, 흥미롭게도 마르크 비알(Marc Vial) 박사의 훌륭한 본문 편집 이전에는 이것들이 거의 주목받지 못했다.

칼빈의 위기는 피에리 카롤리(Pierre Caroli)가 제기한 고소 때문에 불거졌다. 카롤리는 칼빈처럼 프랑스 출신 망명자였는데, 로잔에서 수상이 되기 전에 제네바에서 짧게나마 칼빈의 동료로 지냈었다. 그런데 카롤리는 제네바에 있던 칼빈, 기욤 파렐(Guillaume Farel), 그리고 피에리 비레(Pierre Viret) 등 그의 옛 동료 프랑스 망명자들을 아리안주의자(Arians)라고 비난했다.

이 비난으로 인해 1537년 5월 로잔에서 열린 노회에서 이 사건에 대한 조사가 이루어졌다. 고소를 당한 세 명은 아리우스 뿐 아니라 그의 사후에 등장한 대적 마케도니우스(Macedonius), 그리고 초대교회 시절 삼위일체에 대한 양태론적 유일신론의 아버지 사벨리우스(Sabellius)의 반대 의견을 명시적으로 저주하는 신앙고백을 해야 했다.[9]

제네바 3인방의 신앙고백은 그 사람들과 거리가 멀었고, 매우 정통적이었지만, 공교회적이며 정통주의 전통의 관점에서 재난을 불러일으킬 만한 경솔한 말들이 쏟아져 나왔다. 즉, 그들의 신앙고백은 순수하게 성경적인 언어만 사용하고, '삼위일체'와 '위격' 등을 비성경적인 언어인 것처럼 제쳐두었다. 이것은, 기독교 정통주의에서 발전한 이 중요한 용어들을 사실상 성경에서는 찾을 수 없다는 성경엄수주의자들의 이성적 근거 위에 많은 유럽의 급진적 기독교인들이 하기 시작하던 것이었다.

그러나 그 용어들을 버리는 것은 터툴리안(Tertullian)이 처음으로 서방 라틴교회의 삼위일체 신학을 쓴 이후의 모든 삼위일체적인 언어를 325년 니케아 공의회 이후 행해진 모든 논의된 유산들과 함께 버리는 것이었다. 그러한 태도에서 비롯된 한 가지 역사적인 발전은, 니케아 이후에 만들어진 모든 신학을 마치 지중해 연안의 교회와 로마 제국 사이의 운명적 동맹에 의해 더럽혀진 것으로 의심하는 급진적 기독교였다.

그러한 태도를 뒤따른 것은 반삼위일체주의(anti-Trinitarianism)로서, 16세기 중엽에 런던에서부터 리투아니아(Lithuania)에 이르기까지 여러 분파들이 세력을 확장했다. 이 운동은 진보된 형태의 유니테리언주의를 조장했는데, 반대자들은 그것을 가리켜 소치니주의(Socinianism)라고 불렀으며, 이것은 또한, 계몽주의의 기본을 이루는 요소들 중 하나가 되었다.[10]

이러한 미래는 엄격한 성경엄수주의가 미처 예상치 못한 인과응보였으며, 17세기에 많은 개혁파 프로테스탄트들이 이것을 더욱 부추겼다고 볼 수 있다. 1537년 로잔에서, 칼빈은 궁지에 몰렸다. 단지 그의 고집스런 논리 때문만이 아니라 카롤리에게서 개인적으로 추궁을 당하는 것에 대한 당혹스러움 때문이었다. 이로 인해 칼빈은 이 노회에서 더욱 경솔하게 아타나시우스 신조(Athanasian Creed)에 서명하는 것을 거부했다. 그가 진지하게 공교회 신자로 여겨지기를 원했다면 사실 이것은 매우 어리석은 행동이었다.

바젤의 목사 오스왈드 미코니우스(Oswald Myconius)는 영향력 있는 사람들 중 한 명이었는데, 취리히의 하인리히 불링거에게 보낸 편지에서 불쾌감을 드러냈다.[11] 그 이후 칼빈은 이듬해에 발간한 두 개의 소책자에서 신속히 한 걸음 물러섰다. 이 책자들에서 칼빈은 다시 '삼위일체'라는 단어를 사용했고, 그리스도를 여호와와 동일한 분으로 고백한 제네바 목사들의 성급한 신앙고백이 비록 여전히 논쟁의 여지가 있긴 하지만, 5세기에 알렉산드리아 대주교 시릴(Cyril)이 단성론자들(Miaphysites)의 도전 속에서 했던 말과 같다고 강조했다.[12]

그 이후에 이어진 문서 전쟁은 10년 동안이나 계속되었다. 1545년 말, 칼빈은 근심 때문에 병에 걸리게 되었고, 며칠 만에 카롤리를 공격하는 17,000 단어의 글을 쓰기에 이른다.[13]

그때로부터, 칼빈은 종교 지도자로서의 생애에서 두 가지 긴급한 논쟁의 필요성에 직면하게 되었다. 또한, 그것들은 그의 신학 정체성에 관한 중대한 질문들이기도 했다.

첫째, 자신을 재세례파와 전혀 다른 사람으로 자리매김하는 것이었다.
둘째, 자신이 첫 5세기 동안 교회가 주장했던 측면에서 충분히 주류로 여길 수 있었던 공교회 신앙을 가지고 있음을 선언하는 것이었다.
따라서 자신을 초대교회가 이단으로 규정한 것으로부터 최대한 거리를 두는 것이었다.

이제 칼빈이 이것을 어떻게 잘 해낼 수 있었는지 살펴보자.
한 가지 방법은 칼빈이 교회 전통을 재발견한 것을 통해서다. 프로테스탄트 종교개혁가들은 매우 신속하게, 오직 성경만을 위해 교회 전통을 거부하던 최초의 확신으로부터 한 걸음 뒤로 물러섰다. 왜냐하면 권위 있는 프로테스탄트들이 매우 귀중하게 여기던 유아 세례에 대해, 오직 성경만이 가장 미심쩍은 기초를 제공한다고 재세례파들이 매우 정당하게 지적했기 때문이었다.
이 항목은 이미 1520년대에 취리히에서 울리히 쯔빙글리의 교리 형성에 영향을 주었으며, 나아가, 또 하나의 까다로운 프로테스탄트 종교개혁의 문제에 대한 칼빈의 논의에서도 충분히 찾아볼 수 있다. 그 문제는 루터 이전에 자신들의 교회가 어디에 있었느냐는 것이었다. 이 질문에 대한 칼빈의 첫 반응은 루터 이전에 가시적 교회(visible Church)가 존재하지 않았다고 꽤 오랫동안 주장하는 것이었다. 그러나 1539년부터 『기독교 강요』는 다음과 같이 담대하게 주장했다.

> 최악의 시기에도 주님께서 두 가지 수단을 사용하셔서 그의 언약이 깨지지 않도록 지키셨다.
>
> **첫째, 하나님께서는 이 언약의 증거로 세례를 유지하셨다.**
>
> 즉, 세례는 하나님의 입으로 거룩해짐으로써 인간의 불경건함에도 불구하고 그 힘이 유지되었다.
>
> **둘째, 하나님께서는 그의 섭리에 의해 다른 흔적들도 남게 하심으로써 교회가 결코 죽지 않게 하셨다.**[14]

칼빈은 성찬이 '가장 큰 신성모독'으로 왜곡된 반면, 세례는 왜 상대적으로 덜 부패했는지에 대해 논증하지 않았다. 그는 단지 이것이 하나님께서 어떻게 그의 일을 다루시는지 보여 준다는 자명한 원리를 주장할 뿐이었다.[15] 재세례파가 아무리 세례가 미사만큼이나 역사적으로 크게 부패했다고 주장한다 할지라도, 유아에게 일반적으로 행해지던 세례는 자신의 개혁의 진정성과 진정한 공교회 신앙을 위한 초석이었다.

이것은 『기독교 강요』 1543년 판에서 세례에 관해 수정하여 다루고 수단적 성례로서의 세례의 유효성에 관한 항목을 수정하여 추가한 데서 강조되었다. 이것들은 한 패턴의 일부였다. 1543년에 칼빈은 가시적인 예식 문제에 관해 훨씬 더 급진적인 전향을 보였다. 곧, 성직 임명 시에 행하는 안수 문제였다.

이 풍습에 대해 칼빈은 1536년에만 해도 그 성례적 속성을 명백히 부인했었다. 반면, 이제는 성례적 속성을 지닌 것으로 묘사했다. 『기독교 강요』 1543년판은 교회 전통에 관한 교리가 칼빈의 저술들에서 그 본연의 자리를 찾은 순간처럼 볼 수도 있었다.[16]

란달 자크만(Randall Zachman)은 이러한 칼빈의 신학의 변화를 '로마 가톨릭과의 대화'라는 관점에서 탁월하게 논의하며, 그 변화가 충돌에서 온 것이라고 잘 분석한다. 즉, 칼빈의 신학이 힙포의 어거스틴의 신학과 마찬가지로 충돌 속에서 살아남았다는 것이다. 그럼에도 불구하고 자크만은 우리의 시선을 오도할 가능성이 있다.

1543년, 칼빈은 뮌스터 재세례파(Münster Anabaptists)에게서 쏟아지는 또 다른 종류의 급진주의 도전에 직면해야 했다. 그들은 제네바에 이주한 공동체 안에 있었다. 당연히 그들 중에는 강력한 의견을 가진 독립적이고 논리정연한 사람들이 있었다. 그 중 한 사람이 사보야드 세바스티앙 카텔롱(Savoyard Sébastien Châteillon)(지금은 대개 세바스티안 카스텔리오라고 불림)이다. 1543년, 카스텔리오는 제네바에서 사역을 시작했지만 수많은 성경적, 신학적 문제를 안고 있었다. 칼빈이 가장 싫어했던 문제는 그가 아가서의 '정경성'을 부인한 것이었다.

칼빈은 아가서의 정경성을 변호하기로 결심했다. 그리고 그의 신학은 하나님의 말씀의 계시가 결정적으로 성경에 포함되어 있다는 원리에 근거했으며, 마틴 루터와 달리 칼빈은 성경 안에서 하나님의 말씀이 가장 잘 표현된 곳을 취하거나 선택하려고 하지 않았다. 아가서가 아무리 정경일 가능성이 없는 감각적인 시처럼 보인다 할지라도, 성경은 하나님께서 정하신 것이었다.

그러나 이러한 주장은 초대교회에서 정경의 범위가 어떻게 정해졌느냐라는 불편한 질문을 제기했으며, 칼빈도 자신의 인문주의적인 역사적 관점에서 이것을 충분히 인지했다. 어느 순간에 교회는 무엇이 성경에 포함되어야 하고 무엇이 포함되지 말아야 할 것인지 결정했다. 칼빈은 카스텔리오의 견해를 비난했지만, 교회의 전통(tradition of the Church)에 대해 새롭게 말을 해야만 했다.

"우리의 첫 번째 부탁과 간청은 교회 전체가 오랜 세월 동안 지켜온 해석을 그가 경솔하게 거부하지 않아야 한다는 것이다."

이 말은 트렌트 공의회(Council of Trent)가 오랜 세월의 해석을 성경 본문과 동등한 신적 계시의 원천이라고 결정한 때보다 불과 2년 전에 한 말이었다.[17] 그의 진심 어린 부탁과 간청으로, 칼빈은 일단 정부 관료들의 지지를 얻었고, 카스텔리오는 제네바를 떠나야 했지만, 칼빈의 명성을 점차 거세게 공격하는 목소리에 그도 한 마디 덧붙일 수밖에 없었다.

일단 칼빈이 그의 논증에서 전통을 중요하게 생각하자, 그는 똑같은 재발견을 한 모든 프로테스탄트들의 딜레마에 빠지게 되었다. 즉, 풍성한 전통의 창고에서 자신의 마음에 드는 것들을 어떻게 취사선택하느냐의 문제였다. 칼빈은 카롤리의 주장과 그로 인해 성육신과 삼위일체 문제에 관한 4세기의 충돌이 재발한 것 때문에 몹시 상처를 받았다.

어떻게 하면 공교회 전통에 대한 그의 충성심을 가장 잘 표현할 수 있단 말인가?

칼빈은 4-5세기에 수많은 사람들이 했던 것처럼 예수의 어머니 마리아의 역할을 강조할 수도 있었을 것이다. 마리아는 그리스도의 성육신과 살과 피를 입고 팔레스타인 지역에서 지상의 삶을 사신 기적의 상징이며 수단이었다. 쯔빙글리와 루터는 정말로 마리아를 사랑하고 존경했기 때문에 그녀에 대해 감동적인 글을 썼으며, 마리아를 성육신의 보증으로 보았다.

칼빈은 마리아에 대해 그와 똑같은 존경을 보이지 않았다. 그가 우상 숭배로 정의한 것들에 대해 확고한 혐오감을 가지고 있었으므로, 하나님을 예배하는 것으로부터 벗어나는 모든 것들을 피하였고, 따라서 하나님의 어머니 마리아에게 존경을 표하는 모든 시도를 의심스럽게 여겼다. 성경 인용으로 가득한 『기독교 강요』 전체에서, 마리아 찬가, 즉 마리아가 천사 가브리엘에게 그녀가 그리스도를 낳을 것이라는 소식을 들었을 때 부른 마리아의 노래는 단 한 번 지나치면서 언급될 뿐이다.[18]

칼빈은 성육신 이야기에서 마리아에 관한 부분을 무시할 수 없었다. 왜냐하면 그리스도가 '동정녀 마리아에게서 나셨고,' '성령으로 말미암아 동정녀 마리아에게 잉태되셨기' 때문이다. 그러나 칼빈과 그의 후예들은 기독교인들이 이 구절들을 신조로 암송하여 고백할 때, 우상 숭배적 조짐이 들어가지 못하게 해야 한다고 믿었다. 그러므로 칼빈은, 그리스도께서 마리아에 의해 육신을 입고 오신 것이 성찬식마다 경험될 수 있다고 강조한 루터의 입장에 동조할 수 없었다.

따라서 비록 칼빈은 당연히 공교회의 성육신 교리를 선언하고 싶었지만, 마리아가 이 교리에 도움이 되기보다는 문제가 된다고 보았다. 그 대신, 칼빈은 초대교회의 공의회들로 눈을 돌렸다. 이 진술들의 절정은, 그리스도의 위격과 속성들에 관해 솜씨 좋게 '칼케돈 신조'를 만들어낸 451년 칼케돈 공의회의 결과에 있었다.

그리스도는 한 인격 안에 서로 분리될 수 없는 두 개의 속성을 가지셨다. 그래서 그리스도는 하나님이심과 동시에 인간이시며, 완전히 삼위일체의 한 위격이심과 동시에 팔레스타인에 태어나신 인간 예수시다. 칼케돈은 프로테스탄트 권위자들에게 특별히 중요했다. 그들은 칼케돈 공의회를 성경이 선언한 핵심 교리들과 조화를 이루는 믿을 만한 결정을 한 마지막 공의회로 보았다. 또한, 프로테스탄트 권위자들은 급진주의적 개혁가들이 그들의 유산을 부인했기 때문에 더욱더 초대 공의회들을 존중하는 경향이 있었다. 칼빈의 경우에, 칼케돈은 그의 발전된 신학을 체계화하는 해석의 틀처럼 보였을 수도 있다.

칼케돈 신조에 들어있는 선언들과 그 신조가 강조하는 그리스도의 두 속성의 불가분성 사이의 균형은 칼빈에게 매우 중요한 일반적인 원리의 본보기가 되었다. 즉, 분리가 아닌 구분(distinctio sed non separatio)은 이 신학자가 그렇게도 의식적으로 공교회적 균형(Catholic balance)을 위해 노력하는 데 있어서 완벽한 모범이었다. 이것은 예를 들어 가시적 교회와 비가시적 교회, 보편적 선택과 제한적 선택 등에 관한 칼빈의 논의와, 그리고 무엇보다도 성찬에 관한 논의에서 볼 수 있다.

이미 1536년에, 칼빈은 성육신의 본질과 그것이 인간에 의미하는 바에 대해 논의할 때 칼케돈 신조의 용어들을 사용했다. 그러나 다시 한번, 이것이 『기독교 강요』 1543년판에서 분수령을 이루어 칼케돈 공의회에 대한 언급이 급증했다.[19] 또한, 바쿠스(Backus) 교수가 분명히 지적한 바와 같이, 공의회와 교부들에 대한 강조는 일반적으로 루터교 프로테스탄트들 사이에서와 달리 16세기 개혁파 프로테스탄트 사상의 뚜렷한 특징이었다. 아마도 개혁파 신학자들은 로마 가톨릭교회와 종교개혁 급진주의에 대항하는 그들의 입장을 정당화할 필요성을 루터교보다 더 많이 느꼈을 것이다.[20]

칼빈은 자신의 의지와 상관없이 성찬에 관해 비루터교 개혁파(non-Lutheran Reformed) 측의 전사가 되었다. 그는 1529년 말부르크 회담(Colloquy of Marburg) 이후, 비참하리만큼 분열된 종교개혁을 마주해야 했다. 칼빈은, 개혁된 공교회주의의 범주를 정하려는 노력과 함께, 성찬에 대해 마땅한 경의를 표하고 그에 대해 너무 적게 말하거나 너무 많이 말하지 않기 위한 일정한 공식을 찾기 위해 많은 애를 썼다.

칼빈의 첫 생각은 쯔빙글리의 사상을 부인하던 것이었는데, 여전히 쯔빙글리의 성찬론이 '분명히 이성이 이해할 수 없을 뿐 아니라 입으로 표현할 수도 없는' 성찬의 신비함을 올바로 이해하지 못한다고 생각했다.²¹ 1541년, 교파 화합이 실패했던 해에 발표한 소논문에서 이 논쟁에 관해 칼빈은 중도 입장을 취하면서 쯔빙글리와 요하네스 외콜람파디우스가 "선한 것을 세우기보다는 악한 것을 부수기 위해 더 많은 노력을 했다"라고 말했다.²²

그가 비록 쯔빙글리의 성찬론을 부적합다고 판단했지만, 1541년 소책자에서는 루터를 강도 높게 비판했다. 칼빈은 그리스도의 살과 피가 성찬의 두 요소에 육신적으로 임하신다고 주장하는 루터의 입장을 철저히 배격했다.

그 이유를 이해하기 위해, 우리는 칼빈의 다른 확고한 신념을 생각해 보아야 한다. 왜냐하면 적어도 한 가지 이상의 이유가 칼빈으로 하여금 루터의 성찬신학을 거부하게 했을 것이기 때문이다.

첫째, 우상 숭배의 위험성에 대한 칼빈의 철저한 입장이었다.

육체적, 가시적 대상에 대한 부당한 관심은 하나님을 '영과 진리로' 예배하는 것을 방해한다는 것이었다. 이 어구는 요한복음에 나오는 구절로서 칼빈의 『기독교 강요』에서 자주 인용된다.

둘째, '분리가 아닌 구분'의 원리를 마음에 두고 있던 칼빈은 '실재'와 '표'가 서로 분리되지 않더라도 둘 사이를 엄격하게 구분했다.

옛 교회는 실재와 표를 혼동하여 이 원리를 저버렸다. 그래서 빵과 포도주 뒤에 있는 실재에 드려야 할 예배를 오히려 빵과 포도주의 표에 돌렸다.

칼빈은 루터도 오직 실재에 대해서만 참이어야 하는 것을 표에 잘못 돌렸다고 생각했다. 특히 루터가 세상 어느 곳에서나 성찬이 행해지는 곳이라면 그리스도의 육신적인 살과 피가 모든 곳에 계실 수 있다고 주장했을 때, 칼빈은 『기독교 강요』 최종판의 중요한 장에서 루터의 편재 교리를 비웃었다.[23]

또한, 다른 한 편에서는, 쯔빙글리가 표와 실재를 너무 분리시켰다고 생각했다. 칼빈은 "성찬에서 실재가 표와 함께 우리에게 주어진다"라고 말함으로써 쯔빙글리에게 강력히 대항했다.[24]

전형적으로, 칼빈은 힙포의 어거스틴에게 돌아갔으며, 다른 많은 개혁가들처럼 성찬을 가리켜 '거룩한 것의 가시적인 표' 또는 '비가시적인 은혜의 가시적인 형식'이라고 정의한 어거스틴의 선명한 정의를 받아들였다.[25]

그러나 그의 성찬 논쟁 뒤에 항상 도사리고 있던 것은 그리스도의 신성과 인성을 둘러싼 5세기의 충돌이다. 따라서 칼빈 사상의 매우 분명한 특징, 곧 '칼빈주의 신학 밖에서'(extra Calvinisticum)와 관련이 있다. 칼빈은 그가 네스토리우스의 오류를 반복하고 있다고 비난하는 루터의 말에 항상 민감했기 때문에, 이미 1539년 『기독교 강요』에서 네스토리우스 뿐 아니라, 그의 또 다른 극단적인 대적 유티케스(Eutyches)를 모두 공격했으며, 1543년판에서는 칼케돈 신조에 명백히 호소함으로써 이 공격을 한층 더 강화했다.[26]

그러므로 칼빈에게 빵과 포도주의 표는 신자와 그리스도를 연합시키는 수단이 된다. 그래서 브라이언 게리쉬(Brian Gerrish)는 빵과 포도주에 대한 칼빈의 상징주의적 견해를 가리켜 쯔빙글리의 '상징적 기념주의'(symbolic memoralism) 또는 하인리히 불링거의 '상징적 병행주의'(symbolic parallelism)와 비교되는 '상징적 수단주의'(symbolic instrumentalism)라고 불렀다.[27]

칼빈은, 성찬의 표와 실재를 연합시키고 그 표를 그리스도의 임재의 수단으로 삼으시는 하나님의 은혜가 성찬에 참여하는 모든 회중에게 주어지는 것이 아니라, 오직 하나님이 선택하신 자들에게만 주어진다고 강조함으로써 루터와의 입장을 분명히 달리 했다. 그리스도의 몸은 루터가 말한 것처럼 이 세상에서 성찬이 있는 곳마다 편재하시는 것이 아니라, 천국에서 아버지의 우편에 계신다. 성령에 의해 전해지는 하나님의 은혜가 선택된 신자를 천국에 계신 그리스도의 임재로 들어 올린다.28

비록 개혁파 전통에서 칼빈이 처음은 아니었지만, 그가 거듭 지적한 바와 같이, 미사에 해당하는 고대어 "당신의 마음을 올려드려라"(-Sursum corda)는 이 개념을 아름답게 표현한다.29 이미 1520년대에 요하네스 외콜람파디우스는 빵과 포도주가 그리스도의 삶과 피와 너무 밀접하게 연관시키지 않는 이 시적이며 고무적인 방식을 찾아냈으며, 불링거도 고대의 제의적인 언어들을 기쁘게 인용했다.30

그러므로 여기에는 마리아의 역할을 강조함으로써 성육신에 접근하는 것을 피하고, 빵과 포도주를 객관적으로 그리스도의 살과 피로 보는 루터의 견해를 강력하게 거부하는, 의식적으로 칼케돈적이고 어거스틴적 성찬신학 체계가 있었다. 하인리히 불링거와 칼빈은 점차 성찬에 관하여 두 사람이 분열되기보다는 더 연합된다는 점을 인정했으며, 그 결과『취리히 협의서』(Consensus Tigurinus)가 탄생했다. 이 협의서는 놀라운 신학적 정치력의 결과물일 뿐 아니라, 관용이 절실히 요구되는 상황에서 서로 관용할 수 있는 칼빈과 불링거의 상식과 능력을 입증해 주는 것이었다.31

만일 칼빈을 교회 박사로 인정할 증거가 있다면, 바로 이것이 그 증거이다. 16세기에 자기가 근본적으로 다른 점을 가졌다고 생각한 신학자들은 거의 없었다. 따라서 양편이 모두 받아들일 수 있는 합동 선언을 하곤 했다. 양 당사자들은 자기들이 좋아하는 표현들이나 통찰들을 본문에 나란히 담아낼 수 있었다. 그런 균형의 가장 좋은 선례는 당연히 칼케돈 신조였다. 『취리히 협의서』의 성과는 유럽 내 비루터교 프로테스탄트 교회들이 서로를 하나의 가족으로 인식할 수 있게 성찬에 대해 충분히 폭넓은 합의를 만들어낸 것이었다. 이것은 향후 대서양 섬들에서부터 카르파티안 산맥에 이르기까지 종교개혁의 방향을 결정할 중요한 의미를 담고 있었다.

칼빈의 칼케돈주의 정통신학이 궁극적으로 미카엘 세르베투스(Michael Servetus)와의 관계 단절을 상징한다는 사실은 굳이 언급할 필요가 없을 것이다. 제네바에서 세르베투스가 결국 화형을 당한 것보다 더 놀라운 것은 일련의 이상한 사건들이었다. 비엔나(Vienne)에서의 종교 재판은 세르베투스를 정죄하기 위해 가장 먼저 칼빈의 문서들에서 증거를 가져왔으며, 제네바의 지도자들은 그곳에서 재개된 이단 재판을 위해 그 종교 재판의 기록들을 제공받았다. 칼빈도 이 선고에 대해 프로테스탄트들 사이에서 국제적으로 신중한 조사가 있었음을 확인해 주었다.

결국, 제네바 법률상 단순히 그 도시를 통과하려는 사람을 화형에 처하는 것이 합법적이었는지 즉시 명확하지는 않았던 것이다. 전반적으로, 칼빈은 신중한 승인을 얻어냈다. 다만 유명한 비공식적 세바스티앙 카스텔리오 사건은 예외였다. 제네바가 이단보다는 신성모독에 대한 고소를 강조하기로 한 것은, 매우 종종 자신들에게 적용되던 이단이라는 단어를 꺼리는 프로테스탄트들의 예민함을 잘 보여준 것이었다.[32] 두 가지 범죄의 근원이 되는 신앙적 오류 개념은 분열된 서방 교회 양편 모두에게 공통적이었다.

국내적으로, 1553년경 칼빈이 빠지게 된 심각한 위기는 그로부터

2년 정도 계속되었다. 그 당시 시민 정부 관료들 사이에서 칼빈이 널리 지지를 얻게 되자, 그것이 반대 세력의 화를 돋우어 큰 반대에 부딪혔다. 칼빈은 미수에 그친 이 쿠데타를 기회로 삼았으며, 1555년 쿠데타 이후에 제네바에서 칼빈의 지위는 견고해졌다. 라이덴의 존은 뮌스터를 잃었지만, 칼빈은 제네바를 얻었다. 또한, 세르베투스 화형은 제네바뿐만 아니라 유럽 전역에서 칼빈의 지위를 강화시켜 주었다.

칼빈이, 특히 로마 가톨릭교도들에게 단순히 여러 개혁가들 중 한 명이 아니라 종교개혁 프로테스탄트 사상 안에서 중요한 목소리로 널리 인식되기 시작된 것은 바로 이 순간부터였다. 칼빈은 공교회적 기독교(Catholic Christianity)의 변호자로서 진지함을 보여주었다. 그야말로 라틴 학자였다.

물론 칼빈이 그렇게 불린 것이 비단 이 악명 높은 사건 때문만은 아니었다.『기독교 강요』, 성경 주석들, 그리고 현존하는 설교 원고들의 근사하고 정확한 라틴어와 프랑스어 문장은, 그것을 5세기 칼케돈에서와 어거스틴의 가르침들에서 찾아볼 수 있었던 것으로 볼 때, 서방 기독교 전통의 정확하고 신중한 결정체라고 할 수 있다. 거기에 우리는 개혁파 기독교 범주 밖에 있었던 제네바 찬송가의 영향을 덧붙일 수 있을 것이다.

칼빈이 그 찬송가를 만들지 않았을 테지만, 개혁파 제네바를 만들지 않았다면, 찬송가의 영향력은 훨씬 작았을 것이며, 따라서 찬송가는 종종 스스로 시인 다윗 왕의 역할을 하던 사람의 업적이다.[33] 이 유산 전체가 바로 역사가들과 신학자들이 개혁파 전통을 논의할 때 '칼빈주의자'(Calvinist)와 '칼빈주의'(Calvinism)라는 용어를 사용하지 않도록 최선을 다해야 하는 이유이다.

그러한 꼬리표는 칼빈이 하려고 했던 것과 또한, 그가 성취한 것의 품위를 훼손한다. 그의 업적은 그 이전에 1500년 동안 공교회적(Catholic)이라고 불렸던 전통에 대해 매우 구체적인 그림을 그려 주는 것이었다. 로마, 캔터베리 또는 비텐베르크로부터의 요청에 대한 다른 버전의 그림들도 있을 것이다. 그러나 이 제네바 학자가 제공한 서방 기독교에 대한 업적을 무시할 수 없다.

그러나 '다섯 번째 라틴 학자'(Fifth Latin Doctor)라는 호칭은 기독교 역사에서 칼빈의 지위를 정확히 **규정시켜**주는 데에 도움이 된다. 칼빈은 칼케돈 공의회가 교회의 메시지와 목적을 고찰하는 데 있어서 중요한 계기였다고 보았다. 라틴 서방교회와 동방정교회의 거의 모든 그리스도인들처럼, 칼빈은 기독교 역사에서 칼케돈 공의회의 역할을 승리의 관점에서 보았다. 즉, 칼케돈 공의회는 전통을 종합하고, 미래의 방향을 제시하며, 지난 150년간의 교리 연구의 절정을 제공해 주었다.

그러나 우리가 이러한 역사적 접근에서 한 걸음 물러나 보면, 칼케돈이 기독교 세계를 크게 세 부류로 분열시켰음을 보게 될 것이다. 하나는, (솔직히 말해서) 연합을 추구하기 위해 끼워 맞추어 놓은 기독론적 신앙고백을 받아들인 제국의 기독교인들이고, 다른 두 기독교 분파들은, 반대 이유로 그 신앙고백을 거부한 아프리카와 아시아의 단성론자들과 양성론자들이다.

그 이후 수 세기 동안의 역사적인 기회들은, 칼케돈의 기독교에 뜻밖의 추진력을 제공함으로써, 기독교 이야기 전체를 서방 중세 유럽으로 이동시켰다. 이것은 로마 대신 바그다드가 기독교 안에서 무게 중심이 될 수도 있었을지도 모를 가장 큰 가능성을 없애버렸다. 그렇지 않았더라면, 이 다섯 번째 라틴 학자는 기독교 이야기에서 전혀 다른 지위를 차지할 수도 있었을 것이다.

제5장

트렌트 공의회*

"인간의 정신을 촉진한 하나의 사상이 과연 이 큰 방 안에서 착상되고 기록된 적이 있었는지 모르겠다."

이것은 대단히 중요한 역사적 논평이다. 이 말은, 미술 역사가 케네스 클락(Kenneth Clark)이 자신의 유명한 TV 시리즈 "문명"(Civilisation)에서 반종교개혁 예술과 건축에 대해 조사하면서 던진 휘그파(Whig) 귀족의 한 방인데, 바다 건너온 이 잉글랜드인은 이 말을 마치고는 카메라에서 돌아서서 바티칸의 매우 기다란 맵룸(Map Room)을 따라 걸어갔다. 그가 걸어가는 동안 몬테베르디의 곡 "태초부터 있었고, 지금도 있으며, 영원히 있으리니"(As it was in the beginning, is now, and ever shall be)가 흘러나왔다.

풍자감각이 풍부했던 클락은 이 음악이 그 장면을 잘 묘사해 준다고 생각했을 것이다. 즉, 몬테베르디의 저녁기도송을 부탁한 베네치아

---

* *Trent: What Happened at the Council* by John O'Malley, Harvard University Press, 2013, 326pp.

귀족들은 자기들이 훌륭한 로마 가톨릭교회 신자라는 점을 자랑스러워했지만, 그때까지의 다른 많은 훌륭한 로마 가톨릭교도들처럼, 교황을 싫어했다.

반종교개혁 도시 로마에는 거대한 방들이 많으며, 로마의 스카이라인은 트렌트 공의회(Council of Trent)의 개혁들을 있는 그대로 수정하지 않은 채 받아들인 추기경들이 지어 놓은 새로운 궁전들로 수를 놓고 있다. 틀림없이 그 추기경들에게 "그것은 태초부터 있었고, 지금도 있으며, 영원히 있을 것"처럼 보였다. 그러나 한 거대한 방은 라틴식 전례를 행하던 중세 서방교회에 완전히 다른 변화를 가져다주었다. 특히 로마의 대주교에게 충성하던 부분에 있어서 그랬다.

존 오말리(John O'Malley)는 트렌트 공의회에 관한 그의 간추린 새 역사서에서 이 방, 곧 트렌트의 산타 마리아 마조레(Santa Maria Maggiore) 교회의 예배당을 묘사하고 있다. 그 웅장한 예배당 안에서 대표단을 위해 마련한 특설 좌석에 자리한 공의회 신부들은 20년간의 의회를 모두 끝마쳤다. 지난 20년 동안 그들은 안건을 입안하고 심의하는 중에 거의 두 번 정도 정회를 할 수 밖에 없었다. 프로테스탄트 때문임은 말할 것도 없고 역병의 두려움, 대륙을 덮은 전쟁, 암살과 폭우 등의 소란 때문이었다.

산타 마리아 마조레는 제국 도시 트렌트에서 1545년부터 1563년까지 열린 까다롭고 때로는 목표 없던 논쟁들의 배경이 된 품위 있는 장엄한 회의실들을 일렬로 잘 구비하고 있었다. 주교들 및 그들과 동행한 신학자들 사이에 공개적인 욕설이 오고 갔다. 이신칭의에 관한 논쟁 중에, 라 카바(La Cava) 대주교는 치로니사(Chironissa)의 크레타 대주교가 자신을 가리켜 칭의에 관해 마틴 루터와 똑같이 말하는 무뢰한이나 얼간이 같다고 말하자, 크레타 대주교의 수염을 잡아 뜯었다. 사실상 한 번 이상 회기에서 아무 것도 하지 못한 채 무질서하게 회의가 끝났었다는 사실이 놀랍다.

공의회가 열리고 입안을 하던 상당기간 동안, 교황은 공식적으로 유럽의 또 다른 최고위 로마 가톨릭교도였던 신성 로마 제국 황제 찰스 5세(Charles V)와, 또는 찰스의 아들 필립 2세(Philip II)와 전쟁을 했다. 그 후에 즉위한 교황의 장자 피에르루이지 파르네세(Peirluigi Farnese)는 24살의 대주교를 강간하여 그 청년을 불행한 죽음으로 몰고 간 것으로 고소당했으며(파르네세도 결국 찰스 5세의 가신들에 의해 암살당했다), 또 다른 교황 성하(Holy Father)는 트렌트 공의회의 주요 교황 사절이었다가 교황 율리우스 3세(Julius III)로 선출되었는데, 그의 동성애 애인이었던 10대 소년을 추기경으로 임명했다.

아마도 공의회의 공식 의사였던 기롤라모 프라카스토로(Girolamo Fracastoro)가 매독 환자의 실명과 구체적인 증상들을 밝힌 첫 번째 사람이라고 해야 맞을 것이다. 당대의 고위층 성직자들은 프라카스토로가 이 주제에 관한 서사시를 쓸 수 있게 수많은 사례를 제공했을 것이다.

중세 후기, 곧 트렌트 공의회 이후의 로마 가톨릭교회는 손쉬운 풍자 먹잇감이다. 또한, 트렌트의 산타 마리아 마조레교회의 예배당에서 수집된 사상들이 인간의 정신을 촉진시켰는지 여부는 개인적인 판단의 문제이다. 그러나 이제 트렌트의 이야기를 좋아하든지 싫어하든, 그것을 피상적으로만 다루던 신앙고백적 참호로부터 빠져나와야 한다.

필자는 학자로서 반종교개혁 역사에 대해 너무나 엉성하게 알고 있었다. 공의회에서 여러 회기의 공식적인 결정들, 예수회의 발흥, 새롭고 더 효과적인 교황 관료정치의 형성, 프로테스탄트 세계와의 분열의 급속한 경화 등을 철저히 연구하는 일 등에서 말이다. 엉성함이라 함은, 그 연구가 단지 진실의 일부였기 때문이다.

지난 20년 동안, 우리는 훨씬 더 재미있는 그림을 접하게 되었다. 숨겨진 엄청난 신학 보따리인 것 같아 보이는, 또는 그럴지도 모르는 것들에 관한 이야기이다(그것들 중에서 단연 으뜸은 초기 예수회에 관한 이야기다). 마시모 피르포(Massimo Firpo) 교수와 또 다른 역사가들은 우리를 다른 어느 누구보다 더 이탈리아에 더 집중하도록 해 주었는데, 개종하는 프로테스탄트들을 훨씬 더 가까이 들여다보게 해 주었으며, 지중해 유역에서 비밀스런 스페인 유대교의 영향을 받아 자생한 원(原)프로테스탄트(proto-Protestantism) 사상에도 더 깊이 주목할 수 있게 해 주었다. 특히 그들은 스페인 종교 재판의 박해를 피해 도망한 후, 동부 유럽의 프로테스탄트 세계에서 은신처를 찾기 전에, 이탈리아의 로마 가톨릭교회 지성들(미켈란젤로 포함)을 매료시켰다.

예수회 회원인 노련한 반종교개혁 역사가 존 오말리 덕분에, 우리는 또한, 트렌트의 복잡한 이야기를 그 복잡함과 역설과 업적과 잃어버린 기회에 이르기까지 매우 선명하고 솔직하게 즐길 수 있다. 영어권 독자들이 처음으로 이 특권을 누릴 수 있게 되었다. 왜냐하면 트렌트에 대한 다른 이야기들은 너무 짧거나 또는 비전문가들에게 너무 길기 때문이다. 특히 후버트 예딘(Hubert Jedin)이 쓴 네 권짜리 독일어 역사는, (비록 여러 면에서 탁월하지만) 두 권 이후의 책들은 영어권 출판사들이 번역하기에 너무 상세하였다.

트렌트 공의회가 로마 가톨릭교회의 역사와 풍조에 가져온 변화는 윌리엄 치즈홀름(William Chisholm)이라는 이름을 가진 세 명의 스코틀랜드 성직자들의 연이은 또는 부분적으로 겹친 생애에 의해 가늠해 볼 수 있다. 세 명의 윌리엄 치숄름들은 모두 차례로 던블레인(Dunblane) 교구에서 감독 정치를 했다.

그들이 혹시 서로 연관이 있었는지 물을 필요도 없다. 그들은 스코틀랜드 귀족들이었으며, 감독 정치는 중세의 스코틀랜드 귀족들이 하던 것이었다. 그리고 그들은 막대한 교회 재산과 관직을 가문 대대로 물려주었다. 1527년, 첫 번째 윌리엄은 이복형제 제임스 치숄름의 보좌관 역할을 하다가 그를 이어 던블레인의 대주교가 되었다.

이 윌리엄에게는 여러 자녀가 있었다. 그 사실은 비록 자기에게는 크게 문제가 되지 않았지만, 중세의 다른 스코틀랜드 감독단 사이에서는 틀림없이 다른 가족들보다 훨씬 더 불법한 일이었다. 그의 조카 윌리엄은 처음에 그의 보좌관이 되었다가, 스코틀랜드 종교개혁 바람이 한창이던 1561년에 그를 이어 대주교가 되었다. 그리고 1569년에 마침내 이 어린 윌리엄은 유배를 떠나 프로방스의 양지바른 언덕 도시 베종 라 로멘(Vaison-la-Romaine)의 주교가 되었다.

그러나 두 번째 윌리엄 치숄름 대주교는 당시 확고한 개혁파 프로테스탄트였던 스코틀랜드장로교회와 완전히 결별하는 것을 망설였다. 그래서 프로테스탄트 제임스 6세(James VI)에 의해 잠시 동안 던블레인의 대주교로 인정을 받았다가, 프랑스의 가장 엄격한 수도원 카르투지오(Carthusian) 수도원에서 수도사로 생을 마쳤다.

두 번째 윌리엄의 조카인 세 번째 윌리엄은 로마에 새로 세워진 대학들 중 한 곳에서 교회 안의 귀족들에게 올바른 로마 가톨릭 신학 훈련을 시키며 시간을 보냈다. 그는 던블레인에서 두 번째 윌리엄의 보좌관으로 사역을 시작했지만, 1585년 그의 삼촌을 이어 베종의 대주교가 되었으며, 반종교개혁의 대표자가 되어 자신의 임무를 열심히 수행하였고, 프랑스대성당에 매우 관대했으며, 첫 번째 윌리엄이 던블레인을 이어받은 지 한 세기 후에 자기의 의지대로 그곳에서 유배 생

활을 한 또 다른 스코틀랜드 사제로 기억되었다.[1]

『방탕자의 여정』(*The Rake's Progress*)과 정반대되는 이 이야기는 매우 교훈적이다. 중세 사제로서의 세속성에서 출발하여, 세기 중반의 의심과 혼란을 지나, 새로운 진지함을 발견하고 신학적인 깨달음과 헌신으로 나아가는 삶이었다. 윌리엄 치숄름 3세의 경우에 고향을 떠나야 했지만, 그의 조국에 있는 교회의 품에 안전히 거하게 되었다. 이 이야기는, 16세기에 프로테스탄트들만 새로운 정체성을 세워가고 있던 것이 아니었음을 알려 준다. 곧, 반종교개혁 이야기도 있다.

로마 가톨릭교도들은 개인적으로도 그 당시 발생한 일들에 의해 변화되었지만, 공동체로서의 교회 역시, 중세 서방교회와 계속 연속성을 유지하면서도, 교황에게 순종하기를 거부하는 새로운 신자들로 구성된 새로운 유럽교회들로 급격히 변화했다.

순수하게 성직 구조와 교회 권징의 관점에서 보면, 트렌트 공의회 이후 교회는 잉글랜드의 개혁파 프로테스탄트보다 훨씬 더 개혁되었다. 예를 들어, 트렌트는 모든 성직자를 위해 전문가 훈련 대학인 신학교들을 모든 교구에 설립하기 시작했다. 이것은 잉글랜드에서 메리 튜더(Mary Tudor) 왕조 때 재건된 로마 가톨릭교회 안에서 추기경 레지널드 폴(Reginald Pole)이 처음으로 세운 계획이었는데, 프로테스탄트 엘리자베스 1세(Elizabeth I)때 포기된 이후 19세기까지 프로테스탄트들에 의해 다시 시작되지 않았다.

물론, 트렌트 공의회보다는 반종교개혁 가톨릭주의(Counter-Reformation Catholicism) 안에서의 혁신들이 훨씬 더 많은 토론거리가 된다. 예를 들어, 기독교가 바로 이 시대에 미국, 아프리카, 그리고 아시아에 있는 선교사들 덕분에 로마 가톨릭교회 형태로 가장 세계적인 종교가 되었다는 사실을 트렌트 신조로부터는 알 수 없다.

트렌트 공의회는 수도사들이나 수사들의 규율에 새로운 규칙을 거의 제공하지 않았으며, 모든 여성 신앙을 세상으로부터 분리시켜 수녀원에 가두려고 했지만, 트렌트의 그런 노력은 그들에게 호의적이었던 새로운 사회와 주교들을 세운 독창적인 여성 설립자들에 의해 창의적인 다양한 방법으로 제지당했다. 각종 단체들과 길드, 그리고 향후 몇 세기 동안 로마 가톨릭교회의 보는 활동의 중추적 역할을 하게 될 평신도 협회 등에 대한 개혁을 추구한 것도 트렌트 공의회가 아니었다.

그러나 이 세 가지 경우에, 트렌트 공의회는 파괴되지 않은 것들을 보수하려고 노력하지도 않았다. 결국 트렌트 공의회가 남긴 것은 새로워진 목적에 대한 인식과 회복된 풍조였다. 이것들은 신자들이 특별한 상황에서 실효성이 있는 방식으로 번성하게 하는 데 필요한 것들이었다.

트렌트 공의회가 통과시킨 법령은 대부분 성직자와 교회 구조에 관한 것이었지만, 한 가지 중요한 점에서 그 '타메치'(*Tametsi*, 비록...) 교령은 향후 로마 가톨릭교회의 모든 부분을 바꾸어 놓았다. 기독교인들은 (특히 기독교 결혼에 대한 선언들을 만들 때) 교회 역사 첫 1000년 동안 교회 결혼식 같은 것들이 없었다는 것을 잊고 있다. 초대교회 전통과는 다르게 매우 눈부신 발전으로, 타메치가 1563년에 트렌트 공의회에 의해 승인된 이후, 로마 가톨릭교회는 신자들 간의 결혼이 비록 당사자들의 서약 행위에 의해 이루어졌다 할지라도, 사제에 의해 집례되지 않으면 유효한 것으로 인정하지 않았다. 프로테스탄트에 속한 교회들도, 트렌트 공의회 이후 성직자들이 사회의 붕괴를 염려할 만큼, 향후 2세기 이상 그대로 따라하는 경향이 있었다.

이것은 교리가 '태초부터 있었고, 지금도 있으며, 영원히 지속될 것'

으로 생각하는 기독교인들이, 얼마나 자신들의 역사에 대해서는 모르는지에 대한 한 예에 불과하다. 트렌트 공의회에서의 큰 쟁점이 로마 가톨릭교회를 프로테스탄트들로부터 어떻게 차별화하고 보호하려고 했는지 생각해보는 것은 어렵지 않다.

오말리는 사실 독일 프로테스탄트들이 실제로 트렌트 공의회 몇몇 회기에 참석했었고, 심지어 발언권도 얻었었다고 지적한다. 그러나 불행히도 이 회기들은 공의회가 진행되는 중에 특히 무익했던 순간이었던 1547-8년에 열렸다. 이 시기에 로마 가톨릭교회 내의 다툼으로 인해 공의회에 전혀 진전이 없자, 프로테스탄트들은 떠나버렸다.

1561년에 프로테스탄트들이 다시 초대를 받았을 때에는 프로테스탄트들과 로마 가톨릭교도들이 훨씬 더 대치하게 되었으며, 따라서 이미 너무 늦어 버렸다. 현대 기독교인들을 동요시키는 쟁점들의 관점에서는(대체로 인간과 그들의 생식기와의 관계 등에 관하여), 비록 타메치가 공의회의 마지막 회의에 매우 조금밖에 시간을 내지 못했다 하더라도, 트렌트 공의회에서의 논쟁이 사실상 현재로서는 전혀 논쟁할 것이 없어 보이는 전혀 다른 쟁점에 관심을 가졌다는 점에서 실망스럽게 보일 수도 있다.

즉, 주교들이 그들의 교구에서 살아야 되는지 아니면 밖에 나가서 살아도 되는지에 대한 문제였다. 사실 공의회는 이 비거주 문제에 거의 집중했다. 이것은 1552년에 공의회가 주교들이 그들의 교구 안에서 거주해야 한다고 이미 충분히 논리적으로 선언했기 때문에 더더욱 놀랍게 보인다.

그렇다면 무엇이 문제였는가?

그 해답은 주교가 누구였는가를 생각해보면 찾을 수 있다.

주교의 직무는 그리스도에 의해 제정되었는가?

아니면 초대교회의 발전에 의해 제정되었는가?

만일 후자라면, 이 입장은 그리스도께서 그의 교회를 세우시기 위해 반석으로 선택하신(마 16:18) 베드로의 후계자인 교황에게서 권위가 나온다고 보는 것으로서, 모든 주교가 직접 그리스도의 권위를 대표한다는 입장과 전혀 다른 것이었다. 교황의 배타적인 지위를 승인하는 것이 내키지 않았던 저명한 감독단 회원들은 비단 신성 로마 제국의 왕자-주교들만은 아니었다.

사실상 모든 스페인 주교들이 똑같이 생각했다. 그들은 주교들이 그들의 교구 안에 사는 것이 '하나님의 법'(ius divinum)의 문제라고 말하고자 했을 것이다. 또한, 만일 그렇다면, 적어도 서방교회 주교들 중에서 적어도 113명이 실제로 로마에 살고 있던 그때에, 교황은 이미 1552년의 교령 이후 여전히 유효한 것처럼, 주교들이 교구 밖에 살아야 된다고 허락할 아무 자격이 없었다.

또한, '하나님의 법'은 사실 교황 제도에 대해 매우 사악한 뉘앙스를 지니고 있었다. 잉글랜드 왕 헨리 8세(Henry VIII)가 자신의 의로움을 정당화하기 위해 이 용어를 남용했기 때문이었다. 헨리 8세는 자기가 아라곤의 캐서린(Catherine of Aragon)이라는 여인과 결혼한 적이 없으며, 자기가 마치 결혼을 한 것처럼 잘못 생각한 것과 교황이 '하나님의 법'을 위반하면서 그런 결혼을 허락한 것에 대해 하나님께서 자신에게 진노하셨다고 주장했었다.

따라서 비거주의 문제는 교황이 지상에 있는 전투적인 그리스도의 교회 전체에서 수위권을 갖는지, 아니면 모든 주교들 중에서 특별한 주교에 불과한지에 관한 문제와 필연적으로 연결되었다. 이 문제는 트렌트 공의회에서 해결하기에는 너무 뜨거웠지만, 교황 제도나 일반적인 감독직 체제에 배타적인 권위를 결정적으로 부여하지 않는 신조를 만드는 교묘한 초안을 이끌어 냈다.

이 분쟁의 실체를 묘사하는 오말리의 설명은, 처음에는 매우 난해하지만, 신중하고 상당히 중립적인 이야기를 보여 준다는 점에서 대단히 가치 있다. 이 점은 그 이후에 제1차 바티칸 공의회(1870-71)와 제2차 바티칸 공의회(1962-5) 등, 두 개의 공의회를 더 경험한 로마 가톨릭교회의 현대 문제들과 긴급한 연관성을 갖는다.

제1차 바티칸 공의회는 트렌트 공의회가 1546년에 무언가를 얻기 위해 회피했던 문제들에 적극적으로 대답했다. 그리하여 바티칸 공의회는 그 당시 다른 모든 유럽 군주들이 각 국가의 시민들로 구성된 선거후들에게 권력을 인양하기 시작하던 것에 발맞추어 교황 군주제에 대해 집중적으로 논의했다. 이렇게 권력 문제에 집중하면서, 제1차 바티칸 공의회는 교회 안에서 공의회가 갖는 독립적 역할에 대한 오랜 로마 가톨릭교회 사상을 무시했다(그리고 그것이 잊혔다고 가정했다).

제2차 바티칸 공의회는 그 당시 보편적인 민주주의를 확고한 원칙으로 수용한 서구 유럽에서 소집되었다. 또한, 바티칸의 중앙 관료 정치에 큰 충격과 경고가 될 정도로, 교황 요한 23세(John XXIII)는 스스로 권위에 대한 토론을 열어 제1차 바티칸 공의회 결정을 뒤집고, 권력을 단지 주교들에게 주는(회복시키는?) 것이 아니라 신자들 전체에게 주게 될 위협을 느끼게 했다. 그 토론의 결과는 현재까지도 열띤 논란의 주제가 되고 있다. 이전의 마지막 두 교황 요한 바오로 2세(John Paul II)와 베네딕트 16세(Benedict XVI)의 마음속에서는 그런 일들이 실제로 일어나지 않았으며, 아무 것도 크게 변하지 않았다.

필자의 생각에, 존 오말리는 이 연이은 교황들에게 동의하지 않을 것이다. 그는 제2차 바티칸 공의회가 자유와 미래에 대한 새 계획을 약속하던 시대의 사람이다. 실제로, 그는 1563년의 극히 위험했던 주교 관련 토론의 때를 연구하면서, 사나운 스페인 주교들이 '20세기 중반에 제2차 바티칸 공의회에서 승인된 것과 비슷한' 선언을 요구했다고 지적한다.²

오말리는, 이 책에도 담겨있긴 하지만 이전의 책들에서도, 트렌트 공의회의 신학자들과 주교들의 사상을 의미없이 지배하던 스콜라주의에 대해 설득력 있게 말하고, 그것을 제2차 바티칸 공의회에서의 다른 분위기와 대조시켰다. 제2차 바티칸 공의회에서는 기독교 교리 너머의 세계들에 민감한 인문주의적인 시문학과 수사학이 우세하여 '아무것도 결정하지 못한' 트렌트 공의회와 대조되는 공의회를 낳았다는 것이다.³

요한 바오로 2세와 베네딕트의 눈에는, 스콜라주의가 여전히 교회가 세상을 분석할 수 있는 최고의 수단이다. 오말리가 트렌트 공의회가 르네상스 인문주의 학문에 우호적이지 않았기 때문에 교회 역사에 대한 인식이 부족했다고 말하는 것은 트렌트 공의회에 대해 부당하게 평가하는 것이라고 할 수 있다.

16세기 인문주의 학자들이 로마 가톨릭교회와 프로테스탄트를 불문하고 교회 역사에 대해 이루어 놓은 것과, 그들이 현재 훨씬 더 잘하지 못하고 있는 것을 보라.

이 탁월한 책이 남긴 가장 큰 통찰은 트렌트 공의회가 사람들이 생각하는 것보다 훨씬 적은 것을 이루었다는 사실이다. 성직자의 결혼과 교회 의식에서 일상어를 사용하는 문제 등에 대해, 트렌트 공의회의 결정들은 눈에 띄게 신중하며 비교리적이다. 결국, 그것이 의도한 바는 1560년대 제3차 트렌트 공의회 회기에 로마 가톨릭교회가 논파하려고 했던 프로테스탄트들을 즐겁게 해 주는 것이 아니라, 성직자의 결혼과 일상어 예배를 모두 소중히 여기던 정교회를 조심스럽게 달래기 위한 것이었다. 이 전략은 향후 2세기 동안 매우 효과적이어서, 동유럽의 대규모 정교회 교인들과 중동의 수많은 기독교인들이 로마 가톨릭교도들과 화해하게 되었다.

그러나 그것은 또한 오늘날에도 예배와 관련하여 새로운 결실을 보았으며, 이제 성직자의 결혼이 그 다음에 찾아올 것이 틀림없다. 트렌트 공의회는 교회 안에서의 권력이 미래에는 어디에 있을 것인가에 대한 문제도 남겨 두었다. 따라서 잠시 동안 교회 사역을 계속 발전시킬 독립적인 주체가 없어서 교황과 큐리아의 관료들이 그 다음 주도권을 갖고 보편적인 교리문답, 세계적인 표준 예배 모범, 그리고 성 제롬의 라틴 성경 개정판 등을 착수하게 된 것이 결코 트렌트 공의회 대표단의 잘못은 아니었다.

비록 오말리는 너무 신중해서 이것을 여기에서 지적하지 않지만, 또 다시 고삐를 쥐는 일이 제2차 바티칸공의회 이후에 일어났다. 두 가지 단점이 있다. 우선, 오말리는 본문에서 각 사건의 연대를 충분히 설명해 주지 않기 때문에, 어떤 소동이나 교령이 1545년 5월에 있었는지 또는 1546년 5월에 있었는지 잊게 되며, 그것을 찾기 위해 책장을 이리저리 넘겨 보아야 한다.

또한, 탁월한 학자의 글에서조차 미국식 영어가 두 개의 구분된 단어인 '감독 정치'(episcopacy, 주교들에 의한 정치)와 '감독직'(episcopate, 주교들의 전체 모임, 또는 주교의 직무)을 서로 혼동하고 있다. '감독 정치'는 두 가지 모두를 할 수 없다.

그것을 할 수 있다고 말하는 사람들에게 교회의 저주가 있을지어다.

제6장

이탈리아 종교재판소*

다음은 로마 종교재판소에 관한 크리스토퍼 블랙(Christopher Black)의 평가 중 한 대목이다.

> 주요 사상가들 사이에서의 희생은 예상했던 것보다 적었다. 부르노(Bruno)는 목숨을 건졌을 지도 모르고, 갈릴레오(Galileo)는 더 모진 고초를 받을 수도 있었으며, 캄파넬라(Campanella)는 오랜 옥살이를 견뎌냈고, 기안논(Giannone)과 크루델리(Crudeli)는 어느 정도 불운했을 뿐이다.

그렇다. 피에트로 기안논(Pietro Giannone)과 토마소 크루델리(Tommaso Crudeli)는 두 사람 모두 종교재판 후 옥살이를 하다가 숨졌으므로 정말로 '불운했다.' 그래서 괜찮다. 그저 불운했을 뿐이다. 1980년대에, "아홉시 뉴스가 아닙니다"(Not the Nine O'Clock News)라는 코미디 쇼

---

* *The Italian Inquisition* by Christopher F. Black, Yale University Press, 2009, 352pp.

에서 다루었던 가장 기억나는 것 중의 하나는 "마귀: 그는 항상 나쁜가?"라는 제목이 붙은 진지한 미니 다큐멘터리였다. 그 쇼는 어느 지역의 처녀들의 희생을 가볍게 여기는 것에 대해 어느 자유분방한 목사의 자유로운 의견과, 평범한 부부의 설명을 다루었다. 이 이야기는 블랙이 16세기부터 18세기 사이에 이탈리아 반도에서 행해진 흥미진진한 종교재판소 이야기를 하는 동안 제시하는 역사적 재판의 공정성을 멋지게 패러디하고 있다.

블랙의 이야기를 통해 우리는 로마 종교재판소가 '바람직하지 않은 미신적인 신앙과 풍습들'을 억제하는 데에 도움이 되었다는 점을 다시 한번 확인할 수 있다. 돼지고기 지방으로 싸놓은 두 발과 등 뒤로 묶어 매달아 놓은 두 팔을 태워버릴 불고문의 장점이 무엇일까라는 주제에 대해, 그 고문을 마주한 종교재판 혐의자들은, "응당 갤리선의 노 젓는 사람으로 선고를 받아야 할 사람에게는 두 발을 불태우는 불꽃이 어깨 부상보다는 덜 해로운 것이었을지도 모른다"라고 말한 블랙의 의견에 틀림없이 고개를 끄덕였을 것이다.

사랑과 용서의 교훈 위에 세워졌다고 주장하는 종교는 라틴식 예전(禮典)을 따르던 서방교회가 행한 종교재판 기록을 보면 부끄러워서 고개를 숙일 수밖에 없다. 어쩌면 종교재판들은 현대의 일반 법정들이 선고하는 것만큼 높은 비율의 사형을 선고하지 않았을 수도 있다. 또한, 어쩌면 그들은 사람들을 그렇게 자주 고문하지 않았을 수도 있다. 어쩌면 이탈리아와 스페인 종교재판소에 의해 죽은 마녀들이 유럽의 다른 지역에서 죽은 마녀들보다 더 적을 수도 있다. 왜냐하면 종교재판은 증거를 판단함에 있어서 다른 재판들보다 훨씬 더 전문적이었기 때문이다.

그러나 그럼에도 결코 그렇지 않았을 것이다. 20세기에, 로마 가톨릭교회는 결코 그렇지 않았을 것이라고 완곡하게 인정했다. 로마 종교재판소를 두 번 개명했는데, 나중의 것을 신앙교리성(Congregation for the Doctrine of the Faith)이라고 했다. 조셉 랏징어(Josef Ratzinger)는 교황 베네딕트 16세(Benedict XVI)로 수임되기 전에 이 기관의 수장이었다.

종교재판관에 대한 인식은 단순히 억압하는 것을 목표로 하지 않고 사회를 개선하는 것을 목표로 했던 볼셰비키 러시아의 최고 비밀경찰 체카(Cheka) 직원들의 인식과 비슷했다. 이상주의와 가학성 사이에는 종종 아슬아슬한 경계선이 존재한다. 그러나 그 경계선을 넘은 사람들을 용서하기 위해 너무 심한 역사적 동정심을 표하는 것은, 종교적이든 세속적이든 이상주의에 전혀 도움이 되지 않는다.

종교재판관들은 틀림없이 자신들이 선한 성경 원리에 따라 일을 했으며, 자신들의 최우선적인 노력은 언제나 잘못을 범한 사람을 설득하고 화해시키는 것이었다고 반박할 것이다. 잘못을 범한 사람이 명백히 그 잘못(말하자면, 결국 이단에 대한 엄격한 정의이다)을 계속했다면, 종교재판은 결코 재판관들의 잘못이 아니었다. 사실 사회에서 그러한 오염물들을 제거하는 것이 그들의 의무였다.

예를 들어, 종교재판관들은 문서를 불사른 행위를 정당화하기 위해 사도행전 19:19-20을 인용할 수 있었다. 사도행전 저자가 눈부시게 성공한 에베소 선교 방문 장면을 기록하는 과정에서 사도 바울이 은 5만에 해당하는 마술책을 불사르는 일을 주도했기 때문이다.

> 이와 같이 주의 말씀이 힘이 있어 흥왕하여 세력을 얻으니라 (행 19:20).

반종교개혁 화가들이나 그들의 교회 후견인은 누구나 이 광경을 예술의 주제로 삼았으며, 따라서 크리스토퍼 블랙도 그중 하나를 자신의 책표지로 선택했다. 이 그림은 플란더스 예술가 마르탱 드 보(Maerten de Vos)가 그린 매우 극적인 그림으로, 과도하게 흥분하여 자기의 열심을 억제하지 못하는 바울을 묘사한 것이었다.

드 보는 이 1세기의 학문 파괴를 그가 알기로 고대 세계의 문서들보다는 곧 불살라져야 하는 현대식 책들, 그리고 기독교 신앙이 소규모이고 미약하게 시작하던 시기에 교회가 하던 행동과는 다른 배경인 시장에서 화형대를 둘러싼 다수의 흥분한 군중들이 잘 갖추어진 반종교개혁 유럽에 적용했다.

분명히, 중세 종교재판관들은 이단이라는 개념을 만들어 내지 않았다. 이단은 신약성경이 기록되던 후기에 '분파'(sects)라고 언급되다가, 기독교가 신앙의 범주를 정하기 시작하던 2세기부터 번영하게 되었다. 중세 서방 종교재판관들은 이단을 산 채로 죽이는 무서운 형벌을 만들어 내지도 않았다. 기독교가 사람을 기둥에 묶어 불태우는 형벌은 3세기에 기독교의 가장 큰 적이었던 디오클레시안(Diocletian) 황제에게서 가져왔다. 디오클레시안은 마니교(Manicheism)라고 불리던 단일신론 신앙의 새로운 형태를 불사르라고 칙령을 발표했다. 마니교는 악의 존재 문제에 대해 "악은 그냥 악이다. 더 이상 말할 필요가 없다"라는 별로 더 나을 것 없는 대답을 한 이원론적 신앙이었다.

기독교 지도자들은 디오클레시안처럼 마니교와 다른 이원론적 신앙 체계에 의해 공격을 받았다. 따라서 일단 주교들이 로마 황제들과 권력을 나누어 갖게 되자 이전의 판례에 주목했다. 마니교와 비슷한 신앙을 가진 자들을 산 채로 불태워 죽이는 것은 기독교화된 비잔틴 제국에서도 7세기부터, 비록 종종은 아니더라도, 간헐적으로 사용되다가, 11세기에 서방 라틴 기독교가 이단 화형을 시작하자마자, 화형을 멈추었다.

사실 정교회 안에서는 사람을 기둥에 묶어 불태우는 것에 대해 주요 성직자들이 비판하던 오랜 전통이 있었지만, 중세 서방교회에서는 그에 비견될 만한 풍습이 거의 또는 전혀 없었다. 이후 수 세기 동안, 러시아정교회(Orthodox Muscovy)에서 화형이 다시 시작되었다. 틀림없이 처음에는 1490년에 신성 로마 제국의 서방 라틴 특사들로부터 자극을 받은 탓이었을 것이다. 동방정교회(Orthodox Churches of the East)와 발칸정교회(Orthodox Churches of the Balkans)가 오토만 투르크(Ottoman Turks)의 손에 들어가자, 기독교 이단들에 대한 박해가 더 이상 정교회 교도들에게 실제적인 문제가 아니었다. 또 다른 종교에 굴복해야 하는 상황 때문에 스스로 이 문제에서 벗어나게 된 것이었다.

또 다른 이원론적 신앙의 발흥은 12세기에 남부 프랑스에서 있었다. 아마도 비잔틴교회들이 맞서 싸워야 했던 동방의 이원론에 의해 영향을 받았을 것이다. 이 이단들은 순결한 자들, 곧 카타리파(Cathari), 또는 알비의 사람들(people of Albi), 알비파(Albigensians)라고 불렸다. 수십 년 동안 그들의 세력을 일소하려는 숙청 작업이 계속되었지만, 그들이 시간을 벌면서 그 동안 이단임을 감추고 있다가 다시 나타나지는 않을까 하는 걱정이 남아 있었다.

스페인 어거스틴 수도사 도미니크(Dominic)는 이 상황에 대해 한 가지 반응을 보였다. 그는 설교자들을 모아서 매우 단순하고 청빈한 사도적인 삶을 살도록 하여 엄격한 카타리파 리더십을 능가하게 하고, 따라서 공식적인 교회야말로 사랑과 용서의 메시지를 전하는 훌륭한 매체라고 사람들에게 확신시킬 수 있게 했다.

그 뿐 아니라, 도미니크의 '형제들'(fratres, 또는 탁발 수사들)은 자신들의 단순한 메시지가 지성적이기 되도록 하려고 최고의 교육을 받을 것이었다. 탁발 수사들의 출현과 함께, 교회 권위자들은 기존의 카타리파 지역 주민의 신앙을 조사하기 위해 조사 위원회를 구성했다. 이것들이 첫 번째 종교재판소였으며, 1215년 교황의 라테란 궁전(Lateran Palace)에서 소집된 공의회에서 지침이 마련되면서 더욱 발전했다.

그 후 몇 세기 동안, 그와 같은 조사 위원회가 급격히 늘어났다. 왜냐하면 그것들이 다른 형태의 이단 사상들을 막는 데 유용하기 때문이었다. 특히, 기독교가 무슬림 군주들로부터 영토를 회복하자 이슬람이나 유대교로부터 신속히 개종한 의심스러운 사람들의 문제에 직면했던 스페인에서 더욱 유용했다. 또한, 그 동안 도미니크 수사들은 그들처럼 알비파 위기 속에서 발흥한 기관과 계속해서 협력했다.

이처럼 매우 숙련된 설교자들은 중세 유럽의 대학들을 지배했던 것처럼, 곧 종교재판소들도 지배했다. 우수어린 라틴어 이름을 가진 분파 안에서, 어떤 사람들은 자기들을 가리켜 도미니칸(Dominicans), 곧 '주님의 사냥개'(hounds of the Lord)라고 불렀다. 탁발 수사들 중에서 또 다른 주요 그룹인 프란체스코의 추종자들도 종교재판에 관여했지만, 크리스토퍼 블랙이 지적하는 바와 같이, 프란체스코 수도사들은 16세기에 이미 소수에 불과했던 종교재판관의 지위를 빠르게 잃어버렸다.

그러므로 종교재판소가 있기 오래 전부터 이단 재판은 있었다. 또한, 사실 '그 종교재판소'(the Inquisition)란 없었다. 아라곤의 페르난도(Fernando of Aragon)와 카스티야의 이사벨라(Isabella of Castile) 등의 이베리아 반도 군주들의 통치 아래서 1470년대에 창설된 기관인 스페인 종교재판소가 있었다. 이 시기의 교황은 아라곤의 페르난도(Fernando of Aragon)와 카스티야의 이사벨라(Isabella of Castile) 등의 이베리아 반도 군주들 같은 일시적인 통치자들에게 권력을 이양했지만, 곧 몹시 후회했다.

이 새로운 기관의 주된 관심은 이단이나 모든 기독교 일탈자들로부터 자유로운 '순결하고' 강력한 라틴 기독교를 탄생시키고, 또한, 사실 이 기독교의 단일한 문화를 향후 수십 년 동안 대서양 너머에 발흥하게 될 스페인 제국 전역에 전파하는 것이었다. 그러므로 스페인 종교재판소는 주로 숨은 유대인들이나 무슬림들을 목표로 했으며, 15세기 후반에 다문화 스페인의 멸망이 방출한 과열된 영적인 에너지를 통제하는 것이었다.

그 희생자들 중에 바스크 지방(Basque Country)의 조신(朝臣)이었던 이그나티우스 로욜라(Ignatius Loyola)가 있었다. 그는 파리대학교(University of Paris)에서 공부를 하기 위해 종교재판소를 도망해야 했으며, 그 이후 예수회의 발견을 통해 로마 가톨릭교회에 중요한 영향을 끼쳤다. 스페인 종교재판소를 경험했던 기억을 결코 잊지 않았던 로욜라는 예수회 회원들이 결코 도미니크 수도사들을 따라 종교재판에 관여해서는 안 된다고 보았다. 이것은 필자가 보지 못한 매우 중요한 원리로 블랙의 이야기 안에 언급된 것이다.

흥미롭고 독창적인 견해를 가진 또 다른 영적 지도자인 후앙 드 발데스(Juan de Valdes)는 그의 형제 알폰소(Alfonso)가 자그마치 신성 로마 제국의 서기관이었고, 그의 숙부는 비밀리에 유대교 풍습을 행한 것 때문에 화형을 당했는데, 그는 로욜라보다 더 빠른 판단을 한 덕분에 종교재판소가 그에게 손을 대기 전에 스페인을 빠져 나갔다. 발데스는 이탈리아로 피신하여 나폴리 왕국으로 들어갔다.

그곳은 이탈리아 반도의 거의 절반을 차지하는 스페인 소유지였으며, 스페인 종교재판소의 간섭을 피할 수 있는 곳이었다. 왜냐하면 기분 좋은 관할권 충돌로 인해 교황이 이곳에 스페인 종교재판소가 있을 수 없게 거부했기 때문이었다. 나폴리에서 발데스는 10년 동안 꽤 결실 있는 시간을 보내며 기독교에 대한 새로운 비전을 발전시켰다.

이것을 신봉하는 사람들을 가리켜 발데스주의자들(Valdesians)이라고 부르거나, 또는 그의 사상에서 성령의 역할에 주목하여 영성파(Spiriuali)라고 부르기도 한다. 발데스주의는 그 당시 모국에서 심하게 압제를 받고 있던 유대교와 이슬람교의 더 순수한 단일신 사상에 대해 관대하면서도, 탐험적이고, 적잖이 우호적이었다.

발데스는 이탈리아에서 곤자가(Gonzaga), 콜로냐(Colonna) 가문의 교황들과 추기경들을 비롯해 가장 높은 지위의 사람들과, 미켈란젤로 부오나로티(Michelangelo Buonarroti) 등 최고의 지성들에게 환심을 샀다. 헨리 8세보다 더 잉글랜드 왕으로 추대될 뻔 했던 사려 깊고 세련되고 교양 있는 레지널드 폴(Reginald Pole) 추기경조차도 본국에서 추방당해 망명 생활을 하는 동안 이 기묘한 스페인 사람을 비평적으로 추앙하게 되었다. 1530년대에, 발데스주의는 서방 라틴교회의 미래를 형성할 것처럼 보였다.

그런데 실제로 그렇게 되지 않은 이유는 주로 크리스퍼 블랙의 책이 주로 관심을 갖고 있는 기관 때문이었다. 즉, 학식 있는 어거스틴 수도사 마틴 루터를 잘못 다룬 이후에 서방교회를 완전히 침몰시켜 버린 위기를 타개하기 위한 하나의 방책으로 1542년에 새로 설립한 로마 종교재판소(Roman Inquisition) 때문이었다.

스페인 종교재판소를 본 따서 교황의 통치 아래 의도적으로 굳건하게 세워진 이 기관 뒤에는 나폴리의 귀족이자 전문 성직자인 기안 피에트로 카라파(Gian Pietro Carafa)가 있었다. 그는 발데스 운동의 대적이 되었으며, 그 운동의 일원이라고 생각하는 사람이 있으면 누구나 그 3대까지 원수로 삼았다. 블랙은 인물 묘사를 상세하게 하지 않는다.

따라서 독자들은 각자 알아서 인물을 파악해야 한다. 훗날 교황 바오로 4세(Paul IV)가 되는 카라파가 종교개혁과 반종교개혁의 기준을 엄격하게 강요했다는 점에서 16세기의 가장 까다로운 사람들 중 한 명이었다는 사실은 점차 명확해진다. 추기경 폴(Pole)은 개인적으로 로마 종교재판소를 가리켜 '악마 같은'(satanic) 카라파가 주도했다고 불렀다.

바오로 4세는 혐오를 즐기는 사람이었고, 그의 혐오는 사소한 것부터 매우 중요한 것에 이르기까지 모든 것에 다다랐다. 그는 예수의 나체상을 싫어했다. 유대인도 싫어했으며, 교황령에 속한 유대인 공동체들을 처음으로 빈민가에 몰아넣었으며, 모두 노란색 모자를 쓰게 했다.

그는 예수회의 독립 정신도 싫어했다. 그래서 그들이 1556년에 설립자 이그나티우스의 죽음으로 협상 능력을 잃게 되자, 그들에게 자유로운 결정권을 대부분 포기하게 하고, 그들이 관습적인 종교 질서를 따르도록 개조하기 시작했다. 그는 또한, 영성파(Spirituali)를 육성했던 레지날드 폴(Reginald Pole)과 같은 원로 성직자를 싫어했다. 그는 후앙 드 발데스를 화형시킨 것으로 만족해 하지 않았다. 왜냐하면 발데스는 로마 종교재판소가 설립되기 일 년 전에 죽을 것을 이미 느꼈으며, 결코 폴 추기경만큼은 성가신 존재가 아니었기 때문이다.

그러나 그와 그의 충실한 복사(服事) 미켈레 기슬리에리(Michele Ghislieri, 훗날 교황 성 비오 5세)는 로마 가톨릭교회 전체로부터 발데스주의의 잔재를 제거하기 위해 온 힘을 쏟았다. 그러면서, 거기에 프로테스탄트는 말할 것도 없이 발데스주의와 비슷하게 보이는 모든 중세의 이단들도 포함시켰다. 따라서 비록 마녀재판이 로마 종교재판소의 중요한 항목 중 하나이긴 했지만, 그래도 종교재판소가 마녀들을 박해하는 일에 관심을 많이 기울이지 않은 것은 결코 놀라운 일이 아니다.

종교재판의 절정은 곤조가(Gonzaga), 콜료냐(Colonna), 그리고 폴(Pole)의 친구였던 이탈리아 귀족 피에트로 카르네세키(Pietro Carnesecchi)를 1567년에 박해하고 고문한 후 사형시킨 사건이었다. 블랙은 카르네세키의 비참한 운명을 상세하게 적고 있다. 그 후, 발데스주의와 영성파는 이탈리아의 경건 생활에서 위협을 받았으며, 트렌트 공의회의 로마 가톨릭 사상은 더욱 초라해졌다. (그 운동을 피해 망명한 자들 중에서 일부는 상상력이 풍부하고 혁신적인 프로테스탄트 기독교인들이 되었는데, 카라파는 당연히 그것을 가리켜 자신의 사상을 증명하는 것이라고 보았을 것이다.) 다만 예수회는, 그 어두운 세계의 일부로 탄생하였으나 그 사실을 감추는 데 아주 능숙한 사람들이었기에, 이 잃어버린 힘의 정신을 실천할 수 있었다.

이 매혹적이지만 침울한 이야기에 대해 블랙이 주려고 한 한 가지 위로는 그의 치밀한 증거에서 나오는 대안적인 이야기이다. 즉, 당대에 종교재판들을 경멸하고 혐오했던 증거들이다.

종교재판관들의 수호성인이었던 도미니칸 수사(그렇다. 한 사람이 있다. 피터 마터이다)가 1252년에 성난 카타리파 신자에 의해 도끼로 살해를 당했다. 1560년대에 페레라(Ferrera)의 종교재판관이었던 파올로 코스타빌리(Paolo Costabili)를 위한 필요 비용 중 하나는, 자신을 보호하기 위해 추가 경비병을 고용하는 것이었다. 왜냐하면 계속된 사형(화형과 참수)으로 인해, 블랙의 말을 빌자면 "코스타빌리가 평판이 나빠졌기" 때문이었다.

또한, 1559년 교황 바오로 4세(Paul IV)의 죽음에 대해 기뻐하는 로마 군중들의 만세 소리가 종교재판소의 사무실을 급습하여 문서들을 모두 훼손했다(피에트로 카르네세키를 사냥한 것에 대한 역공이었다). 또한,

1596년에 이 도시와 주변 지역의 많은 사람들에게 혐오스러운 일이 었던 새로운 교황이 정한 금서 목록을 충분하게 공급하는 데에 어려움이 있다고 토로한 만토바의 종교재판관 도메니코 이스트리아니 다 페사로(Domenico Istriani da Pesaro)의 불평을 듣고 어느 누가 심장이 두근거리지 않겠는가?
...교황은 어떻게 그 목록을 시행할 방법도 없이 출판하려 하며, 그것에 대한 수군거림에 어떻게 대처하려고 한단 말인가?

또한, 왕성한 유럽 출판사들의 만세 소리도 있었다. 그들은 교황의 금서 목록 최신판을 구하여, 자기들의 상품을 좋은 프로테스탄트인들과 썩 좋지 않은 로마 가톨릭교도들에게 광고하기 위한 장서 목록으로 사용했다.

아마도 블랙이 인용한 경건하고 명석한 브레시아(Brescia) 귀족 엘리야 카프리올로(Elia Capriolo)의 말로 본 장을 마무리하면 좋을 것 같다. 그는 1505년에 익명으로 출판한 소책자에서 그 도시의 도미니칸 종교재판관들에 대해 다음과 같이 성난 목소리로 비난했다.

당신들은 발카모니카(Valcamonica)에서 일종의 정신이상으로 어리석고 위축된 어떤 늙은 여인들을 붙잡아, 그들의 신앙과 삼위일체와 또 다른 비슷한 주제들에 대해 심문한다. 당신들은 녹취를 하고 소송절차를 오래 끈다. 고문을 가하면서 심문을 하고, 사실상 잔인한 짐승들과 거의 다르지 않게 여인들에게 고통과 아픔을 가함으로써 마치 당신들이 기독교 신앙의 수호자들인 것처럼 보이려고 한다.

ALL THINGS MADE NEW

제2부
잉글랜드 종교개혁

제7장 튜더 왕조의 이미지 메이킹

제8장 헨리 8세: 경건한 왕

제9장 관용적인 크랜머?

제10장 공중기도서의 제작

제11장 튜더 왕조 여왕들: 메리와 엘리자베스

제12장 윌리엄 버드

제13장 킹 제임스 역 이전의 성경

제14장 킹 제임스 성경

제15장 베이 시편집

제7장

튜더 왕조의 이미지 메이킹*

    2009년에 있었던 헨리 8세(Henry VIII) 즉위 500년 주년을 둘러싸고 한바탕의 큰 소동이 튜더 왕조의 업적들 중 대단히 놀라운 것을 감추었다. 그것은 도버해협 건너 실패한 국가를 섬나라 왕국으로 새롭게 이미지 메이킹한 것이었다.

    1485년, 헨리의 아버지 헨리 7세(Henry VII)는 권력을 잡은 후, 전 유럽에 한동안 정부를 군주 한 사람에게 집중시키는 방식에 대한 본보기가 되었다. 이 본보기는 교회의 도움으로 잉글랜드로 불리는 국가 개념을 만들어낸 웨섹스(Wessex)의 앵글로색슨 군주들에 의해 이루어졌다. 하지만, 스칸디나비아 뜨내기 정치인들의 대표인 노르망디의 윌리엄(William of Normandy)이라 불리는 영민한 사람에게 자신들의 업적을 강탈당했다. 그 후에 윌리엄의 앙주(Anjou) 왕가 계승자들은 대륙 전체에 중요한 영향을 갖는 권력, 곧 앵글로-프렌치(Anglo-French) 정

---

* *Selling the Tudor Monarchy: Authority and Image in Sixteenth-Century England* by Kevin Sharpe, Yale University Press, 2009, 512pp.

부를 창설했는데, 이것은 유럽 통합을 위한 이 섬들의 최선의 노력을 대표하는 것이었다.

그러나 이 정부는 13세기, 14세기, 그리고 15세기에 연이어 세 번 분열되었다. 유능하고 무자비했던 두 왕들(에드워드 3세[Edward III], 헨리 5세[Henry V])이 그 정부를 두 번 재건했지만, 과도하게 방종했던 두 왕들(리처드 2세[Richard II], 헨리 6세[Henry VI])이 다시 잃어버렸다. 또한, 왕위에 있는 동안 수많은 희생자를 넘으로써 기품을 잃자 결국 밀려났다가 암살을 당했다.

헨리 6세는 사후에 리처드 2세보다 더 상황이 나아졌다. 왜냐하면 잉글랜드의 일반 백성들이 헨리의 잦은 광기 때문에 큰 혼란에 빠졌으며(또한, 제 정신일 때는 완전히 우울했다), 그가 쓸데없이 집착하던 목표 때문에 충격을 받았기 때문이다. 그들은 이 모든 것이 그가 성인이어야 설명될 수 있을 것이라고 결정했다.

성(St.) 헨리는 튜더(Tudors) 왕조가 헨리의 살해에 대한 책임이 있는 요크 왕가의 두 형제들을 승계했을 때 정치적 목적으로 이용한 자산이었다. 헨리 6세가 아니라 튜더 왕조가 우리에게 중세 후기의 잉글랜드 고딕 양식으로 지은 케임브리지에 있는 킹스칼리지채플(King's College Chapel)이라는 비교불가의 유산을 남겨 주었지만, 프로테스탄트 종교개혁은 왕실의 성스러운 제의를 활용할 수 없게 했다.

헨리 8세의 여섯 번째 자녀였던 어린 왕 에드워드 6세(Edward VI)의 통치 기간 중 첫 몇 달 동안 활발한 의식들이 몇 번 실행되긴 했지만, 그 후에 성 헨리는 점차 잊혀지고, 킹스 퍼레이드(King's Parade) 거리에서 자신의 봉신들을 위해 은혜로운 공기도를 한 것으로만 기억되었다.

남은 것이라고는 노르망디의 윌리엄(William the Norman) 이후 그 어떤 군주보다 잉글랜드 왕위에서 우스꽝스러울 정도로 나약했던 왕조였다. 그 뿌리는 왕 헨리 5세(Henry V)의 프랑스인 미망인 발루아의 캐서린(Catherine of Valois)과 그녀의 웨일즈 출신 신하 오웬 튜더(Owen Tudor) 간의 연애결혼이었다. 이 결혼은 분명히 하나님 앞에서 정당했지만, 잉글랜드에서는 의회법(Act of Parliament)에 따라 불법이었다. 의회법이 요구하는 왕실의 승인을 얻지 못했기 때문이다.

당연히, 이 법령은 1485년 경 대중의 눈에서 사라졌다가, 20세기에 레스터(Leicester)에 있는 어느 자치 문서 보관소의 은밀한 곳에서 다시 발견되었다. 튜더 왕조의 시장들이 자신들이 보관하고 있던 이 시한폭탄 같은 문서에 대해 알았더라면 엄청나게 경고를 받았을 것이다.

헨리 7세가 보즈워스 필드(Bosworth Field)에서 거둔 승리는 잉글랜드 역사에서 가장 놀라운 정치적 반전 중 하나로서, 15세기에 가장 성공적인 정치인이었던 그의 무서운 어머니 마가렛 뷰포트(Margaret Beaufort)가 선봉에 섰던 오랜 음모의 절정이었다. 뷰포트의 역할은, 수 세기 동안 널리 잊혀졌다가 마이클 존스(Michael K. Jones)와 말콤 언더우드(Malcolm G. Underwood)에 의해 재발견되었으며(『왕의 어머니』[The King's Mother, 1992]), 분명히 케빈 샤프(Kevin Sharpe)가 이미 진행한 튜더 왕조의 공보 활동에 대한 방대한 연구에 유용한 역할을 했을 것이다.

샤프가 연구한 주제는, 튜더 왕조가 자신들의 미덥지 못한 가문의 문제를 전환하기 위한 수단으로 사용한 매우 광범위한 방책들이다. 즉, 성명서, 의회가 제정한 법률에 대한 서문, 문학, 건축, 그림, 그리고 온갖 종류의 조형물 등이다.

그 주제들 중 많은 것들은 잉글랜드에 도움이 되고자 하는 것이었는데, 실제로 그 과정에서 잉글랜드는 유럽 문화 세계에서 촌스럽고 세련되지 못한 변방에 있다가 한 세기를 훌쩍 지나 셰익스피어(Shakespeare)와 윌리엄 버드(William Byrd)의 나라로 변모하게 하는 데 도움이 되었다.

버드는 실제로 튜더 왕조의 성공 사례이다. 버드는 그 당시 점점 쇠퇴하고 있었지만 항상 중요했던, 그리고 튜더 왕조의 말년에 프로테스탄트의 목표를 믿지 않았지만 여전히 엘리자베스 1세의 왕실 예배당의 주요한 장식으로 남아 있던, 소수파를 대표하는 로마 가톨릭 교도였다.[1] 샤프는 그 왕조의 지지자들을 대변하는 사람으로 여겨지는 것만큼이나, 그 왕조에 불충한 사람들을 대변하는 사람으로 여겨진다.

사실, 데이비스(C. S. L. Davies)가 우리에게 훌륭하게 상기시켜 주는 바와 같이,[2] 16세기 사람들은 일반적으로 '튜더 왕조' 또는 '튜더 시대'를 생각하지 않았다. 그들은 헨리 8세와 그의 자녀들에 대해 생각했다. 그들은 헨리 7세를 그다지 많이 생각하지 않았다. 왜냐하면 그가 과대망상적인 연보 기금을 설립하여 아무리 자신의 이미지를 국민의식 속에 심으려고 했어도, 그리고 웨스트민스터 사원의 동쪽 끝에 보란 듯이 누워 있다 해도, 국민들은 헨리 7세에 대해 많이 생각하지 않았기 때문이다.

의식적으로든 무의식적으로든, 샤프는 자신의 책 겉표지에서 이 점을 강조한다. 이것은 1570년대에 그린 루카스 드 히어(Lucas de Heere)의 그림인데, 현재 서들리 성(Sudeley Castle)에 있으며, 그 주제는 구체적으로 헨리 8세의 집안이다(삽화 4를 보라). 이 그림은 실제 연대기와 상관없이 그렸다. 늙은 왕이 활력에 찬 모습으로 왕좌에 앉아, 자신의 칼을 이제 막 십대가 된 에드워드 6세에게 건네주고 있다. 왕의 오른편에는 큰 딸 메리가 있고, 1570년대에 온 국민을 당혹스럽게 한 그의

삽화 4
루카스 드 히어(Lucas De Heere), 헨리 8세의 가문: 튜더 왕조 왕위 계승 풍자(The Family of Henry VIII: An Allegory of the Tudor Succession), 1572년경.

남편 스페인의 필립 2세(Philip II)가 그 곁에 있다.
    필립과 메리는 매우 적당하게 묘사되어 있지만, 마땅히 받아야 하는 명예로운 지위 면에서 보면, 두 사람은 크기나 몸짓에 있어서 단연코 그 그림에서 다른 모든 사람을 압도하는 슈퍼스타 엘리자베스 1세보다 작다. 엘리자베스 1세보다 더 크게 그려진 여인은 의인화된 '평화'이다. 엘리자베스는 그곳에 있는 만족스런 표정의 사람들에게 이 평화를 소개해 주는 것처럼 묘사되어 있다.

메시지는 분명하다. 유쾌하지만 무시무시한 아버지와 불만족스런 형제들에 의해 초래된 모든 다툼 끝에, 엘리자베스가 자기의 업적, 곧 화해를 이룬 나라를 만족스럽게 가리키고(문자 그대로) 있는 것이다.

물론 이것은 그렇게 간단하지 않았다. 엘리자베스의 평화에 대한 포용은 한 숙녀에게 자연스럽게 외향적인 극성과 미묘한 차이를 결합한 것으로, 아버지의 엄청난 실패를 교묘하게 위장한 것이었다. 헨리 8세의 통치 비전의 핵심에는 유럽의 주류 사회로 복귀하려는 그의 시도가 있었다. 분명히, 그의 사실상의 지위는 유럽의 삼인방이었던 신성 로마 제국 황제, 프랑스 왕 그리고 폴란드-리투아니아 왕들보다 못했다.

헨리는 시종일관 자신이 마치 그들과 동등한 것처럼 행동했으며, '황금천 들판의 회담'(The Field of the Cloth of Gold Story, 성공적인 결과로 이끌지 못한 앵글로-프랑스 우호 관계 기념행사)처럼 돈을 낭비한 굴욕적인 반전을 제외하면, 결코 그는 다른 에드워드 3세나 헨리 5세가 되지 못했다.

그는 자신이 프랑스 왕이라는 공허한 주장을 사실처럼 보이려고 하는 데에 사로잡혔다. 자신이 프랑스 왕실의 호화로운 의식을 50퍼센트 담당하겠다고 주장했다. 프랑스가 승리한 전쟁 비용을 지불을 위해, 그는 국민들에게 부담을 주어 막대한 돈을 손쉽게 거두어들였으며, 그로 인해 한 때 유럽에서 가장 가치가 높았던 잉글랜드의 은화 가치를 떨어뜨렸다.

15세기에 헨리 8세만큼 이기적이고 부도덕한 군주도 없었다. 1538-9년 프랑스의 침공에 맞서 일련의 최신 해안 방어 체계를 갖추려고 더 많은 돈을 얻기 위해, 그는 일 년 정도의 아무런 유예도 없이 수도원들을 임의로 선정하여 문을 닫게 하거나 개혁하여 대대적으로 와해시켜 버렸다.

그렇다면 모두 무엇을 위한 것이었을까?

아마도 정말로 프랑스가 성 마위스 성(St. Mawes Castle)이나 월머 성(Walmer Castle)에 의해 저지되었을 수도 있다(이 성들은 1595년 스페인 군대가 서부 콘월에 상륙하여 무차별 도륙하던 침공은 막지 못했다). 하지만 도버해협을 건너 여러 전쟁을 벌였음에도 불구하고, 헨리는 겨우 프랑스의 도시 한 개밖에 얻지 못했다. 바로 불로뉴(Boulogne)였다. 그러나 이 마저도 그의 사후 불과 3년 만에 추밀원(Privy Council)이 프랑스인들에게 돌려주었다.

그 이후에 그의 딸 메리 정부의 무능함과 부주의로 인해 200년간 지배하던 칼레(Calais)를 1518년에 프랑스의 손에 넘겨주어야 했다. 엘리자베스 여왕이 가끔 칼레에 대해 프랑스에 애처롭게 꽥꽥거렸지만, 잉글랜드 본토 제국은 이제 완전히 사라졌다. 본토의 상당한 영토를 잉글랜드인들에게 돌려준 것은 하노버 왕조(Hanoverians)였다. 바로 왕조의 동맹에 의해서였다. 그러나 이 동맹도 1837년에 깨졌다.

손해를 본 이유는 허영심 많은 해리 왕(King Harry) 때문이었다. 현실감각이 없던 그는 후계자들에게 항상 그의 프랑스 왕관을 문장(紋章) 속에 새겨 넣으라고 강요했다. 그가 이미 가진 것에 만족했더라면, 그의 신하들은 많은 고통을 겪지 않았을지도 모른다.

샤프의 설명으로부터 한 가지 분명한 이야기를 만나게 된다. 헨리 8세는 백성들이 대부분 좋아하지 않는 정책들을 받아들이라고 설득하고, 조작하고, 위협하는 데에 엄청난 공을 들였다. 인기 있고 성실한 왕실 배우자와의 결혼을 무효시킨 것, 무서울 정도로 총명하고 약간 눈부시기까지 다른 여인과의 결혼, 로마 교황과 거리를 두어 갈라서므로 자신을 적그리스도로 자초한 일, 수도원들을 폐쇄한 일, 그리고 화폐 가치를 떨어뜨린 일 등이었다.

이런 엄청난 과오들에 반해 헨리가 이룬 업적은 개인적 매력이 있었다는 것이다. 그래서 사후에 한 세기가 지나도록 그의 영향력은 대단했다.

헨리의 아들 에드워드 6세(Edward VI)를 도왔던 잇따른 복음주의 정치인 그룹들은 한 소년이 어떻게 한 국가의 신앙 혁명을 위로부터 주도할 수 있고, 따라서 왜 소년이 남자임과 동시에 좋은 왕이 될 수 있는지를 보여 주는 선전 활동을 하면서 줄곧 남자다움에 호소했다. 그들은 성경을 그 근거로 삼았다. 구약성경은 어린 나이에 왕위에 올랐지만 의심할 여지없이 선한 왕이었던 유다 왕 요시야 이야기를 멋지게 들려주었다.

이 조숙했던 청년은 성전에서 하나님의 율법책을 발견하였으며, 온 왕국에서 하나님을 진노하게 했던 모든 우상들을 부수는 데에 온 힘을 기울였다. 하나님은 당연히 즐거워하셨다. 이상하게도, 비록 라틴에서도 그랬지만, 유럽 전역의 프로테스탄트들은 에드워드 6세에 대해 곧 매우 기쁘게 이야기하고 있었다.

샤프는 대주교 크랜머(Cranmer)가 1547년에 에드워드 6세 즉위식에서 왕 앞에서 선포한 설교로 주장되는 유명한 본문을 인용한다. 이 본문에서 어린 왕은 제2의 요시야처럼 적절히 묘사되고 있다. 나를 포함해서 많은 역사가들 역시 에드워드 6세에 대해 이 본문을 인용해 왔다. 그럼에도 불구하고 이렇게 추정되는 이 설교를 에드워즈의 통치에 관한 데이터베이스에서 제거해야 한다. 이것은 극단적-프로테스탄트(ultra-Protestant)가 1670년대에 만들어 낸 부도덕한 위조품이며, 우리를 너무 오랫동안 속여 왔기 때문이다.³

에드워즈의 쇼는 주연 배우가 갑자기 병에 걸려 배역을 그만 둘 때까지 계속 잘 진행되었다. 로마 가톨릭교도였던 이복누이 메리(Mary)는 아버지가 국민의 기억 속에 심어둔 것을 교묘하게 사용하면서 시작했다. 그것을 통해 메리는 1553년 7월 제인 그레이(Jane Grey) 여왕에 대해 엄청난 승리를 얻었다. 튜더 왕조의 이미지 조작은 제인 그레이를 '9일간의 여왕'(the nine days queen)으로 만든 가장 훌륭한 성과 중 하나이며, 이는 사실 그녀가 통치했을 때 이미 잘 확립되어 있었을 것이다. 왜냐하면 실제로 그녀는 2주 동안 통치했기 때문이다.

우리는 이 사건의 더 큰 실체, 곧 메리 부인(Lady Mary)의 반역과 쿠데타(coup d'état)를 잊어버렸다. 그녀의 왕위 요구는 전혀 무력하지 않았지만, 그녀의 약점은 헨리 8세의 딸이라는 점이 아니었다(이러한 관점은 이 엄청난 사건들에 대한 고[故] 에릭 이브스[Eric Ives]의 최근 연구에서 매우 선명하게 나타난다).[4] 군주가 바뀐 것은 자신의 후손에게 여전히 만나를 공급하고 있던 옛 괴물을 위한 공물이었다.

그러나 메리 여왕은 왕실 위신이 자신보다 훨씬 더 견고한 합스부르크(Habsburg) 제국의 권력으로 흡수되지 않게 해 줄 이미지를 세우는 데에 어려움이 있었다.

불쌍한 부인이었던 메리는 성실한 아내로, 그리고 자신의 로마 가톨릭 신앙을 이어줄 아들과 후계자의 어머니로 그렇게 흡수될 것인가 아니면 헨리 8세의 딸로서 자기 권리를 주장하라는 가문의 요청을 따를 것인가 사이에서 망설였다. 이 충돌은 그녀가 '아일랜드의 여왕'(Queen of Ireland)이라는 칭호를 포기하기를 거부한 데서 잘 드러난다. 이 칭호는 그녀의 아버지가 교황에게 저항하면서, 12세기에 교황으로부터 부여받았다고 전해지는 '아일랜드의 주권'을 되돌려 놓는 것을 강조하려고 만들어낸 왕권적 주장이었다.

엘리자베스는 즉위 당시 유럽에서 가장 논란이 되었으며 그 후 바티칸에 의해 폐위를 선언당한 유일한 군주였다. 그러므로, 그녀는 자신의 지위와 위신을 유지하려는 힘겨운 노력을 했다. 그러나 엘리자베스는 샤프의 책에서 전통적인 유형의 영웅으로 등장한다. 즉, 명민하고 감성적인 지성과, 고도로 발달된 연기력을 갖춘 훌륭한 여왕 베스(Good Queen Bess)이다.

그녀가 죽은 후 정부의 어떤 압력도 없이 나라 전역에 그녀를 위한 기념비가 자발적으로 세워졌다. 마치 1919년 이후 지역마다 세워진 전쟁 기념비처럼 말이다. 더욱이, 그리고 가장 놀랍게도, 샤프는 왕실을 홍보하는 장신구들이 엘리자베스 통치 기간 동안 어떻게 변했는지 보여 준다.

튜더 왕조 초기에 대해 샤프가 묘사하는 것들의 대부분은 왕실 주도적인 것들이거나, 군주를 중심으로 한정된 정치 엘리트들로부터 나온 것이거나, 또는 왕신의 관심과 호의를 얻기 바라는 문학계 기회주의자들로부터 나온 것들이다. 1603년경에는 현대 화이트홀(Whitehall, 영국중앙관청가-역자주)의 좌판장수들의 마음을 즐겁게 해 줄 만한 훨씬 더 방대한 왕실 기념품 사업이 있었다. 메달, 여왕의 미니 초상화, 기념 도자기, 대자보 등이다.

심지어 처음에는 국가적인 테마를 담은 트럼프 카드도 있었는데, 여왕의 그림과 문장이 세련되게 새겨진 몇 장의 카드가 한 세트에 함께 들어 있었기에, 아무도 왕실 이미지를 가볍게 여겨 그것으로 도박을 하지 못하게 했다.

이것은 위르겐 하버마스(Jürgen Habermas)가 중앙 유럽에서 발견한 것보다 1세기도 훨씬 더 전에 잉글랜드 정치에서 일어난 '공적 영역'의 작은 변화였다. 즉, 유럽에서 비슷한 크기의 다른 어떤 곳에서보다 훨씬 더 중앙집권화된 일원화 사회라는 고전적인 국가 형태를 외적이고 가시적으로 표현한 것이었다.

역설적으로, 많은 군주들이 적어도 튜더 왕조가 선조들에게 물려받은 것처럼 통합된 정치를 이루어내기 위해 노력하던 시기에, 매우 오래된 잉글랜드 군주제 전통은 튜더의 계승자들이 다른 유럽 군주들과 똑같은 방식으로 새로운 권력을 세울 수 없게 했다. 중앙집권화 된 잉글랜드의 제도들은 너무 복잡하고 잘 정비되어 있어서 급격하게 바뀌는 것이 쉽지 않았다.

짧은 시기에 대부분을 이뤄낸 통치자는 올리버 크롬웰(Oliver Cromwell)이었다. 그는 대서양 군도에서 역사상 처음으로 하나의 영국 제도(British Isles)를 만들어낼 만큼 참으로 급격한 변화를 이뤄냈다. 문제는 그의 승리가 잉글랜드인 대부분이 몹시 싫어하던 대규모 군대의 지원으로 이루어졌고, 따라서 아무리 많은 의견 제시로도 그것을 바꿀 수 없을 것이라는 사실이었다.

크롬웰은 그 나라에서 헨리 8세보다 훨씬 덜 성공적인 가장이었다. 즉, 또 다른 스튜어트(1553년에 익살극처럼 펼쳐졌던 메리의 쿠데타)를 지지한 그의 악의 없고 상냥한 아들이 수치스럽게 밀려난 것은, 마치 찰스 1세(Charles I)의 운명이 그 함정을 보여준 것처럼, 왕족들이 누리던 매력의 장점들이 무엇이었는지 확실히 보여 주었다.

제 8 장

헨리 8세: 경건한 왕

서방교회인 로마 가톨릭교회의 두 대교구가 중세 잉글랜드 왕국 안에서 서로 접경해 있었다. 바로 캔터베리와 요크였다. 두 교구 사이에는 분명한 차이가 있었다. 요크는 캔터베리보다 훨씬 작아서, 캔터베리에 14개의 교구가 있던 반면 요크에는 불과 3개밖에 없었다. 또한, 요크는 국정 중심부로부터 더 멀리 있었고, 전반적으로 더 가난한 지역이었다.

각 대교구에는 각각의 성직자 회의, 곧 대주교구 회의(Convocation)가 있었지만, 캔터베리의 대주교구 회의는 국회가 소집되는 동안 모였고, 입법 기관으로서의 실질적인 중요성을 가지고 있었다. 반면에 요크는 거의 남부로부터 승인을 받는 정도였다. 노르만족 정복부터 거의 3세기가 넘도록 이어진 길고 혹독한 분쟁 후에, 캔터베리의 대주교는 요크 대주교보다 우월하다는 애매한 호칭을 부여받았다. 즉, 요크의 대주교는 '잉글랜드의 수석 대주교'(Primate of England)인 반면, 캔터베리 대주교는 '잉글랜드 전체의 수석 대주교'(Primate of All England)였다.[1]

이 관계는 다른 주요 유럽 국가들보다 훨씬 더 중앙집권적인 방향이던 중세 잉글랜드와 웨일즈 왕국의 권력의 현실을 잘 반영해 주었다. 일반적인 경우, 권력은 남동쪽, 그리고 테임즈 계곡의 주요 도시 주변에 있었다. 캔터베리 대주교의 본부인 램버스 궁전(Lambeth Palace)은 테임즈를 너머 웨스트민스터 궁전(Palace of Westminster)에 있는 고대 관청을 바라보고 있었다.

이 전통은 16세기 유럽에서 옛 교회와 단절한 다른 모든 중요한 개혁들보다 더 국가적인 차원의 개혁이었던 헨리 8세의 독특한 종교개혁의 중요한 자산들 중 하나가 될 것이었다. 헨리 8세가 생각해 낸 교회는 그 당시 사람들을 당황하게 했지만, 1540년대에 그 동안 잉글랜드에서 있어 왔던 그 어떤 교회에 대한 사상보다 훨씬 폭넓은 범위의 신앙적 견해였다.

유럽의 타 지역들과 비교해서, 캔터베리와 요크는 1509년에 만족할 만한 상황에 있었다. 헨리 8세의 다른 튜더 왕조 영토인 아일랜드에서는, 교회가 정치적 분열로 극도로 혼란한 상태에 있었다. 그러나 다른 한편, 1470년대부터 교회에는 탁발 수도사들이 주도하는 부흥이 휩쓸고 있었으며, 그것은 영국 제도의 다른 어느 곳에서도 있지 않던 것이었다.

중세 후기 스코틀랜드교회(Scottish Church)에서는 귀족들을 위한 재정 마련 방법들이 잉글랜드에 비해 훨씬 더 다양했다. 이익이 될 만한 수도원직들은 귀족 가문의 피보호자들과 가족들의 전유물이 되었고, 교구 수입들은 스코틀랜드 귀족들의 구원을 위해 기도하느라 힘겨운 싸움을 하던 대학교회들의 자본으로 모두 유입되었다.[2]

잉글랜드의 교회 정치는 스코틀랜드나 아일랜드보다 훨씬 더 잘 정비되어 있었으며, 로마의 중앙교회 정치의 추문들도 전혀 없었다. 잉글랜드교회를 들여다볼 때, 좋은 것을 많이 발견할 수 있고, 평범한 것도 많았지만, 처참한 것은 거의 없었다.

1509년에 잉글랜드교회(English Church)에 문제가 있었다고 한다면, 그것은 성공에 따른 자기만족이었다. 14세기 후반과 15세기 초반, 교회는 롤라드파(Lollards)의 실제적인 도전에 직면했다. 신학적으로나 경건에 있어서 국교회에 반대하던 그들은 처음에 여러 정치적인 세력들과 대학 최고 지성들의 지지를 얻었다. 롤라드파는 그후에 정치적으로 잘못된 편을 선택하여, 상류 사회에서 기반을 잃게 되었다. 그들은 저지대 잉글랜드 전역에 흩어져 방어적이고 때로 핍박을 받는 공동체가 되어야 했다.

그러나 최근에는 롤라드파 지도자들이 우리가 생각했던 것보다 조금 더 높은 사회적 지위를 얻었다는 사실과, 롤라드파가 적어도 최소한의 종교개혁 명맥을 유지하고 있었고, 전체적으로 볼 때, 그 운동은 크게 확장되지는 않았음이 밝혀졌다. 여러 주교들이 크게 두려워했음에도 불구하고, 롤라드파는 독자적으로 옛 질서를 뒤엎지는 않았다.

로마 가톨릭교회가 이겼다. 그리고 그 승리의 일부로, 1470년에 교회는 잉글랜드에서 성경의 부정한 사용이나 독자적인 번역조차 전면 금지했다. 이것은 유럽에서 매우 이례적인 금지였으며, 성경 읽기를 강조하던 롤라드파에 대한 승리주의자들의 의도적인 탄압이었다.

15세기에 불안정한 정국의 모든 왕들은 교회의 지지를 구하고, 사치스런 건축 계획을 세우면서, 성직자들의 환심을 사서 자기의 지위를 강화하는 데 급급했다. 이때 성직자들은 어떤 정권이 왕위에 오르든지 불문하고 항상 지지하곤 했다.

헨리 7세는 교회의 독립에 약간의 재갈을 물렸지만, 그렇다고 해서 이것이 교회와 왕국의 관계에 큰 변화를 주지 않았다.[3] 잉글랜드교회는 독립 지역들마다 자체 의회, 법정, 법률 체계를 가지고 지역 정부와 나란히 존재했다. 따라서 군주 정치와 긴밀히 협조하며 사역했지만, 자체 내의 궁극적인 정체성에 대한 확신이 있었다.

이렇게 해묵은 세계에서, 체제에 큰 분열을 가져오는 한 사람이 나타났다. 헨리 8세의 종교 정책은 19세기 전까지만 해도 잉글랜드의 프로테스탄트 안에서 제한된 일부 추종자들만 받아들이다가, 19세기에 이르러 옥스퍼드 운동이 교회 역사가들 사이에서 새로운 싹을 틔웠다.

그들은 자기네 교회가 종교개혁 이전의 서방 로마 가톨릭교회의 진정한 후예이고, 그것에 대항한 프로테스탄트 반동의 잔재가 아니라는 주장을 뒷받침해 줄 적당한 옛 모델을 찾고 싶었다. 그러므로 그들은 헨리 8세의 종교개혁이 바로 교황 없는 확실한 로마 가톨릭교회이었음을 증명하기 위해 심혈을 기울였다. 어느 앵글로-가톨릭교도(Anglo-Catholic)는 1891년에 익명으로 쓴 글에서, 그들의 극단적인 태도를 다음과 같이 요약했다.

> 헨리 8세가 죽을 당시까지 계속 시행되던 거의 유일한 실제적인 개혁은 새로운 예배 의식을 영어로 번역한 것뿐이었다는 사실은 이미 잘 알려져 있다.[4]

이것은 에드워드 6세 시대에 시행된 종교개혁을 의도적으로 폄하한 가장 포괄적인 말이었다. 이 개혁은, 엘리자베스 1세의 1559년 교회 화해(church settlement)에서 확고해진 것으로, 사실상 잉글랜드국교회의 예전과 공식 교리를 만들어냈으며, 현재까지 남아 있다.

또한, 이 평가는 앵글로-가톨릭교회 헌장에 맞지 않는 헨리 8세의 종교개혁의 특징들을 무시하는 것이기도 했다. 헨리 8세는 수도원의 삶을 제거했고, 잉글랜드와 웨일즈의 모든 유물들을 파괴했으며, 중세 후기 북유럽의 신앙의 핵심이었던 연옥 중심의 복잡한 사후 신앙에 치명타를 날렸다.

다른 앵글로-가톨릭교도들은 헨리 8세에 대해 모든 로마 가톨릭교도들만큼 적대적이었다. 노퍽(Norfolk)의 월싱엄 수도원(Walsingham Priory, 1538년에 헨리 8세가 파괴함) 인근에 위치한 현대 앵글로-가톨릭교회의 본거지인 성모마리아성당(Shrine of Our Lady)에서 잉글랜드국교회 순례객들이 행진하면서 부르는 노래가 20세기까지 전해져 오고 있는데, 그 노래에는 잉글랜드국교회 창시자를 묘사하는 짤막한 한 구절이 들어있다.[5]

> 그러나 마침내 탐욕스런 눈을 가진 왕이 찾아왔다.
> 그리고 부정한 방법과 거짓말로 보물을 탐냈다.

헨리 8세의 잉글랜드국교회는 교황이 없는 것 말고도 낯선 종류의 로마 가톨릭교회이었다. 하지만 왕에 대해서만 본다면, 그의 종교개혁은 무명의 프랑스 망명자 존 칼빈(John Calvin)은 고사하고 루터나 쯔빙글리도 없이 진행되었다. 루터와 헨리 8세는 서로를 몹시 싫어했다. 따라서 사실 헨리 8세가 가장 먼저 접한 중요한 종교개혁은 훨씬 더 철저했던 스위스 종교개혁이었다.

대륙의 개혁가들 중에서 헨리 8세가 처음으로 대면해서 만난 두 명 중 한 명은 시몬 그리네우스(Simon Grynaeus)였다. 그는 요한네스 외콜람파디우스(Johannes Oecolampadius)의 첫 동료이자 계승자였던 남부 독일의 인문주의 학자였으며, 스위스 바젤대학교의 급진적 신학자였다.[6] 그리네우스는 1531년 봄과 초여름에 잉글랜드를 방문했다. 아마도 잉글랜드 도서관들에서 헬라어 문서들을 찾기 위해 처음 바다를 건넌 것처럼 보였지만, 사실은 아라곤의 캐서린(Catherine of Aragon)과 이혼하려는 헨리 8세를 지지하는 일에 교황보다 더 일을 잘 처리할 수 있을지 보기 위함이었다.

그리네우스는 헨리 8세가 자신의 결혼에 대해 주장하는 신학적인 논증에 관심을 보였다. 따라서 1531년 몇 개월 동안 그는 극적인 개혁을 위한 발판 위에 서 있는 잉글랜드의 비전을 소중히 여겼다. 그러나 그는 이혼 문제에 관해 합의된 의견을 제시할 수 있게 대륙의 중요한 개혁가들을 설득할 수 없었다. 왜냐하면, 놀랄 것도 없이, 대륙의 종교개혁가들이 성찬에 대해 기독교회가 무엇을 믿어야 하는지에 관한 기본적인 문제에서조차 합의를 이루지 못하고 있었기 때문이다.

비록 스위스 종교개혁이 토머스 크랜머(Thomas Cranmer)에게는 장기적으로 매우 중요한 의미를 갖게 되었지만, 헨리 8세와 스위스 종교개혁과의 짧은 만남은 그에게 전혀 깊은 인상을 주지 못했던 것 같다. 대륙의 종교개혁가들이 나중에 그들의 저서를 보내주어 헨리 8세의 장서를 크게 늘려준 것에 대해서는 헨리 8세가 감사했을지는 몰라도, 그 저서들이 직접적으로 헨리 8세의 사상에 영향을 주었다는 증거는 없다.[7]

교황이 없는 로마 가톨릭교회, 그리고 종교개혁가가 없는 종교개혁이었다. 헨리 8세의 종교 정책을 쉽게 비웃을 수 있다. 자기의 판타지 궁정을 짓기 위해 넌서치(Nonsuch)의 교회와 교회 마당을 밀어버리고, 햄프턴 코트(Hampton Court, 런던의 옛 왕궁-역자주)의 볼링장을 밝히기 위해 옥스퍼드 외곽에 있는 룰리 대수도원(Rewley Abbey)의 교회 창문들을 이동시킨 그의 괴팍스러움을 보면 그렇다.[8]

그러나 헨리 8세는 매우 진지하게 하나님과 특별한 관계를 가졌다. 보즈워스 전쟁(Battle of Bosworth) 이후 헨리 8세의 아버지의 즉위를 기정사실화했던 1485년 의회법(Act of Parliament)은, 그 즉위가 다소 당혹스런 세습권 문제를 무시한 채 단지 '전능하신 하나님의 기쁨'이어야 했다는 것 외에는 더 이상 그 사건에 강력한 정당성을 부여하지 못했다. 다시 말하면, 튜더 왕조는 그의 즉위가 단지 하나님의 특별한 호의로 이루어졌을 뿐 다른 이유가 거의 없음을 알고 있었다.[9]

더욱이, 그는 신학을 열정적으로 읽고 쓰기 위해 사냥과 전쟁의 기쁨을 포기했다. 증손자 제임스 1세(James I)와 달리, 헨리 8세는 1521년에 출판된 『7성례 옹호론』(Assertio Septem Sacramentorum)에만 겉표지에 자신의 이름을 새겨 넣었다. 물론 그렇다 하더라도 이 고된 작품의 상당 부분은 전문가들로 구성된 위원회에 의해 저술되었다. 그러나 이 저서는 현재까지 상당 부분 현존하고 있는 1520년대 헨리 8세의 작품의 일부를 엿볼 수 있게 해 준다.[10]

훗날 종교개혁 시대 전체에 걸쳐 헨리 8세는 다른 신학 작품들을 주도면밀하게 수정했으며, 다른 사람들의 사상을 발전시켰다. 음악 작곡을 하던 방식과도 다르지 않았다. 예를 들어, 헨리는 자신이 했던 즉위식 서약에 대해 곰곰이 생각했으며, 교회 문제에 대한 왕실의 통제권, 즉 '황제의 관할권'(imperial jurisdiction)을 강조하기 위해 향후에 중요한 변화를 주어야겠다는 생각을 했다.[11]

의회가 잉글랜드 내 모든 기관들에 대해 그러한 황제의 관할권을 공식적으로 인정한 1537년 가을부터, 헨리 8세는 신학 전문가들이 감히 발을 들여 놓지 않던 영역으로 서둘러 들어가려는 과도한 의지를 드러냈다. 주교가 펴낸 교리서(1537년의 『주교들의 책』[Bishops' Book])를 수정하면서, 헨리 8세는 신적 권위를 가진 십계명 본문을 수정하려고 도전한 것이었다. 예를 들어, 성상 숭배를 금지한 성경 본문의 의미를 약화시키려고 했다. 이러한 노력에 대해 대주교 크랜머는 헨리 8세를 훈계하듯이 꾸짖었다.

"이전에 있던 모든 장문들은... 신명기에 있는 하나님의 말씀 자체이며, 어떠한 수정도 없이 있는 그대로 진실하게 암송되어야 한다."

또한, 항상 난해하게 생각되던 주기도문의 "우리를 시험에 들게 하지 마옵시고"를 왕실이 수정하려고 한 노력에 대해서도 대주교는 신랄하게 비난했다.

"우리는 성경에 있는 어떤 단어도 바꾸어서는 안 된다... 비록 그것이 많은 경우에 우리에게 매우 불합리하게 보인다 할지라도 말이다."[12]

헨리 8세가 신학 활동으로 관심을 돌린 이유는 자신의 생애에서 계속된 일련의 위기들 속에서 위로를 얻기 위함이었다. 복잡한 결혼 문제와 관련된 위기들이었다. 아라곤의 캐서린과의 결혼 관계에서 벗어나기 위한 노력은, 이 문제를 다른 문제가 아닌 오직 신학적 문제로만 보려고 했던 그의 완고한 고집 때문에 더 복잡해졌다. 그는 자기의 죄와 성난 하나님 사이의 충돌로만 보려고 했던 것이다.

마찬가지로, 헨리 8세는 제인 시모어(Jane Semour, 헨리 8세의 세 번째 부인-역자주)의 죽음 때문에(시모어는 왕실의 권태를 느끼기 전 1537년에 자연사했다) 슬픔에 잠겼을 때에도, 『주교들의 책』(Bishops' Book)을 개정하는 일에 관심을 돌렸다. 다섯 번째 부인 캐서린 하워드(Catherine Howard)에게 모욕과 배신을 당했을 때에도, 헨리 8세는 1542년 한 해 동안 새롭게 출간된 경건 서적들을 읽고 우울하게 주석을 다는 일로 위로를 얻었으며, 그의 계속된 신학적 묵상은 결국 1543년 전반기 동안 연이은 교회 활동으로 이어졌고, 『왕의 책』(King's Book)이라고 불린 교리서 최종 수정본을 출판한 것도 그 활동 중의 하나였다.[13]

하나님과의 관계에 대한 헨리 8세의 비전은 시간이 지나면서 바뀌었다. 젊을 때에는 중세 선조들의 경건을 본받은 전통적인 경건한 왕의 아들이었다. 헨리 7세는 연옥을 이용한 쉬운 길을 찾았는데, 즉 그에게 감사하는 성직자와 가난한 자들과 병자들이 그를 위해 하나님께 기도를 올려드릴 수 있는 근거들을 마련하는 것이었다. 런던에 있는 사보이 병원(Savoy Hospital), 그리고 웨스트민스터 사원에서 그의 무덤을 섬길 수 있는 거대한 연보가 그것들에 속했다.

왕실의 분위기는 헨리 8세의 할머니 마가레트 뷰포트(Margaret Beaufort) 왕비의 열성적인 경건 생활에 의해 만들어졌다. 그녀는 험난한 정치적 생애 덕분에 감사가 넘치게 되었을 뿐 아니라, 인간사가 얼마나 변덕스러운지에 대해 강렬하면서도 때로는 뼈아픈 인식을 할 수 있었다.

아들보다 훨씬 더 실험정신이 강했던 마가레트 왕비는 가깝게 지내던 대주교 존 피셔(John Fisher)의 지도를 받아 연옥 사업을 위한 투자와 함께 인문주의 고등교육을 위한 새로운 사업 기금을 마련했다. 그녀의 자선 사업이 얼마나 서로 밀접하게 연결되었는지는 대학의 신학 교수직을 개설한 데서 가장 잘 찾을 수 있다(케임브리지에서 피셔가 가장 먼저 그 자리에 올랐다.). 이것은 웨스트민스터 사원에서 왕실의 새로운 연보의 일부로 기금이 마련되어야 했다.[14]

헨리 8세의 주요 궁전이 있었던 리치몬드(Richmond)와 그리니치(Greenwich)에는 엄수파 수사(Observant Friars)들의 개혁된 규율을 갖춘 새로운 수도원들이 세워졌다. 엄수파 수사들의 예배당 건물은 사실 엘리자베스 통치 초기까지 두 궁전의 정원을 내려다보고 있었으며, 헨리 8세가 자신의 계획을 반대하는 그들의 공동체를 파괴한 후 20년 이상 황폐하고 초라한 모습으로 서 있었다.[15] 리치몬드 인근에는 쉰

(Sheen)의 카르투지오 수도사(Carthusian monks)들이 있었으며, 궁전에서 강 건너 1마일 정도 떨어진 곳에는 시온 수도원(Syon Abbey)에 독특한 '브리짓(Bridgettine) 형제, 자매 공동체'가 세워졌다. 14세기 스페인의 성 브리짓(St. Bridget)의 신비주의적인 열심을 따르던 시온(Syon)은 런던 귀족과 잉글랜드 상류층들 사이에서 일반적으로 폭넓은 영향을 미치는 귀족적인 수도원이었다.

따라서 1539년에 그 수도원이 박해를 받을 때, 런던의 역사가 찰스 리즐리(Charles Wriothesley)는 그 수도원을 가리켜 "잉글랜드에서 가장 영향력 있는 종교 시설"이라고 말했다. 왕실과 울지(Wolsey), 그리고 시온은 헨리 8세 통치기간 중 처음 20년 동안 출판된 책들의 절반에 기여했다.[16]

모두 합해서, 이전 세기에 세워진 이 모든 왕립 수도원 시설들은 교회의 경건이 계속해서 생동적이고 창의적이었음을 증명하는 위협적인 증거였다. 윌리엄 틴데일(William Tyndale)은 템스강 유역의 리치몬드 왕실(Richmond's royal) 소유지에 있던 시온과 쉰 사이에서 들려오는 종소리에 대해 비우호적인 톤으로 묘사했다. 그 소리를 어린 왕이 들으면서 자랐을 것이었다.

> 시온의 수사들이 종을 치면, 수녀들이 종을 치기 시작한다. 그리고 수녀들이 종을 울리면, 반대편(쉰)에 있는 수도사들이 시작한다. 그리고 그 수도사들이 종을 울리면, 수사들이 다시 시작한다. 밤낮으로 울리는 소리에 짜증이 나지만, 하나님을 위해 그 고통을 참는다.[17]

이 모든 공동체들이 헨리 8세가 자신의 첫 번째 결혼을 무효화 하고 로마 주교와 단절 계획을 반대했다는 사실에 주목해야 한다. 헨리 8세는 그 끊이지 않는 종소리들이 적대적으로 바뀌었을 때 사방으로 포위가 되었다는 느낌을 받았을 것임에 틀림없다. 따라서 그가 나중에 성직자의 권력에 대해 그렇게 적대적이었던 데에는 어린 시절에 끊임없이 그를 옥죄였던 이 종소리에 대한 경험이 영향을 미쳤음을 생각해야 할 것이다.

어린 시절부터 헨리 8세는 시온과 쉰의 종소리로 대표되는 권력에 당황스러웠다. 그는 자기에게 요구되는 일들을 열심히 해냈고, 월싱엄까지 순례를 갔으며, 여러 왕궁에서 행해지는 많은 미사들에도 다 참석했다. 그는 선천적으로 로마의 충실한 아들이었다. 1512년에 프랑스 루이 12세(Louis XII)와 벌인 첫 전쟁에 참여했을 때, 그가 내세운 첫 번째 이유는 루이가 교황의 권위에 반역한 것에 대한 혐오감이었다.[18]

그러나 어린 시절에 헨리 8세에게는 또 다른 면도 있었다. 그는 이미 성직자의 성역과 이익에 관한 법적인 특권들을 공격하고 있었으며, 또한, 리처드 흄(Richard Hunne)이라는 이름의 런던 상인이 과연 이단적인 자살을 한 것인지 아니면 교회 당국자에 의한 무고한 살해의 희생자였는지를 둘러싼 논쟁에서 교회 권력자 집단이 부당하게 자기주장을 하던 것에 대해 비우호적이었다.

1515년 베이너즈 성(Baynard's Castle)에서 열린 이 오랜 드라마의 결론에서, 헨리 8세는 왕국 귀족들이 모인 자리에서 "하나님의 법령과 허용에 의해 우리는 잉글랜드의 왕이다. 곧, 이제껏 하나님 한 분 외에는 더 뛰어난 존재가 없었던 잉글랜드의 왕들이다"라고 선언할 것을 요구받았다.[19] 교황을 위해 나섰던 프랑스와의 첫 번째 전쟁의 결과마저도 이와 유사한 선언으로 끝이 났다. 이 전쟁에서 얻은 하찮은 전리품 중의 하나는 잉글랜드가 1519년까지 6년간 지배한 투르네(Tournai)였다. 그곳의 주교가 될 사람을 둘러싼 소동이 일어났다.

헨리 8세의 주임 사제 토머스 울지(Thomas Wolsey)가 될 것인지 아니면 프랑스가 추천한 사람이 될 것인지에 관한 것이었다. 프랑스의 후보가 로마에 더 매력적이었다. 하지만 계속된 논쟁 끝에 헨리 8세는 1516년에 이제 "투르네 왕국의 군주와 왕으로서 최고의 권위를 가지며, 아무도 그보다 수위의 권위를 갖지 못한다"라고 선언하기에 이르렀다. 교황 레오(Pope Leo)가 파문을 언급하며 완곡한 위협을 해 오자, 헨리 8세도 엄중히 위협을 가한 것이었다.[20]

이때 충돌은 없었다. 레오는 왕에게 화해의 편지를 보냄으로써 긴장을 완화시켰다. 하지만 1517년 2월에 평화가 깨졌다. 투르네가 다시 프랑스에게 넘어간 직후, 그리고 그 무렵에, 훨씬 더 심각한 위협이 교황을 괴롭혔다. 바로 마틴 루터였다. 헨리 8세가 루터를 비난한 『7성례 옹호론』(Assertio Septem Sacramentorum)은 후대에 부조리하게 보이게 된 전통적인 신앙을 열정적이고도 놀랍게 변호한 간결하고 효과적인 변론이었다.

사실, 1530년대에 토머스 모어 경(Sir Thomas More)은 이 변론을 회상하면서, 『7성례 옹호론』 중 교황의 수장권(papal supremacy)을 선언한 단락에서 그가 괜히 왕을 설득하여 수위를 낮추라고 했었다고 후회했다. 특히 제2장 "교황의 권위에 관하여"에서 그러했다.[21]

유명한 사실이지만, 이 책으로 인해 헨리 8세는 교황으로부터 신성 로마 제국 황제와 프랑스 최고 기독교 왕과 동일한 지위의 칭호를 부여받았다. 신앙의 수호자(Defender of the Faith)라는 칭호였다. 헨리 8세는 끈질기게 이 영예를 소중히 여겼으며, 상속자들에게도 그 칭호를 물려주었다.

그러나 헨리 8세가 수호하던 신앙은 그의 첫 번째 결혼과 함께 급격히 달라졌다. 1529년 블랙프라이어스(Blackfriars, 도미니크 수도원-역자주) 재판에서 헨리 8세는 교황이 그의 결혼을 무효로 해 줄 것을 확신하며 기대했으나 실패로 끝나게 되자, 교회의 권위를 열정적으로 받아들이던 입장에서 크게 돌아서게 되었다.

항상 옳았어야만 했던 헨리 8세는 사실 그가 틀렸으며 성직자들에게 속았다고 인정할 수밖에 없게 되었다. 다시 말하면, 1512년에 교황을 위해 프랑스와 싸운 것이 틀렸으며, 『7성례 옹호론』을 쓴 것도 틀린 것이었다. 헨리 8세는 자신의 정신세계를 다시 세워야 했다. 이것을 어떻게 해야 하는지에 대한 일관된 가르침도 없이 말이다. 결과는 예측 불가여서 그 당시 지켜보는 사람들을 혼란스럽게 했으며, 결국 계속된 혼란을 초래했다.

1529년 즉각적인 결과는 토머스 울지(Thomas Wolsey)에게서 돌아서서 그곳 재판정에서 성직자의 권력에 대해 노골적인 회의를 품고 있던 귀족들과 결탁한 것이었다. 노퍽(Norfolk)과 서퍽(Suffolk)의 공작들 같은 실력가들은 대륙의 종교개혁에 동정적이지 않았다(물론 서퍽의 몇몇 지성인들은 나중에 서퍽 공작의 네 번째 부인인 캐서린 윌러비[Catherine Willoughby]의 복음주의 신앙에 의해 공격을 받게 되지만 말이다).[22]

그들의 입장을 반성직주의(anti-clerical)라고 부르는 것은 적절치 못하다. 그들은 반고위성직자주의(anti-prelatical)였다. 고위 성직자들이 귀족들과 동등한 척하고, 심지어는 왕국 안에서 독립적이고 수위의 재판권을 가지는 것에 대해 회의를 품은 것이었다. 특히, 그들은 고위 성직자들의 그런 오만함이 울지 추기경에게서 전형적으로 나타난다고 보았다. 고위 성직자들에 대한 그들의 반감은 또 다른 반고위성직자주의 그룹에게서도 나타났다. 런던의 평범한 법률가들 중에서 주도적인 인사들에게서였다.

매우 보수적인 신앙을 가지고 있던 이너템플(Inner Temple)의 법정 변호사 크리스토퍼 성 게르만(Christopher St. German)은 자신의 글들에서 잉글랜드 관습법에 대한 지대한 자부심을 표현했다. 성직으로부터 독립된 몇 안 되는 전문 그룹들 중 하나를 탄생시킨 유럽 내 독특한 체계였기 때문이었다. 성 게르만은 잉글랜드 내에서 관습법이 교회법보다 우위에 있음을 지속적으로 주장했다.[23] 이러한 법정신을 잘 알고 있던 한 사람, 곧 울지의 보좌관 토머스 크롬웰(Thomas Cromwell)은 그러한 우위성을 결정적으로 영원히 주장하는 움직임을 곧 주도하게 되었다.

1529년 여름, 서퍽과 노펙을 둘러싼 귀족주의 분파는 단지 추기경 울지를 개인적으로나 정치적으로 파멸시키는 것 뿐 아니라 교회 계급 권력 전반에 걸쳐 공격을 퍼붓기 위한 계획을 세웠다. 교회의 부를 과감하게 척결하고 심지어 잉글랜드 내의 모든 수도원들을 파괴하는 등, 교회 안에서의 적폐를 개혁할 수 있는 권력을 왕에게 부여하는 것이었다. 헨리 8세는 1529년 황제의 대사 샤퓌(Chapuys)에게 성직자가 일반인들에 대해 가진 유일한 권세는 오직 죄를 사면하는 권세뿐이라고 말함으로써 이 그룹의 반고위성직자주의 입장을 매우 극단적인 형태로 표출했다.[24]

이것은 보편교회(universal Church)를 단지 신앙고백자들의 조합처럼 취급하는 견해였다. 만일 권위가 그렇게 형체 없는 몸을 위해 주어져야 한다면, 그 권위는 왕국의 기름부음 받은 군주로부터 오는 것이 최선이었다. 교황의 절대 권위에 도전한 것은 중세에 다른 선례들도 있었지만, 그 경우들에는 이론을 실천에 옮겨 실제적으로 교황의 군주권을 전복하려고 하지는 않았다.

헨리 8세는 비록 로마와 단절했지만, 다른 모든 면에서는 교리적 전통주의자로 남았다. 과거와 달라진 것은, 헨리 8세가 잉글랜드교회

(English Church) 안에서 독특한 지위를 주장한 것(따라서 그의 자연스런 오만함이 되어버린 것)이 이제 대륙에서 발생한 신학적 격변의 잔재들을 불러 모을 수도 있게 된 것이었다.

헨리 8세가 샤퓌에게 더 많은 것을 말했을 때, 그것이 샤퓌에게 엄청난 충격을 주었을 것이 틀림없지만, 그럼에도 불구하고 자기에게 충격을 주려는 헨리 8세의 노력에 금방 익숙해졌을 것이다. 왕은 이제 그의 옛 정적인 루터가 교회를 공격하는 글들에서 이단적인 것들뿐만 아니라 진실도 많이 썼다고 생각하게 되었다.

여기에서 우리는 그에게 귀족주의 리더십보다 더 큰 영향을 미친 또 다른 요인을 발견할 수 있다. 바로 앤 볼린(Anne Boleyn)이다.

조지 버나드(George Bernard)가 제안한 의구심들에도 불구하고, 앤이 1520년대에 보여 주었던 교회 개혁에 대한 진심어린 관심을 부인할 근거는 거의 없다. 앤은 실제로 종교개혁가들의 글을 폭넓게 읽었다. 앤을 통해 그 책들이 왕에게까지 전달되었다. 앤은 헨리 8세에게 윌리엄 틴데일의 책들을 소개했고, 까다로운 반성직자주의 법률가였던 시몬 피쉬(Simom Fish)의 책들도 소개했을 것이 분명하다. 이 책들은 성직자들에 대한 헨리 8세의 불만을 그대로 담고 있었으며, 따라서 왕국 안에서 그의 절대 권력이 성직자들과 일반인들에게 동일하게 미친다는 확신을 더 강화시켜 주었다.[25]

헨리 8세 주변의 급진적 개혁가들에게 어떤 이름을 붙여줘야 할지가 중요하다. 왜냐하면, 콕 집어서 '프로테스탄트'(protestant)라고 하기에는 헨리 8세의 종교개혁을 논할 때 여러 문제가 발생하기 때문이다. 이 명칭은 헨리 8세가 블랙프라이어스 재판에서 크게 실망하던 해인 1529년에, 외국 상황을 표현하기 위해 외국에서 만들어졌다. 즉, 슈파이어(Speyer) 제국회의의 위기를 배경으로 한다.

그러므로 1530년대와 1540년대 잉글랜드에서, 이 단어는 마치 1980년대의 '페레스트로이카'(perestroika)와 '글라스노스트'(glasnost)처럼 생소하고 이상한 단어였으며, 그 단어가 잉글랜드에서 자연스러워진 첫 번째 징후들은 1553년 이후 메리의 통치 기간 중 극심한 대립 속에서 일시적으로 나타난다.[26]

'루터교'(혹은 루터파, Lutheran)라는 명칭도 좋지 않다. 왜냐하면 이 용어는 샤퓌 대사 같은 전통주의 로마 가톨릭교도들이 그들이 싫어하는 신앙적 입장을 가진 사람에게 무차별적으로 붙이던 용어이기 때문이다. 1520년대 동안, 잉글랜드의 종교적 변화를 열망하는 열광주의자들에게 루터는 큰 영향을 미쳤다.

그러나 필자가 다른 곳에서 이미 논증한 바와 같이, 루터의 다양한 개혁 사상은 이미 1530년대부터 잉글랜드에서보다는 슈트라스부르와 잘츠부르크에서 1530년대에 더 급진적인 신학적 영향을 미치기 시작했다. 그 이유는 아마도 루터의 신학보다는 슈트라스부르와 스위스의 신학에 훨씬 더 가까운 잉글랜드 토착의 롤라드파 비국교도가 이미 존재하고 있었기 때문일 것이다.[27]

또한, 에라스무스와 인문주의자들에 대한 열심이 두 대학교에 미친 예기치 못한 영향도 있었다. 이것은 옛 교회의 주장과 체계에 대한 과격한 회의주의를 낳았다. 뿐만 아니라, 관습법 연구가 그것을 시행하는 사람들에게 미친 예기치 못한 영향도 있었다. 게다가, 프랑스에서 독자적으로 발전하고 있던 개혁 사상이 앤 볼린에게 특히 중요했다. 왜냐하면 개혁 사상이 강력하던 프랑스 왕궁 주변에 있던 그룹들과 개인적으로 친분을 가지고 있었기 때문이다.

이 모든 명칭들은, 중세 로마 가톨릭교회의 신학에 반대하고 불편해하던 수많은 반대 세력들로부터 새로운 신앙 정체성이 점차 그리고 고통스럽게 탄생하고 있던 시대에 사람들이 품었던 전망을 정확하게 이해하는 데 도움이 되지 않는다.

'복음주의적'이라는 모호한 명칭이 아마도 가장 좋은 해법일 수 있다. 바로 그 용어 자체가 모호하기 때문이다. 이 단어는, 복음주의들과 마찬가지로 1520년대 후반과 1530년대 초에 정치적으로 보수적 신앙을 가지고 왕실의 이혼을 지지하던 세 그룹과 확실하게 구분해 준다.

첫째, 궁중에 있던 반고위성직자주의 귀족 그룹이다.
둘째, 중세 서방교회와 주로 관할권 싸움을 하던 성 게르만 등의 법률가들이다.
셋째, 로마 가톨릭교회 진영을 떠나지 못한 인문주의 학자들이다.

복음주의들의 경우, 그들의 주요 구심점은 복된 소식, 곧 복음(*evangelion*)에 관한 성경 본문으로부터 신앙을 재건해야 한다는 필요였는데, 이 기준과 관련해서 매우 유용한 것은 이 필요가 종교개혁 이전 잉글랜드교회(English Church)에서 벌어진 중요한 현상과 관련이 있다는 것이었다. 즉, 자국어 성경을 금지하던 현상이었다. 리처드 렉스(Richard Rex)는 로마와 단절하기 전날 밤에 존 피셔(John Fisher) 등 정통적인 잉글랜드교회 원로 성직자들이 성경이 영어로 번역되면 좋겠다는 것을 공개적으로 인정했음을 설득력 있게 보여 주었다. 반면, 분명한 사실 하나는, 수많은 골칫거리들과 싸움들 중에서 그들이 성경 번역에 관해 아무 것도 하지 않았다는 것이다.

런던 대주교 커드버트 턴스털(Cuthbert Tunstall)은 실제로 1520년대에 윌리엄 틴데일(William Tyndale)을 읽지 못하게 했고, 1530년대와

1540년대에는 존 스톡슬리(John Stokesly)와 스티븐 가드너(Stephen Gardiner) 등 본래 흠잡을 데 없던 인문주의를 숭상하던 비복음주의 주교들도 성경 번역의 착수를 일부러 머뭇거렸다.[28]

로마 가톨릭교회가 아무 유해성 경고 없이 영어 성경을 받아들인 것은 1580년대 이르러서였다. 반면에, 복음주의자들은 성경을 직접 접할 수 있는 것의 중요성을 지속적으로 강조했으며, 따라서 공식적인 영어 성경의 출판은 1530년대에 이루어낸 긍정적인 업적이었다.

앤 볼린이 성경 출판과 읽기를 후원했다는 증거는 많다. 또한, 앤 볼린은 1530년대와 그 이후에 복음주의적 견해를 널리 유포하는 운동의 지도자들로 부상하게 될 성직자 그룹의 중요한 초기 후원자이기도 했다. 앤 볼린은 케임브리지 졸업생들과 연구원들을 매우 좋아했다. 비록 존 피셔와 같이 강력한 반대 세력이 케임브리지에 영향을 미치고 있기는 했지만, 케임브리지 사람들은 종교개혁 초기에 옥스퍼드 사람들보다 더 주도적이었다.

앤 볼린이 후원한 사람들 중에는 윌리엄 베츠(William Bettes), 토머스 크랜머(Thomas Cranmer), 에드워드 크롬(Edward Crome), 니콜라스 히스(Nicholas Heath), 휴 & 윌리엄 라티머(Hugh & William Latimer), 매튜 파커(Matthew Parker), 니콜라스 샥스턴(Nicholas Shaxton), 그리고 존 스킵(John Skip)이 있었다.

물론 이들 모두가 평생 복음주의자였던 것은 아니다. 이들 중 세 명(크롬, 샥스턴, 스킵)은 앤 볼린의 종증조부가 학장으로 있던 케임브리지의 곤빌 홀(Goville Hall) 출신이었다. 앤 볼린과 관련이 있던 또 다른 곤빌 출신 평신도로는 윌리엄 버츠(William Butts) 박사가 있었다. 그는 왕과 매우 가까웠기 때문에 앤 볼린의 사망 이후에도 계속해서 궁중에서 복음주의 정신을 증진하는 데에 중요한 역할을 했다. 앤 볼린의 가장 중요한 복음주의 후원자 중 한 명이 남성 우월주의 때문에 그동안 잊혀져 왔다. 왕실의 비단장수였던 제인 윌킨슨(Jane Wilkinson, 시 관료이자 훗날 에드워즈 노스의 동료가 됨)은 그로부터 20년 후 메리 여왕 시대에 망명을 떠나는 프로테스탄트들의 중요한 재정적, 윤리적 버팀목들 중 한 명이 되었다.[29]

앤 볼린과 함께, 토머스 크롬웰과 토머스 크랜머는 1531년에 왕의 평의회에서 중요한 존재가 되면서 복음주의자들의 가장 큰 후원자들로 부상했으며, 1536년에 앤 볼린의 사망 후에도 살아남았다. 크롬웰의 신앙적 입장의 변화는 불가사의로 남아 있다. 아마도, 그는 크랜머와 비슷한 발전 과정을 겪었을 것이다. 크랜머는 1531년까지만 해도 보수적 인문주의자였지만, 급속히 독일 루터교 신앙의 가르침에 호의적이 되었다.

그리고 마침내 독신 서약을 깨뜨리고 독일 신학자 안드레아스 오시안더(Andereas Osiander)의 조카 마가레트(Margarete)와 결혼하는 파격적인 행보를 함으로써 사실상 루터교에 대한 충성에 도장을 찍었다. 그 이후 크랜머가 헨리 8세의 통치 기간 동안 줄곧 루터처럼 성찬시에 빵과 포도주에 그리스도의 실제적이고 육신적인 임재가 있다는 신앙을 받아들였으므로, 그 기간 동안에는 그의 복음주의를 루터주의였다고 정의할 수 있으나, 1546년 이후에 실재적 임재 신앙을 포기하게 되자 로마 가톨릭 정적들이 그의 일관되지 못한 신학을 공격하기에 이르렀다.

크롬웰의 신앙은 면밀하게 검토할 수 없으며, 그에 대한 분석은 1540년에 그를 파멸로 이끈 성찬론적 이단 사상(즉, 실재적 임재설 부인)에 대한 비난으로 얼룩지게 된다. 그러나 크롬웰과 크랜머가 교회 안에서 복음주의 정신으로 변화를 꾀하는 일에 협력하기 시작한 것은

1533년 봄 대주교 서품식 때부터였다. 복음주의적인 의제 중 핵심 사항인 영어 성경의 공인을 이루어내는 데 가장 중요한 책임을 진 사람은 크롬웰이었다.

두 사람이 긴밀하게 협조했는지에 관한 증거가 들쭉날쭉한 이유는, 1533년부터 1535년 사이에 크랜머가 보낸 편지 발송 대장에 크롬웰에게 보낸 편지가 하나도 들어있지 않기 때문이다. 그러나 틀림없이 그 편지들은 각각 다른 관리 파일에 보관되었으며, 두 사람의 특별한 관계를 증명해 준다.[30]

크롬웰과 크랜머의 파트너십은 동등하지 않았는데, 크롬웰이 그 관계에서 우위를 점한 이유는 헨리 8세가 그에게 부여한 주교-총대리(Vicar-General)와 영적 총대리(Vicegerent in Spirituals)라는 교회 내 지위 때문이었다. 주교-총대리직 수여가 필요했던 이유는 크랜머의 첫 번째 개혁 시도가 수치스런 실패로 돌아갔기 때문이었다. 즉 대주교가 1534년에 캔터베리 교구를 방문한 사건이었다.

링컨의 롱랜드(Longland), 런던의 스톡슬리(Stokesley) 그리고 노리치의 닉스(Nix) 등 세 명의 보수적인 주교들은 크랜머가 관할권을 행사하는 것에 저항하면서 대주교의 방문을 방해했다. 특히 스톡슬리와 롱랜드는 크랜머의 사찰권이 교황으로부터 온 것이라고 매우 치명적인 주장을 했으며, 나중에 옥스퍼드의 코르푸스크리스티대학(Corpus Christi College)도 스티븐 가드너의 대학 방문에 영감을 받아 부화뇌동했다.

교회 내부 개혁이 다른 방향으로 진행될 수밖에 없었던 것은 바로 이 사건 이후였음에 틀림없다. 1534년 11월에 발효된 수장령(Act of Supremacy)은 교회의 수장으로서의 사찰권이 왕에게 있음을 명시적으로 선언했으며, 따라서 이에 따라 1535년 1월 21일에 크롬웰을 총대리로 임명하는 승인이 발효되었다. 그 이후 교회의 수장인 헨리 8세의 관할권을 대행하는 크롬웰의 관할권이 크랜머를 능가하게 되었다. 마치 1518년 이후 교황의 대리인으로서 추기경 울지의 권위가 그 당시 총 대주교였던 대주교 워램(Warham)의 권위를 능가했던 것과 같았다.[31]

그러나 크랜머는 자신이 가진 세력이 약화되는 것에 전혀 불만을 표하지 않았다. 틀림없이 크랜머는 스스로 정치에 조예가 깊지 않음을 알았기에 줄곧 크롬웰의 지도를 받았다. 한번은 크롬웰이 크랜머의 말을 듣는 편이 더 나을 뻔 한 적이 있었다. 1538년 또는 1539년에 크랜머는 크롬웰에게 이혼한 왕은 그 왕국 내의 다른 사람과 재혼해야 한다고 일시적으로 조언을 했다. 왜냐하면 '함께 대화를 나눌 수 없는 여인과 결혼을 하는 것이 매우 이상하기 때문'이라는 것이었다. 독일인 아내를 두었던 크랜머가 자기 경험에서 이야기한 것이었다.

그러나 크롬웰은 자신의 라이벌이 되는 귀족들 중에 왕비가 나온다는 것을 생각만 해도 섬뜩했기에 그 제안을 퉁명스럽게 무시하고, "이 왕국에는 헨리 8세에게 맞는 사람이 아무도 없다"라고 말했다. 그리고 상황은 결국 총대리 크롬웰의 파멸을 가져온 클리브스의 앤(Ann of Cleves) 사태가 벌어지고 말았다.[32]

복음주의자들은 그런 정치 문제들과 자신들이 신앙적인 변화를 어느 정도 추진할 것인지에 대해 서로 의견이 일치하지 않았을 수도 있다. 그러나 두 가지 외부 요인으로 인해 그들은 목적과 전망에서 일치를 이룰 수밖에 없었다.

첫째, 주류 기독교에 대해 갖가지 재평가를 내놓으며 통상 재세례파(Anabaptism)라는 이름으로 불리던 급진적 신앙에 대한 염려였다.

이러한 급진주의는 대륙에서 일어나던 현상으로서, 대륙의 재세례파가 덜 적대적인 분위기를 찾아 잉글랜드로 피신을 왔으며, 헨리 8세의 잉글랜드에 미미한 영향을 미쳤다. 불과 소수의 잉글랜드인들이 이 이민자들의 영향을 받았으며, 따라서 저지대 국가들(유럽 북해 연안의 벨기에, 네덜란드, 룩셈부르크 등-역자주)에서는 귀족들과 정부 지도자들 중에 급진주의자들을 찾아볼 수 있었던 반면에, 헨리 8세의 잉글랜드 정치인들 중에서는 추적할 만한 재세례파 인사가 없다.

예를 들어, 크랜머는 처음으로 재세례파 척결 운동이 벌어지던 1535년부터 제세례파에 대한 박해에 관여했다. 그 후에 그는 재세례파 중 몇 사람을 개인적으로 조사하고 논파했으며, 에드워드 6세 시대에 세 명의 이단을 화형시킨 것을 포함해서 그들의 교리와 다투는 모든 공식적인 노력의 중심에 서 있었다.[33]

둘째, 아마도 복음주의자들을 연합시킨 훨씬 더 중요한 것은, 로마 가톨릭교회 전통주의자들으로부터 1520년대에 '신지식'(New Learning)이라고 매도당하여 낙인찍힌 것을 비롯해서 여러 보수적인 그룹들로부터 쏟아진 지속적인 적대감과 위험이었을 것이다.

현대의 역사 저술들에서는 이 용어가 잘못해서 흔하게 되었지만, 그 당시에는 인문주의에 전혀 적용되지 않고 복음주의적인 전망을 가진 사상에만 적용되었다. 따라서 이 용어는 복음주의자들을 몹시 당황스럽게 하여, 오히려 역으로 전통주의자들을 진정한 혁신가라고 방어적으로 비난하게 만들었다. 보수주의자들은 신학에 대해 잘 몰랐지만, 그들이 무엇을 싫어하는지는 알았다.[34]

그러나 복음주의자들과 달리 보수주의자들은 정치적으로 분열되었다. 이것은 1530년대와 1540년대에 교회 내에서 점차 퍼져나가고 있던 복음주의를 효과적으로 저항하기 위한 모든 노력에 치명적이었다. 그들의 분열의 근본 요인은 헨리 8세가 그의 첫 번째 결혼을 무효로 하려고 했던 시도를 둘러싼 위기였다. 이것은 옛 지식과 신 지식 사이의 충돌은 아니었다. 루터는 신성 로마 제국과 교황만큼이나 결혼 무효에 반대하고 아라곤의 캐서린(Catherine of Aragon) 편을 들었다.

1527년과 1529년 사이에 결혼 무효와 관련된 큰 싸움이 종교적인 보수주의자들 사이에서 일어났다. 왕이 원하던 신학적 논증들을 제공한 주요 신학자들은 존 스톡슬리(John Stokesley), 스티븐 가드너(Stephen Gardiner), 리처드 크로크(Richard Croke), 로버트 웨이크필드(Robert Wakefield), 그리고 노퍽의 공작(Duke of Norfolk)이었던 반면, 왕실이 신학적 근거를 찾아 헤매던 노력에 이용당하지 않은 다른 많은 사람들은 복음주의자들처럼 그 노력에 동조하지 않았다. 토머스 크랜머가 대표적이었다.

왕비 캐서린을 지지하는 사람들 중에는 왕궁 주변 여러 수도원의 유명한 수도사들과 함께 존 피셔(John Fisher)와 (그보다 훨씬 더 분별 있는) 토머스 모어가 있었다. 왕의 진영에 있던 주요 인물들도 예전에는 다른 보수주의자들처럼 독실하고 세련된 인문주의 로마 가톨릭주의 세계에 속해 있었다.[35]

보수주의들 사이의 이러한 분열은 결코 치유되지 않았다. 더욱이, 옛 교회를 당연히 지지하던 자들은 1520년대에 울지에 대한 입장 때문에 또 다른 방식으로 분열되었다. 자기들에게 아낌없이 후원을 해주는 자들에게 충성하든지 아니면 울지 추기경이 자기의 대학 설립을 위해 수도원의 부를 유용하려는 고압적인 태도에 대해 양심적으로 저항하든지 둘 중 하나였다.

예를 들어, 울지는 양심적인 전통주의 주교의 본보기였던 노리치의 리처드 닉스(Richard Nix of Norwich)를 대놓고 모욕했으며, 서퍽에 있던 버틀리 수도원(Butley Priory)의 익명의 역사가는 울지 추기경이 수도원을 와해시키는 것을 가리켜 수치스럽고 창피한 일이며, 잉글랜드의 모든 수사와 수녀들을 파멸하고 멸절하는 행위라고 묘사했다.[36]

복음주의자들에 대항하여 보수주의자들 편에 설 조짐을 보인 것은 템플허스트(Templehurst)의 토머스 다아시 경(Thomas, Lord Darcy)의 정치적 입장 변화였다. 잉글랜드 북부 국경 지대에서 퇴역 군인이었던 이 왕실의 신하는 1529년에 반고위성직자주의 귀족들이 교회의 권력과 부를 공격하던 계획을 사실상 지지했다. 1535년경, 그는 교회가 주교-총대리(Vicar-General)와 총대리(Vice-Gerent)인 토머스 크롬웰과 함께 추진하던 방향에 점차 경계심을 갖고, 특히 수도원들에 대해 급속히 더해 가던 공격에 위협을 느끼게 되자, 유스타스 샤퓌(Eustace Chapuys)와 반역적인 대화를 나누면서 왕에 대한 반역을 모의했다.

그리하여 그는 1536년에 은총의 순례(Pilgrimage of Grace, Henry 8세의 종교개혁에 대해 잉글랜드 북부에서 일어난 반란-역자주)에 참여하여, 그가 책임지고 있던 폰테프렉트 성(Pontefract Castle)을 그들에게 넘겨 주었다. 만일 다른 많은 저명한 보수주의자들이 그 역도들을 진압하러 간 군대의 장관이었던 노퍽의 토머스 공작(Thomas, Duke of Norfolk)을 따랐더라면, 복음주의자들은 큰 해를 입을 뻔했다. 그러나 이 순례의 기치 아래 모인 가장 저명한 전통주의 귀족은 다아시(Darcy)였다. 전통적인 신앙을 수호하는 자들은 망설였으며, 그로 인해 그들의 대의를 궁극적으로 잃고 말았다.

1530년대에 보수주의자들의 문제는 언제쯤 그만 두어야 하는지, 그리고 언제 저항해야 하는지 결정하는 일이었다. 이것을 가장 잘 보여 준 것은, 8년 동안 잉글랜드와 웨일스에 있는 모든 남자 수도원, 수녀원 그리고 그외 수도원(friary[장상이 Prior일 경우 이렇게 칭함])들을 파괴한 매우 효과적인 수도원 파괴 작업이었다.

이 과정 동안 정부는 수도원 생활의 원칙을 공식적으로 비난한 적이 없었다(이 사실은 19세기에 성공회 교도들이 사적인 기관으로 그것을 회복시키는 데 유용하게 작용했다). 실제로, 1536년에 의회가 수도원 파괴의 확장에 대해 자문을 받았던 유일한 경우에, 그 계획은 더 큰 수도원들을 강화시키기 위한 노력의 일환으로 수도원 해산령 서문에 들어 있었다. 비록 정부는 그와 동시에 할 수 있는 대로 수도사들의 명성을 훼손하고 있었음에도 불구하고 말이다.

리처드 호일(Richard Hoyle)은 이 법령의 현명한 전략을 강조했다. 즉, 이 법령에는 가치 있는 소규모 수도원들을 보존하는 예외 규정을 두고 있어서, 이 법령이 어떤 부패를 고발하는지 잘 알고 있던 의회원들은 그것을 자기의 지역 수도원들에는 적용하지 않았으며, 따라서 큰 양심의 가책을 느끼지 않은 채 이 법령에 찬성했다.

호일은 이것이 수도원을 파괴하는 급진적인 전략에 대한 의회의 의식적인 승인을 보장해 줄 수 없었던 정부의 암묵적인 승인이었다고 해석한다. 점진주의가 그 핵심이었다.[37] 1539년에 발효된 의회의 최종적인 수도원 폐쇄령은 더 이상의 설명이 필요 없는 기정사실일 뿐이었다.

1536년 법령의 서문에 들어 있던 대규모 수도원들에 대한 소란이 일어날 것을 알았으니 다른 무엇을 더 할 수 있었겠는가?

사실, 호일은 이 법령이 발효되기 시작한 때부터 완전히 파괴하려는 일관된 전략이 있었다고 주장한다. 그러나 이 수도원 폐쇄 계획에 연루되었던 사람들 중에서조차 서로 다른 의견 차이가 있었을 가능성이 충분하다. 우리는 이 과정을 단지 토머스 크롬웰의 공문서를 통해서만 들여다보는 경향이 있다. 왜냐하면 그 문서들만이 현재까지 남아 있기 때문이다.

만일 프램링엄 성(Framlingham Castle)과 케닝홀 궁전(Kenninghall Palace)의 문서들이 남아 있다면, 또한, 수도원 폐쇄에 밀접하게 가담했던 보수주의 지도자 노퍽의 공작 주변 사람들의 대화를 들었다면 과연 어땠을까?

수도원들에 가해질 일에 대해 정말로 서로 다른 입장들이 존재했다면, 보수주의자들이 통일된 반론을 구축하는 것은 참으로 더 어려웠을 것이다.

이 모든 중요한 신앙 변화의 단계들에서, 우리는 정치의 중심에 서 있는 한 사람을 생각해야 한다. 바로 헨리 8세이다. 1530년대 중반부터, 헨리 8세는 종교 정책에 있어서 의도적으로 야누스와 같이 공평한 균형의 정치를 표방했다. 그가 종교개혁가들의 책을 모방하고 자신의 교회가 실제로 무엇을 믿는가에 대해 여러 진술들을 발표하려고 노력했던 1530년대와 1540년대의 꾸준한 시도에서 이것을 잘 발견할 수 있다.

그래서 『10개 신앙 조항』(*The Ten Articles*, 1536), 『주교의 책』(*Bishop's Book*, 1537), 그리고 『왕의 책』(*King's Book*, 1543) 사이에 교묘하게 존재하는 세 가지 방식의 균형들은 초보 연구자들에게 혼동을 가져다줌과 동시에, 학자들 사이에는 논쟁을 불러일으킨다. 1536년의 『6개 신앙 조항』(*The Six Articles*)도 얼핏 보기에는 너무나 비타협적인 전통주의 문서이지만, 고해성사에 관한 이 조항의 표현에서 복음주의자들에게 동의하는 중요한 고백을 담고 있다. 즉, 『6개 신앙 조항』은 이 성례가 단지 "하나님의 교회에서… 유지되고 지속되는 것이 편리하고 필요하다"고 규정함으로써, 더럼의 보수적 주교였던 커드버트 턴스털(Cuthbert Tunstall)의 격노케 한 중세 교리로부터 이탈하고 있다.

놀랍게도, 그리고 매우 중요하게도, 『6개 신앙 조항』은 "잉글랜드의 교회와 회중"이라는 언급을 반복적으로 사용한다. '회중'(Congregatio)은 본래 에라스무스가 헬라어 단어 '에클레시아'(ekklesia)에 해당하는 '교회'(church)를 대체하는 단어로 제시한 것이었지만, 이제는 인문주의자의 현학적 언어유희 이상의 의미를 갖게 되었다. 즉, 성경 번역가 윌리엄 틴데일 등의 급진적인 복음주의자들에 의해 사용된 것이었다. 『6개 신앙 조항』에 이 단어가 들어가게 된 것은 아마도 1530년 루터교 아우구스부르크 신앙고백(Augsburg Confession)에서 영향을 받은 것 같다. 이 신앙고백에서 필립 멜란히톤(Philip Melanchthon)은 교회를 '콘그레가치오 상토룸'(congregatio sanctorum, 성도들의 회중)이라고 정의했었다.[38]

균형 전략은 헨리 8세와 잉글랜드 전체의 수석 대주교(Primate of All England) 크랜머에 의해 반복적으로 선언되었다. 이 전략은 틀림없이 왕의 종교 정책에 관해 크랜머에게 큰 인상을 준 것임에 틀림없다. 예를 들어, 헨리 8세는 1545년 12월에 의회에서 행한 중요한 연설에서 '옛 관습에 너무 고착된' 사람들과 '새 관습에 너무 부지런하고 호기심이 많은' 사람들 모두를 비난하고, 그의 왕국에서 연합을 이룰 것을 눈물로 호소했다.[39] 이 연설에서 흥미로운 사실은, 이 말이 그로부터 5년 전에 크랜머가 공식적인 대성경(the Great Bible) 서문에 적었던 중요한 내용을 그대로 반복하고 있다는 사실이다.

헨리 8세는 크랜머가 성경을 가리켜 '가장 귀한 보물'이라고 한 표현뿐 아니라, 서문에서 그가 취한 일반적 전략도 취한 것이었다. 그리하여 이것은 헨리 8세가 '너무 느려서 자극이 필요한' 사람들과 '너무 서둘러서 재갈을 물려야 할' 사람들 모두에게 전했던 이중적 설교의 야누스 같은 전망에 그대로 녹아 있다.[40] 크랜머가 1540년 캔터베리 대성당(Canterbury Cathedral) 제단 재조직을 위해 여섯 명의 설교자들을 선정할 때, 그는 이렇게 말했다.

> 그리스도의 교회[대성당] 안에... 세 명의 옛 가르침 설교자와 세 명의 새 가르침 설교자들을 두었다... 그리고 그렇게 함으로써 왕의 은총을 부여 주었다. 또한, 그렇게 하는 것이 왕의 기쁨이었다.[41]

잉글랜드를 방문하게 하기 위해 부단한 노력을 기울인(결국 허사였지만) 유일한 개혁가가 바로 루터의 모난 신앙을 중재하고 중도의 길을 걷기 위해 끊임없이 노력했던 필립 멜란히톤이었다는 사실은 결코 우연이 아니다. 균형 전략은 단순히 공허한 수사법이 아니었다. 종종 우리는 일련의 공식적인 교리 진술들을 만들어 내는 맹렬한 말다툼과 밀실 조작을 엿볼 수 있다.

예를 들어, (천성적으로 타협적이지 않았던) 휴 라티머(Hugh Latimer)가 1537년 7월에 어렵게 탄생한 『주교의 책』에 대해 평가한 과장된 말을 들어보라.

> 나로서는, 그것이 아주 잘 그리고 매우 효과적으로 완성될 때, 더 이상 그런 일이 있지 않기를 하나님께 기도하지 않을 수 없다. 정말로, 나는 우스터(Worcester)의 주교이기보다는 차라리 [서부] 킹턴(Kington)의 한 가난한 시민이고 싶다. 사실, 그런 다양성을 두고 판단해 보건대, 그런 논쟁이 일어날 만한 교리에 동의하는 것이 쉽지 않다. 어느 정도 의식이 있는 사람이라면 누구나 그럴 것이다.[42]

그 진술들 이면에 있는 조사 보고서들 중에 현존하는 것들을 보면, 왕의 압력에 의해 끊임없이 타협이 이루어졌음을 생생하게 확인할 수가 있다. 그 중에 하나는 1536년 『10개 신앙 조항』의 두 초안인데, 성인들을 공경하고 성인들에게 기도하는 형상 문제를 다룬 제6, 7, 8조를 만들기 위해 애쓴 흔적이 남아 있다.

두 번째 초안은 일관되게 복음주의적인 색채를 띠고 형상들과 성인들에 대해 최소한의 역할만을 부여하고 있지만, 그 중에서 단 한 구절만 최종안인 제7조에 실리게 되었다. 첫 번째 초안에서 더 많이 최종안에 들어갔는데, 그 수정안은 크랜머와 커드버트 틴스털 사이에 얼마나 흥미로운 격론이 벌어졌는지 짐작할 수 있게 해 준다. 턴스틸은 서기가 기록한 본문에 "우리에게 도움이 되는 한, 우리는 아무 미신적인 신앙 없이 복되신 성모 마리아와 세례 요한, 사도들, 또는 다른 특별한 성인들에게 기도할 수 있다"라는 주장을 덧붙인다. 반면에 크랜머는 첫 구절을 "그 기도가 어떤 헛된 미신적 신앙이 아닌 이상"이라고 수정한다. 두 주교의 의견을 결합한 대안이 최종안에 실려 있다.

주목할 만한 것은, 잘려 나간 첫 번째 초안의 내용들에는 가난한 자들이 성경의 대안으로 여기던 형상들이 어떤 한계를 갖는지에 대한 매우 긴 서론적 논의가 들어 있으며, 그와 함께 기도자들이 신비주의적으로 성인들을 의지하려고 하는 태도를 비웃는 크랜머의 조롱 항목들도 포함되어 있다. 예를 들어, "이가 아플 때는 성 아폴로니아(St. Apollonia)에게… 천둥과 포탄에 대해서는 성 바바라(St. Barbara)에게, 그리고 기타 등등"이었다.

최종안은 훨씬 덜 산만하고, 훨씬 더 절제되고 위엄 있는 문장을 갖추었다. 무엇보다, 최종안에는 복음주의자들과 전통주의자들을 모두 만족시킬 것도 포함되어 있고, 두 진영 모두를 당혹스럽게 할 것도 포

함되어 있다.[43]

　균형을 잡기 위한 왕실의 전략은 단순히 독단적인 정치적 편법이 아니었다. 그 전략은 1540년대 시작과 함께 완전히 갈라지게 된 헨리 8세의 신학적 전망의 균열을 그대로 보여 준다. 많은 면에서, 통치 말년 10년 동안 그는 과거를 모두 내던져 버렸다. 가장 중요한 것은, 수세기 동안 북유럽 신앙의 핵심이었던 연옥 개념이 그에게서 느슨해졌다. 1536년에만 해도 헨리 8세는 휴 라티머가 쓴 연옥 반대 논문을 강력하게 그리고 제법 효과적으로 공격했다. 예를 들어, 라티머가 몇몇 초대교회 문서들이 이 주제에 대해 침묵했음을 근거로 어리석게 논증을 펼치자 그 주장을 신나게 논파해 버렸다.

　"성인들이 당신이 생각하기에 적당한 곳에서 그 주제를 다루어야 했겠는가?

　아니면 그들이 생각하기에 가장 적절한 곳에서 다루어야 했겠는가?"[44]

　그러나 1537년 말 또는 1538년 초에 출판된 『주교들의 책』 개정판에서, 헨리 8세는 연옥 신앙에서 점차 멀어지고 있음을 드러냈다. 1543년 이 개정 작업의 결정판인 『왕의 책』은 보수적인 방향에서 일반적인 변화를 보였지만, 연옥에 관해 가장 심했다. 심지어 그 명칭조차 이제 의심을 받았다.

　"그러므로 우리는 연옥이라는 이름을 삼가야 하며, 이제부터 그것에 대해 논박하거나 추론해서도 안 된다."

　『왕의 책』은 여전히 죽은 자를 위한 미사를 규정했지만, 사람들을 연옥의 고통으로부터 구원하기 위해서가 아니라, 다만 죽은 자들이 우리처럼 그리스도의 몸의 일부이기 때문에 그들에 대한 자비로운 마음으로 해야 하는 것일 뿐이었다. 이제 사람의 운명을 덮고 있던 연옥의 권세는 가장 모호한 주장이 되어 버렸으며, 공양 제단(chantry) 파괴를 연구한 가장 최근의 역사가가 언급한 바와 같이, 이것은 "공양 제단 체계의 근본을 허물어 버렸다."[45]

헨리 8세의 사상 변화에는 또 다른 징후들도 있었다. 성직자들의 권리에 대해 의구심을 가진 그는 『왕의 책』에서 견진성사(confirmation)와 병자성사(extreme unction)를 폄하하고, 성직 수임을 신비롭게 보던 전통적인 가르침을 거부했다.[46] 또한, 헨리 8세는 각 개인의 고해성사의 성격에 대해서도 마음을 바꾸었다. 즉, 1521년 『7성례 옹호론』에서는 자신의 측근 학자들이 고해성사가 하나님에 의해 직접 제정된 것이라는 전통적인 견해를 옹호했었다. 그러나 1539년에 헨리 8세가 다른 면에서 극단적인 보수적 신앙 반응들에 등을 돌리게 되자, 고해성사에 대한 마음도 바뀌어서 그것이 하나님에 의해 제정되지 않았다고 생각하게 되었다.

대주교 턴스틸(Tunstall)이 전통주의적 입장을 주장하자, 헨리 8세는 극도로 분노하여, 편지를 적어 턴스틸을 크게 나무랐다. 그 편지는 헨리 8세가 쓴 편지들 중에 가장 긴 것인데, 그가 글쓰기를 매우 싫어했음을 생각하면 매우 놀라운 일이 아닐 수 없다. 앞서 언급했듯이, 이것이 바로 복음주의자들이 『6개 신앙 조항』에서 승리를 거둘 수 있게 헨리 8세가 허락한 유일하게 중요한 시점이었다.[47]

우리는 또한, 헨리 8세가 1540년대부터 개인적으로 시편에 즐겁게 주석을 달기 시작한 것에서 그의 마음을 들여다 볼 수 있다. 이 주석들은 헨리 8세가 1542년까지 유물들과 성상들을 모두 파괴한 것을 스스로 자랑스럽게 생각하고 있음을 보여 준다. 이 주석들에서 그는 하나님께서 거짓된 예배와 우상 숭배들에 진노하셨음을 반복해서 언급하고 있으며, 특히 사사 시대에 이스라엘을 우상 숭배로부터 구원한 비

느하스 이야기를 지목해서 언급한다.[48]

 동시에, 헨리 8세는 죽는 날까지 전통적인 보수주의자로 남았다. 크랜머가 『주교들의 책』 개정판 등에서 헨리 8세를 설득하기 위해 갖은 노력을 다 했음에도 불구하고, 그는 프로테스탄트의 핵심 교리인 이신칭의를 받아들이지 않았다. 그래서 그는 연옥 교리를 포기했지만, 그에 대응하는 구원 교리의 대안을 찾지 못했다.[49]

 이것을 보면, 결국 왕에게 정치와 모순이 애매하게 서로 얽혀 있었음을 알 수 있다. 즉, 헨리 8세는 구원으로 가는 길을 보는 서로 다른 두 견해 중 어느 한편에 대한 완전한 믿음이 부족했다.

 그 대신 헨리 8세가 가진 것은 무엇이었는가?

 그는 감정에 충실한 사람이었다. 그는 예쁜 개인 묵주를 좋아했는데, 현재까지 남아 있다. 또한, 웅장한 고대 라틴 미사 방식을 고수했으며, 그가 『왕의 책』에 새로운 이유와 근거를 적은 것처럼 그의 사후에 미사를 성대하게 치러줄 것을 유언했다.

 헨리 8세는 결혼 문제에 관해 가장 반발이 심했고 완고했다. 왜냐하면, 당연히 이 문제가 그의 반복되는 위기의 핵심이었기 때문이다. 헨리 8세는 (성경과 교회 역사에 반대하여) 결혼이 세례와 성찬처럼 성경이 정한 하나의 기본 성례라고 주장했으며, 따라서 그의 주교들은 『주교들의 책』을 편찬하는 동안 헨리 8세의 편협한 견해에 영합했다. 이 책에서 결혼은 세례와 성찬과 같은 성례의 반열에 올라 있으며, "태초부터 하나님에 의해 제정되었고, 그의 말씀으로 성별되었으며, 그의 법에 의해 권위를 갖게 되었다"라고 적혀 있다. 헨리 8세는 결혼에 관한 주교들의 결과물을 크게 기뻐했기에, 『왕의 책』에서도 그 표현을 전혀 수정 없이 그대로 차용했다.[50]

 헨리 8세는, 또한 성직자의 결혼을 금지한 고대 전통을 중시했으며,

그가 수도원을 파괴하여 흩어버린 수도사와 수녀들이 독신 서약을 깨뜨릴 수 있게 허락하지 않았다. 그는 『6개 신앙 조항』에 특별 규례를 만들어 넣어, 과부 생활을 서약한 사람들이 만일 그 서약을 깨뜨릴 경우에는 이 규례에 의해 다른 독신자들과 똑같이 다루어야 한다고 덧붙였다. 즉, 그들을 중죄인처럼 처형해야 한다는 것이었다.

그러나 결혼에 대한 완고한 전통주의에서조차 그의 반성직자주의가 그대로 드러났다. 헨리 8세는 결혼한 성직자들이 독신자들보다 훨씬 더 왕실 권위에 위협적인 왕조를 건설하게 될 것이라 말했다.[51]

헨리 8세는 한때 '모든 사람의 양심법'이 '심판과 정의를 위한 최고의 그리고 최상의 법정'이라고 묘사한 바 있다.[52] 그는 자기의 사적인 양심으로 온 왕국의 신앙적 가르침을 인도하는 사치를 누렸으며, 그 사치는 종종 남용되었다. 그가 존중하던 균형 이론은 살인적인 편집증으로 바뀔 수 있었다. 1540년 7월 30일 하루 동안 세 명의 저명한 복음주의 성직자들과 세 명의 저명한 교황주의 로마 가톨릭교도들을 동시에 처형한 사건에서 이것이 가장 두드러지게 나타났지만, 사실 1540년대 전체에 걸쳐 더 많은 복음주의자들과 교황주의자들이 왕의 양심에 걸맞지 않는다는 이유로 죽어야 했다. 그의 생애 말년에는 감정의 기복이 특히 심했다.

1546년 1월 크랜머가 더 강력한 제의 변화 계획을 헨리 8세에게 제시하여 왕의 반응을 기대했지만 아무 결과도 얻지 못했다. 그런데 그 해 봄과 초여름에 헨리 8세는 보수주의자들에 의한 복음주의자 섬멸을 허락했으며, 8월에는 프랑스 대사에게 잉글랜드와 프랑스에서의 모든 미사를 폐지할 것을 명했다.

11월에는 전통주의 신앙의 중추적 역할을 하던 노퍽의 공작과 하워드 가문이 몰락했으며, 공작은 노퍽의 상속자였던 서레이의 얼(Earl of

Surrey, 모순적이게도 복음주의 개혁에 호의적이었음)이 하워드의 왕실 혈통을 무모하게 강조하는 바람에 그 당시 쇠약해지고 있던 왕의 분노와 두려움을 사서 런던탑에 갇히게 되었다. 대주교 가드너도 세력을 잃었으며, 왕국의 미래는 복음주의자들의 손에 들어갔다.[53]

1540년대에 벌어진 이 모든 운명의 소용돌이 속에서, 왕의 측근에서 핵심 역할을 하던 사람들은 복음주의자들이었다. 특히, 그가 오랫동안 신뢰하던 의사 윌리엄 버츠(William Butts, d. 1545), 왕실의 최고 장관이자 대주교 크랜머의 열렬한 추종자였던 앤서니 데니 경(Sir Anthony Denney), 그리고 1543년부터 왕의 마지막 아내였던 캐서린 파(Catherine Parr) 등이었다.

잉글랜드의 미래가 걸린 왕의 아들의 교육은 얼마든지 정통주의 로마 가톨릭 학자들에게 맡길 수 있었음에도 불구하고 케임브리지의 복음주의자들 손에 맡겨졌다.[54] 헨리 8세가 평생 동안 아무리 변화의 균형을 잡으려 했다 하더라도, 사후에 복음주의자들 편향의 분위기가 될 수 있는 사전 작업을 하고 있었던 것이다.

슈트라스부르의 개혁가 마틴 부처(Martin Buccer)를 기억할 필요가 있다. 그는 필립 멜란히톤과 마찬가지로 항상 복음주의자들 사이의 공감대와 중용을 찾으려 애썼다. 헨리 8세가 죽은 지 불과 일 년 후, 부처는 그가 윈체스터의 주교 가드너를 비롯한 로마 가톨릭교도들의 책에 반박하여 성직자 독신 의무를 공격하는 책을 왕에게 주었는데 헨리 8세가 다음과 같이 대답했다고 주장했다.

> 그는 내가 이 책을 해외에서 출판하는 것을 당분간 미루는 것이 좋겠다고 말했다. 왜냐하면 내가 이 문제뿐 아니라 다른 신앙의 논쟁점들을 윈체스터나 왕국의 다른 학자들과 평화롭게 이야기할 수 있

는 날이 오게 될 것이라고 믿기 때문이라는 것이었다.

그렇게 되면 신앙의 경건한 합의와 연합을 도모할 수 있으며, 교회들의 더 강력한 부흥을 이룰 수 있으니 그것이 바로 그가 의도하는 바였다고 했다. 그러나 만일 윈체스터가 자극을 받아 우리[복음주의 개혁가들]을 공개적으로 대항하는 글을 쓰게 되면 그 목적이 좌절되고 만다는 것이었다.[35]

부처의 말에 따르면, 헨리 8세 스스로 신학적 중재자가 될 수 있다는 가능성과 이 땅에서 더 오래 살 수 있을 것이라는 가능성을 확신하면서, 교회의 균형을 잡되 잉글랜드를 복음주의 방향으로 이끌어 가려는 계획을 가지고 있었음을 충분히 가늠해 볼 수 있다.

헨리 8세의 다양한 신앙 정책을 하나로 연합시킨 것은 무엇인가?

틀림없이 그것은 이 땅에서 기름부음 받은 하나님의 대리인으로서 자신과 하나님의 독특한 관계에 대한 확신과, 그가 헌신적이면서도 비판적으로 존경하던 크랜머와 뜻을 같이 할 만큼 매우 강력했던 확신이었다.

한두 번 정도 헨리 8세는 그의 수장령을 포기하라는 협상에 건성으로 대꾸한 적이 있었다.

첫째, 1541년 (라티스본) 로젠버그에 있었던 제국의회에서였는데, 이때 헨리 8세는 외교적으로 고립된 상태에서 황제의 호의를 애타고 갈구했었다.

둘째, 1546년의 뜨거운 여름이었는데, 과격한 잉글랜드 예찬론자였던 교황의 사절 구론 베르타노(Gurone Bertano)의 막무가내식 파견에 응답한 것이었다.

삽화 6
헨리 8세의 시편 중에서 시편 1편을 펼친 모습. 왕이 난외주를 달아 놓았다.

그러나 헨리 8세가 수장령 포기를 진지하게 고민했을 것이라고 믿기는 어렵다. 점점 더 왕궁들을 장식하고 개인적인 재산을 늘려가는 동안, 헨리 8세는 자기를 구약의 영웅적인 왕 다윗과 동일하게 생각했다. 다윗이 젊은 시절 골리앗을 죽인 것처럼 자기도 교황 제도의 골리앗을 죽였다고 생각한 것이었다.

말년에 헨리 8세 국왕은 다윗의 시편들과 다윗의 아들 솔로몬의 잠언에서 위로를 얻었다.

어쨌든 동료 군주들에 비해서 자기의 개인적인 생각을 그렇게 잘 표현한 왕이 또 누가 있겠는가?

헨리 8세의 개인적 생각이 담긴 두 권의 책이 현재까지 남아 있다.[56] 헨리 8세가 삽화를 넣은 시편집은 즉시 요점을 파악할 수 있게 해준다 (삽화 6을 보라). 시편 1편은 "복 있는 사람은 악인들의 꾀를 따르지 아니하며… 오직 여호와의 율법을 즐거워하여 그의 율법을 주야로 묵상하는도다"라고 시작하는데, 이 구절에 대해 헨리는 "누가 복이 있는지 주목하라"고 적어 놓았다.

위의 책에는 왕이 주야로 책을 묵상하는 모습의 왕실 침실 그림이 삽입되어 있다. 그 왕은 시편을 기록한 구약의 왕이기도 하고, 우리에게 홀바인(Holbein)의 초상화로 친숙한 옷을 입고 있는 튜더 왕이기도 하다. 잉글랜드 왕의 수장권의 완전한 의미를 발견한 이후, 헨리 8세는 분명히 옛 선조가 말했던 복 있는 사람이 되어 있었다.

제 9 장

관용적인 크랜머?

용어를 정확히 사용하는 것이 중요하다.

따라서 특정 용어들을 토머스 크랜머(Thomas Cranmer)에게 사용하기 전에 그 용어들의 의미부터 살펴보기로 하자.

두 명의 프랑스 역사학자 마리오 투르체티(Mario Turchetti)와 말콤 스미스(Malcolm Smith)는 프랑스의 잔혹한 종교 분열이 있던 16세기의 관용(toleration)에 대해 어떻게 논의할 것인지를 이야기한 적이 있는데, 그들의 논증을 더 넓은 범위에 전반적으로 적용해 볼 수 있을 것이다.[1] 투르체티는 일치(concord)와 관용(tolerance)을 구분한다. 다시 말하면, '일치'를 위해 다양성을 거부하는 것과, 다양성을 수용하는 것의 차이다. 스미스는 이 구분을 약간 수정해서 '두 종류의 일치' 또는 '다양성 거부'라고 부른다.

① 강압, 금지, 그리고 궁극적으로 폭력을 통해 일치를 강요하고 다양성을 극복할 수 있다.
② 또는 토론과 설득, 원칙의 융통성, 그리고 모호한 정의 등을 통해

일치를 추구할 수 있다.

자연적으로, 한쪽에서 다른 쪽으로 옮겨가는 것이 가능하다. 종교개혁에서 많이 인용되는 가장 대표적인 예는, 힙포의 어거스틴이 한 때 여러 회담들에서 강력히 반대했던 북아프리카 도나투스파(Donatist) 반대자들에 대해 갑자기 입장을 바꾸어 '들어올 수 있게 한' 것이었다. 더욱 기쁜 일은, 때로 진정한 일치를 찾기 위해 강요에서 토론으로 선회할 수도 있다는 사실이다.

일치에서 관용으로 넘어갈 수 있다. 투르체티가 지적하듯이, 관용은 금지된 것과 금지된 채 남아 있는 것을 인정한다는 의미를 담고 있다. 관용이란, 체계와 이념적으로는 근본적으로 받아들일 수 없는 사회에서 우월한 지위의 어떤 권위에 의한 용인(concession)을 가리킨다. 물론, 당분간 그 새로운 사상들을 참고 견뎌야 하지만 말이다.

이 관용 외에 또 다른 단계가 있다. 바로 신앙적 자유이다. 스미스는 이것을 가리켜 '개인이나 그룹이 어떤 신앙을 유지하고 그것을 공개적으로 표현할 수 있는 권리'라고 부른다. 또는 독일의 종교개혁 역사가 밥 스크리브너(Bob Scribner)는 이것을 가리켜 '다름에 대한 비차별'(indifference to difference)이라고 불렀다.[3]

따라서 우리는 신앙 활동을 진지하게 여기는 모든 사회에서 일어날 수 있는 4중적 가능성을 생각해 볼 수 있다. 즉, 강요에 의한 일치, 토론에 의한 일치, 관용에 의한 일치, 또는 신앙적인 자유에 의한 일치이다.

그렇다면 1533년부터 23년간 '잉글랜드 전체의 수석 대주교'(Primate of All England)였던 토머스 크랜머에게 이 일련의 정의들을 어떻게 적용할까?

일단 4중적 범주에서 마지막 두 개를 제외하므로 논의 범위를 좁혀

볼 수 있다. 크랜머는 신앙의 자유에 관심이 없었다. 그의 사상은 당대 잉글랜드에서 가장 좋은 학문 지식에 근거하여 민첩하고 탁월하게 잘 갖추어져 있었다. 그러나 크랜머를 독창적 사상가라고는 할 수 없었다. 튜더 왕조 초기에만 해도 공개적으로 표현된 신앙의 자유를 생각하는 것은 대담한 독창적 사고를 갖는 것과 마찬가지였다.

독창적인 잉글랜드 사상가 토머스 모어(Thomas More)는 유토피아 국가의 기본 원리들 중 하나인 '다양하고 폭넓은 예배 형태'에 대해 사실상 관용적이었다. 그러나 실제로 유토피아는 어느 곳에도 없었고, 모어가 정치권력을 쥔 후 행한 박해만 보더라도 신앙의 자유가 주어진 최적의 곳은 존재하지 않음을 분명히 알 수 있다.[4]

토머스 크랜머처럼 신중하고 박식한 인문주의자가 그런 생각을 할 만한 여유가 없었음은 두말할 필요도 없다. 이 주제에 관한 크랜머의 태도를 가장 잘 보여 주는 사례는 1549년에 비그리스도인들의 회심을 위한 중세 기도문을 그가 수용한 것이다. 본래 이 기도는 성금요일에 사용하던 『세이럼 예식서』(Sarum Rite)에서 온 것이었다. 크랜머는 이 기도문에서 이렇게 기도한다.

> 모든 유대인들과, 투르크인들과, 이교도들과, 이단들에게 자비를 베푸소서.
> 또한, 그들에게서 모든 무지와, 마음의 강퍅함과 주의 말씀에 대한 경멸을 제거하여 주소서.

크랜머의 표현들은 『세이럼 예식서』에 나오는 "이단들을 위해... 그리고 불쌍한 유대인들을 위해... 그리고 이교도들을 위해"(pro hereticis... et pro perfidis iudeis... et pro paganis)보다 조금 더 정중하긴 하지만, 그 정서

는 결국 동일하다.[5]

따라서 크랜머에게는 잉글랜드교회(English Church)를 위해 셋 중 하나를 선택할 수 있었다. 강요에 의한 일치, 토론에 의한 일치 또는 관용에 의한 일치였다. 크랜머는 영감 있는 카리스마로 '아래로부터의 종교개혁'을 이끌 수 있는 인물이 아니었다. 마틴 루터를 시작으로, 토머스 뮌처가 한동안 그 뒤를 이었고, 존 낙스도 그러했지만, 크랜머는 그들과 달랐다.

그렇다고 해서, 크랜머는 쯔빙글리와 칼빈처럼 영감 있는 카리스마로 '위로부터의 종교개혁'을 이끌 수 있는 지도자도 아니었다. 크랜머는 대리인이었을 뿐 주관자가 아니었고, 그게 바로 그가 원하던 역할이었다. 1530년대의 크랜머는 헨리 8세와 토머스 크롬웰이 옛 진리라고 여기던 것을 깊이 믿었다. 즉, 최선의 교회 정치는 기름부음 받은 경건한 왕의 독단적 권위를 통해 이루어져야 한다는 것이었다. 1531년경부터 그의 생애 마지막 날 아침까지, 이것이 크랜머의 지도 원리였다. 물론 때로는 하나님의 기름부음 받은 왕이 하나님께서 원하시는 것을 제대로 깨닫지 못하는 것 때문에 당혹스럽기도 했지만 말이다.[6]

크랜머는 이 믿음을 극단적으로 고집했다. 1540년대에, 끝도 없이 지속되던 헨리 8세의 교리 위원회 일원으로, 그는 성례와 교회의 본질에 대한 질문에 답변해야 했다. 이 질문들 중 하나는, "사도들은 자기들보다 더 높은 권위를 가진 왕이 전혀 없었는데 하나님께로부터 부여 받은 필요성이나 권위로 주교들을 세웠느냐"라는 것이었다.[7]

장문의 답변을 하는 중에 크랜머는 1세기의 사도들에게 '악을 교정하거나 성직자들을 임명할 방법'은 없었으며, 따라서 '그들 중에 있는 기독교 다수의 동의'에 부합하게 결정해야 했다고 주장했다. 크랜머가 사용한 '다수'라는 용어는 확실히 불편하다. 그의 말은 19세기 웨슬리주의 독재자였던 야베즈 번팅(Jabez Bunting) 목사가 한 말과 비슷하다. 번팅은 감리교가 "죄를 범하는 민주주의와 정반대이다"라고 말했다.[8] 사도적 전통을 가진 어떤 교리를 소유했더라도, 크랜머는 첫 그리스도인들을 가리켜 임시적 권위 체계를 만들려고 노력했던 사람들로 보았다.

> 그들은 그런 목사들이나 사제들이 스스로 그 직분에 적합하다는 사실을 알았다고 여기거나, 또는 그들이 하나님의 영으로 충만한 다른 어떤 존재의 명령을 받고 있다고 여길 필요가 있었기에... 그들을 신임해야 한다고 깊이 인식하고 있었다.

교회 역사에 대한 이러한 태도는 왕실의 교회 수장권(royal supremacy)을 교회의 당연한 조건으로 여기는 견해에서 나온 것이다. 이점은 인문주의 개혁가들의 공통된 가정에 흥미로운 의문을 제기한다. 즉, 당대 교회의 본질에 관한 모든 논쟁은 1세대 사도적 교회(Apostolic Church)가 궁극적 판단 기준이 되어야 한다는 가정이다. 적어도 이런 측면에서, 크랜머는 종교개혁가들 사이에서 어느 정도 독창성을 띤다.

그가 보기에 사도적 교회는 16세기 교회에게 완벽하지도 않고 완전하지도 않은 모델이었다. 이러한 관점은 참된 교회의 표지에 대한 프로테스탄트 종교개혁의 정의가 어떻게 변천했는가라는 문제에 대해서도 적용할 수 있었다.

복음의 참된 전파(true preaching of the Gospel), 성례의 바른 시행(right administration of the sacraments), 그리고 권징(discipline)을 참된 교회의 세 가지 표지라고 한다면, 크랜머는 초대교회의 경우, 첫 두 표지에 대한 규범만 가지고 있었다고 생각했다. 즉 설교와 성례는 있었는데, 권징은 없었다는 것이다.

이 견해는 크랜머와 다른 개혁가들 사이에 큰 차이를 불러일으켰다. 잉글랜드와 대륙의 개혁가들은 권징에 대한 기준에 있어서도 사도성을 제시했기 때문이다. 1530년대 초부터 대주교 크랜머는 마틴 부처(Martin Bucer)의 저서들을 알게 되어 그를 존경하는 마음으로 서신을 교환했으며, 칼빈의 『기독교 강요』 1536년 초판도 즉시 구입했다.

이미 부처와 칼빈은 교회 정치에 관한 개념들로 씨름하고 있었으며, 부처는 슈트라스부르크에서 성경적 근거 위에 교회를 재건하려고 애쓰고 있었다. 더욱이 후에 칼빈은 신약교회가 모든 그리스도교회의 가장 완벽한 형태로서 분명하고 확실한 모델이라고 훨씬 더 철저하게 주장했다.

크랜머는 이와 똑같은 길을 갈 수도 없었고 가지도 않을 것이었다. 이 탁월한 종교개혁가들이 발전시키고 있던 이론들보다 그가 더 비중을 둔 것은, 헨리가 두 가지 위협 앞에서 수장권을 갖는 참된 교회를 변호하는 것이었다. 그 두 가지 위협은 교황주의(papistry)와 다양한 복음주의적 급진주의 분파들(sects)이었다. 1531년부터 1533년 사이에, 크랜머는 매우 보수적인 중세 후기의 경건으로 여겨지던 것을 포기했다. 단지 왕실의 수장권에 대한 새로운 신앙 때문만은 아니라, 루터교 신학에 완전히 동의했기 때문이었다.[9]

1540년대, 크랜머는, 특히 부처의 영향을 받으면서 자신의 루터주의를 과감히 수정했지만, 그렇다고 해서 그것이 진리의 두 대적인 두 극단주의 사이에 선 자신의 입장에 영향을 주지는 못했다.

1531년 이후, 아마도 헨리 8세보다 훨씬 빠르게, 크랜머는 교황 제도에 깊은 혐오감을 갖게 되었다. 1536년경, 그는 교황이 적그리스도라고 공개적으로 설교했다. 이것은 '잉글랜드 전체의 수석 대주교'이기도 했던 신중하고 점잖은 신학자로서는 놀라운 선언이었다.

그보다 먼저 이와 똑같은 말을 했던 유일한 잉글랜드 주석가는 윌리엄 틴데일이었다. 그 당시 틴데일은 저지대 국가 감옥에서 사형을 기다리고 있었으며, 헨리 8세는 그것을 모른체했다.[10] 교황주의에서 비롯된 또 다른 극단은 대륙 재세례파의 다양한 위협이었다. 재세례파가 제일 먼저 잉글랜드 권위자들에게 위협을 준 것은 1534-35년이었다. 크랜머는 처음부터 재세례파 탄압에 가담했다.[11] 그가 재세례파를 비롯한 다른 급진적 개혁가들을 지속적으로 싫어했다는 점을 보면, 그가 '다수'라는 단어를 신중하게 사용한 것과 서로 맥을 같이 한다는 것을 알 수 있다.

크랜머와 그의 동료들은 두 극단을 서로 연관시키려고 효과적으로 수사학적 방식을 사용했다. 즉, 두 극단을 가리켜 '분파'(sects)라고 부른 것이다. 크랜머의 지도 신부였던 토머스 비콘(Thomas Becon)이 1550년에 하나님께 기도한 바와 같이, 교황주의자들과 급진주의자들은 "거룩한 신앙의 진정한 연합과 우호적인 일치를 분열시키고, 갈라 놓고, 찢어 놓았다."[12]

가장 나쁜 교황제의 특징들의 주요 원천인 수도사들과 수사들의 여러 규율들은 급진주의자들의 다양함만큼이나 다채로웠다. 예를 들어, 토머스 비콘은 그 목록을 열 줄에 걸쳐 길게 나열했는데, 성 베네딕트(St. Benedict)의 규율로 시작하여 성례와 자유사상가들로 끝을 맺는다. 사실 이것들만으로는 이 분류의 목적에 충분하지 못했다.[13]

크랜머의 옛 동료 휴 라티머(Hugh Latimer)는 2년 후인 1552년에 설교하면서 수도원 규율과 재세례파에 대한 또 다른 공통점을 제시했다. 둘 다 '사람들과 함께 거하지' 못하며, 따라서 그들은 정상적인 사회에서 벗어남으로써 '서로 사랑하라는 명령'을 잊어버렸다.[14] 따라서 구체적으로 볼 때, 교황주의자들과 복음주의적 급진주의자들은 교회의 일치를 깨뜨렸다.

초대교회에 대한 크랜머의 독특한 역사적 상대주의(historical relativism)는, 양 극단의 분파주의 위협에서 교회를 지켜내려는 그의 열망에서 비롯된 것이었다. 이 목표를 마음에 품은 크랜머로서는 부처와 칼빈의 발전된 교회론의 매력과 사도적 교회의 체계를 회복하려던 그들의 노력에 귀를 닫을 수밖에 없었다.

급진주의자들이 끊임없이 외치던 것이 사도들의 교회로 돌아가자는 것이었기 때문이다. 급진주의자들은 사도적 교회가 시민 정부에 대해 모호한 태도를 보였다고 생각했으며(사실, 그들이 옳았다), 또한, 콘스탄티누스 대제가 서구 기독교에 대해 행한 것들에 대해서도 솔직히 적대적이었다.

동시에, 다른 분파들에게도 적대적이었던 크랜머는 전통주의자 교회가 성경의 권위에 대항하여 '기록되지 않은 진리들'을 언급하는 오류를 통해 계속해서 거짓된 권위를 주장하는 것을 비난했다.

해법은 간단했다. 돌 하나로 두 마리 새를 모두 잡는 것이었다. 교회에 대한 그 어떤 독립적 권위나 정체성을 결코 인정하지 않으면 되었다. 이것이 바로 크랜머가 1540년에 불거진 문제들에 대해 내놓은 해답이었다.

일단 이것이 시행되자, 성경을 바르게 배우고 익혀서 그의 왕국을 바르게 통치할 수 있는 그리스도인 왕의 권위 문제가 남았다. 이제 크랜머에게는 이미 1540년에 이 계획을 시행하기 시작할 때부터 이론적 약점들이 도사리고 있었다. 헨리가 1539년에 『6개 신앙 조항』에서 전통주의자 조항들을 지지하는 잘못된 선회를 한 것에 대해 깊은 고민을 할 수밖에 없었고, 비밀리에 결혼한 자신의 아내 마가레트(Margaret)를 독일 은신처로 보내야 하는 개인적 아픔도 있었다.

수장령 철회는 틀림없이 메리 여왕의 즉위와 함께 훨씬 더 고통스럽게 될 것이었다. 또한, 이 대주교는 나중에 에드워드 6세 시절 마틴 부처가 잉글랜드를 방문했을 때 서로 마주 앉아 교회의 본질에 대해 대화를 나눈 것에 크게 영향을 받게 된 것 같다. 이것은 크랜머가 1540년대 초에 헨리 8세의 소란스런 선언에 대해 내비쳤던 견고한 국가만능주의적 신앙을 수정하는 계기가 되었다. 그러나 교회 수장령에 대한 기본적인 신앙은 그대로 남아 있었다.

헨리 8세, 에드워드 6세, 그리고 메리 시대에 잉글랜드의 교회 수장령은 강요에 의한 일치(concord by coercion)였기에, 크랜머가 그것을 멈추길 원했다고 해도 멈출 방법은 없었다. 다시 한번 기억해야 할 것은, 그는 대리인이었을 뿐 주관자가 아니었다는 사실이다. 구체적으로 말하면, 그는 참모였다. 헨리 8세의 지도 신부였고, 에드워드 6세의 대부였다. 헨리 8세는 양 극단에 있던 신앙 반대자들을 처형했다. 그가 1540년 7월 30일에 잔혹한 교파통합주의의 본질을 보여준 사건은 매우 유명하다.

이 날 3명의 교황주의자들과 3명의 복음주의자들이 처형을 당했는데, 교황주의자들은 반역 죄목으로, 복음주의자들은 이단 죄목으로 처형되었다. 이 처형은 왕과 대주교 사이의 유사점과 차이점을 동시에 보여 준다. 두 사람의 공통된 점은, 잉글랜드교회(English Church)가 두 극단적 분파로부터 변호해야 하는 진리의 중립 지대에 있어야 한다는 견해를 열정적으로 지지한 것이었다. 또한, 두 사람 모두 종종 동일한 언어로 이 견해를 피력했다.

그러나 크랜머와 헨리 8세는 이 중립 지대의 내용이 무엇인가에 대해서는 어떤 합의도 하지 않았다. 두 사람 모두 각자 자기만의 진리가 있었다. 헨리의 경우에는 마치 까마귀 둥지 속에 전통주의와 복음주의로부터 얻은 신학적 개념들이 뒤섞여 있는 것 같았다.[15] 크랜머는 1540년에 처형된 반즈(Barnes), 가렛(Garrett) 그리고 제롬(Jerome) 등의 복음주의자들을 이단으로 생각하지 않았다. 그들은 사실 크랜머의 동료였으며, 복음주의를 대표하는 신학자들이었다. 특히, 로버트 반즈(Robert Barnes)는 잉글랜드 성직자들 중에서 루터교 신학에 가장 정통했었다.

그들의 죽음은 대주교가 특별히 정치적인 위협과 위기를 겪던 순간에 찾아왔다. 그 순간, 정치적 상황에 거의 변화가 없는 한 크랜머도 그들과 같은 운명을 맞이할 수도 있었다. 반즈, 제롬, 가렛이 죽는 동안 크랜머가 방관했다고 비난하는 것은 잔인한 정치 세계를 모르고 하는 억지에 불과하다.[16]

크랜머와 다른 처형자들과의 불편한 관계는 종종 비판을 받는다. 특히, 자신의 친구들, 왕비 앤 볼린, 그리고 토머스 크롬웰의 후원자들의 죽음에 대한 그의 태도는 부당한 비난의 원인이 되어 왔다.[17] 크랜머가 직접적으로 관여한 사건은 1530년대에 두 명의 주류 복음주의자들을 이단의 죄목으로 처형한 사건이었다.

한 명은 1533년 존 프리스(John Frith)였고, 다른 한 명은 1538년 존 램버트(John Lambert)였다. 두 사람 모두 주로 성찬 시 그리스도의 임재에 관한 견해 때문에 죽음을 당했다. 그들의 견해는 크랜머가 1546-7년 이후에 지지하게 된 견해와 유사했다. 이 모순은 이미 1555년에 있었던 크랜머의 이단 재판에서 그대로 재현되었다. 따라서 우리는 이 두 사건을 주의 깊게 살펴보아야 한다.[18]

첫째, 존 프리스 사건이다.

크랜머는 대주교로 있던 처음 몇 달 동안 자신의 선임자로부터 이 사건을 이어받았다. 그는 자기 친구이자 후임으로 황제(찰스 5세)에게 대사로 파견될 니콜라스 호킨스(Nicholas Hawkins)에게 그 과정에 대해 보고했다. 크랜머는 프리스가 성찬에 있어서 심각한 오류가 있다고 분명히 밝혔다.

> 그의 견해에 매우 심각하게 오류가 있어서 그를 신속히 처형하지 않을 수 없었다… 그의 견해는 마치 우리의 신앙 조항을 믿을 필요가 없다고 생각하는 것 같다. 제단의 떡과 포도주에 그리스도께서 실제적으로 임하신다는 것인데, 이것은 외콜람파디우스(Oecolampadius)의 견해를 그대로 추종하고 있다. 나는 그에게 서너 차례 사람을 보내어 그러한 상상에서 벗어나라고 설득했지만, 아무리 노력해도, 결코 조언을 들으려 하지 않았다.[19]

이 내용은 루터가 말한 그대로였다. 크랜머는 스위스 신학의 여러 변형들에 대해 논의할 때 이미 그가 말하던 내용을 정확히 알고 있었다. 또한, 프리스와 논쟁하는 데에 충분한 시간을 보낼 준비가 되어 있었다. 그러나 그렇게 할 수 없게 되자, 법대로 진행할 수밖에 없었다. 크랜머는 즉시 설득에 의한 일치에서 강요에 의한 일치로 태도를 바꾸었다. 또한, 그가 호킨스에게 말한 바와 같이, 프리스는 이제 "매일 불속으로 향하고 있었다."

그러나 이 대주교는 바젤의 개혁가 외콜람파디우스에게 자기의 라틴식 학명(學名)을 부여한 적이 있으며, 따라서 프리스가 자신의 복음주의적 동료 학자임을 알고 있었다. 외콜람파디우스를 조금이라도 아는 적대적인 잉글랜드 로마 가톨릭 주석가들은 대부분 그를 독일식 본명인 후스겐(Hussgen)이라고 불렀다.

가까운 친구에게 편지를 보낸 이 사건에서 크랜머가 프리스에 대해 '이단'이라는 단어를 사용하지 않은 것이 매우 중요할 수 있다. 이 단어는 그가 특히 싫어하던 전통주의자들에게 습관적으로 사용하던 단어였다. 종종 이단으로 불렸던 루터와 루터교인들은 이 단어로 오명을 쓰기 원하지 않았으며, 따라서 크랜머도 루터교 독일을 경험한 후에 이와 똑같이 느꼈을 수 있다.[20]

프리스는 1533년 7월 4일에 화형 당했다. 그의 죽음은 크랜머의 책임이 아니었다. 크랜머도 그 상황을 이어받았을 뿐이었고, 1533년에 그가 자신의 성찬 견해를 13년 후에 바꾸게 될 것임을 몰랐다고 해서 비난을 받을 수는 없다. 또한, 교회 내의 일반적인 정치적 배경에 반하는 프리스 사건의 정치적 문제를 고려해야 한다. 이 사건은 크랜머의 가까운 친구였던 휴 라티머의 설교에 대한 오랜 소동 중에 발생했다. 이 소동은 1533년 여름에 라티머에게 호의적인 쪽으로 해결되었다.

프리스처럼, 라티머의 복음주의 진영과 연관을 맺고 성찬신학에 있어서 전통주의자들의 신학을 벗어난 사람이 올가미에 걸려든 것은 라티머의 대적들에게 마치 선물과 같았을 것이다. 로마 가톨릭교회와의 간극이 점점 더 벌어지면서, 프리스 같은 '성례주의자들'을 확실하게 반대하는 일은 매우 중요했다. 왜냐하면 헨리 정부가 런던의 주교 스톡슬리(Stokesley) 같은 보수주의 지도자들의 충성을 잃지 않기 위해서였다. 스톡슬리는 계속 라티머에게 반대하면서 1533년 가을 동안 라티머가 그의 교구에서 설교하지 못하도록 금지하고 있었다.[21]

그럼에도 불구하고, 프리스 사건이 달가운 이야기는 아니다. 특히 프리스의 명성이 여전히 복음주의자들 사이에서 매우 높았고, 그의 저서들과 로마 가톨릭교회와의 논쟁 기록이 에드워드 6세 통치 기간까지 계속 출판되었기 때문이다. 존 폭스는 이 사건의 매우 당황스러운 전모를 밝혀 냈다. 우선 그는 크랜머의 역할을 최소화했다.

그는 크랜머의 집안사람 중 한 명이 프리스를 크로이던에 있던 크랜머 관저까지 호송하던 중에 브릭스턴(Brixton) 인근 숲속에서 프리스에게 도망갈 기회를 주었었다는 이야기를 적고 있다. 하지만 폭스는 이 이야기를 정직하게 기록할 수밖에 없었으므로, 프리스에게 자비를 베풀었던 이 실패로 끝난 사건에 크랜머가 전혀 관여하지 않았음을 분명하게 기록하고 있다.

또한, 폭스는, 크랜머가 후에 1551년 스티븐 가드너(Stephen Gardiner)에 대한 『답변』(Answer)에서 '교활한 윈체스터의 성찬신학'을 공격할 때 프리스가 주요한 탄약고 역할을 했다고 말함으로 그나마 그에 대해 최선을 다해 적으려고 노력했다. 폭스는 "나는 이 대주교가 그 교리에 대해 앞서 언급한 프리스보다 다른 어떤 저자를 더 의존하고 있다고 생각하지 않는다"라고 말했다.[22] 그렇긴 하지만, 상식적으로, 크랜머의 성찬신학이 결국 프리스와 동일한 신학으로 자리 잡기는 했으나, 만일 폭스가 그 정보를 우리에게 전해 주지 않았다면, 크랜머가 프리스에 대해 수정된 견해를 가지고 있었다는 사실은 그만의 비밀로 남아 있었을 것이다.

둘째, 1538년 램버트의 몰락을 가져온 재앙은 잉글랜드의 복음주의자들이 계속해서 성찬 시 그리스도의 육체적 임재를 강경하게 주장하고 있었음을 보여 주기도 한다.

램버트에 관한 폭스의 서술에 들어 있는 당황스러운 이야기에서 분명히 알 수 있는 것은, 램버트의 죽음의 원인이 바로 복음주의자들이었다는 사실이다. 램버트는 존 테일러(John Taylor, 에드워드 6세 시절 링컨의 주교가 됨)와 성찬 논쟁을 하는 것에서부터 시작했다. 테일러가 램버트를 논박하기 위해 로버트 반즈를 끌어 들이자, 반즈는 그에 대해 크랜머가 이 일에 관여해야 한다고 마음먹었다.

크랜머는 램버트를 조사한 후, 그를 램버스 궁전(Lambeth Palace)에 감금했다. 램버트가 왕에게 상소했지만, 이것은 1538년 가을의 상황에서 매우 어리석은 일이었다. 왜냐하면 헨리는 그 당시 종교 정책에 있어서 이따금 변덕스럽고 강력한 감정적 변화를 일으키고 있었기 때문이다. 왕은 본보기로 램버트를 파멸시키려고 마음먹고, 웨스트민스터에 특별종교재판 위원회를 소집했다. 그리고 교회의 수장으로서 직접 그 위원회를 주재했다.[23]

이 재판 위원회에 모든 주요 주교들이 참석했기에, 당연히 왕은 언제 마무리해야 하는지에 대한 문제를 상정하도록 크랜머에게 물어보아야 했다. 크랜머는 그리스도의 몸이 동시에 두 곳에 있을 수 있는지에 대한 논증에 집중했다. 주께서 다메섹 도상의 바울에게 나타나신 것을 보면, 루터를 인정할 수 있는 방향으로 접근하는 것이었다.

그에 따른 또 다른 논의의 측면이 있는데, 그것은 매우 중요하다. 그들이 화체설(transubstantiation)이라는 용어를 피했다는 사실이다. 만일 이 논의 과정에 대한 폭스의 이야기가 사실이라면, 처음에 헨리, 크랜머, 가드너와 턴스털 주교 등 네 명의 조사관들 중에는 램버트를 논박하면서 '실체'(substance)라는 단어를 사용한 사람이 아무도 없었다. 이 단어를 가져와서 학문적인 의미로 처음 사용한 것으로 알려진 사람은 다섯 번째 조사관이었던 스톡슬리 주교였다.

훨씬 더 중요한 사실은, '실체'라는 단어가 그 날 이단에 대한 왕의 선언에서 성찬에 관한 매우 엄격히 보수적 언어 속에도 등장하지 않았다는 것이다. 이 사실이 매우 중요한 이유는, 램버트가 이전의 논쟁에서 매우 자유롭게 '실체'라는 학문적인 용어를 사용했으며, 램버스 감옥에서 헨리 국왕에게 보낸 성찬 논문에서도 이 단어를 사용했기 때문이다.[24]

그러므로 이 재판의 주요 성찬 논쟁은 임재에 관한 것이었지, 화체설이라는 성찬의 기적에 대한 학문적 정의가 아니었다. 램버트 사건은 그 해에 있었던 칼레(Calais)의 아담 댐플립(Adam Damplip) 사건과 같지 않았다. 그 당시 크랜머는 비록 화체설을 부인하긴 했지만 댐플립을 잘 변호했다. 왜냐하면 성찬 시 그리스도의 임재를 '진리'로 여기고 있었기 때문이다.[25]

램버트의 경우는 1533년 존 프리스에 대한 심문과 비 슷했다. 램버트는 임재의 진리를 부인하는 오류 때문에 죽게 되었다. 그리고 이 경우에 왕이 형벌을 선고했기 때문에 크랜머에게 어느 정도 위안이 되었을 것임에 틀림없다. 솔직히, 존 폭스의 이야기에는 램버트가 얼마나 급진적인 인물이었는지 알려 주는 여러 다른 혐오스런 견해들이 소개되어 있지 않다. 사실 이 견해들은 복음주의자들이 모두 싫어하는 것들이었다. 즉, 역사가 찰스 리오데슬리(Charles Wriothesley)는 램버트가 유아 세례를 부인하고 그리스도께서 동정녀 마리아에게서 육신을 취하지 않았다고 말한 것 때문에 고소를 당했다고 기록한다.

따라서 프리스와 램버트의 사건에서, 크랜머는 자신에게 충실했다. 사람은 누구나 나중에 마음을 바꾼 것 때문에 비난을 받아서는 안 된다. 실제로, 크랜머가 성찬의 본질에 대해 생각을 바꾸기 시작했다는 어떤 징후도 없던 1546년에, 그는 복음주의자들이 성찬 문제로 박해를 받던 사건들 속에서 자신도 큰 위기를 겪을 수 있었지만, 철저히 물러서 있었다.[26]

하지만, 크랜머가 위선자나 겁쟁이였다는 비난을 받지 않도록 조심스레 추적해야 한다. 보수적 논적(論敵)들과 관련한 크랜머의 기록은 훨씬 더 솔직하다. 크랜머는 비타협적인 로마 가톨릭교도들을 향해 엄청난 인내를 보여 주었다. 죄는 미워했지만 죄인은 사랑했다. 사실, 그는 그런 태도 때문에 종종 친구들에게 비난받았다. 특히 1543년에 대주교 크랜머와 그의 모든 복음주의 동료들을 파멸시키려는 음모를 꾸민 보수주의 주동자들 한 명이었던 어느 켄트 사람에 대해 크랜머가 헨리 8세에게 호의를 베풀어 달라고 요청하자, 헨리는 크랜머에게 크게 화를 냈다.[27]

크랜머의 태도는, 1535년 왕의 수장권을 인정하지 않은 반역죄로 처형 당한 두 수도사의 사건에서도 가장 잘 드러났다. 두 수도사는 액홀름(Axholme)의 카타리파 수도원 부원장과 사이언(Syon)의 브리짓(Bridget) 수도사 리처드 레이놀즈(Richard Reynolds)였다. 두 사람이 고소를 당한 후에도, 크랜머는 그들이 지도에 대한 첫 번째 거부를 이유로 죽음을 당해서는 안 된다고 생각했다.

그는 옛 케임브리지 동료였던 레이놀즈의 학문을 특히 존경했기 때문에 그가 마음을 바꿀 여지가 있다고 믿었다. 크랜머는 두 수도사를 살려 주어, '이 사상을 추종하는 자들(즉, 교황주의자들)의 개종을' 장려해야 하며, 또한, '그들의 양심도 신실한 교리를 배움으로써 변화될 수' 있게 해야 한다고 간청했다. 결국 그들을 설득하는 일을 스스로 떠맡겠다고 제안한 것이었다.[28]

설득에 의한 일치를 옹호하던 태도에 단 한 번의 예외가 있었는데, 그 예외는 매우 주목할 만했다. 크랜머는 엄수파 프란체스코 회원들(Observant Franciscans)을 몹시 싫어했으며, 그들이 헨리 8세에 의해 처형될 때 수동적으로 지켜보기만 하지 않았다. 그는 1538년에 존 포레스트(John Forest) 수사가 쇠사슬에 묶여 산 채로 불태워지는 잔혹한 죽음을 당할 때 주요 역할을 담당했고, 휴 페인(Hugh Payne) 수사는 직접 감옥에 수감시켜 거기서 1539년에 병들어 죽게 했다. 크랜머는 매우 기쁜 어조로 그의 죽음을 대해 기록했다.[29]

이것은 결코 놀랄 일이 아니었다. 엄수파들은 대주교가 극악무도한 오류라고 여기던 것을 주창하던 가장 유력하고 존경받던 자들이었다. 단지 조직신학적 문제가 아닌, 크랜머가 중요하게 여기던 왕의 수장권을 반대하는 자들이었다. 로마 가톨릭교회의 다른 측면에 대해 그가 사용한 표현을 빌자면, 그들은 '잡초의 뿌리'였다.[30]

다른 경우들에서, 크랜머보다 강경했던 사람들은 그가 대적들에게 보인 관대함 때문에 당황스러워했다. 이에 대해서는 크랜머를 오랫동안 섬기고 존경했던 랄프 모리스(Ralph Morice)가 잘 기록했다. 열정적 복음주의자 모리스의 형 윌리엄(William)은 크랜머에게 반발했다. 그 이유는 다음과 같았다.

> 그가 교황주의자들에게 항상 선한 얼굴과 태도를 보이고, 말과 행동에 있어 그들에게 매우 친절하여 그들의 공격을 용서하고… 교황주의자들을 장려하며… 프로테스탄트들은 낙담시키기 때문이다.

그러나 윌리엄 모리스는 이것들이 "어떤 목적이 있기 때문에 행해진 것"임을 알고 있었다. 즉, 그것은 거친 자유주의자들에게 기질적으로 치우치는 경향이 있었기 때문이 아니라, 하나의 전략이었다. 크랜머는 전통주의자들이나 복음주의자들과 관련하여 자기의 근본적인 이유를 길게 설명했다.

첫째, 전통주의자들에 대해 뭐라고 해야만 했는지 살펴 보자.[31]

> 아직 진리에 대한 지식을 갖지 못했거나 또는 미래에 대해 여전히 관심이나 확신이 없는 현명한 사람이 있다면 그에게 어떻게 하겠는가?
>
> 그를 중단시키는 것을 마치 우리의 할 일로 여기고 그렇게 잔인하게 그를 대해야 하는가?
>
> 나는 이것이 사람들을 복음으로 인도하는 방식이라고 믿지 않는다. 악을 선으로 대항하는 것이 정말로 우리 주 그리스도의 법칙이라면 그것을 행동으로 드러내도록 하자.
>
> 복음의 교리를 따르고 친절과 자비를 베푸는 사람이 되자.

크랜머가 이 문제를 다루면서 사용하는 용어들은 최근에 그의 개인 노트를 연구한 것들에서 발견된 것과 동일하다. 즉, 그는 확고한 예정론자였다.[32] 크랜머에게 있어서, 아직 교황주의 분파에 물들어있는 미개한 보수주의자들은 신실한 설교 말씀을 들으며 하나님의 부르심을 기다리는 선택받은 자들일 수 있었다.

이 일반적인 원칙에 유일하게 예외가 되는 사람들은 프란체스코 엄수파처럼 명백히 교정 불가한 사탄의 대리인들뿐이었다. 그렇기 에, 강요에 의한 일치를 추구하는 것은 선택받은 자들이 자신들의 선택을 인식하는 데에 사실상 장애물이 될 수 있었다.

둘째, 급진적 복음주의자들에 대한 크랜머의 의견을 들어 보자.

> 다른 한편, 어떤 사람들이 신실한 신앙을 고백하고 복음을 받아들

이며 참된 교리를 지키지만, 그들의 삶의 악 때문에 약해져서 전혀 이 항해에 들어서지 못하는 거치는 돌이 된다면, 그들에게 어떻게 하기를 바라는가?

그들에 대해 참고 그들의 잘못을 못 본 채 고개를 돌리고 복음이 (그들의 난폭한 행위 때문에) 짓밟히는 것을 지켜보기만 해야 하는가? 우리 구주께서 "주인의 기쁨과 명령을 아는 종이 그대로 행하지 않으면 많은 재앙을 받으리라"고 하신 유명한 말씀을 무시한 채 말이다.

여기서 다시 한번 문제는 선택(예정)였지만, 여기에는 칭의의 측면이 추가되었다. 루터와 크랜머가 이해한 바로는, 칭의는 하나님의 단회적 행동이지만, 선택받은 자들이 이 세상에서 일시적으로 걸려 넘어질 수 없거나 성화 과정에서 미끄러질 수 없다는 것은 아니었다. 선택받은 자들은 자신의 영적 건강을 위해 빈틈없이 자기를 바로잡을 필요가 있었다.

일단 의롭다 함을 받은 이상, 그들은 주인의 명령을 아는 종이며, 따라서 크랜머가 인용한 누가복음 12:47 말씀처럼, 그들이 불순종하는 경우 징벌을 받아야 했다. 더욱이, 그들이 죄를 짓는다면, 진리를 알기 위한 고통스런 여정을 하고 있는 전통주의자들 사이에 속해 있는 선택받은 자들에게 방해가 될 수 있었다. 그러므로 급진적 복음주의자들은 그들의 죄에 있어서 이중 책임을 지고 있었다. 전통주의자들보다 훨씬 더 무거운 책임이었다.

이같이 크랜머의 입장을 분명하게 정리해 볼 때, 그것이 에드워드 6세 시대에 공식 정책에 어떻게 반영되었는지 주목해 볼 필요가 있다. 우선, 로마 가톨릭교도들 중에서 자신의 신앙 때문에 에드워드 6세에게 처형을 당한 사람은 아무도 없었다. 사실 정치적 처형들 중에서도, 로마 가톨릭교도들보다는 훨씬 더 확고한 복음주의자들이 죽음을 당했다.

훨씬 더 중요한 것은, 유니테리언적 기독론(Unitarian views on christology)을 주장하던 세 명의 급진주의자들 또는 제례세파들이 이단으로 정죄를 받고 화형을 당했다는 사실이다. 이 처형을 비롯해 에드워드 6세 시대에 있었던 재세례파 처형은 정부가 이전의 이단 법률을 무효화한다고 과시적으로 선언했음에도 불구하고 시행되었다.

그러므로 강압적인 제재를 가한 것은 헨리 8세 이후 잉글랜드 남동부에서 급진주의가 급속하게 성장하고 있던 것에 대한 확실한 경고였다.[33] 발생한 사건의 원칙에 대해서는 논쟁의 여지가 없었다. 크랜머의 친구 마틴 부처가 죽기 직전에 쓴 잉글랜드 개혁의 청사진『그리스도의 나라』(De Regno Christi)는 이단들의 사형을 변호했다. 또한, 이것은 1553년에 소위 개혁법(Reformatio Legum)이라 불린 미완의 잉글랜드 교회법 개혁에서도 규정했었다.[34]

죽은 사람들 중에는 잉글랜드 급진주의자들의 오랜 대변인이었던 조안 보우처(Joan Bocher, 1550)와 플랑드르(Flanders)인 게오르그 반 파리스(George van Parris, 1551)가 있었다. 우선 조안에 대해 말하자면, 그녀는 죽기 전 10년 동안 크랜머 교구에서 소란스런 교인이었고, 이전에도 다른 곳에서 10년 이상 복음주의 활동을 했었다.[35] 조안의 별명인 '켄트의 성녀'(the Maid of Kent)는 그보다 10년 전에 역시 켄트의 성녀로 불린 전통주의 몽상가 엘리자베스 바튼(Elizabeth Barton)을 생각나게 한다.

따라서 이 별명은 주류 복음주의자들이 두 극단주의자들에게 똑같은 꼬리표를 붙여 서로 같은 부류로 취급하던 방식이었다. 크랜머가 조안을 다룬 방식에 대해 존 폭스는 분개했다. 폭스는 잉글랜드 복음주의자들 중에서 매우 이례적으로 모든 사형에 대해 유감스럽게 생각했다. 심지어 명백히 오류가 있는 사람들에 대해서도 그러했다.

폭스는 1559년에 라틴어로 쓴 『순교사』(*Acts and Monuments*) 중 크랜머의 처형에 관해 기록하는 단락에서 자신의 반대 입장을 매우 길게 명확히 밝혔다. 그 후에 이것이 너무 논쟁을 일으키자 개정판에서는 이 부분을 삭제했다.

하지만, 폭스는 여전히 보우처 사건 때문에 매우 흥분한 나머지 당연히 자신의 영웅 크랜머에 반대하는 이야기를 계속할 수밖에 없었다. 즉, 폭스는 크랜머가 그 당시 머뭇거리던 에드워드 6세를 위협하여 조안의 죽음에 서명하게 했다고 말했다. 더욱이, 이 이야기는 그 후에 훨씬 더 과장되었다.[36]

그러나 폭스의 이야기를 다소 수정한다 하더라도, 그의 요점은 변하지 않는다. 조안 보우처의 운명이 바로 어거스틴의 경우처럼 설득에 의한 일치에서 강요에 의한 일치로 옮겨간 완벽한 본보기였다는 사실이다. 크랜머 교구의 공직자들은 1540년대 초에 보우처를 조사했지만 심각한 결과에 이르게 하지는 않았다.

그러나 보우처는 복음주의 진영의 중심부로 돌아오기는커녕 더 급진적으로 변했다. 그리고 1548년에 다시 체포되었다. 보우처는 자신이 지략 있고 교양 있는 대적임을 드러내면서, 1549년에 에드워드 6세 정부에 의해 재판을 받은 다른 재세례파들과 달리, 그의 주 재판관이 성찬의 본질에 대해 최근에 마음을 바꾼 것에 대해 주저 없이 비웃은 후에, 결코 물러서지 않았다.

잡혀 있던 1년 동안 전혀 설득을 당하지 않자 결국 선고가 내려졌다. 크랜머는 어린 왕을 설득시키기 위해 많은 애를 썼지만, 결국 왕은 1550년에 처음으로 이단을 화형시킬 수밖에 없었다.

마지막으로, 관용의 문제다.

크랜머는 잉글랜드 정부에서 종교적 다양성을 열정적으로 허용하는 어떤 징후를 보였는가?

왕의 이복누이 메리 공주 사건은 크게 주목하지 않아도 된다. 메리는 에드워드 6세 치하에서, 그녀의 지위와 신성 로마 제국 황제로부터의 극심한 외교적 압박 때문에, 전통적인 라틴어 예배에 참석할 수 있도록 일시적이고 마지못한 허락을 받았으며, 그 허락은 가끔씩 중단되기도 했다. 이보다 더 적절한 사건은, 에드워드 6세 정부가 런던에 자율적인 나그네교회(Stranger Church) 설립 기회를 제공한 것이었다. 그들은 통칭 나그네교회라고 불렸다.

또 다른 특수한 프랑스인 교회는 서머셋(Somerset)의 글라스턴베리(Glastonbury)에 세워졌다. 런던나그네교회(London Stranger Church)는 주교, 사제 그리고 집사로 이루어진 삼중직 구조와는 다른 원리에 따라 사역과 의사 결정을 하는 회중교회였다. 사실 삼중직 구조는 교회법의 발효에 의해 잉글랜드국교회 안에서 공식적으로 재확정된 것이었다. 왕실의 수장권과 관련해서 나그네교회의 파격적인 교회 구조는 1550년 7월에 부여된 왕실의 특허장에 의해 공식화되었다.

나그네교회의 시작에 크랜머가 직접적으로 관여했을 것이 자명하다. 나그네교회의 첫 번째 총 감독은 폴란드 복음주의자 장 라스키(Jan Łaski [Johannes à Lasco])였다. 그는 왕실이 허락한 교회가 설립을 준비하는 기간 내내 크랜머와 함께 램버스 궁전에 머물렀다.[37]

그러나 처음부터 잉글랜드 복음주의교회와 라스키 그리고 그의 동료들 사이에 긴장 관계가 있었다. 나그네교회 모델은 틀림없이 취리히교회였으며, 많은 잉글랜드 복음주의 활동가들은 이 새 교회들이 크랜머가 후원하던 것보다 더 극적으로 잉글랜드국교회의 재건 모델이 될 것으로 생각했다.

나그네교회에 특허장이 교부된 지 불과 몇 달 후, 크랜머는 그 교회가 성찬을 앉아서 받고 잉글랜드 성직자들의 옷을 입지 않는 것에 대해 불편한 기색을 보였으며, 따라서 그와 라스키 사이에 긴박한 편지들이 오고갔다.38 그보다 더 좋지 않았던 것은, 라스키가 잉글랜드국교회 내부의 권력 투쟁에 신속히 개입하게 된 것이었다. 1550-51년에 존 후퍼(John Hooper)는 글러스터(Gloucester) 주교로 수임되던 때에 감독 의복을 입지 않음으로 크랜머와 런던 주교 리들리(Ridley)를 모욕했다.

이때 라스키는 크랜머와 리들리가 후퍼에게 항복을 강요하기 전에 후퍼의 가장 탁월한 외국인 후견자였다. 이 사건이 부분적인 원인이 되어, 리들리 주교는 크랜머보다 더 나그네교회에게 적대적이었으며, 1533년 메리 여왕의 취임과 함께 그들에게 재앙이 닥쳐왔을 때, 여전히 나그네교회를 괴롭혔으며, 그 교회에 대한 자기의 관할권도 주장했다.

나그네교회와 클랜머 그리고 리들리 사이의 긴장 관계는 그들이 잉글랜드교회(English Church)의 일치에 헌신했다는 점을 생각하면 쉽게 설명될 수 있다. 투르체티가 정의한 일치의 본질이 다양성의 거부라는 점을 생각하면 된다. 그러므로 설명이 필요한 부분은, 나그네교회가 처음 시작할 때 보여준 관용이다. 그 교회를 후원할 때 크랜머의 동기 중 하나는 토론에 의한 일치를 이루어 내는 것이었다.

그러나 그것은, 서로 다른 국적을 가진 교회들 간의 긴밀한 접촉이 유익한 대화를 낳을 수 있고, 따라서 대화에 의해 그 차이들이 별로 중요하지 않은 것이 될 수 있을 것이라는 매우 위험한 이상주의적 소망이었다. 이것은 크랜머가 교리적 일치를 위한 세계교회 공의회(councils of the worldwide Church)를 평생 꿈꾸었다는 것과 관련 있었다. 그의 신학이 전통적인 교회 안에 머물러 있던 1520년대조차도, 그는 이상적인 공의회에 대한 특별한 열망을 가지고 있었으며, 루터가 공의회의 권위를 더럽혔다고 생각했기에 그를 특히 싫어했다.[39]

앞에서 본 것처럼, 크랜머가 나중에 좋아하게 된 대륙 신학자들은 필립 멜란히톤과 마틴 부처였는데, 두 사람은 다양한 신학자들의 회담들을 연합하기 위해 계획된 일련의 주장들을 가장 많이 주창한 사람들이었다. 후퍼의 사제 의복 사건이 잘 마무리된 후, 크랜머는 거짓된 트랜트 공의회(General Council of Trent)에 대항하기 위해 1551-2년에 전 유럽 복음주의자들의 에큐메니컬 회담을 개최하려고 엄청난 노력을 기울였지만 결국 허사로 돌아갔다.[40]

그러나 나그네교회의 시작은 이것보다 더 큰 의미가 있었다. 에드워드 6세는 자신의 개인 일기에서, 나그네교회들에게 매우 관대하게 재정적으로 토지를 제공하고 법적인 지위를 부여하게 된 동기는 '제세례파들과 기타 비슷한 무리들의 모든 분파들을 피하기' 위함이었다고 적고 있다.[41]

조안 보우처는 왕실 특허장이 교부되기 불과 두 달 전에 처형되었다. 따라서 급진주의자들을 통제할 수 있는 권위와 징계 체계를 세우는 것이 분명히 유익했다. 그렇지 않으면 급진주의자들이 그들의 외국 언어들과 사적인 지원 체제에 의해 런던 중부 지역에서 번성할 수 있었기 때문이었다. 나그네교회들 편에서도 이런 관점에서 환심을 사려고 애를 썼다. 그래서 그들은 재세례파에게 매우 민감하게 반응하여 세례 의식에서 유아 세례를 변호하기까지 했다.

결국 기꺼운 '신학적 증오'(*odium theologicum*)는 아니었다![42]

사실, 조지 반 파리스(George van Parris)가 에드워드 6세 치하에서 이단으로 화형을 당한 사건은 나그네교회의 역학 구조가 급진주의를 효과적으로 억압하고 있었음을 보여 준다. 반 파리스는 나그네교회의 교인이었는데, 유니테리언 신앙 때문에 파문을 당했다. 나그네교회들이 직접 그를 크랜머에게 고발한 것 같다. 크랜머는 일단 왕실평의회에서 그의 이단성을 심문한 후, 전통적 체계에 따라 그를 세속 권력에 넘겨 화형에 처해지게 하였다.

나그네교회는 반 파리스에 대해 놀랍도록 아무 말도 하지 않았다. 자기들이 한 일에 대해 마음이 편치 않았음을 보여 주는 것이었다. 반 파리스가 이단이었는지는 모르지만, 박해를 피해 도망한 난민들로 구성된 교회가 스스로 그 박해를 시작한다는 것은 그리 좋은 일이 아니었다.[43] 크랜머가 윌리엄 모리스(William Morice)에게 제시한 이유만이 유일하게 신뢰할 만한 변명이었다. 즉, 오류가 있는 복음주의자들은 오류가 있는 전통주의자들보다 훨씬 더 하나님의 목적에 해가 된다는 것이었다.

그러므로 크랜머가 결정적인 역할을 한 첫 관용마저도 일치를 향했다. 설득에 의한 일치와 강요에 의한 일치가 모두 있었다. 주목할 만한 것은, 크랜머가 그를 파멸시키려는 메리 여왕의 로마 가톨릭 정부에 휘둘렸을 때, 정부가 자기를 그렇게 다룰 수 있는 권리에 전혀 저항하지 않았다는 사실이다. 크랜머는 두 가지를 분명하게 구분했다. 즉, 메리에게는 비록 나쁜 의도로 사용한다 해도 교회의 수장으로서 적법한 권력이 있는 반면, 교황에게는 전적으로 부적법한 권력이 있을 뿐이었다.[44]

왕실의 수장권에 대한 믿음이 너무 강했기에 크랜머는 1556년에 제인 시모어(Jane Semour) 여왕을 위해 메리를 배신하는 것에 대해 죄책감을 느꼈다. 그것은 곧 일련의 비열한 변절들에 대한 그의 복음주의적 신앙을 깨뜨리는 것과 마찬가지였다. 그가 20년 넘게 지켜온 복종을 마침내 거부한 것은 오직 그의 생애의 마지막 날 아침뿐이었다. 그 날 그는 대주교로서 늘 지켜보기만 했던 반항적인 순교자들의 죽음의 대열에 스스로 합류했다. 일치와 관용에 대한 그의 견해가 이렇게 무너진 것이 어떤 효과가 있을지는 오직 낙원에 사는 자들만 알 수 있을 것이다.

40년 후에, 유명한 예수회 모반자 로버트 파슨즈(Robert Parsons)는 잉글랜드에서 로마 가톨릭교회가 번성할 수 있는 제안을 내놓았다. 그는 잉글랜드 로마 가톨릭교회가 에드워드 6세 시대의 복음주의자들과 똑같은 지위를 점하게 되는 상황을 그리고 있었다. 여전히 전반적으로 혼란스럽고 대수롭지 않은 지위에 있겠지만 그래도 활발하면서도 의기양양한 소수파, 그리고 헌신된 소수의 대적이 되는 것이었다.

이러한 상황에서, 파슨즈는 '일정 기간 동안 관료들의 신중한 묵인 또는 관용'으로 완고한 프로테스탄트들을 다루어야 한다고 주장했다. 표면적으로 보면, 이 말은 크랜머의 말보다 훨씬 관대하게 들린다. 그러나 파슨즈는 그러한 관용이 매우 '일시적'이어야 함을 강조했다. 다시 한번, 그의 목표는 설득에 의한 일치, 또는 필요하다면 강요에 의한 일치였다.

> 내가 의미하는 바는, 모든 기독교 국가에서 어떤 이유나 관점에서 신앙의 자유가 허용되도록 어떤 방식으로든지 설득해야 한다는 것이 아니다. 그런 관점에서 내 판단과 감정에 의하면, 어느 왕이라도 자기의 왕국이나 나라에서 이스라엘의 법궤와 용, 하나님과 마귀가 모두 공경을 받게 허용한다면 그것보다 더 전능하신 하나님께 위험

하고 불경하며 모욕적인 일이 없다고 생각한다.[45]

　적어도 이런 관점에서, 대주교 크랜머는 예수회 분파의 한 회원의 말에 크게 기뻐할 만했을 것이다.

제10장

공중기도서의 제작*

『공중기도서』(*Book of Common Prayer*[BCP])에 대한 두 가지 사소한 퀴즈가 있다.

첫째, 기도서에 등장하는 이름들 중에 왕족 외에 일반인은 있었는가?
정답은 1551년 더블린(Dublin) 판에 등장하는 아일랜드 영주 제임스 크로프트 경(Sir James Croft)이다. 제임스 경의 이중적인 경력과 그의 아들이 마녀재판으로 사형을 당했음에도 불구하고, 그가 30년 후에 침상에서 편안하게 죽었다는 사실은 아일랜드 신자들의 기도가 그에게 조금은 유익했음을 보여 준다.

둘째, 성 에너커스(St. Enurchus)는 누구인가?
정답은 아무도 아니다. 왜냐하면 이름이 잘못 인쇄된 것이기 때문

---

* *The Book of Common Prayer*: *The Texts of 1549, 1559, and 1662*, edited by Brian Cummings, Oxford University Press, 2011, 830pp.

이다. 그의 본래 이름은 올리언즈(Orleans)의 주교 성 에버티우스(St. Evurtius)로서 그에 대해 알려진 바가 거의 없다. 그는 1604년에 부당하게 그리고 무단으로 『공중기도서』 달력에 들어왔는데, 그 이유는 그의 9월 7일 축제가 고(故) 엘리자베스 1세(Elizabeth I) 여왕의 생일에 있었기 때문임이 거의 확실하다.

따라서 그의 이름이 기록된 것은 일종의 풍자였으며, 이제 갓 등극한 제임스 1세(James I)에 대한 약간의 모욕이기도 했다. 브라이언 커밍스(Brian Cummings)가 장엄한 『공중기도서』 서문의 날짜를 에너커스 축제일로 밝히는 데서 알 수 있듯이, 이름 없이 살다 간 한 성인을 즐겁게 기리고 있다.

이러한 문화가 사라지고 있는 시대에 사는 우리는 교회에서 대부분의 시간을 『공중기도서』와 함께 성장하는 동안, 아마도 부모님이 자랑스럽게 우리 앞에 보여 주던 조그만 검정색 책을 대충 훑어 보면서 이처럼 부수적인 기쁨들을 존중하려고 노력하는 마음을 가짐과 동시에 그것을 따분하게 여기는 마음도 가질 것이다.

이 책은 우리가 경험한 다른 어떤 책들과도 같지 않으며, 종종 (사실 어릴 때는 전혀 알지 못했는데) 몇 페이지에 뭐가 있는지도 모르는 유일한 책이기도 하다. 뿐만 아니라, 그 언어도 이따금 셰익스피어를 인용한 부분들을 제외하고는 어린아이들이 일상적으로 들을 만한 것들이 아니며, 많은 어른들에게도 마찬가지이다.

필자는 부친의 훌륭한 교구위원이 저녁 기도를 드리던 때를 기다리곤 했었다. 왜냐하면 그는 오래 참으시고 자비가 많으신 전능자에게 여왕을 위해 기도하며 '여왕에게 하늘의 은사를 풍성하게 부어 주시기를' 간구했기 때문이다. 필자는 '나이 든 사람들에게 세례를 베풀 때'도 이 책을 즐겨 사용했다. 합창단에서 중요한 부분을 차지하던 한 소녀가 파란만장한 인생을 겪은 뒤에 마침내 교회로 돌아오는 즐거운 경우를 상상하면서 말이다.

잉글랜드 사회는 기도서가 대중의 인식에서 점차 사라지며 쇠퇴하고 있지만, 이 기도서의 결정적인 출판은 그 과정을 막을 수 있을지 모른다. 이 책의 출판은 매우 기념비적이다. 1662년에 이 책의 최종판을 의회가 승인한 후 350주년이 되었다. 이것은 2011년에 400주년을 맞이한 스튜어트 왕조의 또 다른 기념비적 산물인 킹 제임스 성경(King James Bible)을 바로 뒤 잇는 것이다.

그 기념물에 쏟아진 대중의 엄청난 관심 때문에 필자는 매우 놀랐다. "킹 제임스 바이블 트러스트"(King James Bible Trust)의 대단한 계획에 찬사를 보냈다. 그러나 『공중기도서』에는 그런 영향력이 없다. 『공중기도서』는 결국 2012년 한 해 동안 찰스 디킨스(Charles Dickens)와 엄청난 경쟁을 해야 했다. 이것을 단지 특정 기독교 교단의 사소한 문제라고 보는 사람들이 많았으며, 따라서 그들은 복음서에 나오는 삼위일체 축일 이후 13번째 주일의 제사장들과 레위인들처럼 그것을 본체만체하고 지나쳤다.

그것은 실수였다. 오늘날 잉글랜드국교회는 하나의 '교파'처럼 보이기도 하고 종종 그처럼 행동하기도 한다. 그러나 16세기부터 적어도 1800년까지는 그렇지 않았다. 사실상 명실공이 잉글랜드국교회 안에서 잉글랜드와 웨일즈의 엄청난 인구가 『공중기도서』를 즐겨 사용했다. 『공중기도서』는 한 교단의 산물이 아니었다. 이 나라 대다수 국민이 가장 잘 아는 교재였으며, 성경과 견줄 만한 것이었다.

그 이유는, 잉글랜드와 웨일즈 전역에 있는 수천 교회들에서 신자들이 『공중기도서』에 따라 예배 인도자에게 적극적으로 반응했기 때문이다. 그들은 거의 온 나라를 하나로 묶어 주는 하나의 거대한 드라마 안에서 매주 연기하는 배우들이었으며, 따라서 이 드라마는 셰익스피어의 어떤 작품보다도 훨씬 더 중요한 연극이었고, 훨씬 더 문화적으로 중심이 되었다.

1662년은 『공중기도서』 역사에서 결정적인 해이다. 왜냐하면 그 형식과 내용에 대한 한 세기 동안의 논쟁이 종결된 해이기 때문이다. 그 형식이 1927-8년까지 지속되다가 그것을 변경하자는 제안이 전국적 논쟁을 불러 일으켜 의회에서 논의되었지만, 의회가 그 변혁을 거부하여 주교들의 경악과 분노를 샀다.

그해가 중요한 또 다른 이유는, 『공중기도서』의 현상 유지가 결정되자 대부분의 사제들은 17세기 중반 시민전쟁이 있기 전까지 군소리 없이 잉글랜드국교회를 잘 섬기던 것에 반해, 새로운 책에 서명하기를 거부한 교구들로부터 수천 명의 사제들이 분리해 나와 '구 비국도'(Old Dissent)를 형성했다. 이것은 국민 생활이 재편되는 것이었다.

그 이후 제도권 교회는 그 문화적 영역에서 스칸디나비아의 루터교나 지중해 연안의 로마 가톨릭교회처럼 잉글랜드 내에서 주도권을 잡지 못했다. 잉글랜드와 웨일즈 프로테스탄트는 교회와 채플로 분리되었으며, 종교적 다원주의와 그에 따른 정치적 다원주의가 국가 정체성에 극명하게 나타나는 치명적인 결과를 초래했다.

이 모든 것은 1662년 『공중기도서』의 과오였다. 그러나 18세기 초에도, 점차 강력해지던 '신 비국교도'(New Dissent)가 감리교 형태로 나타났으며, 유력한 웨슬리파 감리교는 『공중기도서』에 대해서나 영국의 제도권 교회 자체에 대해서 유동적인 태도를 취했다. 수년 동안 필자는 잉글랜드 감리교의 가장 오래된 신학교인 브리스톨에 있는 웨슬리대학의 기록보관원이었는데, 그 대학이 1842년에 맨체스터에 처음 세워졌을 때부터 예배 시간에 줄곧 사용했던 4절판 크기의 『공중기도서』가 그곳에 잘 보관되어 있다. 이 기도서는 대학의 공동 예배를 인도할 때 정기적으로 사용한 탓에 거의 헤질 정도로 닳아 있다.

만일 『공중기도서』가 처음 시작할 때의 모습처럼 유럽에서 변방의 이류 왕국의 국가적 예배를 위한 수단으로 남아 있었다면, 그 중요성은 제한되었을 것이다. 그러나 오히려, 잉글랜드는 자신들이 거주하던 섬 이외에 두 개의 잇따른 세계 제국을 건설했으며, 그 중에서 두 번째는 아직까지 우리에게 거대한 연방 국가로 남아 있다. 성공회 교도들이 가는 곳마다 그들의 기도서도 함께 갔다.

2002년에 부감독 데이비드 그리피스(David Griffiths)가 출판한 연대기적 목록에 따르면,[1] 스코틀랜드와 미국의 다양한 교회들에서 약 4,800가지 형태의 기도서나 기타 예전집이 발간되었는데, 그 중에서 1,200개가 우간다의 아콜리(Acholi)족에서부터 남아프리카공화국의 줄루족(Zulu)에 이르기까지 199가지 다른 언어로 출판되었다.

그리피스는 『공중기도서』의 여러 판본들이 출판된 최고의 전성기가 1850년이라고 보았다. 이때는 제2의 대영 제국의 힘과 자신감이 절정을 이룬 때로서, 그 이후 쇠퇴의 길을 걷긴 하지만, 21세기에 약 1,000가지 판본이 출판되었다(그중 한 판본의 편집 책임자는 바로 나였다).[2] 브라이언 커밍스(Brian Cummings) 판본은 기념이 될 만한 것이었는데, 그 이유 중 하나는 그 책에 관련된 수많은 질문들에 대해 답변을 주고 있기 때문이며, 또 다른 이유는 옥스퍼드대학교출판사의 탁월한 권위 때문이다. 그러나 이 판본이 마지막은 아닐 것이다.

전 세계에 걸쳐 수많은 번역본들이 낭송되고 있다. 1549년에 대주교 크랜머가 처음으로 잉글랜드 『공중기도서』를 따라 주재한 예배는 서방교회의 라틴어 예식을 대체하기 위한 것이었다. 왜냐하면 그와 그의 동료 프로테스탄트들은 교육받지 못한 평신도들이 라틴어 예식으로는 하나님을 바르게 찬양하지 못한다고 생각했기 때문이었다.

그러나 크랜머는 결코 라틴어 자체를 반대하지 않았다. 라틴어는 그 당시 국제 언어였으며, 또한, 정당한 환경 안에서라면 로마 가톨릭교회에서 사용되던 것만큼 경건한 프로테스탄트 예배의 수단이 될 수도 있었다. 이것이 바로 튜더 왕조의 또 다른 영토였던 아일랜드에서의 기대였다.

1560년에 크랜머의 옛 출판업자이자 일가친척이었던 네덜란드 출판업자 라이너 볼프(Reyner Wolfe)는『공중기도서』라틴어 판을 처음으로 가져와서, 특별히 게일어권인 아일랜드 지역을 위해 사용했는데, 이 지역은 페일(Pale)이라고 불리던 더블린(Dublin) 주변의 영어권 지역보다 지도자들이 이 라틴어 번역본을 가치 있게 생각했다는 사실은 그 당시 아일랜드 게일어권 문화의 규모와 지적 교양을 보여 준다.

반대로, 1549년에는 잉글랜드 남부 콘월(Conwall) 지역의 역도들의 청원에 귀 기울이는 사람은 아무도 없었다. 그들 중 어떤 이들이 영어를 전혀 몰랐기에 영어『공중기도서』를 처음으로 들여오려 할 때 강력하게 저항한 것이었다. 그 당시에도 에드워드 6세 정부가 언어적 완고함을 이유로 주저 없이 학살한 것이라고 보기는 어렵다.

현대 주요 유럽 언어들로 번역된 초기 기도서들은, 외교 목적에서, 잠재적인 로마 가톨릭교회 왕실의 신부들과 근심에 빠진 자문위원들에게 잉글랜드 프로테스탄트 예전도 하나님께로 나아가는 훌륭한 길이라는 사실을 보여 주려는 의도를 가지고 있었다.

예를 들어, 1616년 프랑스어 번역본과 1623년 스페인어 번역본은 모두 예정된 로마 가톨릭교회 왕실 결혼과 연관되었다. 이탈리아어 번역본은 이미 1607년에 베니스(Venice)에서 잉글랜드 대사로 있던 학식 있는 외교관 헨리 우튼(Henry Wotton) 경에 의해 위임받았는데, 이것은 산마리노 공화국(Serene Republic)과 교황 사이의 교착 상태를 이용하여 베네치아 사람들을 잉글랜드국교회로 개종시키려는 낙관적인 의도를 가진 시도였다.

포르투갈어 번역본은 훨씬 늦게 1695년에 출판되었으며, 이 번역본은 대영 제국이 아시아 및 다른 지역에 있던 이베리아 반도국들의 해외 소유지들을 침략하던 때에 동인도회사(East India Company)의 후원을 받았다. 1821년, 웨슬리 감리교도들은 여전히 성공회와 매우 가까웠으므로, 현재 스리랑카로 불리는 지역에서의 사역을 위해 『공중기도서』를 포르투갈어와 크리올(Creole)어의 혼합어로 번역하는 것이 가치 있다고 느꼈다. 폴란드어 『공중기도서』는 1836년에 가서야 출판되는데, 동유럽에 있던 유대인들 사이에서 사역하던 성공회 선교사가 베니스의 헨리 우튼보다 훨씬 더 열광적인 노력을 기울인 결과물이었다.

이 번역본은 폴란드 로마 가톨릭교회 내에서의 어떤 유감의 징후도 없이 러시아 당국에 의해 탄압을 받았다. 만일 그 유대인촌들이 『공중기도서』를 함께 노래하게 되었더라면 역사가 어떻게 달라졌을까라는 흥미로운 질문이 생기는 것이 사실이다.

또한, 샌드위치 제도(Sandwich Islands, 하와이 제도의 옛 명칭-역자주) 왕이 개인적으로 『공중기도서』를 하와이어로 번역하게 될 줄을 누가 상상이나 했겠는가?

『공중기도서』에 생소한 사람들은 왜 브라이언 커밍스가 세 권의 책에 들어 있는 수많은 단어들이 거의 유사하여 최종적으로 900페이지가 채 안 될 것으로 보고 세 권의 책을 한 권으로 엮었는지 궁금해 할 것이다. 만일 커밍스가 적어 놓은 상세한 서문을 읽거나, 또는 그가 본문에 해제로 달아 놓은 풍성한 미주(尾註)를 보면 이해할 수 있을 것이다. 그의 이야기는 1662년보다 한 세기 전으로 거슬러 올라간다. 라틴어 예식 일부를 영어로 옮긴 첫 번역서들은 종교개혁에 열정적인 여러 개혁가들에 의해 1530년대에 이루어졌다.

그러나 헨리 8세는 그가 로마 주교와 단절했음에도 불구하고 예식에 있어서는 매우 보수적이었기에 이 번역서들을 잔혹하게 탄압했다. 헨리 8세의 신중하고 학식 있는 왕실 사제 도머스 크랜머는 왕의 편견에 동의하지 않았다. 루터교가 있던 뉘렘베르크(Nuremberg)의 대사로 있는 동안, 처음으로 유럽 대륙의 프로테스탄트를 접했을 때, 크랜머는 그가 본 혁신적 예식에 큰 관심을 갖게 되었다.

그러나 성 로렌즈(St. Lorenz)교회의 예배를 인도하던 목사의 조카였던 마가레트에게도 관심을 가지게 되어, 헨리 8세가 그를 캔터베리 대주교로 임명하기 직전에 이 여인과 결혼했으며, 마가레트는 마침내 대주교 궁정에 들어가 살게 되었다. 이러한 행동은 적어도 크랜머가 한 가지 의미 이상에서 종교개혁을 받아들였음을 보여 주는 것이었다. 중세 사제들은 대체로 첩을 두고 있었으나, 프로테스탄트 목사들은 훌륭하고 공개적인 결혼을 함으로써 강제적인 사제독신주의(clerical celibacy)에 대한 경멸을 표했다.

크랜머는 새로운 결혼 예식서를 제작했으며, 이것은 수 세기 동안 시련을 잘 견디어 냈다. 처음으로 결혼을 맛본 이 캔터베리 대주교는 이 예식서에서 결혼을 하는 이유 중 하나가 그것이 유익하기 때문이고, 또한, 매우 즐겁기 때문이라는 사실을 기독교 예식 역사에서 처음으로 공표했다.

"한 사람이 다른 사람에 대해 마땅히 가져야 하는 상호 교제와 도움과 위로를 위해서이다."

헨리 8세의 기분과 외교적 우선순위가 옛 관습과 새로운 혁신 사이에서 갈팡질팡했던 반면, 크랜머는 크로이든 궁전(Croydon Palace)의 화려하고 거대한 도서관에 잉글랜드 복음주의자들과 유럽 대륙에서 부상하는 종교개혁가들의 수많은 실험적 예식서들을 소장하고 있었다. 모든 주류 프로테스탄트 종교개혁가들과 마찬가지로, 크랜머는 일반 그리스도인들이 스스로 공동 기도를 통해 하나님께 직접 나가기에 적합한 말들을 즉흥적으로 찾을 수 있을 것이라는 확신을 로마 가톨릭 교회 논적들에게 확실히 보여 주었으며, 상당히 많은 이들이 그에 동의하기도 했다.

이 대주교는 잉글랜드교회(English Church) 안에서 대중적으로 잘 알려진 중세 서방 예전의 주요 전통과 상당수의 새로운 실험들을 결합시키려는 노력을 시작했는데, 이것은 이전 세기에 솔즈베리대성당(Salisbury Cathedral)을 위해 고안된 『세이럼 예식서』 사용에서 힌트를 얻은 것이었다.

헨리 8세가 살아 있는 동안 다양한 시도들을 통해 일상어로 하나님께 기도하는 개인 기도문들이 쏟아져 나오면서 프랑스와 전쟁을 하던 헨리 8세를 지원하기도 했지만, 헨리 8세의 어린 아들 에드워드가 왕위에 올라 그의 참모들이 진정한 종교혁명을 결정하게 되자 1547년부터 급격한 변화가 찾아왔다. 1549년에, 크랜머의 첫 번째 영어 예식서가 출판되어, 의회의 승인을 받아 성령강림절에 공통적으로 사용되었다. 이 날은 사도들이 오순절에 수많은 언어로 말하는 것을 들은 사건을 기념하는 축제일이었으므로, 이 기도서를 사용하기에 매우 적합했다. 그 당시에는 비단 콘웰 지역 역도들 뿐 아니라 아무도 이 책을 크게 좋아하지 않았다.

이것은 크랜머의 감독교회 동료들 사이에 존재하던 전통주의자들의 견고한 진을 의식한 일종의 타협안이었으므로, 크랜머의 복음주의 동반자들 중에서 전통적인 형식 안에 프로테스탄트 신학을 담아내려고 했던 이 시도를 인정하는 사람이 거의 없었다. 일단 덜 비협조적이던 잉글랜드 사제들 중에서 일부가 점차 가속화되던 종교적 변화에 대해 더 이상 다양한 반대를 하지 못하게 안전하게 제압되자, 크랜머는 그가 실제로 원하던 것을 얻게 되었다. 즉, 1552년 가을에 비로소 유일하게『공중기도서』만 강제로 사용하기 시작한 것이었다.

에드워드 6세가 죽고 로마 가톨릭교도 메리 여왕이 등극하기 전까지 그 기도서는 불과 1년도 안 되게 사용되었으나(아일랜드에서는 사실상 거의 사용되지 못했다), 1559년에『공중기도서』는 10년 전 에드워드 6세 정부 때에 비해 로마 가톨릭교도들과 훨씬 덜 타협하면서 프로테스탄트 정부에 의해 시행될 수 있게 되었다. 크랜머가 이뤄낸 프로테스탄트의 행복한 시절은 1640년대 전쟁 전까지 지속되었으며, 찰스 2세의 왕정복고로 인해 군주제와 감독교회가 예상치 않게 복원된 이후, 1662년에『공중기도서』는 최종 형태를 갖게 되었다.

공동기도서(Prayer Book)의 초기 운명은 그렇게 복잡하게 시작되었지만, 그 독특한 성격은 그것보다 훨씬 더 복잡하다. 1552년,『공중기도서』는 프로테스탄트 종교혁명을 이뤄냈다. 그러나 90년이 채 되지 않아 이번에는 스코틀랜드에서 더욱 프로테스탄트 종교혁명을 촉진시켰으며, 도미노 효과로 잉글랜드에서도 혁명을 일으켰다.

그때문에, 1662년에 있었던『공중기도서』의 소환과 개정은 역사적으로 왕국 내에서의 혁명에 종지부를 찍는 의미를 띠게 되었다. 이 복잡한 이야기는, 잉글랜드의 프로테스탄트가 어떤 종류의 프로테스탄트였는지에 대한 큰 논쟁을 불러일으켰다. 그 논쟁의 시작에는『공중기도서』주요 발의자였던 크랜머가 있었다. 그가 주교로 있는 동안 그의 신학은 전통적인 중세 후기 경건으로부터 프로테스탄트 신학으로 변화되었다. 그것도 한 번도 아니고 두 번이나 그랬다.

크랜머는 결국 중부 유럽의 프로테스탄트에 철저하게 동의하게 되었는데, 그 신학은 그가 처음 뉘렘베르크에서 경험했던 훨씬 더 보수적이었던 루터교 신학과는 반대되는 소위 개혁파 신학이었다. 이 두 프로테스탄트 그룹 사이의 분열이 시작된 가장 큰 문제는 성찬 시에 일어나는 일에 대한 이해 차이였다.

성찬이 진행되는 동안 떡과 포도주가 물리적으로나 육체적으로 그리스도의 살과 피의 형태가 되는가?

교황은 그렇다고 대답했다. 그리고 마틴 루터도 그렇게 대답했다. 개혁파들은 그렇지 않다고 말했다. 즉, 떡과 포도주는 살과 피의 상징이며, 이 성찬 예식에서 계속 상징으로 남아 있다는 것이었다. 이러한 방침을 취할 경우 훨씬 더 많은 논의가 있었지만, 한편에서 개혁파 사람들과 다른 한편에서 루터교 및 로마 가톨릭교도들 사이에는 엄청난 간극이 있었음에 틀림없다.

크랜머는 거의 대부분의 초기 잉글랜드 프로테스탄트들과 마찬가지로, 한동안 루터교 신학에 마음이 끌렸지만, 결국 강을 건너 개혁파 진영에 이르렀다. 크랜머는 개혁파적인 생각을 마음에 둔 채 두 번의 에드워드 『공중기도서』를 제작했지만, 희박하게나마 학문적으로 그 사실을 처음으로 인식한 것은 1549년이었다.

이 책에는 여전히 중세의 흔적이 남아 있는데, 완전히 전통적인 것이라고 할 수 있는 합창대의 찬양과 더불어, 성찬 예식이나 결혼과 세례 등, 성직자가 축복을 해야 하는 여러 순간들에 사제가 손으로 축복을 표해야 하는 곳을 나타내는 기호들도 인쇄되어 있다.

런던의 로마 가톨릭 주교 보너(Bonner)가 1549년의 예식을 '애처롭게 그리고 신중하게' 시행하는 것을 목격한 수많은 프로테스탄트 지도자들은 당연히 격분했다. 사실 이 표현은, 이 사건을 기록한 전통주의 주석가의 튜더식 언어로 볼 때, 오늘날 의미와는 사뭇 반대 의미를 담고 있었다. 결코 바보가 아니었던 보너는 새로운 성찬을 거행하면서 중세의 허례와 엄숙한 의식을 많이 가미하여 시행했다. 따라서 '애처롭게'는 '엄숙하게'라는 의미이고, '신중하게'는 '합당한 분별력으로'라는 의미였다.

해결책이 필요했으며, 1552년 이전에 이 예식서를 수정하기 위한 수많은 시도들이 있었다. 1552년에 제정된 새로운 성찬식에 따르면, 개혁파적인 성찬에 대한 느낌이 뚜렷하다. 심지어 루터교 예식도 아니다. 성찬에 참여한 모든 사람들이 실제로 떡과 포도주를 받을 때까지 그 어떤 극적인 방식의 의식이 없을 뿐 아니라(사실 이것은 필자가 어린 시절 회중석에 앉아 있을 때 이미 나를 혼란스럽게 한 것이었다), 어떤 예배의식 동작을 가리키는 지문(指紋)은 붉은 색으로 쓰여 있다. 이것은 사제가 테이블 위에서 그리스도의 살과 피를 만들어 낸다는 식의 모든 생각을 철저하게 깨뜨리는 것이다.

이 붉은 글씨는 성찬식에서 모두 소비되지 않고 남은 떡과 포도주를 어떻게 해야 할 것인지에 대해 다루고 있다. 즉, "목사는 그것을 개인의 용도로 가져갈 것이다"라고 적혀 있다. 다시 말하면, 집으로 가져가서 먹으라는 것이다. 그렇게 하는 것은 하나님께 대해 하는 것이 아니라, 떡과 포도주에 대해 하는 것이 된다. 이 지침은 1559년까지 남아 있다가, 1662년에 사라졌다.

이것이 그렇게도 굉장히 혹독한 변화라면, 크랜머는 종교개혁에서 그리스도인들을 그렇게도 분열시켜 놓은 이 드라마의 성격을 재조정하는 일에 조심스러운 언어를 사용했어야 했다. 그는 1549년에 상원에 있던 전통주의자 동료들이 그의 제안을 거절한 것을 불행히도 알고 있었으며, 그 결과 충돌이 벌어진 원인은 잉글랜드 사람들이 떡과 포도주를 받던 성찬식을 부르던 실제적인 이름 때문이었다.

1549년 『공중기도서』는 그 예식을 가리켜 "주의 만찬, 그리고 일반적으로 미사라고 불리는 성찬"이라고 불렀다. 이것은 마치 세 가지인 것처럼 들린다. 그러나 사실상 두 가지에 불과했다. '미사'라는 용어는 마지못해 정중한 표현 방식으로 두 번째에 덧붙여 놓은 것일 뿐이었다. 이 단어는 상원 의원들이 논쟁을 하면서 반드시 『공중기도서』 초안에 넣어야 한다고 주장했기 때문에 집어 넣은 것임이 거의 확실하다.

그렇지 않았으면, 그들이 『공중기도서』 전체를 거부할 것이었기 때문이다. 크랜머의 첫 의도는 틀림없이 성찬식 전체가 그때부터 '주의 만찬'(Lord's Supper)으로 불려야 한다는 것이었다. 그러나 새로운 영어 예배 순서 속에 성찬 참여자들이 떡과 포도주를 받는 짧은 영어 예식을 삽입하여 '성찬 규례'(Order for Communication)라고 불렀다. 이것은 그가 이미 『공중기도서』보다 일 년 전에 출판한 것이었다.

성직자들은 1548년에 이 '성찬 규례'를 전통적인 라틴어 예배에 다소 부자연스럽지만 꼭 삽입해야 한다는 명령을 받았다. 그러므로 미사를 공식적으로 손대기 시작한 것이 바로 그 무렵이었다. 그 당시 '성찬'은 그다지 잉글랜드적인 배경 없이 삽입된 단어였으나, 크랜머의 신앙을 가장 뚜렷하게 담아낸 단어들 중 하나였다.

왜냐하면 예배 의식 전체를 가리키는 일반적인 성공회 단어가 되었기 때문이다. 이것은 크랜머가 평생 동안 단어의 미묘한 차이들을 미세하게 변형시킨 것들 중 하나의 결과물이었다. 크랜머가 1552년에 개정한 책에서 동일한 예배에 대해 하나의 이름을 부여하게 되었을 때, 그가 경멸했던 '미사'라는 단어는 당연히 가차 없이 제거되었다.

그러나 크랜머는 '주의 만찬'과 '성찬'이라는 단어 사이의 균형도 바꾸었다. '성찬'이라는 단어가 1548년에 구별되어 사용되던 때만 해도 사족처럼 보여 사라지는 듯 했지만, 이제는 오히려 더 권장되었다. 더 이상 이 두 가지 개념은 러시아 인형처럼 '주의 만찬'이 '성찬'을 그 속에 담고 있는 하나의 세트가 아니었다.

왜냐하면 '또는'이 '그리고'를 대체했기 때문이다. 즉, 그 이름이 '주의 만찬 또는 성찬'이 되었으니, 이 두 단어는 누가 봐도 하나의 동일한 대상을 가리키는 두 개의 이름이었다. 또한, 흥미롭게도, 잉글랜드 국교회의 상상 속에 더 오랫동안 남게 된 명칭은 두 번째 단어인 '성찬'이 되었으며, 바로 이 점이 잉글랜드 프로테스탄트들을 독일 루터교나 독일 개혁파와 구분시켜 주었다. 독일 프로테스탄트들은 프랑스어권 개혁파 프로테스탄트들이 '만찬'(*Cène*)이라는 단어를 사용한 것처럼, '주의 만찬' 또는 '만찬'(*Abendmahl*)이라는 이름을 줄곧 사용했다.

크랜머가 이러한 결과를 예측한 것 같지는 않으며, 그것을 의도하는 것은 더더욱 아닌 것 같다. 1년 만에 그는 피의 여왕 메리(Bloody Mary)의 처분에 따라 런던 타워에 투옥되었다가 결국 순교를 당함으로써 결국 어떤 식으로든지 영향을 끼치지 못했다. 교회가 '성찬'을 규범을 정한 것은 1559년 이후였다. '성찬'이 어떻게 '주의 만찬'을 이기게 되었는지 추적해 보는 것도 좋은 박사학위 주제가 될 수 있을 것 같다. 필자의 짐작으로는 그것이 1662년 이후의 일인 것 같다.

'주의 만찬'이라는 단어가 살아남았더라면 잉글랜드교회(English Church)와 유럽 개혁교회를 잘 연합시켜주었을 텐데, 이 용어를 사용하지 않게 된 이유에 대한 가장 가능성 있는 설명은 잉글랜드교회(English Church) 자체의 성격의 변화, 즉 크랜머가 살아 있었다면 한탄했을 만한 변화에서 그 이유를 찾는 것이다. 잉글랜드국교회는 '성공회'가 되었다. 이 단어는 19세기에 일반적이 되었는데, 본래 잉글랜드 교회 내에서 스스로를 가리켜 '공교회'(Catholic)라고 부르던 분파를 가리키던 용어였다. 크랜머도 당연히 잉글랜드국교회를 '공교회'라고 불렀다.

그러나 제네바의 존 칼빈(John Calvin)이나 취리히의 하인리히 불링거(Heinrich Bullinger)도 마찬가지로 같은 의미에서 그들의 교회를 '공교회'라고 불렀다. 따라서 그 교회들은 모두 중세 로마 가톨릭교회의 부패를 거부하고 진정한 공교회의 회복을 추구하던 보편교회(Universal Church)의 지체들이었다. 그러나 많은 성공회 교도들(Anglicans)은 성공회주의(Anglicanism)를 로마 가톨릭과 프로테스탄트 사이의 '중간 지대'(middle way)라고 생각하게 되었다. 크랜머가 이것을 알았다면 몹시 당황스러워했을 것이다.

어떻게 교회가 적그리스도와 진리 사이에 '중간 지대'에 설 수 있단 말인가?

어떻게 이런 일이 일어날 수 있는가?

크랜머는 이렇게 물었을 것이다.

그 대답은 크랜머가 직접 만든 『공중기도서』 안에 있다. 만일 크랜머가 잉글랜드의 전체 수석 대주교로 10-20년 더 봉직했더라면, 『공중기도서』를 더 개정하고 단순화했을 것이다. 분명히 그것이 바로 크랜머를 아는 사람들이 말하는 크랜머의 의도였다.

그 대신, 1552년에 『공중기도서』를 만들려고 했던 크랜머의 노력은, 그 기도서가 1559년에 다시 부활했을 때 더 이상 변경 불가능한 문서로 명문화되었고, 유럽의 다른 어떤 개혁파교회들에서보다 가장 정교한 예식서로 남게 되었으며, 교회력의 절기들을 다른 어떤 누구보다 더 보수적으로 엄수했다. 유럽 대륙의 루터교조차도 사순절 기간 동안 "잉글랜드 기도서"(English Prayer Book)와 잉글랜드 법규(English legislation)가 규정한 것처럼 엄격하게 40일간 금식을 하지는 못했다.

스코틀랜드는 크리스마스를 폐지하는 데까지 나아갔다. 반면에, 크랜머는 이날을 위해 짧은 기도나 본(本)기도를 정하여, 그것이 새해 첫날까지 매일의 예배에서 사용되어야 한다고 규정했다. 또한, 교회력의 특정한 절기를 위해 만든 80개의 본(本)기도문은 크랜머가 이룬 예전 사역 중 가장 탁월한 부분에 속한다. 가끔씩 새로운 기도문을 만들기도 했지만, 그보다는 5세기까지 거슬러 올라가 보편교회의 예배로부터 아름다운 요소들을 가지고 와서 자기만의 맵시 있는 영어로 반짝반짝 빛나는 보석 같은 기도문을 만들어 내는 경우가 더 많았다. 일련의 예식서(또는 간략한 기도문)를 좋아하지 않는 사람들조차도 크랜머의 기도문의 가치를 인정하지 않을 수 없을 것이다.

잉글랜드 예식서의 독특성은 그 교회의 또 다른 특성과 맥을 같이 한다. 즉, 잉글랜드교회(English Church)의 대성당들은 사실상 그들의 모든 중세적 기반과 함께 각종 기관들로 살아 남았다. 이것은 수수께끼와 같다. 왜냐하면, 유럽의 다른 프로테스탄트교회들 중에서 이런 경우는 없었다. 모든 부속 예배당과 모든 정화(purgatory) 시설들은 당연히 파괴되었다.

그러나 엘리자베스 시대의 대성당들은 여전히 마치 모형 마을과 같은 경관을 가지고 있었다. 그곳에는 루터교 독일이나 스칸디나비아에서는 약화된 형태로 남아 있던 수석 사제(dean)나 참사회(chapter) 등이 살고 있었을 뿐 아니라, 성당의 예배를 받들던 준(準) 참사의원들, 성가대원들, 오르간 연주자들, 그리고 예배당 안내자들도 살고 있었다. 예배는 크랜머의 『공중기도서』의 예배에 불과할 수 있었으나, 대성당들은 마치 보너 주교가 그 예배를 풍자적으로 즐기면서 '애처롭게 그리고 신중하게' 예배를 드렸던 것처럼 『공중기도서』의 예배를 시행했다. 거기에는 성가대와 오르간이 있었고, 심지어 사제복도 있었다.

이것은 잉글랜드의 수천 교회들에서 『공중기도서』를 따라 드리던 것과는 완전히 다른 접근으로서, 제네바 식으로 오직 시편에 운율을 붙여 노래하던 것과는 다른 예배 방식이었다. 크랜머가 대주교로 있던 마지막 몇 달 동안 대성당 오르간들이 파괴되고 성가대도 운율 있는 시편만 불렀지만, 엘리자베스 여왕이 즉위한 후에는 그런 식의 예배를 무시하고 왕실 예배당에 음악적 장식과 아름다움을 도입하여 그것을 기준으로 삼게 되었으며, 잉글랜드국교회가 지금껏 그것을 따르고 있다.

화이트홀 궁전 맞은 편 길 건너에 있는 웨스트민스터 사원은 엘리자베스왕실 예배당이 자기 사원의 최고 성가대원들을 빼앗아갔을 때 몹시 분노했지만, 수석 사제와 참사회가 만일 그렇게 왕실이 성가대원들을 빼앗아 간 것이 결과적으로 잉글랜드의 성가대 전통(English choral tradition)에 밝은 미래를 가져다 줄 것임을 알았더라면 크게 위로를 받았을 것이다.

잉글랜드의 종교개혁에서 예상치 못한 반전이 일어난 분야는 비단 좋은 음악만은 아니었다. 대성당들과 왕실 예배당은, 일반적인 프로테스탄트교회들이 회중 찬양과 목사의 말씀 강해를 강조하던 것과 전혀 달리, 신성한 것들에 대한 태도를 장려했다. 잉글랜드의 대성당들은 정기적인 기도와 아름다움을 통해 신적인 것들을 묵상하는 것 등이 똑같이 신성을 향해 가는 유익한 길이라고 믿었다.

크랜머의 복음주의와는 대조적으로, 그들은 성례적인(말하자면, 로마가톨릭적인) 경건 체계를 세웠다. 이것은 잉글랜드국교회가 신학적으로 두 얼굴을 갖는 결과를 낳았으며, 엘리자베스 스튜어트 왕조 시대에 결국 그 긴장이 나라를 갈라 놓았다.

이것이 바로 크랜머가 종교개혁 진리를 예식서에 담으려고 했던 노력이 결국 수많은 잉글랜드인에 의해 로마 가톨릭교회의 상징이요 하나님에 대한 모독이라고 여겨지는 모습으로 끝을 맺게 된 경위이다. 더욱 나쁜 것은, 1638년에 잉글랜드 의회가 새로운 판본의『공중기도서』를 스코틀랜드장로교회에도 상제하려고 한 것이었으며, 그보다 더욱 심각했던 것은 그『공중기도서』가 완전히 새롭게 개정된 형태로 1549년도로 돌아간 것 같은 판본이었다는 사실이다.

브레친(Brechin)의 대주교가 브레친대성당에서 새로운 예식서를 따라 예배를 인도할 때, 혹시 회중이 그를 기도단으로부터 끌어내리려 할 것을 대비해서 두 자루의 권총을 준비해 둔 채 성난 회중을 노려보며 예배를 인도하던 모습은 거룩함의 아름다움과는 전혀 거리가 멀었다.

이러한 일련의 사태로 인해 스코틀랜드는 그 당시 3국 전쟁(Wars of the Three Kingdoms)을 벌이고 있던 찰스 1세(Charles I) 정부에 반기를 들었다. 또한, 감독 정치를 하던 잉글랜드국교회가 1660년에 다시 세워졌을 때, 그 교회는『공중기도서』에 매우 반대하던 진영을 회유하기 위한 노력을 거의 하지 않았다. 한두 가지 사소한 것들은 용인했지만, 다른 모든 면에서는 크랜머의 옛 본문에서 첨예한 부분들을 모두 숨아낸 책에 새로운 목회 상황에 걸맞은 유용한 항목들을 첨가했다.

예를 들어, 훨씬 확장된 잉글랜드 해군의 존재 등이다. 그리고 나서 유럽의 개혁파 주류 노선으로부터 슬며시 빠져나갔다. 그러므로 성찬 후 남은 빵과 포도주가 살과 피가 사제의 집에서 저녁거리로 사용될 수 있기 때문에 더 이상 살과 피가 아니라고 분명하게 선언했던 항목이 더 이상 성찬 관련 규정에 남아있지 않게 되었다. 성공회주의(Anglicanism)가 탄생한 것이었다.

공동기도서(Prayer Book)는 결코 단순한 역사적 문서에 불과하지 않다. 셰익스피어가 살아 있는 것처럼,『공중기도서』도 살아 있다. 따라서 종종 번역되기도 하고 수용되고 한다. 그 존재나 그 기억은 현재 성공회연합(Anglican Communion)이라 불리는 교회들을 하나로 연합시켜 주는 주요한 요소이다. 기도 중 일부는 틀림없이『신앙의 39개 조항』(Thirty-Nine Articles of Religion) 만큼이나 역사적 가치가 있으며, 여전히 잉글랜드국교회의 이론적 교리적 기준이 되고 있다.

그러나 16세기 중반의 문제들에 지나치게 관심을 기울이는 면도 없지 않다. 예를 들어, '일반적으로 순산감사식이라고 불리는 출산 후 감사' 예배는 1960년대에 필자의 아버지 교구에서도 정기적으로 시행되었으나, 제의적 부정으로부터의 정결에 관한 규정은 그 당시에 발생한 여성 혁명과 함께 사라지게 되었으며, 그에 대한 흔적은 최근에 마가레트 하울브룩(Margaret Houlbrooke)이 20세기 역사에 대해 연구한『구시대의 제의』(Rite Out of Time)라는 책에서나 찾아볼 수 있다.[3]

사실, 1960년대와 1970년대에, 교회 성직자들 대부분은 이미 오래전에 바꾸었어야 할 여러 항목들을 비롯해 예배 의식의 개정과 확장에 너무 몰두하게 되자, 그 책 전체를 사장시키는 데에 찬성했던 것처럼 보인다. 그런 상황에서, 성공회를 부끄럽게 하여 그 쇠퇴를 막게 한 것은 공중기도서협회(Prayer Book Society)의 용감하고 끈질긴 노력이었다.

한편으로,『공중기도서』는 그 어느 때보다 전성기를 맞고 있다. 즉, 대주교 크랜머가 생전에 그다지 좋아하지 않던 대성당들에서, 그가 들었으면 한탄했을 만한 심미적인 방식을 따라 행해지는 저녁기도송(Choral Evensong)이 큰 인기를 얻고 있다.

크랜머는 현재 대성당들에 몰려드는 수많은 사람들에게 저녁기도송을 그렇게도 매력적이게 만들어 주는 요소들에 대해서나, 뮤지컬 드라마를 만들어 내는 합창 제단들에 대해서도 탐탁하게 여기지 않았을 것이다. 이정표가 잘 갖추어지고 화살처럼 쭉 뻗은 신학적 고속도로를 통해서는 결코 신성(divinity)으로 향할 수 없다고 믿는 사람들, 또는 매우 잘 조직된 종교가 제시하는 절망적인 확실성과 파괴적인 자기-의(self-righteousness)에 의해 배척을 받은 사람들은『공중기도서』에 따른 저녁기도송 속에서 절제된 환대를 받는다.

그 환대는 1559년『공중기도서』를 사랑하고, 그것을 삶으로 살아내고, 그것을 어떻게 사용해야 하는지 기록했던 한 사람이 묘사한 것과 같이 온화한 것이다.

> 사랑이 내게 환영의 인사를 하네.
> 그러나 나의 영혼은 뒤로 물러 나네,
> 티끌과 죄에 대한 죄책감으로.
> 그러나 빠른 눈을 가진, 나의 해이함을 본다네.
> 내가 처음 들어올 때부터.
> 내게로 더 가까이 다가와, 달콤하게 물어 보네.
> 혹시 내게 무엇이 부족한지…
> 사랑이 말하네. 앉아서 나의 음식을 맛보세요.
> 그리하여 나는 앉아서 식사를 했다네.[4]

제11장

튜더 왕조 여왕들: 메리와 엘리자베스*

헨리 8세의 두 딸 메리와 엘리자베스는 각각 아라곤의 캐서린(Catherine of Aragon)과 앤 볼린(Anne Boleyn)의 딸이었다. 누군가를 알고 싶으면 그의 어머니를 만나라고 했다.

이 두 명의 튜더 공주들의 경우도 예외는 아니었다. 데이비드 로데스(David Loades)의 짧은 전기에 의하면, 메리는 솔직하고, 경건하고, 위기에서 담대했으며, 특별히 똑똑하지는 않았다. 메리의 전 생애는 그의 어머니의 솔직함과 위기에서의 담대함에 의해 형성되었다. 헨리 8세는 아라곤의 캐서린이 그녀가 헨리 8세와 결혼한 적이 없다는 사실을 받아들이기를 원했지만, 캐서린은 이를 거절했으며, 이로 인해 잉글랜드와 로마와의 관계는 단절되었다.

끝까지 거절하는 태도를 통해 캐서린은 그의 딸이 어떻게 행동해야 하는지에 대한 본보기를 보여 주었다. 메리는 헨리 8세의 무효 선언으

---

* *Mary Tudor: The Tragical History of the First Queen of England* by David Loades, The National Archives, Kew, 2006, 240pp.

로 인해 자신의 어머니와 어머니의 세계에게 행해진 잘못된 일을 바로잡기 위해 온 생애를 바쳤다.

엘리자베스의 어머니 앤 볼린은 캐서린만큼이나 단호했으며, 지적으로 매우 탁월했다. 헨리 8세가 결혼한 여섯 왕비들 중에서 주변 사람들로부터 유일하게 '군림'이라는 단어로 불린 사람이었다. 앤 볼린은 자기 생각이 뚜렷했고, 주저 없이 그 생각을 사용했다. 사실 앤 볼린이 1536년에 폐위된 이유가 바로 그때문인 것으로 보인다.

에릭 이브스(Eric Ives)의 전기[1]에 의하면, 앤 볼린은 잉글랜드 초기 종교개혁에서 주요 역할을 담당했으며, 특히 유럽 종교개혁 초기의 두 명의 중요한 여성 지도자로 앤 볼린과 그의 딸을 꼽았다. (존 폭스 이후 거의 대부분의 잉글랜드 역사가들을 포함하여) 몰인정한 사람들은 엘리자스베스의 이복자매를 포함하여 3인방이라고 일컬으려고 할 것이다. 피의 여왕 메리는 에드워드 6세 통치 기간과 그 이후에 찾아온 다소 불운한 일시적인 하락 이후 잉글랜드 프로테스탄트에 무심코 영웅주의를 되돌려 놓았다.

두 공주의 초기 생애에서 서로 상반되는 또 다른 점이 있다. 메리는 어린 시절에 잉글랜드 왕위의 상속자로 큰 주목을 받았다. 9살이 되던 1525년, 그녀는 추기경 울지(Wolsey)가 재건한 실험 정부의 얼굴마담으로 웨일즈의 마르케 공의회(Council in the Marches of Wales)에 파견되었다.

웨일즈의 공주는 루들로우 성(Loudlow Castle)에 자기만의 왕실을 가지고, 자기만의 작은 왕국을 이루어 가고 있었다. 1-2년 정도 지나 10대 초반이 되었을 때, 그녀는 어머니의 결혼과 자기의 지위에 위협이 찾아오고 있음을 깨닫기 시작했다. 17세가 되던 1533년 이후 메리는 고립과 굴욕을 피할 수 없게 되었다.

1536년, 캐서린의 결혼이 무효로 선언되자 메리는 서생(庶生)이 되었고, 어머니의 죽음 이후 자기의 처지를 인정하며 거의 10년 동안 추방자의 삶을 살아야 했다. 1543년 캐서린 파(Catherine Parr)가 왕후가 되면서 세 명의 이복 자녀들을 다시 불러 모은 이후, 메리의 상속권은 1544년 의회법(Act of Parliament)에 의해 복권되었다.

메리는 어린 시절에 특권과 영예, 그리고 철저한 박탈과 굴욕을 모두 경험했다. 엘리자베스의 어린 시절은 전혀 달랐다. 그녀는 왕위 상속자로서의 3년간을 기억하기엔 너무 어렸다. 그리고 그 이후 7년 동안에는 왕의 서생(庶生)으로 매우 애매하고 불안한 지위를 경험해야 했다. 메리의 세상이 무너지기 시작했을 무렵, 엘리자베스에게는 상황이 더 나아지기 시작했다. 캐서린 파가 왕실을 재건했을 때, 그녀는 엘리자베스의 교육을 맡았다. 그러므로 메리의 젊은 시절은 매우 괴롭고 절망스러웠다. 인생에 남은 것이라고는 악착같이 버티면서 자신에게 충실한 것밖에 없다는 감정이었을 것이다.

그러나 엘리자베스에게는 정반대의 경험이었다. 침묵을 지키면서, 일을 잘 처리하거나 또는 다른 사람으로 하여금 대신 일처리를 잘 하게 하면, 모든 것이 나아질 것이었다. 바로 이것이, 이 두 사람의 연이은 통치를 생각할 때 계속 마음속에 새겨야 하는 배경이다.

공주들의 핵심은 마치 잘 팔리는 종축(種畜)과도 같았다. 어린 시절부터 메리는 자기가 매우 중요한 인물임을 알 수도 있었을 것이다. 그녀는 이미 2살 때 프랑스 왕자와 정혼했으나, 5살 때 외교 관계가 바뀌어, 21살에 사촌인 신성 로마 제국 찰스 5세와 결혼해야 했다. 1521년의 상황과는 다르게, 이것은 메리의 인생에서 가장 중요한 관계였다. 비록 메리와 찰스가 단 한 차례만 만났음에도 말이다. 메리가 어머니의 결혼 위기에 빠졌을 때, 찰스 5세는 그들의 가장 중요한 친구였다.

헨리 2세부터 찰스 2세에 이르기까지 다른 어떤 잉글랜드 왕들보다, 메리는 바다 건너 나라, 즉 합스부르크(Habsburg) 왕조에 빠져 있었다. 메리는 찰스 황제의 아들 필립과 결혼했다. 그리고 일단 결혼을 하자, 자식을 낳아 로마 가톨릭교회의 미래를 보호하고자 했다. 특별한 계보를 가질 그 아들은 그 당시 이미 알려진 세상의 절반과 아직 알려지지 않은 세상의 상당 부분을 다스릴 수 있을 것 같았다. 즉, 스페인과 포르투갈 제국과 대영 제국, 남북 아메리카 전체와, 그 외에도 상당한 영토에 대한 지배권을 가질 수 있을 것이었다.

그러므로 메리가 아들을 낳기만 하면 그는 역사상 가장 강력한 군주가 될 수 있었다. 메리의 생물학적 불임(不姙)은 그의 생애에서 가장 슬프고 애처로운 일이라고 할 수 있다. 틀림없이 메리도 그렇게 생각했을 것이다. 그리고 바로 이것이 튜더 왕조를 조롱하는 로데스의 전기가 보여 주려는 내용이다. 메리의 불임은 잉글랜드가 오랫동안 유지해 온 합스부르크 왕조 및 그들의 부르고뉴(Burgundian) 선조들과의 동맹 관계에 일격을 가했다.

메리와 엘리자베스는 모두 자신들의 가족을 구성한 가까운 친구들로부터 고무적인 충성을 받을 수 있는 지위에 있었다. 두 사람 모두 권력을 쥐었을 때, 이 가족들을 이용해 큰 이익을 취했기에 처음부터 매우 강력한 통치를 시작할 수 있었다. 메리의 즉위는 엘리자베스보다 훨씬 더 눈부신 장관이었다.

메리는 제인 그레이(Jane Grey)를 대신하여 즉위했는데, 제인 여왕이 실정했기 때문에 우리는 메리의 등극이 얼마나 놀라운 것이었는지 잊어버린다. 제인은 단지 그의 전임 왕 에드워드 6세가 제인의 승계를 명령하므로 왕위에 오를 자격을 가진 것만이 아니라, 헨리 8세 누이의 손녀로서 왕족 혈통이었기 때문이었다. 다시 말하면, 제인에게는

1603년에 잉글랜드 왕위에 오른 제임스 6세와 똑같은 자격이 있었다 (제임스 6세는 헨리 8세 누이의 증손자였다).

반면에, 메리와 엘리자베스는 아버지에 의해 공식적으로 서생(庶生)으로 선언받았으며, 1553년까지 그 신분은 그대로였다. 그러므로 프로테스탄트들이 제인을 가장 적법한 후계자로 보는 것은 당연했다. 캔터베리 대주교 토머스 크랜머(Thomas Cranmer)와 런던 주교 니콜라스 리들리(Nicholas Redley)는 모두 공개적으로 그리고 구체적으로 메리와 엘리자베스를 서생이라 선언하여, 나중에 그들이 프로테스탄트 순교자들이 되고 엘리자베스 여왕이 즉위하였을 때 추종자들을 당황스럽게 했다.

메리가 처음에 놀랍도록 성공을 거둘 수 있었던 것은, 그녀가 가진 한 가지 자산을 일관되게 강조했기 때문이었다. 그 자산은 바로 서생이든 아니든, 자신이 헨리 8세의 혈육 중의 혈육이라는 사실이었다. 메리가 결코 언급하지 않은 것은, 그리고 사실 메리가 왕위에 오를 때까지 의도적으로 언급을 피했던 것은, 자신이 로마 가톨릭 신앙을 완전히 재건하려고 한다는 사실이었다.

메리는 런던에서 안전하게 통치권을 얻을 때까지 신앙에 대해 아무 공식 언급도 하지 않았다. 그러므로 메리는 잉글랜드 동부의 정치 기관을 로마 가톨릭교회이나 프로테스탄트를 불문하고 사실상 하나로 통일할 수 있었으며, 웨스트민스터 정부를 전복할 수 있는 중요한 집단을 만들어 냈다. 이것은 다만 여러 주들이 웨스트민스터에 있던 정부를 군사적으로 패퇴시킨 1485년 이후의 일이었다.

이 사건은 튜더 시대에 성공을 거둔 몇 안 되는 반란 중의 하나였다. 신앙에 대한 침묵은 메리가 평소에 로마 가톨릭교회에 대해 취하던 태도와 너무 상반된 것이기에, 틀림없이 그녀는 꼭 입을 다물어야 한다는 강력한 충고를 받았을 것이다. 그리고 그 조언은 아마도 메리의 쿠데타를 조장한 매우 가까운 집안 내 공직자들에게서 왔을 것이었다. 그들 모두는 메리처럼 로마 가톨릭교도들이었다. 그러나 그들은 자신의 신앙을 발설할 경우, 자신들의 지지층들이 약화될 것이라는 정치적 감각을 지닌 자들이었다.

결국, 메리의 충성스런 참모들은 모든 예상을 깨고 1553년에 메리를 왕위에 앉혔다. 일단 메리와 엘리자베스가 왕위에 오른 후, 두 사람은 누군가를 신임하고 정부를 확장시키는 일에 서로 다른 능력을 가지고 있었다. 메리는 엘리자베스만큼 노련하지 못했다.

두 여왕은 처음부터 동일한 문제에 부딪혔다. 자기들을 도와 왕위에 앉게 해 준 가까운 친구들과 오랜 시간 정계에 머무르고 있는 여전히 왕실에 있는 사람들을 어떻게 서로 결합시키느냐의 문제였다. 특히, 메리에게는 자기의 실제 친구들과, 1530년대부터 헨리 8세와 에드워드 6세의 정부에 있으면서 자기를 비참한 지경에 몰아넣었던 사람들을 서로 묶는 것이 너무도 어려웠다. 이 점에 있어서 메리는 성공을 거두지 못했다.

최근에 어떤 역사가들은 메리의 평의회의 분열을 폄하하는 경향이 있어 왔다. 그들은 이 분열이 자기의 목적을 달성하기 위해 평의원들에 의해 메리에게 줄을 서곤 했던 해외 사절들, 또는 자기들이 메리의 측근이 되었다는 사실을 강조하려고 한 해외 사절들에 의해 일어났다는 많은 증거들을 제시한다.[2] 그러나 그것이 사실이더라도, 메리 정부가 안고 있던 진짜 문제를 덮을 수는 없다.

스티븐 가드너(Stephen Gardiner) 주교와 윌리엄 페이젯 경(William, Lord Paget)은 서로를 매우 미워했다. 페이젯은 케임브리지에서 가드너의 가장 아끼는 제자였었는데, 헨리 8세 통치 기간 동안 페이젯이 줄

곧 가드너를 반대하는 일을 수년간 했다는 사실을 가드너가 눈치 채지 못했기 때문에 더욱 그러했다.

페이젯은 추밀원(Privy Council)에 있으면서, 1554년에 상원에서 두 개의 정부 법안을 부결시켜 버렸다. 하나는 이단에 대한 법안이었고, 다른 하나는 메리의 남편인 필립을 보호하기 위한 모반에 관한 법안이었다. 더욱이, 메리 정부에는 이상한 흥미로운 모순이 존재했다. 메리가 가장 신임하던 참모이자 신앙 정책 변화의 주요 지지자였던 레지널드 폴 추기경(Cardinal Reginald Pole)이 심지어 메리의 추밀원 회원이 아니었다는 사실이다.

1553년부터 정확히 반세기 동안, 잉글랜드 역사에서 처음으로 잉글랜드는 연이어 두 여성의 통치를 받았다. 여성 통치자들은 16세기 유럽에서 전혀 특이하지 않았다. 그 당시 스코틀랜드와 저지대 국가들, 그리고 나중에 프랑스에서도 흔한 일이었다. 그러나 그러한 여성 통치자들에게는 전쟁을 일으키거나 영토 정복을 벌일 것이라는 기대를 하지 않았다.

그녀들은 정말로 말 그대로 국내 문제만 돌보았으며, 따라서 합스부르크를 다스리던 남성 군주의 연이은 누이들이 저지대 국가들에 대해 책임을 졌으며, 스코틀랜드와 프랑스에서는 젊은 군주의 미망인 어머니들이 대신 통치했다. 체제의 안정은 누이와 미망인인 그녀들이 자신들의 형제나 젊은 아들, 딸들의 역할을 자동적으로 제한한 결과물이었다.

그러나 메리와 엘리자베스의 경우에는, 만일 자신들이 보통 사람처럼 결혼이라도 하게 되면 무슨 일이 일어날지 아무도 예측할 수 없었다. 그녀의 정부는 돌보는 통치가 멈추면서, 그녀들의 남편에게 넘어갈 수도 있었다. 잉글랜드 정치인들은 그러한 사태를 막으려고 메리가 스페인의 필립과 결혼하는 것을 반대하면서, 필립에게 가능한 한 많은 조건을 달아 묶어 두었다.

그들은 이 두 번째 목표를 훌륭히 달성했지만, 그 대가로 그들과 필립, 그리고 스페인 정치인들 사이에 영원한 악감정을 남기고 말았다. 이와 똑같은 문제에 대해 엘리자베스는 결코 결혼을 하지 않는 극단적인 해결책으로 마무리 지었다.

여성 통치자들은 그녀들이 먼저 시작하지는 않았어도, 그녀들이 물려받은 상황에 대해서는 대응할 수 있었다. 즉, 화해를 시도하거나 문제를 해결하는 데 있어서 제국의 어머니로서의 역할을 충실히 수행한 것이었다. 메리와 엘리자베스는 모두 창의적인 정부와 거대한 교회 변화를 남겼다.

두 여성은 헨리 8세와 에드워드 6세가 이루어 놓은 것과 정반대로 통치했다. 다만, 메리의 로마 가톨릭교회가 신앙과 정책에 있어서 엘리자베스의 프로테스탄트보다 더 창의적이었다. 로데스 교수는 너무 메리의 전기에만 집중한 나머지, 메리의 종교 정책들에 대한 최근의 많은 훌륭한 재평가들에 대해서는 살짝 언급하기만 한다. A. G. 디킨스(A.G. Dickens)는 반세기 전에 메리의 '복고 운동'에 대해 묘사했으며, 이먼 더피(Eamon Duffy), 크리스토퍼 헤이(Christopher Haigh), 존 에드워즈(John Edwards) 그리고 로데스에 이르기까지 많은 역사가들은 메리의 종교개혁이 프로테스탄트들이 행한 것만큼이나 충분한 잠재력을 가지고 있었음을 찾아 냈다.

사실 그때까지 유럽 전역에서 로마 가톨릭을 회복시키려는 것들 중 최대 규모의 노력이었다.[3] 메리가 "반종교개혁을 이루어내는 데 실패했다"[4]라고 말한 A. G. 디킨스의 어리석은 말은 잊어버리는 게 좋다. 메리는 아직까지 일어나지 않은 무언가를 찾아내는 데는 성공하지 못했으며, 반종교개혁을 이루어내는 데 공헌한 트렌트 공의회의 가장 중요한 결정들 중 대다수는 메리가 죽은 이후에 결정되었기 때문이다.

하지만 메리가 다스리던 시기에 내려진 여러 결정들이 트렌트의 결과를 예견할 수 있게 해 주었다. 교황의 특사였던 메리 시대 캔터베리 대주교 폴(Pole) 추기경은 트렌트 공의회가 열리기 이전에 이미 잉글랜드의 모든 교구에서 성직자양성학교(신학교)를 운영해야 한다는 제안을 했는데, 이것이 트렌트 이후 시작되어 전 세계 로마 가톨릭교회의 변화를 일으킬 수 있게 되었다.

폴은 미사에 사용되는 구별된 빵, 곧 주님의 몸을 교회 내 중앙 제단 위 성합(聖盒) 안에 정중히 모셔놓아야 한다고 명령했는데, 이것은 유럽 전역의 반종교개혁에 속한 교회들의 새로운 예배 모범의 표준이 되었다. 더욱이, 메리의 교회와 성직자들은 메리의 죽음이 상황을 바꾸어 놓기 전에, 후대의 반종교개혁 동료들과 마찬가지로 창의적이고 상상력이 풍부한 교훈집들을 만들어 냈다.

만일 메리가 단 5년만 통치하지 않고 45년 정도 통치했더라면, 잉글랜드는 반종교개혁의 요새가 되었을 것이다. 메리의 통치 기간에는 예수회가 들어올 수 없었기 때문이었다.

그 이유는 무엇인가?

예수회 교도들 중에서 그 당시 외국어인 영어를 말할 수 있을 만큼 훈련이 잘 된 사람은 없었고, 라틴어, 스페인어, 그리고 프랑스어만 말할 줄 아는 예수회 교도를 왕실이나 대학에 보내는 것은 의미가 없었다. 그런 일이라면 필립 왕이 이미 최고의 스페인어 도미니칸 수도승들을 보내서 진행하고 있었다.

예수회는 로마 가톨릭 여왕을 의존하고 있던 나라에서 사역을 하느니 차라리 남북 아메리카의 정글을 헤치고 들어가거나 극동 지역의 대

문명을 만나는 일을 더 활발하게 하는 편을 생각했을 수도 있다. 그러므로 메리 여왕이 죽기 전에 불과 두 명의 예수회 교도만 들어왔다가 짐을 풀 새도 없이 다시 떠나야 했던 것은 당연한 일이었다.

16세기에 성공을 거둔 군주의 가장 중요한 수단들 중 하나는 이미지 형성(image-building)과 공적 관계(public relations)였다.

또 한 가지, 두 이미니를 서로 내소해 보라.

캐서린은 양심적이고, 옳고, 적절한 위엄의 중요성을 알고 있었으나 주도권이나 혁신 등에 대해서는 크게 의식하지 않았다. 반면에 앤 볼린은 프랑스 스타일의 위엄을 좋아하고 기운차고 외향적이었다. 메리 여왕의 왕실과 엘리자베스 여왕의 왕실도 이와 비슷한 대조를 이루었다. 여왕들에게 개인적인 담력이 부족하지는 않았다.

메리는 첨예한 위기의 순간에 매우 훌륭했다. 1553년에는 잉글랜드 동부 지역 백성들을 불러 모아 그들을 북돋았고, 1554년에 와이엇 모반(Wyatt rebellion)이 있었을 때는 자신의 정부를 차분히 진정시키고 런던을 자기 편으로 끌어들였다. 이 모습은 엘리자베스의 1588년 틸버리(Tilbury) 연설에서도 동일했다. 메리는 유쾌한 사람이었다. 그녀의 가장 가깝고 가장 소중한 친구들 중 한 명은 어릿광대 제인(Jane the Fool)이었다.

하지만 그녀는 여러 뜻에서 W. C. 셀러(W.C. Sellar)와 R. J. 이이트맨(R.J. Yeatman)이 말한 '시무룩한 메리'였다. 성인이 되었을 때 자주 아팠으며, 결혼 이후에는 아이를 갖지 못하는 것에 집착하여, 심지어 상상임신을 너무 확신한 나머지 주변 사람들을 당황스럽게도 했다. 메리의 후원을 받은 여러 건물들 중에서 현재까지 남아 있는 것 중의 하나는 케임브리지의 트리니티칼리지(Trinity College, Cambridge)인데, 이 건물은 16세기에 잉글랜드에서 건설된 가장 재미없는 종교 건물들 중의 하나이다.

메리의 왕궁 역시 유럽에서 가장 재미없는 곳으로 유명했다. 중년부터 노년에 이르기까지 신실하고 경건한 로마 가톨릭교도들로 가득했는데, 메리와 같은 세대나 그녀보다 고령자들이었다. 메리는 전국적인 순행(巡行)을 나간 적이 없다. 그 이유들 중 하나는 건강이 좋지 못했기 때문이고, 또 다른 이유는 1548년 이후 여름마다 온 나라에 영향을 준 사회적 불안에 대해 정부가 크게 염려했기 때문이었다.

이 점은 엘리자베스와 대조를 이룬다. 엘리자베스는 통치 초기부터 자기를 광고하기 위한 수단으로 순행을 사용했으며, 가신들에게 자기를 보여 주기 위해 아버지가 일반적으로 하던 것보다 더 자주 밖으로 나갔다. 정기적으로 순행을 나간 군주들은 대체로 그 기간 동안 성공한 사람들이었다.

우리가 처녀 여왕으로 기억하는 사람은 엘리자베스이다. 그러나 이것이 별난 이미지는 아니었다. 사실 분명한 이유로 결혼하지 않은 여성 군주에게는 필수적이었다. 모든 튜더가는 공식적으로 처녀로 왕위에 올랐으며, 우선 메리는 엘리자베스만큼이나 처녀 이미지 역할을 할 수 있었고 실제로 하기도 했다. 메리를 묘사한 많은 글들 중에서 가장 대표적인 것을 꼽으라면, 로마 가톨릭교도였던 조지 게이븐 디쉬(George Gavendish, 울지의 전기 작가)가 쓴 시였다. 메리가 에드워드 6세를 승계한 것을 묘사하면서 게이븐 디쉬는 다음과 같이 노래했다.

왕을 잃었으나 정결한 처녀를 얻었네
[하나님께서] 우리에게 처녀 여왕을 주셨네.

게이븐디쉬는 심지어 스페인 왕과의 역사적인 결혼에 대해 다음과 같이 과격한 표현도 서슴지 않았다.

> 처녀의 삶에 최고의 즐거움을
> 당신의 마음을 움직인 것은 열정
> 그리고 탄원하는 신민(臣民)의 눈물
> 욕정이 아니라 공공의 안녕을 위한 것
> 당신이 물리친 처녀의 서약.[5]

엘리자베스의 업적은 통치 기간 중에 그녀가 로마 가톨릭교도와 결혼하는 것을 극구 반대한 정치인들이 그녀에게 붙여 놓은 영구적인 처녀성의 이미지를 계속 유지하고, 그것을 이용하여 정치적 성공을 거둔 것이었다. 이점이 바로 두 사람이 설령 똑같은 기간 동안 통치를 했다고 해도 엘리자베스가 항상 메리보다 더 성공적이었던 것처럼 보이는 이유이다. 엘리자베스는 상황을 가장 잘 이용하는 법을 알았다. 어떻게 양보해야 하는지, 각종 사건들을 가장 유익한 방법을 어떻게 바꾸어야 하는지 등에 대해 잘 알았다.

엘리자베스는 완고하고 무분별할 수도 있었으나, 손실을 만회하려고 최선의 노력을 다했다. 아무리 메리를 재평가하고 엘리자베스를 낮추어본다 해도, 두 군주에 대한 평가를 해부대 위에 올려보면 언제나 엘리자베스가 우세하다. 엘리자베스는 주어진 기회들을 놓치지 않았다. 메리는 프로테스탄트 화형 정책이 대민 관계에 있어서 재앙이 된 오랜 후에도, 여전히 그들을 잔혹하게 화형시키는 일을 계속했으며, 그로 인해 역사적인 기억 속에 좋지 않게 남아 있다.

두 여인의 시작은 성공적이었다. 특히 메리의 경우에는 대단히 성공적이었다. 그러나 엘리자베스는 통치 시작부터 꾸준히 이점을 쌓아간 반면, 메리는 그렇지 못했다. 45년간의 종교 정책이 비록 성공적이기는 했으나, 마치 프랑스 군주가 프랑스의 종교개혁을 억제하려고 노력했을 때와 같이, 잉글랜드에서도 많은 분열과 재앙의 원인이 된 것 같았다.

로데스 교수는 평생 동안 이 시무룩한 여왕에 대해 연구한 결과로 내놓은 최근의 저서에서, 메리가 기회들을 잃은 것이 잉글랜드에게는 장기적으로 유익이 된 이유가 무엇인지 풍성하게 제시하고 있다.

제12장

윌리엄 버드*

우리는 윌리엄 버드(William Byrd)에 대해 꽤 많이 알고 있다. 부분적으로는 가장 최근에 재발견된 고문서들 때문이다. 또한, 케리 맥카시(Kerry McCarthy)는 지적이고 애정 깊은 전기에서 이 모든 것들을 훌륭하고도 구체적으로 잘 담아냈다.

안타깝게도, 우리에게 한 가지 없는 것이 있는데, 바로 그 당시의 초상화이다. 심지어 셰익스피어의 널리 알려진 둥근 머리 초상화 같은 조악한 그림조차 남아 있지 않다. CD 재킷이나 악보 등을 장식하고 있는 초상화 모양의 그림은 조지(George) 왕조 시대에 만든 모방작품이다. 이때문에 버드의 전기 표지를 디자인하는 사람들이 곤란을 겪는다.

버드를 어떻게 상징화할 것이란 말인가?

맥카시는 하나의 그림을 선택했는데, 그 그림은 처음에는 다소 황당해 보이지만, 버드의 얼굴을 반쪽만 나오게 그린 그림이다(삽화 5를

---

* *Byrd* by Kerry McCarthy, Oxford University Press, 2013, 282pp.

삽화 5
서머셋 의회 회담(The Somerset House Conference) 사절단 기념 초상화, 1604년, 작가 미상. 스페인 사절단이 왼쪽에, 잉글랜드 사절단이 오른쪽에 앉아 있다.

보라). 이 그림은 마치 G20 정상회담 마지막에 찍은 단체 사진의 원조 격처럼 보인다.

여러 유화 초상화들에 굳이 21세기의 밝은 미소가 들어 있을 필요는 없지만, 세계 정상들이 억지로 카메라를 응시하고 있는 것 같은 모습은 튜더 왕조에 치과 의사가 없었다 해도 우스꽝스럽긴 마찬가지다. 이 그림에 등장하는 사람들은 튜더 시대의 가장 중요한 평화회담 중 하나에 참여한 잉글랜드와 스페인/벨기에 대표단들이다.

이 회담은 엘리자베스 1세가 죽은 지 1년 후에 런던의 서머셋 하우스(Somerset House)에서 개최되었다. 그들은 개혁파 프로테스탄트 세력과 스페인 합스부르크 왕조 사이의 '30년 전쟁'을 종결하는 데 성공하고, 북부 네덜란드 프로테스탄트의 독립을 확정하며, 로마 가톨릭교회가 항상 엘리자베스 식의 삶의 내적으로 여겨지지 않을 수 있다는 가능성을 제시하였다.

놀랍게도, 1604년 서머셋 하우스 테이블 한쪽 편에 앉아 있는 5명의 잉글랜드 정치인들은 모두 윌리엄 버드와 관련 있었다. 가장 강력한 프로테스탄트 정치인이자 솔즈베리 백작이었던 로버트 세실(Robert Cecil)은 버드가 남긴 마지막 작품이자 가장 잘 알려진 작품인 파반과 갤리어드(pavan and galliard, 무곡) 피아노 앙상블 중 한 곡을 헌사 받았다.

이 앙상블들은 매우 인기 있어서 튜더 왕조 음악이 대부분 문서 창고로 밀려난 때에도 수세기 동안 감탄과 번안의 대상으로 남았다. 그 곁에는 도싯(Dorset)의 백작 토머스 새크빌(Thomas Sackville)과 그 사촌들인 백작 찰스 하워드(Charles Howard)와 헨리 하워드(Henry Howard)가 있다.

세 사람 모두가 버드의 후견인이었으며, 버드의 신앙적 신념의 변화와 양면성을 서로 다른 정도로 공유하고 있었다. 만일 잉글랜드에서 로마 가톨릭교회가 복원되었다면 그들은 모두 그것을 따랐을 것이다. 마지막 인물은 데븐셔(Devonshire)의 백작 찰스 블런트(Charles Blount)인데, 그가 터무니없이 뽐내던 정부(情婦) 페넬로페 리치(Penelope Rich) 부인에 대한 찬사가 그 시기에 쓰인 버드의 여러 곡들에 들어 있는 것을 좋아했다.

이 잉글랜드 귀족들의 이미지 때문에 버드의 공적 생활은 굴절되었다. 그는 반세기가 넘도록 엘리자베스 여왕과 제임스 왕의 보호를 받는 봉사자로 큰 영예과 특권을 누렸다. 80대에 죽어서는 왕실 예배당 기록에 '음악의 아버지'(a father of music)라고 불렸다. 그는 노래를 잘 해야 하는 이유들의 목록을 작성하면서, 그것이 건강과 연설에 도움이 된다는 것을 먼저 강조하는 실무가였다. 그가 남긴 책들 중 한 권을 보면, 버드는 튜더 시대 법정에서나 쓰는 야만적으로 낡은 노르만식 프랑스어에 익숙했던 것 같다.

그는 계속되는 소송에서 체면을 중시하는 엘리자베스 시대의 신사처럼 이 말을 정말 열심히 활용했다. 그가 이렇게 특이한 영어로 된 법률 문서를 가지고 있다는 것은 버드의 특이함(섬나라 근성)을 상징한다. 그리고 그의 어느 이탈리아어 노래의 서투른 가사는 그가 이탈리어 어법을 전혀 몰랐다는 것을 잘 보여 준다.

버드는 외국 여행을 한 적이 없었기에 활동적이고 로마 가톨릭 친화적인 많은 잉글랜드 젊은이들과 달리, 1563년 트렌트 공의회의 목적을 계승한 유럽 본토의 반종교개혁 결과를 경험하지 못했다.

서머셋 하우스 그림 역시 윌리엄 버드의 절반일 뿐이다. 맥카시의 출판인들이 뒷표지 그림까지 예산에 넣었다면 필자는 런던 북쪽 변두리에서 볼 수 있는 빈 잔디밭을 권했을 것이다. 그곳은 월섬 홀리 크로스(Waltham Holy Cross)에 있는 거대한 로마네스크사원교회(Romanesque Abbey Church)의 자리이다. 그곳 잔디 서쪽 끝에 인접한 큰 교구교회를 무심코 들른 사람들은 그곳을 사라진 건물의 일부로 오해한다. 그 수도원은 폐쇄되었고 버드가 태어난 무렵인 1540년에 철거되었다. 월섬은 헨리 8세에 의해 해체된 잉글랜드의 마지막 토박이 수도원 건물이다.

따라서 버드는 자신의 동료이자 친구인 토머스 탤리스(Thomas Tallis)와 달리 그 울려 퍼지는 소리를 결코 경험하지 못했을 것이다. 훗날 버드의 막내아들의 대부였던 토머스 탤리스는 월섬 사원이 파괴되었을 때, 자신의 오르간 연주자 일을 잃었다. 하지만 그는 사려 깊게도 사원 도서관에 있던 음악 이론에 관한 오래된 문서들을 숨겨두었다.

버드는 친구 탤리스를 잃은 것보나 친구가 속한 세계를 잃어버린 것을 슬퍼했다. 맥카시는 "그의 향수(nostalgia)는 그가 전혀 알지 못한 것을 향한 한 젊은이의 그리움이었다"고 예리하게 평했다.[1] 창작의 열정에 휩싸인 버드가 더 진전하지 못한 잉글랜드 로마 가톨릭 음악의 미래를 창조했다고 할 수도 있을 것이다.

잉글랜드 로마 가톨릭교회는 3세기 동안 그의 작품을 사용할 잠재력이나 영향력을 갖지 못했다. 당시에는 그들 대부분이 그러지 못했다. 버드는 미사의 '고유' 부분을 구성하는 수많은 합창 단편들을 작곡하는 것을 기뻐했다.

그 가사 부분들은 "키리에"(Kyrie)에서 "아그누스 데이"(Agnus Dei)에 이르는 미사 통상문(변하지 않는 핵심 부분)에서 로마 가톨릭교회 전례력의 복잡한 전개 내내, 문자 그대로 효과 음악을 조성했다. 늦게 출간된 그의 두 개의 작품집, 『그라줄리아』(Gradualia)에는 특별한 경우를 위해 쓴 109개 이상의 작품이 들어 있는데, 대부분 2분을 넘지 않는다. 하지만 예배에 대한 일체의 호화스러운 조치는 그의 평생 동안 잉글랜드에서 불법이었다. 거행하는 사람이나 참석하는 사람까지도 처형될 수 있었다.

버드는 잉글랜드 역사상 유례 없는 교회 음악의 혼란기를 살았다. 17세기 내전도 튜더 왕조에 속한 네 명의 왕들의 모든 업적인 그런 운명의 급반전을 연속으로 일으키지 않았다. 헨리 8세의 마지막 몇 년간, 아직 어렸던 버드는 수도원 해산 이후, 왕이 허락한 로마 가톨릭 신앙 관행에서의 삶이 서서히 벗어나는 것을 목격했다.

에드워드 6세는 이 로마 가톨릭 전통에 대한 대대적 공세를 열렬히 주도했다. 만약 그가 십대에 죽지 않았다면 아마도 교회 음악가들을 보호해 온 대성당들, 교회 오르간, 그리고 운율적 시편(metrical psalms)들보다 더 정교한 예배 음악들을 모조리 없애 버렸을 것이다. 잉글랜드 종교는 향후 수십 년간 스코틀랜드 개혁파의 모습과 비슷했을 것이다.

메리 여왕은 로마 가톨릭교회 예식뿐 아니라 반종교개혁으로 향하게 될 새로운 실험들을 장려했다. 그 징조 중 하나가 바로 십대였던 윌리엄 버드가 쓴 부활절 전야 성가 한 편이다. 이것은 자신보다 훨씬 나이 든 작곡가들과의 흥미롭고 흔치 않은 협력으로 만든 것이다.

그럼에도 불구하고 메리는 이복형제보다 훨씬 짧게 권력을 누렸고, 잉글랜드의 로마 가톨릭 체제는 그녀와 함께 사멸했다. 엘리자베스 여왕은 에드워드 6세 치하의 마지막 시기, 곧 최악의 파괴적인 시기로의 복귀를 연상시키는 개혁파 프로테스탄티즘(Reformed Protestantism)을 복원했다.

그것은 1552~3년에 그가 허가한 것과 사실상 동일한 1559-1663년 의회와 총회 법령에서의 『공중기도서』와 신학 진술에 근거한 것이다. 하지만 엘리자베스는 에드워드 6세가 아니었다. 그녀는 항상 자신을 지키기 위한 감각, 즉 다소 신비한 종교적 신념들을 가지고 있었다. 그것은 조용히 자기 길을 가는 가장 효과적인 방법이었다.

그녀는 로마 가톨릭교회와 프로테스탄트를 불문하고 그녀의 가신들의 기대를 좌절시켰는데, 그것은 엘리자베스 종교화해(Elizabethan settlement)에 의해서가 아니라, 그 다음에 일어나지 않은 일에 의해서였다. 음악은 그녀의 강렬한 열정 중 하나였다. 그녀 개인의 종교적 즐거움은 파이프 오르간 반주의 정성스런 합창곡이 포함된 왕실 예배당에서 얻었다. 그 합창곡은 살아남은 더 큰 교회들에게 모범으로 보전되었다. 교구교회 성가대는 전국적인 제네바 시편(Geneva psalms) 체제에 굴복하지 않는 한 사라져 버린 반면, 대성당과 합창단은 큰 변동 없이 윈섬 수도원처럼 지붕이 벗겨진 채로 있었다.

앞서 언급했듯,[2] 대성당들은 본질적으로 전형적인 개혁파 프로테스탄트에 속한 교회의 예배당과 정반대였다. 잉글랜드국교회는 싫든 좋든 자의식적으로 '로마 가톨릭교회'와 '프로테스탄트' 정체성이 역설적이지만 끊을 수 없는 이중 나선의 신학적 분열로 발전했다.

모든 것은 버드를 넘어 미래에 있었다. 하지만 그의 이력은 새로 설립된 프로테스탄트 잉글랜드국교회에 내재된 모순들과 떨어질 수 없었다. 그가 성년이 되어 처음으로 얻은 일자리는 살아 남은 대성당들 중 한 곳이었다.

당시 링컨(Lincoln)대성당의 주임 사제(참사회장)였던 프란시스 말렛(Francis Mallett)은 한때 크랜머의 대주교였지만, 프로테스탄트가 꺾인 후에는 메리 여왕이 강하게 집착한 로마 가톨릭교회 신부들 중 하나가 되었다. 엘리자베스가 통치하는 동안에도 그가 링컨대성당에서 계속 일할 수 있었던 것은, 비록 로마 가톨릭교도라 하더라도 침묵한 채 가만히 있는 한, 교회에서 자리를 지킬 수 있게 하려는 여왕의 의향을 보여 주는 좋은 사례이다.

버드가 음악에 지나치게 공을 들이므로, 음악을 공급하는 데 심각한 어려움을 겪게 됐을 때, 그의 고난은 대성당 사람들 중 반대파로부터 닥쳤다. 그들의 프로테스탄트 신자들을 향한 불평에 주임 사제 말렛은 소극적으로 앞장섰다(아마도 그는 그리 비밀스런 로마 가톨릭교도가 아니었으므로 분파적인 대성당이 그 음악으로 무엇을 하는지 신경 쓰지 않았을 것이다).

링컨대성당은 이 젊은 작곡가에게 기꺼이 아내를 주었는데, 그녀는 그보다 앞서서 잉글랜드국교회를 기피하는 로마 가톨릭교도가 되었다(프로테스탄트교회의 예배 참석까지 거부했다). 그가 프로테스탄트에서 벗어나 비틀거리게 된 것은 아내로 인한 것일 수 있다. 왜냐하면 그의 형제들은 성 폴대성당(St. Paul's Cathedral)의 성가대원이라는 초기 이력에도 불구하고 잉글랜드국교도로 남았기 때문이다.

1572년 왕실 예배당의 한 귀족이 익사하는 사고가 있었다. 그 공석으로 인해 버드는 링컨대성당의 긴장 관계에서 빠져나올 기회를 얻었다. 버드의 로마 가톨릭교회 신앙이 점점 두드러졌음에도 불구하고, 왕실 예배당은 그가 죽을 때까지 그를 알아보는 군주들의 보호를 받게 해 주었다. 여기서 텔리스와의 우정은 꽃을 피웠고 또 음악 출판을 보증하는 공동 왕실 특허를 중심으로 왕성한 음악적 기업가정신을 창출했다.

버드와 텔리스가 공동으로 제작한 음악적 신상품은 대중에게 크게 호응을 얻지 못해 불안하게 출발했으나, 아마추어 음악 제작이 재미와 함께 가장 고상한 가정오락 중 하나가 되어 시장이 성장하면서, 이것은 확실한 돈벌이가 되었다.

출판된 레퍼토리 중 어떤 것은 위험할 정도로 로마 가톨릭적이었다. 『칸티오네스 사크라이』(Cantiones sacrae, "거룩한 노래들")라고 조심스럽게 중립적 이름을 붙인 작품집을 대강 훑어 보아도 알 수 있었다. 하지만 프로테스탄트의 품위가 여기에 있었다. 교회에서 금지된 음악적 경건(musical piety)이 가정에서는 받아들일 만하다고 여겨졌다. 엘리자베스식 교회 건물에서 발견되는 종교적 형상들보다 가정의 종교적 예술에 대해 훨씬 더 관대했던 것처럼 말이다. 그 레퍼토리의 대부분은 참회의 분위기이다.

맥카시는 『칸티오네스 사크라이』(1589)를 "침울함에 있어서는 19세기까지 경쟁자가 없는 음악 연작"이라고 불렀다.[3] 하지만 우리가 난감한 피투성이의 살인 이야기나 범죄 영화가 나오는 텔레비전을 보면서 거실에 축 늘어져 있는 것처럼, 튜더 시대 가정에서도 그랬다고 생각해 볼 수 있다.

버드가 동시대의 더 젊은 윌리엄 다우랜드(William Dowland)와 같은 비관적인 명성을 얻었다는 증거는 없다. 다우랜드는 "항상 비통해 하는 다우랜드"(Semper Dowland Semper Dolens)라는 기악곡을 쓰면서 하여간 유머러스한 자기 비하의 방법을 보여 주었다. 반대로 버드는 훌륭한 사람들과 반드시 선량하지는 않은 사람들 사이에서 환영받는 만찬 손님이었을 것으로 보인다. 그들도 60년 동안 버드가 신앙고백적으로 잠재해 있는 위험에서 빠져나가도록 도왔을 것이다.

음악가들은 어떤 경우에든 창의성에 매혹되어 이념적 경계를 흐리게 하는 경향이 있다. 16세기 종교개혁이 항상 양쪽 모두가 좋아할 깔끔한 생각으로 쉽게 분류(정리)되는 것은 아니다. 『칸티오네스 사크라이』에 수록된 버드의 호화로운 여섯 파트의 모테트(중세 르네상스 시대 종교 음악으로 주로 사용되던 무반주 다성 성악곡)인 "인펠릭스 에고"(Infelix ego, "불쌍한 나")라는 매혹적인 예가 있다. 피렌체 문예부흥기의 개혁가 기롤라모 사보나롤라(Girolamo Savonarola)가 한 세기 전에 임종 묵상을 붙여 놓은 것이다.

이 괴로움 가득한 가사의 중요성은 무엇이었는가?

그것에 대해 전혀 모른다면, 당신은 잉글랜드국교회를 싫어하는 로마 가톨릭교도로서 자신의 신경을 마비시키기 위해 그것을 사용할 것이다. 하지만 토머스 크랜머(Thomas Cranmer)는 1556년 메리 튜더에 의해 화형당하기 전, 자신의 마지막 진술에 그것을 표절했다. 앞서 이단으로 몰린 사보나롤라의 비슷한 죽음이 종교개혁 이전의 극성스런 잉글랜드 로마 가톨릭교도들 사이에서 그의 책들이 부동의 애독서가 되는 걸 막지 못했다.

이렇게 뒤틀린 역사에 대해 버드는 얼마나 알고 있었을까?

어쨌든 버드가 1590년대에 자신의 로마 가톨릭 신념을 공개적인 잉글랜드국교회 거부로 향할 결심을 했지만, 프로테스탄트교회를 위한 작곡을 그만둔 것은 아니었다. 가장 훌륭한 것 중 하나는 그의 생애 말에 나온 "위대한 예배"(Great Service)인데, 이 곡은 엘리자베스의 마지막 몇 해나 제임스의 첫 해에 작곡되었고, 1922년 더럼대성당(Durham Cathedral) 찬장에서 겨우 재발견되었다. 여기에는 아침 기도(Prayer Book Mattins)와 저녁 기도(Evensong)와 성찬(Holy Communion)을 위한 음악이 들어 있다. 다섯 성부의 두 성가대가 자유롭게 사용한 것으로 보아 왕실 예배당을 위한 것이었음이 확실하다.

19세기까지 성공회 예식에서 성찬 음악은 매우 결핍되어 있었다. 잉글랜드에서 살아남아 사용되는 것은 버드의 아침 기도와 저녁 기도와 몇 안 되는 송가들이다. 그의 아주 쾌활한 시편 번안곡 "오 주여, 당신의 종 엘리자베스 여왕을 주의 능력으로 기뻐하게 하소서"(O Lord, make thy servant Elizabeth our Queen to rejoice in thy strength)는 돌아가는 왕실의 호환성(회전목마) 덕택에 새로운 재생을 맛보았다.

하지만 이 프로테스탄트 레퍼토리 뒤에는 옛 서방교회의 단선율 곡이 숨어 있다. 그 단순한 부분은 엘리자베스대성당에서 『공중기도서』를 노래할 때 여전히 사용되었다. 어떻게 보편적으로 이해되고 실행되었는지에 대해 그 당시 사람들은 우리에게 그 어떤 기록도 애써 남겨 주지 않았다.

버드는 이따금 그 부분들이 "오 주여, 나를 가르치소서"(Teach me, O Lord)에서와 같이, 자신의 잉글랜드 음악에서 더 적극적으로 튀어 나오게 한다. 이것이 그의 가장 잘 알려진 성구 찬송(verse-anthems) 중 하나로, 합창 부분과 번갈아 부르는 솔로로 구성되어 잉글랜드 합창 전통에 끼워 넣을 수 있게 한 형식이나.

이 예에서 합창단은 노골적으로 '순례자 조'(Tonus Peregrinus)로 부른다. 이것은 그 순례자적 이탈에서 아주 비전형적인 시편 조(psalm-tone)의 단선율 곡이다. 버드는 그것을 특별히 좋아했을 것이다. 왜냐하면 그가 매우 자주 사용했던 "성모의 노래"(Magnificats) 중 하나에도 그것이 나오기 때문이다.

우리는 그의 일생 동안 합창 레퍼토리의 두 고백이 얼마나 양분되어 있었는지 바로 잊어버린다. 엘리자베스 여왕조차도 교회 예식에서 합창곡에 라틴어를 사용하는 것을 감히 허용하지 않았다. 더 에큐메니컬한 현 시대에, 버드의 라틴어 음악은 아마도, 특히 그의 미사 장소인 로마 가톨릭교회보다 성공회에 의해 예식에서 더 자주 공연될 것이다.

그 당시 로마 가톨릭교회 작곡가는 미사의 통상문에 예전적 열정의 대부분을 사용하려고 기대했을 것이다. 반종교개혁 때 이탈리아 작곡가 팔레스트리나(Palestrina)는 그런 것을 백 곡 가량 썼다. 버드는 단 세 곡을 썼지만 모두 삼중창곡(a trio)이다. 그 가운데 3, 4, 5부는 1590년대 몇 년 동안의 것인데, 위험에도 불구하고 최소한의 작곡자 재량으로 바로 즉시 출판되었다.

이것들은 19세기 이전 최후의 주요 잉글랜드 로마 가톨릭 미사곡들이다. 하지만 그것들은 전통의 종말이 아니며 이전에 지나간 것에 대한 경의가 부족한 점에서 놀랄만한 것이다. 분명히, 버드는 그것을 단선율 곡으로 내버려두지 않고 잉글랜드 전례 관행에서 처음으로 키리에를 합창으로 넣었다. 확실히, 그의 그 삼중창 키리에를 부르는 합창단은 그 곡이 거의 미안할 정도로 짧다는 데 당황한다.

틀림없이, 실제로 버드는 이전 시대로 이어지는 음악적 다리 같은 것을 창조하며, 단선율 영창을 교체하기 위해 세 개의 엄숙한 화음을 연속하도록 의도했을 것이다. 시작되는 요소인 미사의 고유한 세 부분 후에, 나머지 부분의 화려한 운동적 독창성은 세 목소리들보다 훨씬 더 조밀한 질감의 환상을 준다. 하지만 그것은 숙달된(경험 많은) 가수들에 의해 쉽게 유지된다. 마치 신도들이 아주 조심스러운 모임을 위해 눈에 띄지 않게 시골집에 도착하는 것과 같이 말이다.

맥카시는 첫 출판본에서 기술적 징후들을 흥미롭게 지적한다. 버드의 세 미사곡들은 낮고 조용한 소리로(sotto voce) 하는 평(平)미사(a low Mass)를 멈추지 않고 거행할 수 있었다. 신성한 일에 장엄한 의식을 더하는 것은 프로테스탄트 박해에 용감하게 저항하는 것이지만, 그럼에도 불구하고 그것은 가능한 빨리 끝나야 했다.

버드의 건반 음악은 이념적으로는 덜 무겁지만 그만큼 오르간과 버지널(virginal: 하프시코드의 일종)을 위한 잉글랜드 작곡의 새 시대를 대표한다. 이것은 흥미로운 기술 혁신을 기반으로 하지 않았다. 이어진 두 세기 동안 잉글랜드의 오르간 제작자들은 유럽 본토의 경쟁자들이 그들의 악기에 집어 넣은 소리의 다양성이 증가하는 데 결심한 듯 관심을 두지 않았다.

그래서 장 티틀루즈(Jean Titelouze)의 단선율 곡 묵상에서 보이는 프랑스식 낭만적 연출이나 얀 피에테르쯔(Jan Pietersz)의 호화롭게 퍼져 가는 음향 효과 같은 것이 버드에게는 거의 없다. 스베일링크는 네덜란드 음악 애호가들을 즐겁게 했다.

버드의 건반 창조성은 버지널이나 기타 악기보다 오르간을 위해 특별히 고안된 작업을 제안하는 일이 거의 없지만 60년 넘게 소리 세계의 변화를 대표한다. 처음에 토머스 탤리스의 더 길어진 건반 구성은 단선율 주제 "펠릭스 남꾸에"(Felix namque, "기뻐하라")를 둘러싼 변형으로 짜인 것이었다. 지적으로 독창적이지만, 솔직히 연주하거나 감상하기에 절망적으로 단조롭고 따분하다.

그 다른 쪽 끝은 만화경 같은 분위기인데, 버드, 존 불(John Bull), 올랜도 기번스(Orlando Gibbons)가 1612년 상업적으로 잘 팔리는 제임스 1세의 딸 엘리자베스 공주를 위한 결혼 선물로 기민하게 정리한 작품으로, 『파르테니아, 혹은 처녀를 위해 제작된 최초의 뮤지케의 메이든헤드』 (Parthenia, or the Maydenhead of the first musicke that ever was printed for the Virginalls)였다. 그 사이 수십 년 동안 수많은 건반 작품이 그 무게 중심을 교회 반주에서 가정오락으로 옮겼다. 가장 신나는 곡 중 하나는 "우트 레 미파솔라"(Ut re mi fa sol la)로 불리는 버드의 곡이다.

버드는 건반을 배우기 시작한 아이들을 북돋우기 위해 이 곡을 쓴 것이 분명하다. 작은 손가락들이 건반을 고르면서 높은 음계를 천천히 오르내린다. 가정 교사(버드의 아버지?) 아래서 더 격렬한 변주들을 꾸준히 연주하다가, "숲은 참 거칠고"(The Woods so Wild)의 흥겨운 댄스 리듬으로 끝내는데, 어떤 여섯 살 아이라도 만족시킬 만큼 사정없이 반복한다.

이러한 아동기 음악교육의 기쁨이 현대에도 고동친다. 맥카시는 조셉 커만(Joseph Kerman)의 평가를 상기시켜 17세기 유럽 음악에서 버드는 20세기의 아놀드 쇤베르크(Arnold Schoenberg)와 같다고 하지만,[4] 더 흥미로운 비교 대상은 벤자민 브리튼(Benjamin Britten)이다. 두 사람에게는 버드가 링컨대성당에서의 사건과 평생의 소송에서 보여준 것과 같은 호전성과 깊은 우정에 대한 남다른 능력의 조합이 있다.

우리가 보았듯이 버드의 이력은 다른 음악가들과의 협력으로 흩어져 버렸다. 그래서 그의 이름은 항상 브리튼과 마찬가지로 당대의 음악가들과 연주자들과 연결되어 있었다. 이런 면은 앨드버러(Aldeburgh)의 명백한 상대(브리튼)를 넘어선다. 그러나 두 사람은 그 이상으로 그들의 내부자/외부자 또는 국교도(conformist)/비국교도(nonconformist) 상태에 있어서 매력적이었다.

버드의 경우 그것은 서머셋 하우스의 단체 초상화와 월섬 수도원 교회의 빈 잔디밭이 대조되어 상징하는 고백적 신앙이었다. 브리튼에게 그것은 로마 가톨릭교회 신앙이 아니라 동성애였다. 튜더와 스튜어트 초기 잉글랜드에서 버드가 성인기를 보내는 내내, 대다수 사람들은 교황주의자들(papists)을 대할 때, 마치 20세기 중반 영국에서 남자 동성애자들(pansies)을 향해 혐오와 두려움과 은밀한 매혹이 뒤섞인 눈빛으로 보는 것과 같은 방식으로 바라보았다.

그리고 엘리자베스 시대의 소수 로마 가톨릭교도들은 오늘날 나이든 동성애자들(gay men and lesbians)이라면 눈치 챌 수 있는 숨김과 얼버무림과 은밀한 자랑과 비밀 연락망이 뒤섞인 채 행동했다. 결국 똑같이 훈장(OM and CH)으로 동료가 된 버드와 브리튼은 둘 다 엘리자베스 여왕과 개인적 친분 덕택에 박해의 한복판에서 매력적인 삶을 누렸다.

이 두 쌍둥이 천재가 끊임없이 경험한 도덕적, 사회적 딜레마가 없었다면 우리는 그런 비범하고 상반되는 빛나는 음악 유산을 가지지 못했을 것이다. 음악계에 대한 잉글랜드의 독특한 기여는 4세기 동안 이어졌다.

제13장

킹 제임스 역 이전의 성경

15세기에 잉글랜드의 공식교회(official Church in England)는 롤라드파로 알려진 비국교도 운동을 말살하는 데에 주목할 만한 성공을 이루었다. 그 결과 교회는 영어로 된 성경을 모두 없애버렸다. 롤라드 성경 번역본을 읽을 수 있는 자격은 원칙적으로 그것을 읽고도 아무런 나쁜 결과를 낳지 않을 신뢰할 만한 사람들에게만 제한되었다. 말하자면 승인된 소수의 학자들과 젠트리(gentry) 계급이었다.

그 이후, 잉글랜드에는 자국어 성경 보급이 되지 않은 반면, 다른 서부 유럽에서는 교황 레오 10세(Pope Leo X)를 비롯하여 성직자들의 단속과 금지에도 불구하고 자국어 성경이 급속도로 퍼져 나갔다.

1466년부터 1522년까지 고지 독일과 저지 독일에는 22개의 성경 역본이 출판되었다. 1471년에 이탈리아어 성경이 나왔고, 1477년에는 네덜란드어 성경이, 1478년에는 스페인어 성경이, 또한, 그 무렵에 체코어 성경이, 그리고 1492년에는 카탈로니아어 성경이 나왔다. 잉글랜드에서는, 진작부터 가능했던 인쇄술 덕분에 불가타(Vulgate) 성경만 출판되고 있었다.

1520년까지 유럽 전역에 걸쳐 156개의 라틴어 역본이 출판되었으며, 잉글랜드처럼 법규가 잘 정비된 서방교회에서는 교육받은 사제라면 누구나 라틴어 역본이 한 권씩 있었다.[1]

전통적인 라틴어 불가타 성경의 경우에는 프로테스탄트들 사이에서도 그에 필적할 만한 라틴어 역본이 없었다. 15세기 후반에, 새로운 신앙을 전투적으로 수호하던 존 낙스의 친구 애니 보건(Anne Vaughan)은 청교도 설교자 에드워드 데링(Edward Dering)의 부인이었는데, 불가타 성경을 사용하여 시편의 찬송들을 발췌하여 부르곤 했다.[2]

데시데리우스 에라스무스의 성경신학은 기존에 잉글랜드에 있었던 모든 성경 전통과 전혀 달랐다. 에라스무스가 1516년에 신약성경을 라틴어로 새로 번역하여 출판했을 때, 그는 헬라어 원문으로 돌아갔다. 성경 주석을 할 때에는, 그의 강조점이 첫 다섯 세기의 초기 주석가들에게 있었다(그중에서 가장 두드러진 주석가는 오리겐이었다). 그래서 에라스무스의 저서는 중세의 주요 주석가들을 많이 언급하지 않는 것이 특징이다. 이러한 태도는 윌리엄 틴데일(William Tyndle)에게서도 마찬가지였다.

그는 튜더 왕조 최초의 가장 뛰어난 성경 번역자였다. 그러나 신성 로마 제국 황제의 손에 의해, 그리고 헨리 8세에 의해 간접적으로 부당한 사형 판결이 내려짐으로써, 그의 번역은 신약성경과 모세오경을 넘지 못했다. 틴데일은 잉글랜드 서부 웨일즈 접경의 포레스트 오브 딘(Forest of Dean) 출신이었으므로, 그가 성경 번역에 마음이 끌렸던 이유가 어린 시절 장터에서 웨일즈어와 영어로 시끌시끌하던 분위기의 영향을 받았기 때문일 수도 있다고 충분히 상상해봄직하다.[3]

틴데일은 모든 영어 성경 번역본의 시조이다. 특히 1611년 번역본에 대해서 그렇다. 틴데일의 전기 작가 데이비드 다니엘(David Daniell)

은 "승인된 신약성경 번역본의 십중팔구는 틴데일의 것이다"⁴라고 지적했다.

이 개척자가 어떻게 그렇게 탁월한 학자이자 문장가였는지는 알 수 없다. 그러나 이 포레스트 오브 딘 사람은 언어의 미식가였다. 그래서 그는 구약성경 번역을 시작했을 때, 히브리어와 영어가 히브리어와 헬라어보다 훨씬 더 서로 잘 어울린다는 점을 발견했다. 틴데일은 루터가 1520년대에 비텐베르크에서 이루어내고 있던 일을 존경했으며, 1520년대 말에 망명 생활을 하는 동안에는 그 도시를 방문한 적도 있었다.

하지만 틴데일은 틴데일만의 개성이 있었다. 신약성경을 번역할 때, 틴데일은 각 권에 대한 루터의 서문을 대체로 따랐지만, 율법의 책인 모세 오경을 번역하게 되었을 때에는 그 책의 가치에 대해 루터와 다르게 평가하기 시작했다. 루터는 율법의 역할과 복음의 역할을 강하게 대조시켰기에, 틴데일은 더 이상 루터의 독일어 성경 서문을 따르지 않고, 자기만의 생각으로 대체했다.

1520년대와 1530년대에 은밀하게 읽고 토론하는 동안, 틴데일이 아직 완성하지 못한 성경 번역은 그때까지 잉글랜드에서 사실상 아직 공적인 복음 설교 사역을 하지 못하고 있던 사람들의 상상력에 공을 들였다. 헨리 8세와 로마 교황 사이의 다툼이 있기 전인 1520년대에도 잉글랜드에서는 성직 수임에 있어서 눈에 띄게 전국적인 감소가 있었다는 사실이 중요하다. 아마도 전통적인 교회가 성직자로서의 직업에 대한 매력을 느끼지 못하게 해 주었던 것 같다.

틴데일이 순교당한 1536년 무렵, 도서 시장이 크게 발달하지 못한 약 250만 명 정도 인구의 잉글랜드에서, 그의 번역 성경이 약 16,000부 정도 퍼져 나갔다.⁵

헨리 8세 시대에 새롭게 선보인 이 자국어 성경의 등장은 잉글랜드 왕이 잉글랜드 내에서 꾀하던 종교적 변화 문제를 둘러싸고 매우 복잡한 형국을 띠고 있었다. 왜냐하면, 국왕과 주요 성직자들 그리고 일반 정치인들 모두가 종교개혁가들의 열정적인 신학 주장들과는 동떨어진 문제에서 발단한 왕과 로마 교황의 다툼과 분열의 의미에 대해 골몰하고 있었기 때문이다.

전통주의자들이 프로테스탄트를 가리켜 '신지식'(New Learning)이라고 비웃었지만, 전통주의 신앙을 고수하는 사람들 중에서도 많은 주요 인물들은 잉글랜드가 좋은 자국어 로마 가톨릭 버전을 가지고 있지 못한 것이 얼마나 이상한 일인지 잘 알고 있었다. 1520년대 잉글랜드 주교들 중에서 가장 주요한 학자였던 존 피셔(John Fisher) 주교는 1527년 말에 그런 계획에 찬성하였으며, 틴데일과 격렬한 논쟁을 했던 토머스 모어(Thomas More)도 성경 번역을 원칙적으로 적극 지지했다. 모어는 교회가 허락하기만 한다면 주교들 중에서 그의 친구들이 그러한 번역 계획을 허락할 준비가 되어 있다고 주장했다.[6]

그러나 그와 동시에, 런던의 커스버트 턴스틸(Cuthbert Tunstall) 주교는 피셔처럼 인문주의 훈련을 받은 자로서 틴데일의 신약성경을 불사르기 위해 마구 사들였다. 이 행동은 역사적인 기록으로 볼 때 왕실의 후원을 받아 '신지식'에 의해 오염되지 않은 대체 작업을 시작하려던 처음의 미온적인 노력보다 훨씬 강력한 것이었다.

1530년 6월 22일, 챈슬러 모어(Chancellor More)가 주도한 왕실의 선언은 현존하는 모든 번역이 반드시 주교들에게 복종해야 할 뿐 아니라, '현재의 악한 일들과 관련해서' 성경이 믿을 만한 설교로 해설되어야 한다고 선언했다. 즉, 성경이 일반인의 수중에 들어갈 필요가 없다는 것이었다. 만일 틴데일의 성경과 '다른 모든 이단서들'이 포기된다면, 그때 비로소 왕이 '탁월하고 학식 있는 로마 가톨릭 인사들'에 의한 성경 번역을 허락하게 될 것이었다. 이와 같이 매우 조건적인 제안은, 영어 자국어 성경 번역이 진작 이루어졌어야 했다고 말한 모어의 옛 발언을 뒤집는 것이었다.[7]

기존의 주교 체제의 감독 아래 공식적으로 성경을 번역하겠다는 이야기는 10년 후까지 계속되었다. 1534년 12월 19일, 사려 깊은 복음주의자 토머스 크랜머가 캔터베리 대주교가 되었을 때, 캔터베리 대주교구회의는 1530년 선언을 긍정적인 방향으로 추진하여, 이단적인 책들을 금지할 뿐 아니라 새로운 번역을 하도록 왕에게 청원했다.[8]

엘리자베스 1세의 대주교 매튜 파커(Matthew Parker)가 나중에 회상한 바에 의하면, 엄격한 전통주의자였던 윈체스터 주교 스티븐 가드너(Stephen Gardiner)는 이 조치에 반대하려고 그가 할 수 있는 모든 것을 다 했다. 하지만, 대주교구회의의 청원이 있은 지 6개월 후, 가드너는 결국 대주교구회의가 자신에게 맡긴 누가복음과 요한복음 번역 작업으로 인해 몹시 고단한 지경에 이르게 되었다.[9]

사실, 1535년 여름은, 헨리 8세가 앤 볼린 여왕과의 결혼이 순조롭게 진행되고 있는데다가 복음주의자들에게 매우 호의적이었던 때였기에, 영어 성경에 대해서도 호의적일 수 있는 적기였다. 새로운 상황을 그리 달갑지 않게 생각하던 어느 보수적인 런던 역사가는 "그해 신약을 영어로 번역하기 시작했다"라고 기록했다.[10]

종교 문제에 관해 전혀 예측 불가하던 헨리 8세는 처음에 첫 성경이 대영 제도에 출판되도록 위임했다. 물론 영어가 아니라 불가타 구약성경으로부터 선택적으로 편집한 것과 신약성경 전체를 라틴어로 출판하게 하는 것이었다. 헨리 8세는 이 계획에 지대한 관심을 가졌으며, 친히 개인적인 서문을 쓰되 읽기 쉬운 서체를 직접 선택했다(그는

비록 신하들에게는 알리지 않았지만, 시력에 문제가 생기기 시작하여 안경을 쓰고 읽어야 했다).[11]

이 야심찬 왕실의 사업은 헨리 8세의 왕국 전체에 걸쳐 퍼져 나가던 자국어 성경에 비해 막다른 지경에 이르렀다. 자국어 성경 번역은 대체로 주교들에 의해 이루어진 것이 아님에도 불구하고 말이다. 1534년 대주교구회의에서 여러 목사들에게 할당된 성경의 모든 부분들이 실종된 사실은 잉글랜드 종교개혁 학문에서 신비 중 하나로 남아 있으며, 어떤 사람은 이러한 노력들이 그것을 기획한 사람들이 주장하는 것만큼 완전하지 않았을 것이라고 의심한다.

분명히 1537년에 대주교 크랜머는 '최후의 심판 날이 되기 전까지' 결코 감독들이 번역을 마치지 못할 것이라고 냉소적으로 평가하면서, 이제는 그에 대응하여 완성된 성경을 공식적으로 사용해야 한다고 열정적으로 주장했다. 즉, 롤라드 시대 이후 첫 번째 영어 성경을 가리키는 것이었다.[12]

헨리 8세에게 낙관하여 헌정된 첫 번째 번역본은 1535년 여름 앤트워프출판사(Antwerp Press)에 의해 모습을 드러내는데, 틴데일이 완성하지 못한 것을 망명자 어거스틴 수도회 수도사 마일즈 카버데일(Miles Coverdale)이 완성한 성경이었다.[13] 불과 1년 후에, 토머스 크랜머는 그가 새롭게 얻은 대리자로서의 권력을 이용하여 영어 성경과 라틴어 성경을 모든 교회에 공급하라는 명령을 발표했다.

그러므로 헨리 8세가 발췌한 불가타 성경은 라틴어 성경을 만족시켰고, 카버데일의 번역본은 유일하게 사용할 수 있는 영어 성경이었다. 그 성경 대부분을 번역한 틴데일은 그해에 붙잡혀 브뤼셀에 있는 황제의 위정자들에게 사형을 당했다. 사실 이 계획은 런던 주교뿐 아니라 크롬웰이 이름을 빌려 활동하던 헨리 8세까지 연루되어 있었음에도 말이다. 사실, 이것은 헨리 8세의 뒤얽힌 종교 정책을 특징짓는 수많은 아이러니들 중 하나다.

이 모순은 (대리인 크랜머의 명령에 대해 전통주의 고위 성직자들의 수없이 많은 수동적 저항이 있은 후) 1537년부터 1538년까지 그 명령이 더 강화되고 반복되었을 때 더 깊어졌다. 아마도 왕은 자기가 점점 더 미워하고 죽음으로까지 몰아 넣은 사람의 번역본이 그의 권력을 빌어 더욱 널리 사용되고 있었다는 사실을 깨닫지 못했던 것 같다.[14]

크랜머와 크롬웰 덕분에, 헨리 8세는 이제 더 확장된 서문과 주석을 포함하여 완전한 카버데일 번역본을 보급할 수 있는 왕실의 허가권을 사실상 부여하고 있었다. 편집은 이전에 틴데일의 번역본 동역자였던 존 로저스(John Rogers)가 담당했다. 다만 그는 토머스 매튜(Thomas Matthew)라는 가명으로 일했다. 아마도 그 가명은 로저스가 1535년판 첫 프랑스 프로테스탄트 성경으로부터 뽑아내어 번역한 주제별 성경의 편집자 이름의 알파벳을 재조합해서 만들어낸 이름일 것이다.[15]

매튜 성경에 연이어, 카버데일은 헨리 8세의 임기 말에 전통주의자들이 계속해서 개정하려고 노력했음에도 여전히 20년 이상 그대로 남아 있던 자신의 완역본을 다시 한번 개정했다. 이 성경은 대성경(Great Bible)이라는 이름을 얻었다. 1541년에 대주교가 쓴 서문 덕분에, 이 성경은 종종 사실과 다르게 '크랜머의 성경'('Cranmer's Bible)이라고 불려왔다. 헨리 8세 시대에 출판된 다른 모든 역본들에 비해, 이 성경은 공식 번역본으로서의 영예를 훨씬 더 많이 얻었다. 1540년 헨리 8세와 클레브의 앤(Anee of Cleves)의 불길한 결혼을 낙관적으로 준비하던 시기였기 때문에 그 덕을 보았다.

성 제임스 궁전(St. James's Palace) 왕실 예배당 천정은 정확히 이 시기에 만들어졌는데, 그 위에는 왕실과 왕조의 상징들 외에 유일하게

"VERBUM DEI"(하나님의 말씀)이라는 글귀가 다섯 번이나 쓰여 있다. 그런데 이 글귀가 대성경의 유명한 겉표지에도 여러 번 쓰여 있다. 이것은 사람들이 흔히 말하는 것처럼 한스 홀바인(Hans Holbein)이 디자인한 것이 아니라, 프랑스 명인 조각가가 디자인한 것이었다.[16]

대성경 겉표지에서 왕은 성직자들과 평신도들에게 성경을 하사하는 자애로운 왕으로 묘사되고 있고, 사회 각 계층이 그 다음 계층에 이것을 전달하는 모습도 있다. 그리고 모든 계층은 머리에 무엇을 쓰느냐 그렇지 않느냐에 따라 신분의 높고 낮음을 표시하고 있다. 이 그림은 왕국의 계급 구조를 잘 보여 주는 그림이다. 그림 오른쪽 하단에 감옥이 있어서, 이 계급 구조를 위반하는 사람들과, 그 말씀을 수여하는 자가 해석해 주는 하나님의 자비에 대한 복된 소식을 거절하는 사람들이 그곳에 갇히게 될 것이라는 위협을 주고 있다.

그 말씀의 가장 놀라운 특징들 중 하나는, 역대하 36:8에서 유다 왕 여호야김이 지은 많은 죄 위에 한 가지 죄를 더 추가함으로써 성경 원문을 실제적으로 부연 설명하고 있는 것이다. 즉, 여호야김은 새긴 우상을 허용했다는 사실이다. 로마 가톨릭교도들은 이 불필요한 복음주의적 견해를 보았을 때 매우 기뻤다.[17]

1540년에 크롬웰이 실각하고 처형된 이후에도(대성경 겉표지에 있던 크롬웰의 얼굴은 흰색 타원형으로 지워져 있다; 삽화 7을 보라), 헨리 8세는 1541년 선언에서 각 교구에 성경을 보급하라고 촉구하고 만일 불복할 경우 벌금을 부과하겠다고 경고했다.[18] 그러나 그의 열정에도 불구하고, 모든 사람이 감옥 그림의 의미를 깨달은 것은 아니었다. 1539년 이후 헨리 8세는 왕국 내 여러 교회들에서 성경을 무분별하게 공적으로 읽는 것에 대해 줄곧 불평했으며, 하층민들이 성경을 무책임하게 읽고 나서 급진적 사고를 갖게 될 가능성 때문에 걱정했다.

삽화 7

대성경(The Great Bible). 헨리 8세가 인준. 1541년판에서, 그림 오른쪽에 빈 동그라미 부분은 토머스 크랜머가 사형을 당한 후 그를 지워버린 끔찍한 행태를 보여 준다. 대주교 크랜머의 팔들은 손대지 않고 남아 있다.

1543년에 헨리 8세는 의회를 압박하여 상류 계급 사람들만(별로 기뻐하지는 않을 것 같지만) 성경 전체를 읽을 수 있다는 법을 만들게 했다. 흥미롭게도, 같은 해에 스코틀랜드 의회는 제임스 5세 사후 교회 개혁을 생각하던 정부가 지배하고 있었는데, 평민들이 성경을 소유할 수 있게 허용하는 법을 최초로 통과시켰다.

그러므로 잉글랜드에서는 새롭게 금지된 성경 소유가 스코틀랜드인들에게는 새롭게 허용된 것이었다. 이 시기는 성경 소유가 허용된 매우 짧은 기간이었다. 1530년대와 1540년대에 연이은 스코틀랜드 정부는 거의 대부분의 기간 동안 종교개혁에 적대적이어서 그 성장을 막기 위해 모든 노력을 다했다. 물론, 성공을 거둔 것은 단기에 불과하지만 말이다.

에드워드 6세 치하에서 더 많이 누린 복음주의의 자유는 대성경 이전에 만들어진 여러 성경들의 새로운 역본들을 만들어냈다. 이 역본들에는 스위스와 제네바의 프로테스탄트교회들에서 한창 새롭게 일고 있던 신학적 출발을 고려하는 신선한 주석이 달려 있었다. 특히, 불링거와 칼빈이 1549년에 『취리히 협의서』(Consensus Tigurinus)라는 이름으로 이뤄낸 성만찬 합의서 내용도 들어 있었다.

그 무렵, 제네바와 그곳에 있던 대규모 프랑스인 망명자 공동체는 유럽 종교개혁에서 주요 세력을 부상했다. 프랑스어 성경 출판업자 로버트 에스틴(Robert Estienne) 또는 스테파누스(Stephanus)가 오늘날까지 프로테스탄트 성경은 물론 로마 가톨릭 성경에까지 표기된 장절 구분 체계를 처음으로 적용해서 프랑스어 신약성경을 출판한 곳이 제네바였다. 1550년대 말에 메리 여왕의 로마 가톨릭 잉글랜드로부터 망명을 한 수많은 잉글랜드인들은 이 방식을 도입하여 새 번역본을 출판했다.

메리가 죽은 후 1560년에 마침내 완역본으로 출판된 이 제네바 성경(Geneva Bible)은 제네바 출판 산업의 전체 규모를 보여 주었다. 즉, 이 성경은 그 도시의 가장 큰 수입원이었다. 이 성경은 영어 사용권 시장 전체를 의도적으로 겨냥하여 대중적 역본으로 기획되었다.

따라서 4절판으로 된 강대상용 성경이 아니었으며, 개인적인 성경 공부에 도움이 되는 내용을 최대한 실었다. 단순히 장절 구분만 된 것이 아니라, 이스라엘과 에덴동신 지도, 그리고 난외주 능도 포함시켰다. 이 성경은 칼빈과 그의 동료 테오도레 베자(Theodore Beza) 등 탁월한 학자들을 자랑하던 도시에서 가능했던 훌륭한 성경신학에 기반을 둔 것이었다.

따라서 기존 영어 역본들에 대한 홍미로운 개선 사항들이 있었다. 예를 들어, 창세기 3:7을 "그들이 무화과나무 잎을 엮어 반바지를 만들었다"고 번역한 유명한 '반바지'(breeches) 번역을 비롯해 많은 것들이 있었다. 종종 역본들은 운율이 있는 예배용 시편과 함께 제본하기도 하고, 드물게는 『공중기도서』중에서 상당 부분을 삭제하여 함께 제본하기도 함으로써 가정에서 예배하고 교육하기에 적합하게 만들어졌다.

제네바 성경이 모국에 보급되기까지는 처음에 시간이 좀 걸렸다. 그러나 1576년에 처음으로 영어로 출판된 이후 공적으로 낭독하는 경우에 가장 선호하는 성경이 되었다. 잉글랜드국교회는 1568년에 '주교들의 성경'으로 알려진 대성경 개정판을 제작하여 예배용으로 사용할 수 있게 권위 있는 2절판으로 만들었지만, 그렇다고 해서 제네바 성경과 이 성경이 반드시 서로 경쟁적인 성경이었다고 볼 필요는 없다.

사람들은 교회에서 한 가지 역본을 듣고, 집에서는 다른 역본을 사용하게 될 것을 기대했다. 셰익스피어는 분명히 이 두 가지 역본을 모두 그의 희곡에 인용했다. 제네바 성경의 가장 중요한 특징 중 하나는 그것이 스코틀랜드장로교회에서 사용되었다는 사실이다.

스코틀랜드장로교회는 1560년 요란한 종교개혁 이후, 개혁파 프로테스탄트 변화에 대한 열정에 있어서 칼빈보다 더 칼빈주의적인 경향이 있었다. 제네바에서 영감을 받은『공동 예식서』(Book of Common Order)와 함께 스코틀랜드가 제네바 성경을 받아들인 것은, 잉글랜드 주변 왕국 예배에서 사용된 공식적인 영어가 에든버러 저지 스코틀랜드어가 아니라 런던의 영어였다는 의미가 있다. 이것은 수 세기 동안 서로 적대적이었던 두 개의 정책을 하나의 공통된 프로테스탄트 목적에 통합하는 출발점이었다.

로마 가톨릭교회는 일반인이 자국어 성경을 사용하는 것에 대해 매우 회의적이었다. 비록 북부 유럽에서는 그것을 공개적으로 금지시킬 수 없었지만, 남부 유럽에서는 일반적으로 금지시키게 되었기 때문에 (심지어 메리 여왕의 튜더 왕조도 자국어 성경 읽기를 모두 금지시키는 대신 대성경을 그녀의 교회들에서 추방시키도록 명령하는 선에서 조치했다), 로마 가톨릭교도들은 성경 읽기를 주로 프로테스탄트와 논쟁하는 데 꼭 필요한 신앙고백적 수단으로 보았다. 그 결과, 잉글랜드의 로마 가톨릭교도들이 드웨(Douai)와 랭스(Reims)에서 망명을 하는 동안 처음으로 영어 성경 번역본을 만들어 냈을 때, 그 역본은 일반인들이 읽도록 하기 위한 것이 아니라, 사제들이 논쟁의 무기로 사용하도록 하기 위한 것이었다.

1582년판 랭스 신약성경(Reims New Testament) 겉표지와 서문은 이것을 명시적으로 선언했다. 출판된 로마 가톨릭 문학들에서 논쟁이 된 부분은, 프로테스탄트 영어 성경에 어떤 저의가 있는 구절들을 지적해 내는 것과, 그렇게 하는 과정에서 로마 가톨릭 학자들이 몇 가지 명백한 구절들을 찾아낸 것이었다.

　이것이 바로 제임스 왕이 새로운 번역을 위촉하는 좋은 이유가 되었으며, 그 번역본이 완성되었을 때, 틴데일, 카버데일, 그리고 제네바 역본이 종합된 가운데 드웨-랭스 역본의 구절들을 여러 곳에서 찾아볼 수 있게 되었다.

제14장

킹 제임스 성경*

필자가 이 글을 쓰고 있는 지금, 400주년 기념 킹 제임스 성경(KJB)이 내 책상 위에 놓여 있다. 위, 아래, 전면에 금도금이 되어 있는 초콜릿색 겉표지와, 그에 걸맞은 단단한 초콜릿색 케이스를 갖추고 있다. 또한, 비록 1611년판만큼 크지는 않지만 2절판으로 무게감이 있어서, 이것을 올려놓으려면 강대상도 튼튼해야 할 것 같고, 대부분의 중세 잉글랜드교회 건물들의 장엄함에 어울릴 만한 외관이라고 할 수 있다.

성경 안에는, 옥스퍼드대학교출판사가 사려 깊게 선물증정용 스티

---

* *The Holy Bible: King James Version*, *1611 Text*, edited with an anniversary essay by Gordon Campbell, Oxford University Press, 2010, 1552pp; *Bible: The Story of the King James Version 1611–2011* by Gordon Campbell, Oxford University Press, 2010, 354pp; *The King James Bible: A Short History from Tyndale to Today* by David Norton, Cambridge University Press, 2011, 218pp; *The King James Bible after 400 Years: Literary, Linguistic and Cultural Influences*, edited by Hannibal Hamlin and Norman W. Jones, Cambridge University Press, 2010, 364pp; *Begat: The King James Bible and the English Language* by David Crystal, Oxford University Press, 2010, 327pp.

커 라벨을 한 장씩 넣어 놓았다. 왜냐하면 이 기념작은 틀림없이 목사들을 위한 선물로 사용될 것이기 때문이다(필자는 특히 캔터베리 대주교를 딱하게 생각한다). 의심의 여지없이, 이것들은 공부에 큰 도움이 될 것이다.

또한, 1611년판 원본의 맛도 느끼게 해 줄 것이다. 즉, 철자, 각 장 첫 글자의 장식체, 존 스피드(John Speed)가 그린 팔레스타인 지도(그 당시에 잘 팔렸던 그의 잉글랜드 지방 지도와 같이), 잉글랜드 교회력과 교회 예배를 위한 교훈을 담은 달력 등이 들어 있었고, 무엇보다도, 예수님과 사도 바울에 이르기까지 성경 인물들에 대한 자세한 가계도가 있어서, 야곱의 후손 잉글랜드인들에게 이스라엘의 12지파와 구약의 유명한 인물들이 1611년에 잉글랜드를 다스리던 사람들과 매우 비슷한 젠트리(gentry) 가문이었음을 확신시켜 주거나, 또는 그것보다는, 잉글랜드의 온 국민이 이스라엘의 12지파와 같다는 것을 확신시켜 주었다.

종합하면, 이러한 부록들은 자비하신 여호와의 눈앞에 특권을 누린 이스라엘의 신분을 상기시켜 주고, 더 나아가서 잉글랜드가 제임스 1세와 같이 철저하게 경건한 프로테스탄트 군주 아래서 이스라엘 민족보다 훨씬 더 나은 지위에 있다는 자부심을 심어 주었다.

간단히 말해서, 1661년판은 한 페이지 전체에 왕실의 문장(紋章)을 새겨서, 마치 성도들이 (계급에 따라 잘 정돈된) 회중석에 앉아 교회 벽에 당당하게 붙어 있는 큰 문장을 보며, 제임스 왕의 하나님의 말씀에 귀 기울이는 것과 같은 느낌을 주었다. 매우 종종 그러한 교회 벽에는 이스라엘 12지파의 문장이 새겨져 있기도 했는데, 그 중의 한두 가지 사례가 현재까지 남아 있다.

그러나 17세기 인쇄술에 익숙한 사람이라면 이 복제본 같은 성경을 열자마자 즉시 눈치를 챌 것이다. 활자체가 틀림없이 두 세기 후의 것이며, 실제로 고든 캠벨(Gordon Campbell)도 자신의 부록에서 실토하고 있다. 원본의 고딕체 또는 흑자체는 그러한 책을 좋아하는 사람들에게조차 읽기가 너무 어렵다고 여겨진다.

바로 이것이, 1611년판에서 독자의 이해를 돕기 위해 이탤릭체로 써 놓은 본래의 관습을 그대로 따르고 있는 현대의 모든 킹 제임스 성경 판본에서 공통되게 나타나는 안타까운 부작용 중의 하나다. 예를 들어, "and what if *the sword* contemn even the rod? it shall be no *more*, saith the Lord GOD"(겔 21:13, "만일 업신여기는 규가 없어지면 어찌할까 주 여호와의 말씀이니라")와 같이 인쇄한 것이다.

본래, 이 이탤릭체 단어들은 그것들이 부가적인 단어라는 의미에서 두꺼운 흑자체들 사이에 조금 더 작은 크기의 이탤릭체로 적혀 있었다. 그런데 지금은, 우리가 이탤릭체를 전혀 다른 용도로 사용하기 때문에, 이 이탤릭체 단어들이 더 두드러지게 되었다(원본이 가진 전혀 다른 시각적 효과는 현재 서평을 하고 있는 캠벨과 데이빗 노턴의 도플갱어 책들에서 잘 설명되어 있다).

아쉽지만, 이 변화가 강조하는 바는 현대의 "킹 제임스" 성경이 원본과 얼마나 다른가 하는 것이다. 외관이 다르고, 철자가 다르며, 많은 단어들이 다르다. 사실 이 판본은 1611년판 원본을 18세기에 흥미롭게 재구성한 것으로, 프란시스 파리스(Francis Parris)라는 케임브리지 인사가 1611년판 본문을 차용해서 1743년에 자기의 조지아 역본을 출판한 것이다.

이 성경은 1769년에 옥스퍼드 학자인 벤저민 블레이니(Benjamin Blayney)에 의해 약간 수정되었는데, 그가 거의 모든 공훈을 가로채게 되었으며, 이 두 사람의 공동 노력이 바로 킹 제임스 성경 애호가들이 현재 읽고 있는 역본을 탄생시켰다. 만일 두 사람이 정말로 킹 제임스 성경의 완전성을 주장하는 자들이라면, 1679년에 처음으로 추가된 난외 연대기를 철석같이 믿을 것이다.

이 연대기는 노아의 홍수가 기원전 2849년에 발생했다고 보고, 잘 알려진 바와 같이, 세상의 창조는 기원전 4004년에 있었다고 말한다 (정말로 학식 있고 기발한 역사가였던 아마[Armagh]의 대주교 제임스 어셔[James Ussher]의 독창적인 연구에 근거한 것이다). 이 모든 것들과 다른 많은 것들이 고든 캠벨과 데이비드 노턴(David Norton)의 책들에서 잘 다루어지고 있다. 두 책은 각각 옥스퍼드대학교와 케임브리지대학교출판부에서 출판했다. 이 두 출판사는 킹 제임스 성경을 출판하는 일에 있어서 17세기부터 서로 항상 우호적인 라이벌은 아니었다(옥스퍼드의 경우에는, 헌신적인 출판회사를 통해 출판하는데, 옥스퍼드대학교출판부 안에 있는 법인이 대학교의 주요 수입원이 되고 있다).

두 대학교가 출판한 킹 제임스 성경 역본들과 마찬가지로, 위의 두 역본도 보기에 매우 좋다. 두 권 다 최고의 전문가들에 의해 최고수준으로 쓰인 책들이다. 두 사람이 각각 개인적인 통찰을 담고 있음에도 불구하고, 거의 똑같은 말로 책을 마무리한다. 물론, 노턴의 책에 있는 색인이 더 훌륭하긴 하지만. 킹 제임스 성경 이야기와 그 영향력에 대한 이야기를 종종 들을 수 있으며, 400주년에는 그 이야기를 너무 자주 들었다.

만일 그것을 다시 말할 가치가 있는지 누군가 묻는다면, 글쎄, 킹 제임스 성경처럼, 그것도 불티나게 팔려서, 그것으로 정직하게 돈을 버는 출판사들에게 행운이 있기를 바란다.

이 성경은 필자가 어려서부터 '흠정역'(Authorized Version)이라고 부르던 성경이다. 그래서 필자의 교구 목사의 아들은 이 성경을 킹 제임스 성경이라고 부르는 미국인들을 무시하기도 한다. 그러나 미국인들이 옳고 필자가 틀렸다. 킹 제임스 성경은 적어도 1820년대까지만 해도 흠정역이라고 불렸다. 그래서 매우 종종 미국인들도 옛날식 표현을 사용했다. 킹 제임스 성경은 어디에서도 '흠정'이라고 불리지 않았다. 그렇게 불리던 성경은 헨리 8세와 엘리자베스 1세에 의해 공식적인 지위가 부여되었던 튜더 왕조의 성경들뿐이었다.

가장 먼저, 1539년의 대성경(Great Bible)이 1541년판 겉표지에서 이것을 선언했고, 그 후에 뒤늦게 엘리자베스의 감독들에 의해 1560년대에서 약간 수정된 대성경 개정판이 '주교들의 성경'(Bihops' Bible)이라는 이름을 갖게 되고, 그것이 1584년에 '흠정'이라는 명칭을 얻었다. 후대에 이러한 명칭을 사용하는 분위기가 생겨난 이유는, 새로운 번역본들이 상업적으로 크게 성공을 거두고 어떤 권위 등에 대해 크게 신경을 쓰지 않는 분위기가 되자 공식적인 불쾌감이 생겼기 때문인 것 같다.

이 번역본은 1550년대에 메리 여왕 튜더의 로마 가톨릭주의자들을 피해 제네바에서 망명 생활을 하던 일단의 잉글랜드인들에 의해 발전되었다. 그들은 하나같이 엘리자베스 여왕이 1559년에 본토에 회복시켜 놓은 프로테스탄트의 형태에 크게 실망했다. 그들은 그 프로테스탄트교회가 제네바에 있는 그들의 피난처만큼은 경건하지 못한 잉글랜드국교회라고 생각했다.

또는 사실 1560년대에 제네바를 좋아하는 사람들이 이웃 나라 스코틀랜드 왕국에 설립한 프로테스탄트국교회(Protestant Established Church)와 같지도 않았다. 그들의 '제네바 성경'은 당시 유행하던 방식을 따랐기 때문에 성공을 거두었다. 즉, 단지 오랫동안 해오던 방식대로 성경 전체를 장(章)으로만 구분하는 대신, 절(節)까지 구분해서 성경의 각 구절들을 쉽게 인용할 수 있게 했다.

제네바 성경은 또한, 본문 옆에 있는 난외주로도 유명했다. 그래서 누구나 성경 표지 안에 숨어 있는 자기만의 성경 교사를 가지고 있었으며, 어떤 경우에라도 지혜로운 통찰을 얻을 준비가 되어 있었다. 종종 이 성경들은 다윗 왕의 시편 150편을 단선율로 만든 찬송가를 번외로 함께 묶어 편찬되었다.

이 '운율' 있는 시편은 제네바 성경 번역자들의 번역과 매우 달랐지만, 그 악절을 제네바 관습에서 가져왔다. 즉, 그 시편들은 잘 알려진 성조에 따라 노래할 수 있게 미리 만들어진 것들이었다. 따라서, 유럽 전역에서 서로 다른 언어를 훌륭하게 배열하여 개혁파 또는 프로테스탄트 칼빈주의의 비밀 병기가 되었다.

잉글랜드 주교들이 제네바 역본에 의해 다소 주눅이 들었을 것이 틀림없다. 엘리자베스 여왕은 제네바의 모든 것들에 대한 혐오를 극복하고, 검은색 실과 흰색 실로 묶여진 제네바 성경의 외관을 좋아하여 그 첫 페이지에 경건한 칭찬을 담아 손수 이탤릭체로 '성경의 유쾌한 들판'(the pleasant fields of the Holy Scriptures)이라는 글귀를 새겨 넣었다. 존 킹(John King)과 아론 프랫(Aaron Pratt)이 옥스퍼드 보들레이안 도서관(Bodleian Library)에서 재발견한 이 흥미로운 사실은 더 잘 알려질 필요가 있다.

사실 엘리자베스 시대 잉글랜드인 대부분은 성경을 다양하게 경험할 수 있는 것이 매우 기뻤을 것이다. 교회 안에서는 크고 두꺼운 주교들의 성경이 엄숙하게 읽혀졌을 테고, 예배 말미에는 제네바 성경 뒤에 수록된 단선율 시편을 큰 소리로 함께 노래했을 것이며, 주일 저녁에 집으로 돌아가서는 식사 후에 제네바 성경 난외주를 묵상하는 즐거움을 누렸을 것이다.

스코틀랜드 제임스 6세(James VI) 또는 잉글랜드 제임스 1세(James I)는 제네바의 '격렬한 메시지'를 엘리자베스 여왕보다 훨씬 더 강력하게 느꼈다. 스코틀랜드 왕으로 섬기는 동안 그는 설교 사역자들이 왕실의 충고도 받지 않고 모든 사람의 어깨 위에 군림하는 것에 시큰둥했다. 따라서 현명하고 유머가 있던 이 군주는 새로운 번역본을 찾고 싶었다. 걱정스러울 만큼 열정적인 자신의 선임 목사(senior clergy)의 에너지를 가치 있는 일에 돌리기 위한 부차적인 동기 때문이었을 것이다.

제임스 6세는 파이프(Fife) 번트아일랜드(Burntisland)에 세워진 교회의 적당히 진보적인 개혁파 프로테스탄트 배경에서 개최된 1601년 스코틀랜드장로교회 총회에서 이 계획을 처음 시도했다. 이 총회에서 결정된 것은 아무 것도 없었다. 다만 스코틀랜드 목사들이 왕에 대해 놀라운 호의를 보이게 된 결과는 있었다.

불과 삼 년 후에, 이제 잉글랜드의 왕이 된 제임스는 햄튼 왕궁(Hampton Court)에서 잉글랜드의 주요 성직자들과 비공식적으로 만나는 어려운 자리를 앞에 두고 이 문제를 다시 꺼내 들었다. 그리고 이번에는 그의 계획이 힘을 받았다. 7년 만에, 굉장히 효과적이지만 지독히도 자금이 부족했던 위원회들이 서로 협력하여 마침내 개정된 성경 본문을 만들어 냈다.

그리고 이것은 대서양 군도 전체를 다스린 첫 군왕을 오래도록 기억하게 해 줄 성경이 되었다. 특히, 이 성경은 관주 외에 난외주 없이 출판되었으며, 관주(貫註) 중에 상당수는 라틴 불가타 성경에서 가져왔다(시편에 번호를 매기는 체계를 킹 제임스 성경 자체 내 번호 매기기를 따르지 않고, 불가타 성경 방식을 따랐다는 사실이 가장 당황스럽다).

1611년 역본이 왜 그렇게도 지속적인 영향력이 있었을까?

그 이유 중의 하나는 영어권 선임자들 사이에서 있었던 훌륭한 업적이다. 킹 제임스 성경은 그들의 업적을 모두 흡수했지만(특히, 주교들의 성경에서 더욱 그랬다), 제네바도 포함시키고, 프로테스탄트 이단들이 얼마나 나쁜 일을 하는지 성도들에게 보여 주려고 했던 로마 가톨릭 학자들의 번역본까지도 모두 담아냈다는 전에서 무언의 에큐메니즘이 들이 있었다.

킹제임스 위원회에는 매우 많은 번역자들이 있었으나 그 효과는 불협화음이 아니라 일치였다. 한 사람의 번역자가 자신에게 할당된 부분을 개정하여 큰 소리로 다른 동료들에게 읽어 주면, 모두가 함께 참여하여 그것을 비평하므로 그 사람만의 독특한 문체를 완화시키기 위한 유용한 제안을 한다.

누군가 보이지 않는 천재(셰익스피어? 또는 프란시스 베이컨?)가 그곳에 모인 유명 인사들과 성직자들에게 말해 주었을 것이라는 상상을 해 볼 수도 있을까?

그러한 하찮은 질문을 하기보다는, 이 모든 초기 영어 성경들(노턴이 킹 제임스 성경의 '초고들'이라는 이상한 표현을 사용하지만) 뒤에는 정말로 천재적이었던 튜더 왕조 초기의 번역자가 있었다는 사실을 알아야 한다. 바로 윌리엄 틴데일이다. 그가 만들어낸 영어를 능가할 수 없었다. 실제로, 킹 제임스 성경 번역자들은 선술집에서 사용하는 용어 대신 교회에서 사용하는 용어를 선택하려고 노력하는 것 외에는 용어 선택에 있어서 큰 노력을 기울이지 않았다. 구약성경 상당 부분에 대해서, 그리고 신약성경 중 일부에 대해서, 그들은 틴데일을 가이드로 삼지 않았다.

틴데일은 1536년에 신성 로마 제국에 의해 법적으로 처형을 당했기 때문에 자기에게 맡겨진 일을 끝마치지 못했다. 그의 임무를 대신 완성해 준 주요 인물은 마일즈 카버데일(Miles Coverdale)이었다. 그는 틴데일이 다루지 않은 시편을 영어로 옮기는 가장 중요한 일을 했다.

『공중기도서』가 킹 제임스 성경을 인용하지 않고 카버데일의 성경을 인용한 것을 보면 그의 업적이 얼마나 뛰어났는지 알 수 있다.『공중기도서』가 1662년에 완전히 개정되던 시기가 킹 제임스 성경이 공인되던 때였다는 점을 생각하면 그런 결정이 참으로 놀랍지 않을 수 없다. 아마도『공중기도서』개정자들은 카버데일의 본문이 더 낫다고 단순하게 생각했을 것이다.

다시 한번, 그 가능성은 과연 킹 제임스 성경이 실제로 얼마나 좋았는지 그리고 좋은지에 의문을 갖게 한다. 의심의 여지없이, 킹 제임스 성경에도 문학적 장점이 있다. 그러나 운이 좋았기도 하다. 킹 제임스 성경은 잉글랜드의 프로테스탄트가 돌이킬 수 없을 정도로 분열하기 전, 잉글랜드교회들과 스코틀랜드교회들이 킹 제임스 성경의 지도 아래 서로 어색한 동행을 하던 1610년대의 짧은 시기에 출판되었다.

이 시기는 제임스의 아들 찰스 왕(King Charles)이 영원히 모든 것을 망쳐 놓기 전까지만 해도 잉글랜드국교회에게 황금기와 같았다. 사실 결과적으로 신뢰할 만하지 못했던 자신의 아들과 비교해서 훌륭한 프로테스탄트 신앙의 모델처럼 보였던 왕의 보호 아래 출판된 킹 제임스 성경은 영어권 프로테스탄트의 통일된 상징물이 될 잠재성을 가지고 있었다. 그 당시에 발생한 역경을 무릅쓰고 말이다.

킹 제임스 성경은 찰스 1세(Charles I)에 의해 더럽혀지지 않았다. 군주주의의 숭물(崇物)이 될 수도 있었지만 그렇게 되지 않았다. 그리고 호민관 크롬웰(Lord Protector Cromwel)의 보호 아래 여러 역본들이 출판되었다.

1620년대에 찰스 2세(Charles II)의 즉위와 함께 잉글랜드국교회가 감독 정치로 회귀했을 무렵, 주교들과『공중기도서』에 몹시 실망하여 새로운 국교회에 참여하기를 거부했던 프로테스탄트들조차도 그들의 부모가 더 선호하던 제네바 성경으로부터 돌아서서 새로운 성경을 좋아하게 되었다. 이 과정에서 중요한 본보기가 된 두 명의 중요한 문호 존 번연(John Bunyan)과 존 밀턴(John Milton)은 새로운 성공회의 설립을 거부하므로, 그로 인해 교회로부터 고초를 겪었다.

성공회 교도들 중 대다수 잉글랜드인들은 그 이후 두 권의 책이 그들의 문학을 가득 채우게 됨을 경험하게 되었다. 즉,『공중기도서』와 성경이었다. 반면에 끝내 감독교회 정치를 거부했던 잉글랜드 프로테스탄트 비국교도들과 스코틀랜드장로교회는 한 권의 책의 사람들이 되었다. 바로 킹 제임스 성경이었다.

그러므로 잉글랜드와 스코틀랜드가 함께 '영국'이라는 제국을 맞이하게 되었을 때, 그들이 새로운 땅에 함께 가져간 단 한 권의 영어로 된 책은 바로 킹 제임스 성경이었다. 이 성경의 연합 효과는 단지 잉글랜드 성공회 교도들과 비국교들에게만 미친 것이 아니라는 사실이 중요하다. 가장 먼저 제네바 성경을 받아 들이고 그 이후에 킹 제임스 성경을 받아 들인 스코틀랜드인들은 점차 실생활에서 수 백 년 역사의 북방 영어를 사용하게 되었다.

왜냐하면 16세기 동안 그리고 그 이후에 하나님의 말씀을 런던의 언어로 읽었기 때문이다. 만일 오랫동안 적대 관계에 있던 두 그룹을 하나로 묶은 것이 있다면, 그것은 바로 영어로 된 프로테스탄트 성경을 함께 소유한 것이었다. 이제 이 성경을 가장 열렬하게 변호하는 사람들은 영국 이민자들이 미국에 전해 준 다양한 프로테스탄트 안에서 찾아야 한다.

그들 중에서 '오직 킹 제임스' 족이라고 불리는 사람들은 다른 영어 번역본에는 임하지 않은 특별한 성령의 감동이 있다고 믿는다. 그런데 킹 제임스 성경을 만들도록 위임한 군주가 양성애자였다는 사실 때문에 그들은 기절할 지경이라고 생각하고 있다.

킹 제임스 성경이 제임스 왕의 잉글랜드와 스코틀랜드를 벗어난 이후, 한니발 햄린(Hannibal Hamlin)과 노먼 존스(Norman W. Jones)로 대표되는 작가들에 의해 활발히 탐구되고 있다. 그들은 언어적, 역사적, 그리고 문학적 관점에서 진지하게 킹 제임스 성경을 연구하고 있다. 드러나고 있는 사실 중 하나는, 킹 제임스 성경의 명성을 견고하게 하는 데에 미친 대영 제국의 중요한 영향력이다.

17세기 후반에, 이미 구식이 되어 버린 킹 제임스 성경의 언어는 거의 당황스러워 보일 정도였다. 10대가 엄마 아빠 때문에 당황하는 것과 비슷했다. 그러한 분위기는 18세기에 더욱 강화되었다. 그래서 이사벨 리버스(Isabel Rivers)가 잘 밝힌 바와 같이, 프로테스탄트 비국교도 필립 도드리지(Philip Doddridge)가 킹 제임스 성경의 구절들을 인용하거나 그것에 주석을 단 것은 매우 영향력 있고, 대단했지만, 그것이 출판된 것은 도드리지가 이것들의 일부를 출판하기 시작한 1738년 이후 20년이 지나서야 유작(遺作)으로 출판되었다. 도드리지의 작품은 많이 표절되었기에, 엄청나게 많이 재번역될 수도 있었지만, 정치 상황이 그것을 막았다.

프랑스 혁명(French Revolution)은 잉글랜드인들에게 외국인들은 단순히 귀찮은 외국인일 뿐 아니라 '우리 대영 제도에 유익한 모든 것에 대한 위협'이라는 확신을 심어 주었다. 그래서 킹 제임스 성경은 어느새 우상적인 지위를 얻게 되었다. 이러한 분위기가 셰익스피어에 의해 거의 공식화되다시피 했다.

햄린과 존스의 작가들 중 여러 사람들은 어떻게 그 이후 영어권 세계에서 킹 제임스 성경이 곳곳에 울려 퍼지는 것이 가능한지 보여준다. 그 단순한 이유는 영어를 말하는 사람이라면 누구에게나 킹 제임스 성경이 기본적인 영어교육에 중요했기 때문이었다.

그 결과, 킹 제임스 성경은 여전히 그 문학적 영향력을 행사하고 있는데, 성경의 메시지에 대한 큰 존경 못지않게, 그 성경에 영향을 끼친 종교적, 정치적 기조에 대한 반감까지 드러내주기도 한다. 겉모습이나 분위기는 다양하지만, 버지니아 울프(Virginia Woolf), 윌리엄 폴크너(William Faulkner) 그리고 토니 모리슨(Toni Morrison)에게서 킹 제임스 성경이 울리는 소리를 들을 수 있다.

R. S. 쑤기르싸라자(R.S. Sugirtharajah)는, 비록 킹 제임스 성경에 대한 자신의 후기 식민지적 연구가 아담 니콜슨(Adam Nicholson)의 1611년도 역사에 대한 최근 연구를 간접적으로 비판하기는 하지만, 햄린과 존스의 작가들 중 가장 흥미롭고 주목할 만한 작가이다.[1] 쑤기르싸라자는 킹 제임스 성경이 어떻게 제국의 훌륭한 시녀였는지를 열거한다. 예를 들어, 구약성경에 나오는 네 개의 서로 다른 히브리어 단어들을 킹 제임스 성경이 상당히 많은 경우에 모두 '나라'로 번역한 것은 대영 제국에 대한 새로운 비전을 국가적 사명인 것처럼 보이게 하는 데 일조했다.

또한, 쑤기르싸라자는, 대영 제국에 의해 공식적으로 식민화된 국민들이 선교사들에 의해 그들에게 전해진 킹 제임스 성경의 메시지에 대해 단순한 태도를 가질 때, 권위적인 킹 제임스 성경의 문장들이 어떤 해로운 효과를 가지게 되는지도 지적한다. 동성애를 혐오하는 아프리카 주교들은 식민지주의나 성(性) 문제에 대한 태도 등에 대해 유럽과 미국의 성공회 진보주의자들을 비난할 때, 그들이 얼마나 동성애 혐오에 있어서 식민지화되어 있는지 이해하게 될 것이다.

아이러니컬하게도, 미국에 있는 수많은 보수적인 복음주의자들 사이에서, 킹 제임스 성경은 새로운 번역들이 쏟아져 나오면서 지난 반세기 넘게 주도권을 잃어버렸다. 이것은 곧 한때 1611년의 목소리에 의해 일치를 보였던 미국 복음주의 프로테스탄트가 점차 다양화되고 있음을 보여 주는 것이다.

이 이야기는 파울 구잘(Paul Gutjahr)이 가장 흥미롭고 통찰력 있게 다루고 있다. 그는 바쁜 엄마들과 정치인들, 극단적인 십대들 또는 자기에게 꼭 맞는 영적인 안내를 찾는 특별한 관심 그룹들을 위해 다시 쓰인 성경들에 대해 자세히 소개하면서, 수많은 서로 다른 성경의 목소리 중 어떤 것에 꼭 귀를 기울여야 하는 피로를 느끼지 않게 해 준다.

필자는 '회복 성경'(CRB[Celebrate Recovery Bible])의 시작이 보여 주는 전망을 좋아한다. 이것이 윌리엄 블레이크(William Blake)의 환각적인 그림을 탐닉하던 사람들의 마음을 끌 수 있다면 유쾌하고 적절할 것이다. 그러나 다소 의심스럽다.

우리 시대의 킹 제임스 성경은, 고대 이스라엘 사람들에게 주신 하나님의 수많은 말씀과, 예수 그리스도의 짧은 지상 생애의 고통과 기쁨과 드라마를 알고자 하는 예수 그리스도의 첫 제자들에게 주신 말씀을 전 세계 최대 규모의 언어 사용자들에게 전달해줌으로써, 영어와 영어권 사람들에게 다른 어떤 책보다 더 지속적인 영향을 미치고 있다.

데이비드 크리스털(David Crystal)이 킹 제임스 성경을 기념하는 데 공헌한 바는, 제임스 1세의 성경이 지속적인 공명을 일으킬 수 있는 배경을 찾아 내는 데에 기발하고 독창적이라는 사실이다. 한 자리에 앉아서 처음부터 끝까지 다 읽는다면 더 큰 즐거움을 주겠지만, 넓은 거실 한 곳에 두고 즐겁게 읽을 수 있는 가장 좋은 책 한 권을 꼽으라고 한다면, 이 책이 가장 유익할 것이다.

이 책은 킹 제임스 성경 본문 전체 걸쳐 모든 페이지에서 누구에게나 떠오르는 익숙한 구절들을 철저하게 연구한 각고의 노력의 산물이다. 크리스털은 이 구절들을 부지런히 구글로 검색해서 영어 사용자들의 수많은 경구늘과 신문 표제들에서 사용되거나 곡해된 사례들을 조사했다. 필자는 구글의 역할을 언급하면서 비판을 하려는 의도는 없다. 왜냐하면 현대적인 검색 엔진을 의지하지 않고는 킹 제임스 성경에 나오는 이 수많은 어구들을 추적하는 것이 가능하지 않을 것이기 때문이다.

따라서 그러한 시도는 의미 있는 일이다. 크리스털이 한 것은, 킹 제임스 성경만큼 "영어에 큰 영향을 준 책은 아무 것도 없다"라는

흔한 주장(특히 2011년 말에 이 주장이 훨씬 더 흔해졌다)을 철저히 통계적으로 연구한 것이다.

킹 제임스 성경의 영향은 실제로 남다르다. 구약성경의 구절들은 훨씬 강력하다. 주로 창세기와 출애굽기, 그리고 이사야(헨델의 "메시야"[Messiah]를 보면 조금 알 수 있다)가 그렇고, 그 다음에 신약성경은 모든 책이 매우 일관되게 영향을 미치고 있어서, 현대의 영어권 대화들에서 일반적으로 구약보다 훨씬 더 경건하게 다루어지고 있다.

잉글랜드인들 중에 프로테스탄트 신자들은 킹 제임스 성경 외경(Apocrypha) 본문으로부터 많은 영향을 받지 않았다. 그리고 명목적인 잉글랜드국교도 상당수는 시편을 볼 때, 킹 제임스 성경의 본문만큼이나 『공중기도서』(또한, 카버데일의 본문)를 본다. 크리스털 덕분에, 우리는 마치 어셔(Ussher) 대주교가 세상이 기원전 4004년에 창조되었음을 알았던 것처럼, 킹 제임스 성경 본문 중 257개의 구절이 현대 영어

에서 사용되고 있음을 알 수 있다. 물론 킹 제임스 성경 이전의 알려지지 않은 자료들과 함께 킹 제임스 성경에서 정확하게 인용된 똑같은 구절들에 한정한다면 그 숫자는 18개로 줄어든다.

257이라는 숫자는 셰익스피어의 작품들에 비슷한 방식으로 적용할 수 있는 숫자의 세 배에 해당한다. 또한, 이 숫자는 1611년 본문과 매우 친숙하게 관련된 영어의 더 많은 사례들을 다 포함하고 있지는 않다. 사실 이것은 우리가 서로 어울릴 것 같지 않은 이 용어들을 얼마나 사랑하는지 잘 보여 주는 것이다.

크리스털은 성경을 패러디한 노래 한 곡을 소개해 주는데, 그 노래에서 한 단어를 가져다가 책 제목으로 삼기도 했다. 바로 『피니언의 무지개』(Finian's Rainbow)로부터 'Begat'이라는 단어를 가져온 것이었다. 그러나 그는 코울 포터(Cole Porter)가 12년 전에 발표한 "비긴이 시작되면"(Begin the Buguine)을 익살스럽게 참조해서 아담이 하와에게 했음직한 "출산이 시작될(begin the begat) 시간이 되었군요"라는 말에 들어있는 익살을 다 담아 내지는 않았다.

전체적으로 크리스털의 글은 일관된 유사 성경 본문들(para-biblical text)은 취급하지 않는다. 예를 들어, 킹 제임스 성경 방식을 따른 풍자나 짧은 뉴스 같은 것들이다. 이러한 장르는 적어도 1649년 찰스 1세의 처형이 있던 때에 출판된 잉글랜드 시민 전쟁에 관한 어느 군주주의자의 짧은 이야기까지 거슬러 올라가야 찾을 수 있다.

그 책은 '유다의 아들, 벨세붑의 아들, 존 핌의 세대에 관한 책'(The Booke of the Generation of JOHN PIM, the sonne of Judas, the sonne of Belzebub)이라는 제목으로 시작한다.[2] 몬티 파이튼(영국의 유명 코미디 그룹-역자주)의 코미디 영화 "몬티 파이튼과 성배"(Monty Python and the Holy Grail)에서 무서운 식인 토끼로부터 아서 왕(King Arthur)을 구하기 위해 메이나드 형제(Brother Maynard)가 병기서(the Book of Armaments)를 엄숙하게 읽는 장면은 의도로 보자면 덜 논쟁적이다.

그 텍스트는 이런 치명적인 정보로 끝난다.

> 숫자 3은 그 순서가 세 번째 숫자인 고로, 3까지 헤아린 후 너는 안티오크의 싱스러운 수류탄을 너의 적, 나의 눈에 거슬리는 자에게 던지리니, 그리하면 너의 적은 죽을 것이니라.

또한, 크리스털은 유머 감각이 부족하거나 또는 자기 생각을 숨김 없이 말하는 능력이 부족하긴 하지만, 지난 세기 동안 영어 사용 용례에서 소중하게 여겨진 "나아가서 번성하라"(go forth and multiply) 등의 유사 성경 구절에 얼굴을 붉힐 필요는 없게 해 준다.

제15장

베이 시편집

오랜 활약으로 닳아 없어지는 것이 다양한 여러 매력과 쓸모를 가진 책들의 운명이다. 『베이 시편집』(The Bay Psalm Book) 첫 번째 판이 대표적인 예이다. 1640년 매사추세츠 보스턴에서 처음으로 인쇄된 1,700부 가량의 사본 중에 11권의 견본이 지금까지 남아 있다. 옥스퍼드대학교 보들레이언도서관(Bodleian Library)에 있는 이 희귀본의 사본은 이제 막 영인본으로 출간되었는데,[1] 호의적인 청교도 환경에서 꽤 일찌감치 제외된 덕에 살아 남을 수 있었다. 그래서 그것은 활용보다는 금방 관심의 대상이 되었다. 잉글랜드에 들어온 이 책은 18세기 초까지 토머스 태너(Thoams Tanner)의 소유였다.

저명한 옥스퍼드 교수이자 골동품 연구자이며 성공회 주교를 지낸 그는 뉴잉글랜드의 엄격한 개척자들에게 혐오 대상이 되었을 인물인데, 그 따분한 본문을 노래하려고 했을 리가 없다. 현재 이 소책자가 멀쩡한 상태로 남아 있는 것은 확실히 하늘이 도운 것이다. 이 책은 식민지를 가로지르며 대서양의 축축한 위험에서 살아남은 다음, 태너 박사가 1731년 노리치에서 옥스퍼드로 자신의 도서관을 옮길 때 바지

선에서 월링퍼드의 템스강으로 흘러 넘친 탁송 서적들에 들어 있었다. 그 정신 나간 학자의 희귀본 뭉치들은 소문에 의하면 거의 하루 종일 물속에 있었다. 보들레이언도서관에 소장품을 기증한 태너의 관대함 덕분에 더 파란만장한 일은 일어나지 않았다. 그 문서의 완벽한 상태는 더할 나위 없는 복사본 후보가 되기에 충분했다.

『베이 시편집』은 구텐베르크 성경(Gutenberg Bible)이나 『뉘렘베르크 연대기』(*Nuremberg Chronicle*)보다 미적으로 풍부하지 못하다. 2013년 11월에 인쇄되어 세상에 공개된 유일한 사본에 유례없는 가격이 매겨진 것은 다른 이유들 때문이다.

이 책은 소더비(Sotheby) 경매에서 1,420만 달러에 팔렸다. 분명히 훨씬 더 매혹적인 오두본(Audubon)의 『아메리카의 새들』(*Birds of America*)에 매겨진 이전 최고액 1,150만 달러를 가볍게 뛰어 넘었다. 이 기록적인 판의 독특한 지위는 외적 매력이 아니라 최초라는 데 있다. 이것은 1640년 북미에서 처음으로 인쇄된 책이다.

사실 그 인쇄기는 한 해 전에 이미 두 개의 다른 문서를 찍어냈다. 하나는 연감이고, 다른 하나는 식민지 자유민 선서문의 인쇄본이다. 하지만 이 문서들은 책이 아니었다. 어쨌든 두 문서 다 사람들의 시야에서 자취를 감추는 훌륭한 매너를 가지고 있었다.

그렇게 『베이 시편집』은 의기양양하게 첫 자리에 서 있다. 이 책은 공적 예배를 위해 다윗의 시편 150개를 새롭게 번역한 것으로, 아메리카의 첫 영어권 식민지를 대표하는 모든 것의 자랑스러운 표상이다. 초기에 작은 정착지로 500마일 이상의 해안선에 흩어진 식민지들이 모두 한 목소리를 내지는 않았다. 하지만 버지니아의 잉글랜드국교회에서부터 플리머스의 분리주의자를 지나 보스턴의 회중교회주의자(Congregationalist)까지, 그들은 모두 프로테스탄트라는 주제의 변주들이었다.

대가족인 개혁파 프로테스탄트교회의 영어판 하나가 유럽으로 돌아와 아우터 헤브리디스(Outer Hebrides)에서 트란실바니아(Transylvania)까지 퍼졌다. 개혁파는 루터교가 아니기에 '개혁파'였다.

루터교 사람들 역시 프로테스탄트라는 이름을 지녔지만, 아마도 그 때문에 개혁파 사람들이 거의 로마 교황 만큼이나 싫어한 기독교의 한 형태였다. 개혁파는 순결하게 하나님을 예배하기로 결심하는 데 하나가 되었다. 그래서 루터교와 달리 교회에서 성화를 금지했다. 그리고 다윗의 시편 공동 찬송(communal singing)에 특별한 중요성을 부여했다.

마틴 루터는 자신의 프로테스탄트 종교개혁을 위해 아름다운 모국어 찬송을 만든 첫 인물이다. 이와 대조적으로, 개혁파는 1530년대 이후 먼저 프랑스어권 유럽에서, 그리고 곧 다른 여러 언어권에서 다윗의 시를 운율과 리듬 있는 형태로 부르는 데 집중했다. 프랑스에서 기원한 이 독특한 시편 창법은 영어권 통칭인 『제네바 시편』(Geneva Psalms)에 반영되었다. 영어로 된 것을 얼마간 포함한 많은 시편집이 편집되고 인쇄된 것은 존 칼빈의 프랑스어권 제네바였다.

일반적으로 가장 인기 있던 모음집 중 하나는 잉글랜드 초기 개혁파 프로테스탄트 토머스 스턴홀드(Thomas Sternhold)와 존 홉킨스(John Hopkins)가 편집한 것이다. 그것은 성경의 판본들, 특히 로마 가톨릭교도인 여왕 메리 1세를 피해 망명한 잉글랜드인들이 칼빈의 본거지에서 만든 비공식적으로 승인된 제네바 성경과 밀접한 관련이 있었다.

시편집 편집자들이 서문에서 강조하듯이, 운율적 가사를 짓는 것은 찬송에서 영어를 사용하는 자연스러운 방식이었다. 왜냐하면 그것은 영시의 형태였는데, 시편은 히브리시였기 때문이다. 당시에도 다른 사람들은 그것이 그렇게 단순한 문제가 아니라고 말했을 것이다. 하지만 베이 시편(Bay Psalm)을 부르는 사람들은 종교적 분위기에 심취한 사람들이 아니었다.

개혁파는 유럽 전체 가족의 일원이었지만, 집안싸움에 아주 능했다. 1559년 엘리자베스 여왕과 그녀의 의회가 구성된 순간부터 북미 식민지의 모판인 잉글랜드국교회는 모든 잉글랜드 프로테스탄트들을 만족시키지 못했다. 엘리자베스가 이끌고자 새로 임명한 거의 모든 성직자의 신앙적 진술과 신학적 견해는 개혁파 프로테스탄트였다. 그렇지만 취리히나 제네바 같은 유럽 본토의 '최선의 개혁파교회들'(Best Reformed Churches)과 비교할 때 우상 숭배적인 로마의 과거를 충분히 청산하지는 않았다.

이런 잘못의 첫 번째 원인 중 하나는 바로 음악이었다. 영어 회중들은 운율적 시편들을 음미하며 들었지만, 엘리자베스가 자리를 잡던 십년간 교구교회에서 어떤 다른 음악을 듣는 것은 매우 드물었을 것이다. 그러나 음악적으로 그리고 예식적으로 매우 다른 방식으로 활동하는 훌륭한 잉글랜드교회들, 즉 대성당들(잉글랜드와 웨일즈와 아일랜드에서 유럽 개혁파교회들 가운데 살아남은 기관)과 소수의 유사하고 특별한 교회들이 있었다.

그중에 으뜸은 여왕의 개인 예배당들이었다. 그곳에서 음악은 전문 성가대가 불렀고, 『공중기도서』 대사의 훨씬 더 정밀하고 복잡한 설정이 있었다. 그것 자체는 공적 예배에 적합한 많은 개혁파 사상보다 훨씬 더 규범적이고 상세한 예배 의식이었다. 사실 '전례'(litergy)라는 말은 비평가들이 붙인 냉소적 표현으로 영어에서 처음 시작된 것으로 보인다.

이 불평분자들은 엘리자베스 여왕의 교회 체제에서 좌절을 공유하지 않았던 프로테스탄트들로부터 '청교도'(Puritans)라는 적대적 별명을 빠르게 얻었다. 청교도의 불만이 커졌다. 즉, 엘리자베스의 주교들이 종교화해를 옹호하자, 일부는 그들이 제도적으로 오염된 채 순결한 복음의 길에 서 있다고 보았다. 그들은 경건한 교회에는 주교가 없어야 한다고 주장했다.

개혁파 프로테스탄트는 개혁파 프로테스탄트였기에, 교회가 가져야 할 정부 형태에 대해 심하게 반대했다. 어떤 이들은 충격적으로 천년의 전통을 거부한 채 교회 정부가 세속 정부와 아무 관계가 없어야 한다고 주장했고, 강경한 사람들은 그들의 신앙 생활이 정치인들과 완전히 분리되어야 한다고 말했다.

이 간략한 역사는 17세기 초 새로운 식민지를 위해 대서양을 건넜던 사실상 모든 잉글랜드인들의 머릿속에 있었을 것이다. 그들 모두가 자유를 동경하는 주된 동기로 떠났을 것이라고 가정하는 것은 순진한 생각일 것이다.

많은 사람들이 지난 세기에 스페인과 포르투갈 사람들이 '신세계'(New World)에서 얻어낸 이익과 새로운 삶을 찾으려고 애썼다. 버지니아라는 이름 아래 모여든 최남단 식민지에서 특별히 그랬다. 그곳의 공식 교회는 잉글랜드국교회의 변형이었다. 심지어 자신들에게서 멀리 떨어져 있는 런던 주교의 권위를 받아들였다.

그것은 북부 식민지를 찾던 사람들에게는 다른 이야기였다. 그들은 초기의 스튜어트국교회가 참된 하나님의 교회가 되기에는 너무 두려운 것으로 보았다. 일반적으로 순수한 공동체를 세우려고 그들이 찾던 첫 선택지는 아메리카가 아니었다. 일부는 네덜란드의 프로테스탄트 연합 지역으로, 다른 이들은 아일랜드로 이주했다. 하지만 그런 피난처들은 뉴잉글랜드로 불리운 땅처럼 완전히 새로운 출발의 가능성을 제공하지는 못했다.

그럼에도 불구하고, 그들이 도착한 후에도 청교도 정착민들은 분열되었다. 나중에 매사추세츠로 편입된 북부 지역 플리머스의 첫 식민지는 1620년 분리주의자들(separatists)에 의해 세워졌다. 그들은 노골적으로 타락한 잉글랜드 종교와 완전히 절연하기 원했다. 19세기 이후 보통 '필그림 파더스'(Pilgrim Fathers)라는 이름으로 불리는 이 그룹은 먼저 딘일 집난으로 네덜란드에 이주했다. 하지만 그들은 '시민 정치 조직이 되었고, 보다 더 나은 질서 수립과 보존을 위해' 규제가 덜한 곳을 찾았다.²

미국인들의 신화(American mythology)에서 그 이후의 명성에도 불구하고, 많은 사람들이 그 이주자들과 합류하기를 원하지 않았기 때문에, 그들의 정착촌은 작고 가난한 채로 남아 있었는데, 그들은 찰스 1세가 잉글랜드교회(English Church)에서 권력을 얻기 위해 윌리엄 로드(William Laud) 주변에 의식주의자들(ceremonialists)의 새로운 그룹과 로마 가톨릭 성직자들을 임명하기 몇 해 전에 항해를 감행한 사람들이었다.

1630년대에 와서는 상황이 변했다. 개혁파 프로테스탄트들은 교회에서 이전에 개혁파 가족의 일원으로 보이지 않았던 아주 경멸할만한 낯선 사람들을 감지했다. 많은 귀족, 성직자 그리고 평범한 사람들은 종교적으로 분리주의 성향이 없었고 플리머스 사람들의 실험을 싫어하면서도, 긴 대서양 항해를 무릅쓰기로 결정했다. 대부분은 뉴잉글랜드로 항해했다. 그리고 1630년 매사추세츠 베이 회사(Massachusetts Bay Company)가 후원하는 새로운 식민지를 설립했다.

그 회사의 지도자들은 버지니아나 더 많은 남쪽 카리브해 지역의 기업들보다 사회적으로 눈에 덜 띄었다. 게다가 주로 성직자들과 소수의 귀족이었던 그들은 잉글랜드에 머무르기보다는 식민지로 이주할 계획을 세웠다. 이것은 해외에서 잉글랜드를 새롭게 시작하려는 헌신의 척도였다. 처음부터 그들은 한 '정부'(a Commonwealth)였다.

그들의 정부는 투자자이자 개척자(이주자)인 독실한 성인 남성들의 손에 놓였다. 투자자들이 선출한 첫 번째 주지사 존 윈스롭(John Winthrop)은 큰 지역적 기반은 없었지만, 1620년대 후반 재정 및 가족의 위기에서 살아 남은 동앵글리아(East Anglian) 귀족이었다. 그와 동시대인으로서 성공을 목표로 잉글랜드 집에 머물렀던 또 다른 동앵글리아의 젠틀맨 올리버 크롬웰(Oliver Cromwell)처럼 말이다.

윈스롭의 동료들 중에는 대학교육을 받았지만 윌리엄 로드의 교회(William Laud's Church)에서 쫓겨났거나 봉직할 준비가 되어 있지 않은 사람들이 포함되어 있었다. 그들은 1636년 초 성직자 양성을 위해 매사추세츠에 새로운 대학을 설립했다. 이 점은 매우 중요한데, 그들은 케임브리지라는 마을에 새로운 대학을 설립했다. 그 대학은 곧 후원자의 이름을 붙여 하버드(Harvard)라고 불렸다. 한 세기 이전의 영국으로 돌아가 보면, 케임브리지대학교가 옥스퍼드대학교보다 훨씬 확고한 개혁의 중심지였다.

새로운 식민지는 잉글랜드의 기도서를 경멸하며 거부했지만 국교회 개념은 버리지 않았다. 따라서 매사추세츠교회가 채택한 것은 스스로 선택한 경건한 지역 총회들(local assemblies)에 의해 운영되는 개혁파국교회(an Established Reformed Church)의 역설적인 한 형태였다. 일 세대 목사들 중 한 명인 존 코튼(John Cotton)이 '회중교회주의자'(Congregationalist)라고 부른 교회 정치 형태였다.[3]

하버드의 조기 설립이 지역교회에 봉사할 성직자들의 수에 모자람이 없게 했고, 그것이 지역의 중심이 되는 교회 설립을 훨씬 수월하게 만들었다는 점에서는 북미 식민지에서 매사추세츠가 유일했다. 성직자들은 그 책(성경)의 신앙에 헌신한 평신도들로 구성된 교구 연합, 즉 당시로서는 아마 세상에 존재하는 가장 학식 있는 조직에서 봉직했다.

그들은 전 세계 개혁파 프로테스탄트 일가(一家)의 어떤 경건한 회중들만큼이나 예민하게 자기들이 보편교회에서 개혁 시대의 희망을 성취해야 한다고 느꼈다. 그들은 17세기 내내 그리고 그 이후에 그들과 생각이 비슷한 영국 회중들과 긴밀한 관계를 유지했으며, 그들의 국제적 유산에 대해 매우 잘 알고 있었다.

잉글랜드 보스턴과 매사추세츠 보스턴에서 40년 동안 봉직한 코튼은 아주 놀랍게 음미하며 "나는 잠들기 전에 칼빈의 한 구절로 입을 상쾌하게 하는 것을 좋아한다"라는 말을 했다고 한다.[4] 제네바의 위대한 개혁가가 자신이 칫솔에 비유된 것을 들었다면 놀랐겠지만, 아마 기뻐하기도 했을 것이다.

새로운 세계에서의 개혁파 프로테스탄티즘의 시작은 그 자체로 정화 행위(an act of cleansing)였다. 『베이 시편집』의 최근 연구자 중 한 명인 역사가 드와이트 보즈만(Dwight Bozeman)은 '원시주의자'(primitivist)라는 말이 교회의 첫 세대로 바로 돌아가려는 열망을 가장 잘 묘사하는 말이라고 본다.[5] 이것이 목사의 설교와 즉석 기도와 함께 매사추세츠에서 예배의 중심 요소인 시편 찬송보다 더 사실적인 곳은 어디에도 없을 것이다.

오염된 잉글랜드국교회의 낡은 기도서는 그렇지 않을 것이다. 보스턴은 플리머스 해안가에서 썼던 예배용 시편집을 사용할 수밖에 없었다. 그것은 그들이 아메리카로 떠나기 전에 헨리 아인스워드(Henry Ainsworth)가 분리주의 회중들을 위해 제작한 것이다. 그래서 십 년도 채 못 가서 새로운 번역 사업이 시작되었다. 자신감 넘치는 잉글랜드

학계로부터, 새로운 영어 성경인 '킹 제임스' 버전을 만든 옥스퍼드와 케임브리지의 최고 지성과 더 폭넓은 교회를 목격한 목회자들이 왔다.

이제 그들은 150개의 시편을 훨씬 더 문자 그대로 표현함으로써 킹 제임스를 능가할 것이고, 17세기 잉글랜드인들도 다윗 왕의 신성한 노래를 직접 연주할 수 있게 되었다. 그 효과는 킹 제임스 성경의 본문만큼이나 흠이 없다.

비록 몇몇 시편들은 다른 사람들의 손을 거친 대안적 번역들로 주어지긴 했지만, 어떤 시편들이 리처드 매더(Richard Mather), 토머스 웰드(Thomas Welde), 존 엘리엇(John Eliot)에 의해 재번역되었는지, 그리고 존 코튼의 정확한 역할이 무엇이었는지 등의 단서가 되는 정보로는 성경 번역자들이 남긴 위원회 문서들만한 것이 없다. 영국의 청교도 시인 프랜시스 퀄츠(Francis Quarles)는 분명히 사업을 위해 일부 시편 번역문을 윈스롭과 코튼에게 보냈지만, 그 모음집의 각각의 시편들은 그의 재능과 상관이 없다.[6]

두 번째 작업은 번역본을 인쇄하는 것이었다. 이 일을 위해 들여올 인쇄기와 작업자가 필요했다. 중개인은 서리(Surrey)교구교회의 조셉(Joseph) 혹은 조세 글로버(Josse Glover) 목사였다. 글로버는 불경건한 문서, 즉 제임스 1세의 『스포츠 법령』(Book of Sports)이 공적으로 읽히도록 하는 일을 거부한 뒤, 매사추세츠에서 그의 동료들과 합류한 목사였다.

그는 인쇄기를 돌리기 위해 케임브리지에서 자물쇠 전문가 스티븐 데이(Stephen Day, 1593/4-1668)를 고용했지만, 항해 중에 숨을 거두므로, 데이가 다른 케임브리지에서 인쇄기를 돌리는 모습을 보지 못했다. 그의 남겨진 아내는 『베이 시편집』 출판 1년 후 하버드의 총장 헨리 던스터(Henry Dunster)과 결혼했다. 그 후 인쇄기는 대학과 연방교회(Church of the Commonwealth)의 통제 아래 있었다.

스티븐 데이는 프로테스탄트 인쇄업자라는 자랑스러운 이름을 얻었다. 왜냐하면 존 데이(John Daye, 1521/2-84)는 잉글랜드 프로테스탄트 정체성의 전형적인 작품인 『폭스의 순교사』(Foxe's Book of Martyrs)뿐만 아니라 『데이의 시편집』(Daye's Psalter)으로 알려지게 된 1560년대에 가장 영향력이 큰 시편집 중 하나도 인쇄했기 때문이다. 아, 만약 그 반향이 글로버가 그의 인쇄기 작업자를 선택하는 데 영향을 미쳤다면(어땠을까?) 두 인쇄업자가 한 가족이라고 보기는 어렵다.

스티븐 데이의 이력에는 인쇄라는 뿌리 깊은 소명(인쇄에 대한 깊은 열정)이 보이지 않는다. 몇 년 내에 그는 제철업, 광산업, 무역업으로 사업을 다각화했다. 그리고 시편집 인쇄 비용의 일부를 되찾기 위해 법적 조치를 취했다(다행스럽게도 우리는 그의 불만 때문에 책 제작에 관한 세부 사항을 얻을 수 있다). 시편집 자체는 기존의 기술이나 경험이 어땠는지 보여 주지 않는다. 제본을 위한 인쇄공의 표시가 예외와 모순투성이기 때문이다. 그리고 마지막 장에 있는 정오표(正誤表)는 독자들에게 '당신이 명백히 찾을 수 있는만큼' 더 많은 오류를 바로 잡으라고 장려하는 듯하다.

비록 노래를 위해 의도한 것이었지만, 데이(Day)가 자신의 시편집을 위해 음악을 인쇄하는 훨씬 더 어려운 작업을 시도하지 않았다는 것은 조금도 놀라운 일이 아니다. 정오표 맞은편 페이지의 마지막 노트에서 우리는 그와 그의 고용주가 이에 대해, 예컨대 토머스 레이븐 스크로프트(Thomas Ravenscroft)의 『시편 전체 축가』(The Whole Booke of Psalmes, 1621)에 들어 있는 것 같은 음조의 주요 곡들이나 제네바 성경 뒷면의 '우리 잉글랜드의 시편 책들에' 들어 있는 다양한 곡들과 같은 것을 위해 교회들의 도움을 기대했다는 것을 알 수 있다.

이 통지에는 특히 십계명과 "우리 아버지!"(the Pater Noster, 주기도의 첫머리)와 같이 로마 가톨릭의 관습을 따라 두드러지게 묘사된 주기도의 운율적 가사를 부르기 위해 초기 모음집의 음조를 쓰라는 권고가 포함되었다. 처음에는 완전했다고 아무리 주장을 한다 해도, 초창기의 『베이 시편집』은 이전의 불완전한 것들의 빚을 져야 할 운명이었다.

베이 시편의 문학적 장점들은 종종 무시되었다. 몇몇 시편은 그 앞에 쓰인 것들에 비하면 충분히 훌륭하게 들린다. 시편 148편에서 번역자는 독특한 운율을 사용했는데, 당시에 이 시편에 대해서는 전통적인 것이 되었다. 이 독특한 운율은 사무엘 크로스맨(Samuel Crossman)의 말년의 사랑스러운 시 "나의 노래는 알 수 없는 사랑"(My Song is Love Unknown)을 통해 우리에게 알려졌다.

그것이 시대에 맞지 않는다면, 존 아일랜드(John Ireland)의 현대적 음조와는 잘 어울릴 것이다. 물론 누가 이 시편 텍스트를 그저 크게 읽는다면 틀린 박자들과 어순이 뒤바뀐 단어들이 거슬릴 것이다. 시편 23편은 성경 번역을 검토할 때 항상 좋은 표본이다.

> The Lord to mee a shepheard is
>   want therefore shall not I.
> Hee in the folds of tender-grasse
>   doth cause mee downe to lie:
> To waters calme me gently leads
>   Restore my soule doth hee:
> he doth in paths of righteousness
>   for his names sake leade mee.

하지만 이 본문은 읽기 위한 것이 아니라 부르기 위한 것이었다. 특별한 방식으로, 아주 천천히, 회중이 함께 광야 가운데서 공동의 목적으로부터 위로를 얻으며, 이 본문의 독특함과 특수성에 고귀함을 느끼며 소리를 높여 부르기 위한 것이었다. 목사들은 이 매사추세츠 베이 사람들에게, 그들의 본문이 초기 번역보다 원래 히브리어의 의미에 더 가까워지도록 특별한 노력을 기울였다고 단언했다.

이전 판에서처럼 스턴홀드(Sternhold)와 홉킨스(Hopkions)와 아인스워드(Ainsworth)와 그의 동료들을 위해 그들의 생색내기를 정당화할 만큼 그 차이들이 우리에게 충분히 크게 보이지 않을 수는 있다. 또 거기에는 운율을 구성하기 위해 곁들이는 '에케'(eke)와 '더스'(doth) 같은 유용한 접미사들이 없다.

그러나 매사추세츠의 개척자들에게 이것은 그들을 그들 되게 한(그때의 그들을 만든) 베이(The Bay)의 시편이었다. 그 연방(Commonwealth)의 회중들은 18세기까지 그 판을 잘 사용했다. 잉글랜드와 스코틀랜드의 회중교회주의 동료들도 동일했다. (이것은 아메리카 최초의 문학 수출이었다.) 그것은 특별히 거룩한 미학을 대표했다. 둘 다 본질적으로 개혁파였다. 그들은 북미인으로서 그리고 셰이커 교도로서 격렬하게 호전적인 서문에서 경건한 독자를 위해 이렇게 설명한다.

> 만일 어떤 사람들이 원하고 바라는 대로 항상 부드럽고 훌륭하지 않은 구절들이 있다면, 그들로 하여금 이 사실을 알게 하라.
> 하나님의 제단은 우리의 손질이 필요치 않다... 그러므로 우리는 히브리어 단어를 영어로, 다윗의 시를 영어 운율로 옮길 때 기품보다 양심을, 시심보다 충성을 따랐다.

후대 사람들은 매사추세츠 청교도들과 플리머스 필그림 파더스(Pilgrim Fathers)를 혼동할 수 있다. 그러나 이 책의 메시지에 관심을 기울인다면, 세계 최대 프로테스탄트 문화 중 하나의 기원에 놓인 많은 것을 이해하게 될 것이고, 복잡하고 경쟁적인 현재와 미래를 더 잘 파악하게 될 것이다.

제3부

잉글랜드 종교개혁에 대한 회고

제16장 잉글랜드 종교개혁의 지형도

제17장 잉글랜드국교회의 좌표

제18장 잉글랜드 종교개혁에 대한 현대 역사가들의 연구

제19장 토머스 크랜머의 전기 작가들

제20장 리처드 후커의 명성

제21장 날조된 종교개혁 역사: 경종을 울리는 이야기

제22장 결론: 성공회주의의 특성

제16장

잉글랜드 종교개혁의 지형도

이 주제를 다루면서 내 마음 속에 드는 생각은 두 가지이다.

첫째, 잉글랜드가 정말로 16세기에 종교개혁을 했다는 주장을 계속해서 또 하려는 것이다.

이것이 더 이상 불필요하게 보일 수도 있다. 이미 우리가 헨리 8세와 그의 결혼 문제에 대해 들었고, 피의 여왕 메리에 대해서와 선한 여왕 엘리자베스가 훌륭한 연설과 전능자께서 보내 주신 악천후로 스페인 함대를 무찌른 이야기에 대해서도 모두 들었기 때문이다. 그러나 잉글랜드국교회는 지난 두 세기 동안 점차 그 지난 흔적들을 덮는 데 익숙해지고, 잉글랜드국교회가 철저한 종교개혁에 뿌리를 두고 있다는 사실을 감추는 데 익숙해지고 있다.[1]

이렇게 과거를 덮는 작업은 성공회 교도들이 교황 추종자들만큼이나 선한 로마 가톨릭교도라는 사실을 보여 주려는 목표를 가지고 시작되었다. 그 후에는 로마와 연합할 수 있는 길을 모색하려는 조금 더 선한 목표를 가지고 계속되고 있다. 이 일은 1970년에 ARCIC(Anglican-Roman Catholic International Commission)라는 이름으로 시작된 일련의 에큐메니컬 토론을 통해 이루어지고 있다. 이 토론에 참여한 사람들은 서로의 차이점을 강조하고 싶어 하지 않았으며, 1830년대에 존 키블(John Keble)과 존 헨리 뉴먼(John Henry Newman)이 주도한 소위 옥스퍼드 운동(Oxford Movement)이라 불리는 잉글랜드교회(English Church) 역사를 앵글로-가톨릭(Anglo-Catholics)적으로 다시 쓰는 일을 매우 종종 하곤 했다.

필자는 꽤 오랫동안 이렇게 앵글로-가톨릭교파의 역사적 관점을 되돌려 놓으려고 애를 썼다. 앵글로-가톨릭교파가 나쁜 사람들이라서가 아니라, 그 그룹 안에 지난 250년 동안 사사로운 이익을 추구하는 데 너무 약삭빠른 역사학자 패거리들이 있었기 때문이다.[2]

그러나 앵글로-가톨릭교도들이 영국의 종교개혁을 다시 쓰는 일에 자기들의 재능을 쏟아 붓기 전에도, 잉글랜드 내 프로테스탄트교회 안에 무언가 이상한 일이 일어났다. 1660년 찰스 2세의 왕정복고 이후에, 잉글랜드 프로테스탄트는 무언가 독특한 존재가 되었으며, 그것이 무엇이든지 간에, 19세기에는 성공회주의(Anglicanism)라는 이름을 붙여졌다.[3]

잉글랜드교회(English Church) 역사를 연구하는 매력들 중 하나는 서구 기독교를 영국적으로 통합하는 독특한 과정이 어떻게 진화되었는지, 그리고 그 과정이 그 이전에 진행된 종교개혁과 어떤 관련을 맺는지 등을 살펴 보는 것이다. 아직도 미지의 세계로 남아 있는 영역이 많이 있다. 교회사가 다시 한번 많은 사람들이 모여드는 연구 영역이 되었음을 보는 것은 학자로서의 내 이력에서 흥미 있는 경험들 중 하나가 되었다.

사사로운 욕심이 없는 많은 젊은 학자들이 신학 용어들에 익숙해지고, 근대 초기 신앙의 고민과 황홀함에 대해 익숙해지는 것을 가치 있게 생각한다. 어쩌면 이 주제를 20년 정도 꾸준히 연구하고 나면, 필자는 비로소 어떤 주장을 할 수 있게 되었다고 느끼게 될 것이다(그리고 다른 사람들은 더 강력하게 느낄지도 모른다).

둘째, 그렇다면 나의 두 번째 작업이 중요해진다.

매우 종종, 잉글랜드의 종교개혁에 대해 이야기하는 것에 기를 펴지 못했던 사람들조차도, 잉글랜드가 당연히 다르고 특별하다는 잉글랜드인들의 가정과, 따라서 비록 잉글랜드에 종교개혁이 있었다 하더라도, 잉글랜드 해협 건너에서 들리는 그 어떤 소동이 남쪽으로 스코틀랜드와의 국경을 넘어 이동하거나 아일랜드 바다를 건너가기는커녕, 오히려 그것들이 잉글랜드의 종교개혁과 그다지 큰 관련을 맺을 수 없다는 잉글랜드인들의 가정을 받아들였다.

이러한 태도는 영국인들이 유럽의 다른 지역을 '대륙'이라고 부르고 미국인들에게조차 매우 비논리적인 방법으로 그렇게 하라고 설득하던 습관을 반영하는 것이다. 그것은 소용없는 짓이다.

잉글랜드의 종교개혁에는 놀라울 정도로 독창적인 신학자들이 없었다. 적어도 리처드 후커(Richard Hooker)라는 매우 고집 센 인물이 나타나기 전까지는 그랬다. 잉글랜드 이야기의 편협성은 후커에게서 시작된다고 말할 수 있을지도 모른다. 하지만 단지 그가 다른 유럽 지역의 종교개혁에 대해 냉랭한 태도를 보였기 때문만은 아니다.

후커에게 있어서 놀라운 것은 그의 저서들 중 아무 것도 라틴어로 번역되지 않았다는 사실이다. 다른 말로 하면, 유럽의 다른 지역에서 그 누구도 후커의 글을 읽고 영향을 받을 수 없었다는 것이며, 따라서 후커는 그 당시로서는 이해할 수도 없고 중요치도 않은 유럽 언어였던 영어에 고립되었다(말하자면, 영어는 후커가 그것을 기록할 때 특히 난해하다).[4] 만약 그렇지 않다면, 종교개혁 안에 있는 사상의 흐름은 적어도 일견 국제수지상 명백히 잉글랜드에 불리한 해외 수입품처럼 보인다.

만일 잉글랜드에 종교개혁이 있었고, 그것이 명백히 프로테스탄트 종교개혁이었으며, 틀림없이 그 종교개혁이 대부분의 사상을 다른 곳에서 가지고 왔다면, 그것은 어떤 종류의 종교개혁이었는가?

우리는 그것을 마틴 루터가 면죄부에 격노하여 1517년에 일으킨 종교개혁과 울리히 쯔빙글리가 1522년 사순절 기간 중 소시지를 먹는 것에 찬성하여 일으킨 종교개혁과 어떻게 연관시켜야 하는가?

우리는 잉글랜드의 상황에 '루터교' 또는 '개혁파'라는 꼬리표를 붙일 수 있는가?

그렇다면 잉글랜드에서 그것들의 의미는 무엇인가?

필자 스스로 유럽 종교개혁 전체 이야기를 곱씹으면서 이 주제에 관해 엄청나게 두꺼운 책을 쓸 때, 이 문제가 항상 내 마음 속에 있었으며, 오늘 필자가 집중해서 다루려고 하는 주제가 바로 이것이다. 다만 고교회파성공회(High Church Anglican) 역사의 남은 유산을 조금 다룰 것이다. 우리는 일단 왕궁에서 출발할 것이다. 즉, 잉글랜드와 해외에서의 왕들과 여왕들의 종교개혁에서 출발하는 것이다.

이제 헨리 8세를 만나보자.

헨리 8세는 신학에 관심을 가졌던 왕이었다. 왜냐하면 그의 왕관이 자신을 하나님과의 특별한 관계를 가져다 주었다고 확신했기 때문이었다. 하나님께서는 그의 가문을 왕위에 앉히셨다. 비록(헨리 8세도 잘 알았지만 인정하지 않으려 했던 것처럼) 그들 모두 혈통적으로는 잉글랜드의 왕이 되기에 부족했지만 말이다.

헨리 8세의 아버지는 1485년 보스워드(Bosworth) 전투에서 하나님의 호의를 입어 왕위를 얻었다. 따라서 헨리 8세는 하나님께서 그의 행위들에 대해 어떻게 생각하시는지가 중요했으며, 따라서 평생 동안 그는 이것을 바르게 하겠다고 결심했다. 종교개혁에 대한 그의 본능적인 직감은 그것이 하나님께 대한 신성모독이라는 것이었다.

헨리 8세는 마틴 루터를 읽었다. 루터도 하나님과의 일대일 관계를 가졌다고 느끼고 그 관계를 바르게 하려고 열정적으로 결심한 사람이었다. 그러나 루터가 하나님을 만난 것에 대한 헨리 8세의 반응은 전적으로 부정적이었으며, 『7성례 옹호론』(Assertio Septem Sacramentorum)에서 이것을 표현했을 때, 교황으로부터는 감사를 얻어내고, 루터로부터는 불경죄라고 여겨질 만한 반격을 받았다.

루터와 헨리 8세는 남은 25년 생애 동안 서로에 대한 혐오감을 버리지 않았다. 특히 루터가 헨리 8세와 아라곤의 캐서린 사이의 이혼을 교황 클레멘트 2세(Pope Clement VII)보다 더 격앙된 목소리로 비난한 이후부터 더욱 둘 사이가 좋지 않았다. 그러나 헨리 8세는 어쨌든 유럽에서 처음으로 로마에 반기를 든 왕이었다.

이전에 그렇게 했던 모든 통치자들은 단지 왕자들이거나 시 평의회에 불과했다. 심지어 새롭게 왕이 된 스웨덴의 구스타브 바사(Gustav Vasa)도 1520년대 말부터 종교개혁과 어줍은 동맹을 시작했을 때 에조차 헨리 8세처럼 교황청과 완전히 단절하지는 못했다. 확실히 헨리 8세는 이러한 단절이 중앙 유럽에서 진행되고 있던 종교개혁과 어떤 관계를 맺어야 하는지 결정해야 했다. 헨리 8세가 한 결정들과 관련해서 곤란한 문제들이 많이 있는데, 누구나 그 난제들을 쉽게 분류할 수 있다.[5]

헨리 8세는 종교개혁을 복잡한 문제로 만들었다. 헨리 8세의 교회는 종종 '교황 없는 로마 가톨릭주의'(Catholicism without the Pope)라고 불렸다. 그러나 최근의 학자들은 그 교회를 '이신칭의 없는 루터주의'(Lutheranism without justification by faith)라고 부르려고 한다. 왜냐하면 헨리 8세가 이 종교개혁 핵심 교리를 받아들이지 않았기 때문이다.[6]

헨리 8세는 부분적으로는 옛 신앙 세계에 있었고, 또 다른 부분에서는 새 신앙 세계에 있었다. 통치기간 내내, 라틴어 미사가 장엄한 형태 그대로 남아 있었고, 모든 성직자들은 그가 모두 처형시켜 버린 수도사와 수녀들처럼 독신이어야 했다. 다른 한편에서, 헨리 8세는 연옥 교리에 대한 관심을 거두었고, 잉글랜드와 웨일즈에 있는(또한, 아일랜드에서는 가능한 범위 내에서) 모든 수도원들을 파괴했으며, 잉글랜드와 웨일즈에 있는 모든 유물들을 폐쇄하거나 파괴한 것에 대해 자랑스러워했다.

이러한 혼합 정책을 더 넓은 배경에서 이해할 필요가 있다. 그러나 사실 전통적으로 성공회 역사가들은 거의 그렇게 하지 않으려고 한다. 북유럽의 여러 군주들이 반드시 루터와 비텐베르크로부터 감동을 받은 것은 아니지만, 그럼에도 불구하고 여전히 자기 나름대로 종교개혁을 취사선택했고, 로마와 단절하지 않은 경우도 있었.

앞에서 이미 스웨덴의 구스타브 바사를 언급했지만, 그와 똑같이 흥미로운 경우는 브란덴부르크(Brandenburg)의 선거후 요아킴 2세(Joachim II)였다. 그의 매제가 루터교였지만, 로마 가톨릭교도였던 폴란드 왕이 그의 장인이기도 했다.

요아킴의 삼촌은 면죄부를 판매하던 루터의 대적인 마인츠의 추기경 알브레히트(Albrecht)였다. 따라서 이 선거후가 옛 교회의 계급 구조를 과도하게 존중하지 않았다는 사실이 전혀 놀랍지 않다. 그는 자발적으로 브란덴부르크에 자신만의 새로운 신앙 체제를 설립했다. 구체적으로, 제국 전체에 전반적인 체제가 갖추어질 때까지 임시 체제를 선언했다. 그 선거후는 로마와 단절하지 않았지만, 그 당시에 헨리 8세가 잉글랜드에서 하던 것처럼 교회 토지를 상당히 많이 몰수했으며, 수도원들을 파괴했다. 그리고 노획물을 선한 대의에 재투자해야 한다는 관심은 거의 부족했다.[7]

이와 똑같이 흥미로운 사례는, 윌리히-클레브-베르크(Jülich-Cleves-Berg) 연합공국 공작인 요한 3세(Johann III)의 정책이었다. 1532-33년, 요한 3세는 성직자들에게 자문을 구하지 않은 채 교회 예식서(Church Ordinance)를 제정했으나, 로마와는 단절하지 않았다. 요한의 아들 빌헬름 5세(Wilhelm V)가 1539년에 그를 승계했다. 그는 루터의 후견인이었던 작센 주 선거후의 매제였을 뿐 아니라, 잉글랜드에게는 훨씬 더 중요하게, 클레브의 앤(Anne of Cleves)의 오빠였다. 따라서 잉글랜드의 정치적 종교적 지도자들은 1530년대 말에 윌리히-클레브에서 무슨 일이 일어나는지 예의주시했다.

이 시기는, 헨리 8세가 1539년에 의회를 거쳐 『6개 신앙 조항』(*the Six Articles*)이라는 새로운 교리 선언문을 발표할 때였다.[8] 클레브에서의 변화와 똑같이, 이 『6개 신앙 조항』은 전통적인 교회 예식을 재확인했으나, 잉글랜드에서 그때까지 발생한 변화들 중 그 어떤 것도 번복하지는 않았다.

그러나 클레브 변화들의 요지는, 요한 공작의 1532-3년 『교회 예식서』(*Kirchenordnung*)에 구체화되어 있는 바와 같이, 설교가 반드시 성경과 초대 교부들에 근거해야 하고, 논쟁의 여지가 없어야 한다는 것이었다. 이것은 당연히 헨리 8세의 종교개혁에서도 지속적으로 강조한 것이었다.

1539년판 대성경의 겉표지에 있는 유명한 그림이 이것을 잘 요약해 주고 있음을 누구나 잘 알고 있을 것이다. 그 그림에서 헨리 8세가 성경을 가신들에게 하사하고 있다. 그러나 역사가들은 헨리 8세가 고안한 정확히 동시대의 창작품을 무시해 왔다. 이것은 바로 클레브의 앤의 결혼에 대한 문자 그대로의 증거물이었으며, 또한 그 참담한 결혼 시도의 전날 밤의 공식적인 분위기에 대한 매혹적인 증거물, 즉 1540년 클레브의 앤이 도착하던 때에 설치된 성 제임스 궁전(St. James's Palace) 예배당 천정이었다.

헨리 8세의 종교 정책에 관한 이 단호한 선언에서 주목할 만한 것은, 왕실의 상징과 클레브의 앤의 첫 시작과 별도로 유일한 동기가 '하나님의 말씀'(*Verbum Dei*)이라는 반복적인 모토였다는 사실이다. 여기에는 그 어떤 전통적인 로마 가톨릭 상징주의(Catholic symbolism)의 흔적도 없다.[9]

늘 그렇듯이, 헨리 8세는 성경에 대한 자신의 견해가 무엇이었는지에 대해 신하들을 혼란스럽게 했다. 1543년, 헨리 8세는 의회를 통해 법령을 시행했는데, 크누트 왕(King Canute)이 그의 신하들에게 했던 교훈을 간과한 채, 사회적 계급 구조에 근거해서 성경 읽기를 제한했다. 기억하는 사람들이 많지 않지만, 정확히 이와 동시대에 스코틀랜드에서는, 스코틀랜드 의회의 성경 읽기에 관한 유사 법률이 있었다. 하지만 이 스코틀랜드 법률은 규제가 아니라 허용이었다. 1543년 법령은 영주에 해당하는 가신들에게 성경 소유를 처음으로 허용했다.[10]

브란덴부르크, 윌리히-클레브, 잉글랜드, 그리고 스코틀랜드에서 공통적으로 있었던 것은 '중도'(middle way)를 찾기 위한 일련의 노력이었다. '중도'라는 단어는, 그것이 무엇을 의미하는지에 관해 종종 헨리

8세에게 철저히 반대했던 대주교 크랜머 등과 같은 다른 사람들에게와 마찬가지로, 헨리 8세에게 많은 의미가 있었다.[11]

그 이유는, 헨리 8세의 개인적인 종교개혁이 단순히 그의 잉글랜드의 판도에 관한 종교개혁이 아니었기 때문이다. 적어도 다른 두 가지가 더 있었다.

첫째, 아래로부터의 종교개혁에 주목해 보자.

이것은 종교개혁 이전의 종교개혁으로인 롤라드의 개혁이었다. 롤라드에 대한 긴 설명은 차치하고, 필자는 다른 동료들의 생각과는 다르게, 잉글랜드국교회의 신학적인 미래의 관점에서 볼 때, 롤라드가 크게 중요하다고 생각한다.[12] 물론 롤라드는 결코 연합된 세력이 아니었다. 그리고 15세기와 16세기에 롤라드는 틀림없이 존 위클리프(John Wyclif)의 견해와 정확히 일치하지 않았다. 따라서 롤라드가 대학교들에게나 위정자들에게 그렇게 효과적으로 박해를 받은 것은 전혀 놀랍지 않다.

그럼에도 불구하고, 종교개혁 직전에 자기가 잉글랜드의 종교 내에서 독특하고 전혀 다른 정체성이나 전망을 가지고 있다고 생각하는 (또한, 이웃들이나 옛 교회 권위자들에 의해서도 인식되던) 사람들 대부분에게 공통적이었던 일련의 핵심 신앙을 하나로 모아볼 수 있다. 바로 그들을 비난하던 사람들이 롤라드라는 꼬리표를 붙였던 자들의 정체성이다.[13]

마찬가지로, 엘리자베스 통치 시절에 잉글랜드 프로테스탄트교회 사상에 한 결정적인 형태가 발흥했을 때, 그것은 크게 세 가지 중요 특징을 가지고 있었다.

① 성찬시 실재적 임재를 주장하는 견해에 대한 불신.
② 형상과 유물에 대한 강력한 혐오.
③ 종교개혁 구원론 안에서 율법과 도덕 체계의 가치에 대한 재천명.

세 가지 요점 모두는 튜더 왕조 초기 주류 롤라드의 특징들이기도 했다. 그리고 세 가지 모두 루터 방식의 종교개혁과 충돌했다. 필자는 잉글랜드 종교개혁이 자생했다거나, 오직 롤라드만이 두드러졌다는 어리석고 단순한 주장을 하려는 것이 아니다. 그럼에도 불구하고, 잉글랜드 종교개혁가들이 헨리 8세의 존재와 북해(North Sea) 건너편의 다른 종교개혁의 존재 때문에 어쩔 수 없이 선택한 여러 선택들을 보면, 롤라드의 유산이 결코 무시될 수 없다.[14]

둘째, 그러나 다음으로 또 다른 잉글랜드 종교개혁이 있었다.
바로 앤 불린 왕비, 토머스 크롬웰 그리고 토머스 크랜머 등에 의해 조직된 정치가들과 선임 성직자들이 효과적으로 추진했던 계획이었다.

필자는 이전 글들에서 이들을 가리켜 복음주의자들이라고 불렀다. 따라서 왜 튜더 왕조 잉글랜드 초기 상황에서 이 단어가 프로테스탄트라는 단어보다 더 적합하다고 생각하는지에 대해서는 여기에서 상설하지 않겠다.[15] 불린, 크롬웰, 그리고 크랜머 덕분에, 교회와 왕궁에 일종의 지속적인 복음주의적 체제가 있었으며, 1531년부터 헨리 8세의 죽음 때까지 꾸준히 그러나 불안정하게 권력에 맞닿아 있었다.

이 그룹은 마틴 루터의 신앙과 매우 가깝게 시작했다. 왜냐하면 일단 종교개혁에 관한 소식이 1520년대 초에 잉글랜드에 흘러들어왔을 때 루터만 유일한 개혁가로 보였기 때문이다. 교회 안에 항상 변칙적인 움직임들이 있었다. 예를 들어, 교회 안의 각종 형상들에 대한 복음주의자들의 명백한 혐오감이었다. 이것은 복음주의자들이 교회의 공식 교리적 선언 안으로 다양한 교리적 문제들에 관한 그들의 견해를 가지고 들어오던 1530년대에 이미 두드러졌다.

그들은 헨리 8세의 교회가 새겨진 우상 금지 명령을 강조하면서 십계명의 번호를 다시 매길 수 있게 했다. 이 방식은 루터가 교황과 마찬가지로 따르지 않던 방식이었으나, 취리히에서 새롭게 회복되었다. 이렇게 중요한 사소한 변화가 단순히 스위스 종교개혁에서 가져온 것이라고 보는 것은 너무 단순하다. 이것은 롤라드의 주요 의제 중 하나가 당시 주교들과 정치가들에게까지 얼마나 영향을 끼쳤는지 보여준다.[16]

그러나 이렇게 제도화된 복음주의자들의 루터주의는 1530년대 내내 실질적인 성찬 문제에 있어서 매우 강력했다. 이것은 1540년에 헨리 8세가 저명한 루터교 대변인 격인 로버트 반즈(Robert Barnes)를 화형시킨 상징적 순간부터 쇠퇴하기 시작했다. 반즈는 직접 처형을 당한, 유럽 종교개혁 시대에 어디에서라도, 몇 안 되는 주요 개혁가들 중 한 명이었다. 또한, 역사적으로 큰 아이러니들 중 하나는, 그가 유럽에서 교황의 주적(主敵)에 의해 처형을 당했다는 것이다.[17]

이제 잉글랜드 프로테스탄트의 운명은 비텐베르크에 있지 않고 다른 곳에 있게 되었다. 이 운명이 어디에 있었는지 그리고 어떻게 변화되었는지 알아보기 위해, 우리는 중도를 찾기 위해 애를 썼던 여러 유럽 통치자들을 조금 더 만나보아야 한다.

가장 중요한 인물 중 한 명은 콜로냐의 대주교(Archbishop of Cologne) 헤르만 폰 비드(Hermann von Wied)이다. 로마에 대한 충성에서 점차 벗어난 후에, 폰 비드는 저지대 라인강 유역에 자기만의 프로테스탄트

교회를 만들려고 했다. 하지만 그 계획이 성당 참사원 회원들의 격렬한 반대에 부딪힌 후, 그는 1546년에 찰스 5세에 의해 쫓겨났다. 영어권 역사가들은 종종 폰 비드가 말년에 루터교였다고 말하곤 했다. 그러나 그는 단 한 번도 루터교 교리를 따른 적이 없으며(특히 형상 문제에 있어서 그랬다), 자기처럼 루터교 밖에 있던 신학자들에게 영감을 주었다.

그들 중 한 명은 그의 추종자였던 대주교 토머스 크랜머였다. 크랜머는 폰 비드와 계속 교류했으며, 심지어 비드의 은퇴 이후인 1550년대까지 그랬던 것 같다.[18] 교회 예식을 개혁해야 한다는 폰 비드의 제안은 『공동기도서』(Book of Common Prayer) 제작에 큰 영향을 끼쳤다. 그는 자신에게 반대한 신성 로마 제국 황제의 행동에 의해 본토에서 좌절된 유럽 종교개혁의 미래 방향에 한 가지 가능성을 제시한 것이었다.

폰 비드 외에, 동프리슬란트(East Friesland)라는 제국 내 작은 영토의 이야기가 있다. 유럽의 이 작은 공국은 북부 유럽 종교개혁 과정에서 여러 면에서 독특한 중요성을 갖는다. 특히 잉글랜드 내 초기 종교개혁에 대해 더욱 그렇다. 1540년, 동프리슬란트의 군주 에노 2세(Enno II) 백작은 미망인 안나 폰 올덴부르크(Anna von Oldenburg)와 세 아들을 남기고 죽었다.

백작 부인 안나는 지혜롭고 교양 있는 여인이었다. 그녀는 반대를 무릅쓰고, 자녀들을 대신해 섭정을 시작했다. 그리고 자녀들이 동프리슬란트에서 안정되고 잘 정비된 지위를 계승하여 제국을 위해 더 큰 일을 할 수 있는 기초를 마련할 수 있게 했다. 세 아들 중에 그녀와 같은 능력이나 전략적 비전을 가진 사람이 없었던 것은 결코 그녀의 잘못이 아니었다. 정치에서, 그녀는 자신처럼 종교적으로나 외교적으로

복잡한 분규가 없는 군주들과 동맹을 맺으려고 했다.[19]

국내 종교 정책에 있어서 안나 백작 부인은, 헨리 8세가 로마와의 단절 이후에 일반적으로 했던 것처럼, 루터교나 교황주의 로마 가톨릭으로 완전히 기울이지 않으려고 노력했다. 동프리슬란트에서 안나가 처음 이 노력을 시작했을 때, 그녀는 자그마한 항구 수도 엠덴(Emden)의 수석 목사이자 외국의 그리고 국제적 인물을 선택했다. 바로 폴란드 귀족 출신의 얀 라스키(Jan Łaski)였다(국제적으로는 비폴란드계 라틴어 사용자들이 폴란드어 발음에 비슷하게 부르려고 만든 요한네스 아 라스코[Johannes à Lasco]라고 불렸다).

라스키는 인문주의 학자였으며, 에라스무스의 친구이자 후원자였다. 1530년대에 그는 옛 교회와의 관계를 단절하고, 콜로냐의 대주교 폰 비드의 추종자로 남았다. 라스키는 스위스 개혁가들과도 친밀한 관계를 유지했으며, 또한, 성찬에 관해 루터와 정반대 입장을 취했다. 이 견해는 크랜머가 잉글랜드에서 스스로 발전시키려고 했던 것이었다.

이 세계적인 폴란드인의 놀라운 생애는 비루터고 종교개혁이 어떻게 손쉽게 문화적, 언어적 경계를 넘을 수 있는지 보여 주는 하나의 표상이다. 생애 말년인 1560년대에, 그가 개혁파 프로테스탄트를 지리적으로 널리 퍼뜨리는 일에 존 칼빈보다 더 영향력이 있었는지는 논란이 되고 있다. 어쨌든 두 사람은 결코 영적 동반자는 아니었다.[20]

라스키가 표방한 신학을 뭐라고 명명할 수 있을까?

이 운동이 나중에는 개혁파 프로테스탄트가 되긴 했지만, 1540년대의 이 운동을 그렇게 부르는 것은 시대착오적이다. 이 초기에서 우리가 보는 것은 비텐베르크와 로마를 피해 '제3의 길'(third way)이라고 불릴 수 있는 것을 의식적으로 만들어 내는 것이었다(여러 다른 배경과 형태로).

그렇게 하는 동안, '제3의 길'을 열망하는 사람들은 자연스럽게 다양한 다른 개혁파 중심지들에 끌리게 되었다. 1540년대에 그런 중심지들은 취리히, 바젤, 그리고 슈트라스부르였다. 또한, 그 이후 잉글랜드에서 일어난 일에 주된 영향, 즉 잉글랜드 종교개혁의 실제적인 체제를 형성한 결정적인 계기를 제공한 주체도 바로 이 세 도시였다. 더 이상 비텐베르크는 잉글랜드의 복음주의적 신앙 변화에 주된 영감을 주지 않았다.

1547년, 헨리 8세의 아들 에드워드 6세가 왕위를 물려받으면서 헨리의 종교개혁은 완전히 씻겨 나갔다. 헨리의 첫 종교개혁 유산은 중요한 세 가지 요소만 제외하고는 잉글랜드국교회에 거의 남지 않았다. 세 가지는 다음과 같다.

① 로마와의 단절.
② 왕실의 수장권.
③ 헨리 8세가 보호했거나 다시 세웠거나 또는 처음으로 다시 세운 대성당들(이 논문 모음집이 종종 돌아가서 다루는 문제다).

에드워드 6세는 평신도와 사제들을 불문하고 복음주의 정신을 가진 정치인 당파의 수령이었다. 그리고 당시에 베테랑 복음주의자였던 대주교 크랜머는 단연 최고의 탁월한 일원이었다. 이 당파는 이제 헨리의 감시로부터 벗어나 즉시 종교적 개혁을 가속화하기 시작했다.

이 모든 것의 배경에는, 우리가 탐구하기 시작한 잉글랜드 복음주의 리더십들 사이의 신학적 입장의 미묘한 변화가 있다. 요약해서 말하자면, 대체로 헨리 8세 시대에는 그들이 대체적으로 광범위하게 루터교에 호의적이었다. 예를 들어, 성찬 시 실재적 임재 교리를 받아들였다(이것은 그들과 왕과의 관계를 상당히 덜 위험하게 해 주었다. 그렇지 않았으면 전혀 다른 상황이 발생했을 것이다).

헨리 8세가 사망하던 1547년 즈음에, 대주교 크랜머는 루터의 실재적 임재 교리가 틀렸다고 확신했다. 어떤 사람들은 이 시기가 그의 확신을 바꿀 수 있는 손쉬운 순간이었다고 냉소적으로 말할 수 있을지도 모르지만, 우리는 그가 독특한 성격을 가진 헨리 8세의 위세로부터 갑자기 벗어났을 때의 심리적인 효과를 간과해서는 안 된다.

왕의 죽음은 다른 측면에서 매우 중요한 순간에 찾아왔다. 중부 유럽 프로테스탄트들에게 군사적으로나 정치적으로 재앙이 있던 순간이었다. 1547년, 찰스 5세 황제는 슈말칼덴 전쟁(Schmalkaldic Wars)에서 독일 프로테스탄트 왕자들을 패퇴시켰다. 잉글랜드는 갑자기 저명한 유럽 프로테스탄트들(그러나 루터교도들은 아니었다)의 은신처가 되었다. 그들은 사실 둘 중의 하나를 택해야 했다. 황제가 제시한 타협안을 받아들이든지, 또는 마그데부르크(Magdeburg)처럼 비교적 안전한 은신처에 머물면서 싸우든지 말이다.

따라서 1547년 말부터 크랜머는 바다 건너 유럽에서 로마 가톨릭 승리자들에 의해 폐위된 개혁가들을 잉글랜드로 받아들였다. 크랜머가 가장 마음에 맞는다고 생각한 망명자들은 이제 비루터교였다. 사실 가장 중요한 사람들 중에 몇 사람은 그 당시 사라지고 있던 이탈리아 종교개혁으로부터 왔다.

이탈리아 종교개혁은 이제 대체로 비루터교 요새에서 은신처를 찾고 있었다. 특히 취리히와 슈트라스부르였다. 두 명의 망명자, 곧 탁월한 이탈리아 설교자였던 피터 마터 버미글리(Peter Martyr Vermigli)와 후에 슈트라스부르 종교개혁 지도자가 되는 마틴 부처(Martin Bucer)는 각각 옥스퍼드와 케임브리지의 중요한 학장들이 되었다. 그들을 시작으로, 수백 명의 덜 저명한 망명자들이 찾아왔다.

1550년대에 중요한 단계가 찾아왔다. 문화적, 언어적 배경을 불문하고 다양한 망명자들을 수용하기 위한 런던의 '나그네교회'(Stranger Church)가 공식적으로 설립되었다. 이 교회 감독은, 사실상 주교는, 다름 아닌 얀 라스키였다. 라스키도 다른 사람들과 마찬가지로, 1548년에 찰스 5세에 의해 신성 로마 제국에 '임시'(Interim) 체제가 시행되자 동프리슬란트를 떠나 잉글랜드로 온 사람이었다. 잉글랜드 정부는 라스키의 리더십을 통해 망명자들 사이에 있던 신앙적 급진주의를 제어하게 하고 싶었다. 그래서 그들은 상당히 큰 사례비와 그 도시에서 가장 큰 교회들 중 하나인 어거스틴 수도회(Augustin Friars)를 주었다.

라스키는 교회를 잘 목회함으로써 잉글랜드가 어떻게 순수한 개혁파교회를 얻을 수 있는지 보여 주었다(이것은 분명히 여러 잉글랜드 정치 지도자들의 의도였을 것이다).[21] 그러므로 에드워드 6세의 종교개혁은 두 가지 특징이 있었다.

① 세계적인 프로테스탄트의 일원이 되는 것에 대한 인식.
② 이제 곧 개혁파라고 불리게 될 비루터교 교회들을 의도적으로 받아들인 것.

잉글랜드와 루터주의와의 단절은 영구적이 되었다. 에드워드 6세 통치 말기에, 잉글랜드 정부는 비텐베르크에 있는 필립 멜란히톤(Philip Melanchthon)에게 마틴 부처 후임으로 케임브리지의 칙임 교수(Regius Professor)가 되어 달라고 요청했다. 사실, 그들은 멜란히톤에게 여행 경비를 보내고, 그가 도착할 날짜를 1553년 6월말로 정하기까지 했다. 그러나 젊은 왕이 죽는 일이 발생했다.

그래서 멜란히톤은 모든 계획을 즉시 포기했다(잉글랜드가 보낸 돈이 어떻게 되었는지는 알 수 없다). 그러나 멜란히톤이 잉글랜드에 루터교의 미래를 가져왔을 것 같지는 않다. 오히려 케임브리지가 그가 평생 동안 추구했던 강경한 루터주의로부터의 퇴로가 되어 개혁파 프로테스탄티즘 안에서 새롭게 정착하게 되었을 가능성이 더 높았다고 보아야 할 것이다.[22]

이런 비극적인 결말이 있기 전에, 에드워드 6세의 짧은 통치는 잉글랜드국교회에 수많은 제도들을 만들어 냈으며, 그것들이 현재까지 남아 있다. 크랜머는 영어로 된 『공중기도서』를 두 번에 걸쳐 연이어 발간함으로써 교회 예식을 바꾸었다. 그 중에서 첫 번째는 1549년이었다. 크랜머는 대체로 변화의 속도를 신중하게 조절했으며, 그의 신중함은 1549년 여름에 서부 잉글랜드에서 일어난 큰 반란이 종교적인 혁명, 특히 그의 첫 번째 『공중기도서』를 겨냥했을 때 입증되었다.

로마 가톨릭교도들만 그 책에 반대한 것이 아니었다. 아무도 그 책을 좋아하지 않았다. 프로테스탄트들에게는 『공중기도서』에 전통적 요소들이 너무 많이 들어 있었다. 따라서 그것은 크랜머가 생각하기에 보다 더 진보적인 것을 만들어 내기에 안전해질 때까지 미봉책으로 내놓은 것에 불과해 보였다.[23]

피터 마터(Peter Martyr) 및 마틴 부처와 연락을 하는 동안, 크랜머는 1549년 판보다 훨씬 더 진보적인 두 번째 『공중기도서』를 1552년에 출판했다. 이 예식서에 담긴 성찬 신학은 『취리히 협의서』(*Consensus Tigurinus*)에 가까웠다. 취리히와 제네바 사이의 『취리히 협의서』 제작은 유럽 종교개혁에서 중요한 시점이었다.

『공중기도서』는 비루터교를 결집시키는 계기가 됨과 동시에, 함부르크의 요아킴 베스트팔(Joachim Westphal) 등의 강경한 루터교도들을 공격하는 계기가 되어, 그 이후 루터교와 개혁파 사이의 영원한 분열을 낳았다. 잉글랜드가 『취리히 협의서』에 보조를 맞추게 되었을 때, 잉글랜드 복음주의교회는 이제 신학적인 입장에서 완전히 루터주의를 거절할 준비가 된 것이 분명했다.

크랜머는 또한, 교리 선언문인 『42개 조항』(Forty-Two Articles)의 작성과 교회법의 완전 개정 입안을 주도했다. 이 계획은 잉글랜드가 유럽 전역 종교개혁의 리더가 되기를 바라는 크랜머의 비전을 보여 주는 놀라운 증거였다.

피터 마터와 라스키는 법률 개혁을 입안하던 진영의 적극적인 일원이었다. 다만 종종 라스키는 잉글랜드가 추진하던 종교적 변화가 너무 느린 것에 반대하는 목소리를 내곤 했다. 이들이 서로 연합했으므로, 교회법 입안 계획이 성찬에 관해 루터교 신학과 로마 가톨릭 사상 그리고 재세례파 같은 급진주의자들에게 적대적이었다.[24]

교회법 개혁은 당연히 잉글랜드 역사에서 일어날 뻔했던 큰 일 중의 하나였다. 그것은 순전히 앙심 때문에 의회에서 통과되지 못했다. 왜냐하면 정권을 잡은 일반 정치인들이 프로테스탄트 성직자들과 관계가 나빠졌기 때문이다. 프로테스탄트 성직자들은 자신들이 종교개혁을 위해서가 아니라 자신들의 유익을 위해 교회를 약탈한다고 비난했다. 따라서 1553년 봄, 노섬벌랜드(Northumberland) 공작은 법률개혁위원회의 수명을 연장시켜 그것을 통해 의회의 제정을 이끌어내려고 하던 모든 절차적인 활동을 저지했다.[25] 그 결과, 정성껏 입안되었던 계획은 사라지게 되었다. 엘리자베스 1세가 프로테스탄트를 재건했을 때에도 교회법 개혁은 되살리지 않았다.

종교개혁 중에서 가장 깔끔하지 못했던 것 중 하나는 잉글랜드 프로테스탄트교회가 계속해서 교황의 교회법을 사용해야 했던 것이었다. 약 50년 후에 그 법에서 가장 나쁜 교황적 요소들을 제거하여 교회법을 정리하려는 노력이 있었지만, 다시 한번 큰 진보가 있었던 것은 1950년대에 대주교 지오프리 피셔(Geoffrey Fisher) 시대가 된 이후였다.

또한, 중요하게도 잃어버린 입법안에는 이혼 절차에 대한 규정이 있었다. 그러한 시도가 실패했기 때문에 잉글랜드국교회는 유럽에서 이혼에 대해 아무 규정도 하지 않는 유일한 프로테스탄트로 남게 되었다. 고상한 신학적 이유가 있었던 것이 아니라, 한 정치인의 원한과 엘리자베스의 무기력 때문이었다. 이것이 바로 잉글랜드 종교개혁이 유럽 전역의 기준과 첫 번째로 다른 점이었다.

역사가들은 메리 여왕 통치 기간이 유럽 전역의 반종교개혁에 큰 중요성을 가졌다고 인정하지만, 우리는 이 시기를 접어 두기로 하자.[26]

다만 우리는 메리가 이단법을 회복시키고 크랜머와 그의 여러 동료들을 화형시킴으로써 프로테스탄트 종교개혁에 중요한 공헌을 했다는 사실에만 주목해야 한다. 이 아픈 경험은 그 이후 이어진 수백 년 프로테스탄트 역사에서 잉글랜드인들의 의식 중심에 자리 잡았다.

이 경험은 프로테스탄트 잉글랜드를 적극적이고 깊은 반로마 가톨릭주의(anti-Catholicism)와 묶어 주었는데, 이 반로마 가톨릭주의는 특히 개혁파 프로테스탄트 그리스도인들의 강점이었다. 따라서 잉글랜드를 루터교 프로테스탄트보다 개혁파 프로테스탄트와 연결시켜 준 접착제가 있다면, 그것은 바로 이 반로마 가톨릭주의였다.

그 이후 수백 년 동안 프로테스탄트가 될 수 있었던 이유는, 메리가 잉글랜드 종교개혁에 이바지한 가장 큰 공헌으로, 바로 즉위 5년 만에 그녀가 사망한 것이었기 때문이다. 그러나 잉글랜드 왕국은 크랜머가 계획했던 것처럼 개혁파교회들 가운데서 주도적인 역할을 다시 하지 못했다. 그리고 그것은 그 다음에 즉위한 메리의 여동생 엘리자베스 여왕 때문이었다.

사실, 잉글랜드 종교개혁 형태는 유럽에서 독특했다. 왜냐하면 잉글랜드 종교개혁이 두 여인에게 너무 많이 의존했기 때문이다. 한 사람은 헨리 8세의 왕비 앤 볼린이고, 다른 한 사람은 그의 딸 엘리자베스 여왕이다. 어떤 사람은 잉글랜드 종교개혁이 세 번째 여인 메리 1세 여왕에게도 많이 의존했다고 말할 수 있을지도 모른다.

젊은 여왕 엘리자베스는 1558년에 프로테스탄트였던 것이 특징이다. 특히, 그녀가 자신 어머니의 딸이었기 때문이다. 엘리자베스는 유럽의 막강한 로마 가톨릭 세력을 마주했다. 따라서 그녀는 지도자를 잃고 큰 충격에 빠진 잉글랜드와 아일랜드 왕국의 신앙을 어떻게 조직해야 할지에 대해 신중한 선택을 해야만 했다.

그녀는 1559년에 의회를 움직여 하나의 종교화해(Settlement)를 만들어 내는 선택을 했다. 그 화해가 현재까지 잉글랜드국교회의(그리고 전 세계의 성공회주의[worldwide Anglicanism]의) 기초가 되었다. 이것은 많은 논란의 주제가 되었다. 그 논란은 당연히 성공회주의(Anglicanism)의 본질에 관한 것이다. 전통적으로 잉글랜드의 종교에 관한 많은 역사 서술들의 강조점은 엘리자베스가 1559년에 만들어낸 종교적 화해, 즉 종교적 타협에 있었다. 그러나 엘리자베스 여왕이 신속하고 결정적으로 웨스트민스터에 확실한 프로테스탄트 정부를 세우는 데 있어서 얼마나 타협이 없었는지 주목해 볼 필요가 있다.

새로운 여왕은 해외의 위험한 로마 가톨릭 세력들이 파견한 특사들의 잡음을 진정시키는 데에는 탁월했지만, 그녀의 계획의 본질에 대해 속을 수 있는 사람은 거의 없었다. 두 말할 필요 없이, 그 화해는 극도로 로마 가톨릭적 성직자 모임들, 곧 캔터베리와 요크 대주교구 회의의 조사나 승인을 받기 위해 보내졌다. 의회의 입법으로 이것을 제정하려던 계획은 상원의 로마 가톨릭 다수파로부터 혹독한 반대를 받았다.

이로 인해 그 제정은 1559년 4월까지 연기되었다. 이때 두 명의 로마 가톨릭교회 주교들이 날조 혐의로 체포되는 바람에 의회 투표에서 손실이 있었고, 그로 인해 정부의 법안이 상원에서 간신히 통과되었다.

1559년 종교화해(religious Settlement)는 잔혹한 정치 공작의 산물이었으며, 그 당시 중요한 위치에 있던 선임 성직자들의 의견을 무시함으로써 얻은 것이라고 말할 수 있었다. 혁명은 종종 원칙을 무시한다. 그리고 그것이 아무리 교묘하더라도, 그게 바로 혁명이다.[27]

그 결과 탄생한 의회의 종교화해 형태는 1552년 가을의 교리와 예전에 들어 있었으므로 사실상 에드워드 6세의 교회와 판박이였다.[28] 그것은 1549년 『공중기도서』가 아니라 1552년 『공중기도서』로 돌아가는 것을 의미했다. 1549년 기도서는 사실상 아무의 지지도 받지 못했고, 심지어 엘리자베스 여왕도 그것을 회복시키려는 노력을 하지 않았다.[29]

1559년 법규는 1552년 『공중기도서』와 그에 연관된 예전 규정들 중 여러 가지를 조금씩 수정했으며, 특히 예복과 성찬에 비중을 두었다. 전통적으로 성공회 역사에서, 이것들이 로마 가톨릭교도들에게 양보한 것이라고 불렸다. 터무니없는 이야기이다. 의회의 종교화해가 라틴어 예배와 수도원들과 영정미사를 위한 성당들과 유물들과 조합들과 의무적인 사제독신주의 등을 모두 앗아가 버렸다.

이처럼 말 몇 마디 바꾸고 외관적으로 조금 조정한다고 해서 로마 가톨릭교회에 물든 성직자들이나 평신도들을 진정시킬 수 있었겠는가?

그렇게 변경한 데에는 틀림없이 목적과 의의가 있었다. 국내외에 있던 루터교 프로테스탄트들과의 화해를 목표로 했을 것이다. 국내에서 엘리자베스는 1559년에 프로테스탄트 신하들의 신학적 성향에 대해 알 길이 없었다. 반면에 북해 건너편에서 북유럽의 루터교 군주들은 과연 잉글랜드의 새 정부가 에드워드 6세 정부처럼 적극적으로 개혁파가 될 것인지 신중하게 지켜 보고 있었다.[30] 엘리자베스 정부는 루터교에게 몇 가지 신학적 부스러기를 던져줄 필요가 있었다. 또한, 그 변화는 성찬에 관해 루터교 견해와 비슷했던 엘리자베스의 개인 성향과 일치하기도 했다.

그럼에도 불구하고, 새로운 잉글랜드국교회는 풍조와 방식에 있어서 에드워드 6세 시대 교회와는 달랐다. 에드워드 6세 정부는 진취적인 혁명 속에서 군사적인 국제적 프로테스탄트를 주도하고 싶어 했다. 에드워드 6세 시대의 많은 지도자들은 메리 시대에 유럽으로 망명하여, 그곳에서 활동 중인 군사적 변화를 목격했다. 그리고 이제 하나님께서 그들에게 고국으로 돌아갈 기회를 주신다면 그 선한 일을 실행하게 될 것을 기대했다. 엘리자베스의 생각은 전혀 달랐다.

엘리자베스는 제네바와 연관된 망명자들을 귀환시키는 데에 특별한 예외를 두었다. 즉, 그들을 새로운 교회 고위직에서 배제했다. 왜냐하면 엘리자베스는 에드워드 6세 시대의 스코틀랜드 출신 활동가들과 제네바 열정주의자 존 낙스(John Knox)에 대해 격분했기 때문이다. 존 낙스는 유명한『괴물 같은 여성 통치자들에 대한 첫 번째 나팔소리』(First Blast of the Trumpet against the Monstrous Regiment of Women)를 써서 여성이 통치하는 것이 비상적이라고(괴물 같다고) 주장했다. 낙스는 엘리자베스의 전임자였던 메리를 겨냥해서 쓴 것이었다. 하지만 그 이후에, 불행히도 그 논의가 엘리자베스에게도 적용된다는 것을 알게

되었다.[31]

엘리자베스가 만들어낸 프로테스탄트는 독특하게 보수적이었다. 또한, 한편에서, 새 여왕은 종교의 미래를 계획하면서 그녀와 비슷한 정신을 가진 사람들을 불러 모았다. 엘리자베스나 그의 주요 참모들 중에서(새로운 캔터베리 대주교 매튜 파커[Matthew Parker], 첫 번째 요크 대주교 추천자 윌리엄 메이[William May]를 포함하여) 메리 시대에 해외에 다녀온 사람은 아무도 없었다.

그들은 외형적으로 전통적인 로마 가톨릭교회에 순종했었다. 다른 말로 하면, 그들은 존 칼빈이 냉소적으로 '니고데모주의자들'(Nicodemites)이라고 부른 사람들이었다. 어두워진 후에야 예수님을 찾아왔던 니고데모와 같은 사람들이라는 의미였다. 엘리자베스와 그의 참모들은 위험한 시기에 화려하게 자신들의 순수한 신앙을 드러내기보다는 오히려 자기들의 견해를 숨기고 타협하는 편을 택했다. 유럽의 다른 프로테스탄트 교회들 중에서 그렇게 시작한 교회는 없었다. 따라서 여왕은 자기가 혐오하는 신앙을 가지고 있으면서도 그녀의 교회 안에서 침묵하고 있던 로마 가톨릭 전통주의자들에 대해 호의적이었을 것이다.

엘리자베스는 혹독한 방법으로 정치를 배운 예민하고 사려 깊은 여인이었다. 개인적으로는 깊고 열정적인 경건의 삶을 살았음에도 불구하고, 열성적인 종교에는 열의를 보이지 않았다. 그의 신하들 중 많은 프로테스탄트들은, 많은 주교들을 포함해서, 이것을 혼란스럽게 생각했다. 특히 여왕이 1559년 종교화해에 아무런 변화도 허락하지 않을 것이라는 것이 1560년대에 명확해지자 더욱 그랬다.

이 화해에는 에드워드 6세 시대 교회의 폐습에서 무작위로 보호되었던 기이한 요소들이 있었다. 주목할 만한 것은 전통적으로 형성된 주교, 사제 그리고 집사 등 삼중 직분(threefold ministry)이었다. 이들 모두가 함께 각 성당의 종교 생활과 재산을 관리했다. 그 당시에 사상적 부담을 많이 진 사람은 아무도 없었다.

삼중 직분에 대해 대주교 크랜머는 1550년에 '성직수임예식서'(Ordinal)를 만들 때, 그의 친구 마틴 부처의 조언과 달리, 세 개의 직분 서열에 따른 별도의 수임식을 그대로 유지시켰다. 그러나 크랜머에게 직분에 관해 사도적 계승에 대한 인식이 있었는지, 또는 하나님의 말씀과 성례 사역자들이 튜더 군주국의 다른 관리들과 현저히 차별된다는 어떤 생각이 있었는지 알기는 어렵다.[32]

1559년 12월 17일, 매튜 파커(Matthew Parker)는 감독제 규례(episcopal orders)에 따라 윌리엄 발로우(William Barlow), 존 스코리(John Scory), 마일즈 카버데일(Miles Coverdale), 그리고 존 하지킨(John Hodgkin) 등 네 명의 동료들에 의해 캔터베리 대주교로 임명되었다. 이 주교들은 다양한 예식에서 다양한 사제복을 선택해 입은 것으로 보아 일정한 범주의 프로테스탄트 신학을 소유했다. 그러나 아무도 이 네 명 중 어느 한 사람이 다른 사람보다 더 중요하다고 생각한 것 같지 않다. 공통 요소는 그들이 모두 에드워드 6세 시절 주교였다는 사실이다.

빅토리아시대의 앵글로-가톨릭교도들(Anglo-Catholics)은 과거 1536년에 발로우가 로마와의 단절 이후에도 종교개혁 이전의 로마 가톨릭교회 예식서에 따라 성직 임명을 받았다는 사실에 매우 흥분하게 되었다. 그래서 그들은 이것을 조사하기 위해 너무 많은 잉크를 사용했다. 틀림없이 있었을 본래의 성직 임명에 관한 정확한 문서상의 증거가 없었기 때문이었다.

발로우는 그들에게 그렇게 하지 말라고 했던 것 같다. 왜냐하면 그 문제는 1559년에 중요하게 여길 문제가 아니었기 때문이다. 그의 직분은 헨리 8세에 신실하게 복음주의 개혁을 실시한 것과 에드워드 6세 때 더 폭넓은 사역을 한 것에 의해 증명되었다.

엘리자베스 1세 시대 말부터 이미 파커의 성직 임명을 둘러싸고 로마 가톨릭교도들과 프로테스탄트들 사이의 신랄한 논쟁이 있었음에도 불구하고, 어느 누구도 이 시기에 발로우의 성직 임명을 문제 삼지 않았다.[33] 주교들의 계보에 의존하는 사도적 계승의 개념은 초기 엘리자베스 시대 주교들에게는 적용되던 것이 아니었다. 다만, 우리가 곧 살펴볼 바와 같이 17세기에 가서야 상황이 바뀌었다.

에드워드 6세 시대에 방해를 받은 종교개혁의 또 다른 잔해들, 곧 성당들은 그 이후 세대들 동안에 있을 잉글랜드교회(English Church)의 놀라운 발전에 있어서 특히 중요했다. 성당들은 헨리 8세의 종교개혁으로부터 내려오는 잔존물로서, 프로테스탄트 유럽의 다른 곳에서는 그와 비슷한 것을 찾아볼 수 없었다. 대부분의 북유럽 프로테스탄트 성당들은(만일 남아 있기나 하다면) 단순히 큰 예배당으로 남아 있었고, 루터교 지역들에서는 매우 쇠퇴한 의전사제단(chapter of canons)을 보유하고 있었다.

잉글랜드의 성당들이 왜 수도원들처럼 파괴되지 않았는지는 분명하지 않다. 그러나 엘리자베스 여왕의 기호와 크게 연관이 있는 것만은 틀림없다. 어쨌든, 성당들은 파괴되지 않았고, 그것 때문에 잉글랜드교회(English Church)는 유럽 종교개혁에서 독특하게 되었다. 성당들 안에서 크랜머의 『공중기도서』는 본래 그가 의도했던 것과는 다른 방식으로 사용되었다. 『공중기도서』는 음악적 그리고 의식적인 형식을 따라 행하는 정기적인(전형적으로, 매일) 예식의 기초가 되었다.

성당들에서 사용된 것을 제외하고는, 이 『공중기도서』를 음악적으로 이용하는 사례가 엘리자베스 시대와 제임스 시대에 잉글랜드에서 거의 없었다. 이것은 웨스트민스터 사원과 엘리자베스 여왕 왕실 예배당(그리고 웨일즈 마르케[Marches of Wales]에 있는 공의회의 본부가 있던 루들로의 왕실 예배당[Chapel Royal at Ludlow])에서 찾아볼 수 있었다.34

그 반대로, 오직 옥스브리지(Oxbridge)대학 예배당들의 소수만이 이 전통을 받아들였다. 또한, 한두 가지 역사적 사건을 통해 다분히 대학과 비슷한 종교개혁을 이루어낸 교회들에서도 이것을 받아들였다(아마도 엘리자베스 통치 시대에 약화된 형태로). 약 9,000개 정도나 되는 잉글랜드의 모든 교구교회들에서는 음악을 거의 들을 수 없었으나, 다만 튜더 왕조 중기에 여러 사람들에 의해 만들어진 운율 있는 시편을 회중이 함께 불렀다.

이 시편들은 유럽 전역의 개혁파 프로테스탄트계의 공통된 자산이었던 운율 있는 찬송들이 마구 쏟아져 나오던 때에 만들어진 것들이었다. 이러한 풍습이 17세기 말까지 지속되었으며, 그 후에 각 교구의 레퍼토리를 조금 확대시킨 찬송가집이 1696년에 나왔다. 이것은 흔히 『테이트와 브래디』(Tate and Brady)라고 알려졌다. 그러다가 감리교가 18세기에 모교회를 위해 유명한 찬송가의 새로운 기준을 마련하게 되었다.35

1559년에 잉글랜드국교회가 재설립될 당시에, 성당들, 곧 크고 화려한 예배당들은 잉글랜드국교회 사상과 맞지 않았다. 그것을 제외하고는, 잉글랜드국교회는 개혁파 프로테스탄트에 호의적이었다. 잉글랜드국교회가 로마 가톨릭교회였다면, 그것은 존 칼빈이 로마 가톨릭교도이었다는 의미에서 로마 가톨릭교회였다. 그리고 17세기 중반까지, 잉글랜드국교회는 스스로 네덜란드, 제네바, 라인 지방, 스코틀랜드 또는 트란실바니아 등과 함께 세계적인 개혁파 프로테스탄트계의 일원이라고(약간 독특한 일원이긴 하지만) 생각했다. 잉글랜드국교회는 오랫동안 함께 했던 루터주의(Lutheranism)를 떠났다. 루터교는 메리 여왕 시대에 잉글랜드에서 건너온 프로테스탄트 망명자들을 터무니없이 대한 것 때문에 변명의 여지가 없었다. 예를 들어, 스칸디나비아에서는 얀 라스키 나그네교회 망명자들을 너무도 확연히 냉대했다.

그리고 1556년에 소규모 잉글랜드 망명자 공동체는 개혁파적인 성찬 신앙 때문에 베셀(Wesel)이라는 마을에서 쫓겨났다. 이때 스위스는 베셀로부터 두 번째 망명을 해야 했던 잉글랜드인들에게 아라우(Aarau)를 은신처로 내주었다. 베른(Bern) 정부의 선대 덕분이었다. 엘리자베스 시대의 감독교회 위정자들 중 상당수가 메리 시대에 망명자 신세였는데, 루터교 신자들이 보여준 냉대를 잊을 수 없었다.[36]

과거 1970년대와 1980년대에, 역사가들은 엘리자베스 시대 교회에 '칼빈주의적 합의'(Calvinist consensus)가 있었는지에 대해 논의하는 데에 많은 시간을 쏟았다.[37] 그것은 풍성한 생각을 낳은 꼭 필요한 논쟁이었다. 그러나 질문이 틀렸다. 존 칼빈은 사실상 에드워드 6세 시대 교회에 아무 영향을 끼치지 않았다. 다시 말하면, 종종 교과서들에 그런 표현들이 잘못 사용되고 있기는 하지만, 에드워드 6세 시대 교회는 결코 칼빈주의적 교회가 아니었다.

크랜머, 라스키, 불링거, 부처 그리고 피터 마터가 에드워드 6세 시대 교회의 큰 인물들이었으며, 칼빈의 시대는 아직 오지 않았었다. 칼빈은 잉글랜드에서 일어나는 일들에 대해 잘 알지 못했다.[38] 그러나 1558년 즈음 시대가 바뀌었다.

엘리자베스 시대의 잉글랜드국교회는 어떠했을까?

그때는 틀림없이 개혁파 프로테스탄트 교회였으며, 또한, 칼빈의 부상이 잉글랜드에 매우 중요했다. 그러나 칼빈이 결코 개혁파의 교황이 된 적이 없다는 사실을 기억해야 한다. 스코틀랜드, 프랑스, 그리고 네덜란드 등지에서 대중적인 대격변이 있던 1560년대에 탄생한 교회들에게 뿐 아니라, 16세기말과 17세기에 일어난 독일의 '제2차 종교개혁'(Second Reformation) 시대에 군주들과 시민 단체들이 시도한 종교개혁 운동들에게, 칼빈의 사례와 저술들의 영향력은 가장 강력했다. 그러나 그러한 배경에서, 다른 위대한 비루터교 개혁가들도 사람들에게 읽히고 존경을 받았으며, 그들의 사상도 영향력이 있었다. 모든 곳에 미묘한 차이와 절충이 있었다. 스펙트럼이 다 달랐다는 것이다.

잉글랜드에서와 마찬가지로 유럽 전역에서, 하인리히 불링거, 피터 마터, 얀 라스키 그리고 루터의 이전 동역자 필립 멜란히톤이 칼빈만큼 영향력을 행사했다. 엘리자베스 시대 교회를 자세히 연구해 보면, 그 교회는 이와 같이 전유럽적인 스펙트럼을 가진 개혁파 프로테스탄트 위에 세워진 교회였다. 그리고 제네바보다 취리히에 더 호의적인 성향을 가졌었다.

잉글랜드에서 캔터베리 지방의 덜 교육받은 성직자들은 대주교 위트기프트(Whitgift)에 의해 불링거의 『설교집』(Decades)을 의무적으로 읽어야 했고, 제네바가 따르던 성찬신학은 잉글랜드 신학자들 다수에 의해 과도한 성찬중시주의자(over-sacramentalist)로 여겨졌다.[39]

그 후, 1600년경, 리처드 후커 또는 그의 친구이자 추종자였던 랜설럿 앤드루스(Lancelot Andrewes)등의 신학자들은 필자가 앞서 설명했던 여러 측면의 신학적 질문들을 하기 시작했다. 후커는 자신이 비판하거나 변호한 것들과 관련해서 매우 개인적으로 남았던 반면, 그 당시 잉글랜드교회(English Church)를 형성하고 있는 신학적 변화를 주도한 사람은 앤드루스였다.

앤드루스와 그의 동료들은 개혁파 예정론(Reformed assertion of predestination) 때문에 심각한 고민에 빠졌으며, 그래서 독일과 스칸디나비아 등에서 루터교 신학자들이 활발하게 목소리를 내고 있던 예정론 반대 의견에 호의적으로 귀를 기울였다.⁴⁰ 은혜와 구원의 문제에 관해 새로운 접근을 시도하게 되자, 그들은 『취리히 협의서』에 들어 있는 개혁파 신학자들의 균형 잡힌 규정들보다 뭔가 더 많은 하나님의 성례적인 은사가 성찬에 있을 것이라고 생각하기 시작했고, 따라서 성찬 시 예수 그리스도의 임재의 본질에 관한 서술을 다시 들여다보기 시작했다.

예정론에 대한 새로운 사고들을 얻을 때처럼, 그들은 처음에 실재적 임재를 주장하는 루터교 신학자들의 글에서 실마리를 얻었다. 하지만 루터주의에 대한 이러한 관심은 그들과 그들의 후계자들 사이에서 점차 감소했다. 루터라는 이름이 종교개혁에서 지나치게 많은 부분을 차지했기 때문이다.⁴¹

루터와 달리, 이 잉글랜드 '수정주의자들'(revisionists)은 주교들에게 가치를 부여하기 시작하여, 감독 정치(episcopal government)야말로 하나님께서 교회 정치로 승인하신 유일한 정치 제도라고까지 주장하게 되었다. 그들은 심지어 성당과 그들의 정교한 종교 생활을 존중했다.⁴²

이 모든 사상들은 사람들이 흔히 제2차 혁명적 신학(second revolutionary theology)이라 부를 수 있는 것으로 합쳐졌다. 이것은 잉글랜드 국교회 내 한 분파에게 점차 중요해졌다. 그들은 알미니안들(Arminians), 로드주의자들(Laudians), 또는 아방가르드 순응주의자들(avant-garde conformists) 등으로 불리는 사람들이다. 17세기 초에, 성례주의자(sacramentalist)와 계급주의적 사고(hierarchically minded)를 가진 이 분파는 교회에서 점점 더 세력을 얻었다. 특히, 재빠르게 랜설럿 앤드루스 진영에 정치적 발판을 두고, 연이어 찰스 1세와 동맹을 맺었기 때문이었다.⁴³

이 분파는 마침내 캔터베리 대주교 윌리엄 로드(William Laud)와 요크 대주교 리처드 니일(Richard Neile)을 포섭했다. 17세기에 그들 중에서 프로테스탄트라는 단어를 거절할 준비가 된 사람은 거의 없었다. 그것은 후대의 선서 거부자들(Non-Jurors)과 옥스퍼드 운동(Oxford Movement)이 이뤄낸 것이었다.

그러나 그들 중에 더 해로운 사람들은 로마 가톨릭교회의 농담을 빌어 종교개혁(Reformation)을 '종교개악'(Deformation)이라고 불렀다.[4] 더 폭넓은 종교개혁의 관점에서 볼 때, 그들은 자기들의 잉글랜드국교회를 유럽 대륙의 다른 지역에 있는 일반적인 종교개혁 이야기로부터 점점 더 분리시키려고 하고 있었다. 따라서 정치가 핏(Younger Pitt)의 흉내를 내며 잉글랜드의 종교에 관한 한 유럽의 지도를 말아 접을 때가 되었다고 결정했다.

가장 대표적인 사례는 1630년대에 대주교 로드가 나그네교회들, 즉 얀 라스키 아래서 한 때 미래의 잉글랜드교회(English Church)의 표상으로 여겨지던 교회들에 저항하여 주도한 순응 운동(campaign of conformity)이었다.[45]

그 즉각적인 결과는 잉글랜드의 개혁파 프로테스탄트 전통을 따르던 주요 신학자들이 점차 불만을 품고 분노하게 된 것이었다. 그 분노 때문에 수많은 사람들이 1630년대에 대서양을 건너 뉴잉글랜드에 참된 잉글랜드국교회를 세우기 위해 떠나게 되었다.[46] 혹자는 그 이후 본토에서의 잉글랜드국교회 역사가 이 이야기로부터 파생되는 예측 불허의 역사라고 주장할지 모른다. 즉, 잉글랜드 종교개혁의 진짜 이야기는 램버스 궁전에서가 아니라 뉴잉글랜드에서 다루어져야 한다는 것이다.

이것이 바로, 잉글랜드 종교개혁의 원동력을 이해하기 위해, 더 넓은 지도를 보아야 하는 이유이다. 즉, 잉글랜드인들이 대서양을 건너가서 만들어낸 양식들에 주목해야 한다. 버지니아(Virginia) 등의 남부 아메리카에서조차, 17세기말에 남부 이주민들이 세운 잉글랜드 감독교회(episcopal Church of England)는 본토에 있던 감독교회와 사뭇 달랐다.[47]

잉글랜드국교회는 누가 그 역사를 소유하고 있느냐는 질문에 대한 대답을 결정적으로 내려본 적이 없다. 따라서 세계 기독교 사회에서 그 색깔이 무엇인지에 대해서도 모른다. 잉글랜드국교회 안에는 두 세계가 있다.

첫째, 랜설럿 앤드루스와 윌리엄 로드 등과 같은 신학자들의 성례적 세계이다.

이들은 여전히 실재적 임재와, 주교 그리고 아름다움을 중요하게 생각한다.

둘째, 엘리자베스 시대의 종교개혁 세계이다.

그들은 유물과 형상들을 반대하고, 실재적 임재를 반대하며, 신,구약성경의 교훈에 근거한 법률과 도덕 규범을 중요하게 생각한다.

이 두 세계는 국교회 전통 안에서 우세를 점하기 위해 경쟁한다. 그리고 그들은 세상이 성공회주의(Anglicanism)라고 부르는 신성한 것에 대한 매력적인 논의를 만들어 냈다. 이 싸움이 오래도록 계속되길 바란다. 어느 한 편이 이기지 않는 것이 성공회 전통의 건강에 더 나을 것이다.

제17장

잉글랜드국교회의 좌표[1]

'좌표'(latitutde)라는 단어는 이 글에서 필자가 하려는 두 가지 일이 무엇인지 보여 주는 유용하면서도 모호한 단어다.

첫째, 17세기 말에 이르기까지 프로테스탄트 유럽 사회의 신학적 좌표 안에서 왕정복고 이전의 잉글랜드국교회의 위치를 찾으려는 노력을 계속하는 것이다.[2]

둘째, 그 체제 안에서 좌표가 얼마나 가능한지, 그리고 왜 그럴 수 있는지에 대해 주목해 보는 것이다.

우선, 17세기부터 시작된 교회 분파들의 싸움 때문에 역사는 매우 복잡했다. 그들의 목표는 매우 구체적으로 잉글랜드국교회의 좌표를 변경하려는 것이었다. 어떤 경우에는 그 목표가 잉글랜드국교회를 16세기 제네바나 17세기 보스턴의 좌표로 이끌어 가는 것이었다.

또 다른 경우에는, 그 배가 티베르(Tiber)강으로 예인(曳引)되어 바티칸이 보이는 트레스테베레(Trastevere) 강변에 정박되었다. 이보다 더 일반적인 행로는 신학적인 버뮤다 삼각지대로 가서 '성공회주의'(Anglicanism) 위치를 그 어떤 외부적 오염으로부터 벗어나게 하고, 다른 '주의'(ism)와 동일시될 위험이 없도록 하는 것이었다. 이것이 의미하는 바는, 성공회주의가 '수이 게네리스'(sui generis, 독특하다)라는 것과, 또한 이것이 바로 튜더 왕조 군주들과 성직자들, 그리고 정치인들이 애당초 발견한 신비하고 불가사의한 어떤 방식이었다는 것이다.

이러한 성공회의 좌표는 틀림없이 현대 잉글랜드국교회와 그 자매 교회인 웨일즈, 스코틀랜드, 아일랜드의 교회들, 그리고 전 세계에 흩어진 감독교회들에 관한 본질적이고 부인할 수 없는 무엇인가를 보여준다. 그러나 1662년 이전의 잉글랜드국교회에 적용해 보면, 국교회의 정체성은 극히 미심쩍다. 필자는 학생들에게 잉글랜드국교회의 초기 단계에 대해서는 성공회(Anglican)라는 단어를 사용하지 말라고 거듭 가르쳐 왔다. 그럼에도 불구하고 내 영향과 단속이 미치지 않는 곳에서 계속해서 이 단어가 사용되고 있는 것이 현실이다.[3]

성공회라는 단어가 상대적으로 최근에 사용되었다는 점은 아무리 강조해도 지나치지 않는다. 이 단어는 스코틀랜드 왕 제임스 6세가 만들었다고 할 수 있는데, 만일 그렇다면, 이것이 오용되고 있다는 의미이다. 1598년에, 제임스 6세는 그를 의심하던 스코틀랜드장로교회에게 자신이 감독 정치를 강화하려는 것이 스코틀랜드를 '교황주의나 성공회' 주교들에게로 이끌어가려는 것이 아님을 확신시켜 주었다.[4]

그 후, 이 단어는 19세기까지 거의 사용되지 않았다. 이때, 이 단어는 그 당시 전 세계로 퍼져 나가던 교회를 가리키기에 편리한 단어였다. 특히 대영 제국 너머로 발전하여 더 이상 최고 통수권자의 도움이 필요 없어진 아메리카의 프로테스탄트감독교회와 그 선교회들을 가리켰다. 잉글랜드국교회의 이러한 갑작스러운 팽창이 이미 교회 내부의 분열

때부터 일어나고 있었기 때문에, 성공회주의(Anglicanism)라는 용어는 교회의 신학적 분파들을 서로 이어 주는 편리한 개념이었다.

로마 가톨릭교회에 동경의 눈빛을 보내던 고교회파 신자들에게는, 이것이 로마 가톨릭 집단 안에서 꾸준한 독립 운동을 펼쳤던 고대의 갈리아주의(Gallicanism)와 비슷한 것이었다. 그러므로 역사적으로 아이러니하게도, 갈리아주의가 프랑스 혁명에 의해 사라진 것과 대조적으로, 성공회주의라는 단어는 미국 독립 혁명의 결과로 더 오랜 수명을 갖게 되었다.

현재의 잉글랜드국교회를 탄생시킨 1559년 종교화해(Settlement)의 선(先)역사는 헨리 8세와 에드워드 6세 통치 시절에 있다. 필자가 다른 곳에서 제시한 것처럼, 우리는 헨리 8세 같은 군주들의 행동에서 루터나 교황에게 이끌리지 않는 신앙의 '제3의 길'을 찾으려고 했던 노력을 목격하게 된다.[5]

잉글랜드의 초기 종교개혁은, 스코틀랜드의 종교개혁보다 훨씬 이른 단계부터, 처음의 루터교적 모습에서 벗어나려는 행보를 보였다. 단순히 헨리 8세의의 독특한 분위기 전환이었다고 말하는 익숙한 이야기보다는, 알렉 라이리(Alec Ryrie)가 '루터주의 잉글랜드의 이상한 종말'이라고 이름붙이는 것이 훨씬 더 많은 이야기를 담아낸다.[6]

헨리 8세 시대와 에드워드 6세 시대 종교개혁의 중심에 있었던 토머스 크랜머는 1531년 초에 마틴 부처 및 슈트라스부르 종교개혁과 매우 친밀한 교제를 유지했으며, 신학자라면 누구나 1530년대에 슈트라스부르의 모습이 당연히 프로테스탄트 연합 종교개혁의 미래가 될 것이라고 생각할 만한 했다.

따라서 크랜머는 예배 시 형상들을 허용할 것인지에 관한 중요한 문제에 대해서, 루터로부터 슈트라스부르로 방향을 선회하였으며, 따라서 더 남쪽으로, 하인리히 불링거가 주도하는 취리히 신학자들에게로 향했다. 이 문제는 십계명의 각 계명들을 어떻게 번호매길 것이냐의 문제에 나타났다. 이미 1537년 판 『주교들의 책』(Bishop's Book)에서, 잉글랜드교회(English Church)는 슈트라스부르와 취리히의 방식대로 십계명의 번호를 매겼다. 즉, 루터가 서방교회의 전통적인 번호매기기 방식을 따른 것과 대조적으로, 형상들을 파괴하라는 명령의 계명을 따로 구분하여 번호를 매긴 것이었다.

복음주의자들 사이의 또 다른 큰 분열은 성찬에 관한 것이었다. 헨리 8세 시대 내내, 잉글랜드는 공식적으로 슈트라스부르와 스위스의 성찬신학에 대해 냉담했었다. 단순히 헨리 8세가 미사 예전(禮典) 형식을 바꾸지 않으려고 했기 때문만은 아니다. 크랜머와 같은 잉글랜드교회(English Church) 복음주의자들은 루터와 헨리 8세처럼 성찬 시 실재적 임재를 믿고 옹호했다. 따라서 1538년에 그들은 실재적 임재를 부인하던 고집 센 동료 존 램버트(John Lambert)를 이단으로 정죄하여 적극적으로 몰락시키고 마침내 화형을 시키기까지 했다.[7]

그러나 1530년대 말에도, 흥미로운 반대 징후들이 있었다. 1536년과 1538년 사이에, 옥스퍼드 모들렌칼리지(Magdalen College) 출신 젊은 복음주의자들을 포함한 일련의 젊은 잉글랜드인들이 취리히를 여행했으며, 그 역으로 하인리히 불링거의 양자 루돌프 그왈터(Rudolph Gwalther)가 1537년에 잉글랜드와 옥스퍼드를 방문했다.[8] 그는 그곳에서의 따뜻한 환대를 결코 잊지 못했으며, 우리가 곧 보게 될 것처럼, 그 결과가 그 이후 남은 16세기 동안 지속되었다.

물론 처음 취리히를 방문한 실제적인 집단에서 크랜머가 단연 두드러졌으며, 그는 잉글랜드 '교환 학생들'에게 지속적인 관심을 가졌다. 그러나 여기에 포함된 사람들과 그들의 배경을 주의 깊게 살펴볼 때 매우 충격적인 사실은, 한편에서 그들이 크랜머와 그의 케임브리지 출신 성직자 그룹과 얼마나 연관성이 없었는가 하는 것이고, 다른 한편에서는 얼마나 많은 사람이 토머스 크롬웰과 도르셋(Dorset) 후작 그레이 일가(Greys)의 측근들과 연관이 있었는가 하는 것이다.

필자는 성직자였던 불링거가 정치가들보다는 성직자 크랜머를 상대하는 것이 정치적으로 타당할 수밖에 없긴 했지만, 토머스 크롬웰이야말로 취리히 주도권 막후에 있던 원동력이었다고 생각한다.

1537년과 1538년에, 크랜머는 자신이 슈트라스부르와 취리히에서 만났던 사람들의 성찬신학에 강력히 반대한다는 점을 명확히 밝혔다. 이 점은 크롬웰이 그렇게도 진지하고 지속적으로 취리히의 영국 친구들과 연관을 맺었다는 사실을 더욱 흥미롭게 해 주고, 헨리 8세가 크롬웰을 성례주의자(sacramentarian)라고 부르는 사람들에게 기꺼이 귀를 기울인 이유가 무엇인지도 명확하게 해 준다.

아마도 크롬웰을 비난한 사람들이 옳았을 것이다. 그리고 크롬웰은 헨리 8세가 옳다고 여긴 이유 때문에 죽었을 것이다. 크롬웰은 종종 루터주의자로 불렸다. 그러나 아마도 그는 헨리의 잉글랜드에 있는 사람들 중에서 사실상 취리히의 최고의 친구였을 것이다.[9]

잉글랜드 복음주의교회를 슈트라스부르 및 취리히와 갈라놓았던 성찬신학의 차이는 1546-7년에 갑자기 뒤집혔다. 크랜머와 그의 동료들이 실재적 임재설을 포기하게 되면서부터였다. 이것을 헨리 8세의 죽음이 가져다 준 자유로 설명할 수도 있지만,[10] 1546년 봄과 여름에 있었던 보수주의자들의 잔혹한 이단 사냥의 끝 무렵에 크랜머와 라티머가 받은 참담한 심리적 충격을 고려해야 한다.

이때 그들은 가까운 동료들이 실재적 임재를 거부한다는 이유로 화형대에서 불에 타 죽는 것을 지켜보아야 했다. 실재적 임재 교리는 그들이 성찬의 본질을 설명하기 위해 화체설을 거부할 때도 그들을 지탱시켜주던 교리였지만, 이제는 전통주의자들과 복음주의자들이 문자 그대로 죽음에 이르기까지 싸워야 할 만큼 심각하게 오염된 교리처럼 보일 수밖에 없었다.[11]

그러므로 1547년 이후, 형상 문제와 성찬 문제 모두에 대한 루터교와 비루터교 프로테스탄트들 사이의 두 가지 가장 큰 차이점이, 잉글랜드의 신앙의 운명을 걸고, 비텐베르크와의 결정적인 단절을 가져왔다.

헨리는 로마와 단절한 첫 번째 왕이었고, 에드워드 6세 정부는 그때까지 온 유럽에 있었던 종교개혁을 가장 큰 규모로 수행한 왕이었다. 그러나 그들의 실패와 불완전함은, 로마 가톨릭 종교개혁을 하려고 했던 메리의 노력의 실패와 불완전함을 이해하는 방식과 똑같은 관점에서 이해되어야 한다. 한 가지 본질적인 측면은 에드워드 6세의 잉글랜드가 종교개혁의 세계적인 주도권을 잡을 수 있는 가능성이 있었다는 점이다.

특히 1547년 봄에 뮐베르크(Mühlberg)에서 슈말칼덴 동맹이 대패한 이후, 잉글랜드 외에는 다른 대안이 없었다. 그러므로 슈트라스부르 종교개혁의 가장 빛난 별들이 1547년부터 1549년 사이에 하나둘씩 잉글랜드로 자리를 옮겼고, 1550년부터 얀 라스키의 지도 아래 런던 나그네교회가 세워졌다. 그러므로 정부는, 하인리히 불링거와 존 칼빈이 1549년에 『취리히 협의서』(*Consensus Tigurinus*)에서 만족할만한 타협안에 이를 때까지, 성찬의 본질에 관한 공적인 선언을 하는 데에 크게 신중을 기했다.

예를 들어, 1547년에 발간된 12편의 설교집에서 칭의와 행위 교리들은 종교개혁 정신에 따라 선명하게 그리고 사실상 고전적으로 진술되고 있는 반면, 성찬에 관한 설교는 하나도 없었다. 1547년에 약속된 성찬 설교는 엘리자베스 시대까지 행해지지 않았으며, 대주교 크랜머는 『취리히 협의서』가 안전하게 동의를 얻고 출판되던 1550년까지 그의 성찬 관련 논문 출판을 미루었다. 그러므로 에드워드 6세 시대 종교개혁은 확실히 비루터교적이었다.

그것을 가리켜 여전히 단순하게 '제3의 길'의 일부였다고 말할 수 있겠는가?

그러한 중도적 입장은 1550년대 초에 점점 더 어려워졌다. 『취리히 협의서』에 대한 초-루터교적인 사나운 공격이 이어지면서, 이제는 점점 성찬 문제에 대해 중대한 결정을 내려야 했기 때문이다. 루터교의 비타협적 태도는 경쟁 세력을 만들 수밖에 없었으며, 그 세력은 곧 '개혁파'라는 이름을 얻게 되었다.

1540년대에 마틴 부처, 피터 마터 버미글리 그리고 얀 라스키 등 에드워드 6세 시대 잉글랜드의 지도자들이 포함되된 '제3의 길' 신학자들은 이제 분명히 새로운 신앙고백을 하는 진영이 되었으며, 그들을 맞이한 나라가 그들과 함께 했다.

슈트라스부르는 더 이상 개혁의 중심지가 아니었다. 그 자리를 대신한 것은 취리히였다. 서머셋 공작(Duke of Somerset)의 호민관 정치(Protectorate) 기간 동안에는 잉글랜드와 취리히 사이의 관계가 가깝지 않았던 것으로 보인다.

그러나 1549년에 서머셋 공작이 동료들에 의해 밀려나게 되자, 새로운 정부에 그레이(Grey) 가문의 지도자들이 들어서게 되었다. 그들은 잉글랜드와 취리히가 서로 방문하던 1530년대에 취리히에서 꽤 저명했었다.[12] 불링거는 잉글랜드 종교개혁의 좋은 동반자가 되었다. 그는 잉글랜드의 종교개혁이 참된 총회(General Council)를 소집하는 소망을 품어야 한다고 권면했고, 또한, 잉글랜드의 종교개혁이 재세례파를 대항하는 요새라고 보기도 했다.

1550년부터, 그는 그의 고전적인 설교 모음집 『설교집』(*Decades*)의 일부를 에드워드 6세와 도르셋 후작 헨리 그레이에게 연이어 헌정했다. 불링거는 1540년대에 이미 영어권에서 베스트셀러 저자가 되어 있었다. 물론 결혼에 대한 영어판 논문은 마일즈 카버데일의 후원을 받아 대체로 익명으로 알려지긴 했지만 말이다.[13]

이와 대조적으로, 존 칼빈은 에드워드 6세 시대 잉글랜드에 친구가 거의 없었으며, 서머셋 공작의 운명에 줄곧 의지해야 했다. 이것은 잉글랜드를 더 잘 아는 사람들에게는 참 당황스러운 태도였다.[14] 제인 그레이(Jane Grey) 공주가 다스리던 잉글랜드는 매우 멀리 있던 취리히와 점점 더 끈끈한 관계가 될 수 있었고, 매우 멀리 있던 제네바는 큰 이익을 보지 못할 수 있었다.

이것은 결국 그저 있을 법한 일로 끝나고 말았다. 단지 제인 여왕이 1553년에 메리 공주에 의해 패했기 때문이 아니라, 향후 십 년 동안 유럽 전역에서 일어난 신속한 종교개혁 운동 때문이었다. 제네바에서 1553년에 미구엘 세르베투스가 화형당한 사건은 칼빈이 프로테스탄트 유럽 사회 전역에서 존경받는 신학자가 되는 계기를 마련해 주었다.

메리 시대에 망명하여 제네바에 머물고 있던 잉글랜드와 스코틀랜드 지도자들은 대서양 제도에서 처음으로 제네바 시스템을 직접 경험한 성직자 집단이 되었다. 1560년대에 연이어 발생한 엄청나고 대중적인 프로테스탄트 운동들은 스코틀랜드, 프랑스 그리고 네덜란드에서도 잇따른 대 격동을 일으켰는데, 모두 취리히보다는 제네바를 의존했다. 취리히가 유럽 전역에 미치는 영향력은 적어도 서유럽에서 꾸준히 감소하기 시작했는데, 특히 교회 정치 문제에 있어서 그랬다. 1568년부터 팔라틴 백작령(Palatinate)의 토머스 에라스투스(Thomas Erastus)에 의해 촉발된 파문 관련 논쟁에서 취리히 참가자들이 크게 패한 데서 그것이 잘 드러났다.

또한, 그 모든 것들이 진행되는 중에, 잉글랜드에서 1559년에 종교개혁이 확립되었다. 이 개혁은 사실상 아무런 대중적 격동이 없었고, 끈끈한 참모 그룹 및 세속적인 정치 국가의 강력한 오피니언 집단과 친밀하게 공조하며 시행한 군주 한 명의 뜻을 통해 이루어진 것이었다.

엘리자베스는 자신과 추밀원, 성직자 그룹, 그리고 하원과의 협상에서 만들어진 결정에 기초해서 종교화해(Settlement)를 만들어냈다. 격렬하게 적대적이었던 입법 기관들이나 잉글랜드교회(English Church) 권력자 집단의 동의를 쉽게 얻어낸 것도 아니고, 상원에 있는 오래된 강력한 반대들과도 싸워야 하기도 했다. 그러한 반대가 모두 제거되었을 때, 1563년에 정부는 억압되었던 캔터베리와 요크의 성직자 회의를 다시 활성화하여 새로운 교회를 위해 신앙조항(Articles of Religion)에 찬성하게 했다.[15]

19세기에 옥스퍼드 운동 대표자들은 엘리자베스의 1559-63년 종교화해를 상당히 교묘한 방식으로 분석했다. 그들의 분석은 그 종교화해의 참된 본질을 가리고, 시대착오적인 '로마 가톨릭신앙'을 그 위에 입히기 위한 것이었다. 사실 1559년에 의회가 만들어낸 것은 매우 단순한 것이었다. 에드워드 6세 시대 교회의 체계와 예전을 회복하여 의회가 관여할 여지가 있는 상태까지 가게 하는 것이었다. 다시 말하면, 1552년 가을 그리고 의회가 승인한 『공중기도서』가 출판되던 때로 돌아가는 것이었다.

다만 약간의 수정이 있었다. 해외에서나 또는 어쩌면 국내에서(사실 국내에는 아무도 없었지만) 성찬 문제에 대해 극도로 예민하게 촉각을 곤두세웠던 루터교의 호감을 살 수 있게 약간의 수정을 가했다.[16]

『일치조항』(Act of Uniformity) 중 '예배 장식'에 관한 항목은 1549년 첫 번째『공중기도서』에서 인정했던 성직자의 의복에 관한 선택권을 복원시켰다.[17] 틀림없이 이것도 성직자 예복의 상당한 범주를 점점 더 적극적으로 옹호하려고 하던 루터교의 호감을 얻기 위한 것이었다.

성찬식에서 긴 망토(cope) 대신 전통적인 제의(chasuble)를 입으라는 명시적인 승인이 있었음에도 불구하고, 엘리자베스 시대 교회 성직자들이 크랜머의『공중기도서』를 사용할 때 통상적으로 제의를 입었다는 증거가 전혀 없으며, 심지어 긴 망토를 사용하는 것도 잉글랜드 교구들에서 뚜렷이 부정적이었다.[18] 그럼에도 불구하고, 이 항목의 서투른 단어 선택은 19세기 앵글로-가톨릭교도들의 구미에 맞는 근거 구절이 되어, 로마가 그 이전에나 이후에 계속 발전시킨 다양한 예배 의복이나 예배 용품들을 기꺼이 입거나 사용할 수 있게 해 주었다.

그러므로 근본적으로 회복된 것은 개혁파교회였지만, 앞으로 살펴볼 바와 같이, 그것은 에드워드 6세 시대에 제네바 신학자들이 아닌 슈트라스부르크와 취리히 신학자들과의 교류를 통해 발전시켰던 개혁파교회였다.

1559년에 슈트라스부르크는 주목받지 못했다. 더 이상 프로테스탄트 유럽이 의존할 도시가 아니었다. 점점 더 전통적인 루터교 세계의 일부가 되었다. 취리히는 신학적으로 견고하게 서 있었으며, 또한, 취리히로 망명해 온 소수의 잉글랜드 성직자들에게 후한 호의를 보인 것 때문에, 그들 중 다수가 잉글랜드로 돌아가 엘리자베스의 교회 주교들이 되었을 때 취리히의 영향력은 훨씬 강력해졌다. 그러나 그 결과를 탐구하기 전에, 우리는 에드워드 6세 시대 교회의 체계가 다시 자리를 잡게 되는 동안에 이미 주변 상황이 어떤 식으로 변화되었는지에 주목할 필요가 있다.

에드워드 6세의 종교개혁은 역동적인 혁명이었으며, 지속적인 움직임이었고, 지속적인 변화였으며, 과거의 신앙 중에서 점점 더 많은 측면들을 수정하고 파괴하는 것이었다. 엘리자베스의 종교화해는 그 체계에 있어서 놀라울 만큼 정적이었다. 여왕이 의도적으로 그렇게 했기 때문이다. 1559년 법제정 이후 30년이 지난 즈음에, 엘리자베스가 좋아하던 보수적인 인사인 크리스토퍼 해튼(Christopher Hatton) 경도 이점을 인정하면서, "여왕은 집권 초기에 종교개혁을 각석(square stone) 위에 올려 놓아 계속 유지되게 했다"라고 말했다.[19] 이 말의 의미는, 이것이 사실상 단 한 순간, 즉 1552년 가을의 종교개혁의 판박이로서, 그때까지 남아 있던 모든 것들을 종교개혁 이전의 과거로 돌아가지 못하게 했다는 것이다.

남아 있던 것들 중에서 가장 중요한 것은, 유럽의 프로테스탄트 교회들 중에서 유일하게 잉글랜드에서만 독특한 위치를 차지하고 있던 성당들이었다. 그 어떤 다른 지역에서도 잉글랜드성당처럼 지속적인 수명을 유지한 성당들은 없었다. 화해 정책이 결정되던 당시 성당들 중에서 프로테스탄트교회와 큰 관련을 맺은 곳은 없는 것 같았다. 그 한 가지 사례를 주얼(Jewel) 주교가 1564년에 출판한 첫 번째 영어판 공식 변증서 『잉글랜드국교회 변증』(*Aplogy of the Church of England*)에서 찾을 수 있다.

이 책의 부록에는 교회의 건축물이 얼마나 탁월했는지 보여 주기 위해 그것을 묘사하는 내용을 첨부하고 있다. 이 묘사에서는 웨스트민스터(Westminster), 윈저(Windsor), 이튼(Eton) 그리고 윈체스터(Winchester) 등의 대학교회들을 비롯하여 성당들을 칭송하는 장황한 설명이 들어 있는 반면, 음악에 대한 언급은 그 어디에도 없다. 이 이야기에서 성당들은 설교의 중심지였고, 이튼과 윈체스터는 대학들에 공급하는 학문의 중심지였다. 웨스트민스터와 윈저의 유용성이 무엇이었는지는 베일에 가려져 있었다.[20]

여러 역경에도 불구하고 이렇게 살아남을 수 있던 중심에는 교회 합창 음악에 대한 엘리자베스의 꿋꿋한 사랑이 있었다. 엘리자베스는 왕실 예배당에서 찬양대가 계속 노래할 수 있게 했고, 그녀가 고용한 작곡가들은 계속해서 양질의 음악을 만들어냈다. 그러므로 성당들은 할 수 있는 한 담대하게 그에 보조를 맞출 수 있었다. 이 음악은, 옥스퍼드 운동이 일어나기 전까지, 일반적인 잉글랜드 교구교회들의 음악과 예배 생활에는 사실상 영향을 끼치지 못했다. 그러므로 이것은 표준적인 관습이라기보다는, 다른 프로테스탄트 세계에서 유사한 사례를 찾아볼 수 없는 극단적인 사례였다.[21]

다른 곳에서 필자는 이것으로부터 발전된 사조(ethos)를 가리켜 의도적으로 옥스퍼드 운동과 대조시켜서 웨스트민스터 운동(Westminster Movement)이라고 불렀다. 왜냐하면 이것이 그 당시 다른 대부분의 성당들보다 더 성당같이 행한 웨스트민스터 사원의 풍습과 많은 연관이 있었기 때문이다. 그 사고 방식은 보수적이고 의식존중주의적이고 반청교도적인 수석 사제 가브리엘 굿맨(Gabriel Goodman) 학장과, 유명한 고문서 연구가이자 웨스트민스터학교(Westminster School) 교장 윌리엄 캠던(William Camden)의 사고 방식 속에 그대로 녹아 있었다.[22]

물론, 새로운 사조는 또한, 1597년에 웨스트민스터의 성직록을 받아 1601년에 굿맨을 승계한 랜설럿 앤드루스(Lancelot Andrews)와 상당히 관련되기도 한다. 이미 1590년대 초에, 앤드루스는 성 자일즈 크리플게이트(ST. Giles Cripplegate)의 교구교회 목사로서 사실상 왕국의 다른 모든 강단에서 충격적으로 들릴 수 있는 견해를 설교하고 있었다. 1657년에 마침내 출판된 『신성한 자료들』(Apospasmatia sacra)의 본문은 교회력에 푹 빠진 목사가 엄격한 예정론을 비판하고, 성찬 예식을 지속적으로 강조하는 모습을 보여 준다.[23]

니콜라스 타이에크(Nicholas Tyacke)는 앤드루스가 마음과 생각을 개조하려고 했던 운동이 어떻게 크리플게이트 교구에서의 사역에 반영될 수 있었는지 보여 준다. 특히 1590년대 말에 교회 예식을 재정비하는 데서 말이다.[24]

앤드루스는 나중에 알미니안주의가 된 이 운동의 첫 번째 그리고 가장 중요한 이론가로 여겨질 수 있다. 그리고 그가 어떻게 1580년대에 케임브리지의 개혁파 프로테스탄트교회로부터 돌아서게 되었는지는, 거의 동시대에 변심했던 옥스퍼드의 리처드 후커의 사례와 똑같지는 않아도 거의 비슷하게 신비로 남아 있다.

1590년대부터 앤드루스는 가장 효과적이고 가장 오랜 영향력을 가지고 개혁파 프로테스탄트 구원론을 비판했다. 더욱이, 그는 다른 사람들이 자기들 방역선 안에서만 이야기하던 것과 달리 대학교 밖에서도 예정론에 대해 이야기하고 다녔다. 가장 소란스러운 반예정론자(anti-predestinarian)였던 윌리엄 바렛(William Barrett)은 도중에 실패했다. 1595년에 선포한 반예정론 설교가 공식적인 적대 반응으로 완전히 짓밟히자 로마 가톨릭으로 개종했다. 다른 반예정론자들은 침묵을 지키면서 더 좋은 기회를 기다렸다.[25]

1559년 종교화해의 새로운 정국과 성당 보호 정책 외에, 엘리자베스의 화해 정책은 또 다른 차원에서 에드워드 6세 시대 교회와 달랐다. 그것은 바로 니고데모주의자들(Nicodemites)에 의해 만들어진 화해였다.

엘리자베스나 그의 주요 참모들(윌리엄 세실과 니콜라스 베이컨, 매튜 파커, 첫 번째 캔터베리 대주교, 윌리엄 메리, 그리고 첫 번째 요크 대주교 후보자 등) 중 누구도 메리 통치 시대에 해외에 가 본 적이 없었다. 그들은 비록 명백히 확신 있는 프로테스탄트들이었지만, 정도의 차이에 따라 모두 로마 가톨릭교회를 따랐다. 물론 그들 중에는 엘리자베스의 은밀한 정치적 음모나, 우리가 이제 알고 있는 세실의 사건과 같이 은밀하게 프로테스탄트 대의를 돕기 위해 일하는 사람도 있었지만 말이다.[26]

니고데모주의자는 다름 아닌 엘리자베스 왕실 예배당의 첫 번째 수석 목사 조지 커루(George Carew)였다. 프란시스 베이컨(Francis Bacon)은 여왕이 원한 것이 사람의 마음을 들여다 볼 수 있는 창을 만드는 것이 아니었다고 기록했는데, 그 말이 종종 잘못 인용되었으며, 사실 필자는 과연 그 차이가 중요한지 궁금하다. 영혼은 구원의 자리이지만, 마음은 구원의 자리가 아니다. 여왕이 구원보다 감정이나 견해에 덜 관심을 보인 것은 프로테스탄트 사상과 모순되지 않는다.[27]

우리는 엘리자베스를 유럽의 마지막 '제3의 길' 군주라고 쉽게 생각할 수도 있다. 즉, 엘리자베스가 당시에 부상하던 두 개의 큰 프로테스탄트 그룹들 중 어느 한편과 자기를 동일시하는 것을 의도적으로 피했고, 자기 자신이나 교회가 꽤 오랫동안 장수할 수 있게 했으며, 동프리슬란트의 안나 폰 올덴부르크(Anna von Oldenbug) 백작부인이나 비동맹 종교개혁의 노련한 지지자 랜드그라프 필립 폰 헤센(Landgraf Philipp von Hessen) 등의 단호한 '제3의 길' 추종자들보다 더 오래 살아남았다

고 보는 것이다.²⁸

그러나 엘리자베스 여왕에게는 무언가가 더 있었다. 그가 공식적인 종교화해를 만들어 내서 그 화해가 독특한 좌표에 자리를 잡을 수 있게 하고, 그것이 향후 프로테스탄티즘을 향해 신선한 충격을 줄 수 있게 하며, 또한, 그 화해가 적어도 그녀가 마음을 열고 받아들이는 열정이 부족했음을 보여 주는 한 사례가 될 수 있게 한 무언가가 있다는 것이다.

그것은 궁극적인 니고데모주의자 그룹 회원들과의 지속적이고 개인적인 만남에서 나온 것이었다. 그들은 '사랑의 가족'(Family of Love)으로 불린 자들로서 네덜란드에서 그랬던 것처럼 엘리자베스의 상류 생활에 신중한 발판을 만들어준 독특한 정적주의자(quietist) 또는 유심론자(spiritualist) 분파였다.

1580년, 여왕의 근위병 향사들 중 몇 명이 패밀리스트(Familists), 곧 '사랑의 가족' 신봉자라는 사실이 밝혀지면서 엄청난 충격이 있었다. 동앵글리아(East Anglia) 지역에서 패밀리스트 활동을 익히 알아 그들과 싸우고 있던 청교도들은 격노했다. 왜냐하면 엘리자베스가 이 측근들을 내쫓기 위한 아무 조치도 취하지 않았기 때문이었다.

1581년, 패밀리스트들을 처벌하기 위한 법안이 청교도들의 지지를 받아 하원에 제출되었을 때, 그 법안은 추밀원 중에서 여왕의 입맛에 맞게 선출된 위원회에 의해 묵살되어 버렸다.²⁹ 이것은 청교도들이 여왕의 종교화해를 개혁하고 확장하려는 노력을 할 때부터 익히 받아왔던 익숙한 장애물이었다. 그들도 잘 알고 있었듯이, 그러한 장애물들은 직접적으로 여왕 때문이었다.

더욱이, 1570년대에 잉글랜드 패밀리스트들의 사상이 갑자기 폭발적으로 일련의 소책자들로 출판된 이후, 그들은 1581년을 시작으로 제임스 1세에게 탄원하던 1604년까지 잠잠해졌다. 마치 새로운 군주가 나타날 때까지 잠잠하기로 작정이라도 한 것 같았다. 여왕의 후계자 제임스 1세의 왕실 관료들 중에서도 여전히 패밀리스트들이 있었다. 런던탑에서 사자를 지키던 간수도 그 무리에 속했다.[30]

이 모든 것들 때문에 과연 여왕의 개인적인 신앙적 견해가 무엇이었는지에 대한 의문이 생긴다. 데이빗 우튼(David Wootton)은 여왕이 패밀리스트의 감성을 노래한 프랑스어 시를 지었다는 흥미로운 제안을 하지만, 이 점은 여전히 논란이 되고 있다.[31]

다른 이름들을 더 거론하자면, 우선 앤드류 페른(Andrew Perne)을 지목할 수 있다. 그는 피터하우스(Peterhouse)의 교장이었으며, 케임브리지셔(Cambridgeshire)의 작은 마을이자 패밀리스트의 요새였던 발샴(Balsham)의 교구 목사로서 패밀리스트들의 주요 옹호자였다.

만일 당신이 음모론을 좋아한다면 다음의 이야기들은 어떤가?

페른이 남은 생애를 옛 친구이자 피보호자였던 대주교 위트기프트(Whitgift)와 함께 램버스 궁전에서 보냈다는 말을 생각해 볼 필요가 있다.

위트기프트는 페른의 옛 동성애 연인이었다는 죄목으로 마틴 마프리레이트(Martin Martprelate)라는 가명의 청교도에게서 고소를 당했는데, 그가 바로 랜설럿 앤드루스와 리처드 후커의 후견인이었다.[32] 더욱이, 페른은 또한, 프랑스인 망명자 피터 바로(Peter Baro)의 후견이었는데, 바로는 또 다른 유명한 반예정론자 윌리엄 바렛의 스승이었고, 그 자신도 패밀리즘 때문에 고소를 당했다.[33] 지속적인 순종을 강조하던 패밀리스트들의 사상이 틀림없이 위트기프트와 왕실 여주인의 귀를 즐겁게 했을 것이다. 그러나 이 모든 것은 필자가 다빈치 코드 수준으로 끼워 맞춘 것처럼 여겨질 수도 있다.

'사랑의 가족'만 엘리자베스의 교회를 이상하게 신봉한 것은 아니었다. 랜설럿 앤드루스보다 먼저 예정론에 대해 공개적으로 반대한 두 명의 선임자가 있었다. 그들 중에서 가장 유명하고 당혹스러운 사람은 스페인 망명자 안토니오 델 코로(Antonio del Corro)였다. 델 코로는 동유럽에서 더 친숙하던 방식을 잉글랜드에서 행하던 희귀한 사람이었으며, 남유럽 출신의 재능 있는 괴짜 신학자로서, 스페인 영성주의 알룸브라도스(Alumbrados, 16-17세기 스페인 신비주의 운동의 추종자들-편집자주)의 세계에서 출발하여, 프랑스 복음주의 리더십을 지나, 전통적인 북부 프로테스탄트 방식에는 전혀 어울리지 않는 풍습을 따라간 사람이었다.34

코로는 1560년대에 런던에 있던 스페인 나그네교회 목사로서 그가 알고 지내던 비밀 유대 당원의 장례식을 집례했고, 유대인들 뿐 아니라 투르크인들도 구원을 받을 수 있다고 주장했으며, 1570년대에 한동안 도피처이든지 교구이든지 불문하고 아무 회중에도 참여하지 않았다. 그 후에 그는 템플(Temple)에서 처음으로 강의할 수 있는 자리를 얻었으며, 나중에는 옥스퍼드에서 자리를 얻었다. 두 곳 모두 전통적인 외곽 도시였고, 사례도 들쭉날쭉 했다. 그러다가 마침내 1582년에 성 바울성당에서 제대로 된 성직급 목사가 되었다(그곳에서 그는 3년 동안 랜설럿 앤드루스의 동료였다).

이 모든 일들은, 코로가 적어도 1570년부터 공개적으로 예정 교리를 공격하고, 또한, 1570년경에는 신중하게 그러나 틀림없이 유니테리언주의적인 진술을 함으로써 그 당시 동유럽에서 발전하고 남부 유럽에서도 비슷하게 권장되고 있던 소치니주의(Socinianism)와 같은 계열에 참여하게 되었음에도 불구하고 일어난 것들이었다.35

코로는 위트기프트의 반예정론 피후견인이었던 피터 바로와 함께

'사랑의 가족' 회원이라는 죄목으로 고소를 당했다.36 가장 당혹스러운 것은, 그리고 아직까지 설명이 필요한 점은, 런던과 옥스퍼드에서의 험난했던 시절에 코로의 주된 후견인이 청교도 후견인들 중 원로였던 레스터(Leicester)의 백작 로버트였다는 사실이다. 레스터는 아마도 다른 이베리아 망명자들을 돌볼 스페인 사람이 있으면 좋겠다는 단순한 생각을 했을 수도 있다. 포르투갈 사람 돈 안토니오(Don Antonio)가 있긴 했지만, 만일 코로가 그러한 일에 적합했다면, 다른 모든 것들을 처리하는 데에도 유용했을 것이 틀림없다.37

코로는 또한, 윌리엄 세실로부터 엄청난 지원을 받았으며, 나중에는 크리스토퍼 해튼 경에게서 더 많은 지원을 받았다.38 그는 또한, 1570년에 그의 견해를 옹호하는 글을 출판하여 여왕에게 새해 선물로 헌정했으며, 또한, 여왕의 막역한 친구였던 도로시 스태포드(Dorothy Stafford) 여사에게 헌정하는 또 다른 판본을 출판하기도 했다.

도로시 스태포드는 메리 시대에 제네바로 망명을 간 개혁가의 아내였다. 칼빈이 스태포드 여사 아들의 대부(代父)였지만, 그녀와 이 위대한 제네바 개혁가 사이에는 증오가 있었으며, 따라서 그녀는 제네바의 지도자들과 선한 경쟁을 하는 한 남자에게 따뜻하게 대해야 했을 수도 있다. 코로의 전기 작가가 코로의 두 작품에 대해 평가한 바와 같이, "자기 사상의 정당성을 확신하고 그 왕국의 강력한 인사들의 지지를 확신한 사람이라야 아무 비난을 받지 않고 그렇게 할 수 있었을 것이다."39

잉글랜드 초기 복음주의 주교들 중 한 명이었던 윌리엄 바로우(William Barlow)는 1575년에 몹시 당황하여 취리히 목사인 조사이어 짐러(Josiah Simler)에게 쓴 편지에서 코로가 잉글랜드교회(English Church)에 있는 것이 '내가 도무지 헤아릴 수 없는' 신비들 가운데 하나라고 말했

는데, 이 말은 결코 틀린 말이 아니었다.⁴⁰

그러므로 우리는 최고의 통치자가 그녀의 형제교회의 냉각된 정국을 매우 편안하게 주도하고 있었음을 볼 수 있다. 그 교회는 공식적으로 개혁파 프로테스탄트였지만 제네바 스타일은 아니었으며, 그녀의 시기어린 눈빛과 특이한 시선 아래 허용될 만한 다양한 형세를 가진 교회였다. 교회의 상류 계급에서는 통치기간 내내 지속적으로 취리히를 상당히 선호하는 경향이 계속되었는데, 이점에 대해 종종 충분히 인식되지 않은 것이 사실이다.

메리 여왕이 죽고 엘리자베스가 즉위하던 1558년으로 돌아가 보자.

취리히로 망명한 성직자들 중 여러 명이 주요 교구의 주교들이 되었다. 사실상 주요 망명가들 모두가 계속해서 취리히와 연락을 주고받고 있었다. 흥미롭게도, 어떤 망명가들은 취리히 리더십과 만난 적이 한 번도 없었음에도 불구하고, 취리히와 연관을 맺고 있던 잉글랜드인 그룹에 합류하기로 결심했다.

에드먼드 그린달(Edmund Grindal)과 리처드 콕스(Richard Cox)가 대표적이다. 그린달과 콕스 사례가 무엇보다 놀라웠던 것은, 엘리자베스 시대 첫 캔터베리 대주교였던 매튜 파커(Matthew Parker)가 철저하게 침묵했다는 사실 때문이다. 파커는 메리 여왕 시대의 교회에서 엘리자베스처럼 니고데모주의자의 경험을 한 여왕 측근 성직자들 중 한 명이었다. 어쩌면 바로 그것 때문에, 그는 그 어려운 시기에 자기와 전혀 다른 경험을 한 사람들과 어울리는 것이 어려웠을 수도 있다. 아마도 취리히도 똑같은 어려움을 느꼈을 것이다.

엘리자베스가 그녀의 교회에서 무엇을 할 것인가에 대한 취리히의 당초 걱정은 곧 사라졌다. 그들이 가장 걱정한 것은, 과연 전통주의 로마 가톨릭을 크게 용인할 것인지 또는 루터주의에 기우는 성향이 있을지에 대한 것이었다.

어느 편으로도 나타나지 않았다. 그리고 에드워드 6세 시대에 마치지 못한 불완전한 개혁이 시간이 흐르면서 개선될 것이라는 기대를 충분히 할 수 있었다.[41] 이 기대는 잉글랜드의 주교로 새롭게 임명된 사람들의 기대임과 동시에 취리히에 있는 동료들의 기대이기도 했다. 더욱이, 취리히 리더십은 그들이 공개적으로는 티를 낼 수는 없어도 개인적으로는 만족스러울 만한 또 다른 상황에 대해 잘 알고 있었다.

그것은 바로 1558년에 발간된 존 낙스의 무례한 저서 『괴물 같은 여성 통치자들에 대한 첫 번째 나팔소리』(First Blast of the Trumpet against the Monstrous Regiment of Women)에 제네바 리더십이 본의 아니게 연관된 사실 때문에 엘리자베스 여왕이 몹시 격노한 사건이었다. 아무리 취리히와 제네바가 서로 협력했다 하더라도, 그리고 양 지도자들 사이에 아무리 친밀한 관계가 있었다 하더라도, 종교개혁 세계를 주도하던 두 큰 개혁 도시들 사이에 어쩔 수 없이 미묘한 세력 경쟁이 있게 되었다.

잉글랜드 입장에서 보면, 제네바가 낙스 때문에 곤란을 겪은 것이 취리히에게는 기회였다.[42] 엘리자베스의 종교화해를 변호하기 위해 1560년대 초에 처음 고안된 주얼(Jewel) 주교의 『변증서』(Apology)에 칼빈에 대한 언급이 전혀 없다는 점이 흥미롭다. 이 책에서 프로테스탄티즘 내부의 불화에 대해 다룰 때, 물론 교황주의 가톨릭교도들 때문에 그 언급을 최소화하려고 노력한 것이긴 하지만, 그 불화가 루터와 쯔빙글리 사이에 있었던 것으로만 설명되고 있다. 1550년대에 있었던 칼빈과 루터교 사이의 '성찬 논쟁'(Supper-strife)이 가장 심각했음에도 불구하고 말이다.[43]

향후 몇 년 동안, 불링거 및 그왈터와 제네바 사이의 긴장 관계는 그 당시 잉글랜드 내에서 점점 심화되던 불화에 대한 그들의 태도에 영향을 미쳤다. 그들은 옛 잉글랜드 망명가들에게 점점 끌리고 있었다. 주교로 선출된 취리히의 친구들은 그들이 본래 좋아하지 않았던 정적인 종교화해를 점점 더 변호하고 있었다.[44] 취리히가 인정하느냐 또는 부정하느냐는 개혁의 속도 때문에 충돌하고 있던 사람들에게 매우 중요한 문제였다.

따라서 점점 더 취리히는 불완전한 잉글랜드개혁교회(Reformed Church of England)를 평가할 수 있는 시금석이었다. 그것은 쌍방향으로 진행되었다. 즉, 잉글랜드 안에서 다투고 있던 두 분파는 공평한 중재자의 지지를 구했으며, 다른 한편에서 취리히는 개혁파교회들 사이에서 그 지위를 계속해서 유지하려고 애쓰고 있었으므로 그 역할이 취리히에게 매우 잘 어울렸다.

대체적으로, 불링거와 그왈터는, 에드워드 6세 시대 존 후퍼의 사례에서나 메리 여왕 시대 프랑크푸르트에 있던 잉글랜드 회중의 사례에서 잉글랜드의 변화 속도 때문에 충돌이 일어났을 때 했던 것처럼, 엘리자베스 시대의 논쟁에서도 똑같이 행동했다. 즉, 그들은 더욱 더 개혁을 촉구했지만, 또 다른 교회에게 일치를 강요하지는 않았다. 그리고 시민 정부에 의해 권력을 갖게 된 자들을 지지했다.[45]

잉글랜드 주교들과 청교도들의 충돌이 절정에 이르던 1566년에, 취리히 리더십들이 옛 친구들에 대해 개인적으로만 가지고 있으려고 했던 의견을 잉글랜드 주교연합이 영어로 번역 출판하자, 불링거와 그왈터는 매우 곤란하고 당황했다.

그러나 성난 젊은 청교도 조지 위더스(George Withers)가 테오도레 베자(Theodore Beza)의 후원을 입고 취리히를 방문하여 잉글랜드 상황을 잘못 전달하는 바람에 취리히 리더십이 잉글랜드인 친구들에게 지

나칠 정도로 강력하게 편지를 써 보내는 일이 벌어지자 두 사람은 더 당황했다.⁴⁶

또한, 불링거와 그왈터는, 사실상 취리히 교회론이 제네바 교회론에 패배한 팔라틴 백작령 파문 사건에 대한 토머스 에라스투스의 견해를 둘러싸고 벌어진 논쟁에 이 젊은 청교도가 개입한 것도 알고 있었다.⁴⁷ 두 사람이 위더스를 만났을 때, 그들은 취리히, 잉글랜드, 헝가리 그리고 트란실바니아 등지의 개혁파교회들을 연합하는 교회 감독 모델을 거부하는 다양한 개혁파 프로테스탄트들을 만나기도 했다.

그 사람들은 또한, 시민 정부 위정자들과 행정가들의 권위를, 매우 다양한 배경과 매우 다양한 동기로 잉글랜드와 취리히와 합스부르크의 토머스 에라스투스 지지 세력을 연합시키는 교회 권징과 밀접하게 결합시키려는 모델도 거부했다.⁴⁸

따라서 불링거와 그왈터는 잉글랜드 청교도들을 만났을 때, 잉글랜드 주교들에게 더 마음이 끌렸으며, 1560년대 내내 그들에게 줄곧 훈훈한 마음으로 책을 헌정했다. 또한, 교회와 국가에 관한 잉글랜드 정책을 인정한 두 사람의 입장을 궁극적으로 확정짓게 된 것은, 1571년에 있었던 여왕에 대한 교황의 파문교서(papal bull excommunicating)를 불링거가 강경하게 반박한 것 때문이라고 할 수 있는데, 불링거의 글은 잉글랜드에 도착한지 몇 달 만에 영어로 번역 출판되었다.⁴⁹

궁극적으로 불링거와 그왈터가 잉글랜드 주교들을 지지하게 된 문제는 단순히 교회 정치를 고려한 것을 너머 더 심오했다. 종교개혁 리더로서 불링거의 근본적인 보수성은 1550년대에 동유럽에서 성행하던 반삼위일체 급진주의자들(anti-Trinitarian radicals)을 적대적으로 다루던 데에서 잘 드러났다. 불링거는 그들이 종교개혁의 모든 업적을 위협한다고 보았다. 급진주의자들은 4-5세기에 확립된 기독론을 수정하면서, 성경에서 구체적으로 가르치지 않는 것은 무엇인지 반드시 거부해야 한다는 주장을 했다. 불링거와 취리히는 줄곧 정반대의 입장을 고수했다. 즉, 성경에 반하는 것으로 볼 수 없는 것들은 그것이 성경에 구체적으로 명시되어 있지 않더라도 유지되어야 한다는 것이었다.[50]

동유럽과 대조적으로, 잉글랜드에는 그런 급진주의자들이 거의 들어오지 않았다. 물론, 단 한 사람이 있었는데, 레스터 공작의 스페인 망명가 피후견인 안토니오 델 코로(Antonio del Corro)였다. 따라서 그가 런던에서 불링거에게 편지를 써서 그의 예정론 비판에 대한 칼빈주의자들의 공격에 맞서 자기를 도와 달라고 요청했을 때, 그는 호의적인 답변을 듣지 못했다.[51] 오히려, 잉글랜드의 신학적인 경향과 다른 그룹은 헝가리와 폴란드에 있던 불링거의 적들과 비슷하게 보였다.

동유럽 반삼위일체주의자들의 원칙은 어떻게 보면 엘리자베스 시대의 청교도들이 성직자들의 제의부터 주교의 직무에 이르는 문제들에 대해 가지고 있던 원칙과 비슷한 것처럼 보일 수도 있었다.

사실, 그 원칙은 심지어 1550년에 존 후퍼가 결코 타협하지 않았던 원칙과도 같아 보일 수 있었다. 윈체스터의 호른(Horne) 주교는 1573년에 불링거에게 편지를 보내, 잉글랜드교회(English Church)가 교황주의자들의 위험보다는 '재세례파에 빠져드는 것처럼 보이는 거짓 형제들' 때문에 더 위험한 상황이라고 통렬하게 지적했다. 그가 말한 거짓 형제들은 청교도들이었다.

이 편지로 인해 불링거는 1575년에 죽기 전에 마지막으로 잉글랜드의 교회 정책에 개입하게 되었다. 호른에게 보내는 답장에서, 불링거는 '가장 복음주의적으로 보이는' 자들의 파괴적인 행동에 대해 비판을 했으며, 그의 긴 사역이 시작되던 1520년대에 취리히에서 한창 발흥했던 재세례파(Anabaptist)를 떠올렸다.[52] 16세기 관점에서 보면, 청교도들은 자기들을 재세례파와 동격으로 보는 것을 모욕으로 느꼈을 것이다.

불링거가 생애 마지막으로 잉글랜드에 보낸 편지가 보존되어 미래의 캔터베리 대주교 존 위트기프트의 반청교도주의 논증서 안에 라틴어와 영어 번역으로 동시에 출판된 것은 결코 우연이 아니다. 위트기프트는 하인리히 불링거의 작품을 의존한 제3세대 잉글랜드교회(English Church) 지도자들을 대표한다. 이 세대에서의 상호 관계는 그 이전 세대와 전혀 달랐다. 또는 더 정확히 말하면, 실제로 있지도 않았다. 위트기프트는 취리히 사역자들을 직접 만난 적이 없었던 것 같다. 따라서 그들에 대한 위트기프트의 태도는 공리주의자와 같이 묘사될 수 있을 것이다.

1572년에 소위 권고(Admonition) 논쟁이라는 이름으로 위트기프트가 토머스 카트라이트(Thomas Cartwright)와 벌인 방대한 논쟁에서 불링거를 이용하는 것을 생각해 보자.

위트기프트는 재세례파주의와 청교도주의를 동일시하는 구절들을 많이 활용할 때, 특히 불링거의 반급진주의 저서들로부터 인용하고, 그렇지 않은 경우에는 불링거를 꽤 선택적으로 이용했다(전략적으로 칼빈을 인용할 때는 훨씬 더 선택적이었다). 불링거는 주로 다음과 같이 위트기프트가 좋아하는 교회론적 주제에 주로 인용되었다.

> 나는 그리스도의 교회에게 성경이 처방하거나 명령하는 특정하고 완벽한 유형의 교회 정치가 있다고 생각하지 않는다.
> 만일 그것이 교회의 구원에 필수적인 문제라면 틀림없이 언급되어야 했지 않았겠는가.

이것은 위트기프트와 장로파들(presbyterians) 사이의 다툼의 핵심이었으며, 따라서 불링거가 분명히 포괄적인 의식을 가지고 있었을 것이라고 인정해야 할 것이다.[53]

1575년 초 이 단계에서, 위트기프트는 불링거의 『설교집』(Decades)을 거의 사용하지 않았다. 그에게 도움이 될 만한 유익한 내용을 많이 담고 있었을 텐데 말이다. 그러나 불과 몇 년 후, 그는 잉글랜드 선임 신학자들 중 한 명으로서 옛 취리히 거장들을 뒤늦게 받아들이는 계획에 참여하게 되었다. 놀랍게도, 불링거는 이제 잉글랜드의 감독 제도를 옹호하는 역할을 했으며, 그의 『설교집』은 그것을 방어하는 주요 요새가 될 수밖에 없었다.[54]

이것이 바로 『설교집』이 1577년에 잉글랜드에서 처음으로 출판된 배경이다. 그 계획과 관련해서, 다시 한번 우리는 옥스퍼드 모들린칼리지와 1537년에 있었던 그왈터의 방문으로 돌아가 보아야 한다. 왜냐하면 『설교집』이 나올 수 있게 추진한 세력도 위트기프트처럼 감독 제도에 관해 반청교도 정신을 가졌던 토머스 쿠퍼(Thomas Cooper)였기 때문이다. 그는 당시 링컨(Lincoln)의 주교였으며, 1531년부터 모들린과 관련을 맺고 있었다.[55]

영어판 『설교집』 서문은 철저하게 순응주의자(conformist) 주교들 편에 서 있다. 그 서문은, 저자에 대한 칭송을 하는 것이 서문 역할들 중 하나라는 사실을 잊은 채, 그 당시 잉글랜드에서 조직된 사역을 변호하는 데 처음부터 열을 올린다. 심지어 불링거와 비교하면서 칼빈의 '모호함'을 비웃기도 한다. 또한, 서문에서 가장 놀라운 구절은, 청교도를 격노하게 할 문구인데, 『설교집』을 이용해야 하는 정당성을 주장하는 것이었다. 즉, "좋은 설교 한 편을 읽는 것이 전혀 하지 않는 것보다 낫다"[56]라는 구절이었다. 여기에서 우리는 『설교집』 번역본의 목적이 무엇이었는지 실마리를 얻을 수 있다.

쿠퍼, 그리고 성 데이비드(St. David)의 미들턴(Middleton)과 체스터(Chester)의 세더턴(Chaderton) 등 반청교도 주교들의 명령에 따라 이 책을 성직자들의 교과서로 정하여, 1574년부터 1576년 사이에 엘리자베스가 결코 용납할 수 없는 청교도적이라고 억압했던 회중들과 예언적 설교(prophesyings)의 체계를 대신할 수 있게 성직자들을 훈련시키고 가르치는 도구로 삼으려는 것이었다.[57]

여기에 모순이 있다. 그 당시 청교도 열심당원들의 과도한 설교라고 여겨져 억압받던 예언적 설교는 본래 불링거의 선임자였던 쯔빙글리가 세운 취리히의 프로페자이(Prophezei; 목회자 성경공부모임-역자주)에서 온 것이었으며, 따라서 성직자 훈련의 핵심이었다. 불링거를 한 번도 만난 적은 없지만, 그를 존경하는 마음으로 계속해서 그와 서신 교환을 했던 그린달은 예언적 설교를 옹호하는 바람에 삶을 마감해야 했다. 망명자 세대의 주교들 중에서 엘리자베스의 반대를 받으면서까지 이 설교 형태를 전적으로 수용한 사람들 중에 비단 그린달만 있었던 것은 아니다.

이제 새로운 세대의 주교들은 에드워드 6세 시절에는 상상할 수도 없던 방식으로 취리히 거장들을 활용하고 있었다. 그러나 그들이 이렇게 하는 데는 나름의 논리가 있었다. 왜냐하면 그들의 화두는 제네바의 영향력이 잉글랜드교회(English Church)에 미치지 못하게 하는 것이었기 때문이다. 다시 말하면, 칼빈이나 베자에게 의존하지 않는 대안적인 개혁파 프로테스탄티즘을 만들어내는 것이었다.

순응주의자들과 청교도들 사이의 충돌은 1580년대에 고조되었다.[58] 이 모든 것에 대한 위트기프트 대주교의 반응은 이중적이었다. 일단 그는 억압받던 세력들을 불러 모았지만, 또 다른 한편에서는 성직자 교육을 향상시키는 수단으로 불링거를 더욱 더 높이고 숭상하는 것이었다. 1586년에 대주교는 캔터베리 지방 전역에 이 명령을 확대하여 하급 성직자들이 반드시 불링거의 『설교집』을 읽고 시험을 치게 했다.

이런 식으로 『설교집』을 정규적으로 사용한 것은 공식적인 엘리자베스 시대 교회에 관해 매우 중요한 무언가를 말해 준다. 그것은 곧 다음 세기에 잉글랜드국교회의 일부가 되는 알미니안주의와 구별시켜 주는 것이었다. 엘리자베스 교회는 여전히 완전한 개혁파 프로테스탄트 세계의 일부였으며, 또한, 그 교회가 칼빈과 베자 대신 불링거를 의존하고 있었기에 개혁파라고 주장할 수 있었다.

『설교집』을 정규과목으로 편성시키고 이 책을 잉글랜드국교회의 필수 신학으로 성직자들에게 읽혔다는 점에서, 쿠퍼와 위트기프트는 틀림없이 개혁파 프로테스탄트 신학적 입장에 서 있었다. 그들은 온건하고 완화된 예정론을 지지했고, 감독 제도에 대해 규범적이거나 보편적인 것이 없다고 생각했으며, 교회 안에서 시민 정부의 주도적인 역할을 긍정적으로 보았으며, 루터주의와 분명히 다르게 『취리히 협의서』에 따라 성찬 시 영적 임재설(spiritual presence view)을 주장했다. 또 다른 취리히 신학자 피터 마터 버미글리(Peter Martyr Vermigli)의 『보편 논제』(*Common Places*) 영어 번역판을 정규 과목으로 만든 것도 동일한 효과가 있었다. 그러므로 1600년 후반, 공식적인 잉글랜드국교회는 1530년대와 1550년대 사이에 취리히에서 부분적으로 진행되던 변화를 향해 나아가고 있었다. 물론 그 신학적인 삶의 상당 부분은, 제네바에 더 충성하던 신학자들과 그 계승자들과 교회들이 결정한 다른 양상으로 정해지긴 했지만 말이다. 이런 모습이 잉글랜드에만 있었던 것은 아니다. 17세기 초에 헝가리와 트란실바니아 개혁파교회들도 취리히 전통과 제네바 전통 사이의 논쟁 때문에 어려움을 겪었다.[59]

후대에 알미니안주의자들과 반알미니안주의자들, 왕정복고 찬성자들과 반대자들, 그리고 복음주의자들과 앵글로-가톨릭교도들 사이의 대 단층선 내에 존재하게 된 분열에만 집중하다 보니, 잉글랜드 신학의 불명료한 요소였던 개혁파 프로테스탄트 전통 내의 긴장관계는 사람들의 기억에서 잊혀 왔다. 틀림없이 잉글랜드의 미래는 리처드 후커의 『교회 정치론』(Of the Laws of Ecclesiastical Polity)에 따라 다른 방향들을 향하고 있었다.

그러나 개혁파 전통을 정교하게 뒤집고 엘리자베스 1세의 독특하고 강력한 의견을 누구보다 가장 잘 반영한 엘리자베스 시대 교회의 신학자 후커의 책에도, 위트기프트가 불링거를 선택적으로 인용했던 것보다 더 훨씬 더 일반적으로 불링거를 인용한 흔적이 있다. 더욱이, 불링거가 인정하고 승인할 만한 강조점도 있었다. 즉, 후커는 교회 내에서의 시민 정부의 자리를 인정했고, 감독 제도에 대해 상대주의적 견해를 가지고 있었으며, 성찬에 관해 루터주의자들과 전혀 다른 개혁파 견해를 주장했다. 심지어 그가 혹독한 칼빈주의 예정론으로부터 돌아선 것도 불링거의 취리히를 눈살 찌푸리게 하지 않았을 것이다. 『교회 정치론』은 그동안 인식되던 것보다 훨씬 더 『설교집』의 정신과 유사했다. 필자가 다른 곳에서도 논증한 것처럼, 후커는 너무 변화무쌍한 인물이어서 나중에 옥스퍼드 운동을 벌이던 때처럼 어떤 한 가지로 정의될 수 없다.[60] 마크 패럿(Mark Perrot)은 중요하고 통찰력 있는 한 논문에서 주장하기를, 후커와 그의 후견인 위트기프트를 분명하게 구분시켜 주는 후커의 반청교도 논증 방식은 단순히 그가 이성을 강조한 것이 아니라 이성을 통해 개연성에 호소한 것이었다고 주장했다.

위트기프트는 순종을 강조했으므로, 청교도 반대자들을 고집 센 불순종자들로 보고, 그들이 재세례파보다 더 낫지 않다고 생각했다. 이것이 바로 그가 불링거를 그렇게 활용한 이유였다. 후커는 입장을 바꾸어 청교도들이 참된 양심을 가진 자들(genuine scruples of conscience)이라고 인정했으며, 따라서 청교도들을 풀어주기 위해 최선의 노력을 다했다. 그렇게 하는 동안, 그는 그가 성경엄수주의적 정신(scripturalist mentality)이라고 여기는 것을 폭로하기 위한 수단으로 이성을 사용했다.[61] 만일 이성의 판단이 논쟁의 문제들을 결정하는 권위의 기준이라면,

> 우리는 사람이 창조와 번식에 의해 영혼을 가질 수 있다고 주장하거나, 또는 우리 주님의 어머니가 주님의 탄생 전이나 탄생 후를 불문하고 항상 동정성을 가지고 있다고 주장할 때처럼, 어떤 것들에 대해서 그것들이 개연성이 있고 진실일 수도 있을 것이라는 견해를 충분히 가질 수 있다.

마찬가지로, 후커는 장로 제도에 관해서도 성경으로부터 그 사례를 몇 가지 찾을 수 있다고 다음과 같이 주장했다.

"어떤 사람들이 추측할 수 있는 한, 그들이 주장하는 어떤 것들은 임의로 모은 것이 아니라 정말로 성경에서 나온 것처럼 보인다."[62]

교리적으로 명확하게 정의되거나 사실이기보다는 단지 개연성이 있는 것을 이렇게 기꺼이 받아들인 데서 하나의 전통이 시작되었다. 비록 성공회 신학자들에게서 명확한 답변을 요구하는 현대 저널리스트들은 이에 대해 분개하지만 말이다.

역사가 패트릭 콜린스(Patrick Collins)가 '잉글랜드국교회에게 닥친 전대미문의 대참사'라고 묘사한 로드 대주교에 의해 잉글랜드국교회가 주도되지 않았다면, 과연 이 전통이 발전할 수 있었을까?[63]

틀림없이 그 전통은 로드 대주교와 알미니안주의자들과 함께 하는 특별한 종류의 동료 여행자이자, 독립적인 정신을 지닌 윌리엄 칠링워스(William Chillingworth)에게 영향을 미쳤을 것이다.

그러나 필자는 이 전통의 가장 탁월한 대표자들 중 한 명이 리처드 백스터(Richard Baxter)라고 생각한다. 그는 스튜어트 왕조 성직자들 중에서 가장 엘리자베스에 가까웠던 어셔 대주교의 친구이자 그가 존경하는 사람이었으며, 한때는 찰스 2세에 의해 주교가 될 뻔도 했다. 백스터는 그 제안에도 불구하고 거의 평생 동안 왕정복고 이후의 국교회(Established Church) 주류로부터 비껴나 있었다. 그런 태도를 가리켜 그는 '새로운 성직자의 길'(the new Prelatical Way)이라 불렀다. 하지만, 그는 현대 주류 성공회주의와 쉽게 혼돈될 것처럼 들리는 이 이름으로 자기를 부르는 것을 자랑스러워했다.

> 나를 부를 때, (로마 가톨릭교도라는 호칭 외에는) '감독파-장로파-독립파' 교인이라고 부르는 것보다 더 잘 부를 수 있는 방법이 없다.[64]

백스터는 그만의 후커를 알았다. 그는 후커처럼 논리와 형이상학을 좋아했으며, 따라서 다른 어떤 프로테스탄트 학자들보다도 중세 학자들을 더 집중해서 읽었다.[65] 그 결과 후커와 비슷한 이야기를 했다.

"그렇다 하더라도, 결국, 나는 온통 미심쩍은 확실성보다는 개연성이 더 마음에 든다."[66]

백스터는 종종 후기 청교도주의자인 것처럼 언급되지만, 사실 고전적인 엘리자베스 시대 청교도였던 월터 트레버스(Walter Travers)에 반박 글을 쓰면서 후커를 인용하기까지 했다.

> 사람이 아무리 꾸민다 하더라도, 주관적인 확실성은 결코 객관적인 증거를 벗어나지 못한다. 왜냐하면 왁스(wax) 위의 자국이 인장(seal) 위의 자국 때문이듯, 주관적인 확실성은 객관적인 증거에 의한 것이기 때문이다.

그는 영어권 신앙고백 선언서들 중에서 1615년 『아일랜드 신앙 조항』(Irish Articles)을 따라 성경론을 모든 것의 출발점으로 삼았던 『웨스트민스터 신앙고백』(Westminster Confession) 서명자들의 우선순위를 뒤집고, 확실한 성직자 정치를 만들어 냈다. 이것은 흥미롭게도 데카르트와 비교되는 점이었다. 즉,

> 내가 사람이라는 확실성은 하나님께서 존재하신다는 확실성 이전에 존재한다. 왜냐하면 "쿠오드 파키트 노툼 에스트 마기스 노툼"(Quod facit notum est magis notum)이기 때문이다. 즉, 하나님께서 존재하신다는 확실성은 그분이 그의 피조물의 사랑과 거룩함을 요구하신다는 확실성보다 더 크다 등등의 명제이다.[67]

그 동안 리처드 백스터가 단순하거나 쉽게 정의되는 인물이라고 말하는 사람은 아무도 없었다. 그러나 필자는 그에게 기꺼이 타이틀을 하나 붙여 주고 싶다. 레지널드 어스큐(Reginald Askew)는 제레미 테일러(Jeremy Taylor) 주교에 대한 일련의 에세이에서, 그의 영웅을 가리켜 '최후의 성공회 교도'라고 불렀다.[68]

필자는 테일러와 동시대에 살았던 리처드 백스터가 첫 번째 성공회 교도였다고 말하고 싶다. 백스터의 문제는 왕정복고 시대의 교회가 교회의 좌표를 두 가지 의미에서 바꾸어 놓았다는 것이다. 한편에서,

왕정복고는 교회의 무게 중심을 특정 부류의 개혁파 프로테스탄트로부터 훨씬 더 성례적 교회로 옮겨 놓았다. 또한, 왕정복고는 랜설럿 앤드루스, 안토니오 델 코로, 엘리자베스 1세, 그리고 월터 트레버스 등이 같은 교회 안에 어느 정도 공존할 수 있게 해 주었던 교회의 좌표를 완전히 파괴해 버렸다.

성공회주의는 그 동안 줄곧 그 좌표에 대해 질문을 해 왔다. 그러나 어쩌면 그 대답을 피해왔을 수도 있다.

제18장

잉글랜드 종교개혁에 대한 현대 역사가들의 연구[1]

1971년과 1972년 초, 케임브리지대학교 학부 과정 마지막 해에, 필자는 펠리시티 힐(Felicity Heal)의 지도 아래 잉글랜드 교회사를 연구하게 되었고, 엄청나게 말 많고 익살스러운 셀윈의 선임연구원이자 케임브리지 푸트라이트(Cambridge Footlights) 연극반의 해리 포터 연극의 후원자인 교수의 강의를 듣기도 했다.

그 수업의 제목은 "1500년부터 1650년까지의 잉글랜드 사상과 종교"(Thought and Religion in England 1500 to 1650)였다. 그리고 그 과목은 당시의 기준에서 보면 꽤 선구적이었다. 왜냐하면 역사와 신학 교수들 사이의 경계와 기준을 넘나드는 진심어린 노력이 담긴 수업이었기 때문이다. 또한, 이 수업은 잉글랜드와 유럽 본토를 통합시키려고 시도했다. 당시에 우리는 유럽 본토를 가리켜 문자적인 의미를 담아 '대륙'이라고 부르곤 했다.[2]

뛰어난 케임브리지 신학교수들 중 한 분이었던 고든 럽(Gordon Rupp)은 오랫동안 진지하게 잉글랜드 종교개혁 역사와 나머지 유럽 종교개혁 역사를 통합하려는 시도를 했던 역사가였는데, 그가 에세이들을 모아 1947년에 출판한 『잉글랜드 프로테스탄트 전통 형성과정 연구』(Studies in the Making of the English Protestant Tradition)가 그 당시에도 여전히 큰 도움이 되었다. 사실, 럽이 1947년 이후 잉글랜드 종교개혁에 대한 저술을 멈추는 바람에 잉글랜드 종교개혁 연구에 업데이트가 늦어졌다. 럽의 폭넓은 관심사는 마틴 루터의 신학에 대한 통찰력 있는 연구와 18세기 잉글랜드 종교에 관한 탁월한 책을 탄생시켰다.[3] 그러나 그의 방대한 비전에 특별히 중요한 요소가 있었다. 그는 감리교 목사였으며, 따라서 잉글랜드 종교개혁과 관련한 주된 이야기와는 존재론적으로 동떨어져 있었다.

이 지배적인 이야기는 무엇이었는가?

그것은 당연히 성공회(Anglican)였다. 그러나 단순한 성공회가 아니라 고교회파 성공회(High Church Anglican)였다. 이와 필적하는 복음주의 성공회(Evangelical Anglican)에 관한 지배적인 이야기도 있었다. 이 이야기는 17세기 링컨과 요크의 두 유능한 주교 존 윌리엄스(John Williams)와 솔즈베리의 길버트 버넷(Gilbert Burnet, 그는 가장 탁월한 국교도 역사가들 중 한 명이었다), 그리고 그들보다 덜 뛰어나긴 하지만 몹시 근면했던 에섹스 로우 레이튼(Low Leyton, Essex)의 부목사 존 스트라이프(John Strype)의 초기 원자료 연구로 거슬러 올라간다.

윌리엄스, 버넷, 그리고 스트라이프는 매우 탄탄하면서도 정말로 사실에 가까운 종교개혁 이야기를 만들어 냈다.[4] 그러나 빅토리아 시대 복음주의자들은 한 때 중요하게 여겨졌던 고등 문화에 대한 관심을 대체로 포기했으며, 1880년대에 발전하고 있던 '인문주의자' 분야를 대학교육에서 회피했다.[5] 대체로, 그들은 새롭게 설립되고 세속적이던 후기 빅토리아 시대 대학들의 역사 분과들에 관심을 갖지 않았으며, 대학교 신학 분과에서 가르치는 것을 매우 유해하다고 생각했다.

그 결과, 옥스퍼드 운동 또는 더 넓은 앵글로-가톨릭주의에 대한 폭넓은 지지자들이 대학교 수준에서 종교 역사를 연구하는 일을 주도했다. 그리고 그 추세가 20세기까지 이어졌다. 심지어 우리 학교 신학 교수들의 학부 과정의 역사 과목 강의 계획서에도 아직까지 이러한 정신이 남아 있다.

교회사에 관심을 가진 신학과 학부생은 초대교회사, 중세교회사, 종교개혁사, 그리고 19세기 교회사를 배울 수 있다. 반면, 18세기 역사가 없음에 주목해야 한다. 기말시험에서 계몽주의에 대해 시험을 보고 싶어도 찾을 수 없을 것이다. 중세교회는 최근까지 약간 부수적인 과목에 해당한다. 따라서 성공회 교도들이 항상 알아야 된다고 강조되는 교회 역사는 주로 세 시기에 불과하다. 성공회가 기초를 두고 있다고 여겨서 교부들을 연구하는 초대교회 시대, 옥스퍼드 운동이 발생한 19세기, 그리고 종교개혁 발발 때문에 벌어진 당혹스러움과 싸워야 했던 종교개혁 시대다.

앵글로-가톨릭교도들은 잉글랜드 종교개혁을 당황스러워하거나 싫어했다. 그들의 연구나 분석의 대부분은 잉글랜드 종교개혁의 혁명적인 성격을 최소화하고, 잉글랜드 종교개혁이 '대륙'의 종교개혁과 어떻게 다른지 강조했다. 옥스퍼드 운동의 후예라고 자신하는 사람들은 그 그룹에 들어가면 매우 어쩔 줄 몰라 한다. 이루 말할 수 없을 정도로, 그 그룹은 자신들의 열정적인 신앙의 많은 부분을 나누지 못했지만, 그럼에도 불구하고 잉글랜드국교회를 탄생시켜 그 안에서 자기들의 신앙을 표현했고 실천하기도 했다.

그런 역사가들은 가장 공격적인 변화의 시기였던 에드워드 6세 시대를 폄하하고, 한탄하며, 무시한다. 왜냐하면 그들은 엘리자베스 종교화해의 '로마 가톨릭교회' 성향을 높이 평가했으며, 그에 따라 그들은 알미니안주의와 로드주의의 도래를 그 이전의 튜더 왕조의 중도적인(via media) 교회 시대의 자연적인 산물이라고 보았기 때문이다.

청교도들에 대해서는, 1662년 이후 '비국교도'(Dissent) 또는 비순응주의(Nonconformity)과 밀접하게 연결된 국교회(Established Church) 반대자들 또는 이방인들로 보았다. 그들이 세운 가장 유용한 논쟁 전략은, 일단 1642년까지 최선을 다해서 안으로부터 배를 흔들어 청교도들을 가장자리로 밀쳐 떨어뜨렸다가, 1662년 이후에 구명보트를 던져주고 나서, '성공회주의'가 평온하게 항해를 할 수 있게 하는 것이었다.

이것을 위한 의제는 17세기 중반에 대주교 로드(Archbishop Laud)의 지도 신부였던 피터 헤일린(Peter Heylyn)의 매우 논쟁적인 저술들에서 만들어졌다. 헤일린의 이야기는 길버트 버넷이 격렬하게(그리고 내 판단에는 매우 성공적으로) 반대했지만, 17세기말과 18세기 초 선서거부자(Nonjuror) 역사가들에 의해 계승되었으며, 옥스퍼드 운동에 의해 계속되었다.[6]

이 이야기에 대해서는 캐넌 딕슨(Canon R. W. Dixon)의 『로마 관할권 폐지 이후의 잉글랜드국교회 역사』(History of the Church of England from the Abolition of the Roman Jurisdiction)(총 6권, 1884-1910)에서 치열한 논쟁이 벌어진다. 여기에서 주목할 점은, 딕슨의 책 제목이 중세와의 단절이 신학적 단절이 아니라 관할권 단절이었음을 강조한다는 것이다. 필자가 학부 과정 동안 가장 기본적으로 참고했던 책은 크라이스트처치(Christ Church)의 수사 신부 F. L. 크로스(F. L. Cross)가 편집한 『옥스퍼드 기독교회 사전』(Oxford Dictionary of the Christian Church)이었다.

제2차 세계대전 이전부터 이미 인식되고 있던 사상이 그 사전의 1957년 초판에 들어 있었다. 그 초판은 잉글랜드 종교개혁을 노골적으로 잘못 소개하는 앵글로-가톨릭교계가 역사학을 지배하고 있었음을 보여 주는 좋은 사례이다. 후대에 엘리자베스 리빙스턴(Dr. Elizabeth Livingstone) 박사의 엄격한 편집 지도에 따라, 이 주제에 대한 서술은 처음의 강조점으로부터 조금 더 포괄적이고 균형 잡힌 관점으로 꾸준히 옮겨갈 수 있게 되었다.[7]

달리 말하면, 1960년대 말에 잉글랜드 종교개혁은 여전히 도구적인 역사에 갇혀 있었다. 즉, 현재를 정당화하기 위해 사용되는 과거의 이야기였던 것이다. 우리는 이미 고든 럽의 저서를 언급했다. 그런데 제2차 세계대전 이전에 또 다른 케임브리지 감리교도 허버트 버터필드(Herbert Butterfield)가 잉글랜드 역사학에 훨씬 더 널리 적용되는 도구적인 전략을 사용하고, 그것을 가리켜 '휘그파'(Whig) 역사 해석이라고 부른 사실은 단순한 우연이 아니다.[8]

앵글로-가톨릭교회의 역사학과 휘그파를 서로 연결시키는 것이 역사적으로 부적절해 보일 수도 있다. 1830년대에 휘그파와 싸우던 옥스퍼드 운동가들을 화나게 할 만한 것이기 때문이다. 그러나 원리는 동일하다. 현재를 정당화하기 위해 과거를 사용하는 것이다. 그리고 오늘 우리가 여기에 있을 수밖에 없는 필연적인 과거를 설명하는 것이다. 이것은 어느 시대를 막론하고 기득권층의 역사 연구 방법이다.

그런데, 필자의 학부 시절의 지도 교수가 1972년에 읽으라고 지도해준 책들 중 상당수는 바로 그 전통에 따른 것이었다. 필자는 전혀 만족스럽지 못한 리포트를 그 지도 교수에게 제출했던 기억이 난다. 그리고 필자의 리포트의 약점에 대해 지도 교수가 적어준 평가 중 하나는 "잉글랜드 종교개혁 1세대가 프로테스탄트 신학에 이바지한 공헌은 무엇인가?"였다. 필자는 읽은 것들 중 많은 부분에 대해 솔직히 지루할 뿐 아니라 어리둥절했었다. 그런데 이제 필자는 그것이 왜 지루했는지 알고 있다. 그것이 사실이 아니었기 때문이다.

그 책은 사실 진실을 외면하기 위해 격렬하고도 정교한 노력을 하고 있었다. 필자가 읽은 책들 중에는 클리포드 더그모어(Clifford Dugmore)의 『미사와 잉글랜드 종교개혁가들』(The Mass and the English Reformers)이 있었는데, 이 책은 토머스 크랜머가 실제로는 프로테스탄트가 아니었다는 것과, 크랜머와 리들리 그리고 그 동료들이 로마 가톨릭 교도들과 종교개혁가들의 저서를 종합하려고 애를 썼다는 것을 증명하려고 노력한 잘못된 작품이었다.[9] 적어도 필자는 그 당시에도 이 이론을 받아들이지 않았다.

필자를 매우 지루하게 만든 또 다른 책은 호튼 데이비스(Horton Davies)의 『잉글랜드 예배와 신학』(Worship and Theology in England) 제1권이었다. 데이비스(1916-2005)는 웨일즈 회중교회주의자로서, 거의 평생 동안 미국 프린스턴대학교에서 가르쳤다. 이러한 개혁파 프로테스탄트 의식에도 불구하고, 필자가 리포트를 쓰기 2년 전에 출판된 총 6권 중 처음에 해당하는 제1권에서, 데이비스는 잉글랜드 종교개혁에 대한 앵글로-가톨릭교회적 견해를 철저하게 받아들이고 있었다.

제1권의 문제의 핵심은 데이비스가 튜더 왕조 교회 내의 주류 전통을 '성공회'(Anglican)로 묘사하겠다는 결심을 한 데에 있었다. 데이비스는 이 전통이 1534년 로마와의 단절에서 완전무장을 하고 등장한 것 같다고 말한 것 외에는, 그 전통이 어디에서 왔는지 설명하지 않았다. 그때부터 이 전통은 데이비스가 '청교도적'이라고 부른 프로테스탄트 전통과 경쟁하기 시작했으며, 이 전통들은 그들의 차이점을 상세히 분석하여 나열할 수 있을 만큼 충분히 인식가능하게 보였다는 것이다. 그런데 이상하게도, 확실히 '성공회' 전통에 속했다고 할 수 있는 16세기 인사들을 구분해 내기가 매우 어렵다.

토머스 크랜머는 어떤 점에서 성공회 교도처럼 보였다. 그러나 전적으로 잘못 인용된 그의 설교들을 근거로 했기 때문이다.[10] 그 외에, 생존해있던 성공회 교도들은 리처드 후커 이전에는 모두 의심스럽게 익명인 것 같았다. 또한, 데이비스의 제1권의 오류는 그 명단에 스테이플포드 브루엔(Stapelford Bruen)의 존 브루엔(John Bruen)을 '경건한 성공회 평신도'라고 소개하며 포함시킨 데에서 절정에 이른다. 전형적인 청교도로서 그의 아들 이름을 칼빈이라고 지은 브루엔이 만일 데이비스가 그에 대해 설명하는 것을 들었더라면 이 황당한 칭찬에 당황하고 격노했을 것이다.

이 책의 앞부분에 나열되어 있는 엘리자베스 시대 '성공회' 설교자들에는 다른 곳에서 칼빈주의자와 청교도라고 묘사되어 있는 사람들이 포함되어 있었다. 이것은 16세기에 특징적인 성공회주의가 존재했을 것이라는 가능성을 뒤엎는 것처럼 보이는 것이었다.[11]

가장 놀라운 것은, 데이비스가 토머스 크랜머의 두 가지 『공중기도서』에 대해 이야기하면서 1549년판을 성공회 예배의 '규범'으로 묘사했다는 점이다.[12] 데이비스가 규범이라고 묘사한 책이 3년 만에 폐기되고 다른 책으로 대체되어 그 책이 거의 수정되지 않은 채 그 이후로 줄곧 잉글랜드국교회 예전의 중심에 자리 잡게 되었다는 것이 참으로 이상한 일이 아닐 수 없다.

제1권에 대해 우리는 안타깝게 고개를 가로 젓지만, 데이비스의 제2권이 겸손하게 균형을 잡기 시작한다는 것을 볼 수 있다. 16세기 대신 17세기를 다루는 제2권은 1975년에 5부작 중 마지막 권으로 출판되었다. 그리고 1975년에 그는 시대 정신의 한 가지 변화를 선택한 것 같아 보였다.

제1권의 성찬 논쟁에서 매우 중요한 것처럼 보였던 신학 용어 '잠재적 실체'(virtualism)는 제2권 전체에서 단 한 번밖에 나오지 않는다. 이것은 반가운 일이다. 왜냐하면, 이 단어는 빅토리아 시대 고교회파 성직자들이 16세기 개혁파 프로테스탄트의 성찬 사상을 자기들의 사상인 것처럼 보이게 하기 위해 만들어낸 것 같기 때문이다.[13]

더욱이, 데이비스의 일반적인 해석 체계는 1662년 이후의 상황을 다루던 것에 비해 덜 논쟁적이고 덜 편향적이 되었다. 왜냐하면 거기에서 데이비스는 왕정복고 이후 잉글랜드 프로테스탄트 내에서 국교도(Established Church)와 비국교도(Dissent) 사이에 벌어져 있던 대 단층선을 사실적으로 묘사했기 때문이다. 이제 데이비스는 자기의 뿌리가 되는 전통을 묘사하고 있는 것이었다.

데이비스 책의 이같은 특징은 잉글랜드 종교개혁에 관한 전통적인 이야기 속에 들어 있는 도구주의(instrumentalism)가 무엇인지 쉽게 이해할 수 있게 해 준다. 성공회 이야기와 함께, 종교개혁에 관한 또 다른 유사한 이야기들이 있다. 그 이야기들은 바로 교파들의 이야기들로서, 종교개혁을 세 폭짜리 그림을 그리는 것처럼 다른 두 교회 역사와 나란히 붙여 놓는다.

하나는 로마 가톨릭교회이고, 다른 하나는 자유교회(Free Church)이다. 그 정도로, 이 세 폭 그림 같은 독립적인 종교 역사 연구는 독일에서 종교개혁의 매우 다양한 측면들을 가르치는 방식과 비슷하다. 그리고 사실, 두드러지고 훌륭한 예외들이 있다. 즉, 종교개혁에 관한 독일의 역사서들에는, 루터교 이야기, 개혁파 이야기, 로마 가톨릭교회 이야기가 있다. 그리고 이 이야기들을 하는 저자들은 그 경계선을 거의 넘지 않는다.[14]

그러나 잉글랜드와 독일 사이에는 제도적인 차이가 있다. 독일에서는 각각의 역사학이 대학교 안에서 로마 가톨릭교회이나 프로테스탄트들을 위해 설립된 신학 교수들 사이에서 실행될 수 있다. 아일랜드를 제외하고 잉글랜드에서는, 비성공회(non-Anglican) 이야기를 연구하는 데에 특화된 대학교 단위의 기관이나 신학 교수들이 사실상 없다. 다만 주요 대학교들의 부속 기관으로 특설된 기관들이 있을 뿐이다.

옥스퍼드의 경우에, 상설사설학당(Permanent Private Hall)들이 있는데, 베네딕트 수도사들을 위한 성 베네츠홀(St. Benet's Hall), 회중교회주의자들을 위한 맨스필드(Mansfield), 또는 침례교도들을 위한 리젠츠파크(Regent's Park) 등이 그것들이다.

이때문에, 로마 가톨릭교회 이야기는, 튜더 왕조 메리 시대에 추기경 폴(Pole)의 의뢰를 받은 사람들에 의해 국교회 내에서 시작되어 그 이후 여러 번 어려움을 겪었는데, 매우 최근까지 대학 밖에 있는 사람들에 의해 쓰였다.

예를 들어, 19세기 말의 추기경 에이던 개스킷(Aidan Gasquet)이 대표적이다. 그 이야기는 한 교파의 역사였다. 특히 개스킷이 성공회로부터 개종한 매우 유능한 공저자 에드먼드 주교의 학문적인 도움을 받지 못하게 되었을 때 더욱 그러했다. 이러한 전통이 절정을 이룬 작품은 수사(friar) 필립 휴즈(Philip Hughes)가 쓴 세 권짜리 『잉글랜드의 종교개혁』(*The Reformation in England*)이었다.[15]

여러 면에서, 이 책은 충실하게 원자료에 근거를 둔 훌륭한 종합서다. 필자는 학부 시절 "사상과 종교"(Thought and Religion) 수업 시간에 메리 시대 잉글랜드에 대해 다룬 휴즈의 두 번째 책을 읽었는데, 그 당시 이 책은 이 시기에 관해 필자가 접할 수 있는 최고의 이야기로서, 그 시기의 전통적인 프로테스탄트를 무자비함과 서투름이 결합된 실패의 역사로 되돌아보게 했다.

휴즈는 이몬 더피(Eamon Duffy)가 『제대(祭臺)를 벗기다』(*The Stripping of the Altars*)와 『신앙의 불길』(*Fires of Faith*)에서 메리 시대의 잉글랜드에

대해 매우 잘 묘사할 수 있는 길을 놓아 주었다.[16] 그러나 이 책이 로마 가톨릭교도가 변증적인 목적을 가지고 쓴 역사에 불과하다고 착각해서는 안 된다. 무엇보다도, 필자가 메리 시대의 잉글랜드에 대해 읽고 열심히 노트를 해 놓은 부분에 대해서는 그렇다.

이렇게 종교개혁에 관한 로마 가톨릭교회의 역사학이 대체로 논쟁적인 성격을 띠고 있지만, 그 대표적인 예외는 휴즈의 작품과 비슷한 시기에 출판되었다. 그것은 데이비드 노울즈(David Knowles)의 3부작 『잉글랜드의 수도회』(The Monastic Order in England)로서, 이 책에서 노울즈는 그가 통상적으로 다루던 중세 분야를 넘어 종교개혁을 다루고 있다.[17]

말하자면, 노울즈는 튜더 왕조 초기 수도원주의를 칭송하지 않고, 독자들이 그의 이야기를 가리켜 '새벽과 정오의 광채' 이후 찾아오는 '해질녘과 길게 드리운 그림자에 대한 묘사'로 이해할 수 있기를 기대한다.[18] 최근에 제임스 클라크(James Clark)는 우리가 의심하는 것과는 달리 이 시대에 더 많은 생명과 창조성이 있었음을 보여 주었다.[19]

그러나 노울즈가 그의 동료 수사들에게 깊은 공감을 하면서도 비판을 하려고 한 것은 그의 특별한 입장을 드러내 주는 것이었다. 즉, 수도사로서 자기 자신과 공동체 생활 사이에 미묘한 거리를 두고, 자기의 창조적인 천재성을 발휘하는 것이었다.[20]

자유교회 이야기들은 로마 가톨릭교회 이야기와 비슷하게 대체로 교파적이어서, 다양한 지지들에게 자유교회에 관한 이야기를 들려주는 것이었다. 회중교회주의자 호튼 데이비스(Horton Davies)는 옥스퍼드 맨스필드칼리지(Mansfield College)에서 수년을 보낸 후에, 개혁파 프로테스탄트 전통을 가진 미국 프린스턴대학교에 정착하게 되었다. 장로교도들, 회중교회주의자들, 그리고 침례교도들을 비롯한 자유교회 역사가들은 종종 고교회파 성공회 교도들과 썩 좋지 못한 협력을 하여 엘리자베스 시대와 초기 스튜어트 시대 청교도들의 이야기를 자기들의 이야기에 덧붙여 서술했다. 이것은 당연히 호튼 데이비스의 방법이기도 했다.

그는 제1권에서 성공회 신화와 위험한 결합을 시도했다. 그의 책은 분명히 더 긍정적이고 훌륭한 무언가를 설명했다. 비록 성공회 교도처럼 건축물들이나 제도들에 대한 관심도 있었지만, 로마 가톨릭교회와 자유교회는 역사적인 신학을 탐구하는 데에 더욱 진지하게 임는 경향이 있었다. 결국 그들이 성공회가 되지 않게 해 준 것이 바로 이 신학에 대한 관심이었다.

이 모든 것들이 허물어지기 시작한 것은 필자가 학부에 있던 동안이었다. 에큐메니컬 운동과 제2차 바티칸 공의회는 성직자들이 교단의 경계를 넘어 서로 대화할 수 있게 해 주었다. 교단의 이야기들을 비교하는 수많은 비평들이 쏟아져 나왔다. 도구주의자와 교단적인 역사는 적어도 더 새로운 문제 제기를 받았다. 즉, 장벽을 무너뜨렸다는 것이었다.

물론 실제로 고교회파 성공회의 패권다툼 이야기가 에큐메니컬주의자들에게 더 유용했다. 왜냐하면, 그들의 이야기의 목표가 처음부터 로마와 갠터베리 사이의 차이점들을 최소화하는 데에 있었기 때문이다. 그중의 하나가 성공회-가톨릭교회국제협의회(Anglican-Roman Catholic International Commission[ARCIC])에 의해 출판된 에큐메니컬 문서들에 남아 있다.[21]

그러나 매우 분리되어 발달하던 것들은 다른 곳에서 수십 년 동안 세워져 오던 개혁파 역사 연구와 부딪히기 시작했다. 종교 역사에 대한 관심은 오랫동안 국가적 문제들에 관한 것이었으며, 이것은 주로 런던, 웨스트민스터 정부의 기록들, 그리고 대영박물관의 희귀본 모음 등에 집중된 원자료에 대한 접근이 가능해지면서 19세기에 강화된 것이었다.

예를 들어, J. S. 브루어(J. S. Brewer)와 그의 후예들이 출판한 『헨리 8세 시대의 해외 및 국내 편지들과 문서들』(*Letters and Papers, Foreign and Domestic, of the reign of Herny VIII*)이 대표적이었다. 각 지역의 고대 자료들에 풍성하게 접근할 수 있게 되고 지역 기록보관소들이 개방하기 시작한 것은 불과 20세기에 들어 점차적으로 이루어진 일이었다.

그 첫 번째는 1920년대의 베드포드셔(Bedfordshire)에서였지만, 더 많은 다른 지역의 기록보관소들이 1950년대부터 개방되기 시작했다. 베드포드셔가 개방되자 대학교들이 자극을 받았다. 1908년 초에 레딩(Reading)에 지역 역사연구소가 세워졌고(비록 오래 가지 못했지만), 1947년에는 레스터대학교(University of Leicester)에 제대로 된 지역 역사 분과가 생겨났다. 갑자기, 수백 년 동안 골동품 연구로 취급되던 것이 전혀 다른 것이 되었다.

하지만 그게 무엇일까?

1950년에, G. M. 트레벨리언(G. M. Trevelyan)은 A. L. 로우제(A. L. Rowse)의 최고의 책 『튜더 콘월』(*Tudor Cornwall*)에 대해 매우 교만한 평가를 하면서, 지역 역사가 실제 역사가들에게는 견습작에 불과하다고 보았다. 다시 말하면, 그는 "A. L. 로우제가 덜 중요한 활동들을 제쳐두고 더 큰 규모의 역사를 기록하는 데에 헌신하게 되면 높은 수준의 역사가가 될 수 있을 것이라고 생각했다."[22]

1973년에 필자가 서픽에 대해 박사논문을 쓰려고 할 때 내 지도 교수였던 지오프리 엘튼 경(Geoffrey Elton)이 나에게 이와 비슷한 태도를 보였던 적이 있었다. 그나마 엘튼 경의 눈에 내 연구가 훌륭하게 보였던 이유는, 필자가 서퍽을 연구하는 데 있어서, 내 지역 기록 보관소에 있는 자료들이 턱없이 부족한 바람에 런던의 정부 기록보관소(Public Record Office)에서 찾을 수 있는 원자료들을 수집하여 연구하는 데에 거의 대부분의 시간을 사용했기 때문이었다.

사실, 탁월한 지역 역사연구가이자 잉글랜드 동부 지역 역사가인 빅터 몰간(Victor Morgan)은 필자가 서퍽을 연구하지 못하게 하려고 애를 썼다. 그는 자료들이 충분히 뒷받침되지 못한다고 말했다.

다른 사람들은 나보다 훨씬 더 운이 좋아서, 지역 기록보관소들이 축적하기 시작한 것들을 통해 연구할 수 있었다. 각 카운티의 문서보관 담당자들은 그 당시 곳곳에 흩어져 있던 수많은 시골 저택 소장품들을 모을 수 있게 되었다. 그러나 필자가 서퍽을 연구하던 때만 해도 그렇지 못했다. 문서보관 담당자들은 점점 각 교구에 있는 기록들을 수집했고, 마침내 교구와 대성당 문서보관소들을 소유하고 있던 교회 관리인들로부터 그 문서들을 얻을 수 있게 되었다. 지역 역사를 잉글랜드 종교개혁에 관한 진지한 연구로 돌려놓은 것이 바로 이 교회 기록들이었다.

즉, 패권주의적인 이야기에 대한 대안이었다. 필자가 대학을 졸업하던 1972년, 펠리시티 힐(Felicity Heal), 클레어 크로스(Claire Cross), 스티븐 랜더(Stephen Lander) 그리고 그들의 동료들은 지역 종교개혁 역사를 연례 정기모임이 주도하는 사업으로 바꾸기 시작했다. 마치 초기 사회주의 인터네셔널(Socialist Internationals)이 마르크스주의 운동의 중심이 되었던 것처럼, 이 연례 모임도 종교개혁 역사 연구의 중심이 된 것이었다.

이 시기에 잉글랜드의 거장들 중에 특히 도로시 오웬(Dorothy Owen)과 마가레트 보우커(Bowker) 등의 여성이 있었다는 것이 우연이었을까?

아마도 그들은 남성들이 경시하던 역사 연구를 하고 있었을 것이다.[23] 그럼에도 불구하고, 1930년대에 이러한 연구의 선구자는 남성이고 성공회 교도였다. 즉, A. G. 디킨즈(Dickens)는 말년에 고교회파 예전에 마음이 끌리긴 했지만, 16세기에 있었던 잉글랜드의 존더백(Sonderweg)에 관한 앵글로-가톨릭교회의 합의를 깨뜨렸다.

독일에 대한 깊은 사랑과 직접적인 지식으로, 그리고 지역 기록 보관소에서 발견되던 자료들에 대한 열정으로, 그의 전망은 지역적으로나 국제적으로 잉글랜드 왕국보다 훨씬 넓어지고 더 집중력이 있어졌다. 디킨즈는 종교적인 변화에 있어서 튜더 군주의 중요한 역할을 인정하는 한편, 공식적인 변화와 함께 일어난 대중적 요소들을 강조했다. 그래서 1560년대를 분석한 고전적 교과서 『잉글랜드 종교개혁』(The English Reformation)에서 그는 할 말이 많았다.[24]

또한, 패트릭 콜린슨(Patrick Collinson)도 마찬가지였다. 디킨즈의 책이 나온 이후 곧바로 출판된 그의 첫 번째 주요 저서 『엘리자베스 시대 청교도 운동』(The Elizabethan Puritan Movement)은 청교도들의 지위를 잉글랜드국교회 체제 내에서 재정립하기 시작했으며, 따라서 그와 동시에 잉글랜드 종교개혁에 대한 성공회 이야기들과 자유교회 이야기들에 일격을 가했다.

다시 한번, 이 새로운 전망은 잉글랜드교회(English Church) 제도권 밖에서 일어난 것이었으며, 콜린슨이 자신의 회고록에서 애정을 기울여 회상하고 있는 바와 같이, 초교파적인 잉글랜드 자유교회 프로테스탄티즘의 다양한 경험들의 산물이었다.[25]

그럼에도 불구하고 한 가지 특징이 이 용감한 새로운 카운티들과 교구들에 여전히 남아 있다. 새로운 지역 역사는 결코 사상에 관심이 없었다. A. G. 디킨즈는 이 점에서 예외라고 할 수 있을 것이다. 고든

럽과 마찬가지로 그는 사상이 매우 진지하게 다루어지던 독일 종교개혁 역사를 잘 알고 있었다. 그러나 디킨즈의 지역 역사에서도 신학적인 논쟁을 많이 찾아볼 수는 없다.

다른 사람들과 마찬가지로 디킨즈도 우리가 사용한 종류의 자료들 때문에 대체로 사상적인 논의를 피할 수밖에 없었다. 그 자료들은 주로 행정적이거나 법적인 것들이었고, 이것들로 만들어지는 새로운 전망의 풍성함만으로도 쉽게 만족할 수 있었다. 내 경우에, 지오프리 엘튼 경(Sir Geoffrey Elton)은 적극적으로 사상적 논쟁을 하지 말라고 독려했다. 이데올로기에 영향을 받은 20세기 중반 유럽의 공포를 경험한 그로서는 이데올로기로 분류될 수 있는 것은 무엇이든지 경멸할 수밖에 없었던 것이다.

그러나 종교개혁이 큰 사상의 영향을 받았음을 고려할 때, 이러한 태도는 잘못된 것이었다. 그리고 자료들은 그러한 잘못의 효과를 한층 크게 보이게 했다. 행정가들은 다른 주제들보다 충돌과 실패 등의 주제에 대해 더 많은 문서를 남긴다. 또한, 법적인 문서들은 대부분 당연히 충돌과 실패의 산물이다. 이것은 1975년에 크리스토퍼 헤이(Christopher Haigh)가 그린 엄청나게 영향력 있는 랭커셔(Lancashire) 그림에서 가장 잘 드러나는 바와 같이, 자료들로부터 나오기 시작한 잉글랜드 종교개혁의 그림이 되었다.[26]

이 관점이 필자가 1980년대 중반에 출판한 튜더 서퍽에 대한 내 첫 번째 책에 스며든 전망이었다. 그 당시 이 입장은 '수정주의'(revisionism)라고 불렸으며, 헤이가 출판한 에세이 모음집 『개정된 잉글랜드 종교개혁』(The English Reformation Revised)만큼 이것을 대변하는 것도 없었다.[27] A. G. 디킨즈는 그 그룹에 속하지 않았다. 종교개혁을 원하는 사람이 그렇게 없었음에도 불구하고 왜 실제로 종교개혁이 일어났는지 이해하는 것이 어렵게 되었다.

결론은 결국 옛 성공회 교도 이야기들과 패권다툼 이야기들처럼 될 수도 있었다. 즉, 제도적 변화를 원했던 튜더 왕조가 일반적으로 그 변화를 이루었기 때문에 결국 그 길로 간 것이라고 해석하는 것이었다.

수정주의와 결합된 한 가지 신선한 요소는, 처음 지역 연구가 일어났을 때 두드러진 특징 중 하나로서, 새롭게 확신에 찬 로마 가톨릭주의였다. 그것이 구별된 요소라는 것은, 1970년대 중반에 지역 종교개혁 연구세미나(Local Reformation Studies Colloquium) 조직자들이 세미나 초청자들 중에서 비국교도들에 대한 연구자들을 포함시킬 것인지에 대해 심각하게 논쟁을 벌였던 사실로 잘 증명된다.

그들의 결론은 호의적이었다.[28] 로마 가톨릭교도들이 국민 생활의 중심으로 들어오게 되었다. 특히 대학교 역사 및 신학 분과 중심으로 들어왔는데, 이것은 그리 놀랄 일이 아니었다. J. J. 스카리스브릭(J. J. Scarisbrick)가 1982년에 강의하고 곧바로 출판된 포드 강의(Ford Lectures)는 지역 역사가들이 현장에서 도출한 것들을 멋지게 집약한 증류수 같았으며, 중세 후기 잉글랜드 로마 가톨릭의 활력을 강력하게 증명해 주는 것이었다.[29]

이 책이 나온 뒤 곧 이먼 더피(Eamon Duffy)의 책들이 나왔으며, 따라서 헤이, 스크라이스버크 그리고 더피 등 삼위일체가 탄생했다. 그리고 이 이름들은 어린 학부생들의 쉬운 발음으로 바뀌어서 다른 세 명과 함께 총 여섯 명의 이름으로 윌슨(Wilson), 케펠(Keppel), 베티(Betty) 또는 그루초(Groucho), 치코(Chico), 그리고 하포(Harpo)라고 불리게 되었다.

이 '위격들'(*hypostaseis*)은 초심자들이 꿈에 그릴만한 칼케돈의 삼위일체 같은 존재들은 아니었다. 역사가들이 그렇듯이 우리는 수 십 년 동안 계속해서 발전하면서 수정에 수정을 더하고 있다. 단, 그것들을 파괴하는 것이 아니라 더 풍성하게 하는 것이다. 그러나 최근에 우리는 "잉글랜드 종교개혁: 미숙아, 난산(難産) 그리고 병약한 아기"(The English Reformation: a premature birth, a difficult labour and a sickly child)라는 20년 된 유명한 어구를 의심 없이 받아들이지 않는다. 아마도 그 말을 만들어낸 사람도 더 이상 인정하지 않을 것이다.[30]

그러므로 비록 지역 연구들과 수정주의가 역사가들의 관심을 많이 바꾸어놓았다 하더라도, 지역 역사가들이 선호하던 원자료들에는 더 그모어와 데이비스 등으로 대표되는 옛 패권다툼 이야기들에서 다루던 신학적 논의를 할 수 있는 재료들이 없었다. 신학적인 수정 작업은 지역 역사 혁명과는 별도로 매우 오랫동안 진행되고 있었다. 비록 한두 사람이 양쪽 진영에 발판을 놓았지만 말이다.

1960년대에 들을 수 있었던 유일한 목소리는 크랜머의 성찬신학을 다룬 피터 뉴먼 브룩스(Peter Newman Brooks)였다. 그는 모호한 개념들을 명확히 정리하여 크랜머의 성찬신학의 세 국면을 보여 주었다.

그 중에서 마지막 국면은 두말 할 필요 없이 개혁파 프로테스탄티즘으로서 두 번째 국면인 루터주의의 다음 단계였다.[31] 브룩스의 첫 스승이 고든 럽이었다는 사실은 결코 우연이 아니다. 럽은 브룩스의 초판 서문을 썼다(팻 콜린슨[Pat Collinson]이 제2판 서문을 썼다). 그 후, 럽의 또 다른 제자 피터 레이크(Peter Lake)는 출판된 그의 박사학위 논문에서, 엘리자베스 시대에 잉글랜드국교회 전복을 꾀하지 않던 청교도 신학을 가진 세 명이 케임브리지에 있었다고 밝혔다.

그것이 왜 수수께끼여야만 했을까?

잉글랜드국교회는, 이 '온건한 청교도들'(moderate Puritans)이 인정하지 않던 많은 특징들에도 불구하고, 스코틀랜드장로교회, 제네바교회, 북네덜란드교회, 헝가리교회 또는 폴란드교회 등과 함께 세워진 개혁파 프로테스탄트교회였다.[32]

이것이 바로 고교회파 성공회가 피터 헤일린 이후 감추려고 애를 썼던 불명예스러운 일이었다. 또한, 이것이 바로 필자가 학부에서 초기 잉글랜드 프로테스탄트들에 대한 리포트를 쓸 때 곤란하게 만든 문제였다. 필자는 그들이 특히 본래 아무 것도 말하지 않았다는 점을 지적할 수는 있었지만, 그들이 사상의 어떻게 처음의 루터교로부터 벗어나 개혁파로 향하여 폭넓은 프로테스탄트 이야기의 한 부분을 차지하게 되었는지에 관한 이야기를 만들어낼 능력은 없었다.

또한, 이 과정이 존 칼빈의 업적이 아니었으나, 그가 일정한 선(先)영향을 끼쳤을 수는 있다.[33] 따라서 잉글랜드 종교개혁 기간 전체 동안에는 '칼빈주의'라는 단어가 '성공회'라는 단어만큼이나 거의 과도한 표현이었다는 것이 1990년대와 2000년대에 점점 더 명확해졌으며, '개혁파 프로테스탄트'라는 명칭이 훨씬 더 잘 들어맞았다.

따라서 신학 교수들과 역사학 교수들은 종교개혁에 관해 서로 생산적인 이야기를 나누기 시작했다. 또한, 영문학 교수들도 거의 동시에 그렇게 하기 시작했다. 연극, 시 그리고 산문 등의 관점에서도 이것이 무엇을 의미하는지 발견할 수 있지만, 필자는 신학적인 주제를 다룰 것이다.[34] 필자가 펼친 논증들을 확증하기 위해 종교개혁에 관한 새로운 신학적 시각을 가진 세 권의 중요한 책을 제시할 것이다.

첫째, 내 옛 제자 알렉 라이리(Alec Ryrie)가 쓴 『루터주의 잉글랜드의 이상한 종말』(*The Strange death of Lutheran England*)이라는 훌륭한 글로서, 그의 박사학위 논문에 근거하여 단행본으로 출판한 논증서다.[35]

둘째, 그래미 머독(Graeme Murdock)이 쓴 트란실바니아의 개혁파 프로테스탄트에 관한 탁월한 이야기를 다룬 책이다.

이 책은 그렇게 먼 곳의 종교 정책들이 어떻게 초기 스튜어트 잉글랜드의 신학과 친밀하게 결합되었는지 보여 준다.

헝가리 학생이 케임브리지로 향하기 위해 런던 무대에서 라틴어를 사용하려고 애쓰다가 결국 **칸타브리기아**(Cantabrigia)가 아닌 캔터베리에서 끝이 나고 만 열정적인 슬픈 이야기를 누가 잊을 수 있겠는가?

그에 대한 아무 기록이 없다. 또는 그가 마침내 그리고 애석하게 도착한 대학교에 대해서도 아무 것도 남아 있지 않다.[36]

셋째, 브라이언 스핑크스(Bryan Spinks)가 쓴 잉글랜드 종교개혁 성찬신학에 관한 훌륭한 논증서다.

리처드 후커와 윌리엄 퍼킨스(William Perkins)의 구원론과 성찬신학을 비교함으로써, 스핑크스는 그들의 공통적인 종교개혁 유산을 강조할 뿐 아니라, 성공회의 패권다툼 이야기들에서 전형적인 '청교도'라고 묘사되는 퍼킨스가 사실은 후커보다 더 시민 전쟁 이전의 잉글랜드교회(English Church)를 대표한다고 지적한다.

스핑크스의 마지막 장은 이 질서가 1660년 이후 뒤집히게 되는 배경을 묘사한다. 그리고 나서, 찰스 2세의 왕정복고 이전에는 거의 없었던 성공회주의에 대한 이야기를 다시 쓸 때 후커가 퍼킨스의 자리를 대신한다. 이러한 독특한 재편성을 하는 대리인은 아이작 월튼(Izaak Walton)의 다큐픽션 "후커의 생애"(Life of Hooker)이다.[37]

그러나 교회 역사 연구와 교회의 정체성에 있어서 후커의 새로운 역할은 또한, 더 큰 이야기의 일부였다. 그 이야기의 대부분에 대해서는 최근까지 우리가 거의 의심하지 않았었다. 1660년 이후 『공중기도서』 개정과 함께 잉글랜드감독교회(episcopal Church of England)가 놀랍게 되돌아 온 것은 단지 고교회파 정치의 문제뿐만이 아니라, 고조된 대중의 지지로 더욱 가열된 것이었다. 이에 대한 증거는 시민전쟁 이전에 꾸준히 『공중기도서』에 대한 애정을 세워간 데에 있다.

그러나 그것보다 훨씬 더 놀라운 것은, 최고 지도자가 없던 동안(잉글랜드국교회 성직자들에 대한 데이터베이스 덕분에 알 수 있다), 매우 많은 성직자들이 정부의 종교 정책이 폐지했던 감독교회의 성직임명을 다시 회복하려고 은밀히 노력했다는 사실이다.[38] 그 후, **개혁파** 잉글랜드국교회는 정말로 꾸준히 **감독파** 잉글랜드국교회가 되었다. 물론 모든 사람들이 그렇게 부르기까지는 19세기까지 기다려야 했다.

지역적인 연구 혁명에 덧붙여진 이러한 신학적인 작품들과 함께, 잉글랜드 종교개혁에 대한 가장 중요한 해석을 할 수 있는 전기가 마련되었다. 이 시기에는 이렇게 새롭고 더 건전한 증거들에 근거한 성공회 연구가 포함되었으며, 그것이 후기 수정주의(post-Revisionist)라는 이름으로 불릴 수 있었다. 지역 종교개혁 연구세미나(Local Reformation Studies Colloquium)는 단순하게 종교개혁 연구세미나(Reformation Studies Colloquium)가 되었으며, 이 확장된 선언을 처음으로 글에 담아낸 사람도 이 회합의 주요 인사들 중 한 사람이었다.

기독교회에 관한 옥스퍼드 역사에 들어 있는 펠리시티 힐(Felicity Heal)의 책 『대영 제국과 아일랜드의 종교개혁』(*Reformation in Britain and Ireland*)이었다.[39] 지역 종교개혁 연구 산업이 우리에게 가져다 준 효과는, 우리의 탐구가 이루어지는 자연적인 무대가 왕국에 대한 개념도 아니고 국가에 대한 개념도 아니라, 그보다 더 크거나 더 작은 무대로 나가게 해 주었다는 것이다.

1960년대부터 우리가 한 것은 더 작은 단위를 살펴본 것이었다. 가장 먼저, 우리는 대부분의 사람들의 삶을 실제로 형성한 지리적, 경제적 지역들을 생각하기보다는 카운티와 교구들에 너무 몰두했다(왜냐하면 그것들이 튜더 왕조의 관료들과 재판관들이 일하고 문서를 남긴 영역이었기 때문이다). 그러나 우리는 또한, 한 왕국을 넘어 더 큰 단위로 확장시켜서 생각하고, 그것들이 어떻게 서로 상호 작용을 했는지 볼 수 있었다. 따라서 힐은 『대영 제국과 아일랜드의 종교개혁』이라는 진지한 제목 아래, 필자가 이름 붙인 '대서양 제도' 차원의 종교개혁을 적절하게 다루었다. 그 이름과 상관없이, 이 책은 16세기의 극적 변화를 이해하는 데 있어서 필수적이다.

스코틀랜드는 잉글랜드보다 더 순수하고 더 정밀한 형태로 개혁파 프로테스탄트 종교개혁을 이루었다. 반면에 아일랜드는 중앙 정부의 노력에도 불구하고 반종교개혁이 성과를 거둔 유럽 안에서 독특한 광경을 보여 준다. 즉, 프로테스탄티즘과 훨씬 더 전반적으로 연관된 저항의 성과였다.

그런 다음에, 우리는 우리보다 먼저 스튜어트 군주들이 시도했던 것처럼, 어떤 결과들이 뒤따를 수 있을지 보기 위해 왕국들을 함께 생각할 수 있다. 필자는 특히 헤이의 획기적인 튜더 왕조 랭커셔 연구를 생각한다. 이 책은 잉글랜드 기타 전역의 관점에서 단지 16세기 뿐 아니라 20세기까지 종교적인 풍습이 독특하게 남아 있던 한 지역을 연구한 대표적인 종교 역사다.

만일 랭커셔를 서퍽에서 일어났을 만한 것과 대조시키지 않고, 랭커셔의 이웃 지역인 더블린의 페일(Pale)과 북 웨일즈와 대조시켜 본다면 어떻게 될까?

랭커셔는 아일랜드해(Irish Sea) 유역에 있는 해안 지역이었으며, 따라서 튜더 왕조 행정 단위들이 자기들의 뜻을 이 지역들에서 펼치고

자 했던 것과 같은 일이 이곳에서도 벌어졌을 것이다. 16세기의 수송 문제와 기회들을 고려한다면, 체스터 교구가 설립되던 1541년에 체스터에서 더블린으로 가는 것이 체스터에서 요크로 가는 것보다 덜 어려웠을 것이다.

이 세 사회가 서로 비슷한 방식으로 행동했을 거라고 볼 수 있을까?

그렇다. 그렇게 볼 수 있다. 세 지역에서 종교개혁을 받아들이지 않으려고 했던 영어권 상류 계층들은 전반적으로 무능한 웨스트민스터의 잉글랜드 정부에 대해 비슷하게 행동했을 것이다.

또한, 우리는 이 아일랜드 해 유역 사회를 재구성하여 그 약점들을 시험해 보는 방식으로 생각할 수도 있을 것이다. 여기에서 필자는 한때 골동품 연구처럼 보이던 것이 이제는 종교개혁과 그 이전에 벌어진 일에 대한 새로운 전체론적 접근의 일부가 된 새로운 방식에 주목하고자 한다. 이제 우리는 자유롭게 물질문화의 교훈을 의존한다.

앤드류 스파이서(Andrew Spicer)와 알렉산드라 월섬(Alexandra Walsham)은 교구교회들과 성지(聖地)들에 대한 연구가 우리에게 죄스럽게 여겨지기 이전 시대에 이 연구의 주류를 형성했다. 필자가 어린 시절 기념비적인 보물들과 각종 기념 묘지들에 열광했던 적이 있었다. 필자는 비록 지오프리 경이 허락할 거라고 생각하지 않으면서도 그것들 중 일부를 필자의 박사학위 논문에 끼워 넣었다.

아일랜드 해 유역에 있었던 이 사회에 대한 연구를 시작하면서, 필자는 저지대 잉글랜드에 있는 기념비적인 보물들에 열정을 보였다. 하지만 요크셔에 있는 것들에 대해서도 마찬가지였다. 이것들은 더블린의 페일(Pale), 북 웨일즈에 거의 없는 것들이었으며, 특히 랭커셔에는 두드러지게 희귀했다. 이 지역들도 그들의 죽음을 틀림없이 기념했다. 하지만 그들은 다른 방식으로 그렇게 했다. 그것들 중에서 웨일즈에서 발견되는 영국 중부 지역의 설화석고 묘비 같은 것들은 런던 대리석 묘비들만큼이나 그곳으로 들여오기 불편했을 것이다.[40]

일단 우리가 이렇게 측면에서 보기 시작하면, 이 지역에서 어떤 다른 시민들을 찾을 수 있겠는가?

우리 중에서 물질문화의 중요성을 아는 사람들은 또한, 종교개혁 시대에 다른 사람들의 물질문화를 깨뜨리려고 했던 강력한 노력들에도 반드시 끌리게 될 것이다. 여기에 우리의 지지자 마가레트 애스턴(Margaret Aston)이 있다. 그는 교구교회 안내 책자에서 와전된 성상 파괴 문제를 처음으로 제대로 해석해 낸 사람이었다. 이 책자들은 으레 성상 파괴가 올리버 크롬웰이라 불리는 흉악범이 이끄는 청교도라고 불리는 무분별한 불한당들에 의해 벌어졌다고 소개했다.

그러나 우리는 상당수의 성상 파괴가 주교들과 교구 위원들에 의해 행해졌음을 알아냈다. 많은 경우에, 성상 파괴자들은 무분별하지 않았으며, 의도적으로 그 잔재들을 본래 장소에 반쯤 파괴된 채로 '그것들에 대한 분노와 혐오의… 기념물'로 남겨 두었다. 다시 말하면, 로마 가톨릭 교회에 대한 과거의 승리의 상징으로 남겨 둔 것이었다.[41]

훨씬 더 극적인 상징들은 사원 유적들이다. 그리고 4세기부터 남아 있는 사원 유적들이 여전히 존재하는 수많은 복합적인 이유들 중 하나는, 프로테스탄트들이 그것들을 그곳에 보존하는 것을 흡족히 여겼기 때문이다. 폴 에버슨(Paul Everson)과 데이비드 스토커(David Stocker)가 랭커셔에서 있었던 건축 활동에 관해 쓴 모험적인 에세이가 생각난다. 헨리 8세는 1537년에 그 당시 반역적이었던 이 카운티에 그의 측근이자 서퍽의 공작이었던 찰스 브랜든(Charles Brandon)을 비공식적인 군대장관으로 파견했는데, 바로 브랜든이 이 건축 활동을 지휘했다. 브랜든이 지은 랭커셔의 새 집들에는 그가 헨리 8세의 새로운 신앙 세대의 태수였다는 가시적인 선언이 담겨 있었다. 그러나 에버슨과 스토커는 커크스테드(Kirkstead)와 발링스(Barlings)에 있는 이 집들 중에서 두 곳에 브랜든이 의도적으로 중요한 수도원 유적을 남겨 두어, 새로운 앙상블의 유적들이 마치 '유적 공원'처럼 경건한 승리의 상징인 것처럼 보이게 했다고 말한다.

말하자면 글로스터에 있는 하일레 사원(Hailes Abbey)과 노팅엄에 있는 뉴스테드 사원(Newstead Abbey)에 신사 계층들을 위해 대저택을 공급했던 튜더 왕조의 다른 재건축 사업과 비견될 만한 일종의 이념적인 선언이었다는 것이다.[42] 이 에세이들에서 반복되는 주제로 돌아가 잉글랜드국교회의 과거에 대한 앵글로-가톨릭교회의 조작에 대해서, 필자는 니알 오케이(Niall Oakey)의 종교개혁 고고학 중 한 멋진 부분을 이야기하고자 한다.

여기에서 그는 가장 대표적인 성상 파괴자들 중 일부가 바로 빅토리아 시대 앵글로-가톨릭교도들이었음을 보여 준다. 오케이는 중세의 루드 스크린(교회 내의 제단 부근과 다른 부분들을 갈라놓는 칸막이-역자주)이 교구교회들에서 파괴되던 때를 정확히 볼 수 있게 하려고 일련의 카운티들을 예로 든다. 남아 있던 중세의 스크린들 중 30-40퍼센트가 19세기에 노퍽(Norfolk)의 교회들에서 사라졌다.

그리고 도싯(Dorset)에서는 적어도 40-50퍼센트가 사라졌다. 이렇게 높은 비율이 있을 수 있었던 이유는, 교회 '재건 사업'이 회중의 눈을 높은 제단 위에서 벌어지는 성변화(聖變化)에 집중시킴으로써 종교개혁의 해악을 원상태로 되돌려놓고 있다고 믿고 있던 고교회파 성공회 교도들의 소행 때문이었다.

잉글랜드 종교개혁의 신화에 대해서는 어떠했겠는가?[43]

펠리시티 힐은 1600년경 대서양 제도의 종교개혁들에 관한 이야기를 하면서 옥스퍼드 역사까지만 다루었다. 그래서 어쩔 수 없이 힐은 17세기를 지나 18세기까지 확장시켜 '장기적인 종교개혁'(Long Reformation)으로 보지 못했다. 그러나 힐은 이렇게 할 필요성이 무엇인지 밝히고 있다. 즉, 16세기 말에 영국 제도 어느 곳에서든지 로마 가톨릭 교도가 되거나 또는 프로테스탄트가 되는 것 말고는 다른 것이 될 수 있는 '문화적인 여지가 거의 없었으므로,' 따라서 이 교차점에서 일단락을 져야 한다고 주장하는 것이었다.[44]

일리가 있는 말이다. 1600년은 잉글랜드 종교개혁의 효율성에 대한 가장 위대한 증거의 서막을 알리는 분기점이었다. 1642년 시민 전쟁이 잉글랜드를 강타하여 잉글랜드인들이 동료 잉글랜드인들과 마구 싸우고 죽이게 되었을 때, 그 전쟁은 왕족 가문으로부터 또 다른 상류계층 바보를 권력에 밀어 넣기 위해 로마 가톨릭교회 대 로마 가톨릭교회가 싸웠던 장미 전쟁과 같은 전쟁이 아니었다.

이제 프로테스탄트 대 프로테스탄트가 잉글랜드 프로테스탄트 교회의 미래를 걸고 싸웠다. 그리고 교황권으로부터 왕국을 가장 효과적으로 방어할 수 있는 방법을 결정하기 위해 싸웠다. 이것이 바로 잉글랜드 종교개혁이 그렇게 엄청난 성공을 거둔 비결이다.

따라서 반세기 동안의 종교개혁 연구 발전의 가장 큰 결과물 중 하나는 바로 가까이 들여다보기도 하고 폭넓게 들여다보기도 하는 자유였다. 우리는 우리의 이야기든 다른 나라의 이야기든 국가적인 이야기들을 잊거나 제쳐 두지 않았다. 오히려 미시적인 상황과 거시적인 상황, 그리고 지역 상황과 대륙 상황을 모두 보았다.

우리는 종교개혁을 더 지성적으로 논의하는 관심사에 있어서, 크리스토퍼 헤이(Christopher Haigh)가 가르쳐 준 것처럼 종교개혁들을 다분화했다. 도시 종교개혁 연구와 지방 종교개혁 연구를 병행했고, 그들의 차이점들을 발견했으며, 서로 다른 종교개혁들이 서로 어떻게 연결되는지 이해했다. 우리는 평범한 사람들이 종교개혁에 대해 주장하는 것에 귀를 기울였고, 그들이 알고 있는 대상과 전망을 이해하기 위해 노력했다.

또한, 똑똑한 사람들이 종교개혁에 대해 중요한 점들을 말하는 것을 기억했고, 옥스퍼드나 케임브리지의 교육을 받지 못한 사람들에게 그들의 메시지를 완벽하게 전달할 수 있었다.[45] 또한, 무엇보다도 종교개혁을 우리 시대의 사람들이 이해하는 방식대로가 아니라 그 시대의 방식대로 이해하려고 노력했다.

그 궁극적인 결과는 종교개혁 역사와 종교사가 50년 전에 비해 역사가들에 의해 훨씬 더 진지하게 다루어졌다는 것이다. 그리고 그것은 크게 축하할 만한 일이다.

제19장

토머스 크랜머의 전기 작가들

1556년 3월 어느 비에 젖은 토요일, 옥스퍼드 브로드 스트리트(Broad Street) 화형대의 불길이 식어갈 때, 잿더미에서 두 유령이 걸어 나왔다. 하나는 영웅이었고, 다른 하나는 악인이었다. 그들은 둘 다 토머스 크랜머라고 불렸다. 그리고 그렇게 서로 대조되는 두 유령의 모습이 지금까지 전해지고 있다. 사람들은 대주교 크랜머를 이단으로 화형 시킨 로마 가톨릭교도들이 그를 악인으로 여겼을 것이라고 기대할 것이다. 반면, 종교개혁 주석가들에게는 그들이 크랜머의 영웅심을 존경해야 한다고 기대할 것이다.

그러나 놀랍게도, 토머스 크랜머의 생애에 대한 이해는 그렇게 단순히 로마 대 캔터베리의 문제가 아니다. 크랜머의 역할은 잉글랜드 국교회 역사에서 의외로 복잡하다. 즉, 영웅과 대부에서 악인에 이르기까지 그 폭이 넓다. 실제로 딱 그렇다. 심지어 현재 필자가 현대적이고 전문적인 역사적 사업의 일환으로 추진 중인 전기 집필 작업도 계속해서 진행되고 있는 종교적 논쟁 무기로 사용되고 있다.

크랜머는 잉글랜드의 종교개혁교회가 서로 반대되는 두 방향을 마주하게 되었기 때문에 모호할 수밖에 없다. 많은 신자들은 크랜머가 했던 것처럼 잉글랜드의 종교개혁과 유럽 대륙 종교개혁의 상호 연관성을 강조하려고 했다. 그러나 우리가 이 책의 에세이들에서 본 것처럼, 17세기 이후 다른 사람들은 종교개혁 때문에 당황스럽게 되었고, 종교개혁 이후의 잉글랜드교회가 그 이전의 제도적 교회와 로마 가톨릭교회적 연속성이 있다고 주장했으며, 또한, 종교개혁으로 인해 발생한 놀라운 변화의 수준을 폄하하려고 애썼다. 양 극단 간의 대화는 성공회주의를 낳았으며, 이것은 서구 기독교 사회에서 '중도의 길'이라 불릴 수 있는 신학적 입장에 대해 강한 자부심을 갖게 했다.

가장 먼저 나온 크랜머 전기는 아마도 그가 죽은 후 불과 몇 시간이 지나지 않아 그를 악인으로 묘사한 이야기일 것이다. 추기경 폴(Pole)의 캔터베리 부주교와 교구 관리 니콜라스 합스필드(Nicholas Harpsfield)가 쓴 『크랜머 주교의 배교』(*Bishop Cranmer's Recantacyons*)였다.[1] 국제적인 독자들을 위해 라틴어로 쓰인 이 책은 반순교사적인 새로운 장르이다.

이 책의 목적은 합스필드의 다른 책들에서와 마찬가지로 크랜머의 생애 마지막 몇 달을 매우 불명예스럽게 바꾸어 놓고, 합스필드 시대 사람들이 크랜머를 메리 시대의 순교자의 반열에 올려놓지 못하게 하는 것이었다.[2] 이 목적을 위해 합스필드는 우선 크랜머가 독일인 아내를 박스 안에 넣고 다닌 유명한 이야기를 사용한다. 그는 이 이야기를 그의 또 다른 저서들에서도 반복해서 사용하며, 나중에는 결국 크랜머를 악인으로 묘사하는 이야기의 단골 소재가 되었.

"마치 봇짐장수처럼 그는 자기 물건들을 몰래 가지고 다녔다. 그래서 그의 손에는 매번 보따리들과 함께 박스가 있었다."[3]

나중에 영웅적인 전기를 쓰게 된 작가들은 이 이야기를 회피할 수밖에 없었다.⁴ 합스필드는, 영어로 쓴 『위장 이혼에 관한 논문』(*A Treatise on the pretended divorce*)에서, 크랜머 부인의 박스 이야기를 확대해서 이야기할 뿐 아니라, 크랜머를 가리켜 수도원 파괴의 배후에 있는 사악한 천재라고 묘사한다. 사실 헨리 8세의 정책이었던 수도원 파괴에 크랜머가 거의 연루되지 않았음에도 불구하고 말이다. 반면에, 합스필드는 수도원 파괴의 진짜 배후 인물인 토머스 크롬웰은 전혀 언급하지 않는다.⁵

합스필드의 책들은 잉글랜드 비국교도 공동체(recusant community)에 지대한 영향을 끼쳤다. 특히 더 젊고 활기찬 엘리자베스 시대 선동가들인 니콜라스 샌더(Nicholas Sander)와 예수회 신자 로버트 파슨즈(Robert Parsons)를 통해 그의 사상이 전달된 것이 중요하다. 합스필드는 잉글랜드 종교개혁에 관한 일련의 로마 가톨릭의 역사학을 통해 크랜머에 대한 이미지를 확립했다. 로마 가톨릭 비평가들은 크랜머의 일관되지 못함을 부각시켰다.

예를 들어, 보쉬에(Bossuet)는 버넷(Burnet) 주교의 종교개혁 역사를 논평하면서, 다음과 같이 함축적으로 묘사했다.

> 루터주의자, 결혼한 자, 자기의 결혼을 숨긴 자, 로마 주교 제의에 따라 교황에게 복종해야 하나 그의 권위를 마음으로 몹시 혐오한 자, 미사를 믿지 못한다고 말한 자, 그렇게 말할 수 있는 권한을 주교들에게 허락한 자.⁶

이러한 권력남용은 반항의 상징이었다. 그래서 17세기 후반 옥스퍼드 인사이자 로마 가톨릭 개종자였던 아브라함 우드헤드(Abraham Woodhead)는 크랜머가 에드워드 6세 시대 종교적 변화의 주범이라고 비난하면서 '아첨꾼, 호색한, 변덕쟁이, 배은망덕, 변절자, 그리고 가장 저주스러운 홉스주의자, 교회에 매우 해로운 존재, 자자손손 비난과 저주를 받을 자'라고 말했다.⁷

홉스주의자(Hobbist)라는 단어를 사용할 때, 우드헤드는 사실 또 다른 로마 가톨릭 개종자의 말을 빌려 온 것이었다. 데리(Derry) 지역의 프로테스탄트 교구 목사 피터 맨비(Peter Manby)는 크랜머가 '맘즈버리 홉스의 정신'을 모방하여 로마 가톨릭교회의 지위와 권위를 훼손했다고 말했었다.⁸

결코 놀랍지 않은 사실 하나는, 3백 년 동안 로마 가톨릭교도들 중에서 그의 생애를 그렇게 혐오스럽게 기록하지 않은 사람이 없었다는 것이다. 크랜머는 잉글랜드 프로테스탄티즘에 관한 극악한 이야기에서 대체로 그러한 위치를 차지했다.⁹ 1931년, 다작가(多作家) 힐레어 벨록(Hilaire Belloc)은 본격적인 크랜머 전기를 썼다(그러나 그는 올리버 크롬웰, 덴턴, 그리고 로베스피에르의 전기들도 썼다).

벨록은 누가 봐도 합스필드부터 내려오는 전통에 서 있지만, 어느 정도는 그가 얻은 주 자료에 근거했다. 즉, 당시로서는 최근에 A. F. 폴러드(A. F. Pollard)가 출판한 중요한 크랜머 전기였다. 다만, 그는 이 책이 "크랜머를 '종교개혁 영웅'으로 다루고 있다"라고 부당하게 평가한다.¹⁰ 어쩌면 그것 때문에 벨록의 전기는 상당히 모호하다. 왜냐하면 아무런 논평이나 윤리적 해석 없이 크랜머가 화형 당하는 내용으로 책을 끝마치고 있기 때문이다(폴러드도 이와 똑같이 했다).

크랜머의 『공중기도서』 문장들을 진심으로 좋아했던 벨록은 화가 난 마음보다는 슬픈 마음으로 전기를 썼다. 크랜머에 대해 조금 연구를 한 후에 그는 크랜머의 화형에 대해 조금 유감스러운 마음을 갖게 되었다. 크랜머가 철회서를 썼음에도 불구하고 로마 가톨릭교회가 여전히 그를 화형 시키려고 했기 때문이었다.[11] 합스필드 이후 로마 가톨릭교회의 악당 이야기에 대해서는 더 이야기할 필요가 없을 것 같다. 다만 크랜머를 악당으로만 남겨 두어서는 안 될 것이다.

당연히 프로테스탄트들은 합스필드에 대항할 만한 새로운 영웅 이야기를 서둘러 찾아냈다. 이 전통 중에서 가장 초기의 노력은 아마도 크랜머의 교구 관료였던 스티븐 네빈슨(Stephen Nevinson) 박사가 쓴 글이라고 할 수 있다. 이 책은 크랜머가 헨리 8세 시대에 대주교로 등극한 일, 레이디 제인(Lady Jane)의 큰 실수에 참여한 일, 메리에 의해 투옥된 일, 그리고 그의 생애의 마지막 사건들에 집중한다.

다시 말하면, 크랜머의 생애 중에서 부정적인 방식으로 비쳐지기 가장 쉬운 부분들이다.[12] 이 원고는 잉글랜드국교회의 순교 전통을 가장 다룬 존 폭스의 글에 실려 있다. 폭스의 『순교사』(Book of Martyrs)가 잘 알려지게 된 것은 1563년 영어판부터지만, 이미 1559년에 바젤에서 출판한 라틴어 초판에서부터 폭스는 이 원고를 사용했다.

한편, 이 책은 합스필드가 비판하고 멸시하는 데 애를 많이 쓴 책이며, 종종 효과를 보기도 했다.[13] 1559년 판에서 폭스는 사실상 크랜머의 순교를 그의 주요 본문의 백미로 다룬다. 그 이후 확장판들과 개정판들에서 폭스는 이 대주교의 전기가 주를 이룬 장에서 크랜머의 비서였던 랄프 모리스(Ralph Morice)에게서 가져 온 수많은 1차 자료들을 덧붙였다. 이 자료들은 크랜머가 순교하던 해에 관한 이야기 속에 들어갔으며, 그 전체적인 형태는 1563년 판에서 결정되었다.[14]

크랜머에 관한 그렇게 질고 복잡한 이야기는 주의 깊게 다룰 필요가 있었다. 폭스는 그의 이야기를 세 부분으로 나누었으며, 그 삼중적 성격을 제목에서 정확히 표현했다.

"캔터베리 대주교 순교자 토머스 크랜머 목사요 성직자의 생애, 지위, 그리고 이야기."

'생애'는 크랜머가 대주교가 되기 이전의 전조격인 '초기 생애'를 의미한다(네빈슨의 자료에 상당히 의존한다). 세 번째 부분인 '이야기'는 당연히 순교 이야기로서 1553년부터 메리 치하에서 크랜머가 체포되고 심문받은 후 죽는 이야기를 다룬다. 그리고 마지막으로 크랜머가 20년 동안 대주교로 사역했던 기간이 남았다. 이 기간이 그의 '지위' 또는 '신분'이다. 이 이야기 중에 일부는 매우 어렵다.

'네빈슨'(Nevinson)과 마찬가지로, 폭스는 이 이야기에서 크랜머가 에드워드 6세 치하에서 활동했던 것들에 대해서는 사실상 아무 것도 말하지 않았다. 폭스의 책 다른 부분들에서 크랜머가 충분히 중요한 역할을 하지만, 이 대주교가 에드워드 6세 시대 종교개혁을 위해 행한 선한 일들은 이 이야기에서 거의 당연한 것으로 여겨졌다. 폭스가 포함시킨 것들이라고는 에드워드 6세 시대에 크랜머가 미사에 반대하는 글을 썼다는 간략한 언급 정도이다.

이 언급은, 폭스가 이곳과 다른 곳에서 크랜머가 일찍이 성찬에서의 실재적 임재를 주장하는 건전하지 못한 루터주의 견해를 가지고 있었다고 언급하는 내용을 중화시키는 역할을 한다고 할 수 있다.[15] 레이디 제인의 사건과 메리 시대의 문제들을 다루기 전에 폭스가 해 주는 이야기는 이게 전부였다. 따라서 에드워드 6세 시대의 크랜머는 '이야기'의 전주곡이었다.

이제, 상당 부분을 차지하는 '지위'는 크랜머의 헨리 8세 시대 활동의 중요한 문제가 되었다. 그 활동들 중 상당수는 늙은 왕이 종종 외교적으로 보수적인 입장을 취한 것과 관련이 있었다.

이 이야기가 어떻게 교훈적인 이야기로 둔갑할 수 있었을까?

폭스는 그의 어려움에 대해 대담하고 창의적으로 맞받아쳤다. 폭스는 크랜머가 헨리 8세의 대주교로서 행한 다소 당황스럽고 애매한 사역을 완벽한 사도적 주교 또는 개혁파교회 지도자의 전형으로 바꾸어 놓았다. 폭스는 사도 바울이 디모데전서(3:2-7)와 디도서(1:7-9)에서 나열하는 것을 이용하여 주교에게 요구되는 특징들을 묘사하고, 디도서의 구절들을 따라 자신이 만든 표제들 아래 크랜머의 갖가지 일화들을 정리하여 그것들이 가장 돋보이게 했다.

따라서 '생애, 지위, 이야기' 중 '지위' 요소가 다루기 쉽게 만들어졌다. 언제나 그랬듯이, 폭스는 모범적인 이야기를 하는 것과 문서 및 증거에 바로 직면하는 것 사이에서 괴로웠다. 그래서 그는 자기의 이야기에 대해 적절한 경고를 덧붙였다.

> 요즘 같이 이상한 시대에는 이 말씀에 상응하는 주교의 모습을 찾기 어렵다.
> 그러나 이 캔터베리 대주교를 예로 들어 보자.
> 그리고 그가 사도 바울이 말한 것에 얼마나 가까운지, 또는 그의 시대의 다른 사람들이나 그의 부르심의 일반적인 방식으로부터 얼마나 멀리 떨어져 있었는지 시험해 보자.[16]

따라서 크랜머는 누구보다 앞서 있었다. 그는 나쁜 시대에 살았으며, 그의 행동들은 그가 감독교회 측에 속한 불만족스러운 사람들과 같지 않고 사도 바울의 이상과 더 닮은 존재라고 인정될 만한 신망을 얻게 해 주었다. 디도서 1:7로부터 온 "주교는 고집이 세지 않아야 한다"라는 표제는 이것이 그에게 얼마나 잘 들어맞았는지 보여 준다.

여기에서 폭스는 크랜머가 수치스러운 『6개 신앙 조항』을 고집스럽지 않게 승인한 짤막한 이야기를 들어, 그가 '왕에게 말로써 겸손하게 행동했음'을 강조하는 한편, 크랜머가 틀림없이 제기했을 항변과, 그가 복종해야 하는 유력한 정치인들로부터 받아야 했던 엄청난 압박감 등도 지적했다. 그러고 나서 곧장 크랜머가 말년에 "비참하게 화형 당했다"라는 사실을 먼저 상기시킨다. 그 후에 비로소 에드워드 6세 시대에 있었던 역사적으로 약간 당황스러운 생애를 다룬다. 즉 예배당 공양제단들(chantries)을 파괴하라는 에드워드 6세 정부의 명령에 저항한 이야기이다.

편견 없는 독자에게는 이 이야기가 크랜머의 고집스러움의 사례처럼 보일 수도 있다(비록 실제로 공양제단들이 모두 파괴되어 크랜머의 저항이 성공을 거두지 못한 사례이기는 하지만). 그러나 폭스는 『6개 신앙 조항』을 둘러싼 크랜머의 행동으로부터 긍정적인 메시지를 강화하려고 했다. 1539년, 대주교는 왕에 대한 충성의 표시로 『6개 신앙 조항』에 항복했다.

그러나 이 두 번째 경우에 그는 충성을 증명하는 수단으로 공양제단 파괴를 막으려는 노력도 했다. 폭스에 따르면, 크랜머의 조언은 공양제단에 관한 행동은 에드워드 6세가 법적 다수파를 얻기까지 기다려야 하며, 그러면 왕은 뜻밖의 재정적 횡재를 얻을 수 있을 것이었다.

이 서로 상반되는 사건들에서, 폭스는 두 경우 모두 긍정적인 면을 강조하는 도덕적 그림을 그렸다.

> 따라서 그에게는 하나님의 대의와 왕의 대의가 있었다. 한편에서는 그의 양심에 가책이 없도록 했고, 다른 한편에서는 그의 머리를 감추거나 숨기지 않았다.

독자들이 과연 어떤 미덕이 어떤 권위에 적용되는지 찾으려고 하거나, 또는 과연 이것들이 폭스의 두 가지 사례에서 얻을 수 있는 가장 중요한 교훈들인가 궁금해 하는 것이 무리는 아니다. 그러나 최종적으로 균형 잡힌 판단에서 볼 때, 폭스는 균형과 명확성을 잃지 않았다. 한편으로, 그는 크랜머가 바울이 제시한 기준에 꼭 들어맞는다고 말하면서, 다른 한편에서는, 덜 긍정적인 면도 지적했다.

"크랜머는 악한 외고집을 피했지만, 지나치게 재능이 많고 관대한 것이 흠이었다."[17]

폭스의 크랜머 전기는 큰 영향을 끼쳤다. 그가 디모데전서나 디도서에 있는 감독직의 기준에 대해 말하는 중심 사상은 여러 17세기 주교들과 사역자들을 칭송하는 전기에 모방되었다. 그리고 대체로 크랜머에 대해서 만큼 문제가 되지 않았다.[18] 폭스의 작품은 유럽에도 영향을 끼쳐서, 1559년 라틴어판은 쟝 크레스핀(Jean Crespin)과 아드리안 햄스테디(Adrian Haemstaede)를 다룬 고전적인 개혁파 순교사들과 함께 영향력이 있었다.

헨리 판탈레온(Henry Pantaleon)이라는 주석가는 유럽 대륙의 사례를 모아 제2권을 편찬하여 폭스의 1559년판 『해설서』(Commentarii)를 만들어야겠다고 생각했다. 이 책은 불과 4년 후에 폭스의 "pars secunda"(제2부)로 바젤에서 출판되었다.[19] 폭스의 이야기는 1559년 라틴어판 자체만으로도 잉글랜드 순교자들의 이야기를 자기들의 이야기로 보고 있던 바다 건너 유럽인들에게 큰 영감을 주었다. 예를 들어, 크랜머의 이야기는 1561년에 아우구스티누스 요나스(Augustinus Jonas)에 의해 독일어로 번역 출판되었다.[20] 뿐만 아니라, 폭스의 크랜머 이야기는 헝가리 개혁파 프로테스탄트 성직자이자 인문주의자이며 시인이었던 미할리 스타라이(Mihály Sztárai)에게 영감을 주었다.

폭스의 1559년 라틴어판이 바젤에서 출판된 지 불과 1년 만에 그 책을 읽은 스타라이는 영감을 받아 크랜머의 삶과 순교를 기념하는 산문시를 헝가리어로 발표했다. 그리고 이것은 마침내 1582년 데브레센(Debrecen)에서 유고시로 출판되었다.[21] 분명히 이 산문시는 1560년대에 헝가리에서 제도적 형태를 갖추어 가던 헝가리 프로테스탄트 교회에게 원거리에 있는 잉글랜드의 영웅적 사례를 통해 영감을 주기 위한 목적으로 사용되었다. 이 발전 중인 헝가리 프로테스탄트교회는 스위스 개혁가들에게 큰 신세를 지고 있었다. 폭스의 책은 바젤에서부터 헝가리까지 순식간에 퍼져 나갔다. 오트만 제국이 점령한 황폐한 헝가리는 순교에 대해 너무도 잘 알고 있었다.

여러 역본으로 출판된 폭스의 이야기는 매우 영향력이 커서 17세기 말까지 크랜머에 관한 가장 규모 있는 전기였다. 또한, 한 세기 동안 크랜머에 대한 잉글랜드 프로테스탄트의 평가는 사실상 폭스의 전기에 대한 평가였다.

폭스의 이야기와 견줄 만한 유일한 이야기는 그보다 훨씬 더 방대하지만 다른 장르의 한 책에 실린 크랜머의 생애이다. 그 책은 1572년에 출판된 매튜 파커(Matthew Parker)의 『고대 교회 대백과사전』(*De antiquitate Britannicae ecclesiae*)이다. 파커는 크랜머에 대해 폭스보다 훨씬 더 잘 알았다. 그래서 그는 폭스보다 더 방대한 양의 자료들을 이용하여, 폭스처럼 종교개혁 영웅을 기리는 이야기를 풀어냈다. 하지만, 강조점은 달랐다.

왜냐하면 파커는 어거스틴까지 거슬러 올라가는 총 69명의 존경받는 캔터베리 대주교들 전기를 기록하면서 크랜머를 68번째에 위치시켰기 때문이다. 자기를 70번째에 위치시킨 파커는 크랜머 시대에 하나님과 적그리스도와의 싸움을 주로 제도적 관점에서 보았다.

실제로, 크랜머의 출생과 교육을 소개하기 전에, 파커는 로마와의 단절을 가져온 왕실의 계획, 즉 헨리 8세와 앤 불린의 결혼과 엘리자베스 1세의 출생 등에 대해 기록했다. 또한, 파커는 크랜머의 전기 다음에 자신의 정적인 추기경 폴(Pole)의 전기를 69번째로 기록했다. 그리고 심지어 크랜머의 파멸에 폴이 관여했음에도 불구하고 그에게 공평을 기하려고 노력했다.

이렇게 역사적으로 꼼꼼하게 쓰인 파커의 책은 대중에게 크게 환심을 사지 못했다. 『고대 교회 대백과사전』이 폭스의 다채로운 영어가 아닌 고상한 인문주의 라틴어로 쓰였기 때문이었다.[22] 파커의 글이 출판된 지 2년 만에 그것을 비판하는 글이 출판되었다. 파커가 라틴어로 쓴 자서전적 에세이의 영어 역본을 구해 은밀하게 표절한 어느 청교도가 자기 멋대로 70번째 에세이를 새로 만들려고 했다.

그 편집자는(나중에 엘리자베스 여왕의 결혼 계획을 비난한 것 때문에 심복을 잃게 된 열정적인 법률가 존 스텁스[John Stubbs]였을 가능성이 높다) 자신이 편집한 파커의 자서전적 에세이에 냉소적으로 주해를 달고, 그 불운한 대주교와 그가 쓴 주교들에 대한 이야기에 대해 긴 비난을 덧붙이면서, 그것을 가리켜 '전설 같은 캔터베리 이야기'라고 일축해 버렸다(이것은 그나마 공손한 표현이었다). 그는 파커가 쓴 '유일하게 가장 자비로운 주교이자 축복 받은 순교자 크랜머'의 생애는 면제해 주었다.

그러나 그 외에 대해서는 혹시 독자들이 파커의 자서전이 "69개의 캔터베리 이야기들 중에서 68개와 함께 다시 살아나지 못하도록 완전히 죽어서 묻혀도" 되는지 물을 수도 있다고 조롱하듯이 말했다.[23] 『고대 교회 대백과사전』에 실린 파커의 크랜머 전기 역시 다른 사람과 연관된 죄로 더럽혀져서 폭스만큼 영향력을 갖지 못했다는 점은 결코 놀랄 만한 일이 아니었다.

존 폭스의 주요 주제는 크랜머의 생애가 자신의 순교에 의해 정당화되었다는 것이었다. 이것이 어쨌든 폭스의 책 전체의 주제였으나, 그에게 있어서 이것은 크랜머가 실제로 그의 생애에서 이룩한 업적들과 특히 오늘날까지 기억되고 있는 그의 가장 큰 업적인『공중기도서』제작보다 훨씬 더 중요했다.

거기에는 타당한 이유가 있었다. 폭스는 기도서를 불완전한 진행형 작품으로 보았다. 그는 크랜머가 1552년에 제2판을 만들어 냈기 때문에 그 당시 세계적인 프로테스탄티즘으로부터 배운 교훈의 관점에서 서둘러 이 기도서를 개정해야 한다고 생각했다. 폭스는 크랜머가 주도해서 입안하였으나 에드워드 6세 시대 교회에서 끝내 시행되지 못한 1571년판 교회법 개정안에 대한 서문을 쓰면서, 그의 영웅이 입안한 이 문서의 한 가지 심각한 오류를 지적하지 않을 수 없었다. 바로『공중기도서』만 사용하도록 한 규정이었다.[24]

그러나 엘리자베스 여왕의 압박에 못 이겨 잉글랜드국교회로 하여금 여왕이 바라는 대로 순종하라고 독려하는 일에 거의 평생을 바친 대주교 파커마저도, 크랜머의 생애를 기록한 글에서『공중기도서』에 대해 단 한 문장밖에 말하지 않았다. 그의 초상화는 과거의 교황주의 교회 제도를 경건한 목적을 위해 성실히 수용하는 고위성직자의 모습이었다.[25]

파커에게 있어서, 이미 더 경건한 방향으로 발전해야 할 때가 되었다고 생각되던 그 당시『공중기도서』의 형식에 있어서 특별히 신성한 것이란 없었다. 그러나 그것 말고 그가 소홀히 한 것이 또 있었다.『공중기도서』가 작성된 이후 한 세기 또는 그 이상 동안, 크랜머의 두 친구이자 두 적들은『공중기도서』가 크랜머 개인의 작품이라기보다는 왕실이 지명한 선임 성직자 위원회의 산물이라고 보았다. 따라서『공중기도서』는 항상 그 성직자들과 관련되었다는 것이었다. 실제로

'크랜머의 『공중기도서』'라고 불린 적은 거의 없다.[26]

물론 공식적으로 그들의 말이 옳았다. 그 당시 모든 사람들이 주로 예전을 위해서나 신학적 원칙들을 표현하는 수단으로 그 책에 관심을 기울였기 때문에, 그 문학적 수준에 대해서는 관심이 거의 없었다. 지금은 그것이 토머스 크랜머의 특별한 재능 덕분이었다고 여겨지고 그것 자체만으로도 인정을 받을 수도 있지만 말이다.

엘리자베스의 1559년 종교화해는 잉글랜드국교회가 크랜머의 성찬신학과 세계적인 개혁파 프로테스탄트 성향으로부터 멀어지게 하고, 수많은 교인들을 당황스럽고 분노하게 만들기 시작했다. 이 예상치 못한 반전들 덕분에, 엘리자베스 시대 교회의 반개혁 정책을 크랜머의 옛 동료들이었던 선임 성직자들의 것으로 보고 개탄하던 사람들은 옥스퍼드 순교자들을 추억할 수 있게 되었다. 즉, 교회 내의 청교도들과 순응주의자들 사이에서 크랜머와 라티머 그리고 리들리의 후예가 되는 것의 영광에 대한 치열한 논쟁이 벌어졌다.

양편 모두 폭스의 신화적인 전기인 『순교사』를 자기들의 것이라고 주장했다. 양편 모두 그 신화의 중심에 있는 순교의 중요성을 강조했지만, 양편 모두 똑같이 그것을 제 입맛대로 이용했다. 순응주의자들에게는, 옥스퍼드 주교들의 순교 덕분에 잉글랜드 『공중기도서』가 그 결점에도 불구하고 정당화될 수 있었다.

따라서 그 주교들의 죽음은, 마치 그들이 메리 시대 망명자들 사이에서 1552년 판 『공중기도서』를 어떻게 사용할 것인지에 대해 논쟁을 했을 때처럼, 청교도들을 대항해 예전의 정당성을 상징해 주는 것이었다.[27] 청교도들에게는, 이 왜곡된 크랜머 예식서가 부패한 교황주의 교회를 개혁하려 만들어졌으나 그것이 완성되기 전에 비극적으로 좌절된 시도였고 계획이었다.

청교도들보다 한 단계 더 나아가 크랜머 교회와 단절한 분리주의자들조차 엘리자베스 시대 주교들을 대항하기 위해 폭스가 그려낸 크랜머와 그의 순교자 동료들을 이용했다.[28] 크랜머를 모든 선한 프로테스탄트의 본보기로 여기는 한편 그의 『공중기도서』를 공격하는 모순된 태도를 피하는 방법은, 그의 사역이 방해를 받았다고 가정하는 것이었다. 이미 1570년대에 청교도들은 그가 "우리가 지금 가지고 있는 것보다 백 배 더 완벽한 기도서를 만들려고" 했었다고 주장했었다.[29]

크랜머에 대한 덜 긍정적인 견해는 1580년대에 사뭇 다른 방식으로 등장했다. 1610년대 이후 '알미니안주의자들'로 불리게 된 성례주의자들 또는 고교회주의자들 사이에서 일어난 견해였다. 무엇보다, 이 성례주의자들은 실재적 임재 교리를 기독교 교리의 핵심으로 여길 수 있는 위치까지 회복시키려고 했다. 그 교리는 크랜머가 화형을 당하기까지 온 힘을 기울여 반대하고 부인한 교리였다. 1559년에 약간만 수정된 크랜머의 1552년 『공중기도서』는 그들에게 약속의 땅이 아니었다. 또한, 그들은 에드워드 6세 시대 교회를 존 폭스가 그린 대로 생각하지도 않았다.

대다수의 그들에게는, 틀림없이 비난의 여지가 있었다. 왜냐하면 일미니안주의자들은 어쨌든 국교회에게 상당히 충성했으니 말이다. 오히려 그들의 반대는 에드워드 6세 교회에 대한 평가를 신중하게 거부하고, 크랜머의 1549년판 첫 번째 영어 『공중기도서』에 점차 관심을 갖는 데서 잘 드러났다. 이러한 관심은 크랜머가 그 기도서를 1552년에 과감하게 재편한 바로 그 이유로부터 나왔다.

왜냐하면 이 『공중기도서』는 1559년 예식서보다 더 외적인 로마 가톨릭교회 관례와 예배를 회복시킬 가능성이 많았기 때문이었다. 1637년에 성례주의자들이 스코틀랜드 왕국을 위한 완전히 새로운 예식서

를 만들 기회가 있었을 때, 그들은 1559년판이 아니라 1549년판을 모델로 삼았다.[30]

스튜어트 왕조 교회 초기에 알미니안주의자들의 부상이 옛 교회 체제의 반대에 부딪히면서 상황은 더 악화되었다. 종종 크랜머는 폭스의 이야기 속에서나 또는 크랜머 자신의 여러 글에서 알미니안주의에 반대하는 입장을 밝혀야 했다.[31] 만일 크랜머에게 그 부류의 친구들이 있었다면, 윌리엄 로드 대주교와 다른 알미니안주의자들이 그를 경시한 것이 결코 놀랍지 않을 것이다. 그들은 폭스가 잉글랜드 순교자들을 묘사한 것에 대한 긍정적인 평가를 하기 위해 최선을 다했지만, 정말로 그런 마음을 가졌기 때문이 아니라, 그것이 정치적으로 유리하다고 판단했기 때문이었다.[32]

로드가 1645년에 웨스트민스터 의회에 의해 사형을 당하기 직전에 더 이상 잃을 것이 없는 그가 내뱉는 말에서 이것이 더욱 분명해졌다. 자기의 정체성을 분명하게 밝힐 수 있는 기회에 그는 세례 요한부터 카르타고의 시프리안(Cyprian) 주교에 이르기까지의 고대 순교자들과 함께, 자기처럼 국가의 손에 처형을 당한 두 명의 중세 캔터베리 대주교들을 언급했다. 알피제(Alphege)와 시몬 서드베리(Simon Sudbury)였다.

놀랍게도, 그는 여전히 자기가 프로테스탄트임을 주장하면서도, 불과 1세기도 채 되지 않은 프로테스탄트 순교자들을 거명하기보다는 로마 가톨릭교회 대주교들을 언급했다. 적어도 그는 종교개혁가들이 몹시 싫어하던 토머스 베킷(Thomas Becket)만큼은 언급하지 않는 예의가 있었다.[33]

로드의 처형은 20년간의 전쟁과 종교 실험 중에 일어난 사건으로, 잉글랜드 프로테스탄티즘을 감독 제도 지지자들과 반대자들을 극명하게 갈라 놓는 계기가 되었다. 국왕의 부재 기간 동안, 감독제를 선호하는 사상은 실재적 임재설에 대한 긍정적인 견해와 점차 더 관련을 맺었다. 실재적 임재설은 로드도 인정했던 것이지만, 에드워드 6세 시대부터 알미니안주의가 부상할 때까지 잉글랜드교회(English Church)를 특징 지었던 세계적인 개혁파 프로테스탄티즘과는 동떨어진 것이었다. 이것은 분명하게 성공회주의라고 불릴 만한 것을 가져다 주었다.

1660-62년, 찰스 2세의 왕정복고 정책이 호전적인 성공회주의의 놀라운 승리가 되었을 때, 크랜머가 당연히 다시 언급될 수밖에 없었다. 로드 시대 이전 교회에서 안정을 누리던 많은 프로테스탄트들을 추방시켜 버린 이 새롭고 더 편협한 성공회주의를 크랜머는 좋아하지 않았을 것이다. 거의 독단적으로, 왕정복고 이후 승리한 성공회주의자들은 잉글랜드 종교 전통에 매우 특징적인 현상을 만들어 냈다. 바로 대대적인 프로테스탄트 비국교도들(Protestant Nonconformity or Dissent)이었다.

성공회 안에 여전히 두 진영이 있었다. 비타협적인 고교회파 성직자들은 비국교도들을 이미 해고당한 사람들로 본 반면, 온건주의자들은 분열을 걱정하여 잉글랜드 프로테스탄티즘의 재연합을 추구했다. 그들은 왕위 계승자인 요크의 공작 제임스(James)를 포함하여 점차 가중되던 로마 가톨릭교회으로부터의 위협에 주의하고 있었다. 그들은 잉글랜드에 종교개혁 유산에 대한 인식을 깨우치려고 했다.

따라서 고교회파 성직자들을 반대하는 자들은 종교개혁 역사를 쓰기 시작했다. 대표적인 경우가 스코틀랜드장로교회 출신 감독파 초년생 길버트 버넷(Gilbert Burnet) 주교였다. 그의 『종교개혁의 역사』(History of the Reformation)는 제임스를 왕위 계승으로부터 배제시키려는 축출 위기가 한창이던 1679-81년에 처음으로 출판되었는데, 비록 프로테스탄트 대의를 분명하게 표방하고 있기는 하지만, 아직 출판되지 않은 방대한 문서들과 신중한 판단에 근거해서 쓴 책이었다.[34]

버넷은 두 가지 경향의 서로 대조되는 잘못된 효과에 주목했다. 처음에는 로마 가톨릭 역사학이었으나, 이제는 윌리엄 로드의 옛 지도 신부 피터 헤일린(Peter Heylyn)이 주로 장려한 알미니안주의 역사학이었다. 헤일린은 1662년에 출판된 중요한 종교개혁 역사의 저자였는데, 그의 책은 종교개혁의 변화에 대해 몹시 불쾌해 하면서, 크랜머에 대해서도 단호히 적대적이었다.

반면, 버넷은 크랜머를 중요하게 여겼다. 그의 입장은 자신의 책 1679년판 서문에서 두 페이지에 걸쳐 크랜머의 실수들을 언급하면서 그것들이 모두 당시의 상황 때문이었다고 호의적으로 다루는 데서 가장 잘 드러났다. 보쉬에(Bossuet) 주교는 크랜머가 버넷의 '영웅'이었다고 말했다.[35] 버넷의 글은 크랜머 전기가 아니라, 대주교로서의 크랜머의 삶과 투옥과 죽음을 두 권의 책 안에서 다루고 있다.

버넷을 이어 존 스트라이프((John Strype)가 온건한 국교회 역사관을 지지했다. 그는 창의적인 재능은 부족했지만 학자로서의 근면함은 탁월한 성직자였다. 1694년에 출판된 스트라이프의 첫 번째 크랜머 전기『토머스 크랜머… 회고록』(*Memorials of… Thomas Cranmer*)은, 크랜머의 생애가 독립된 책으로 다루어진 첫 번째 책이고, 폭스와 파커 이후에 나온 첫 번째 주요 작품이며, 스트라이프가 튜더 왕조 중기와 엘리자베스 시대의 대주교들과 같은 주요 인사들을 다룬 일련의 연구서들 중 첫 번째였다.[36]

버넷과 스트라이프는 서로 마음이 통하는 관계가 아니었다. 스트라이프는 프로테스탄트 비국교도들을 매우 증오했다. 그는 버넷을 역사가로서도 비판했고, 1688년 명예혁명 이전이나 혁명 동안의 활동적인 휘그노파로서도 비판했다. 제임스 왕을 무너뜨리는 과정에서 적극적인 역할을 한 버넷과는 대조적으로, 스트라이프는 많은 성공회 교도들과 같이 소극적으로 이 사건을 받아들였다.

그러므로 스트라이프의 책은 잉글랜드 종교개혁에서의 영웅적 투쟁 정신을 칭송하는 것과 잉글랜드 프로테스탄트국교회에 대한 비국교도들의 호전적인 불순종을 개탄하는 것 사이에서 아슬아슬한 줄타기를 했다. 따라서 버넷보다 스트라이프가 더 이야기의 모난 부분들을 다듬어 내는 경향이 있었다.

스트라이프는 혁명 이후 캔터베리 대주교 존 틸롯슨(John Tillotson)에게 헌정하는 이 전기에서 그가 크랜머의 주요한 덕목들이라고 본 것들을 칭송했다. '왕과 그의 왕국 백성들이 로마의 길고 잔인한 속박으로부터 구원을 받을 수 있게 해 준' 덕목들은 '견고한 학식, 심사숙고, 그리고 지칠 줄 모르는 노력' 등이었는데, 스트라이프에게 있어서 이것들은 순교와 대주교로서의 일상적인 고통만큼 극적이지 않았다. 순교를 지나치게 강조하는 것은 틸롯슨의 전임 대주교 윌리엄 샌크로프트(William Sancroft)와 비교할 때 다소 당황스러운 입장일 수 있었다. 샌크로프트는 비록 제임스 2세에 대한 즉위 서약을 지키기 위해 순교를 당하지는 않았어도, 윌리엄 3세(William III)에게 충성을 서약하는 대신 양심에 따라 대주교로서의 지위를 포기했다. 흥미롭게도, 스트라이프가 학문성과 피나는 노력을 강조했음에도 불구하고, 그가 크랜머를 『공중기도서』와 연관시켜 말한 적은 거의 없다. 그의 본문에 간략하게 언급했을 뿐, 대주교 틸롯슨에게 헌정하는 글에서는 전혀 언급하지 않았다. 그가 말한 학문성은 아마도 크랜머의 성찬에 관한 책들과, 헨리 시대와 에드워드 6세 시대에 법률을 제정하고 개혁을 하던 일반적인 사무를 가리킨 것 같다.

　버넷과 스트라이프에게서 우리는 크랜머의 생애에 대한 이해를 가장 상징적으로 구분해 주는 하나의 전환점을 발견하게 된다. 바로 수염 전쟁(battle of the beard)이다(삽화 8부터 13까지 보라). 아직까지 남아 있는 당대의 크랜머 초상화 두 점은 서로 전혀 달라 보인다. 왜냐하면 둘 중 하나의 크랜머는 말끔히 면도를 한 얼굴이고, 다른 하나에는 길게 수염을 기른 모습이기 때문이다.

　이 두 그림은 그의 생애의 두 가지 다른 국면을 보여 준다. 겔라흐 플리케(Gerlach Flicke)가 그린 첫 번째 그림은(이 그림이 훨씬 더 나으며, 과거에는 종종 홀바인의 그림이라고 생각되었다) 현재 국립초상화미술관(National Portrait Gallery)에 소장되어 있다. 이 그림에는 말끔하게 면도를 한 1545년 헨리 시대의 대주교가 들어 있다. 작가 미상의 두 번째 그림은 램버스 왕궁에 있다. 이 그림이 그려진 시기는 크랜머가 에드워드 6세 초기에 처음으로 수염을 기른 이후 어느 시점이다.

　크랜머는 수염을 길게 기른 채 화형을 당했으며, 따라서 폭스의 『순교사』 여러 판본들에서 극적으로 묘사되어 있다. 1563년에, 폭스는 에드워드 6세 원년에 만들어진 판화의 새로운 판을 만들 때 어려움을 겪었다. 이 판화는 어린 왕이 주교들에게 성경을 건네 주는 그림인데, 1548년 원본에서는 주교들이 헨리 시대 풍습에 따라 말끔히 면도를 한 모습인 반면, 이제는 수염을 기르고 있었다.[37]

　그 당시 누구나 이것의 의의를 알았다. 즉 북유럽 전체에서 수염을 기른 성직자들은 프로테스탄트들이었다(르네상스 교황들과 추기경 폴은 그 원칙의 예외였다). 크랜머가 1547년에 수염을 길렀을 때, 그는 옛 교회에 단호히 저항하는 것이었다.[38]

　따라서 이 두 초상화 중 어느 것을 크랜머의 이미지로 선택하느냐에 따라 그를 어떻게 인식하는지가 결정되었다. 헨리의 순종적인 대주교인가 또는 덥수룩한 하인리히 불링거, 피터 마터, 또는 얀 라스키 등과 더불어 당당히 세계적인 혁명에 참여한 자인가의 문제였다. 16세기 후반 유럽에서, 크랜머는 항상 수염을 기른 종교개혁가였다. 특히, 1597년에 처음 출판된 영향력 있는 쟝 자크 부아사르(Jean-Jacques Boissard) 초상화 모음집 덕분이었다.

예를 들어, 수염을 기른 이미지는 옥스퍼드의 보들레이안도서관(Bodleian Library) 상층 열람실에 전시된 1618-20년 작(作) 위대한 신학자들과 종교개혁가들 프리즈에서 찾아볼 수 있다.³⁹ 전형적으로 개혁파 프로테스탄트 잉글랜드 성직자였던 크리스토퍼 레버(Christophr Lever)는 1627년에 폭스의 『순교사』를 따라 잉글랜드 종교개혁을 개관한 책에서, 겉표지에 헨리 8세 시대의 크랜머의 그림을 수염 기른 대주교의 모습으로 넣음으로써 역사를 바꾸어 놓아 버렸다(토머스 크롬웰 역시 수염 기른 모습으로 그의 프로테스탄티즘이 표현되어 있다).

반면에 괴로운 패배를 당한 로마 가톨릭교회 성직자들과 교황은 언제나 그랬듯이 말끔히 면도를 하고 있다(삽화 12를 보라).⁴⁰ 그러나 잉글랜드 시민 전쟁의 상흔과 성공회주의의 부상 이후, 크랜머 초상화의 균형이 바뀌기 시작했다.

버넷은 철저하게 역사적이었다. 『종교개혁의 역사』 초판에서부터, 그는 플리케의 초상화를 뒤집은 형태의 그림을 재현하여, 제1권 헨리 시대 이야기 속에 바르게 삽입했다.⁴¹ 제2권은 에드워드 6세부터 엘리자베스 1세까지의 종교개혁을 다루는데, 각 권은 적절한 표지 그림을 담고 있다.

제1권의 표지 그림은 헨리 8세와 크랜머가 주도한 미신 타파와 참된 신앙의 건설을 보여 준다. 헨리의 모습은 홀바인이 그린 그림에서 가져왔고, 크랜머의 모습은 다시 한번 플리케가 그린 말끔히 면도를 한 초상화에서 가져왔다. 종교개혁의 발전이라는 관점에서 볼 때 이것은 당연하다. 왜냐하면 두 권에 걸쳐 버넷은 참으로 경건한 교회의 발전에 대해 긍정적인 점을 이야기하고 있기 때문이다.

제2권의 표지 그림은 에드워드 6세 시대의 그림을 담고 있다. 어린 왕 에드워드 6세는 무릎을 꿇고 앉아 이제 수염을 기른 대주교(스튜어트 왕조 후기 주교들이 갖추어야 했던 품위 있는 로체[rochet]와, 치미어[chimere], 그리고 스컬캡[skull-cap]을 쓰고 있다)에게서 성찬을 받고 있다. 이 그림은 아마도 크랜머를 의도한 것 같은데, 설령 그게 확실하지 않다 하더라도, 틀림없이 메리 시대는 명확히 이름이 붙은 세 명의 옥스퍼드 순교자들의 그림으로 상징화된다(역사는 그들이 동시에 화형대에 서 있는 모습으로 맞추어져 있다). 크랜머는 당연히 세 명 중에서 가장 긴 수염을 기르고 있으나, 아직 불길이 닿지 않고 있다(삽화 9, 13을 보라).

수염을 기른 이미지들을 포기하고 말끔한 턱선을 택한 사람은 스트라이프였다. 그는 1694년판 『토머스 크랜머... 회고록』겉표지에 그의 영웅의 초상화를 권두 삽화로 넣지 않았다. 그의 출판업자였던 리처드 크리스웰(Richard Chriswll)은 버넷의 『종교개혁의 역사』도 출판했는데, 처음에 크리스웰은 버넷의 책에 넣었던 전면 크기의 플리케 그림을 재사용했다. 심지어 버넷의 책에서 붙여 놓았던 쪽 번호도 지우지 않은 채 사용했다. 분명히 이것은 스트라이프에게 용납되지 않았을 것이다.

그래서 스트라이프의 『토머스 크랜머... 회고록』사본 대부분에는 플리케의 초상화를 완전히 다시 새긴 그림을 넣었다. 더 정확해진 그림이었고, 얼굴 방향이 오른쪽을 향한 그림이었다.[42] 이제 크랜머의 수염 없는 모습이 수정되지 않은 채 남게 되었다. 이것은 스트라이프가 가지고 있던 유럽 대륙의 크랜머 동료들(라스키, 부처, 마터, 멜란히톤) 및 라티머 주교와 대조적이었다.

그들은 모두 수염을 가지고 있었다. 스트라이프의 크랜머는 유일하게 플리케의 수염 없는 대주교였다. 왜냐하면 플리케에 대한 반발로, 그의 책에는 크랜머의 생애 말과 순교의 그림이 들어 있지 않기 때문이다. 그러므로 크랜머는 성공회주의를 위해 안전하게 바뀌어졌다. 해협 너머 프로테스탄트들의 덥수룩한 얼굴과 완전히 차단된 말끔하게 정돈된 엄숙한 얼굴을 하고 있었다. 따라서 수염을 기른 초상화가 비록 여전히 잘 알려지고 램버스 왕궁에도 걸려 있었지만, 전체적으로 배척되었다.

폭스가 그린 크랜머 대주교의 생애 말에 대한 극적인 묘사는 결코 완전히 말소될 수는 없었다. 그러나 확고하게 프로테스탄트였던 조지(George) 왕 시대에 『순교사』가 출판되고 정기 구독자들을 위해 재차 인쇄될 때에도, 새로운 삽화들에 들어 있는 크랜머의 수염은 이전보다 훨씬 더 잘 손질되어 있고, 심지어 단정한 콧수염까지 있었다.[43] 첫 단행본 전기에 실린 플리케의 초상화로 인해, 크랜머는 20세기에 이르기까지 그를 탁월하게 묘사하는 모든 역사책에서, 그리고 필자가 쓴 전기 이전의 모든 전기들에서 항상 똑같은 플리케의 그림대로 남아 있다.

스트라이프의 책이 출판되기 불과 6년 전, 1688년 명예혁명은 고교회파 성공회 교도들에게 위기가 되어 선서 거부자(Non-Juror) 분열을 초래했다. 선서 거부자들은 자기들이야말로 참된 잉글랜드국교회라고 여겼다. 그러나 시간이 지나면서 일부가 그 분열에서 이익을 얻기 시작했다. 그들은 오염되지 않은 자신들 교회의 순수성을 대단히 기뻐하고, 윌리엄과 메리 그리고 하노버 왕조에게 대대로 충성한 오염된 국교회에 대항하여 자기들의 가톨릭성(Catholicity)을 자랑했다. 그들은 교회와 국가가 결코 연결될 필요가 없다는 획기적인 발견을 했다. 그로 인해 한 가지 이상의 결과가 나타났다.

첫째, 그들은 더 이상 17세기 초 알미니안주의자들이 일반적으로 잉글랜드 종교개혁 지도자들을 비판하던 것처럼 방해를 받지 않았다.
둘째, 그들은 크랜머를 로마 가톨릭교회의 변절자로 보는 관행을 더욱 강화했다.

이것은 그 당시 '홉스주의'(Hobbism)라고 불리던 사상인데, 앞에서 본 바와 같이, 제임스 2세 시대의 로마 가톨릭 변증가 우드헤드(Woodhead)와 맨비(Manby) 등이 주창한 것이었다. 아이러니컬하게도, 우드헤드와 맨비가 결국 고교회파 성공회 교도 헤일린에게 끌리는 바람에, 신앙고백의 경계선을 넘어 서로의 해독이 서로에게 영향을 미치는 일이 벌어졌다.[44]

선서 거부자들은 에드워드 6세 시대에 잉글랜드에서 일어난 것들을 새롭게 그리고 더 강력하게 매도했다. 즉, 그들은 크랜머와 그의 동료들을 가리켜 사악한 대륙 종교개혁가들에게 현혹된 불량배나 바보, 탐욕스런 정치인들의 꼭두각시, 그리고 잉글랜드 로마 가톨릭교회 파멸의 원흉이라고 여겼다.

선서 거부자 운동(Non-Juror movement)은 18세기에 점차 사라졌다. 특히, 45년 반란(Forty Five rebellion) 이후 완전히 사라졌지만, 그들의 수사학은 국교회 내 훨씬 더 별난 고교회파 신자들 사이에 남아 있었다. 특히 에라스투스주의(Erastianism)에 대해 더욱 그랬다. 그들의 수사학은 19세기에 옥스퍼드 운동의 시작과 함께 다시 번성했다. 옥스퍼드 운동은 대주교 로드에게는 상상할 수도 없던 방식으로 교회 체제를 선서 거부자들처럼 경멸했다.

이와 같이 고삐 풀린 선서 거부자들의 사례는 케임브리지 명사이자 골동품 연구가였던 윌리엄 콜(William Cole, 1714-82)이 소장하다가 현재 옥스퍼드의 보들레인도서관에 소장된 스트라이프의 『토머스 크랜머... 회고록』 사본에서 찾을 수 있다. 콜은 극단적인 고교회파 신자로서 한 번 이상 진지하게 로마 가톨릭으로의 개종을 고심했던 적이 있었다. 그는 또한, 스트라이프의 책에 매료되어, 그 책에 광범위하게 주석을 달고 심지어 상세한 색인까지 붙여 놓았다.[45]

콜이 달아 놓은 몇 가지 대표적인 난외주만 살펴보아도 충분할 것이다. 윈체스터 가드너 주교와 캔터베리 성직자들이 1543년에 크랜머를 상대로 이단 소송을 벌이던 장면(스트라이프, 『토머스 크랜머 회고록』, p. 117)을 읽으면서, 그는 틀림없이 크랜머보다는 교황주의자 가드너를 신뢰했다.

> 크랜머가 그가 사랑하던 독일신학과 칼빈파 신학을 이 교회에 공개적으로나 은밀하게 소개하려고 하지 않았다면, 가드너 주교와 보너 그리고 캔터베리대성당의 전통주의자 목사들이 크랜머를 이단으로 고발하지 않았을 것이다.

그 뒤에(『토머스 크랜머 회고록』, p. 123), 그는 크랜머의 처삼촌이었던 뉘렘베르크의 안드레아스 오시안더(Andreas Osiander)에 대해 곰곰이 생각하며 이렇게 적었다.

> 이 교회가 그런 비열한 인간을 대주교로 삼지 않도록 오시안더 선

생과 그의 독일인들이 그를 그들의 감독으로 삼는 것에 대해 충분히 관심을 갖지 않은 것이 유감이다.

마지막으로, 외국 신학자들이 1552년 『공중기도서』 수정안에 도움을 주었다는 스트라이프의 설명에 반대하여, 1552년 『공중기도서』에 대한 알미니안주의적 의구심을 분명히 재천명하는 난외주도 있다(『토머스 크랜머 회고록』, p. 210).

> 더 많으면 많을수록 더 유감스럽다.
> 이 위대한 잉글랜드 수석 대주교가 자기의 종교개혁을 스스로 감당하지 못하고 『공중기도서』 수정을 위해 외국 신학자들의 온갖 도움을 받아야 한다니 얼마나 기가 막힌 일인가.
> 가장 좋았던 첫 번째 『공중기도서』에 그들이 바꾸어 놓은 것들은 『공중기도서』의 가치를 훼손하고 말았다.

크랜머에 대한 비판의 마지막 요소는 그를 양심도 없는 자로 보는 것이었다. 헨리 치하에서 존 프리스와 존 램버스 등의 복음주의자들은 그가 나중에 결국 신봉하게 될 성찬신학 때문에 화형을 당했는데, 크랜머도 그 일에 관여했다. 크랜머는 또한, 수사 존 포레스트(John Forest)가 전통적인 로마 가톨릭 사상을 지지한다는 이유로 그를 쇠사슬에 묶어 불태운 헨리 8세의 잔인한 처형에도 관여했으며, 에드워드 6세 시대에는 적어도 두 명의 유니테리언 급진주의자들의 화형을 집행했다.

이 주제는 크랜머 초창기 전기들에서도 찾을 수 있다. 왜냐하면 매우 놀랍게도 그것이 존 폭스에게서도 발견되기 때문이다.[46] 나중에 엘리자베스 시대의 급진주의자들은 에드워드 6세 치하에서 순교한 유니테리언들을 계승한 자들이었는데, 옥스퍼드 순교자들에게 아무런 경의도 표하지 않았으며, 메리 여왕 치하에서 일반적이었던 고교회파 신자들과 급진주의자들의 고난마저도 경멸했다.⁴⁷ 그들의 태도는 그들과 같은 진보적인 신앙 열정이 없던 매우 다양한 주석가들에 의해 받아들여졌다.

17세기에 타키투스 풍의 역사가였던 존 헤이워드 경(Sir John Hayward)은 보우처(Bocher)에 대한 폭스의 이야기에 주목하면서, 크랜머 자신도 불에 타서 죽은 것을 가리켜 다음과 같이 신랄하게 말했다.

> 그가 그렇게도 피를 요구하다가 자신도 그렇게 된 것일 수 있다. 왜냐하면 아무리 좋은 것도 무절제하게 바라거나 시행된다면 결코 좋은 게 아니기 때문이다.[48]

나중에 에드워드 깁본(Edward Gibbon)은 지리적으로 약간 부정확하기는 하지만 다음과 같이 지적했다.

"그가 결국 나중에 불타게 될 스미스필드의 불꽃은 크랜머의 열심 때문에 재세례파들을 위해 계속 타오르고 있었다."

19세기에 윌리엄 코베트(William Cobbett)가 한 말도 이와 똑같이 오싹하다. 그는 비로마 가톨릭 급진주의 저널리스트로서 합스필드 전통을 이어받은 사람이었다. 잉글랜드의 종교개혁을 잉글랜드 국민들을 이용한 거대한 사기극이라고 본 그는 아브라함 우드헤드(Abraham Woodhead)가 했던 말과 매우 비슷한 어조로 크랜머를 잉글랜드 종교개혁의 수괴라고 보았다.

"그의 이름은 영원히 저주받을 이름이다."

가장 주된 이유는 크랜머가 박해에 관여한 것이었다.⁴⁹ 코베트의 평가는 존 밀너(John Milner) 주교 등의 로마 가톨릭교도들에게서 가져온 것이었다. 밀너는 박해 문제에 관해서 공격이 최선의 방어라고 생각했다. 그래서 크랜머가 로마 가톨릭교도들을 대한 방식에 대해 심하게 비난했다. 코베트는 "냉혈한인데다가 불성실하기 짝이 없던 이 사람이 마침내 자기가 피워 놓은 불꽃에서 생을 마감해야 했다는 사실을 우리가 몰랐더라면," 그의 이름이 불릴 때마다 "하나님의 공의를 의심하지 않을 수 없었을 것"이라고 생각했다.⁵⁰

그러므로 크랜머는, 고교회파 성공회 교도들, 종교적/정치적 급진주의자들, 로마 가톨릭교도들, 그리고 정치권력을 휘두르는 종교 지도자들을 한탄하던 사람들로 구성된 괴상한 연합 세력으로부터 맹렬한 비난을 받게 되었다. 19세기에 들어서자, 존 밀너와 존 링거드(John Lingard) 등의 로마 가톨릭교도들은 악당 이야기를 고집했으며, 윌리엄 코베트 같은 급진주의자들이 이를 거들었다.

폭스의 『순교사』가 재출판되고, 버넷과 스트라이프가 영웅 이야기를 고집한 것에 대해서는, H. J. 토드(Todd)와 그와 동시대인들이 크랜머의 로마 가톨릭교회 비방자들에 대해 반격을 가하면서 지원했다. 고교회파 성공회 교도들로부터 나온 이와 반대되는 전통은, 크랜머가 에드워드 6세의 파괴적인 정책을 지지한 것을 성토했고, 특히 외국 신학자들로부터 들어온 터무니없고 비잉글랜드적인 영향을 크랜머가 받아들인 것에 대해 비난했다.

또한, 그들은 1549년 기도서와 비교해서 1552년 기도서를 비난했다. 만일 그들이 선서 거부자 전통 위에 서 있었다면, 그들은 크랜머를 국가에 굴종하는 비열한 에라스투스주의자로 보았을 것이다. 옥스퍼드 운동이 크랜머를 비판하게 되었을 때, 그들은 이 모든 논지들을 모두 택했다.

19세기 고교회파 신자들의 말을 들어보는 데 시간을 많이 쓰기보다는, 새로운 혼동에만 주목해 보자.

옥스퍼드 운동 이전의 고교회파 신자였던 월터 훅(Walter Hook)은 리즈(Leeds)의 교구 목사이자 훗날 치체스터(Chichester)의 부감독이 되는 인물이었는데, 1868년에 출판한 2권짜리 전기에서 크랜머에 대해 좋은 말을 많이 했다. 그는 크랜머가 헨리 8세에게 복종한 것을 비판하면서, 크랜머가 그에게 '인격에 있어서나 원칙에 있어서 비난받을 만한 약점'을 보였다고 생각했다. 따라서 훅의 주된 비판은 "그가 우리에게 너무 에라스투스주의로 무장한 교회 분위기를 물려주는 바람에, 일정한 시기에 종교적인 요소들을 정치적인 요소들로부터 구해내는 것이 어렵게 만들었다"는 것이었다.

그러나 훅은 고교회파 신자들 사이에서 새로운 방식의 변호를 시작했다. 크랜머를 비난하는 대신, 그는 대주교에게 혐오감을 줄 만한 방식으로 그에 대해 재평가했다. 즉, 크랜머를 전형적인 고교회파 신자로 묘사한 것이었다.

> 고대 교회의 수석 대주교로서, 그는 수 세기 동안 교회를 덮고 있는 수많은 폐습을 제거하기 위해 애쓰는 한편, 그 연속성을 보호하는 데에도 주의를 기울였으며, 새로운 분파의 도입으로 끊임없이 어거스틴의 교회를 말살하려는 시도들에 효과적으로 저항했다.[51]

크랜머의 문제를 놀랍게 재해석한 훅의 관점은, 옥스퍼드 운동이 종교개혁 운동에 대해 일반적으로 다시 쓰려고 했던 특징과 평행을 이룬다. 그들은 모두 잉글랜드 종교개혁이 야기했거나 또는 야기하려고 했던 와해를 최소화해서 보려고 했다.⁵² 크랜머에 대해 다시 쓴 모든 저술들이 훅의 글처럼 뻔뻔스럽지는 않았다 해도, 20세기에도 여전히 크랜머에 대해 피해를 최소화하려는 전략의 글들이 나왔다.

성공회 전통 안에서 크랜머의 신학을 연구하는 20세기 연구 중에서 한 가지 진지한 노력은 크랜머가 성찬 시 객관적 임재 교리를 지지하지 않은 것을 달갑게 여기지 않는 것과, 그의 신학 중 명백한 사실 하나를 완전히 생략하는 것이었다. 즉, 그가 철저한 예정론자였다는 사실이다.⁵³

1927년부터 나온 어느 유명한 고교회파 전기가 그 최종적인 판단에서 주목한 점은, 크랜머의 인격적인 결함 때문에 교회에 미친 피해가 없었다는 것이었다. 더 강력한 사람이 제거되고 그 자리를 존 후퍼(John Hooper)와 존 낙스(John Knox) 같은 정말로 해로운 사람이 대치할 수도 있었는데 그렇지 않았다는 것이었다.⁵⁴

이와 비슷한 어조가 1951년 말 유명한 "역사를 공부하세요"(Teach Yourself History) 시리즈에서도 나타났다. 여기에서 크랜머의 생애가 F. E. 허친슨(Huchinson)이라는 고교회파 학자 겸 성직자에 의해 소개되었다. 대성당 참사회 의원이었던 허친슨은 『39개 조항』(*39 Articles*) 이 종교개혁 교리들을 포함할 수도 있었기 때문에 더 나빠질 수도 있었다고 말했다. 또한, "비록 1552년 『공중기도서』 안에서 고대에 승인되었던 예식들이 필요 이상으로 더 많이 희생되었다 해도, 각각의 수정안들이 이 예배서를 더 발전시키는 데 필요한 것들을 잘 회복했다"라고 평가했다. 이 마지막 부분과 맥을 같이 해서, 허친슨은 다음과 같은 거침없는 주장을 했다.

"잉글랜드인들의 신앙 생활은 그들이 신조 조항보다 『공중기도서』에 친숙한 것에서 훨씬 더 많은 영향을 받았다."⁵⁵

현재, 역사적인 연구가 활발히 진행되어 수많은 비평서들이 나온 덕에, 크랜머를 다루는 모든 글들이 가장 좋아하는 토포스(topos)는, 그의 행동이나 신학에 대해 우리가 무엇을 생각하든지 간에, 그가 『공중기도서』에 공식적으로 적어 넣은 문장이 그의 여러 죄들을 모두 상쇄하고도 남는 것이다.

한 가지 극단적인 예를 1891년판 앵글로-가톨릭 저널인 「처치 쿼터리 리뷰」(Church Quarterly Review)에서 찾아볼 수 있다. 여기에서 익명의 저자는(아마도 탁월한 교회 예전 학자 F. E. 브라이트만[F. E. Brightman]인 것 같다) 솔직하게 이렇게 말한다.

"우리가 크랜머에게 감사해야 한다고 느끼는 그의 독보적인 업적은 그가 교회 예전을 번역해 놓은 것이다."

그는 계속해서 말하기를, 그 시대의 보르기아 알렉산더 6세(Borgia Alexander VI) 같은 교황들에서 보는 바와 같이, 16세기 유럽이 부도덕과 불신으로 가득했음은 결코 놀랄 일이 아니라고 했다. 또는 "우리에게는 잉글랜드의 사건들을 감독하는 크랜머 같은 사람, 비콘 같은 사람, 후퍼 같은 사람, 또는 리들리 같은 사람이 있다"고도 했다.[56] 이것은 사실상 칭송을 가장한 저주였다.

뜻밖에, 힐레르 벨록(Hilaire Belloc)은 크랜머의 문학적 재능을 그의 생애에서 흠잡을 데 없는 요소로 꼽았고, 따라서 로마 가톨릭 합스필드의 유산을 거의 무시했다. 크랜머의 산문에 대한 그의 관대한 생각은 크랜머의 특별한 천재성을 간략히 평가한 최고의 평가들 중 하나이다. (부당하지 않게) 벨록은 크랜머의 사적인 글들과 공적인 글들 대부분이 "그 시대의 다른 모든 글들처럼 지루하고, 과장되고, 헷갈린다"라고 보았다.

그러나 그가 스스로에게 "이제 내가 해야 할 특별한 일이 있다. 여기에서 나는 마음을 단단히 먹고 무엇인가 좋은 것을 만들어야 내야 한다"라고 말하고 나서, 정말로 셰익스피어의 소네트에 견줄만한 엄청난 일을 이루어 낸다. 독립된 탄원(Litany) 구절들이 합해져서 만들어진 본기도들(Collects)의 대부분은 한 문장들로 되어 있다. 그러나 그 문장들은 지식이 있는 사람이라면 누구나 주목할 만한 문장들이다. 또한, 단단한 재료 위해 새겨진 것들이 오래 가기 때문에, 그 문장들도 오래 지속되었다. 또한, 당시로서는 참신하고 혁명적이었던 새로운 기관, 즉 그의 뿌리가 되는 잉글랜드국교회에도 지속성을 부여해 주었다.[57]

19세기 말에 이르러 처음으로 전문적인 역사가들에 의한 연구가 시작되었다. 그들은 어쩔 수 없이 자기들의 선입견을 가지고 있었지만, 자기들이 발견한 것들을 종교적인 의제에 종속시키기 않았다. 편견 없는 학문의 기념비라고 할 수 있는 『헨리 8세의 국내외 편지들과 문서들』(Letters and Papers, Foreign and Domestic)의 편집자 제임스 게어드너(James Gairdner)는 1888년에 『잉글랜드 국립 인명사전』(Dictionary of National Biography)에 실릴 짧은 에세이를 썼다. 중요한 가치 판단을 내리지 않은 에세이였다.

1905년에 A. F. 폴러드(Pollard)는 튜더 왕조 잉글랜드의 위대한 인물들에 대한 연구들 중에서 탁월한 전기 하나를 썼다. 벨록은 그 전기를 가리켜 영웅 숭배라고 불렀지만, 사실 매우 공정한 전기이며, 특히 '크랜머의 인격과 사생활'이라는 장에서는 더더욱 공정하다. 또한, 1962년에는 재스퍼 리들리(Jasper Ridley)도 크랜머를 칭송하는 전기를 썼다. 그러므로 필자는 크랜머의 생애를 다룬 또 다른 작품을 써야겠다는 강한 마음의 부담을 느꼈다.

과연 더 할 이야기가 있었을까?

결과적으로, 필자는 확신을 얻었다. 필자는 운이 좋게도 새롭게 발견된 문서들을 많이 가지고 있었다. 하지만 그보다 더 중요한 것은, 필자가 가진 모든 자료들이 그때까지 필자가 다른 전기들에서 찾지 못한 그림으로 필자를 끌고 가기 시작한 방식이었다. 증거는 꾸준히 있어 왔지만, 그것이 필자의 마음 속에 떠오른 관점대로 다루어진 적이 없었으며, 필자가 글을 마무리해 가는 동안에도 여전히 구체화되고 있었다.

크랜머는 소수의 외국인 친구들을 사귄 잉글랜드의 성직자로만 다루어졌을 뿐, 당대의 잉글랜드인들 중에서 독보적으로 세계적인 전망을 가지고 전유럽적인 혁명 안에서 중요한 역할을 한 사람으로 다루어지지는 않았다. 1920년대에 뛰어난 젊은 학자였던 찰스 스미스(Charles Smyth)가 그의 작은 책『에드워드 6세 시대의 크랜머와 종교개혁』(Cranmer and Reformation under Edward VI)에서 작은 실마리를 주긴 했지만, 그것보다 훨씬 많은 것이 있었다.[58]

이것이 바로 필자를 일깨워 크랜머가 얼마나 비성공회적인 사람이었는지 알게 해 주었다. 그의 종교개혁은 더 큰 사건의 일부였다. 그리고 그 종교개혁과 가장 가까운 것은 마틴 부처(Martin Bucer)의 슈트라스부르였다. 크랜머는 성공회주의의 독특한 특징들에 대해서는 애정이 없었다. 즉, 그는 성당 건물들과 그들의 음악들을 별로 관심이 없었으며, 현대 성공회 전통 중에서 가장 중요한 장관들 중의 하나인 합창대의 저녁 기도에도 냉담했을 것이다.

크랜머는 감독직의 사도적 계승에 관해 생각할 시간이 없었다. 그의 신학은 성공회주의가 전반적으로 신중하게 다루려고 하는 신학 개념인 예정론에 의해 체계화되었다. 그가 만일 로마와 프로테스탄티즘 사이의 '중도'(via media)에 대해 들었더라면 큰 충격을 받았을 것이다. 17세기 이래 지금까지 이러한 분명한 사실들을 지적하는 것에 관심이 있었던 사람이 없었다. 그리고 성공회주의는 그 정체성을 지역적으로만 한정하여, 잉글랜드 종교개혁에서 중요한 역할을 한 이 사람을 단지 명예로운 성공회 교도라고만 평가했다.

필자가 수염 논쟁에 뛰어들기로 결심하게 된 계기는 바로 크랜머의 이 이질성 때문이었다. 본인의 책의 겉표지에서 필자는 유명한 폴리케의 이미지를 사용하지 않고 램버스 왕궁에 걸려 있던 수염 기른 초상화를 사용했다. 이 그림은 1989년에 대영박물관(British Museum)에서 열린 크랜머 탄생 500주년 기념 전시회에서 가장 눈에 띈 것이었다.[59]

이 책이 선을 보였을 때, 어떻게 종교개혁이 여전히 생생한 이슈가 될 수 있는지, 그리고 그 어떤 적극적인 종교적 관점을 갖지 않은 저자의 전기가 어떻게 당대의 종교 전쟁에 뛰어들 수 있는지 알 수 있게 해주었다. 그런 점에서, 이 책과 가장 필적할 만한 또 다른 방대한 책은 예일대학교출판부가 출판한 이몬 더피(Eamon Duffy)의 『제대를 벗기다』(Stripping of the Altars)였다. 이 책은, 박식한 로마 가톨릭 성직자들이 커피 테이블에 둘러 앉아 종교개혁이 결코 일어난 적이 없다고 주장하며 장황하고 우아하고 창의적이고 학문적인 탄식을 늘어놓는 책이다.

필자는 이안 페이슬리 박사(Dr. Ian Paisley)의 테이블 곁에 앉아 성경책과 『국왕 윌리엄 3세, 오량쥬의 왕자: 첫 번째 유럽인』(King William III, Prince of Orange: the first European)이라는 전기를 들고 내 작업을 하는 것이 즐겁기도 하고 두렵기도 했다.[60] 서평을 하는 사람들은 언제나 그렇듯이, 자기들의 목적에 맞게 책을 사용했다. 미국의 「뉴 옥스퍼드 리뷰」(New Oxford Review)에 글을 쓴 보수적인 학자 윌리엄 J. 티에 (William J. Tighe)는 이 전기가 성공회에 대한 앵글로-가톨릭교도들의 견해를 비판한 것을 칭찬한 후에, 다음과 같은 터무니없는 추론을 덧붙였다.

> 성공회주의가 신학적, 윤리적, 그리고 실천적인 방종으로 무분별하게 돌진한 것은... 성공회주의가 그동안 고수했던 일반적인 기독교 교리를 조금도 남기지 않고 버리게 되었음을 의미한다.[61]

극단적으로 보수적인 미국 로마 가톨릭교회 비평가 리처드 니하우스(Richard Neuhaus)는 (나를 가리켜 '완고한 프로테스탄트'라고 잘못 보았는데) 현재 로마 가톨릭교회 안에서 진행 중인 발전과 연관시켜서 이 전기를 오용했다. 그래서 이 이야기가 공의회수위설(conciliarism)을 주창하는 현대의 요청에 반대하여 교황의 권위를 변호하고 있다고 보았다 그의 주장에 의하면, 공의회수위설은 "교회를 국가적 그리고 이념적 분파주의의 끝없는 소요 속으로 던져 넣게 될 것"이었다.[62]

아마도 『토머스 크랜머의 생애』(Thomas Cranmer: a Life)에 대한 가장 놀라운 간섭은 오스트레일리아 시드니에 있는 국교회 교구의 내부 정책이라고 할 수 있다. 이 부유하고 영향력 있는 교구를 지배해 온 견고한 보수주의적 복음주의 그룹 안에서 권력을 공고히 하려는 움직임이 지난 몇십 년 동안 꾸준히 있어 왔다.

한 가지 중요한 교회론적인 흐름이 이러한 운동의 일환으로 1999년에 생겨났다. 바로 평신도가 성찬식을 주재할 수 있도록 하자는 강력한 제안이었다. 그런 취지의 법령이 성직자들과 평신도가 모두 모인 시드니 대교구 노회에서 통과되었다.

다만 시드니 대주교만은 비록 개인적으로 이 법령에 호의적이었지만, 단독적인 이 결정이 국교회 연합에 미칠 영향 때문에 거부권을 행사했다. 토론이 진행되는 동안, 이 법안에 찬성하는 주요 옹호자들 중 한 명이었던 로버트 도일(Dr. Robert Doyle) 박사는 필자의 전기를 기본 자료로 제시하면서, 크랜머는 평신도가 주교에게 안수할 수 있다고 믿었다는 주장을 했다.

이 법안 반대자였던 이반 헤드(Dr. Ivan Head) 박사는 그 책에서 도일 박사가 인용한 관련 구절을 찾아, 크랜머가 주교를 안수할 수 있다고 생각한 유일한 평신도는 헨리 8세와 같은 왕이었다고 정확하게 지적했다. 말하자면, 결코 현대 오스트레일리아에서 행해지는 것과 유사하지 않았던 것이다.[63]

토머스 크랜머에 대해 말하는 것은 여전히 문화 전쟁 속으로 들어가는 것이다. 들을 귀가 있는 자들은 듣기 바란다. 헨리 8세나 엘리자베스 1세에 대해 쓰는 것보다 훨씬 더 그렇다. 성공회 교도들은 그들의 전통이 논리나 일관성이 없는 것 같긴 하지만, 반대자들 간의 강력한 충돌에 의존하고, 결국 단순한 용기를 주는 롤 모델보다는 인간의 연약함을 보여 주는 영웅들을 제시하며, 개인이 책 한 권에서 쉽게 모델을 발견하기보다는 주변 세계를 이해하기 위해 힘겨운 사고를 하게 만드는 것이 그들의 전통의 자랑거리들 중 하나라는 사실을 깨달아야만 할 것이다.

그러한 유산은 다른 사람들에게 무엇을 할 것인지 말해 주고 싶어 하는 종교적인 성향의 공통된 욕구를 건강하게 바로잡아 준다. 또한, 그렇게 교정하는 일은 기독교 신앙 안에서 성공회주의가 담당해야 할 부수적인 사역이다.

삽화 8
토머스 크랜머(Thomas Cranmeer), 1545년경, 겔라흐 플리케(Gerlach Flicke)의 초상화.)

삽화 9
토머스 크랜머 초상화. 길버트 버넷(Gilbert Burnet)의 『잉글랜드국교회 종교개혁의 역사, 1679-82』(The History of the Reformation of the Church of England, 1679-82).

삽화 10
익명의 미술가가 그린 수염을 기른 토머스 크랜머, 1550년경. 램버스 궁전(Lameth Palace)에 소장.

삽화 11
화형대에 선 크랜머, 존 폭스(John Foxe)의 Rerum in ecclesia gestarum(1559)에 수록.

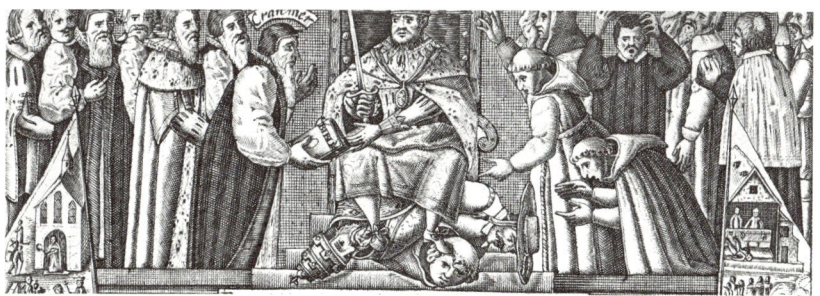

삽화 12
헨리 8세와 그의 주교들(수염을 기른 크랜머가 가운데 좌측에 있다), 크리스토퍼 레버(Christopher Lever)의 『로마 가톨릭교회 신앙 수호자들의 역사』(The History of the Defendors of the Catholique Faith, 1627)에 수록.

삽화 13
성찬을 받는 헨리 6세와 옥스퍼드의 순교자들(역사적 사실과 상관없이 그룹으로 묶고, 역사적 사실과 상관없이 메리 여왕이 지켜보는 것으로 그림), 버넷의 『종교개혁의 역사』(History of the Reformation)에 수록.

제20장

리처드 후커의 명성[1]

케임브리지 학부 시절에 필자는 고(故) 지오프리 엘튼 경(Sir Geoffrey Elton)이 강의 시간에 근대 초기 역사적인 저술을 남긴 또 다른 거장의 업적에 대해 그다지 친절하게 말하지 않았던 것을 생생하게 기억하고 있다. 그 거장은 바로 로렌스 스톤(Lawrence Stone) 교수였다. 엘튼은 스톤의 대작 『귀족 사회의 위기』(*The Crisis of the Aristocracy*)에 대해 평가하면서 "로렌스 스톤은 대단한 책을 썼다. [잠시 멈춤] 엄청난 책이다. **어마어마한 책이다**"라고 말했다. 이와 마찬가지로, 리처드 후커를 존경하는 많은 사람들, 비방하는 사람들, 그리고 조작하는 사람들도 한 가지에는 동의한다. 후커가 매우 엄청난 책을 썼다는 사실이다. 모두가 그것을 기억한다.

17세기 초에 리처드 후커의 이름이 들어 있는 유언장 명부 색인을 취급하던 캔터베리 대교구 법원 사무원을 예로 들어 보자.

사무원은 그 색인에서 후커의 이름에 이르렀을 때, 무덤덤한 관심을 보이며 그 이름 옆에다가 "그는 교회 정책에 관한 책을 썼다"라고 적어 넣었다.[2]

지금 우리는 그 책이 단지 '하나'의(an) 교회 정책이 아니라, 성공회주의의 특징과 잉글랜드국교회의 '중도'(via media)에 대한 장엄하고 신성한 증거라고 할 수 있는 '그'(the) 교회 정책이라는 것을 알고 있다. 그러나 만일 우리가 주석과 각주를 포함해 총 7권에 달하는 후커의 책들을 읽는 엄청난 일들을 해 보면, 잠시 생각을 멈추게 될 것이다.

왜냐하면, 그 책 어디에서도 후거는 성공회주의나 '중도'(via media)라는 용어를 사용하고 있지 않기 때문이다.³ 이 말은, 곧 후커의 유산이 그 동안 생각되어 왔던 것처럼 그렇게 간단하지 않다는 것을 의미한다. 실제로, 이것은 성공회주의와 '중도'(via media)가 그 동안 성공회 역사학(Anglican historiography)이 종종 만들어 낸 얄팍한 해석보다 훨씬 더 흥미롭고 유동적인 개념임을 의미한다.⁴

후커는 그의 책에서 성공회주의를 변호했는가?

아니면 피터 레이크(Peter Lake) 교수가 한때 제안했던 것처럼 후커가 실제로 성공회주의를 창시했는가?⁵

후커는 대단한 책을 썼는가?

아니면 그 책은 단지 엄청나고 어마어마한 책에 불과한가?

그가 누구이고 무엇을 하려고 했다고 이해되었는지 찾아내려면, 그와 그의 책이 4세기 넘게 마주해야 했던 엄청나게 다양한 연구들을 모두 탐구해야 한다.

후커는 매우 전도유망한 개혁파 프로테스탄트로 공적인 삶을 시작했다. 곧 그는, 엘리자베스 시대 초기 옥스퍼드에서 형성되어 그 당시 광범위한 유럽 개혁파교회들 사이에서 차지하던 잉글랜드국 교회의 지위를 잘 인식하면서 교회를 지도하기에 적합했던 많은 젊은 성직자들 중 한 명이었다. 데본에 살던 후커의 가족은 일찍부터 프로테스탄트였다. 그의 삼촌 존 바우웰(John Vowell), 통칭 후커는 후커 가문의 고향

엑세터(Exeter)의 열정적인 역사가였지만, 그와 동시에 콜로냐와 슈트라스부르에서 고등교육을 받은 세계적인 학자였다.[6]

더 중요한 것은 어린 리처드가 그의 후견인 존 주얼(John Jewel) 주교에게 빚을 졌다는 사실이었다. 주얼은 엘리자베스 프로테스탄트 종교화해의 첫 번째 옹호자였으며, 에드워드 6세 시대 옥스퍼드와 하인리히 불링거의 취리히를 모두 경험한 사람이었다.

1590년대에, 리처드 후커는 주얼에 대해 애정과 경외감을 가지고 '수백 년간 기독교가 낳은 가장 가치 있는 신학자'라고 회상했다.[7] 후커 삼촌과 주얼 모두 위대한 망명가 신학자 피터 마터 버미글리(Peter Martyr Vermigli)의 가르침을 받았다. 버미글리는 다른 무엇보다도 잉글랜드 종교개혁의 세계적인 연결고리 역할을 했다. 즉, 그는 이탈리아인으로서 개혁파 신앙을 슈트라스부르, 옥스퍼드 그리고 취리히에 전하는 일을 했다. 그들의 종교개혁은 로마 주교를 적그리스도의 대표라고 여기고 그 교황의 세력과 전쟁을 벌이는 것이었다.

후커가 1582년 또는 1583년에 젊은 옥스퍼드 명사로 유다서에 관해 설교를 함으로써 처음으로 공적인 모습을 드러냈을 때, 그는 여전히 그 세계의 일부로 인식되었다. 자신의 스승들과 마찬가지로, 후커는 계속해서 로마 교황을 '악한 사람'으로 불렀다.[8] 그러한 정통 개혁파 정서는, 존 후커와 존 주얼의 영적 후계자일 뿐 아니라 옥스퍼드에서 그 당시 코르푸스크리스티대학(Corpus Christi College) 총장인 위대한 존 레이놀즈(Dr. John Rainolds) 박사와 수많은 청교도들과 친분을 쌓았던 후커에게 매우 당연한 것이었다.[9]

그런데 조금 더 이상하고 특이한 일이 1580년대에 일어나기 시작했다. 이 젊은이에게 영향을 준 사람이 비단 레이놀즈만은 아니었다. 코퍼스는 설립 당시부터 옥스퍼드 내에서 어쨌든 로마 가톨릭 인문주의의 거점이었다. 따라서 후커가 1568년에 학부생으로 입학했을 당시만 해도 코르푸스크리스티대학은 헬라어를 배우는 것을 매우 강조했다. 그러므로 후커는 동시대의 다른 사람들에 비해 헬라 교부들의 글을 더 많이 접할 수 있는 기회가 있었다.[10]

비록 후커가 코르푸스크리스티대학에 도착했을 당시 그곳에는 엘리자베스 즉위 이후 대학을 계속해서 주도해 왔던 강력한 로마 가톨릭 교수들이 대체로 물러나긴 했지만, 아직까지 개혁파 프로테스탄트가 완벽한 승리를 거두지 못하고 있었다.[11]

교부들과 성례주의자들이 후커에게 혹시 영향을 주었는지 또는 어떤 영향을 주었는지는 알 수 없다. 그러나 분명한 점은, 그가 처음으로 공개적으로 자기 방식대로 다룬 주제는 문학과 신학 공부를 하는 내내 몰두했던 것이었다는 사실이다. 곧 교회의 본질과 교회 정치에 관한 것이었다. 여러 면에서 크랜머 대주교의 공식적인 『설교집』(*Homilies*) 전통에 입각해서 개혁파 구원론을 논하는 그의 『칭의에 관한 담론』(*Learned Discourse of Justification*)에서, 이미 그는 로마 가톨릭교회가 비록 오류가 있기는 하나 참된 교회이며, 따라서 로마 가톨릭교회의 신자들이 구원을 받을 수도 있다는 주장을 했다.[12]

개혁파 프로테스탄트들에게 로마 가톨릭교회의 그림자가 남아 있는 흔적을 보인 것은 이 책이 처음이 아니었지만(따라서 후커는 다른 개혁파 해외 신학자들이 말하는 것을 신중하게 인용한 것일 뿐이었다), 그것을 마지못해 인정하는 어조가 조금 더 진하게 들어 있었다. 더욱이, 개혁파 주석가들은 이렇게 인정하는 것이 사실 교황이 적그리스도라는 사실로부터 논리적으로 당연히 추론된다고 보았다.

즉, 어쨌든 적그리스도는 자기가 웅크리고 앉아 나쁜 짓을 할 수 있는 참된 교회가 필요했다는 것이었다. 이제 후커는 적그리스도에게

작별 인사를 하고, 참된 교회보다 가시적인 교회에 더 많은 관심을 갖는 불온한 경향을 보였다.[13]

이와 똑같은 주제가 처음으로 공적인 논쟁에서 다루어졌다. 후커도 그 논쟁에 연루되었다. 1586년 템플(Temple)에서 벌어진 그의 동료 월터 트레버스(Walter Travers)와의 대립이었다. 트레버스는 잉글랜드국교회를 개혁파 신학의 논리적 귀결점인 장로교 정치로 이끌려고 하던 성직자들을 대표했다. 트레버스가 공개적으로 후커를 반대한 주제는 감독주의 대 장로주의 문제가 아니라, 로마 교회의 지위에 대한 것이었다.

이 문제에 관한 두 사람의 차이점은 크지 않았지만, 그 차이는 그 크기에 비해 훨씬 중요했다. 트레버스는 후커가 템플에서 설교할 때 로마의 미신적인 신앙에서 살다가 죽은 로마 가톨릭교도들이 구원을 받을 수 있다고 말한 것은 일반적인 기준을 넘어선 것이라고 비난했다 (통상적으로 여겨지던 관습은, 구원받기로 예정되어 있던 교황주의 선조 세대들이 로마 가톨릭의 오류를 적극적으로 믿다가 죽은 것이 아니라, 단지 진리를 모르고 죽었다는 것이었다).

사실은 후커가 엘리자베스 시대 정통 교리 범주 밖으로의 치명적인 행보를 하지 않았을 가능성도 있다. 그러나 어찌되었든 트레버스가 들은 말은 앞에서 언급한 그대로였다. 트레버스는 후커가 그와 관련된 문제에 관해 비정통적인 견해를 표하는 것을 분명히 들었기 때문에 의심을 하지 않을 수 없었다. 즉, 칼빈이나 피터 마터 등의 대가들이 해설한 바와 같은 더 엄격한 예정론 신학에 관한 것이었다.

후커의 후견인이었던 캔터베리 대주교 존 위트기프트(John Whitgift)가 후커를 위해 트레버스에게 중재에 나섰지만, 주목할 만한 사실은, 그가 후커의 주장에 대해 결정적인 지지를 하지 않았다는 것이다. 위트기프트는 트레버스 같은 청교도들이 주교들에게 마땅히 존경을 표하지 않는 것 때문에 그들을 진심으로 싫어했을 수도 있다.

그러나 그는 온건한 청교도주의와 공감하는 교리적 합의로부터 벗어나고 싶지는 않았다.[14] 그러므로 템플에서 후커가 오전에 '순수한 캔터베리'를 설교하고 트레버스가 오후에 '순수한 제네바'를 설교했다고 역사학자 토머스 풀러(Thomas Fuller)가 약 70년 후에 한 말은 사실일 수도 있었다. 그러나 풀러의 이 구절은 아이작 월튼(Izaak Walton)의 후커 전기에 인용되어 명문화된 이후, 성공회가 후커를 이해하는 데에 있어서 하나의 가장 중요한 상투 구절이 되어 버렸다.[15]

트레버스와의 충돌이 있은 후, 후커는 공적인 명성을 얻기 시작했으나 약간 이상한 명성이었다. 그는 명백히 비체제적인 용어들로 체제를 옹호하는 사람이었다. 그는 냉담한 무관심으로 반대자들을 당혹스럽게 하고 짜증나게 하는 괴짜였다. 그는 레이놀즈로 대표되는 국제적인 개혁파 프로테스탄트 공동체와 거리를 두기 시작했다. 그 공동체가 옥스퍼드에서의 어린 시절에 그를 길러 주었음에도 말이다.

1974년에 발표된 훌륭한 연구서에서, 제임스 카길 톰슨(James Cargill Thompson)은 그 이후 주석가들이 충분히 주목하지 못한 것을 한 가지 발견했는데, 바로 후커가 레이놀즈에게 반기를 든 아주 작지만 중요한 사례였다. 그것은 후커가 감독 제도의 기원에 대해 마음이 바뀌었다는 내용을 담은 『교회 정치』(*Ecclesiastical Polity*) 제7권 난외주에 기록한 내용이었다.

이 단락의 난외주에는 감독 제도가 사람이 고안한 제도라는 엘리자베스 시대의 일반적인 입장에 증거를 제공하는 저자들의 명단이 들어 있다. 이 입장에 대해 후커는 그가 "가끔 나보다 훨씬 더 개연성 있는 판단을 내렸다"라고 논평했다.

이 목록은 본래 후커가 만든 것이 아니라, 널리 회람되던 레이놀즈의 논문에서 가져 온 것이었는데, 이 논문은 감독 제도가 사도적 제도라고 주장한 리처드 뱅크로프트(Richard Bancroft)의 주장(1589년 유명한 폴스 크로스[Paul's Cross] 설교에서 행함)을 공격한 것이었다. 이 논문에서 레이놀즈는 뱅크로프트의 견해에 반대하는 증거로 난외주에 여러 권위자들의 명단을 실었다.

이와 같이, 불과 1-2년 후인 1590년 초에, 후커가 그의 후견인을 반대하려는 목적으로 레이놀즈의 명단을 조용히 표절 요약하여 사용했다. 이러한 행동은 그것이 무엇을 의미하는지 아는 사람들 사이에서나 알아들을 수 있는 풍자 같은 것이었다.[16]

후커의 책에 이런 것이 들어있었다는 사실은, 그가 당시의 동료들로부터 얼마나 큰 문제가 되었을지를 알려 준다. 주교들이 장로주의를 주장하던 성직자들과 전쟁을 벌이던 1590년 초, 분위기가 심각하게 양극화되고 있던 상황에서, 후커와 트래버스의 충돌은 어쨌든 청교도들이 그를 요주 인물로 여기는 계기가 되었다.

1590년 초, 좁 스록모튼(Job Throckmorton)의 논증서에서 후커를 감독파 하수인으로 비웃는 대목이 발견된다. 스록모튼은 대담한 청교도 신사였으며, 어쩌면 독설로 유명했던 청교도 마틴 마프럴럿(Martin Marprelate)의 소책자를 총지휘하던 사람이었을 가능성이 높다.

트래버스와 후커를 갈라서게 만든 문제, 곧 교황주의자들의 사후 운명에 대해 논의하는 과정에서, 스록모튼은 이렇게 쏘아붙였다.

> 이 점에서 후커 씨나 아무개 씨, 또는 이 땅의 모든 주교들이 우리와 반대한다 해도, 그것은 우리를 그다지 실망시키지 않는다(여기에서 '우리'는 경건한 자들을 가리킨다).[17]

일단 장로파들이 1591년에 정부 조치로 인해 공식적으로 굴복과 참패를 당하게 되자, 국교회를 변호하기 위해 그들에 대항하는 글을 썼던 순응주의자들은 또 다른 형태의 변증서를 썼다. 바로 로마 가톨릭 교회에 대항해서 쓴 것이었다. 그러나 후커는 그렇게 하지 않았다.[18] 그는 계속해서 장로주의에 대항하는 글에 전념하기로 했다.

그 문제는 그가 템플에서 겪은 곤경으로 인해 무자비한 장로교 옹호자 트레버스와 대립하게 된 때부터 줄곧 준비해 오던 것이었다. 좁 스록모튼이 1592년에 익명으로 출판한 『여왕에게 호소함』(Petition to her Majestie)이 실제로 『교회 정치』 본문에 냉소적으로 인용되었다. 다만, 후커가 그 책의 저자를 알았는지는 확실하지 않다.[19]

1593년에 절반이 출판된 후커의 책은 단순히 또 하나의 반장로파 논증서(anti-presbyterian polemic)가 아니었다. 1591년 이후에는 장로주의와의 다툼이 이미 한물간 이슈였기 때문이었다. 논쟁이 남아 있기는 했다. 그리고 후커에 대해 "사려 깊다"는 평판이 있었음에도 불구하고, 그의 책 속에서 분명히 논쟁을 볼 수 있으며, 때로는 그 논증에 빈정거림이 들어 있다.

독자들은 책 전체의 상당 부분이 1570년대 중반에 장로파 신학자 토머스 카트라이트(Thomas Cartwright)가 출판한 책에 대한 신랄한 논증으로 되어 있음을 쉽게 발견할 수 있다. 카트라이트의 책은 후커의 후견인 위트기프트의 책에 대한 답변이었는데, 이제는 매우 뒤늦게 반박을 받게 되었다.[20]

후커 책의 출판 계획은 상당히 전략적이었다. 다시 말하면, 그것은 청교도 프로테스탄트에 대항한 의회의 작전으로서, 결과적으로 엘리자베스는 로마 가톨릭 불순응주의자들보다 프로테스탄트를 겨냥해 법을 만들게 되었다.[21] 하지만 후커의 책의 규모는 그 계획보다 더 방대했다. 그의 논증들은 장로주의를 만들어낸 전반적인 사고 체계와 싸웠으며, 인간의 행위, 동기와 권징에 관한 철학의 틀 안에 두면서, 자신의 창조 세계에 대한 하나님의 법의 구체적 표현으로 분석되었다. 구체적으로, 후커는 1593년 독자들에게 이 책을 소개하면서, 이 책의 첫 네 권은 '총론'에 관한 것들이고, 그것들로부터 나오는 '상세 목록'이 그 다음 네 권에 들어 있다고 말했다.[22]

17세기 후반 매우 복잡하고 혼란스러운 출판 역사 속에서 부상하게 된 후커의 총 8권짜리『교회 정치』는 지난 수 세기를 거치면서 성공회 신학 방법론의 시금석으로 여겨지게 되었다. 즉, 잉글랜드국교회 초기 신학자들이 어떤 방식으로 신학을 해야 한다고 생각했는지에 대한 충실한 사본이고, 성공회 교도들이 항상 생각하던 방식에 대한 고전적인 해설이라는 것이다.

이제는 이러한 뒤늦은 깨달음의 틀에서 벗어나, 후커의 의도가 무엇이었는지 그리고 그것을 어떻게 이루어 냈는지 정리해 볼 필요가 있다.[23] 이 책의 복잡한 구조 이면을 곰곰이 생각해 보고, 전혀 다른 측면에서 지적 탐구를 할 때 우리가 집중하려는 것은, 종교적인 진리들과 또는 비진리들을 체계화하는 데에 있어서 권위가 어떻게 작용하는지에 관한 것이다.

후커의 논증의 핵심은, 성경이 그리스도인의 삶과 실천을 위한 권위로 사용되어야 하는 방식과, 성경이 사용되어서는 안 되는 방식에 대해 면밀히 검토하는 것이었다. 그 목적은 대수롭지 않은 문제들, 곧 '아디아포라'(*adiaphora*)로 여겨질 수 있는 영역을 넓혀서, 다양한 기준을 사용할 수 있게 하고, 교회와 정부의 권위로 더 넓은 공익을 위해 규제할 수 있게 하는 것이었다.

후커는 치밀하게 정의를 내리고 논증함으로써, 성경적 사고에 사로

잡힌 프로테스탄트들이 적절하다고 생각할 만한 방식을 벗어난 정도까지 이 영역을 확장시켰다. 특히 교회 정치 분야에 있어서 그랬다. 구원에 영향을 미치지 않는 문제들을 결정함에 있어서는, 과거의 경험이나 하나님께서 주신 이성의 활동 등이 성경 자체의 명령만큼 권위 있는 결정 기준이 될 수 있었다.

물론 그렇다고 해서, 후커가 성경, 전통 그리고 이성의 삼위일체적 권위를 교리적 문제들을 결정하는 근거로 보았다는 의미가 아니다. 후커에게 있어서 성경은, 비록 그 권한에 엄격한 경계가 있기는 했지만, 여전히 최고의 권위를 가졌다.[24]

후반부 네 권의 책은 후커가 약속한 대로 그의 원칙들을 실천적으로 적용했다. 방대한 분량인 제5권에는 청교도들이 공격하는 잉글랜드교회(English Church) 의식의 여러 측면들을 변호했다. 제6권에서는 현재 일부 소실되기는 했지만, 교회 참회 규율을 분석했고, 제7권에서는 감독의 권위를 어떻게 보아야 하는지에 관해 논의했으며, 제8권에서는 교회 정치권력과 세속 정치권력 사이의 관계를 분석했다.

이 네 권의 책들 중에서 유일하게 제5권만 후커의 생전에 출판되었고, 나머지 책들은 출판이 지연되어 3세기에 걸쳐 출판되었다. 제5권은 1559년 종교화해의 정확한 형태를 철저하게 변호한다는 점에서 놀라운 작품이다. 즉, 1559년 종교화해는 정치적 사건들에 의해 만들어진 합의이며, 1552년 가을에 탄생한 에드워드 6세 시대 교회의 한 단면이었다.[25]

만일 어떤 교회 의식이나 현상들이 1559년 종교화해 이후까지 살아남았다면, 그것들은 후커의 변호 대상이었다. 그 이상도 그 이하도 아니었다. 제5권을 읽은 사람들은 아마도 만일 1559년 의회법이 잉글랜드 성직자들에게 물구나무서서 설교하라고 규정했었다면, 후커가 그것을 변호하기 위한 신학 근거를 찾으려고 했을 것이라고 생각하게 될 것이다.

후커가 여전히 개혁파 프로테스탄트 진영 편으로 볼 수도 있다.[26] 틀림없이, 예정에 대해 색다른 주장을 하려고 할 때, 후커는 개혁파 정통 교리에 너무 직접적으로 도전하지 않기 위해 극도로 주의를 기울였다(적어도 출판을 위한 책에서는 그랬다). 후커의 성례신학은 개혁파 신학자로서 특별히 이례적인 것이 없었다. 성찬신학에 있어서 쯔빙글리보다는 칼빈에게 더 가까웠던 그는 그 당시 로마 가톨릭교회의 화체설뿐 아니라 루터교의 실재적 임재설도 거부하는 전형적인 잉글랜드 신학자들과 같은 입장에 서 있었다.[27]

제5권에서 주목할 만한 부분은, 성찬 참여를 심미적으로 묘사한 부분이다. 그 대신 그 절정은 완벽히 개혁파 입장이었다. 즉, 그것은 프랑스 개혁파 목사가 편집한 12세기 본문에서 가져온 서사시적 인용구(rhapsodic quotation)였다.[28]

그러나 특이했던 점은, 후커가 전체적으로 나무랄 데 없이 논의하는 방식이었다. 그는 의도적으로 그리고 다소 장황하게 설교의 역할을 희생시키면서 성례와 예전적 기도의 역할을 재차 강조했다. 그는 잉글랜드교회(English Church) 안에서 설교가 지나치게 강조되고 있다고 생각했다. 그가 설교를 재평가한 것이 마치, 널리 알려진 대로, 그가 설교를 잘 하지 못했다는 사실과 관련이 있다고 생각하는 것은 말도 안 된다. 그럼에도 불구하고, 후커가 비숍스보른(Bishopbourne)에 있는 교구교회의 새 강대상 구입을 위해 그의 유언장에 돈을 남겨 두었다는 사실만 보아도 그가 얼마나 설교를 귀중하게 여겼는지 알 수 있다.

또한, 그가 옥스퍼드에서 어떤 교육을 받고 설교의 우위성을 배웠는지 등 더 폭넓은 상황들을 고려한다면 그의 태도의 진의가 어디에 있었는지 더 잘 알 수 있을 것이다.[29] 후대에 대니얼 피틀리(Daniel Featley)가 존 레이놀즈 전기에서 증언한 바에 따르면, 대학교 커리큘럼이 학생들에게 논리를 우선으로 고려할 것인지 또는 수사학을 우선으로 고려할 것인지 선택하게 했을 때, 후커는 자기가 논리적인 강사로 불리기를 원했다.

반면에 후커의 옥스퍼드 후견인이었던 레이놀즈는, 피틀리가 지적한 바처럼, 아리스토텔레스의 『수사학』(Rhetoric)에서 시작하는 수사학적 연구 옹호자였다. 그러므로 논리의 대가가 강단의 수사학적인 주장들을 경시할 수밖에 없었음은 당연한 일이었다.[30]

그의 동기가 무엇이었든, 설교에 대한 후커의 태도는 그 당시에 일반적인 입장은 아니었다. 그의 작품의 가장 중요하고 칭송할 만한 특징들 중 하나는 그가 누군가를 즐겁게 하려고 애쓰지 않은 점이었다. 후커는 이례적으로 상당히 부유한 성직자여서 성직자의 위계를 따라 높은 곳에 올라가려고 하지 않고 상대적으로 덜 중요한 시골의 교구에서 섬기는 편을 택했다.

따라서 그가 글을 쓴 목적도 자기만족이었던 것 같다. 이 점에 있어서 무엇보다 놀라운 것은, 그가 감독 제도에 대한 레이놀즈의 견해에 신중하게 질문을 던졌음에도 불구하고, 장로 정치의 신적 권위를 주장하는 사람들을 제압하기 위해 점차 감독 정치의 신적 권위를 강조하던 동료 순응주의자(conformsit) 논객들처럼 하지는 않았다.

사실 놀랍게도, 제2권에서 그는 교회 안에 주교가 필요하다는 보편적인 정서가 없는 스코틀랜드장로교회에 감독 정치를 다시 도입하기에는 "너무 늦었다"라고 말한다. 감독 정치의 사도성을 주장하던 고전적 옥스퍼드 운동 광신자 존 키블(John Keble)이 (1836년에 후커의 글에 편집자 서문을 쓸 때) 이 주장이 담긴 단락을 인용했을 때, 그가 후커의 견해를 감당할 수 없어서 조용히 그 인용 단락에서 이 부분만 삭제한 사실은 그리 놀라운 일이 아니다.[31]

이와 비슷한 또 다른 사례가 있다. 세속 정부에 관하여, 후커는 그 문제 외에는 그와 마음을 같이 하던 당대의 많은 교회 법률가들과 달리, 반청교도주의자들이 자기를 발판삼아 세속 군주의 신적 권위를 주장하지 못하게 했다. 그에게 있어서, 정부 또는 '지배층'은 하나님의 직접적인 서임에 의해 생겨날 수도 있지만, 그와 똑같이 정복에 의해 생겨날 수도 있고, 또는(미래의 정치 이론에 중요한 영향을 미치게 될 어느 진술에서처럼) '대중'의 합의에 의해 생겨날 수도 있었다.[32]

후커의 그칠 줄 모르는 질문으로 시작된 이러한 순수한 특성과 의제의 다양성 때문에, 미래의 주석가들이 그렇게도 그를 무궁무진한 자료로 이용한 것이었다. 그런데 후커의 『교회 정치』를 읽었더라면 매우 기뻐했을 사람이 있다. 바로 엘리자베스 1세 여왕이다. 후커가 여왕을 만났다는 기록은 거의 없다. 한 번은 그의 책 제5권이 1598년에 출판된 직후 대주교 위트기프트의 주선으로 사순절 기간 중에 왕실에서 설교를 해 달라는 부탁을 받은 적이 있는데, 후커가 다른 강단에 섰던 경우들을 고려한다면, 늙은 여왕에게는 그것이 특별히 참회의 사순절 예식이었을 수도 있다.[33]

그럼에도 불구하고, 후커의 책에 축적되어 있는 비전은 우리가 아는 매우 비사교적인 이 여인의 특이한 종교적 사견(私見)과 엄청나게 비슷하다. 엘리자베스는 당대의 학문을 지나치게 배척했기 때문에 로마를 적그리스도로 보기를 꺼려했다. 또한, 감독 제도에 대한 과도한 주장에 대해서도 회의적이었으며, 설교에 대해 모호한 태도를 보였고, 설교보다 기도에 더 가치를 두었으며, 엄숙한 교회 예식을 좋아했다. 성찬에 대한 여왕의 견해도 독일 루터교 교조주의(dogmatism)에 대한 혐오감이 증가하면서 점차 개혁파 형식을 선호하게 되었다. 그래서 여왕은 후커의 칼빈과 같은 신비적 참여 이론에 호의적이었을 것이다.[34]

그러나 한 동안 후커의 책은 주목을 끌지 못했다. 독자들은 아마도 이 책이 반대자들을 향해 시원스러운 직접적인 공격을 하지 않고, 아리스토텔레스, 플라톤 그리고 중세 스콜라 신학자들의 격언들을 인용해서 공격하는 것에 당황했을 것이다. 청교도주의는 어쨌든 순응주의자들의 논증보다 훨씬 더 재미있었다. 그래서 후커의 책이 잘 팔리지 않는 것을 본 어느 목격자는 훗날 이렇게 말했다.

"그런 논증과 그런 부분에 대한 책들은 잘 팔리지 않았다."[35]

결국 후커는 책이 계속 팔릴 수 있게 책값을 내릴 수밖에 없었다. 몇몇 친구들과 대적들이 그를 알아보았다. 주교들의 또 다른 순응주의자 가신이었던 토머스 로저스(Thomas Rogers)는 1590년대에 글을 쓰면서 서부 서퍽(Suffolk) 교구들에서 자신의 대적인 케임브리지 청교도 논적들 사이에 후커의 이름도 적어 넣었다. 또한, 로저스는 그의 다른 저서에도 후커를 인용했다.[36]

1594년 또는 1595년에, 후커의 옛 논적 좁 스록모튼은 (생전에 그의 이름으로 출판한 어느 저서에서) 논쟁에서의 심한 고통을 피하는 것에 대해 『교회 정치』로부터 한 구절을 인용했다. 그리고 후커를 제물삼아 신나게 논증했다. 틀림없이 그는 후커를 싫어했으며, 후커가 온건한 합리성을 선호하는 것에 짜증이 났을 것이다.[37]

그러나 후커의 저서가 매우 중요하게 여겨졌다는 보여줄 만한 비평의 물결은 일어나지 않았다. 실제로, 후커가 사망한 1600년 이전에 『교회 정치』를 반박하는 책이 단 한 권만 출판되었다. 『그리스도인의 편지』(*A Christian Letter*, 1599)라는 제목의 책이었다.³⁸ 그러나 이 공격은 리처드 후커의 정체성에 대한 오랜 논쟁의 시작에 불과했다.

『그리스도인의 편지』는 익명이었지만, 그 책이 전적으로 또는 주로 앤드류 윌렛(Andrew Willet)의 저서라는 것이 거의 확실하다. 윌렛은 저명한 케임브리지 온건파 청교도였으며, 로마 가톨릭교회를 공격한 것 때문에 크게 존경을 받았고, 그의 책은 후커의 책과 달리 베스트셀러였다. 윌렛은 후커가 죽은 후에도 1603년 또는 1605년에 후커에 대한 공격을 계속했다.³⁹

후커가 본래 뿌리를 두었던 호전적인 종교개혁의 세계는 이제 완전히 그리고 공개적으로 그를 배척하게 된 것 같다. 『그리스도인의 편지』는 그 제목과 본문에서, 그 익명의 여러 저자들이 비순응주의자들(비국교도들)이 아니라 '현 신앙 상태를 기꺼이 받아들이지 못한 자들'이라는 점을 강조했다. 따라서 그들의 저서의 주제는 후커가 잉글랜드국교회에 불충했다는 것이었다.

윌렛은 『교회 정치』의 내용들 중에서 '기독교 신앙과 우리들 사이에 있는 교회의 기초를 무너뜨리는 것처럼 보이는' 구체적인 교리적 특징들을 지적했다. 그것들 중에는 성경의 권위 및 성경과 인간 이성의 관계에 대한 오해, 예정론을 약화시킴, 설교에 대한 과소평가, 그리고 칼빈에 대한 무례함 등이 포함되었다.⁴⁰

잔혹하게 그러나 효과적으로, 이 책은 후커가 그의 논증을 펼치는 독특한 방법에 대해서도 "너무 길고 지루하며, 그 방식에 있어서 일반적이지 않다"라고 공격했다. 그것은 252 단어의 긴 문장으로 상세히 기술되었으며, 후커 시대에 대한 재미있고 의도적인 패러디였다.⁴¹

끊임없이, 윌렛은 자신이 후커에 맞서 싸운 견해들이 잉글랜드국교회의 핵심이라고 주장했다. 후커의 유명한 온건한 문체는 이미 그가 잉글랜드교회(English Church) 안에서 중도를 지키겠다는 자신의 결심의 신호였다. 반면에 윌렛은 자신의 주장을 지키려고 결심하면서, 계속해서 크랜머와 옥스퍼드 순교자들, 심지어 대주교 위트기프트의 편에 섰다(위트기프트에게 다른 책들을 헌정하기도 했다).

후커는 잉글랜드국교회의 기준에서 벗어난 아웃사이더였다. 엘리자베스 시대의 많은 독자들에게는 그것이 그럴듯하게 보였을 것이다. 윌렛은 불과 4년 전에 케임브리지 학자 윌리엄 바렛(William Barrett)이 맞이한 운명이 후커에게도 찾아올 것이라고 기대했다. 바렛은 예정론을 공격한 것 때문에 대학교에서 추방당하고, 그 후 얼마 있다가 로마 가톨릭으로 개종했다. 바렛의 파멸을 주관한 사람은 후커의 후견인 위트기프트 대주교였다.[42]

그러므로『그리스도인의 편지』는 무서운 결과를 가져올 수 있는 심각한 공격이었다. 후커가 자기가 소장한『그리스도인의 편지』에 대해 적어 놓은 주석을 보면, 그의 분노가 얼마나 컸는지 알 수 있다. 그 주석은 결코 온건하지도 않고 사려 깊지도 않다. 그러나 그는 공개적인 답변을 할 기회가 없었다. 왜냐하면 1600년 11월 2일 켄트 주의 비숍보른에서 46세의 나이로 세상을 떠났기 때문이다. 그의 친구이자 추종자였던 랜설럿 앤드루스(Lancelot Andrews)는 불과 며칠 후 또 다른 친한 친구에게 편지를 써서 친구를 잃은 것을 탄식했다. 그러나 그가 안타깝게 여긴 또 다른 한 가지는 대부분의 잉글랜드국교회가 그들이 무엇을 잃어버렸는지 알지 못하는 것이었다.[43]

그가 죽던 순간으로 돌아가, 신비의 세계로 들어가기 전에 그가 어떤 사람이었을지 생각해 보자.

아이작 월튼(Izaak Walton)은 나중에 후커를 단지 시골 사람처럼 그리고 싶어 했다. 마치 그가 문학적으로 묘사한 조지 허버트(George Herbert)와 비슷했지만, 또 다른 차원도 있었다. 즉, 월튼이 묘사한 후커의 초라한 시골 복장은 광야의 세례 요한과 같은 감동을 그에게 주었다. 찰스 2세의 왕정복고로 탄생한 잉글랜드국교회의 영광을 위해 길을 평탄케 하는 존재로 보였던 것이었다.[44]

그러나 월튼마저도 이러한 그림을 그리면서 후커가 죽을 당시 부유한 사람이었다는 사실을 약간이나마 어설프게 인정하지 않을 수 없었다. 후커는 딸들에게 1,000파운드의 유산을 남겼으며, 그의 유언장 명세서에 의하면 비숍보른 목사관이 600파운드 이상의 각종 가구와 물건들로 가득했으며, 그의 서재에는 약 300파운드 상당의 어마어마한 책들이 있었다. 이것은 그 당시에 개인이 소장한 최고의 장서들 중 하나였다.[45] 후커는 외딴 곳에 사는 시골 성직자였지만, 1591년에 템플에서의 지위를 떠난 지 오랜 후에, 종종 런던에서 그를 목격한 흔적들이 많이 있다.

후커는 저명한 런던 상인이었던 장인의 집에서 많은 시간을 보냈다. 그의 자녀들은 그의 시골 교구가 아닌, 런던이나 미들섹스(Middlesex)에서 세례를 받거나 묻혔다.[46] 그가 말년에 『그리스도인의 편지』를 읽고 거기에 달아 놓은 성난 주석은 그가 여전히 런던 생활을 깊이 즐기고 있었음을 보여 준다.

그가 출판계의 내부 사정을 잘 알고 있었다는 사실은 그 당시 출판되고 있던 책들에 대해 알고 있었음을 의미하며, 셰익스피어의 『줄리어스 시저』(Julius Caesar)가 처음으로 런던에서 공연되던 해에, 줄리어스 시저의 죽음은 그의 마음속에 들어와 마치 그가 윌렛의 거짓된 우정의 항변을 듣는 듯 했을 것이다.[47]

더욱 두려운 것은, 그가 1590년대 초에 런던의 근교를 거닐던 중, 비록 모르고 그랬을 것이긴 하지만, 불행히도 매춘부를 만나게 되었고 그것이 평생 그의 발목을 잡은 것이었다. 이 암울한 사건에서 만들어진 추문 때문에 그는 갑자기 템플교회(Temple Church)를 사임하게 되었고, 무명의 월트셔 교구로 보내졌으며, 그의 짧은 생애에서 더 이상 교회 내에서 '명예로운 관직'(cursus honorum)에 오르지 못하게 되었다. 마침내, 그는 런던으로부터 켄트 주 교구로 돌아오는 길에 감기에 걸려 결국 숨을 거두고 말았다.[48]

이렇게 매우 대도시적이었던 (세계적이지는 않았지만) 후커는 죽은 후에 그의 가족의 혼동과 악감정에 의해 명예가 땅에 떨어졌다. 그의 유언 집행자들, 아내와 딸들 그리고 아내의 두 번째 남편 사이의 험악한 다툼으로 인해 그의 재산에 대한 수많은 소송들이 제기되었는데, 이 모든 것들이 지금으로부터 약 70년 전에 학자 겸 시인인 C. H. 시슨(Sisson)에 의해 재발견되었다.

처절한 싸움은 꽤 유명했다. 가장 유명한 대도시 극작가 벤 존슨은 후커가 죽은 지 18년 후에 호손덴(Hawthornden)의 시인 윌리엄 드러먼드(Drummond)를 방문할 때 이 소송 사건에 관한 가십(gossip)을 에든버러까지 가져갔다.[49] 그 결과 진짜 후커는 점차 사라졌다.

후커는 1635년까지 묘비조차 없었다. 그리고 그 후에 묘비가 세워진 것도 그의 가족에 의해서가 아니라, 그의 사망일을 3년이나 다르게 알고 있던 윌리엄 카우퍼(William Cowper)에 의해서였다. 1649년에 세워진 후커의 딸의 묘비에는 후커가 솔즈베리의 교구 목사였다고 잘못 적혀 있기도 하다.[50] 1650년대 후반에 이르러, 후커의 전기를 만들려고 했던 사람들은 심지어 그가 결혼을 하지 않았었다고 생각했으며, 다시 한번 그의 사망일을 잘못 알았다. 그러는 동안, 이 무명의 그리고 다소 논란이 있는 후커라는 인물은 영웅적인 그리고 크게 경쟁력 있는 대가로 바뀌어 가고 있었다.

그 과정은 월렛의 『그리스도인의 편지』에 대한 답변서인 『정당하고 정중한 변론』(A just and temperate defence)이 런던에서 1603년에 출판되면서부터 시작되었다. 이 책은 스스로 "대가에 의해 출판되다"라고 선언했는데, 말 그대로 진실이었다. 왜냐하면 이 책이 그 당시 캔터베리 대주교 존 위트기프트(John Whitgift)를 승계할 리처드 뱅크로프트(Richard Bancroft)의 지도 신부 윌리엄 코벨(William Covell)이 저술한 것이었기 때문이다.

더욱이, 이 책의 출판 허가를 내 준 사람은 위트기프트의 지도 신부 존 버커리지(John Buckeridge)였다. 따라서 저자와 출판 허가자의 조합이 중요하다. 버커리지는 잉글랜드교회(English Church) 설립에 있어서 새로운 요소를 가장 잘 대표하는 사람이었다. 그는 옥스퍼드 세인트 존스칼리지(St. John's college)에서 윌리엄 로드(William Laud)와 동료이자 친구였다. 다만, 그가 로드보다 나이도 더 많고 선임자였기에 그 또는 그와 같은 사람들을 가리켜 로드주의자들이라고 부르는 것은 말이 안 된다.

'고교회'라는 용어도 마찬가지로 버커리지의 새로운 성찬주의, 성직주의, 그리고 초기 잉글랜드 종교개혁 방식에 대한 혐오 등을 가리키기에는 너무 적절하지 않다. 현대 역사가들이 만들어 낸 가장 정확한 최근의 용어는 '아방가르드 순응주의자'(avant-garde conformist)이다. 이 용어는 버커리지와 그의 동료들을 다른 두 세대의 순응주의자들, 곧 위트기프트 및 뱅크로프트와 구별시켜 준다. 뒤의 두 사람은 유럽의 다른 지역의 개혁파 주류와 결정적으로 분리되지 않았었다.[51]

그러므로 교회 안에서 이미 한 진영이 후커에게 손을 뻗치고 있었다. 이들은 교회를 발전시키고, 잉글랜드의 예배와 신학과 일반적인 교회 양식을 자체적인 형태로 개조하려는 뚜렷한 의제를 가지고 있던 진영이었다. 물론, 이것은 코벨이 의도한 방식은 아니었다. 코벨은 후커의 '정중한' 또는 '근엄한' 중용을 거듭 강조했다. 이것이 바로 그가 윌렛이 후커를 교회의 변방으로 밀어내려고 하던 것에 반격하는 본질이었다.

그러나 실제로, 코벨은 윌렛이 공격한 후커의 모든 입장들을 날카롭게 다듬었으며, 그와 동시에 『교회 정치』에서 구체적인 출처를 밝히지 않은 채 방대하게 그리고 일반적으로 인용했다. 코벨에게 있어서, 공격이 최상의 방어였다. 예를 들어, 로마 가톨릭교회에 관한 뜨거운 문제에 대해, 그는 후커보다 훨씬 더 입장이 분명하여, 로마 가톨릭교도들은 그 교회 안에서 살다가 죽어도 구원받을 수 있다고 주장했다. 코벨은 심지어 로마 가톨릭교회가 참된 교회임을 부인하는 모든 자들이 청교도라고도 했다. 이것은 그 당시에 성급한 내용이었다. 즉, 후커를 비난하는 모든 사람들이 청교도라고 불릴 수도 있으며, 따라서 잉글랜드국교회와 아무 상관도 없는 사람들로 취급될 수 있다고 보는 초기의 수사학적 전략이었다.

코벨은 실제로 청교도들에 대해보다 온건한 로마 가톨릭교회 저자들에 대해 더 호의적으로 글을 썼다.[52] 후커의 메시지에 대한 윌렛의 공격 앞에서 코벨이 전략적으로 한 발 물러선 유일한 사안은 예정론이었다. 여기에서 코벨은 매우 정통적인 개혁파 입장을 마지못해 주장했고, 이 문제 전체가 신비라고 말했으며, 그리고 일단 후커의 입장을 근본적으로 명확히 주장하지 않았다. 바렛 사건은 너무 최근에 일어난 일이어서 도움이 되지 못했다. 따라서 아직은 아방가르드 순응주의자들이 예정론에 손을 댈 때가 아니었다.[53]

그러므로 이제 아방가르드 순응주의자들은 후커의 책에서 그들의 입장을 우아하고 장황하게 변호하는 측면들만을 선택하고 있었다. 그리고 교회 내 수사학적 중심부로 들어가기 위해 후커의 '중용'(moderation)을 사용하고 있었다. 그것은 장기적인 미래를 위한 전략이었다. 코벨 이후 어느 순응주의자가 후커를 인용한 것들 중 하나는, 후커의 『교회 정치론』(*Of the Lawes of Ecclesiastical Polity*) 서문에서 인용한 반청교도적 짤막한 독설로서, 코벨처럼 뱅크로프트의 소송 의뢰인이었던 토머스 로저스(Thomas Rogers)가 1607년에 쓴 글에 실려 있다.[54] 후커가 죽은 지 불과 18년 후에, 청교도를 증오하던 벤 존슨(Ben Johnson)은 스코틀랜드의 윌리엄 드러먼드(William Drummond)에게 후커의 책이 잉글랜드에서 '교회 문제들에 대해' 권위가 있다고 말했다.[55]

아방가르드 순응주의자들은 후커에게서 두 가지 매력적인 주제들을 찾아낼 수 있었다. 청교도들을 대항한 논쟁적인 역할과 로마 가톨릭교회에 대한 화해적인 태도였다. 그러나 로마 가톨릭교회에 대한 후커의 입장은 널리 사용되었다. 그것은 제임스 6세가 잉글랜드 왕위에 즉위하면서 예기치 않게 유행되었다.

가이 폭스(Guy Fawkes)가 제임스와 그의 의회를 제거하려는 무모한 도전을 하는 바람에 잠시 주춤하긴 했지만, 제임스의 정책 중 한 가지 중요한 요소는 국가적이며 세계적 보편주의였다. 국내적으로, 그는 스코틀랜드에서 했던 것처럼 로마 가톨릭교회를 신봉하는 신하들을 그의 통치에 화해시키길 원했다. 그래서 준남작(baronet)에 관한 새로운 잉글랜드법이 1611년에 제정되었을 때, 저명한 로마 가톨릭교도들이 주요한 준남작들에 포함되었다(비록 대가를 치렀지만).[56]

국제적으로는, 제임스가 로마에 범기독교의 재결합을 제안했다. 그리고 심지어 교황이 재결합된 교회의 수장이 될 수 있다는 제안까지 했다.[57] 이 주제에 관한 지속적인 중용의 수사학을 사용한 어느 저자는 그의 주가가 갑자기 상승하는 것을 볼 수 있었다.

특히 예기치 못했던 것은 후커의 책이 이제 이 중용의 수사학 위에서 발전시켜 놓은 고객층이었다. 바로 잉글랜드 로마 가톨릭 선동가들이었다. 로마 가톨릭교도들은, 청교도들을 모욕하고 교리적 권위에 관한 문제들을 토론함에 있어서 성경의 역할을 재조정하는 사람들로 여겨질 수 있었던 잉글랜드국교회 저자들을 최대한 이용할 수 있었다. 그래서 후커가 교리 중재자로서의 전통을 강조한 것처럼 이해될 수 있었다. 또한, 만일 그런 저자가 그런 것들을 말한다면, 로마 가톨릭교회의 경우에는 잉글랜드국교회 반대자들에 의해 만들어지는 것이었다.

이것은 특히 제임스 1세의 보편주의적인 분주함으로 만들어진 분위기 속에서 더 효과적이었다. 그러나 설령 이 전략이 통한다 해도, 로마 가톨릭교도들에게 근본적인 것은 후커의 저서의 권위에 대한 강조였다. 이에 관한 초기 사례들 중 하나는 1604년 의회에서 있었다. 숨은 교황주의자였던 국회의원 존 굳(John Good)이 일어나서 청교도들을 가리켜 프로테스탄트 비국교도에 불과하다고 공격했다.

이것은 『교회 정치』에서 선동하던 일반적인 빈정거림이었다. 또한, 후커의 책을 가리켜 '후커 목사의 절대적이고 반박 불가한 책'[58]이라고 부른 것이 그에게 크게 이익이 되었다. 그 이후 곧장 출판물들에서 이러한 현상들이 나타났다. 우선 존 브레릴리(John Brereley)라는 이름으로 출판된 가명의 로마 가톨릭 저서에서 찾을 수 있다.

브레릴리가 1608년에 출판한 『로마 가톨릭교회를 위한 프로테스탄트의 변증』(*Protestants Apology for the Roman Church*)은 로마 가톨릭 주장들을 변호하기 위해 철저하게 프로테스탄트들을 인용하는 방식에 근거를 두고 있다. 브레릴리는 후커와 코벨을 사용하면서 그들을 잉글랜드국교회의 대표자들로 간주하고, 코벨이 뱅크로프트의 권위로 그

의 책을 출판했음을 의도적으로 지적했다.[59]

브레릴리의 저서들은 반세기 동안 수많은 반격과 재반격을 낳았다. 그리고 후커를 이용하는 그의 전략은 17세기 내내 로마 가톨릭교회의 논쟁에서 일반적이 되었다.[60] 이것은 또한, 결과물을 이루어냈다. 예를 들어, 레이디 포크랜드 엘리자베스(Lady Falkland Elizabeth)(작가, 번역가, 그리고 그레잇 튜[Great Tew] 지역 후견인의 어머니)는 1604년경 로마 가톨릭교회로 개종한 자신의 경험을 말하면서, 『교회 정치』가 "그녀를 어찌할 바를 모르게 했다. 다시 말하면, 그녀를 너무 멀리까지 데려갔기 때문에(그녀는 후커가 매우 합리적으로 그렇게 했다고 생각했다), 원래 있던 교회로 다시 돌아가기 전까지는 어떻게 멈추어야 할지도 모르고 어디에서 멈추어야 할지도 모르게 만들었다"라고 말했다.

이와 마찬가지로, 제임스 2세(James II)는 자신의 개종이 후커를 읽었기 때문이라고 했다. 이것은 후커의 권위에 대한 가장 뜻밖의 찬사였다.[61] 이와 같이 로마 가톨릭교도들이 후커를 이용하게 된 것의 기원은 아마도 아이작 월튼의 글에 들어 있는 그럴싸한 일화였을 가능성이 가장 높다. 이 일화에 의하면, 두 명의 잉글랜드 로마 가톨릭 성직자들이 후커의 글에서 발췌한 내용을 그들이 가져간 라틴어 번역본으로 교황 클레멘트 8세에게 읽어 주자 교황이 후커의 저서들에 대한 존경심을 표현했다는 것이었다.[62]

사실 후커는 라틴어로 출판한 적이 없었으며, 따라서 국제적인 독자들을 얻지 못했다. 다만 1620년대 초에 윌리엄 캠든(William Camden)이 그런 번역이 좋은 생각이라고 이야기했던 적이 있었고, 존 얼(John Earle) 주교가 번역을 위해 힘써 노력해서 그 원고가 남아 있다가 소실된 적은 있었다.[63] 후커의 영향력은 전적으로 영어권 세계 내에서만 한정되었다.

로마 가톨릭교회의 유해한 후커 칭송은 반박을 받아야만 했을 것이다. 한 가지 가능성은 그를 무시하고, 따라서 그의 권위를 부인하는 것이었다. 청교도 정신을 가졌던 수많은 앤드류 윌렛의 후예들에게는 이것이 정답이었다. 탁월한 청교도 강사였던 입스위치(Ipswich)의 새뮤얼 워드(Samuel Ward, 1577-1640)는 의도적으로 후커의 저서들을 지역 도서관에 들여놓지 않았다. 그를 뒤이어 지역 강사들이 되는 자들에게 후커의 책이 결코 유익하지 않을 것이라고 판단했기 때문이었다.[64]

워드의 동앵글리안(East Anglian) 청교도주의 세계에서 첫 사역을 시작했던 칼빈주의자 윌리엄 베델(William Bedell) 주교는 1630년에 자기 개인 서재에 대해 아무렇지도 않은 듯이 "나한테 후커 책은 없다"라고 말했다.[65] 베델의 또 다른 친구의 사례를 생각하면 이것은 그리 놀랄 만한 일이 아니다. 베델의 친구 제임스 워즈워스(James Wadsworth)는 서퍽의 교구 목사였다가 마침내 로마 가톨릭교회로 개종했는데, 어릴 때에 후커, 뱅크로프트, 그리고 후커의 친구 하드리언 사라비아(Hadrian Saravia)의 책들을 잘못 읽고 나서 반칼빈주의 개념들을 받아들였다. 그들이 칼빈의 권징뿐 아니라 칼빈의 교리도 반대한다고 오해했기 때문이었다.[66]

훨씬 더 건설적이었던 흐름은, 후커가 주류였다고 다시 주장하고 그의 반로마 가톨릭적 프로테스탄트 논증들을 강조하는 것이었다. 따라서 그에게서 개혁파교회를 옹호하는 점들을 찾아 내고 그를 다른 개혁파 인사들과 나란히 두는 것이었다. 이러한 흐름은 후커의 유작(遺作) 관리자이자 레이놀즈를 이어 코르푸스크리스티대학(Corpus Christi College) 총장을 지낸 존 스펜서(Dr. John Spencer) 박사의 보좌관이었던 헨리 잭슨(Henry Jackson)이 1612-14년에 후커의 덜 중요한 책들을 연이어 출판하면서부터 생겨난 것 같다. 잭슨은 이 책들 중에서 옥스퍼드출판사가 출판한 두 권의 책에 서문을 썼다.

한 권은 후커의 『칭의에 관한 담론』(Discourse of Justification)서문인데, 여기에서 그는 이 책이 출판될 필요가 있다고 말했다. 왜냐하면 '이 책은 그 저자가 선호했을 것이라고 종종 오해를 받는 신학적인 오류가 그와 무관함을 입증해줄 것이기' 때문이라는 것이었다. 그래서 잭슨은 넌지시 라틴 격언을 덧붙였다.

"적이 없는 사람은 친구에 의해 망한다."[67]

잭슨이 말하는 가장 대표적인 후보는 후커의 변호자 코벨(Covell)이었다. 놀랍게도, 이 책은 1613년에 제2판이 출판되었다. 후커에 대한 관심이 분명히 늘어난 것이었다.

잭슨의 두 번째 서문은 1614년에 출판된 후커의 유다서에 대한 개혁파 설교에 붙인 것이었는데, 여기에서는 후커를 단 한 번도 언급하지 않고, 교황주의자들의 공격에 맞서 종교개혁의 꽃인 휴 라티머(Hugh Latimer) 주교를 열정적으로 변호하는 데에 초점을 맞추었다.[68] 이것은 의도적인 간접 광고였다.

또 다른 프로테스탄트들이 사용한 효과적인 문학적 비유는 최근에 코르푸스크리스티대학에서 가르쳤던 세 명을 운 좋게 하나로 묶어서 그들을 3인방으로 다루는 것이었다. 그 세 명은 모두 데번(Devon) 출신으로 존 주얼, 존 레이놀즈, 그리고 리처드 후커였다. 말하자면, 이 비유는 후커를 반드시 다른 두 명의 안전한 프로테스탄트와 연결시키는 것이었다.

이것은 레이놀즈 박사의 친척 대니얼 피틀리(Daniel Featley)가 쓴 레이놀즈 전기에서 사용된 방법으로, 피틀리는 나중에 캔터베리 대주교가 된 조지 대수도원장(George Abbot)의 지도 신부가 될 사람이었다. 세 명의 데번인들은 '데번 출신 3인방 문학가들'(Devonienses triumviros literatos)이었다.⁶⁹

국교회 칼빈주의자이자 옥스퍼드 신학자였던 조지 헤이크윌(Dr. George Hakewill) 박사도 1627년에 섭리(providence)에 관한 베스트셀러 책을 옥스퍼드대학교에 헌정할 때 이와 똑같은 비유를 사용했다. 이 책 본문에서, 헤이크윌은 더 나아가서 후커를 쯔빙글리와 불링거 등 유럽 종교개혁의 대가들과 연결시키기도 했다.⁷⁰

그러므로 후커가 다시 안전하게 재조명되자, 제임스 시대 교회의 옛 주류 신학자들은 후커에게 마땅한 경의를 표하고 그를 사용할 수 있었다.⁷¹ 그들은 후커가 비교적 중요하지 않은 일들에 대해 공정하게 말한 것들을 인용하는 경향이 있었으나, 항상 그랬던 것은 아니다. 케임브리지 시드니서섹스칼리지(Sidney Sussex College)의 새무얼 워드는 입스위치의 청교도 강사와는 다른 사람이었지만, 최고의 청교도 윌리엄 퍼킨스(William Perkins)의 경건한 제자이자 경건한 자들의 영웅이었는데, 성찬에 관한 후커의 견해를 강력하게 지지했다.

전형적인 칼빈주의 방식을 따른 그는 잉글랜드 프로테스탄트의 일반적인 노선의 성례 논의를 인정하지 않았다. 왜냐하면 그들의 견해가 성찬 효과를 최소화시켰기 때문이었다. 그래서 그는 이러한 견해를 제네바보다는 취리히에 더 가까운 'obsignation'(인치심 또는 확증)이라고 불렀다. 그는 더 건전한 관점을 취해서, 후커가 성례에 대해 말해야만 했던 것을 몇 번이고 추천했다.⁷²

온건한 청교도이자 미래의 주교였던 조셉 홀(Joseph Hall)은 1624년 캔터베리 성직자 회의에서 성직자들에게 기조 설교를 할 때, 후커를 종교개혁 이후 교회에 학문적인 빛을 밝혀 준 21명의 지도자 반열에 올려 놓았다. 그리고 그들 모두를 잉글랜드 성직자의 지성이라는 의미로 '세계의 경이'(stupor mundi)라고 불렀다. 21명의 명단은 주얼(Jewel)로 시작하여 점점 더 청교도 영웅들로 비중 있게 나아갔다. 따라서 후커는 위대한 청교도 베스트셀러 윌리엄 퍼킨스와 또 다른 반칼빈주의 존 오버럴(John Overall)과 바싹 붙어 있었다. 그러나 더욱 놀라운 것은, 그를 비판했던 앤드류 윌렛과도 함께 있었다![73]

하지만 프로테스탄트 신학자로 존경받던 후커는, 제임스 1세 말년과 찰스 1세 시대에 잉글랜드교회(English Church) 안에서 점차 성장하고 있던 로드주의(Laudianism) 세력을 돕고 위로하기 위해, 프로테스탄트 의식주의자이자 중용의 신학자 후커로 둔갑할 수도 있었다. 교회 예식에 대해, 후커는 전적으로 로드주의자들의 주장처럼 말한 것이 아니었다.

그는 예식들이 신적 제도라고 직접적으로 말하기보다는, 법적 타당성과 '대수롭지 않은 것들'이라는 관점에서 로드주의자들의 감성을 에둘러서 인정해 주었을 뿐이었다.[74] 그러나 그의 책 제5권에서 이 주제를 심도 있게 논의한 후커의 주장은 의식주의적 성향을 가진 사람들에게 훌륭한 자료가 되지 않을 수 없었으며, 후커의 다른 글에도 로드주의자들이 좋아할 만한 것이 많이 있었다.

코벨이 윌렛에 대항하여 강조했던 후커의 모든 선구자적인 측면들은 코벨과 버커리지의 후예들이 취하여 발전시킬 것들이었던 반면, 교회 계급 구조 안에 있던 주류 순응주의자들에게는 충격과 분노를 일으키는 것이었다.[75] 로드주의자들은 점점 교회의 보수주의자들을 희생시키면서 자기들의 중심성을 강조했다. 단지 잉글랜드교회(English Church) 내에서만 아니라 분열된 라틴 기독교 안에서의 더 넓은 중심성이었다. 로드주의자들은, 로마 가톨릭뿐 아니라 대부분의 프로테스탄트들과 거리를 두고 잉글랜드국교회를 참된 로마 가톨릭교회주의의 대표자로 재정립함으로써, 제임스 왕이 장려했던 보편주의를 발전시켰다. 따라서 1624년 7월, 이 운동의 가장 거침없는 대변인들 중 한 명이었던 리처드 몽태규(Richard Montague)는 잉글랜드국교회가 '프로테스탄티즘과 교황주의, 그리고 고대 경건의 스킬라와 카리브디즈를 온 몸으로 막아서게' 될 것을 확신한다고 말했다.[76]

이것이야말로 훗날 중요한 성공회 전통이 될 진정한 '중도'(via media) 논의의 시작이었다. 후커의 로마를 향한 선구자적인 화해주의(irenicism)와 지속적인 아리스토텔레스적인 중용(mean)의 강조는 여기에서 크게 유용했다.

후커의 화해주의 외에, 그의 중용(moderation)이 중요했다. 이것은 후커의 문학적 자화상의 일부였고, 틀림없이 그의 개인적인 전망의 핵심 부분을 형성하기도 했다. 존 스펜서(John Spenser)가 1604년에 후커의 『교회 정치』에 붙인 서문은, 후커에 대한 가장 초기의 준-전기적 묘사로서, 후커의 '부드럽고 온화한 기질'을 강조했다.[77] 자기들이 잉글랜드 신앙의 중심부를 대표한다는 로드주의자들의 주장을 고려해 본다면, 로드주의자들이 후커의 온건한 스타일과 신중한 학문을 칭송하는 것이 그들에게 특히 유용했다. 따라서 이 사람을 가리키게 된 '신중한 후커'라는 표현에 들어 있는 형용사(judicious)를 가장 먼저 중시한 사람들은 바로 로드주의자들이었던 것 같다.

한 가지 사례는 1631년 로드주의자 윌리엄 페이지(William Page)가 윌리엄 프라인(William Prynne)을 겨냥하여 예수의 이름에 절하는 것을 변호한 데에서 찾아볼 수 있다.[78] 오래 지나지 않아, 성례주의적 성향을 가진 켄트 주(州)의 신사 윌리엄 카우퍼(William Cowper)는 로드주의자 관료의 격려를 입어 마침내 1635년에 비숍보른(Bishopsbourne)에서 후커를 위해 묘비를 세웠는데, 그를 위해 라틴어 비문(碑文)을 영어로 번역해 넣으면서 후커의 이름에 '신중한'(judicious)이라는 표현을 첨가

했다. 아이작 월튼의 전기에서 '신중한 후커'에 대한 강조가 훨씬 더 커진 이후 1675년 즈음에, 이 명칭은 이제 하나의 상투어가 되어, 『신중한 후커의 성경 해설』(*Judicious Hooker's illustrations of Holy Scripture*라는 제목이 붙은 후커 선집[選集])의 제목에 대해 더 이상 설명이 필요 없었다.[79]

로드주의자들이 후커를 칭송하자 사회적으로 가장 높은 신분의 흠모자가 나타났다. 왕 찰스 1세(Charles I)였다. 1640년대에 찰스 1세의 신하였던 필립 워윅 경(Sir Philip Warwick)은 "앤드루스 주교, 로드 그리고 후커가 바로 이 왕이 좋아하던 세 위대한 저자였다"라고 회상했다.[80] 찰스가 그의 아버지와 형이 서 있던 세계적인 개혁과 전통으로부터 돌아서던 1620년대 초에 랜설럿 앤드루스가 중요한 역할을 했던 것을 생각한다면, 이 말이 그리 놀랍지 않다.[81]

후커의 유언 집행자 중 한 명이자 일관된 후커 지지자였던 앤드루스는 자연스럽게 왕에게 후커의 책을 소개했을 것이다. 또한, 그 이후 1630년대에 앤드루스와 후커는 로드주의자들의 활동의 선구자처럼 인식되었으므로 당연히 로드주의자들과 한 데 묶일 수밖에 없었다.[82] 로드 자신도 당연히 후커에 대한 앤드루스의 메시지를 지지했다.

1636년, 옥스퍼드 명예총장으로서 로드는 찰스가 그의 처남 선제후 팰러타인(Palatine)과 함께 그 대학교를 방문할 수 있게 주도했다. 옥스퍼드 권위자들은 찰스가 지켜보는 가운데 그 추방당한 선제후에게 후커의 책들을 애써 보여 주었다. 이것은 그들이 대단하고 좋은 것들에 대해 보이던 습관적인 태도였다.[83]

후커에 대한 찰스의 애정은 최고의 시절뿐 아니라 최악의 시간에도 한결 같이 나타났다. 그가 죽기 전에 남긴 소위 명상록 『왕의 성상』 (*Eikon Basilike*) 부록에서, 그의 딸 엘리자베스 공주는 그가 찰스와 마지막으로 이야기를 나누었을 때 "그가 나에게 앤드루스의 설교집, 후커의 교회 정치론, 그리고 로드 주교의 피셔에 반박한 글을 읽으라고 말했다"[84]라고 회상했다. 따라서 후커는 그 이후 순교사협회(association in the martyrology)에 의해 로드 주의 성인으로 추대되었다. 이 협회는 더 나아가서 후커가 확실하게 변호한 경건한 예식들은 순교한 왕이 옹호했던 신적 권위를 가진 원칙들과 짝을 이룰 수 있다고 제안했다. 이것은, 이미 눈치채기 시작했겠지만, 정당화될 수 없는 억측이었다.

동시에, 후커는 또 다른 유의성(valence)을 띠기도 했다. 그는 그레이트 튜(Great Tew)에 있는 옥스퍼드셔 저택에 살던 제2의 비스카운트 포크랜드(a second Viscount Falkland)라고 불린 박식한 학자 윌리엄 칠링워스(William Chillingworth) 주변에 모여든 일단의 지성인들의 영웅이 되었다. 칠링워스가 개인적으로 로드의 친구였지만, 이 그룹은 종교개혁 교조주의와 로드주의자들의 성직주의적 의식주의(clericalist ceremonialism)를 똑같이 비판했다.

칠링워스는 그 당시 로마 가톨릭교회를 더 낫게 생각해서 개종한 사람이었는데, 브레릴리(Brereley)와 로마 가톨릭 저자들이 후커를 잘못 사용했다는 것을 잘 알고 있었지만, 그들이 발견한 중요한 주제들은 그가 후커에게서 매력적으로 느끼던 것들이었다. 예를 들어, 후커가 그의 책 전반에 걸쳐 자주 호소한 이성에 관한 논의, 그리고 그레이트 튜(Great Tew) 그룹에게 큰 의미가 있던 덕목인 중용에 관한 것들이었다. 이성과 중용은 로드와 그의 동료들에게 똑같이 중요한 개념이었다.

그러나 그들은 후커의 책에서 이것들을 읽을 때 매우 다르게 이해했다. 서로의 차이는 이성에 관해서 가장 컸다. 칠링워스에게 있어서 이성은 원칙적으로 개인의 정신 기능이었으며, 성경의 권위를 최종적인 판단 기준으로 의존할 수 있느냐의 문제에 영향을 미쳤다. 이성은 사실상 그의 신앙 문제에 있어서 가장 중요한 권위가 되었다.

로드에게 있어서는, 예수회 신자 피셔와의 '회담'(conference)에서 로마 가톨릭교회들이 제시한 교회의 권위에 대한 개념에 대해 논쟁할 때, 이성은 교회의 전통과 밀접하게 관련된 공동체의 지혜였다. 교회 전통은 신적으로 제정된 것이 아니라, 하나님의 선물인 이성에 의해 통제되었다. 이와 같이 이성과 권위에 관해 칠링워스, 로드, 그리고 예수회 피셔 간의 삼자 대립에서, 후커의 선언들은 삼자 모두가 충분히 인용할 수 있을 만큼 모호한 힘을 가지고 있었다.[85]

초기 스튜어트 시대에 후커가 명성을 얻고 그의 권위가 마침내 잉글랜드교회(English Church)와 연결되어 확고히 자리를 잡게 된 최고의 증거는 역설적이게도 스코틀랜드의 격렬한 비평가들에게서 왔다. 그 비평가들의 독설은, 찰스 1세가 북쪽 왕국을 학대하고, 1637년에 새로운『공중기도서』를 백성들에게 요구함으로써 조장한 정치적인 위기 때문에 야기되었다. 그 후 뒤따른 전국적인 혁명이 일어났을 때, 스코틀랜드인들의 목표는 그들이 잉글랜드의 오만함과 교회의 제국주의라고 여긴 것을 거부하는 것이었다. 찰스 1세의 신학적 영웅이 좋은 공격 대상이었다.

1637년에 비타협적인 스코틀랜드인 신학자 조지 길레스피(George Gillespie)가『스코틀랜드 교회에 억지로 부과된 잉글랜드-교황주의 예식들에 대한 논박』(Dispute against the English-Popish ceremonies, obtruded upon the Church of Scotland)을 출판했을 때, 그가 스코틀랜드의 순수성을 공격한 사람으로 가장 먼저 언급한 잉글랜드 신학자는 후커였다. 길레스피와 함께, 우리는 월렛이 후커를 공격했던 것을 생각해 볼 수 있다. 중요한 것은, 길레스피의 신랄한 공격이 1660년에 다시 출판되었다는 사실이다. 이 책은 세 왕국의 교회 문제에 대해 편파적인 성공회 체제

를 저항하던 장로파의 노력의 일환이 되었다.[86]

다른 스코틀랜드인들은 후커에 대한 반감에 있어서 길레스피보다 훨씬 더 신중했을지 모르지만, 그것은 그들이 로드 대주교를 더 혐오했기 때문이었을 뿐이다. 로버트 베일리(Robert Baillie)는, 1640년에 로드를 공격한 혹독한 글에서, 사실상 미사를 부활시키는 로드와 그의 동료들의 글을 '앤드루스, 후커, 몽태규, 또는 잉글랜드 신학자 전체'의 조금 덜 불쾌한 초기의 성찬 논의와 대조시켰다.[87] 지성적인 역사가 코널 컨드런(Conal Condren)은 이것을 적절하게 표현했다.

잉글랜드국교회의 권위 있는 대표자로서의 후커의 명성은 "그의 적들의 불안한 동맹에 의해 확증되었다." 한편에는 예수회가 있었고, 다른 한편에는 성난 스코틀랜드인들이 있었다.[88] 이것은 죽을 당시만 해도 순응주의자들을 선동하는 방대하지만 실패한 저서의 저자로 보였던 사람의 운명에 놀라운 반전이 일어난 것이었다.

1600년부터 40년 만에, 후커의 큰 책(big book)은 대작(great book)으로 바뀌었다. 변화무쌍한 후커는 온건한 프로테스탄트들, 크게 성공한 로드주의자들, 그레이트 튜에 있는 점잖은 이성주의자들, 그리고 로마 가톨릭교회로 개종한 자들을 모두 아우르는 기괴한 스펙트럼의 기수가 되었다. 그러나 그것으로 끝이 아니었다.

1642년 시민 전쟁이 발발하자 잉글랜드는 정치적, 사회적 혼란 이상으로 와해되었다. 새로운 통제 불능의 상황이 이념적인 혼동과 혼란을 낳았다. 안정과 연속성을 대표하는 후커 같은 저자는 최고의 가치가 있었다. 그를 따르던 다양한 옛 추종자들은 그 다음 20년 동안 변함없이 그에게 의존했다. 따라서 앤써니 스페로우(Anthony Sparrow), 헨리 헤먼드(Henry Hammond) 또는 피터 헤일린(Peter Heylyn) 등 옛 『공중기도서』를 옹호하던 자들은 후커에게서 버팀목을 찾았다.[89] 산산조

각 난 잉글랜드감독교회(episcopal Church of England)를 추앙하던 자들은 후커가 실제로 어떤 사람인지 찾아보려는 뒤늦은 관심을 갖기 시작했다.

토머스 풀러(Thomas Fuller)는, 1655년에 출판된 자신의 책 『영국의 교회 역사』(Church-History of Britain)에서, 이 사람의 생애에 관해 그가 찾을 수 있는 것들을 긁어모으기 시작했다. 심지어 1650년대에 다시 찾은 약간의 안정을 옹호하던 자들도 후커의 이름을 이용하려고 애를 썼다. 민감한 장로파 사람들은 독립파(Independents)와 과도한 급진적 분파들을 염려했으며, 대공위 정부(Interregnum governments)를 지지하던 자들은 저항적인 성공회 교도들을 설득해서 교회와 국가의 새로운 질서에 사실상 충성하고 순응하게 하려고 애를 썼다.[90]

유일하게 침묵을 지킨 한 사람이 있었는데, 그는 국가적 재앙이 일어난 후에 가장 열정적으로 안정을 찾았지만 자신만의 암울한 방식으로 안정을 찾은 사람이었다. 바로 토머스 홉스(Thomas Hobbes)였다. 후커의 신학의 성례적 신비주의(sacramental mysticism), 그의 중용, 그리고 교회의 독특한 정체성을 변호하는 그의 사상이 초에라스트주의 절대론(ultra-Erastian absolutism)을 신봉하던 홉스에게는 썩 마음에 들지 않았다.

그럼에도 불구하고, 후커는 더 폭넓은 정치적 중요성을 갖기 시작했다. 왜냐하면 그의 저서 전체가 이제 출판되고 있었기 때문이다. 그가 죽을 당시 『교회 정치』 여덟 권 중 세 권이 아직 원고로만 남아 있었음을 기억해야 한다. 이 원고들이 적절하게 출판될 수 있게 하려는 여러 선언들이 있었음에도 불구하고 아무 일도 일어나지 않았었다. 그 이유가 무엇이었는지 아직 확실하지는 않지만, 일단 처음에는 후커의 상속자들과 유언 집행자들 사이에서 격렬한 내부적인 다툼과 소

송들이 끊이지 않았던 것과 큰 관련이 있었다.[91]

1635년에 세워진 묘비에는 마지막 세 권이 '소실되었다'(desiderantur)라고 적혀 있지만, 그것은 사실이 아니었다. 사실 이 비문에는 의도적인 모호함이 있었을 수도 있다. 왜냐하면 만일 이 비문에 '아직 또는 아직까지'(adhuc)라는 단어를 붙인다면, 'desiderantur'라는 단어가 그 책들이 곧 나올 것이며 더 이상 없지 않을 것이라는 제2의 의미를 갖게 되기 때문이다.

제6권의 일부는 실제로 17세기 초 동안 소실되었다. 그리고 남아 있는 부분에는 참회 제도에 관한 긴 논의가 들어 있는데, 사실 이 부분은 지금으로서는 『교회 정치』의 전반적인 논조와 일치하지 않는 것처럼 보인다. 왜냐하면 이 논의는 장로파 청교도들을 겨냥한 것이 아니라, 로마 가톨릭교도들을 겨냥한 것이기 때문이다.[92]

그러나 감독 제도에 관한 제7권과 교회와 국가에 관한 제8권은 본래대로 남아있다. 다만 다양한 정도로 다듬어진 채 남아있을 뿐이다. 이 책들은 항상 원고가 회람됨으로써 일부에게 잘 알려졌었다. 예를 들어, 랜설럿 앤드루스는 그가 1606년에 제임스 1세 앞에서 한 설교에 제8권을 인용할 수 있었다. 다만 그 인용의 출처를 원고에 밝히지는 않았다.[93]

흥미로운 사실은, 1630년대에 후커 가문의 소송들이 잦아들기 시작한 이후, 그리고 원고로 묶인 책들이 로드 대주교 같은 교회 지도자들의 손에 안전하게 들어갔을 때조차도, 그것이 아직 최종적으로 출판되지 않았다는 것이다. 그것은 아마도 그것들이 알려지지 않았기 때문이라기보다는, 그 내용이 이미 너무 잘 알려졌었기 때문일 것이다. 제7권에서, 후커는 감독 제도의 사도적 기원을 주장하는 로드주의의 관점을 용납하지 않는 최소주의자(minimalist)였다.

이와 똑같은 맥락으로, 제3권에서 그는 이미 제임스 6세(James VI)의 스코틀랜드장로교회의 감독 제도를 실패한 것으로 여겼다. 마찬가지로, 제8권에서, 그는 군주들의 보편적인 신적 권위를 지지하지 않았으며, 이 주제에 관해 지배자와 피지배자 간의 원시 계약(original contract)이라고 확대했다.

그의 입장은 결코 놀랍지 않다. 후커의 첫 출판의 재정을 책임졌던 그의 친구 에드윈 샌디스(Edwin Sandys)는, 종교적인 관점에서 보면 엘리자베스 시대 교회의 열광적인 순응자의자였지만, 후커가 죽고 난 후에 에드워드 6세 정부 편에서 볼 때 큰 골칫거리가 되었다. 즉, 어떤 사람들에게 공화주의자로 의심을 받았으며, 1614년에는 왕이 '왕과 백성 사이의 상호 조약으로 선출된다고 주장할 정도였다.[94]

그런 연관된 문제들로 인해, 1630년대에 교회와 국가의 지배 세력들은 후커의 책이 모두 출판되는 것을 원치 않았다. 빅토리아 시대에 로드를 추앙했던 존 키블(John Keble)은 로드 진영에 대한 의도적인 억압이 있음을 분명히 의심할 수밖에 없다는 사실을 최대한 누그러뜨려 표현했다.

"잘못된 개념이 보급될 수 있다. 일부에 의한 부당한 지원이 혁신가들에게 주어지는 것 같다."[95]

간절한 독자들에게 책의 일부만을 보급하는 사람들이 실제로 많이 있었다. 제3권의 원고가 특히 인기가 많았다.[96] 웨스트민스터 의회가 로드가 가지고 있던 후커의 원고들을 1641년에 몰수하여 그것을 급진적인 설교자 휴 피터(Hugh Peter)의 손에 건네주었는데, 그것들을 출판하게 해서 로드와 왕의 진영에 피해를 입히려는 의도가 있었을 가능성이 있다. 결국 제6권과 제7권의 출판은 1648년에서야 이루어졌고, 그 책임자는 대주교 제임스 어셔(James Ussher)였다. 그는 이전에 로

드의 반대자였으나 이제는 온건한 프로테스탄트 체제를 희망하는 자였다.[97]

이 1648년 출판과 함께 새롭고 역설적인 현상이 시작되었다. 고교회파 성직자들 일부와 왕실의 신적 권위를 옹호하는 자들이 새롭게 알려진 후커의 메시지와 다투거나 불신임하려고 하는 것이었다. 이것은 교회와 국가의 새로운 질서를 지지하는 사람들이 그에게 관심을 보이던 것과 비교가 되었다. 신적 권리에 가장 크게 공헌한 것은 로버트 필러 경(Sir Robert Filmer)의 『가부장권론』(Patriarcha)이었다.

1650년대에 이 책은 『교회 정치』의 뒷부분이 했던 것과 똑같은 방식으로 점차 전반적인 정치 의식 속에 침투해 들어왔다. 뒤늦게 출판되기 전에 이미 원고가 회람되었던 것이다. 아마도 필머는 이 원고를 1630년대 초에 썼던 것으로 보이는데, 군주의 권력이 가족들을 지배하던 아버지들이 누리던 원력(original power)에서 나왔다고 주장했다.

이것은 후커가 강력하게 반대했던 사상이었다. 후커의 제3권의 원고들을 접하고 원시 계약에 관한 불쾌한 메시지를 발견한 필머는, 후커의 출판된 책들이 이미 로드주의자들 사이에 큰 명성을 얻고 있던 것을 생각할 때, 그 대가를 차마 무시할 수는 없었을 것이다. 그의 반응은 후커의 권위에 대해 수사학적 존경을 표하여, 그를 아리스토텔레스와 같은 거장의 반열에 올려놓으면서도 그를 그 그룹 안에서 난장이와 같다고 묘사하는 것이었다. 이것은 그가 후커의 저서로부터 선별적으로 그리고 최소한으로 인용하기 위한 발판이었다.

이미 1658년에, 대공위 시대 정부를 위한 장로파 선동가였던 에드워드 기(Edward Gee)는 국민들에 의한 원시 계약에 근거를 둔 정부 이론을 제안하기 위해, 또는 심지어 찬탈자의 폐위를 정당화하기 위해 후커를 이용하여 아직 원고로 남아 있던 필머의 저서를 공격했다.[98]

이것은 정치적인 후커가 미래에 어떠한 지위에 오르게 될지 보여주는 예언적인 사례였다. 마찬가지로, 제레미 테일러(Jeremy Taylor)가 1660년 1월에 후커의 마지막 세 권에 대해 침묵한 것도 예언적이었다. 세 왕국에 펼쳐질 새로운 신앙 세대에 대한 신나는 전망과 함께, 테일러는 아일랜드 친구들에게 성공회 도서관(Anglican library)을 만들기 위한 기본 도서들을 추천했다.

그는 틀림없이 대주교 어셔가 1648년에 출판한 제6권과 제8권을 알고 있었을 것이다. 그러나 그는 단지 후커의 첫 다섯 권만 추천하고, 특히 예식에 관한 제5권을 강조했다.[99] 그 후 1660년, 대공위 정부의 몰락과 찰스 2세의 왕정복고가 찾아왔다. 해결해야 할 즉각적인 문제는 미래의 잉글랜드의 신앙 형태였다.

잉글랜드교회(English Church)는 지난 20년 동안의 모든 상처들을 치유하고 제임스 1세 치하에 누렸던 프로테스탄트의 보편성을 되살리면서 감독제 위에 다시 세울 수 있었을까?

이러한 일이 일어나기를 바라는 많은 사람들이 감독주의자들(episcopalians)과 온건한 장로파들(Presbyterians) 모두에게 있었다. 망명에서 돌아온 왕정주의자들(royalists)과 잉글랜드 지방에 있던 왕정주의 상류층들은 왕뿐 아니라 옛 교회와 정부를 파괴하는 데 도움을 준 사람들에게 복수를 하기로 결심했다. 그리고 그 복수의 일환으로 그들은 전쟁 이전의 로드주의자들이 하려고 했던 것처럼 순응주의의 경계선을 매우 좁게 그으려고 했다.

이 마지막 그룹에 단호한 성직자 그룹이 속해 있었는데, 정치적인 천재 길버트 쉘던(Gilbert Sheldon)이 그들을 이끌었다. 쉘던은 곧 캔터베리의 대주교가 되었다. 종종 시대적으로 16세기에 잘못 가져다 붙이던 성공회 교도라는 이름이 비로소 이들에게 안전하게 붙여질 수 있다. 곧, 그들 중에서 가장 극단적이고 정치적으로 활동적인 사람들이 고교회파 신자들이라는 이름을 얻게 될 것이었다.

이제 문제는 어떤 진영이 가장 효과적으로 새로운 교회의 정체성을 형성할 수 있을까에 대한 것이었다. 리처드 후커의 정체성이 그 질문에 대한 대답의 일부가 되었다 해도 그리 놀랄만한 일은 아니다. 온건주의자들은 그의 선조들이 1620년대에 그랬던 것처럼 최선을 다해서 후커에게 의존했다. 그 그룹에는 다름 아닌 클라렌던(Clarendon)의 백작 에드워드 하이드(Edward Hyde)가 포함되었다. 그는 전쟁 이전의 그레이트 튜 그룹에 속했었으며, 지난 20년 동안 수많은 고통을 겪었지만, 왕의 수상으로서 왕당파 극단주의(Cavalier extremism)의 흐름과 길버트 쉘던을 중심으로 한 성직자 그룹의 강경책을 저지하기 위해 최선을 다하고 있었다.[100]

클라렌던의 『잉글랜드에서의 반역과 시민전쟁의 역사』(*History of the Rebellion and Civil War in England*)의 첫 문장이 후커의 『교회 정치』 서문의 첫 문장을 모방한 것이라는 사실은 매우 잘 알려져 있다. 휴 트레보-로퍼(Hugh Trevor-Roper)는 클라렌던이 자신의 책을 『교회 정치』의 세속 버전이 되게 하려고 했다고까지 말을 했다.[101] 그러나, 제시카 마틴(Jessica Martin)이 훨씬 최근에 발견한 바와 같이, 동일한 현상의 두 가지 다른 중요한 사례들이 있다. 1640년 이전의 두 온건한 프로테스탄트 인사였던 토머스 모턴(Thomas Morton) 주교와 로버트 샌더슨(Robert Sanderson)에 관한 전기들에 들어 있는 첫 문장들이다.

전기는 이제 후커를 위한 주요 싸움터가 되었다. 이에 대한 단서는 1655년부터 줄곧 토머스 풀러가 잉글랜드교회(English Church)의 역사에 대해 출판한 기념비적인 전기들과 다양한 전기적인 저서들에서 찾아볼 수 있다. 풀러가 후커에게 아낌없는 칭찬을 표했음에도 불구하고, 그 결과물은 결코 영웅전이 아니었다. 한 번이 아니라 두 번씩이나 풀러는 후커가 런던 매춘부에 의해 위협을 받아야 했던 이야기를 넌지시 내비친다. 이전에는 출판물에 등장하지 않았던 위대한 신학자의 숨겨진 명성에 관한 부분이다.

분명히, 『교회 역사』에 들어 있는 트레버스와 후커 사이의 논쟁에 관한 풀러의 긴 설명에는, 트레버스가 훨씬 더 나은 설교자였다는 사실을 포함해서 후커보다 트레버스에 대한 칭찬이 더 많다.[102] 또한, 후커가 전반적으로 크게 패했다는 명확한 암시도 들어 있다.

풀러는 또한, 장로파들과 순응주의자들 사이의 적대감을 최소화하려고 노력했다. 이것은 분명히 1650년대에 맞는 전략이었다.[103] 중요한 점은, 1662년에 상황이 바뀌었을 때, 그의 『잉글랜드 주요 인물들의 역사』(History of the Worthies of England)에 기록된 수정된 이야기에서, 풀러는 두 사람 간의 충돌을 훨씬 더 강조하고 싶었다. 그래서 그가 순수한 제네바의 설교와 순수한 캔터베리의 설교를 대조시키는 구절을 삽입한 것이 바로 이때이다.[104]

그러나 이미 그의 이전 작품은 존 고덴(John Gauden) 주교가 후커의 전 생애를 기록하려고 한 첫 번째 시도에 좋은 지침이 되어 있었다. 고덴의 작품이 바로 현재까지 남아 있는 『교회 정치』 전집 초판에 붙은 머리말이었다.

고덴은 찰스 1세의 베스트셀러 『왕실의 초상화』(Eikon Basilike)의 대작자였는데, 이 일을 비밀로 잘 덮어둔 것의 대가로 왕정복고가 있은 후 엑세터 주교직을 하사받았다. 그럼에도 불구하고, 그는 대공위 기간 동안 교회에 순응하던 온건한 감독주의자였으며, 왕의 왕정복고 계획이 추진력을 얻고 있을 때, 새로운 교회가 어떻게 포괄적인 방식으로 나아갈 수 있을지에 관한 심도 있는 연구를 출판했다.

그런데, 이 연구에서 후커가 중요한 지지자 역할을 했다.[105] 고덴은 야망이 있는 사람이어서, 후커의 책에 붙인 이 중요한 문학적 도전으로 인해 자신의 능력을 발휘할 수 있는 기회를 잡기를 간절히 바랐다. 그러나 자기의 노력으로 더 발전하고 싶은 그의 소망은 좌절되고 말았다. 그의 서론적 전기가 1662년에 출판되자 그것은 쉘던과 완고한 고교회파 신자들을 섬뜩하게 만들었다. 그의 글은 사실상 이상한 글이었다. 두서없는 훈계와 군더더기로 가득한 4절판 40페이지 분량에, 엑세터에 있는 후커의 정확한 출생지를 추측한 것(고덴이 최근에 맡게 된 그 도시의 회중에게서 정보를 얻음) 외에는 이미 기존에 출판되었던 내용들에 사실상 아무 것도 덧붙이지 않았다.

또한, 놀랍게도, 풀러가 말했던 매춘부의 협박에 관한 이야기를 한 페이지 이상에 걸쳐 자세하게 살을 붙여 놓았으며, 고덴의 옥스퍼드 학부 시절에 있었던 안 좋은 가십들도 실어 놓았다.[106] 고덴은 또한, 풀러에게서 힌트를 얻어서 영웅전이 되지 않게 하려고 특별히 후커의 따분한 설교에 관해 다루었다. 그는 『교회 정치』 제5권이 매우 지루하며, 후커를 존경하는 그의 마음이 그다지 압도적이지는 않다는 노골적인 암시를 보여 준다.

"그에게 있어서 어떤 점들은 존경할 만했고, 많은 것들은 모방할 만했다. 그리고 모든 것들이 칭찬할 만했다."[107]

아마도 대주교 쉘던 같은 독자들의 눈에 가장 불쾌하고 위험했던 것은 고덴의 공격적 중용이었을 것이다. 그는 전쟁 이전의 로드주의에 대해 공개적으로 그리고 반복적으로 무례하게 말하면서, 1640년대의 재앙에 대해 로드주의도 비난을 받아야 한다고 다음과 같이 주장했다.

> 잉글랜드국교회의 힘은 공공연히 타격을 받기 전에 이미 상당히 쇠하고 훼손되었다. 부분적으로는, 예식에 있어서의 과도하고, 불법적이고 권한 없는 혁신들에 의해서다. 어떤 사람들이 그것들에 영향을 주어 공적으로 사용되게 했고, 다른 사람들에게 부과했다. 그리하여 사람들로 하여금 시기하고 분노하게 되었다...

이러한 말은 1590년대에 교리적인 장로파 사람들과는 신중히 구별되던 온건한 비순응주의자들에 대해 했던 화해주의적인 말과 비슷한 것이었다.[108] 후커는 거듭 지나치게 균형추로 제시되었고, 감독제에 대한 고덴의 견해는 단호히 실용적이었다.

> 잘 운영되는 감독 제도는 분명히 하나님의 영광과 우리 구세주의 영예에 가장 큰 유익이 된다. 그것들이 교훈과 모범으로 이 세상에 가시적인 교회와, 정규적인 회중과, 질서 있는 가족을 구성했기 때문이다.

독자들(그는 '우리... 주교들과 장로들'이라고 말한다)에 대한 그의 마지막 권면은 그들이 후커의 "거룩함과 평강에 대한 주된 관심을 게을리 함으로써 친구를 잃지 말고, 무분별한 분노와 방종으로 적들을 늘리지 말라"[109]는 말에 영감을 받아야 한다는 것이었다. 1662년의 승리주의자 성공회 교도의 탄압이 한창일 때, 이것은 불온한 말이었다. 무언가 행해져야 했다. 그런데, 같은 해에 후커에 대한 자신의 오류를 수정해 주는 풀러의 『잉글랜드 주요 인물들의 역사』가 출판되어, 완벽한 용서가 이루어졌다.

그 결과, 길버트 쉘던은 아이작 월튼에게 그를 대체할 만한 전기를 의뢰했다. 그것은 월튼이 이전에 꼭 해보고 싶었던 사랑스러운 일이었다. 따라서 그 일은 후커에 대해 알려진 일들을 기쁘게 그리고 멋지게 재구성하여, 월튼의 온건한 성례주의적 성공회주의를 이전 시대의 온건한 신학자에게 역으로 투영한 이미지로 만들어 내는 일이었다.110 이 전기는 1665년에 가장 먼저 출판되었다. 그러나 1666년부터 이 전기는 후커 저서 모음집에서 고덴의 전기를 영원히 밀어냈다. 즉, 월튼의 매우 음험한 서론적 전기는 고덴의 '많은 사료적 오류들과, 더 많은 생략된 것들'을 아쉬워했다.111

월튼이 만든 책 전체의 앞표지마저도 전체적으로 보면 고덴이 편집한 책표지와 거의 비슷하지만 적절한 방식으로 교묘하게 개조했다. 고덴의 후커는 "학식 있고, 경건하고, 신중하고, 설득력 있다"라고 묘사되었다. 반면에 월튼의 후커는 단지 '학식 있고 신중'했다. 고덴의 잉글랜드국교회는 '따분한 개혁파'였다. 반면에 월튼은 그 어구 전체를 삭제했다. '경건한' 그리고 '개혁파'는 쉘던의 성공회 세계에서 나쁜 어감을 가지고 있었다.

월튼의 글의 가장 주목할 만한 특징들 중 하나는, 이 글이 『교회 정치』 마지막 세 권의 진정성을 의도적으로 훼손하려는 노력을 하는 것이었다. 이 책들에는 신적 권위와 감독 제도에 관해 입맛에 맞지 않은 자료들이 포함되어 있다. 그래서 사실 월튼은 이 세 권에 반박하는 주장을 부록으로 실었다. 후커의 상속자들의 집안싸움에서 나온 상황적인 일화들과 진술들을 사용해서, 월튼은 제6권부터 제8권이 이념적인 의도를 가진 체제 전복 세력들에 의해 제멋대로 수정되었으며, 따라서 후커의 본래 의도를 제대로 담고 있지 않다는 것을 보여주려고 애를 썼다.

이것은 두 마리 토끼를 다 잡으려는 참으로 기막힌 시도였다. 말하자면, 성공회 예식과 잉글랜드국교회의 국교회 정치를 변호하던 후커는 크게 성공한 성공회주의에게 권위 있는 도움과 위로를 계속해서 줄 수도 있었던 반면, 그의 미심쩍은 정치적 진술들은 차단될 수도 있었다. 초창기에는 정치적 계약 사상을 가지고 있다가 이제는 왕권신수설을 열렬히 신봉하기를 원하던 왕정주의자들은 제8권의 미심쩍은 자격을 발견하고는 그것을 유용하게 사용할 수 있었다. 말하자면 그들은 자신들이 그럴싸한 책에 의해 잘못 인도되었다고 주장할 수 있었던 것이다.[112]

월튼처럼 자기가 편집하는 책을 통해 독자들의 확신을 흔들어 놓으려고 그렇게 애쓸 수 있는 편집자도 없었고, 그렇게 목적을 달성하는 사람도 거의 없었다. 젊은 새뮤얼 테일러 칼러리지(Samuel Taylor Coleridge)나 타고난 역사학자 헨리 핼럼(Henry Hallam)처럼 진보적인 비평가들이나 휘그파 지지자들은 이 마지막 세 권에 대한 고교회의 의심이 자기 잇속만 차리는 것이라고 항상 지적했다.[113]

그러나 월튼의 글의 영향 때문에, 후커 저서 중 이 마지막 부분의 진정성이 20세기에 이르기까지 여전히 의심을 받고 있다. 전혀 불필요하게 말이다.[114] 월튼의 전기 이후 후커의 명성과 영향력에 대한 이야기는 이제 두 갈래로 나뉜다. 서로 거듭 교차되기는 하지만 분명히 구분된다. 하나는 교회론적 권위로서의 명성이고, 다른 하나는 정치적 합의와 계약 이론가로서의 유용성이다.

마지막 교회의 흐름에 대해 논평하는 사람들은 대체로 세 권을 거부하거나 무시하는 경향이 있었다. 반면, 정치적 흐름에 대해 논평하는 사람들은 그 권들의 진정성을 인정했다. 두 진영은 그럼에도 불구하고 후커의 자명한 권위를 그들이 직면하는 거듭된 위기들에 적용할 수 있을지 궁금해 했다. 그 결과 온건한 고교회파 성직자 후커와 휘그파의 국가계약주의 후커를 서로 대치시키는 것이었다.

교회에서 계속 칼빈주의를 고수하는 구시대 사람들은 종종 그들이 잉글랜드 신학(English theology)을 지배했던 것을 떠올리기 위해, 또는 고교회파와 알미니안주의 찬양자들을 곤란스럽게 하기 위해 종종 예정에 관한 후커의 진술들을 인용하곤 했다. 그러나 그들은 소수의 목소리에 불과했다.[115] 비순응주의자들 중 다수는, 한 때 후커의 저서를 받아들였던 온건한 개혁파 전통의 후예들이었는데, 1662년 사건 이후 교회론적 후커에 대한 관심을 대체로 잃어버렸다.[116]

이것은 당연한 일이었다. 특히, 1679-81년 요크의 공작 제임스를 권좌에서 쫓아낸 정치적 위기에 자극을 받아 성공회 내에서 새로운 비순응주의 출판 물결이 일어난 후에 그러했다. 그래서 후커는 주로 고교회파 출판물들에만 모습을 드러냈다. 여러 구절들이 선별적으로 인용되었고, 1682년에는 새로운 판본이 출판되었다.[117]

반대로, 왕권신수설을 반대하던 정치인들은 그들의 이념적 주적(主敵) 로버트 필머 경(Sir Robert Filmer)이 후커를 공격하기도 하고 왜곡하기도 하는 사실에 자극을 받아 후커를 더 의존했다. 왕위 계승 배제 위기(Exclusion Crisis)가 있던 동안, 필머의 『가부장권론』이 출판되어 제임스를 지지하는 토리(Tory)당의 주요 논거가 되었다. 공화정 성향을 가졌던 앨거넌 시드니(Algernon Sidney)는 필머를 반박하면서, 자기의 견해를 뒷받침해 줄 만한 증거로 후커의 권위를 의존했다. 다만 독단적인 군주제에 반대하여 귀족 정치를 옹호하는 과정에서는, 그 정치 상황에서 거의 필머가 했던 것처럼 후커의 정치 사상을 철저하게 배척했다.[118]

더 장기적인 중요성을 갖는 것은 존 로크(John Locke)와 필머의 논쟁으로, 역시 왕위 계승 배제 위기 관련 문서의 일부였다. 시드니의 글에서와 같이, 로크는 필머 등이 지지하는 일종의 절대주의에 반대하면서 후커를 존경할 만한 전통적인 권위로 사용하여 정부 뒤에 원시 계약이 존재한다는 증거로 삼고, 더 나아가서는 자기의 더 급진적 결론의 연막으로도 삼았다.

후커는 정치 활동에 있어서 합의와 관습을 최고의 덕목이라고 말한 반면, 로크는 그의 『통치 이론』(*Two Treatises of Government*)에서 정치적 지혜의 공동 소유보다는 개인 소유를 강조했다. 로크는 자연법에서 적극적인 신의 의지와의 밀접한 연관성을 배제시켰으며, 개인의 자연적인 권리를 강조했다. 이 둘 중 어느 하나도 후커의 정신 세계에는 들어 있지 않았다.[119]

1688년 명예혁명은 왕위 계승 배제주의자들(Exclusionists)이 실패했던 곳에서 제임스 2세(James II)를 몰아냈다. 불안한 정국은 제임스 2세(James II)을 몰아내면서 무슨 일이 있었는지 설명할 방법을 찾았는데, 처음에 그에 대한 대답을 준 것은 로크의 『통치 이론』의 진보적 계약설이 아니었다. 새로운 휘그파는 필사적으로 제임스의 제거를 지지한 성공회 토리파와의 느슨한 동맹을 위기에 빠뜨리고 싶지 않았으며, 또한, 자기들이 무언가 급진적인 일을 했거나 또는 시민 전쟁 때 나타난 인민주의자들(populists)처럼 일을 한 것이라고 제시하고 싶지도 않았다.

그러므로 로크로부터 눈길을 돌려, 귀족들의 역할을 강조하는 더 보수적인 정부 모델을 찾았다. 민중의 봉기가 아니라 적법하게 조직된 의회가 왕국의 변화를 가져왔으며, 따라서 잉글랜드를 급진주의와 로마 가톨릭의 양극단으로부터 구해냈다. 혁명 지지자들은 거리낌 없이 섭리적인 신앙 표현들을 사용했다. 예를 들어, 윌리엄 3세(William III)는 잉글랜드교회(English Church)를 변호하는 하나님의 대리인이었다.

이러한 관점들로 보면, 후커는 인용할 만한 확실히 보수적인 인물이었다. 특히 제임스와 그의 반대자가 아닌 자들이 잉글랜드 정치에 반갑지 않은 혁신을 가져왔다는 점을 강조한다면 특히 그렇다.[120] 1689년, 국가가 힘겹게 평정을 다시 찾았을 때, 적어도 두 지역의 사계법원(quarter-session) 대배심들은 주심 판사가 인용한 과도한 후커 인용문으로 그들의 판결문을 채워야 했다.

예를 들어, 케임브리지에서, 매튜 더들리 경(Sir Matthew Duddly)은 후커를 '위험한 영들,' 즉 마프럴럿 일당을 논박한 것 때문에 칭송하고, 그의 '사랑과 온유함'을 높이고, 그의 서문의 첫 문장을 인용했다. 레스터셔(Leicestershire) 스템포드(Stamford)의 백작은 그의 대배심 판결문을 '비교불가한 후커'와 그의 (당연히 의심의 여지없이 확실한) 제8권으로부터 인용한 내용으로 장식했다.

"법이 왕을 다스리는 곳에 가장 잘 확립된 통치권이 있다."[121]

시민 혁명(Glorious Revolution)의 여파는 결국 후커가 묘사했던 정치의 본질을 파괴했다. 후커가 알던 교회는 사실상 국가의 모든 프로테스탄트들을 포함하는 교회였다. 그리고 그가 비록 청교도들을 가리켜 분리주의자들이라는 수사학적인 표현을 사용했다 해도, 그것은 사실 광범위한 전국적 교회에 속하는 반대자들에게 말한 것이었다.

사실, 후커의 글은 잉글랜드에 있는 모든 사람들이, 로마 가톨릭 저항자들을 포함하여, 동일한 교회의 몸의 일부라는 의미를 담고 있었다.[122] 혁명이 일어난 후, 잉글랜드국교회 안에 적어도 주교와 『공중기도서』를 반대하는 사람들이 있을 수 있는 여지를 마련하려고 했던 포괄법안(Comprehension Bill)이 실패하자, 이것은 더 이상 프로테스탄트만의 문제가 아니었다.

따라서 범프로테스탄트 교회는 재건되지 않았다. 1662년 국교회설립이 완성된 이후부터 프로테스탄트 비국교도들은 줄곧 존재했었다. 그런데 이제 그들은 전국적인 신앙 판도에 있어서 영구적인 특성을 갖게 되었다. 1689년에 통과된 관용법(Toleration Act)은 본래 의도와 달리 소규모 분리주의자들에게 관심을 기울이지 못하고, 프로테스탄트 인구 중에서 다수파에만 관심을 보였다. 18세기 복음주의 부흥과 감리교의 분리는 이 상황을 더 악화시킬 뿐이었다. 주디스 몰트비(Judith Maltby)는 이에 대해 다음과 같이 말했다.

"1689년, 국가교회(national church)교회는 마침내 훨씬 실용적인 개념인 국교회(established church)로 대체되었다."[123]

후커가 더 이상 쓸모없어진 것이 아니라, 오히려 이 새로운 상황이 그의 효용성에 또 다른 차원들을 추가시켰다. 휘그파가 그를 이용해서 원시 계약을 주장했다면, 참으로 국가적인 교회를 그리워하던 토리파는 잉글랜드국교회를 사실상 하나였던 옛 상태로 되살리고자 하는 지속적인 노력의 일환으로 후커를 의존했다.

그러나 다른 토리파들은 새로운 정치 질서에 전혀 대처할 수 없었다. 그들은 국교회(Established Church)를 떠나 스튜어트 왕조에 신실하게 충성하기로 맹세하는 급진적 선택을 했다. 그리고 선서 거부자라고 알려진 교회 세력을 형성했다. 시간이 지나면서, 그들 중 일부는 심지어 그 분리로부터 이익을 얻기 시작했는데, 자기들의 교회의 순결한 순수성을 자랑으로 여기고, 교회와 국가가 서로 연결될 필요성이 없다는 주장도 했다.

이제 후커는, 1689년 이후의 정부를 받아들이고 국교회 안에 남아있던 토리파가 선서 거부자들을 대항하는 데에 사용되었다. 왜냐하면 후커는 기독교 사회에서 교회와 국가가 서로 분리되지 않는 연합을 주장했었기 때문이다. 그렇다고 해서 선서 거부자들이 후커를 더 이상 읽지 않은 것은 아니었다. 그들은 여전히 후커를 이용하여 감독 정치를 변호하고, 주교들의 신성한 직분이 교회의 순결을 보존하기 위해 필요하다는 주장을 했다.¹²⁴

따라서 후커는 18세기에 들어와 온건한 휘그파, 로크주의 휘그파, 온건한 토리파, 의식주의 목사, 그리고 교회의 사도적 정부를 옹호하는 선서 거부자가 되었다. 이때부터, 잉글랜드 정치인들 중에서 즉각적으로 존경받을 이름이 필요하거나, 자기들의 주장을 위해 유리한 고지를 점하려고 하는 정치인들은 하나같이 후커를 인용했다. 심지어 정통 기독교 그룹 밖에 있던 소치니주의자들(Socinians)과 이신론자들(Deists)조차도 후커를 의존했다.¹²⁵ 앤 여왕이 죽은 직후, 후커에 근거를 둔 잉글랜드국교회의 조직을 변호할 때, 휘그파였던 존 와일즈 경(Sir John Willes)이 말한 다음과 같은 말은 사실상 어느 주석가든지 할 수 있는 말이었다.

> 후커 씨는 의심의 여지가 없는 명성을 얻은 저자이다. 그리고 위대한 학자요 참으로 정통적인 신학자로 언제나 존경받는다. 또한, 그러므로 그의 권위는 내가 말할 수 있는 정도보다 훨씬 더 무게가 있을 것이다.¹²⁶

그럼에도 불구하고, 후커를 가장 요란스럽게 주장하는 자들은 당연히 결국 권력을 갖게 된 자들이었다. 앤 여왕(Queen Anne) 시대에 토리파가 잠시 부흥기를 맞이했을 때, 토리파가 가장 시끄럽게 주장한 후커의 사상은 교회와 국가의 유기적 연합이었다. 하노버 왕조(Hanoverians)가 왕위에 오르고 토리파가 패하게 되자, 휘그파가 다시 주장한 후커의 다른 면들이 최고로 중요하게 되었다.

로크가 국교회로부터 점차 더 널리 존경을 받게 되자, 많은 사람들이 로크의 시선을 통해 후커를 읽었다.[127] 주요한 휘그파 신자였던 벤자민 호들리(Benjamin Hoadly)는 로크를 싫어했지만, 1710년에 『후커의 판단에 대한 변론』(*A Defense of Mr. Hooker's Judgment*)을 썼다. 이 책은 1689년에 동의 법령에 의해 안전하게 그 형태를 갖춘 광교파교회(*Latitudinarian Church*)나, 또는 의회 주권 아래 안전하게 있던 에라스투스파교회(Erastian Church)에 대한 변론서다.[128]

그러나 호들리 주교는 교회와 국가 안에서 조용하게 살고 싶어 하던 많은 동료 휘그파 당원들을 위협하는 교회 논쟁을 야기했다. 그리고 그의 극단적인 에라스투스주의는 휘그파임과 동시에 성직자들이었던 휘그파 성직자들을 불쾌하게 했다. 이 문제에 대해, 호들리의 주제들을 받아들일 만한 새로운 형태로 만들어 창의적인 답변을 내놓은 사람은 하노버 잉글랜드의 전형적인 국교회 또는 왕궁 휘그파 성직자 윌리엄 워버튼(William Warburton) 주교였다.

그의 책 『교회와 국가의 동맹: 또는 국교 신앙과 심사법의 필요성과 공평성』(*Alliance between Church and State: Or, the Necessity and Equity of an Established Religion and a Test-Law Demonstrated*)은 1736년에 가장 먼저 출판되었으며, 그 이후에 베스트셀러가 되기까지 확대되었다.[129]

워버튼은 본래 독창적인 사상가는 아니었다. 하지만 하노버 왕조 법률에 대한 그의 분석이 매우 현실적이어서 그의 책이 꾸준히 대중화될 수 있었다. 제3판에서 그는 그 책을 기증받은 체스터필드(Chesterfield) 백작에게 이 실용주의에 대해 자랑했다.

> 나는 우리의 행복한 헌법을 계속해서 주목하고 있습니다. 따라서 참으로 안전한 이 안내자의 지도 아래, 나는 이 주제들을 단지 추상

적으로만 다루어서 잘못된 길로 빠진 최고의 저자들의 위험한 비전들로부터 안전할 수 있었습니다.¹³⁰

그의 평범한 대표성 덕분에 광범위한 파급 효과를 낳았다. 워버튼(Warburton)의 현실주의에는, 지난 3세기 동안의 영국 조직에 대한 대부분의 잉글랜드 주석가들과 다른 놀랍도록 단순한 통찰이 있었다. 즉, 통합된 왕국의 본질적인 요소로서의 스코틀랜드장로교회의 존재였다. 이 교회는 잉글랜드국교회와는 전혀 다른 에토스를 가진 집단이었다. 워버튼은 이 교회에 온정적이지 않았으며, 그 교회가 국가에 비협조적인 것에 대해『교회와 국가의 동맹』에서 신랄하게 말했다.¹³¹ 그러나 이 교회는 불가피하게 1689년과 1707년의 헌법적인 합의 이후에 그곳에 생겨났으며, 따라서 잉글랜드의 잉글랜드국교회처럼 스코틀랜드 국민 다수를 대표했다.

그러므로 이 교회는 잉글랜드국교회의 지속적인 특권적 지위에 정당성을 부여해 주었으며, 스코틀랜드 선서 거부자 감독파 성직자들의 자코바이트주의(Jacobitism)에 대한 방어막이 되어주었다.『교회의 국가의 동맹』1741년 색인의 기록처럼, 교회와 국가의 동맹은 "반드시 항상 가장 큰 종교 사회를 가지고 있다. 하나의 국가에서 한 개 이상일 수도 있다. 예를 들어, 잉글랜드에서는 감독교회가, 그리고 스코틀랜드에서는 장로교회가 있다."

따라서 이것이 소위 워버튼주의(Warburtonianism)라고 불리는 것의 주요 근거다. 즉, 교회와 국가의 동맹은 두 개의 분리된 사회, 즉 세속적인 사회와 종교적인 사회가 자유롭게 체결하는 연합(association)이었다(워버튼은 계약[contract]보다는 협약[convention]이라는 용어를 선호했다). 국가는 이 연합에서 더 큰 목소리를 가져야 했지만, 연합이 취소

될 수는 없었다.

이 연합이 모든 그리스도인들을 포함하는 배타적인 교회를 의미하지도 않았다. 즉, 하나의 국교회(Established Church)는 심사법(Test-Acts)에 의해 보장된 주요하고 특권적 역할을 감당했고 다른 그리스도인들은 공적인 생활에서 불이익을 받았다. 그 대신 심사법은 다른 그리스도인들의 다른 권리들은 보장했다. 교회는 다수의 지지를 얻을 때 한해서 국교화되었다.[132]

18세기 영국의 그처럼 명석한 판단은 엘리자베스 시대 잉글랜드에 대한 후커의 비전과 근본적으로 대조적이었다. 워버튼의 국가에는 신적 특성이 없었다. 그보다 앞서 로크가 그랬던 것처럼, 워버튼도 자연법과 그 신적 기원의 연관성을 약화시켰다. 결과적으로, 워버튼이 후커에 대해 썼을 때, 그는 1689년 왕위계승법 이후 이 신중한 신학자와 관련해 불거진 모든 긴장들이 어떠했는지 모두 예증해 주었다.

『교회와 국가의 동맹』 초기 판본들에서는, 이 문제를 무시했다. 그는 온건한 휘그파가 하던 대로 후커를 많이 사용했는데, 광신주의를 공격한 후커를 칭송했고, 감독 제도에 관한 후커의 견해를 왜곡한 고교회파를 비웃었으며, 매우 장식적인 인용구들을 사용했다. 그는 또한, 비국교도 역사가 대니얼 니일(Daniel Neal)의 부당한 비판이라고 여겨지는 것에 대항하여 후커를 변호했다.[133]

그러나 1740년대 내내, 워버튼과 토리파 저자 헨리 볼링브로우크 경(Henry, Lord Bolingbroke)의 복잡한 관계는 심각한 반목을 낳았으며, 마침내 워버튼이 『교회와 국가의 동맹』을 더 확장하는 계기가 되었다. 볼링브로우크는 휘그파 로버트 월폴(Robert Walpole)을 대항하는 운동에서 광범위하게 후커를 인용했으며, 따라서 자연스럽게 볼링브로우크가 생각한 후커는 교회와 국가의 유기적 연합의 지지자였다.[134]

1766년 판『교회와 국가의 동맹』에서, 워버튼은 여러 면에서 볼링브로우크와 부딪혔으며, 그가 후커를 오해했다고 주장했다. 그러나 워버튼은 또한, 교회와 국가의 유기적인 연합의 기본적인 원칙에 관해 후커에 대한 볼링브로우크의 인식이 지나치게 정밀하다고 생각했다.

두 사람은 이제 논쟁을 벌일 수밖에 없었다.[135] 워버튼은 다른 측면들에서 후커에 대한 존경을 재확인했다. 그는 이제 후커를 가리켜 우리 체제에서 '가장 좋은 사람'(BEST GOOD MAN)이라고 불렀고, 그와 필머의 상반성을 지적했으며, 제8권의 진정성을 강조했다. 그럼에도 불구하고, 워버튼 자신과 달리, 후커는 '동맹(ALLIANCE)에 관한 주요 사상'을 발견하지 못했으며, "교회와 국가가 서로 다른 이름을 가진 단 하나의 사회라고 생각한 것이 옳지 않았다."

워버튼은 탁월한 수사학적 기교를 사용해서 후커, 엘리자베스 시대 청교도, 토머스 홉스, 그리고 볼링브로우크를 공통된 에라스투스주의로 연결시켰다. 이 명단은 또한, 그가 명시적으로 이름을 언급하지 않은 시끄러운 호들리 주교를 지나친 에라스투주의자라고 비난하는 암묵적인 효과가 있었다. 워버튼은 또한, 후커의 견해를 비롯해서 교회와 국가의 유기적 연합에 관한 모든 개념은 필연적으로 종교적 견해들에 대한 박해의 원리로 나아갈 수밖에 없다고 (정확히 바르게) 지적했다.[136]

워버튼의 책은 18세기 중엽 휘그파 체제에 매우 유용했음에도 불구하고 널리 칭송을 받지 못했다. 그 책은 성공회 국가 성직자들의 환상을 어지럽혀 놓아서 그들은 여전히 국교회가 아니라 국가교회를 섬겼다. 따라서 어쨌든, 그들 중 다수는 그들보다 더 현실적인 워버튼 같은 지배층들을 어지럽혔으며, 워버튼이 지적으로 분명히 로크에게 빚지고 있는 점을 싫어했다.[137] 그러므로 후커에 대한 워버튼의 공격은 고교회파와 토리파의 교회와 국가에 관한 후커주의 원칙에 집중되었으며, 반대로 그들의 이러한 사고는 프랑스 혁명의 재앙에 의해 더 극적이고 긴급한 자극을 받았다. 왕이 처형되고 국가교회가 전복되었을 때, 워버튼주의는 경시를 받았다.

에드먼드 버키(Edmund Burke)는 교회를 '국가 자체의 봉헌이라고 묘사했는데, 이것은 워버튼이 세속 국가를 다수 교회와의 자유로운 동맹이라고 해석한 것과 매우 다르다.[138] 새뮤얼 호슬리(Samuel Horsley) 주교, 허친슨파 신학자들, 그리고 해크니 팰렁크스(Hackney Phalanx) 등, 옥스퍼드 운동 이전의 고교회파 신자들은 아이러니하게도 워버튼을 극단적 에라스투스주의자로 보고 그를 경멸했다. 그들은 후커를 칭송했지만, 선서 거부자들의 교회 사상에 담겨 있는 과장된 성례주의와 성직자주의를 약간 불편하게 취급하기도 했다.[139]

그런 후커식의 고교회에 대한 갈망이 붕괴된 것은 1828-32년 영국 정부의 기반이 변화된 데서 찾아왔다. 수많은 시민권들과 정치적 권리들을 프로테스탄트 비국교도들과 심지어 로마 가톨릭교회에게까지 확대시키는 일련의 법령들은 신앙고백적인 잉글랜드 국가를 건설하려 했던 오랜 상처 입은 사상에 치명타를 입혔다.

단순히 토리파만 영향을 받은 것이 아니었다. 휘그파의 권익도 허물어졌고, 후커의 사상과 휘그파의 신념의 연관성도 지성적인 역사로 치부되고 말았다. 토리파 사이에서, 새로운 상황에 대한 반응들 중 하나는 새뮤얼 테일러 칼러리지가 그의 책 『교회와 국가의 설립에 관하여』(On the Constitution of Church and State)(1830)에서 보인 반응이었다.

이 책에서, 후커의 광팬이었던 칼러리지는 후커를 독특하게 오해했다고 말할 수도 있다. 칼러리지는 종교적인 기능 뿐 아니라 문화적 기능까지 가진 국가교회, 곧 그리스도의 교회와 구별될 수 있는 교회를 꿈꾸었다. 만일 이 두 교회가 서로 관련이 있다면, 그것은 '축복 받은 우연'(blessed accident)이었다. 그리고 나서 칼러리지는 교회의 이 두 얼굴을 후커가 논의한 가시적 교회와 비가시적 교회와 일치시켰다. 그러나 칼러리지의 가시적 교회는 그 주요 역할이 국가의 문명화를 낳는 것으로서, 신적인 진리와 신적인 행동이 세상에 구현된 실체로서의 후커의 가시적 교회와 같을 수 없다.[140]

칼러리지는 어쨌든 자신이 유니테리언이 된 이후에 어떤 의미에서 되돌아갔던 옛 고교회파 사람들과의 관계에 있어서 독특했다. 훨씬 대표적인 것은, 그리고 교회와 국가에 관한 후커식 이상주의에 대한 최종 판단을 내린 책은, W. E. 글래드스톤(W. E. Gladstone)의 기념비적이지만 불운한 저서 『국가와 교회의 관계』(*The State in Its Relation with the Church*)(1838)였다. 경건한 신자이자 현실주의적인 정치인이었던 글래드스톤은 후커가 1832년 이후의 잉글랜드에 직접적으로 들어맞을 수 없다고 생각했다. '교회와 정부는' 더 이상 '인격적으로 하나의 사회'(one society)일 수 없었다.

그럼에도 불구하고 그는 후커에게서 '국가가 인격체로서 양심을 가지고 있고 신앙의 문제를 인식하며 그것을 증진하기 위한 모든 법적이고 자연적인 수단에 매인다는 위대한 교리'를 결론으로 이끌어냈다. 그리고 워버튼이 국가에 대해 이와 반대되는 세속적인 견해를 가지고 있다고 비판했다.[141]

그러나 이런 식으로 영국교회(British Church) 체제들을 변호함에 있어서, 글래드스톤은 이미 사라진 세계를 변호하고 싶지 않았다. 즉, 완전히 잉글랜드인이 되기 위해서는 비국교도나 로마 가톨릭교회가 되어서는 안 되고 잉글랜드국교회의 교인이 되어야 하는 나라 잉글랜드를 변호하지 않았다. 특징적으로, 그 나라에서 사실상 다른 어느 누구도 자기에게 동의하지 않는다는 사실을 발견했을 때, 그는 두 배로 길게 책을 다시 써서 자기가 결코 오해한 것이 아니라고 역설했다.

하지만 여전히 아무도 동의하지 않았다. 1860년대 말엽, 글래드스톤은 국교회의 이론적 정당성을 스스로 포기했다. 그리고 아일랜드개신교회의 국교회 폐지에 앞장섬으로써 옥스퍼드대학교 구성원들에게 엄청난 충격을 안겼다.

비록 후커의 정치적 유산이 1830년대부터 현저하게 영향력을 잃었다 하더라도, 그의 교회론적 그리고 예전적 논증은 여전히 잉글랜드국교회에 유용했으며, 국가 내에서 잉글랜드국교회의 역할을 다시 생각할 수 있게 해 주었다. 옥스퍼드 운동은 새로운 상황에 대한 하나의 독특하고 혁신적인 반응이었으며, 잉글랜드교회(English Church)의 로마 가톨릭적 특성을 자유주의적이고 이성주의적인 왜곡으로부터 벗어나게 하려는 시도임과 동시에, 로마 가톨릭교회와 윌리엄 로드 이후 계속해서 고교회파 신학을 유지해 왔던 신앙고백 국가 사이의 친밀한 연합 개념에 대해 유연성을 보이는 운동이었다.

옥스퍼드 운동이 새로운 출발을 할 수 있게 상당히 영감을 준 것은, 선서 거부자의 영성과 신학을 탐구한 것과, 현재에 대한 영감을 얻기 위해 잉글랜드국교회의 과거를 재검토한 데서 왔다.

탐구 대상으로 후커보다 나은 인물이 누구였겠는가?

그러므로 1830년대에 옥스퍼드 프로젝트의 중심에는, 그 시대에 맞게 후커의 책을 새롭게 편찬하는 것이 있었다. 이 계획은 옛 고교회파 신자 존 키블이 맡았다. 그는 그가 알고 있던 세계를 뛰어넘어 나아갈 준비가 되어 있었고, 지난 한 세기 동안 그가 다방면으로 이용했던 것들과는 다른 후커의 모습을 찾아내려고 했다.

키블의 프로젝트에 불을 붙인 한 가지 특별한 요인은, 탁월한 회중교회주의 역사가 벤저민 한베리(Benjamin Hanbury)가 1830년에 출판한 3권짜리 후커 전집이었다. 한베리는 당연히 16세기 잉글랜드 종교개혁이 아직 끝나지 않았으며 국교회는 결코 그 종교개혁이 바라던 특징이 아니라고 생각했다.

그는 후커의 주장들 중에서 교회와 국가의 관계에 대한 견해와 감독 제도에 대한 견해를 제외하고 상당이 많은 부분에 대해 후커를 존경했다. 따라서 『교회 정치』 제7권에 대한 그의 주석은 다른 부분들에 대한 평가와 상당히 다르며, 본문에 대해 꽤 많은 비평을 담고 있다. 키블은 한베리 저서의 특정한 부분을 염두에 두면서 그의 서문에서 한베리의 글을 다음과 같이 묘사했다.

> 주목할 만한 정신과 근면함으로… 이루어냈다. 그러나 어떤 부분은 다소 성급하고, 많은 부분에서 치우친 감정을 표출하며, 그 책의 유용성을 상당히 감소시키는 경향이 있다.[142]

키블은 또한, 한베리가 2세 동안의 후커의 명성을 "정치에 있어서는 휘그파라는 용어로, 그리고 교회 문제에 있어서는 토리파라는 용어로 이해한다"라고 깔끔하게 요약한 것에 대해서도 심기가 불편했다. 이 말에 대해 반응하면서, 키블은 '이성주의자들과… 로크와 호들리 진영의 자유주의자들'을 가리켜 가장 나쁜 후커 유괴범들이라고 비판했다. 사실, 한베리는 후커가 "로크와 호들리의 능숙한 지지를 받았다"라고 구체적으로 주장했었다. 키블은 후커가 '더 일반적으로 읽히고 알려지게 되기를' 바람에 있어서 약간 모순이 있었다. 즉, 그가 펴낸 편집본은 한베리의 편집본을 밀어내고 후커의 저서가 특별한 방식으로 알려지게 하려는 의도를 가지고 있었다.

> 분명히 그 저서들이 더 잘 알려질수록, 불쾌한 연관성들과 불명예스러운 칭송으로부터 완전히 자유로워지고, 단순히 언급되기만 할 것이다.[143]

키블의 편집본은 그 당시에 매우 치밀한 학문성을 띤 작품으로서, 아이작 월튼의 전기 이후 후커에 관한 학문에 있어서 가장 중요한 글이었다. 그러나 그 작품에서 한 가지 주목할 만한 전통주의적 특징은, 키블이 (한베리와 달리) 월튼의 신뢰성을 강력하게 주장하여, 『교회정치』 마지막 세 권에 대한 옛 고교회파 주장을 길게 다루었다는 점이다.

키블은 후커를 17세기 개혁파 주류에 추가시켰던 로드주의자들의 입장을 상당 부분 수용했다. 그는 후커가 로드 이후부터 교회 안에서 계승자들을 불러일으켰다고 보았다. 그리고 "성공회가 계속해서 제네바교회와의 거리를 유지하고, 진리와 사도적 질서에 가까울 수 있게 우리가 후커에게 빚을 졌다"라고 보았다.[144]

키블은 잉글랜드 종교개혁이 대체로 외국인들에게 영감을 받은 한탄할 만한 사건이며, 후커가 그 종교개혁의 결과물들을 원상태로 돌려놓기 위해 하나님께로부터 일으킴을 받았다고 명확하게 주장했다. 다시 말하면, 키블은 후커를 대주교 크랜머와 비교했으며, 크랜머의 불명예와도 대조시켰다.[145] 요컨대, 키블의 편집자 서문은, 그 독창적인 통찰력과 이전에 사용되지 않았던 자료 연구에도 불구하고, 후커의 교회론적, 성례적 그리고 예전적 전망을 1830년대의 옥스퍼드 운동가의 가장 가능성 있는 근사치와 연결시키려는 특별한 변론이었다.

키블은 이 변론을 하면서 문제점들을 무시하지 않는다. 즉, 그는 신적 권위를 갖는 감독 제도에 대한 후커의 태도와, 신수주의(receptionist)

성찬신학과, 대체로 개혁파적 예정론에 대해 길게 다루고 있지만, 독자들은 엘리자베스 시대 신학자의 이렇게 유감스러운 특징들이 다소 가려질 수도 있다는 느낌을 받지 않을 수 없다.[146] 후커의 신학 중 유감스러운 면들이 키블의 관점에서는 그의 신비하고 아름다운 성례신학에 의해 충분히 보상될 수 있었다.[147]

키블은 교회와 국가에 대한 후커의 견해가 가장 불편했다. 그가 보기에 그 견해는 진부한 에라스투스주의처럼 보였다. 이 단어는 옥스퍼드 운동의 단어들 중에서 가장 빠르게 더럽혀진 단어들 중 하나였다. 이 점에서 그는 옥스퍼드 운동의 가장 사나운 후예인 허렐 프라우드(Hurrell Froude)의 솔직함에 의해 용기를 얻었다.

프라우드는, 1832년 이후 잉글랜드국교회 상황에 잔혹한 논리를 적용하기 위해, 일부 18세기 선서 거부자들이 교회와 국가의 연관성을 거부했던 가장 급진적 입장을 선택하여 그것을 더 발전시켰다. 그는 단지 교회의 자율성을 주장할 뿐 아니라 교회의 우위성을 주장했다. 그의 탐욕스런 친구에 의해 그의 책 『유적』(Remains)이 유고집으로 출판되었을 때, 이러한 주장들은 로마 가톨릭교회의 교황권 지상주의의 주장들처럼 오싹하게 들렸다.

프라우드가 후커의 교회론을 경멸하자 이것은 후커에 대한 더 일반적인 모욕을 낳았다. 프라우드는 이 대가에 대해 더 전방위적으로 떠들어댔다. 1835년, 그는 평신도의 노회 참석 가능성에 반대하여 주교의 교회 통치권을 높이면서 이렇게 말했다.

> 나는 어떤 의견을 제시할 수 있을 만큼 충분히 알지 못한다. 그러나 내가 아는 한 나는 후커에게 반대한다… 내가 보기에는 평신도 뿐 아니라 장로들도 교회의 정치에 참여할 수 없다.[148]

이렇게 공개적인 호불호는 그의 친구 존 헨리 뉴먼(John Henry Newman)의 후커에 대한 태도와 같았다. 그는 후커의 칭의론을 로마 가톨릭적 이론에 대한 자기의 해석과 일치하는 의미로 설명하기보다는 단순히 다음과 같이 단호하게 말했다.

> 우리가 이 세상에 있는 어떤 사람도 우리의 주(主)라고 부를 수 없으므로, 후커는 그의 이름이 아무리 존경을 받는다 하더라도, 로마 가톨릭 교리와 일치하는 것을 말하는 것을 제외하고는 결코 여느 그리스도인보다 중요하지 않다.[149]

어쨌든, 그는 곧 후커의 교회를 떠나 로마 가톨릭교회로 향했다. 후커를 옥스퍼드 운동가들의 이해로부터 구해내려는 시도들이 계속 있었다. R. D. 햄프덴(R. D. Hampden) 교수는 옥스퍼드에서 옥스퍼드 운동가들에 의해 너무 괴롭힘을 당해서, 1844년에 옥스퍼드 운동가 R. G. 맥뮬란(R. G. Macmullen)이 학사학위를 신청했을 때, 그가 받아들일 수 없는 요소를 맥뮬란이 포기하지 않았다는 구체적인 근거를 들어 그의 학위 수여를 반려하면서 무척 기뻤을 것이다.[150] 후커가 했던 대로 한 것이었기 때문이었다.

복음주의자들도 방망이를 들었다. 어떤 복음주의자들은 옥스퍼드 운동가들과 스튜어트 왕조 잉글랜드국교회의 주류 신학 계승자들의 전유물 전체를 강력하게 반대했다.

핸리 피쉬(Henry Fish)는 그의 통렬한 저서 『옥스퍼드 소책자 운동가들의 운동에서 발견되는 예수회주의』(*Jesuitism traced in the movements of the Oxford Tractarians*)에서 옥스퍼드 운동의 주모자였던 E. B. 퍼시(E. B. Pusey)를 비판했다. 그가 '후커와 앤드루스의 견해가 뉴먼 씨의 견해와 정반대였음에도 불구하고, 뉴먼 씨의 칭의 견해를 확증하는 데에' 후커와 앤드루스를 인용했기 때문이었다.

조금 덜 대립한 사례로, 퍼시와 교류하던 복음주의자 앤 틴데일(Anne Tyndale)은 퍼시에게 18세기의 복음주의 부흥이 단순히 16세기 종교개혁가들의 신학의 부흥일 뿐 아니라, '후커, 어셔, 홀, 그리고 17세기 초반의 다른 위대한 신학자들'의 부흥이기도 하다고 말했다. 이것은 당대에 후커의 유용성을 찾고 있던 온건한 프로테스탄트 신자들을 매우 정확하게 환기시켜 주는 흥미로운 계보였다. 사실 우리가 본 바와 같이, 재발견되어야 하는 개혁파 후커가 있었다.[151]

그러나 전반적으로, 키블의 권위 있는 편집본의 효과는 후커를 빅토리아 시대 고교회파 전통에 더 확고히 결합시키는 것이었다. 후기 빅토리아 시대 잉글랜드에서, 복음주의자들보다는 앵글로-가톨릭교도들이 성공회 역사를 썼다. 다양한 로마 가톨릭교회 운동의 서로 다른 진영들이 후커 저서의 다양한 특징을 선택해서 연구했다.

온건한 옥스퍼드 운동가들은 중용에 관한 논의를 위해 후커를 연구했다. 중용은 그 당시 존 헨리 뉴먼의 성공회 저서들에서 고전으로 여겨지는 개념이었다. 더 극단적인 앵글로-가톨릭교도들은 후커가 성찬과 감독 제도에 관해 말한 것들만 취사선택했다. 다른 사람들은 중세 스콜라주의와 교회법을 서슴지 않고 인용하는 종교개혁 신학자에게 푹 빠졌다. 틀림없이 이것이 16세기 후반에 얼마나 일반적이었는지 전혀 알지 못한 채 말이다.

전반적으로 더 이상 단순히 국가교회가 아니라, 세계적인 성공회 안에서 새롭게 핵심적인 지위를 누리고 있는 잉글랜드국교회는 아이작 월튼과 존 키블이 제시한 합리적인 필터를 통해 볼 수 있는 성공회 성인을 찾게 되어 기뻐했다. 성인들의 동상들이 건축물이나 신학적 방식으로 유행하는, 새롭게 회복되고 재건된 고딕 양식의 성공회 교회들에 많이 세워지면서, 후커의 동상도 그의 위대한 책을 손에 꼭 쥐고 있는 모습으로 종종 찾아 볼 수 있었다.[152]

후커의 정체성에 대한 논쟁의 역사에서 마침내 이렇게 성공회와 특히 옥스퍼드 운동가들이 거둔 승리를 가리켜 어쩌면 피로스의 승리라고 볼 수도 있다. 다른 누구도 더 이상 후커를 이용하고 싶어 하지 않았다.

그의 신학이 발전된 핵심 전제, 곧 국가의 의회가 기독교 공동체의 의지의 표현이 되는 하나 된 교회와 국가 개념은 영원히 사라졌다. 놀랍게도, 후커의 정부 이론을 다시 찾기로 한 성공회 전통 밖의 주요 주석가는 용감한 반파시스트 이탈리아 정치 철학 선구자 알렉산드로 파세린 덴트레베스(Alessandro Passerin d'Entrèves)인데, 그는 자유주의적인 정치 사상을 대체할 것을 찾기 위해 후커를 연구했다.[153]

후커의 명성과 관련된 또 다른 역설은, 그가 주창한 전부를 수용하기 원한 사람이 아무도 없었다는 사실이다. 다시 말하면, 모든 사람이 자기에게 적합한 것들만 취사선택했다. 후커 운동이란 없다.

그러나 그렇다고 해서 신학자들이 후커를 전적으로 역사가로만 남겨 둔다면 큰 실수가 될 것이다. 무엇이 신앙 문제들의 권위를 결정하느냐에 대한 후커의 복잡한 논의는 현대에도 크게 유용하다. 현재 서구 기독교를 괴롭히는 논쟁들은 표면적으로 성, 사회 행동 또는 리더십 스타일 등이지만, 그 뿌리에는 기독교인들을 위한 권위를 무엇이 결정하느냐에 관한 문제가 숨어 있다.

서구교회의 정신을 위한 논쟁은, 신적 계시를 주장하는 성경이 인간적인 계시, 그리고 개인적이고 집단적인 의식과 기억 등에 관한 다른 많은 원인들과 어떻게 연관되는지에 관한 문제를 둘러싸고 있다.

후커는 하나의 역사적인 상황에서 이러한 문제들에 대한 중요한 논의를 제공해 준다. 따라서 현대 기독교인들이 그렇게 훌륭한 자료를 무시하는 것은 어리석은 일이다. 그러나 마지막으로, 만일 누군가 현대 성공회주의의 형태, 곧 그 유쾌한 다양성, 하나의 정체성을 제시할 수 없는 매력적인 특징, 사람들에게 무엇을 할 것인지에 대해 말하지 않는 훌륭한 특징 등에 감사한다면, 그 대부분은 리처드 후커의 변화무쌍한 속성과 관련이 있다. 그가 세상을 떠난 1600년 이후 아무도 그를 딱 하나로 정의할 수 없었으며, 그의 방대하고 엄청난 메시지, 곧 그의 위대한 저서를 구성하는 것이 정확히 무엇인지 말할 수도 없었다.

제 21 장

날조된 종교개혁 역사: 경종을 울리는 이야기

1547년 대주교 토머스 크랜머는 에드워드 6세의 즉위식에서 간결하고 극적인 설교를 했다. 그는 어린 왕에게 유다의 어린 왕 요시야처럼 왕국 안에서 성경의 역할을 새롭게 회복하라고 권면했다. 1560년대 초, 여왕 엘리자베스 1세는 알렉산더 노웰(Alexander Nowel) 부감독을 호되게 꾸짖었다. 그가 잘못된 판단으로 성 폴(St. Paul's)대성당에서 경건한 그림들로 가득한 『공중기도서』를 여왕에게 보여줌으로써 여왕의 프로테스탄트 신앙 정책을 뒤엎었기 때문이었다.

이 두 사건은 잉글랜드 종교개혁 역사에 늘 따라다닌다. 특히 첫 번째 이야기는 에드워드 6세를 언급할 때마다 붙어 다니는 이야기다. 그러나 문제가 있다. 이 두 사건 중 어느 것도 실제로 일어나지 않았다는 사실이다. 이 사건들은 더블린의 로버트 웨어(Robert Ware, 1639-97)가 만들어낸 허구이다.[1] 탁월한 아일랜드 골동품 연구가이자 역사가 제임스 웨어 경(Sir James Ware, 1594-1666)의 둘째 아들이었던 이 아일랜드 신사는 영민한 역사적 상상력을 가지고 있었다. 그러나 그는 거짓말쟁이였고 날조자였다.

그의 범죄적 속임수는 당대의 정치와 역사학에 해로운 영향을 미쳤고, 그 이후까지 지속적으로 엄청난 영향을 끼쳤다. 비록 웨어의 이야기들이 세 명의 후기 빅토리아 시대 학자들과 다른 사람들에 의해 허튼 소리로 밝혀졌지만, 그의 위조품들은 여전히 잉글랜드와 아일랜드 역사 연구 자료군(群)을 오염시켜 놓고 있다.

따라서 웨어를 새롭게 밝혀 내어 16세기에 대한 우리의 이해로부터 그를 완전히 추방할 수 있게 노력해야 한다. 웨어에게 눈을 돌린다는 사실은 심지어 현대 역사 연구에서조차도 역사가들이 빠지기 쉬운 선입견과 유혹이 무엇인지 보여 준다.

로버트 웨어는 변화무쌍하던 17세기 내내 아일랜드 프로테스탄트 감독교회에 열렬하게 충성하던 아일랜드 프로테스탄트 지배 그룹에 속해 있었다. 그들은 18세기에 '지배층'(the Ascendancy)이라고 불리게 될 사람들이었다. 웨어는 이 요새화된 엘리트 그룹 한복판에서 태어났으며, 성 워버(St. Werburgh) 교구에서 살았다. 더블린 성(Dublin Castle)과 가까웠고, 크라이스트처치대성당(Christ Church Cathedral)과 도로 하나 떨어진 곳이었다.

그의 아버지 제임스 웨어 경(Sir James Ware)은 더블린 트리니티칼리지(Trinity College) 졸업생이었고, 위대한 제임스 어셔(James Ussher) 문하에서 공부했다. 어셔는 언젠가 트리니티의 부학장과 더블린대학교의 부총장을 지냈으며, 나중에 아마(Armagh)의 대주교가 되었다. 어셔는 탁월한 학자였으나, 지금은 그가 천지창조의 연대를 지나치게 세분한 것으로만 대중의 기억 속에 남아 있다.[2] 자신에게 한 세기 동안의 아일랜드 유산을 전해 준 '옛 잉글랜드' 혈통을 자랑스럽게 여기던 이 대주교는, 그럼에도 불구하고 그의 많은 친척들과 옛 잉글랜드 동료 대부분이 로마에 충성하기 위해 다른 선택을 했음을 알고 있었다.

어셔는 아일랜드감독교회를 변호하는 것에 평생을 바쳤고, 프로테스탄티즘의 역사적 진리를 학문적으로 증명하는 데에 많은 힘을 쏟았으며, 세상을 오류로부터 설득하기 위한 역사적 증거가 될 만한 원자료를 끊임없이 탐구했다. 런던에서 정치가들, 성직자들, 그리고 역사가들과 정기적으로 만나는 동안, 그는 유명하고 환대받는 조력자가 되었으며, 초기 스튜어트 시대의 탁월한 잉글랜드 역사가들과 헨리 슈펠만(Henry Spelman), 로버트 코튼(Robert Cotton) 등의 주요 문서 수집가들과 전 유럽적인 교류를 하는 사람들 부류에 들게 되었다.

대공위 기간(Interregnum) 동안 어셔는 세계적 수준의 개혁파 프로테스탄트 정치가로 여겨지게 되었다. 원자료 연구 방면의 탁월한 재주는, 비록 누가 보아도 논쟁을 위한 것이긴 했지만 고대 문서들을 평가하는 가장 높은 기준을 마련했으며, 프로테스탄트 아일랜드 학문의 기조를 세워 현대까지 이르게 했다.

그러므로 어셔는 더블린 엘리트 가문과 밀접하게 연관된 전망을 예시적으로 보여 주었으며, 사실상 그 전망을 만들어 냈다. 로버트 웨어는 학문과 교육에 있어서 그 가문의 제3세대였다. 즉, 그 전망의 개혁파 성격을 잘 알고 있던 자랑스러운 프로테스탄트였다.[3] 그 가문의 대부분은 어셔와 달리 최근의 프로테스탄트 잉글랜드 이민자 출신이었다. 따라서 웨어 가문의 뿌리도 요크셔에 있었고 결혼 관계를 통해 서픽과도 연결되었다.

그러나 로버트 웨어의 아버지 제임스는 더블린 성 인근에서 제임스라고 불리는 고위 관료의 아들로 태어났다. 그 아버지는 웨어 가문에 아일랜드 감사관(Irish Auditor-General) 직을 물려주었으며, 그것은 거의 한 세기 동안 상속되었다. 할아버지 제임스와 아버지 제임스는 모두 기사 작위를 받았으며, 어느 시기 동안에는 아버지와 아들 두 기사가 한 집에서 함께 살았다. 어셔처럼, 그런 지위에 있던 사람들은 감독 제도의 중요성을 확신했다.

그러나 동시에 로드주의자의 성례주의를 깊이 우려했다(캔터베리 대주교 윌리엄 로드는 어셔 편에서 볼 때 항상 가시 같은 존재였다). 따라서 그들은 에드워드 6세와 엘리자베스 시대에 프로테스탄트 잉글랜드 주교였던 처음 두 세대를 진심으로 존경하는 마음으로 회고했다. 그들은 또한, 더 먼 과거를 회고하여 셀틱(Celtic) 또는 영국교회(British Church)를 생각했다. 영국교회는 부패한 것만 빼고는 캔터베리 어거스틴(Augustine of Canterbury)의 로마 선교에 아무 것도 빚진 것이 없었고, 이제 잉글랜드, 아일랜드 그리고 스코틀랜드의 프로테스탄트교회들을 모두 하나로 아우를 수 있었으며, 개혁파 감독 제도의 모델이기도 했다.[4]

세기 중반에 있었던 시민 전쟁 때문에 아들 제임스 경은 1640년 후반부터 로버트가 19세 될 때까지 잉글랜드나 프랑스에서 주로 망명 생활을 해야 했다. 그가 아일랜드로 돌아올 수 있게 된 것은 찰스 2세의 왕정복고가 있고 나서였다.[5] 이렇게 가문이 파괴된 경험 덕분에 웨어 일가는 로마 가톨릭을 더 혐오하게 되었을 뿐 아니라, 프로테스탄트 비국교들에 대한 깊은 혐오감도 더 깊어졌다. 이것은 감독 제도를 반대하던 프로테스탄트들을 향한 어셔의 단호한 화해주의와 반대되는 것이었다.

1656년에 어셔가 죽은 후, 그의 온건한 영향력은 사라졌으며, 제임스 웨어 경의 고초는 주로 비국교도들의 손에 달려 있었다. 그가 오먼드(Ormond)의 공작 제임스 버틀러(James Butler)에게 1660년의 왕정복고를 상기시키자, 그의 감사관직은 박탈당하여 다른 두 사람에게 넘어갔다. 그 중 한 명은 '재세례파'였다.[6] 이제 왕정주의 프로테스탄트 감독주의자들은 자극을 받아, 두 대적들 사이에 모종의 연관성이 있다고 확신하게 되었다. 위장한 교황주의자들의 다섯 번째 기둥이 비국교도 그룹에 침투했다. 그들 중에서 예수회가 가장 눈에 띄었다. 바로 이 모든 정황들이 로버트 웨어의 위조품이 탄생한 동기였다.

대주교 어서는 로버트의 아버지를 고고학 학자가 되게 했으며, 실제로 제임스 경의 업적은 탁월했다. 그가 1654년에 출판한 『옛 아일랜드와 그 연구』(De Hibernia et antiquitatibus eius, disquisitiones)는 아일랜드 역사, 법률, 그리고 물리적 유물에 관한 가장 탁월한 선구자적 연구로 남아 있다.[7] 그 출판 뒤에는 제임스의 문서 모음집이 있었다. 그 중 어떤 것들은 중세 또는 셀틱 시대의 원본들과, 풍부하고 꼼꼼한 필사본들이었다.

이것들로 인해 그는 당대에 '아일랜드의 캠든'(The Camden of Ireland)이라고 불렸으며, 이것들은 20세기 후반에 아일랜드의 수많은 원고 자료들이 파괴된 것을 생각할 때 더욱더 중요했다. 제임스 경은 1648년 더블린에서 그의 수집품 목록을 작은 책자로 출판했다. 이 책은 학문적여건이 좋지 않던 해에 그 도시에서 출판된 유일한 책이었다. 얼마 안 되는 인쇄 부수의 견본을 받아본 사람들 중에 수석 대주교 어서와 존 셀든(John Selden)이 들어 있었다[8].

웨어의 문서 모음집이 맞게 될 운명에서 분명하게 알 수 있듯이, 이 목록은 역사가들에게 매우 소중하다. 즉, 이 문서 모음집은 17세기에 최고의 학문적 가치로 인정받다가 결국 비열한 속임수로 탄로되고 말았다. 제임스 웨어의 문서들은 그의 유언에 의해 둘째 아들 로버트의 손에 들어갔는데, 그로 인해 복잡한 가족 문제에 휘말리게 되었다. 어린 아이였던 로버트는 심각한 뇌전증을 앓고 있었다. 따라서 살아 있다 해도 건강한 정신으로 살아 있을 수 없을 것 같았다.

그래서 제임스 경은 세습 가능한 토지를 모두 큰 아들(또 다른 제임스)에게 상속하기로 결심했다. 그러나 둘째 아들이 자라면서 뇌전증이 나아져 건강해지고 탁월한 학문적 능력을 보이자 곤란한 상황이 되었다. 로버트의 후손들은 로버트가 기회를 잃어버린 것 때문에 몹시 불만을 품었다고 하는데, 그들에 의하면, 제임스 경은 그 후에 준(准)남작 지위와 자작(子爵) 지위를 모두 의미 없는 것으로 여겨 거부했다고 한다.

왜냐하면 남성 상속자가 그 이름을 계속 잇지 못할 경우에는 그 상속이 큰 아들의 딸과 그녀의 후손들에게 상속되었기 때문이었다. 제임스 경은 말년에 로버트에게 보상을 해주기 위해 남은 생애 6년 동안 해마다 1,000파운드나 되는 어마어마한 기금을 모았다. 1666년 유언장에서, 그는 세습 재산을 제외한 더블린 근처의 토지들을 어린 아들에게 남겼다. 그러나 정말로 중요한 사실은, 그가 죽을 당시 소유하던 모든 물건, 빚과 책과 돈과 그릇들도 그에게 남긴 것이었다.[9]

이렇게 호의를 베푼 행동은 3세기 이상에 걸쳐 엄청난 결과를 낳았다. 왜냐하면 로버트가 물려받은 그 문서들을 매우 특별하게 사용했기 때문이다. 상속받은 후 몇 년 동안, 로버트는 아버지에게서 물려받은 고서(古書)들의 여백에 무언가를 적어 넣기도 하고, 자기만의 새로운 노트를 만들기도 했다. 그러나 아버지가 조심스럽게 모으던 것과는 대조적으로, 새로운 자료들은 전혀 달랐다. 한 세기 또는 한 세기 반 이전의 것으로 둔갑시킨 새롭고, 정교하며, 방대한 위조문서들이었다.

그러다보니, 대주교 어셔의 저서들을 비롯해 그가 구할 수 있는 역사적인 출판 자료들을 모은 것들과, 그가 만들어 낸 그럴싸한 문서들이 모두 뒤섞이고 말았다 그는 결코 고문체를 흉내내어 위장을 하려고 한 적이 없었고, 항상 그의 개찬 작업이 옛 문서들로부터 필사한 것임을 명시했다.

로버트는 과거에 대해 그리고 자신의 아버지의 가치 있는 것에 대해 폭넓은 지식을 가지고 있었다. 그가 대학을 다녔다는 증거는 없다. 영국의 험난했던 1650년대를 생각하면, 이것이 그다지 놀랍지도 않다. 아마도 그의 아버지가 직접 그를 교육시키고, 역사의 매력을 알려주었을 것이다. 그것이 치명적인 결과를 낳았다. 그의 아버지는 1660년에 로버트를 고문서 관리직에 앉혔다. 아일랜드 민사법원(Irish Court of Common Pleas)의 '쿠토스 브레비움'(*Cutos Brevium*, 법원 문서 관리직-역자주)과 필사 연구가였다. 이로 인해 로버트는 고문서에 더 쉽게 접근할 수 있었다.[10]

아버지의 조금 때늦은 호의 덕분에, 로버트는 가난하지 않았고, 아버지가 죽은 후 몇 년 동안 종종 『아일랜드 법령집』(*Irish Statute Staple books*)에 채권자로 이름이 등재되었으며, 결코 채무자인 적이 없었다. 이것들은 그의 아버지의 재정적인 지원 때문에 찾아온 결과이거나, 또는 그가 누군가에게 대부 사업을 한 결과였다.[11] 더블린에 있는 그의 집은 굉장히 커서 아란(Arran)의 백작 리처드 버틀러(Richard Butler)의 관심을 샀다. 버틀러는 꽤 오랫동안 아일랜드 주지사를 지낸 오먼드(Ormond)의 공작 제임스(James)의 아들이었다. 1687년에, 더블린의 군 장관이었던 아란은 더블린 성내에 있던 아버지의 공관에 인접한 매우 편리한 집을 빌리고 싶었다.

그러나 앞으로 보게 되겠지만, 로버트 웨어가 더블린 성 체제에 정치적으로 반목하게 되자 버틀러가 웨어의 집을 빌린 것은 다소 불편한 일이 되어 버렸다.[12] 웨어가 남긴 증거들을 보면, 그가 강력하고 투지가 넘치는 개성을 가졌다는 인상을 주고, 태어날 때부터 집안에서 불리한 위치에 있었음을 인식하고 있었다.

로버트는 아버지의 문서들을 모아 만든 책 표지들 중 하나에서, '둘째 아들 로버트 웨어가 제임스 웨어 경의 문서들에서 발췌한'이라고 썼던 본래 문장을 수정하여 '둘째'라는 단어를 삭제했다.[13] 그가 자기의 전문적인 역사적 지식과, 아버지의 상속인인 형이 자기보다 훨씬 재능이 없었음에도 불구하고 아버지의 명성을 이용해서 이익을 얻었던 점을 곰곰이 비교하며 생각했을 것을 고려한다면, 이러한 그의 행동은 충분히 이해할 만하다.

1667년, 오먼드 주지사가 제임스 경의 죽음으로 공석이 된 아일랜드 감사관 자리를 어떻게 할 것인지에 대해 캔터베리 대주교와 의논했을 때, 오먼드 공작은 그 자리의 상속권을 가지고 있던 제임스의 상속자 제임스 웨어에 대해 경멸하듯이 말했다.

> 그는 아버지가 그를 위해 탄원을 한 것 외에는 아무런 장점도 가지고 있지 않다. 그러나 아버지의 탄원이 너무도 대단하니 아들의 결점은 아버지를 생각해서 고려되어야 한다.[14]

틀림없이, 로버트는 자신의 고향을 좋아했다. 그리고 비록 그 도시 주민들의 향락주의와 물질주의를 청교도적으로 엄격하게 비판하기는 했어도, 더블린의 아름다움과 역사적인 건물들에 대해 상당한 자부심이 있었다. 아버지의 남아 있는 문서들의 방대한 색인 작업을 한 사람에 의하면, 로버트가 출판하지 않은 문서('더블린의 역사와 유물')가 그의 가장 '존경받을 만한' 작품이었다.

그러나 이어지는 견해에 의하면, 로버트 웨어의 손에서 나온 모든 것은 반드시 의심해 보아야 한다.[15] 특히 더블린 역사에 대한 그의 서론적인 언급은 실소를 자아낸다.

내가 다루려는 것은 돌아가신 내 아버지 제임스 웨어 경에 대해 내가 관찰한 것들과 아일랜드 정복 때부터 지금까지 더블린 시와 관련된 특이 사항들에 대해 가장 좋은 방법으로 출판을 해야겠다는 강한 마음이 종종 내게 생긴 것들이다. 아버지께서 엄청난 가치를 지닌 유산으로 내게 물려준 이 여러 권의 문서들에서 찾아냈으며, 이 일을 진행함에 있어서 나는 다른 것을 보지 않고, 확실한 기록들로부터 나온 진리를 편견 없이 보여 주고 신실하게 다루는 것 외에는 다른 어떤 것도 하지 않을 것이다.[16]

이러한 주장에도 불구하고, 실제로 로버트의 더블린 역사는 이미 그의 다른 저서와 다를 바 없다. 이 책은 16세기 17세기에 관한 자료에 맞추어, 그의 아버지가 모아 놓은 진짜 중세 자료들 대부분을 무시한다. 예를 들어 매우 구체적이고 상세하고 그럴싸하게 적어 놓은 것들은 사실상 모든 날짜에 있어서 소름끼치도록 부정확하고 입증 불가능한 것들이다. 역사 중에서 어떤 것들은 마치 독자를 바보 취급하는 것처럼 보이는 것도 있다. 마치 더블린의 문학 전통의 특징인 것처럼 보이게 하는 엄청나게 과장된 것들도 있다.

로버트는 집 가까이에 있던 성당을 가리켜 "크라이스트처치"(Christ Church)라고 부르면서 마치 그 교회가 홀리 트리니티(Holy Trinity)와 같은 교회인 것을 모르는 척 하고 있는데, 이때 그가 정말로 진지하게 그렇게 한 것인지 알 수 없다. 그 대신, 그는 사실 이 교회 건물을 재건하는데 도움을 준 부자 상인 크라이트(Crite)를 빗대어 이 교회의 부패상을 지적하기 위해 "크라이트처치"(Chrite Church)라고 부른 것일 뿐이었다고 말했다.[17] 그렇게 조이스(Joyce, 아일랜드 작가, 시인-역자주)의 글처럼 장난스럽고 풍자적인 성격이 있긴 했지만, 그 장난은 곧 추하게 바뀌어 버렸다.

웨어의 날조는 터무니없는 정도였다. 필자가 1997년에 그의 글을 처음 접했던 때의 기억이 생생하다. 그것은 보들레이안도서관에 있는 가죽 제본 서류들 속에 들어 있던 두 개의 필사본 형태였는데, 틀림없이 에드워드 6세 시대의 아일랜드교회(Irish Church) 역사에서 온 것이었다.

그것들은 나에게 서로 상반되는 감정을 불러일으켰다. 한편에서는, 대주교 도우달(Dowdall)과 부지사 크로프트(Croft) 사이의 생생한 대화와 두 사람 사이의 다채로운 편지들이 종교개혁의 매우 희미한 부분에 한 줄기 빛을 비추어 주는 것 같아 놀라움과 흥분을 감출 수 없었다.

그러나 다른 한 편에서는 불편함과, 너무 좋아서 믿어지지 않는 감정, 그리고 17세기 문학 양식에 대한 당황스러움이 있었다. 다행히도, 필자는 그 본문들을 이용하지 않았다.[18] 뒤늦게 깨닫긴 했지만, 필자는 이미 그것들보다 훨씬 더 영향력 있는 두 개의 다른 위조품을 만나 그것들에 속았음을 알게 되었다.

그러나 런던이나 옥스퍼드 또는 다른 어느 곳에 있는 위조품들을 읽는 누구에게나 충격적인 것은, 그 위조품들의 뻔뻔함과 반복성이다. 초고들, 고쳐 쓴 재초고들, 추가 사본들, 그리고 필사본이라고 믿게 하는 강력한 주장들이 즐비하다. 예를 들어, "Ex. Bib. Cottonens. 나는 이것을 1657년 10월 6일에 얻었다." 또는 "Ex Bib. Cottonens. 1658년 7월 7일" 등의 표시들만 보면, 이것들을 필사한 사람이 제임스 웨어 경의 생전에 필사한 것 같다.[19]

따라서 하나는 원본처럼 보이게 하고 다른 하나는 필사본처럼 보이게 해서 독자의 주목을 끄는 이 두 개의 문서들은, 17세기에 원 자료를 증명하기 위해 사용했던 방법을 대담하게 패러디하고 있는 것이다.

웨어가 아버지의 문서들에 기초해서 쏟아낸 많은 글들은, 그가 39살이 되던 해인 1678년에 완성된 형태 또는 출판된 형태를 갖추기 시작했던 것 같다. 출판되지 않은 더블린 역사를 쓴 것도 바로 그 해다. 그러나 그 당시 지방 역사 이상의 것이 있었다. 아일랜드 수도가 요구한 방대한 수준이었으며, 웨어를 흥분시킬 만한 것이었다. 웨어가 특정한 정치적, 종교적 목적을 위해 자기의 위작들을 사용할 수 (또한, 실제로 상당히 확장시킨) 있었던 계기는 1670년대에 일어난 이상한 분위기였다.

이 시기에 잉글랜드국교회는 갑자기 자기들이 힘겹게 얻은 것들이 군주에 의해 위협을 받는다고 생각했다. 군주가 자기들을 로마 가톨릭교회에게 팔아먹고, 그 목적을 위해 프로테스탄트 비국교도들을 수단으로 이용한 것이었다. 따라서 요크의 공작 제임스를 왕위 상속자에서 배제시키려는 소요가 절정에 달했다.

이것은 어느 별난 인물에 의해 더욱 부추겨졌는데, 그의 엄청난 수준의 거짓말 능력이 로버트 웨어의 존경과 부러움을 샀던 것 같다. 그는 바로 1678년과 1681년 사이에 대서양 제도에 엄청난 파란을 몰고 온 '로마 가톨릭 음모'(the Popish Plot)의 주동자 타이터스 오우츠(Titus Oates)였다. 오우츠와 웨어가 서로 만난 증거는 없다. 그러나 오우츠 때문에 만들어진 분위기는 웨어가 잉글랜드와 아일랜드 역사 연구를 오염시키는 계기가 되었다.

'로마 가톨릭 음모' 시작과 함께, 『제임스 어셔의... 이상하고 놀라운 설교와 예언』(Strange and remarkable prophesies and predictions of...James Ussher)이라는 제목의 여덟 페이지짜리 소책자가 출판되었는데, 이것은 죽은 대주교가 웨어 시대까지 여전히 영향을 끼치고 있었음을 보여 주는 증거였다.[20] 이 소책자의 자료들은 익명으로 되어 있었지만, 비록 구체적이고 상황적인 이야기를 상세하게 다루고 있기는 해도 원자료와 다소 거리가 있어 보이는 양식으로 보건대, 모두 로버트 웨어가 만들어 낸 특징이 역력했다.

이야기는 니콜라스 버나드(Nocholas Bernard)의 어셔 전기 중 한 대목으로 시작하는데, 미래에 대주교가 될 어셔가 22살이던 1602년에 한 설교에서, 에스겔 본문을 근거로 1641년에 잉글랜드에 시민 전쟁이 있을 것을 예언했다는 것이었다(편집자는 더 나은 효과를 위해 이 설교가 1601년에 있었던 것으로 말한다).[21]

더 최근의(그리고 더 신뢰할 만한) 어셔 전기 작가 앨런 포드(Alan Ford)도 이 이야기에 신빙성을 부여하고 있지만, 16세기 중반 영국의 재앙에 대한 대주교의 모호한 예언이 포함된 설교 이야기 편집자 버전은 여덟 페이지 중 두 페이지에만 해당한다. 1678년 소책자 편찬자가 자기만의 새로운 자료를 더 가지고 있었던 셈이다.[22]

이 새로운 이야기에 편집자가 새롭게 소개한 것으로는, 어셔가 죽기 1년 전 1655년에 어셔와 이 이야기의 해설자(편집자는 아님)가 서로 만난 내용이었다. 그것은 어셔로부터 직접 많은 것을 들었다고 주장하는 사람에 의한 구체적이고 상황적인 이야기였다. 글과 말을 모두 포함하는 것이었다. 거기에 또 다른 증인들의 인용들도 들어 있다. 그 중 한 명은 어셔의 딸이고, 다른 한 명은 제임스 웨어 경의 아내이자 아일랜드 재정법원의 동료 바론 존 비세(Baron John Bysse) 수석 재판관이다.

따라서 로버트 웨어는 이미 자기 가족과 지인들의 두 세대 이전의 위인들까지 파악하고 있었으며, (비록 익명이기는 하지만) 단순한 편집자와 편찬자로서 전략을 세워 그것이 그의 위조품의 특징이 되게 했다. 이 이야기 속에서, 어셔는 존경받는 개혁파 프로테스탄트 신학자가 해야 하는 일을 했다.

우선, 경외감과 겸손함으로 칭의와 성화의 관계를 해설하고, 로마 가톨릭교도들이 범세계적으로 경건한 자들에 대한 지속적인 음모의 일환으로 박해와 학살을 할 가능성에 대해 경고했다. 따라서 소책자의 일곱 페이지에서 정말로 문제가 된 것은 바로 이 뒷부분의 예언이었다. 즉, 어셔는 이미 20년 전에 '로마 가톨릭 음모' 가능성을 예언한 것이었다. 그 이후, 어셔의 예언은 여러 버전으로 표절되고 조작되어 출판되었는데, 그때 편집자들이 관심을 기울인 것은 버나드의 자료가 아니라, 바로 이 자료였다.

잇따른 모든 버전들의 기준이 된 이 작은 소책자는 매우 중요한 순간에 출판되었다. 타이터스 오우츠가 잉글랜드 하원의사당에서 획기적인 증언을 한 때로부터 한 달이 지난 1678년 11월 16일이 출판일이었다. 웨어의 소책자는 베스트셀러가 되었다. 옥스퍼드의 도서관들은 1678년 판만 8부 이상 소장했다.

이 소책자를 출판한 런던의 출판사가 곧장 네덜란드어로 번역 출판했다. 그 다음 판본은 1679년에 코르크(Cork)에서 출판되었다. 그리고 왕위 계승 배제 위기(the Exclusion Crisis)와 함께 출판이 중단되지 않고 19세기 중반까지 계속되었으며, 각 버전들은 가장 최근의 로마 가톨릭의 악행들을 샅샅이 고발했다.[23]

이미 1681년에 처음으로 그 시기와 관련된 문제에 집중해서 간략하게 요약된 표절본이 등장했다.[24] 웨어의 첫 번째 허구가 열렬한 반응을 얻자 그것이 웨어에게 동기 부여가 되어 더 많은 위조품들을 만들어냈는데, 그것들은 마땅히 의심을 받았어야 함에도 불구하고 놀랍도록 인기를 얻었다.

1679년, 웨어는 또 다른 4절판 여덟 페이지짜리 소책자를 출판했다. 더 오래된 문서들로 만들어진 것처럼 보이게 하는 첫 번째 위조품이었다. 이것은 나중에 웨어만의 특별한 장르가 되었다. 책 제목은 『도미니칸 수사 신실한 커민에 대한 심문: 제임스 웨어 경이 고(故) 수석 대주교 어셔로부터 얻은 것들』(The examinations of Faithful Commin Dominican Fryar, as Sir James Ware had them from the late Lord Primate Usher)이었다. 이 책은 나중에 웨어의 위조품들에서 흔히 발견할 수 있게 되는 엘리자베스 시대의 문서 계보가 들어 있었다. '세실 경'(즉, 윌리엄 세실 경, 훗날 벌리[Burghley] 경)의 문서들이 대주교 어셔의 문서 모음집에 포함되었다가 '내 아버지' 제임스 웨어 경에게 전해졌다는 것이었다.

이 1567년 이야기는 어느 '신실한 커민,' 곧 도미니칸 수사의 활동을 묘사하고 있는데, 그는 '엄격한 프로테스탄트'로서 잉글랜드프로테스탄트교회에 불화의 씨를 뿌린 사람처럼 그려졌다. 이 자료는 그 당시의 상황을 놀랍도록 잘 묘사했으며, 매튜 파커와 엘리자베스 여왕의 반대 심문 내용까지 포함하고 있었다. 그 부정한 도미니칸 수사는 잉글랜드 최초의 독립 프로테스탄트 회중을 모았었다. 이 이야기는 독자들로 하여금 로마 가톨릭교도들과 프로테스탄트 비국교도들 사이에 한 세기 이상 동안 엄청난 모의가 있었음을 확신하게 해 준다. 그리고 웨어는 이 획기적인 자료를 끝마치면서 다음과 같은 의미심장한 말을 남겼다.

"출판할 만한 다른 많은 메모들이 그 책에 들어 있다."

분명히, 웨어는 충격을 받은 프로테스탄트 대중들에게 앞으로 더 많은 폭로를 하기 위한 첫 걸음을 떼고 있는 것이었다.[25]

'로마 가톨릭 음모'를 이미 오래 전부터 계획된 프로테스탄트 영국에 대항한 음모의 일환으로 보고, 그 중에서 1641년 아일랜드 폭동을 가장 중요한 사건으로 제시한 로버트의 위작들은 그가 앞으로 이 허구를 더 발전시키기 위한 행동의 일부에 불과했다. 음모가 존재한다는 것을 믿게 한 것은 사실 웨어와 비슷한 사람들의 소행이었다. 그의 역할은 중요하지 않았다.

1680년 왕위 계승 배제 위기가 절정에 달했을 때, 웨어는 헨리 존스(Henry Jones)의 대리인으로 런던에 있었다. 존스는 언젠가 더블린 트리니티칼리지(Trinity College)의 부학장이 될 사람으로서 당시에는 미스(Meath)의 주교였다(대주교구 다음으로 아일랜드감독교회에서 가장 선임 주교구였다).

존스는 풍부한 지략과 융통성으로 전통적인 개혁파 프로테스탄티즘을 증진하는 데에 헌신했던 베테랑 아일랜드 정치인으로서, 아일랜드 차원에서 '로마 가톨릭 음모'를 만들어 낸 중심인물이었다. 그가 사망하던 1682년 1월 5일까지, 그는 1679-81년의 공포와 불안을 더욱 부추기는 데 있어서 섀프츠베리(Shaftesbury)의 백작 앤써니 애쉴리 쿠퍼(Anthony Ashley Cooper)와 에섹스의 백작 아써 카펠(Arthur Capel)과 긴밀히 협력했다.

존스는 또한, 오먼드의 공작이 대중의 열기를 가라앉히기 위해 끈질기게 노력하는 것에 맞서서, 아마(Armagh)의 불운한 로마 가톨릭교회의 수석 대주교 올리버 플런킷(Oliver Plunket)의 반역을 처형함에 있어서 그 여세를 계속 유지하기 위해 가장 활발히 활동했던 사람들 중 한 명이었다.[26]

로마 가톨릭 음모가 있던 동안 오먼드의 전략은 종교적인 분열을 넘어 국가적인 화합을 이루기 위해 1641년의 기억을 지우려고 지속적으로 애쓰던 노력의 일환이었다. 따라서 대주교 어셔가 1641년에 대해 예언한 것으로 여겨지는 글이 출판되자, 그것이 오먼드를 몹시 괴

롭혔을 것이 틀림없다.²⁷

반대로, 존스는 1641년에 일어난 대재앙에 대해 너무 잘 알고 있어서, 그의 생애 초기에 그 위기에 대해 "이전 시대의 그 어떤 사건과 비교할 수 없을 정도로 가장 처절하고 반기독교적인 공모와 음모"라고 매우 과장되게 이야기했다. 이 진술은 1642년에 잉글랜드 의회에 제출된 이후, 그 비참한 기억을 생생하게 보존하기 위해 거듭 재 출판되었다. 그리고 그 원본은 존스의 사후에도 엄격하게 보존되어, 제임스 웨어 경의 문서들만큼 권위 있는 지위를 얻었다.

가장 유명한 존스의 설교들 중 하나는 1676년에 더블린 크라이스트 처치(Christ Church)에서 한 것인데, 마치 1678년의 어셔 예언 소책자를 예감이라도 하듯이 1641년의 기억을 들추어냈으며, 이 설교는 1679년에 로마 가톨릭 음모를 주동한 휘그파 일파의 에섹스에 헌정하여 때마침 런던에서 재출판되었다.²⁸

더욱이, 존스는 어셔/웨어 일파에 속했었다. 어셔 대주교의 조카로서, 존스는 제임스 웨어의 조카를 두 번째 부인으로 맞이했으며, 따라서 결혼과 함께 로버트 웨어의 사촌이 되었다. 그의 편에서 보면, 로버트 웨어는 또 다른 사촌이자 존스의 조카들 중 한 명인 엘리자베스 피어스(Elizabeth Piers)와 결혼했다.

그러므로 1680년 여름, 대주교 플런킷의 재판이 던도크(Dundalk)에서 시작되었을 때, 런던에서 웨어가 존스를 위해 일한 것은 당연했다. 웨어는 또 다른 아일랜드 공모자 로더릭 맨셀(Roderick Mansell) 대령이 섀프츠베리와 에섹스와 함께 활동하던 그룹 안에 있었다. 공모자들은 로마 가톨릭교도들이 프랑스의 아일랜드 침공을 안전하게 보장해 주려는 음모를 꾸미고 있다는 근거 없는 주장에 오먼드를 옭아맬 방법을 찾고 있었다.²⁹ 웨어가 존스에게 보내려다 실패한 편지들은 신랄하고 가십성이 많았다.

그런데 이 음모를 저지하기 위해 애쓰던 오먼드의 대리인은 마침내 이 편지들을 가로챘는데, 웨어를 스스럼없이 '로빈 웨어'(Robin Ware)라고 불렀다.[30] 공모자들이 저지르는 나쁜 짓에 대해 똑같이 돌려주는 것이었다. 헨리 존스가 웨어의 재능을 이용해서 음모와 날조를 꾸민 앞잡이였음을 보여 주는 증거가 이 사건만은 아니었다. 또한, 이 사건으로 인해 왕위 계승 배제 위기에서 웨어의 장난이 끝난 것도 아니었다.

웨어는 정치 활동을 하던 내내 그의 역사적 허구 범위를 엄청나게 확장시켰다. 우선 케임브리지셔 도딩턴(Doddington)의 성직급 목사 존 날슨(John Nalson)과 협력했다. 날슨과 웨어의 연결 고리는 수수께끼로 남아 있다. 그러나 1678-81년 소요 중에 날슨이 웨어와 함께 더블린과 잉글랜드 사이를 주기적으로 여행했으므로 더 이상 설명이 필요 없다. R. C. 리처드슨(R. C. Richardson)은 "틀림없이 날슨은 1680년 경 혼란스럽던 몇 년 동안 확실하게 연루되었다"라고 말했는데, 이것은 웨어도 마찬가지였다.

그러므로 두 사람 모두 시대가 영웅을 만든 경우였다.[31] 날슨은 극단적인 왕정주의 소책자 저자로서 1670년대에 댄비(Danby)의 행정기관에서 그의 재능을 잘 활용했다. 그러나 왕위 계승 배제 위기 초기 단계에 이 사실은 그가 잉글랜드 휘그파와 연결된 아일랜드인과 협력하는 데에 아무런 거침돌이 되지 않았다. 찰스 왕의 충성스런 신하들 중에서 급격히 섀프츠베리와 왕의 협력자들을 미워하게 된 사람들이 매우 많았다.

그러나 그들은 왕위 계승 배제 위기가 진행되던 대부분의 기간 동안 '로마 가톨릭 음모'가 사실이라는 것을 조금도 의심하지 않았다.[32] 고전적인 성공회 왕정주의자들과 날슨처럼 대주교 로드를 존경하던 자들이 웨어와 같은 왕정주의 감독주의자 아일랜드인과 동맹을 하는 것은 결코 불가능한 일이 아니었다. 웨어의 우상은 매우 다른 대주교 어셔였다.

그러나 어셔마저도 급진주의 휘그파로부터 '신적 권위를 가진'(jure divino) 군주를 지지하는 사람으로 의심을 받았다.[33] 날슨은 웨어의 가문이 아일랜드 시민 전쟁 기간 내내 충성스런 왕정주의였다는 사실과 그에 따라 고통을 받아야 했다는 사실에 대해서도 알고 있었다. 두 사람 모두 1640년대의 역사적 교훈을 잘 알고 있었으며, 두 사람 모두 찰스 1세에 대항한 반역자들을 왕국의 자유의 원수들이라고 보았다.

이제 자유에 대한 새로운 위협이 있었다. 그런데 왕위 계승 배제 위기가 형성되면서, 1641-2년에 사로잡힌 왕정주의자들은 그 주된 위협이 어디로부터 오는지 정확하게 볼 수 없었다. 그 위협은 바로 청교도들과 교황주의자들이었다.[34]

다른 수많은 성공회 왕정주의들과 마찬가지로, 웨어와 날슨은 로마 가톨릭교도들과 프로테스탄트 비국교도들을 똑같이 혐오했다. 그리고 그러한 증오는 두 사람이 거룩하지 못한 일시적인 협력을 하는 확고한 기초가 되었다. 로마 가톨릭 음모가 발표되기 일 년 전에, 날슨은 '로욜라의 토대와 제네바의 토대 사이에 아무 차이를' 발견할 수 없다는 극단적 왕정주의주의자의 비판을 출판했었다. 그 당시 기사당원 (Cavalier)이 내뱉을 수 있는 흔한 말이었다.[35]

이제, 1680년 여름이 되자, 웨어가 런던에서 음모를 꾸미는 동안, 이러한 견해는 교황주의자들과 비국교들이 실제로 음모를 꾸미고 있다는 주장으로 둔갑하여 런던에서 날슨이 33페이지짜리 소책자를 출판했다. 그 내용은 대체로 웨어의 위조품들로 이루어졌다. 책 제목은 『여우와 횃불, 또는 로마 가톨릭교도와 분리주의자들의 위험과 조화의 표본』(Foxes and firebrands, or, A specimen of the danger and harmony of popery and separation)이었다.36

이 제목은 영리한 속임수였다. 이러한 생각은 이미 왕정복고 왕정주의자들 사이에서 흔한 것이었으며, 런던 대화재의 원인이 교황주의자들이라는 음모 이론 때문에 더 힘을 받았다.37 폭스의 『순교사』를 모방한 제목은 그저 피상적 매력이 있었을 뿐이었다. 진짜 핵심 요소는 삼손이 여우 두 마리의 꼬리를 묶고 불을 붙여 블레셋 농지에 풀어 놓음으로써 블레셋 사람들에게 큰 혼란을 가져다 준 성경 이야기(삿 15:4-5)를 생각나게 하는 것이었다.

따라서 이 책은 교황주의자들을 교활한 여우들에 빗대고, 비국교도들을 완고한 횃불에 빗대었다. 이 책은 유력한 장로교도 리처드 백스터(Richard Baxter)와 윌리엄 젠킨스(William Jenkins)를 빈정대는 의미로 그들에게 헌정되었다. 그들을 숨은 교황주의자들이라고 비난한 것은 아니었지만, 그 고발은 퀘이커교도들과 제5왕국파(크롬웰 시대의 급진적 과격 좌파-역자주)들을 향했으며, 날슨이 너무 엄격한 토리파는 아니었으므로 타이터스 오우즈(Titus Oates)의 비난에서 가지고 올 수는 없었던 자료들의 도움을 받았다.

이 소책자에 새롭게 출판된 자료들 외에, 웨어가 앞서 출판한 것에서 가져온 신실한 커민(Faithful Commin)의 이야기가 들어 있었다. 그리고 날슨이 지적했듯이, 윌리엄 세실에서 어셔를 거쳐 제임스 웨어 경에게까지 전해진 문서의 계보를 보여 주는데, 제임스 경의 "아들 로버트 웨어 씨가 대중에게 그들을 접하게 해 주었다."38

사실상, 이것은 웨어의 1679년판 소책자가 재출현한 것과 마찬가지였다. 이것은, 현재까지 최소한으로 남아 있는 것으로 판단해 보건대, 큰 영향력이 없었던 것 같다. 아마도 이 책이 아일랜드에서만 출판되었기 때문일 것이다. 이제 웨어의 위조품들은 흥미진진한 보조 출연자들의 출현과 함께 런던 시장에서 브랜드 이미지를 쇄신하며, 그가 커민 소책자에서 약속한 것을 성취하고 있었다. 신실한 커민의 배반성과 이중성 위에 그것과 매우 유사한 그리고 당대의 이야기로 여겨지는 니콜라스 히스(Nicholas Heath)의 형제 토머스 히스(Thomas Heath)의 이야기가 더해졌다(약간 흥미롭게도, 요크의 대주교로서의 전성기 시절 대신 로체스터 주교로 묘사되었다).

히스는 커민과 유사한 방식으로 강단에서 정해진 기도를 하는 것을 통렬히 비난했다. 그러나 로체스터 방문객 에드먼드 주교의 조사에 의해 그가 예수회 신자임이 밝혀졌다. 이것은 17세기 초로 추정되는 타이터스 오우츠와 로버트 웨어의 공동 작품으로부터 온 자료의 훌륭한 서곡이 되었다. 더욱이, 예수회 신자들이 프로테스탄트 전복을 어떻게 계획했는지 보여 주었다.

1680년 날슨과 웨어 사이의 협력은 결국 무산되었다. 왜냐하면 국교회에 대한 두 사람의 서로 다른 열정이 둘 사이를 갈라놓았다. 그 이후, 날슨은 찰스 2세의 말년 동안 왕권 우세를 적극적으로 지지했다. 이것은 틀림없이 휘그파 진보주의가 1683년 라이하우스 사건(Rye House Plot, 국왕 암살 미수 사건-역자주)을 일으키게 된 것 때문에 더 힘을 얻었을 것이다. 도딩턴의 교구 목사는 '토리'라는 명칭을 기꺼이 받아들이던 토리 그룹의 구체적인 사항들을 공유했으며, 이제 그들이 누구를 미워하는지 분명히 알았다.[39]

찰스 1세의 재판 기록이 담긴 날슨의 1684년 출판물은 보란 듯이 요크의 공작 제임스에게 헌정되었다. 여기에는 '자기 아버지에게서 왕위와 생명을 모두 비인간적이고 잔인하게 박탈해버린 아들을 왕위 계승에서 배제시키기 위해 맹렬하게 노력해야 했던' 자들에 대한 통렬한 비난이 포함되어 있었다.

날슨의 서문은, "선왕이 로마 가톨릭교도들에 의해 암살되었다"라고 주장하여 자기들의 죄를 면하려고 하던 정부의 옛 지지자들을 비웃음으로써 이 책을 헌정 받는 사람을 더욱 기쁘게 했다. 이러한 주장은 로버트 웨어가 1679년 판 『신실한 커민』의 독자 서문에서 밝히고 있는 비난과 똑같다.[40] 날슨이 볼 때, 로마 가톨릭교도들과 비국교도들 간의 공모에 대해 더 이상 할 말이 없었다. 그는 조나단 스콧(Jonathan Scott)의 말을 예로 들었다.

> 1678년부터 1683년 사이에 사람들은 교회와 정부에 대한 임박한 위협을 확신했다. 즉, 1681년에 그들은 가장 큰 위협이 어디로부터 올 것인지에 대해 생각이 바뀌었다.[41]

따라서 웨어는 날슨의 도움 없이 계속 영향력을 유지할 수밖에 없었다. 1681년은 그에게 '경이로운 해'(Annus Mirabilis)가 되었다. 세 권으로 분리된 새로운 책들이 런던 또는 더블린에서 출판되었다. 가장 얇은 책은 이전에 알려지지 않았던 셸틱의 예언적 문서로 '제임스 웨어 경이 풍성하고 주의 깊게 보존한 고문서 모음집에서 뒤늦게 찾아 낸' 것이었다. 캔터베리 로마 가톨릭교도 어거스틴(Augustine)이 켄트에 도착한 직후 그를 신랄하게 비난한 참된 영국 신앙의 은둔자 그나투스(Gnatus)의 비난을 담고 있는 이 소책자는 로체스터 고문서 보관소에서 발견된 또 하나의 전리품으로서, 엘리자베스 시대에 게스트(Guest) 주교의 지도 신부에 의해 필사되어 웨어 집안에 전달되었다. 웨어가 그것에 대해 시적으로 묘사한 바와 같이, 이 자료는 "이제 천국의 창공에서 새롭게 창조된 별처럼 갑자기 빛을 발하며, 온 세상의 이목을 끌어 모아 그것을 우러러 보게 한다."

"우상 숭배를 버리고 참된 신앙을 실천하고 유지하는 사람들과 귀족들의 행동을 예견하는" 아직 다가오지 않은 사건들에 대한 예언들과 함께 말이다. 이 예언은 다가올 에드워드 6세와 엘리자베스의 종교개혁을 어거스틴에게 알렸으며, 웨어는 비드(Bede)와 램버드(Lambarde)의 『켄트 답사보고서』(Perambulation of Kent), 존 스토우(John Stow), 그리고 토머스 풀러(Thomas Fuller) 등의 지지자들을 근거로 이 책의 신빙성을 입증하려 했다.[42]

1681년 더블린 소책자는, 1589년에 프로테스탄트로 개종한 것으로 여겨지는 아일랜드 프란체스코 수사이자 더블린의 휴 코웬(Hugh Corwen) 대주교의 조카에 관해 이야기했다. 소책자는 이 이야기가 어셔보다 먼저 아마의 수석 대주교를 지낸 존 가비(John Garvey)의 문서들에서 온 것이라고 주장했다.

(어셔가 이야기를 재미있게 하려고 겉표지에 모호하게 적어놓은 바에 의하면) 이것이 "이제 제임스 웨어 경의 문서들 속에 들어오게 되었다"라는 것인데, 웨어는 이 구절을 여러 번 적고 있다. 당연히, 이 소책자는 엘리자베스 시대 아일랜드 로마 가톨릭교도들의 학살 음모에 대한 보고에서 절정을 이루었다.[43] 가장 야심찬 출판은 1681년 더블린과 런던에서의 출판이었다(특히 런던판은 전반적인 영국 시장을 겨냥한 새표지로 장식했다).

이 소책자에서 웨어는 헨리 8세, 에드워드 6세, 그리고 메리 튜더 시대로 돌아가 더블린의 종교개혁 대주교 조지 브라운(George Browne)의 생애와 그가 우상 숭배에 대해 설교한 긴 설교를 다루었다. 우상 숭배는 곧, 웨어가 가장 좋아하는 주제가 되어, 성공회 왕정주의의 다양함과 잉글랜드 고교회파 성직자들의 다양함 사이의 차이를 강조했다.

그러나 코웬 자료와 비슷하게 웨어의 이 작품은 메리 시대에 실패로 끝나고 말았던 아일랜드 프로테스탄트에 대한 또 다른 학살 음모 이야기를 담고 있었다. 자료 일부가 전해진 것은 제임스 웨어의 스승이었던 트리니티 학자 앤써니 마틴(Anthony Martin) 덕분이었다. 그는 어셔 후임으로, 그리고 존스 선임으로 미스(Meath) 주교를 지냈다.[44]

웨어가 1681년에 출판을 하게 된 배경은 그의 계속적인 정치 활동이었다. 그 당시 존스와 그의 동료들은 존재하지도 않던 아일랜드 로마 가톨릭 음모를 계속 제기하고, 왕위 계승 배제 위기를 부추기는 데에 노력하고 있었다. 1681년 9월과 10월에, 웨어는 대역죄로 고소당한 재판에서 섀프츠베리의 변론을 도울 만한 아일랜드 자료들을 수집하는 데에 중추적인 역할을 담당했다.

사실 이 재판 사건은 그 당시 아일랜드에서 분파적인 폭력 사태가 일어나지 않게 하기 위해 필사적으로 애쓰고 있던 오먼드(Ormond)와 아마의 프로테스탄트 대주교 마이클 보일(Michael Boyle)의 공분을 샀다. 더블린 왕실 재판소 감옥에서 웨어가 윌리엄 스미스(William Smith)라는 잉글랜드 제보자를 방문하는 것을 감시하던 오먼드와 보일은 당황스러운 고소들과 맞고소들을 분류하기 위해 애를 썼다. 특히, 클론먹노이즈(Clonmacnoise)대성당의 유명무실한 프로테스탄트 수석 사제 테오필루스 해리슨(Theophilus Harrison) 박사가 연루된 사건이었다.

오먼드와 보일이 발견한 것은, 그러한 자료를 런던에 있던 섀프츠베리의 주요 휘그파 동료였던 로버트 클레이튼 경(Sir Robert Clayton)에게 전달한 사람이 바로 웨어였다는 사실이었다. 그 결과, 로마 가톨릭 교도들은 해리슨 등 아일랜드감독교회 주요 교인들을 고소하려고 했고, 반대로 왕정주의 프로테스탄트들은 로마 가톨릭 음모를 만들어

냈다. 진술서들은, 섀프츠베리의 3년 소요를 정당화하기 위해, 더블린 관리들이 위험할 정도로 로마 가톨릭교도들에게 관대했다는 증거를 제시해 줄 것이었다.⁴⁵

웨어가 왕실 재판소에서 모은 자료를 클레이튼이 받아서 이용한 지 한 달 남짓 후에, 동정적인 배심원단은 섀프츠베리 사건에 대해 무지몽매한(ignoramus) 평결로 돌아섰다. 대주교 플런킷은 참으로 불운했다. 1681년 7월 11일에 처형되었다.

웨어가 1681년에 더블린에서 출판한 네 번째 소책자의 두드러진 특징을 무색케 하는 것이 바로 오먼드 행정부에 대항한 이 계략의 배경이다. 레이먼드 길레스피(Raymond Gillespie)는 익명의 『신하들의 장엄한 정서를 박탈하려는 시도의 해악과 불합리성』(*The mischiefs and unreasonableness of endeavouring to deprive his majesty of the affections of his subjects ...*) 저자가 웨어라고 주장했다. 틀림없이, 이 책은 『그나투스의 예언』(*The Prophecy of Gnatus*)을 출판한 인쇄업자 조셉 레이(Joseph Ray)와 출판업자 새뮤얼 헬셤(Samuel Helsham), 그리고 『필립 코윈의 회심』(*The conversion of Philip Corwine*)의 인쇄업자가 공동으로 출판했을 것이다.⁴⁶

그러나 더블린에서 다른 인쇄업자를 선택할 수 있는 여지가 많지 않았을 것이며, 따라서 이 책의 저자가 웨어인 것 같지는 않다. 문장의 스타일은 훨씬 더 형식적이고, 웨어가 즐겨 사용하는 생생한 사건 묘사나, 날조된 문서들이 없으며, 제임스 웨어의 문서 모음집이나 로마의 음모, 또는 우상 숭배 등에 대한 언급도 없다. 그 대신 수동적인 왕정주의에 대한 합리적인 호소가 있으며, 로마 가톨릭 음모에 대한 암시가 없을 뿐 아니라 로마 가톨릭교도들과 비국교도들의 공모에 관한 주장도 없다.

결정적으로, 항상 언급되던 1641년마저도 그 해에 잉글랜드의 질서가 붕괴되었음을 한탄하는 대목에서 단 한 번 언급되고 있을 뿐이다. 저자는 "우리는 미사를 드리기 위해 가능한 한 빨리 달리고 있다"라고 주장하는 사람들이나 또는 "돌봄은 (지난 20년 동안 세 왕국을 다스렸다고 말하는) 교황주의자들에 의해 이루어졌으므로 그들의 목적에 부합된다고 여겨지는 것 외에는 아무 것도 선호되어서는 안 된다"라고 주장하는 사람들을 비웃지 않는다.[47]

『해악과 불합리성』을 읽어 보면, 우리는 이 책의 저자가 로버트 웨어가 아닐 뿐 아니라, 저자가 사실상 "이 발견자들(Discoverer)에 의해 인도를 받고 관리를 받는 사람들" 그리고 그들의 "프로테스탄트 신앙에 대한 열정 때문에 그것을 전복시키려고 계획한다고 의심되는 사람들을 모두 혐오하는 사람들… 경솔하고 성급해서 너무 폭력적인 계획을 세우고, 상황에 따라 너무 고소를 즐기는 사람들"에 대해 유감스럽게 말하고 있음을 추론할 수 있다.

오먼드의 정부와 인격을 칭송하는 데에 한 페이지를 할애하고 있는 이 소책자는, "오먼드에 대해 들어본 사람들에게 가장 유명한… 그의 견고한 프로테스탄트 신앙"에 대해 언급하고, 또한, 교황이 이 공작을 가리켜 "기독교계에서 가장 주목해야 할 위험스러운 대적들 중 한 명"이라고 불렀다고 주장하는데, 이러한 주장이 존스의 그룹에서 나온 것 같지는 않다.[48]

더욱이, 이 소책자는 더블린의 아일랜드 공식 지정 인쇄업자에 의해 더블린 성 정문에서만 판매되었다.[49] 또한, 이 모든 것이 이루어진 것은 1681년 5월 24일로, 플런킷을 파멸시키려는 소요가 웨어와 존스의 도움으로 탄력을 받아 웨스트민스터 홀(Westminster Hall)에서 플런킷의 재판이 열린 지 불과 3주 후의 일이었다. 이 위기의 순간에, 로버트 웨어를 이 책의 저자로 보는 것은 그가 아무리 거짓말의 대가라 하더라도 너무 앞뒤가 맞지 않는다.

말하자면, 웨어가 그 주지사를 익명으로 칭송한다고 해서 무슨 이득을 얻을 수 있었겠는가?

오먼드와 웨어 사이에 실제로 화해가 있었지만, 아직은 아니었다. 웨어의 '진짜' 저서들은 이전의 저서들처럼 계속 한결 같이 자극적이었다. 이듬해 1682년에 그는 날슨의『여우와 횃불』을 더블린출판사에서 재인쇄했다. 그러나 이번에는 날슨과 전혀 협력하지 않은 채 자기 스스로 더 많은 자료들을 덧붙여 제2부를 편찬하여 출판했다.

제1부와 제2부에 각각 웨어가 서문을 부치는 대신, 그 책의 저자를 '학식 있는 헨리 날슨 박사'라고 언급함으로써 세심한 배려도 잊지 않았다. 세례명을 잘못 붙인 것은 아마도 단순한 부주의함 때문이었던 것 같지만, 만일 웨어가 그의 작품에서 즐겨 사용하는 위트일 수도 있다고 생각한다면, 이 이름은 의도적으로 거리를 두기 위한 것이거나, 또는 존 날슨과 그의 후견인 헨리 존스의 이름을 합쳐 놓은 것일 수도 있다.[50] 웨어는 또한,

> 우리 안에 기쁘게 설립되고 정착한 프로테스탄트 신앙을 망쳐 버린 두 극단적인 분파(교황주의자들과 청교도)의 연합을 폭로하여 두 분파를 불편하게 한 것을 (자랑스럽게 여겼다)... 나는 독자들이 이것을 필자의 솔직하고 순수한 논증으로 보기를 바란다. 나는 어느 한 분파를 더 기쁘게 하기 위해 연구를 한 것이 아니라, 양 극단을 모두 불편하게 할 이것들을 말함으로써 그들의 편견들을 드러내려고 했을 뿐이다.[51]

제2부를 시작하자마자, 웨어가 만들어낸 위조품 중에서 가장 오래

도록 살아 남은 날조가 마치 원자료인 것처럼 버젓이 등장하는데, 모음집의 다른 내용들과 시대적으로 훨씬 이전의 것처럼 둔갑해 있는 내용이었다. 바로 대주교 토머스 크랜머가 1547년에 에드워드 6세 즉위식에서 했던 설교였다. 대주교 조지 브라운(George Browne)의 설교에서와 마찬가지로, 크랜머가 어린 요시야 왕에게 강조한 설교 주제는 우상과의 싸움이었다.

그 외에 자료들은 엘리자베스 시대부터 1641년 봉기까지 기간에 해당하고, 그 중에서 예수회의 음모로 보는 1628년 버킹엄 공작(Duke of Buckingham) 암살 사건이 포함되었다. 특히 어느 예수회 신자의 편지가 포함되어 있는데, 그것은 '최고 권력의 마약 같은 알미니안주의'가 그 사회 전체에 영향을 미치고 있음을 보여 주는 것이었다.[52]

1648년에는 여우 주제를 다룬 새로운 책이 출판되었다.『로마 여우 사냥』(The Hunting of the Romish fox)이었다. 이 책은 웨어의 골동품 지식으로부터 얻은 또 다른 풍자를『여우와 횃불』에 덧붙인 것이었다. 책 제목은 1540년대에 복음주의자 윌리엄 터너(William Turner)가 전통주의 옹호자 스티븐 가드너(Stephen Gardiner)에 퍼부은 공격의 속편인 듯한 뉘앙스였다.

이 제목의 주제는 1590년대에 이미 다시 한번 사용된 적이 있었으며, 그 책에서와 마찬가지로, 웨어의 작품은 본래 튜더 본문과는 아무 관련이 없었다. 따라서 완전히 새로운 그 책 내용은 엄밀히 말해서 크랜머 대주교로부터 로드와 어셔 대주교에 이르는 웨어의 모든 허구적인 자료들을 섞어놓은 것이었다.[53]

그러나 새로운 것도 있었다. 그 책은 그 당시 아직 부관으로서 잉글랜드에 있지 않았던 오먼드의 환심을 사려는 의도가 역력했다(이 점에 대해서는 웨어의 작품들에서 처음으로 다루었을 것이다). 오먼드의 이름이 출판업자에 의해 겉표지에 잘 새겨졌다. 그 출판업자는 더블린에서 공작의 제본업자라고 불렸다. 그러나 웨어가 오먼드에게 헌정하는 이 책은 전체적으로 『해악과 불합리성』의 어법이나 정서를 반복하지 않는다.

이것은 더블린 성 정부에 대항한 음모자들과의 정치적 화해처럼 보인다. 이제 왕위 계승 배제는 실패한 운동이었고, 그의 후견인 헨리 존스는 죽었다. 물론 웨어는 여전히 1683년 3월에 오먼드의 아들과 더블린 후임자 아란(Arran)의 백작 리처드 버틀러(Richard Butler)에게 문제를 일으키고 있었다.

그러나 이제 국가적 정치에서보다는 시민 정치에서 그랬으며, 그가 보기에 어느 비국교도와 관련된 것이었다. 웨어는 그가 사랑하던 도시에서 진행되던 거대한 건축 계획에 대한 저항을 이끌었다. 그 건물은 오먼드의 이름을 딴 '오먼드 시장'으로 리피(Liffey) 북쪽에 있었다. 웨어의 저항이 더 강력했던 이유는, 다른 많은 발전 계획들 중에서 이 주요 계획의 추진자가 바로 유명한 장로교도 험프리 저비스(Humphrey Jervis) 시장이었기 때문이다.[54]

아란은 시장 건축을 둘러싼 소동이 1683년 3월 19일에 열린 시끄러운 시 자치 모임 이후에서야 비로소 진정되었다고 오먼드에게 보고했다. 웨어가 프로테스탄트 비국교도들을 '광신적'이라는 단어를 사용해서 조롱했던 관점에서 보면, 특히 오먼드에게 『로마 여우 사냥』을 헌정한 것에서, 그는 아란이 시장 계획 반대자들을 '광신주의자들'이라고 부르면서 "로빈 웨어가 폭도들 중에서 가장 앞장섰다"[55]라고 말한 것 때문에 기분이 많이 상했을 것이다.

『로마 여우 사냥』은 웨어의 출판물들 중에서 절정에 해당하며, 그의 자기 인식과 정치적 전망을 이해하는 열쇠이다. 이 책에서 그는 마치

'대영 제국'(British Empire)를 주창한 사람처럼 보인다. 여기에서 그는 튜더와 초기 스튜어트 종교개혁이 만들어낸 정책을 위해 아무 거리낌 없이 이 어구를 사용했다.

> 우리의 경건한 왕들은 학식 있는 주교들 및 성직자들과 함께 교회법에 의해 로마의 혁신과 미신들로부터 영국교회(Brittish Church)를 깨끗하게 하고 개혁했다.

여기에서, 웨어는 16세기 반로마 가톨릭교회 주제를 그대로 반영했다. '대영 제국'(Empire of Great Britain)이라는 표현은 헨리 8세 말년과 에드워드 6세 시대로 거슬러 올라간다. 그 시기는 대서양 군도에 전반적인 프로테스탄트 국가를 세우려는 전망이 처음으로 가능성 있게 보이던 때였다.

그러나 웨어가 사용한 정확한 어구는 틀림없이 16세기에 만들어진 것이기는 하나 잉글랜드 프로테스탄트보다는 아일랜드 프로테스탄트에게서 왔으며, 1707년 연합법(Act of Union)이 통과된 후 수십 년이 지나서야 통용되었다.[56] 웨어의 '대영 제국' 개념은, 어셔 대주교의 영국교회(British Church) 개념처럼, 그가 사랑하는 아일랜드감독 교회를 변호하기 위한 것이었다. 즉, 범군도적인 프로테스탄트 정치를 하나로 묶어 로마의 찬탈로부터 벗어나 이전의 순결을 되찾게 해 주는 교회에 대한 열망이었다.

다시 한번, 웨어는 그의 분파주의적인 기색을 감추기 위해 교묘하게 평화주의를 내세운다. 그는 자기가 프로테스탄트일 뿐 아니라 로마 가톨릭교회이기도 하다고 말하면서 이렇게 이야기했다.

순박한 열정을 마음에 품은 나의 사랑하는 동포 로마 가톨릭주의자
는 그렇게 부정직한 술책과 비기독교적인 방법들로 스스로를 지탱
하려고 하는 그런 신앙 체제를 의심하고 점검하기 시작할 것이다.

때로는 일체의 오염과 우상 숭배로부터 깨끗한 진정성을 대담하게
주장하기도 했다.

이 문서들은 허구적인 낭만적 지성의 산물이다. 여기에는 인간의
속기 쉬운 감정을 즐겁게 하고 유쾌하게 하는 전설이나 헛된 우화
가 들어 있지 않다. 이것들은 믿을 만한 기록들과, 지난 시대에 가
장 유능한 정치인의 회고록과, 제임스 웨어 경의 문서들에서 나
왔다. 또는, 이 문서들은 우리의 이해와 관찰의 범주에 들어가는 것
들이거나, 또는 우리에게 전달된 것들이며, 틀림없이 사실과 당연
한 것으로 증명될 수 있다.
이 말들을 모은 사람은 사적인 욕심이 없다. 그는 다이애나의 유물
을 날조해서 먹고 살기 위해 다이애나를 칭송하는 사람이 아니다.
그는 단지 미혹된 성직자들을 깨우쳐서 그들의 분열을 치유하고 그
들을 하나님 닮은 사랑과 순종 안에서 연합시킴으로써, 로마 가톨
릭적이고 사도적 교리와 체제에 가장 합당한 거룩한 국가교회(National Church) 공동체 안에서 살 수 있게 하기를 열망한다.[57]

『로마 여우 사냥』은 더 많은 웨어의 저서들이 나올 것을 분명히 예
견했다. 왜냐하면, 본문 끝에서 '2절판과 좋은 서체의, 그리고 100페이
지에 달하고 약 40개의 동판'으로 된 더블린 역사에 관한 웨어의 저서
가 곧 출판될 것이라고 광고하면서 구체적인 페이지 수와 예약 출판

에 대해 제시했기 때문이다.[58]

그러나 이 책은 그렇게 곧 출판되지 않았다. 이 책은 원고로만 남았다. 그리고 웨어의 출판 활동에 약 5년의 공백기가 있었다. 그 기간 동안 재인쇄와 개작(改作)들만 있었을 뿐이었다. 이것은 아마도 제임스 2세 시절의 재앙들 때문이었을 것이다. 이 재앙들로 인해 웨어의 마음속에는 마니교적 세계관에 대한 확신이 일어났다. 무슨 일이 있었는지에 대한 웨어의 이야기가 남아 있지만, 그의 다른 거짓말들을 모두 고려해 볼 때, 이 이야기도 주의 깊게 다뤄야 한다.

그러나 제임스 2세의 즉위를 둘러싸고 프로테스탄트와 로마 가톨릭교회 사이에 극적으로 고조되던 충돌에 그가 연루된 것만은 틀림없었다.[59] 웨어의 이야기(그의 부인의 손주 월터 해리스[Walter Harris]를 통해 전해진)를 액면 그대로 받아들인다면, 왕위 계승 배제 위기 상황에서 그런 혹독한 출판물들의 저자는 제임스가 2세가 1687년에 티어코넬(Tyroconnell)의 백작 리처드 탈봇(Richard Talbot)을 파견하여 아일랜드를 다스리게 했을 때의 저명한 사람이었다.

웨어는 티어코넬이 도착하던 날 잉글랜드로 도망했으며, 그의 재산은 다른 많은 도망자들의 재산처럼 약탈당했다. 그리고 그는 1690년 오렌지의 윌리엄(William of Orange)이 보인(Boyne)에서 승리를 거둘 때까지 돌아오지 않았다.

웨어의 재앙 이야기를 완전히 신뢰할 수 없는 이유 중 하나는, 그가 아버지의 문서들과 사실상 결별하고 그것들을 모두 제임스 2세의 옛 총독이자 왕실의 처남이었던 클라렌든(Clarendon)의 두 번째 백작 헨리 하이드(Henry Hyde)에게 매각했기 때문이다.

1685년에 아일랜드에 도착했을 때, 해리스에 의하면, 클라렌든은 웨어에게 1687년에 도망을 가라고 조언했다. 클라렌든은 웨어의 문서들을 런던으로 도로 가져와서 그것들을 철저하게 성공회적이고 광교회파(Latitudinarian)적 환경 속에 보관했다. 즉, 교구 목사이자 미래의 캔터베리 대주교였던 토머스 테니슨(Thomas Tenison)에 의해 1684년에 설립된 성 마틴인더필즈(St. Martin-in-the-Fields)공립도서관에 소장시켰다. 따라서 로버트가 주로 인용하던 제임스 웨어 경의 문서들 중 대부분은 더 이상 해롭게 사용되지 않았다.

특히, 더 이상 로버트 웨어가 그 문서들에 아무 해도 가할 수 없게 되었다. 그때 당시 대략적인 문서 목록이 있었지만, 훨씬 더 정교한 일람표는 미래에 잉글랜드 주교가 되는 또 다른 학자 에드먼드 깁슨(Edmund Gibson)이 만들었다. 그 문서들이 공립도서관에서 잠시 휴식을 취한 것은 잠시 뿐이었다. 1690년대 어느 시점엔가 명예혁명(Williamite Revolution)으로 인한 정치적 소용돌이 속에서, 윌리엄과 메리의 왕궁으로부터 추방당한 분개한 클라렌든은 못마땅하게 윌리엄을 따르고 있던 테니슨으로부터 이 문서들을 다시 돌려받아 자기만의 목록을 만들려는 계획을 세웠다.

그러나 클라렌든은 그가 죽기 직전인 1709년에 이 위대한 문서 모음집 전체를 매각했다. 그 후, 웨어의 문서들은 찬도스(Chandos) 공작 제임스 브리지스(James Brydges)에게 다시 매각되었으며, 찬도스의 방대한 소유가 뿔뿔이 흩어질 때, 이 문서들은 1746년에 다시 한번 경매에 의해 매각되었다. 어떤 문서들은 선서 거부자인 서적 수집가 리처드 롤린슨(Richard Rawlinson) 주교가 구입했으며, 현재 보들레이안 도서관에 소장되어 있다. 다른 문서들은 골동품 수집가이자 엑세터 교구 목사였던 예레미야 마일즈(Jeremiah Milles)가 구입했다. 이 문서들은 결국 대영도서관(British Library)에 보관되어 있다.[60]

이 문서들이 어떻게 전해졌는지 복잡한 역사를 추적하면서, 윌리엄

오설리번(William O'Sullivan)은 1990년대에 엄청난 노력을 기울여 제임스 경이 모아 놓은 문서들의 색인을 만들고, 그것이 클라렌든의 구입 때부터 어떻게 전해져 내려왔는지 잘 정리해 놓았다.[61] 아일랜드 인사가 찬도스 경매 때 구입하여 현재 아마공립도서관(Armagh Public Library)에 보관되어 있는 약간의 문서들을 제외하고는, 웨어의 원본들이 모두 영원히 잉글랜드로 망명을 간 상태다. 이 사실은 웨어가 그 문서들에 무슨 일을 했는지 어렴풋이 알게 해 줄 수 있을 것이다.

그러나 또 다른 중요한 요소가 있었다. 평생 동안 웨어가 가지고 있던 문서들은 클라렌든이 웨어의 문서들을 아일랜드에서 제거하기 전에 미스(Meath) 주교 앤서니 도핑(Anthony Dopping)과 또 다른 골동품 연구가 존 매든(John Madden)이 만든 사본들이었다. 이 사본들은 더블린의 트리니티칼리지(Trinity College)에 보관되어 있으며, 18세기에 출판된 제임스 웨어 전집의 기초가 되었다. 이 출판은 로버트 웨어의 손녀와 결혼한 월터 해리스가 주관했다. 이 점은 매우 중요하다. 왜냐하면 일단 그 문서들이 필사되자, 로버트 웨어가 삽입한 내용들과 그의 아버지의 원본들을 구분하기가 거의 불가능해졌기 때문이다.[62]

제임스 2세 통치 기간 동안 웨어가 어떤 고난을 당했는지 알 수 없지만, 제임스가 잉글랜드를 떠난 후에 웨어의 출판 활동은 재개되었다. 그러나 아일랜드에서 제임스 군대와 윌리엄 군대 사이의 전쟁이 지속되고 있었기 때문에 왕위 계승은 여전히 전반적으로 해결되지 않은 채 남아 있었다.

웨어는 더 많은 거짓말이 긴급하게 필요하다고 느꼈다. 두 권의 책이 런던에서 출판되었다. 한 권은 1689년에 출판되었지만, 『여우와 횃불』의 또 다른 연재물 『제3부와 제4부』(the Third and last part)는 웨어의 마지막 작품이 되었다.[63] 다른 두 부분과 하나로 결합되기까지는 더 오랜 시간이 걸렸다. 에드워드 6세 시대에 메리와 엘리자베스에 대한 역사적인 사실과 꾸며낸 문서들이 복잡하게 혼합된 이후, 이 책의 대부분은 날조된 17세기와 관련이 있다.

이전의 제1, 2부에 대한 참고 자료 외에, 엘리자베스와 성 폴대성당 알렉산더 노웰(Alexander Nowell) 교구 목사 사이에 충돌이 있었던 것처럼 꾸며진 새로운 엘리자베스 시대 자료 문서들은 웨어가 좋아하던 두 저자, 로버트 코튼(Robert Cotton)과 헨리 시드니(Henry Sidney)경에게서 온 것이라고 되어 있었다.[64] 이전의 크랜머 연설과 마찬가지로, 여왕과 교구 목사 사이의 이 대화는 특히 우상 숭배의 위험에 관한 것이다. 이 문제에 대해 선한 여왕 베스는 당연히 반대 입장으로 그려져 있다.

마지막으로, 1690년대 초에, 교황 조안(Joan)이라는 재미있고 허구적인 주제에 관한 짧은 소책자가 나왔다. 그 헌정사에서 밝히고 있듯이, 이 책은 1686년에 더블린에서 익명으로 출판된 그 의심스러운 여인에 관한 이야기에 대한 로마 가톨릭교회의 반박을 의도적으로 재반박하는 이야기였다. 웨어의 책을 기증받은 사람은 당시 승승장구하던 프로테스탄트 옹호자 헨리 콤튼(Henry Compton)으로, 런던의 주교였으며, 교회론적으로나 정치적인 냉정함에 있어서 웨어가 존스의 후임으로 적합하다고 생각한 사람이었다.[65]

『여우와 횃불』의 마지막 연재물을 발표한 이후에, 웨어는 이제 자기의 창작품은 제쳐두고, 다른 사람들의 훌륭한 허구들을 의지했다. 그것들 중에는 그와 마찬가지로 한 세기 전부터 방대한 역사적 위조품들을 훌륭하게 만들어낸 스폰하임(Sponheim)의 대수도원장 요한네스 트리테미우스(Johannes Trithemius)가 들어 있었다.

웨어가 알고 있던 책들 중에서 독특했던 이 소책자에는 제임스 웨어 경에 대한 언급이 전혀 없다. 또한, 웨어가 1683년에 '대영 제국'에 관한 주제를 다루었던 것과는 대조적으로, 교황 조안(Pope Joan)에 대한 그의 관심은 더 이상 대영 제국의 반로마 가톨릭적 종교개혁 주제로 다루어지지 않았다. 왜냐하면 교황 제도에 대한 국가적인 증오가 새로운 토포스(문학의 전통적인 주제·사상)로 옮겨 갔기 때문이다.[66] 그러므로 틀림없이 로버트 웨어의 출판 생애는 그가 죽기 7년 전, 그의 나이 58세에 막을 내렸다.

웨어가 방대한 역사적 허구를 만들어낼 때 무슨 생각을 했을까?

부피 면에서 볼 때, 그 허구는 당시에 필요하던 직접적인 논쟁의 필요성에 비해 훨씬 더 컸다. 그는 어린 시절에 가족의 대화 중에 어셔와 로버트 코튼의 이름을 즐겨 들었고, 초기 잉글랜드 종교개혁 시대의 화려한 시절에 관한 이야기도 많이 들었으며, 식사 시간에는 그보다 약간 덜 화려한 초기 아일랜드 종교개혁에 관한 이야기도 들었다.

이 중에서 아일랜드 종교개혁 이야기는 아쉽게도 문서 형태로 남아 있는 증거는 없었다. 더욱이 웨어는 제임스 경의 원고들과 함께 성장했으며, 그것들을 탐독하면서 그 덕분에 한 세기 전의 세계에 대해 상당히(그러나 결코 완벽하지는 않은) 친숙해졌다.

아마도 웨어는 굉장히 학식 있던 그의 아버지와 그 뒤에 있는 훨씬 더 탁월한 어셔를 능가하거나 또는 그들과 대등한 정도가 되길 바랐을 것이다. 또는 어쩌면 헨리 존스를 비롯한 트리니티 학자들을 포함한 학문 사회에 큰 인상을 남기고 싶은 마음이 있었을 수도 있다.

한 세기 후에 웨어보다 훨씬 더 가엾은 운명을 맞이한 또 다른 고대 문서 날조자를 생각해 보자.

워즈워스(Wordsworth)의 '놀라운 소년' 토머스 채터튼(Thomas Chatterton)은 브리스톨에 있는 성 메리 레드클리프(St. Mary Redcliffe)의 중세

고문서들을 곰곰이 묵상하다가, 오래 전에 죽은 가상의 시인의 목소리를 통해 자신을 표현하게 되었다.

채터튼은 웨어가 더블린을 사랑한 것처럼 브리스톨을 사랑했다. 두 사람의 사랑은 그들에게서 정직성 또는 심지어 제정신을 빼앗아가는 요소들 중 하나였을 수도 있다. 웨어의 행동은 범죄적일 뿐 아니라 병적이었던 것 같다.[67]

웨어의 출판물들 때문에 그의 위조품들이 아일랜드에 영원히 남게 되었다. 그러나 분파주의적인 증오의 불길이 잉글랜드에서 잦아들자, 그 출판물들은 역사가들의 시야에서 사라지게 되었으며, 가장 영향력 있는 역사가들 중에서 그것을 이용해서 잉글랜드 역사의 국교도 이야기를 미래에 전해 준 사람은 없게 되었다.

존 스트라이프 목사의 방대한 저서들은 웨어의 이야기들 중 일부가 기록으로 남게 되는 도관(導管) 역할을 했다. 스트라이프의 저서들이 오랫동안 권위 있게 여겨졌기 때문에(이 에세이에서 그에 대해 여러 번 다루었다), 그리고 그 저서들이 원자료를 전달함에 있어서 당대의 다른 역사가들에 비해 훨씬 믿을만했기 때문에, 웨어의 위조품들은 다른 경우에서였더라면 쉽게 사라져버렸을 것들이 크게 존중받았다. 스트라이프는 웨어 무용담에서 키 플레이어로 등장한다. 왜냐하면 이 경우에 그는 대체로 상당히 높은 증거 기준에서 거의 벗어나지 않았기 때문이다.[68]

제임스 2세는 스트라이프의 첫 번째 전기 『토머스 크랜머 회고록』 (*Memorials of Thomas Cranmer*)이 출판된 1694년에 무사히 해외로 망명했다. 이때 웨어는 아직 살아 있었다. 이 전기에서 스트라이프는 웨어의 책 『여우와 햇불』(1681) 제2부에 나오는 클랜머의 왕위 즉위식 설교를 포함시키면서 다음과 같이 말했다.

대주교 어셔의 귀중한 모음집에서 찾을 수 있는 이 이야기는, 비록 후대에 출판되긴 했지만 여기에서 삽입하지 않을 수 없다. 이 위대하고 선한 대주교에 대한 기억을 잘 묘사하기 위해서이다.[69]

흥미롭게도, 스트라이프는 이 설교를 요약하거나 원자료 모음 부록에 넣는 대신, 다른 중요한 문서들을 다룰 때처럼 본문 속에 설교 전체를 삽입했다. 이것은 스트라이프가 웨어의 자료를 다른 원자료 문서들과 똑같은 방식으로 다루지 않을 것이라는 전조였다. 하지만 크랜머의 설교는 스트라이프가 소홀히 다루기에는 너무 유용했다.

스트라이프가 웨어로부터 사용하기로 한 자료들은 스트라이프의 전망이 더블린의 프로테스탄트 엘리트의 전망과 얼마나 비슷했는지 보여 주었다. 즉, 잉글랜드국교회 내에 있던 윌리엄 로드 계승자들과 지지자들을 혐오하는 태도, 그리고 감독제를 반대하는 프로테스탄트들 뿐 아니라 로마 가톨릭주의를 격렬하게 반대하는 태도에서 비슷했다.

이런 점들에서 서로 깊이 공감한 나머지 스트라이프는 『여우와 횃불』에서 발견한 것들을 공정하게 평가할 수 없었다. 스트라이프가 이 자료를 사용한 것은 그가 『토머스 크랜머 회고록』 독자 서문에서 확고하게 밝힌 주장을 정면으로 거스르는 것이었다. 스트라이프는 서문의 첫 문장에서 그의 방대한 출판물들이 다음의 기본 원칙에 근거할 것이라고 밝혔다.

> 또한, 나는 여기에서 내 머릿속에 있는 어떤 역사적인 글귀를 단 한 구절이라도 이 책에 삽입하지 않고, 내가 믿을만한 역사적 기록이나 그 시대에 출판된 고서들, 또는 그 책들의 서문이나 서론, 또는 마지

막으로 기타 좋은 문서들에서 발견한 것들을 인용할 것이다.[70]

이러한 공언은, 웨어가 더블린 모음집 서문에서 했던 이야기와 거의 비슷한데, 사실 스트라이프의 작품들과 같이 부주의한 짜깁기 구조에는 적합하지 않았다. 그러나 스트라이프가 이 책에서 웨어를 이용하고 있는 것에서도 지켜지지 않았다. 그의 출판물들에 삽입된 자료들은 사실 그의 머리에서 나온 것들이었다.

스트라이프는 틀림없이 웨어의 자료를 그의 책들에 포함시키는 것이 불편했을 것이다. 왜냐하면, 웨어의 자료가 그의 일반적인 원자료 범위 밖에 있었고, 그가 공정한 방법으로 세워놓은 엄청난 양의 원자료 문서 기준에 적합하지 않거나 또는 그의 기준 위반이었기 때문이다.[71] 비록 스트라이프가 공개적으로 말을 하지는 않았지만, 『크랜머 회고록』이 출판된 지 6년 후 1700년에 있었던 웨어의 위조품들에 대한 선구적이고 중요한 공격에 대해 알고 있었음에 틀림없다.

그 공격은 독립적인 정신과 명석한 판단력을 가진 젊은 철학자 앤써니 콜린스(Anthony Collins, 1676-1729)의 데뷔 논문의 한 부분이었다. 그는 에섹스에 살던 스트라이프의 동료였다.[72] 콜린스는 스트라이프나 그의 『크랜머 회고록』을 공격하지 않고, 고교회파 토리파 논객 존 스콧 박사(Dr. John Scott, 1639-95)를 공격했다. 스콧은 존 날슨의 『여우와 횃불』이 출판된 지 불과 4년 만에 그 첫 부분을 사용했으며, 신실한 커민과 토머스 히스 이야기를 이용해서 프로테스탄트 비국교도를 공격하는 무기로 삼았다.[73]

콜린스는 더 나아가서 그의 논리적이고 매우 탁월한 역사 지식을 앞세워, 스콧이 인용한 날조된 엘리자베스 시대 자료의 비개연성을 통렬하게 해부했다. 콜린스는 그러한 류의 '로망스'에 대해 매우 냉소적이였으며, 따라서 날슨을 신랄하게 비판하는 말로 마무리 지었다.

> 그럴싸한 자료다. 그리고 백 년도 더 된 사건(살펴볼 가치가 있는 사실)과 관련된 이야기이며, 수많은 사람들에 의해 전달된 후에 이제 출판되었다. 벌레이(Burleighs) 경 가문, 수석 대주교들, 제임스 웨어 경 등을 거쳐 전해졌으며, 마침내 이 자료를 직접 소유한 사람이 아니라 자기가 쓰고 있는 것에 대해 어떤 확신을 주지 못하는 저자에 의해 전해졌다.[74]

이것은 최고의 분석이었다. 같은 단락에서, 콜린스는 스콧이 『여우와 횃불』의 더 직접적인 각색물을 인용했을 뿐이라고 자신 있게 지적했다. 이 각색물은 다름 아닌 에드워드 스틸링플리트(Edward Stillingfleet)의 작품이었다. 그는 그 당시 성 폴대성당의 교구 목사였고 따라서 런던에 살던 스콧의 동료였다. 온건한 비순응주의자들에게 교황주의의 위협에 저항할 것을 호소한 『분열의 불합리함』(The unreasonableness of separation, 1681) 서문에서, 스틸링플리트는 날슨과 웨어의 합작품에서 커민과 히스의 이야기들을 인용했다. 날슨의 책이 출판된 지 1년도 채 되지 않은 때였다.

콜린스는 비록 스틸링플리트의 가장 중대한 실수를 지적해 내지는 못했지만, 그럼에도 불구하고 스콧에 대한 비판으로부터 스틸링플리트에 대한 비판으로 정교하게 확장시켜 나갔다. 잘못된 지식을 가지고 있던 그 교구 목사는 자기가 직접 토머스 풀러(Thomas Fuller)의 『교회사』(Church History), 피터 헤일린(Peter Heylyn)의 『장로교 역사』(Aerius redivivus), 그리고 윌리엄 캠든(William Camden)의 『연대기』(Annals) 등에서 발견한 자료들과 비교함으로써, 웨어가 그의 자료들을 잘못 이해했다고 비판했다. 이 작품들은 웨어가 그의 자료에 가명으로 언급한 세 명의 로마 가톨릭교도들(핼링엄[Hallingham], 콜먼[Coleman], 그리고 벤슨[Benson])에 대한 더 많은 정보와 신선한 전망을 제공해 주었다.

그러나 스틸링플리트가 『여우와 횃불』의 편집자가 그들의 역할을 오해했다고 논평하고, 그것을 자기가 읽은 세 명의 저자들을 통해 증명했을 때, 정말로 속은 사람은 바로 스틸링플리트 자신이었다. 즉, 틀림없이 웨어는 이 세 학자들의 글에서 이 로마 가톨릭 공모자들의 성을 가져왔다(또한, 그들의 공통된 방침을 따라, 그는 기독교 이름들을 제시하지 않았다). 따라서 스틸링플리트가 아는 체 하면서 웨어를 비판한 내용은 오히려 그의 저서 처음부터 웨어의 이야기의 진정성을 더 확고히 만들어 버린 셈이 되었다.[75]

콜린스가 『여우와 횃불』을 비판하자, 그리고 또 다른 많은 비판들에 직면해서, 스트라이프는 파커 대주교 전기 서문에서 매우 길게 자기의 입장을 분명하게 밝히는 것이 필요하다고 생각했다.

> 어떤 분파들이 이 책에서 읽은 것들 중에서 그들의 선입견 때문에 그들의 원칙들이나 성향들에 부합하지 않는다고 생각하고 좋아하지 않는다고 해서 퍼붓는 비난에 대해… 나의 공명정대함과 진리를 선언한다.[76]

콜린스는 자기가 개인적으로 참고한 문서 자료들의 인상적인 목록과, 그가 아는 다른 사람들의 필사본을 통해 참고한 원고 목록에 의해 자기의 주장이 정당화되었다고 생각했다. 그러나 그 목록 끝에 적힌 다음의 항목에는 독특하게도 그가 어느 출판된 책으로부터 가져온 자료를 사용한 흔적이 있었다.

"이전에 제임스 웨어 경의 소유였던 아일랜드 문서들. 두 권의 책 『로마 여우 사냥』과 『여우와 횃불』이 출판되었다."[77]

스트라이프가 그의 자료들로부터 확신 있게 인용한 것들 중에서 매우 독특한 또 한 가지는, 웨어에게서 인용한 경우들에 있어서, 그가 '그 속에 삽입된 필사본들의 신빙성'을 보증하기 위해 다른 작품들을 의지하려고 했다는 사실이다. 무슨 일이 있었는지에 관한 첫 번째 실마리를 주는 것이 바로 이 점이다.

스트라이프는 그의 확신의 근거를 스틸링플리트나 스콧에게 두지 않고, '매우 존경스럽고 귀한 아일랜드 목사' 테오필루스 해리슨(Theophilus Harrison)에게서 받은 편지의 내용에 두었다. 해리슨은 클론먹노이즈대성당(Clonmacnoise Cathedral) 교구 목사였다. 이렇게 하면 아일랜드교회의 어느 존경받는 고위 성직자가 공정한 증언을 해 준 것처럼 보이지만, 사실은 전혀 달랐다.

독자들로서는 스트라이프와 해리슨이 서로 알았다거나 20년 이상 서로 서신을 교환했다는 것을 전혀 알 수 없었다. 사실 해리슨은 습관적으로 스트라이프를 '형제'라고 불렀고, 아일랜드 문제들에 항상 관여했으며, 스트라이프가 아일랜드에서 출판하는 역사적인 저서들을 위해 발 벗고 나서서 기금 모음을 해 주었다.[78]

그러므로 바로 이러한 정황에서, 스트라이프는 1709년에 그의 『종교개혁 연대기』(Annals of the Reformation)에 관해 해리슨에게 사무적인 편지를 보내, 이미 사라져 버린 로버트 웨어와 제임스 웨어 경의 문서들에 대해 확증을 해줄 것을 부탁한 것이었다. 5월 9일, 그는 해리슨의 증언을 읽으면서 매우 기뻤다.

나는 웨어 씨(로버트 웨어의 손자)에게 잊지 않고 말했네. 그러자 그

가 내게 말하기를, 자신의 할아버지가 자네가 언급한 사람들과 로
버트 코튼 경으로부터 그의 모음집을 얻었다고 확인해 주었네. 나
는 대주교 어셔의 조카이자 매우 박식했던 미스(Meath)의 고 존스
주교로부터도 이와 똑 같은 이야기들을 수 년 동안 들었네. 그리
고 사실 그 문서들은 우리들 사이에서 대체로 좋은 평판을 가지고
있다네.[79]

스트라이프는 2년 후에 출판한 『파커 전기』에서 이 답변을 약간 수정해서 그대로 실었다. 그러자 이때부터 그의 탁월한 명성 덕분에, 콜린스가 일찍이 스틸링플리트의 도움을 받아 『여우와 횃불』을 비판하던 호된 비난은 상쇄되고 말았다. 웨어에 대한 탐구가 다시 진행된 것은 그로부터 한 세기가 훨씬 더 지난 후였다.

이미 오래 전에 죽은 로버트 웨어의 후견인 헨리 존스 주교를 해리슨 박사가 증인으로 삼은 것이 매우 흥미롭다. 이것은 우리가 아일랜드에서의 로마 가톨릭 음모의 목적을 다시 한번 생각해 보아야 하는 이유 중의 하나이다. 왜냐하면 우리가 이 클론먹노이즈의 목사를 이전에 한 번 만난 적이 있기 때문이다.

1681년, 그는 그가 로마 가톨릭 음모를 만들어 내는 데 일조했다는 것 때문에 로마 가톨릭교회의 비난을 받아야 했다. 이 비난은 섀프츠베리 재판이 있던 때에 로버트 웨어가 아일랜드 바다를 건너 로버트 클레이튼에게로 향했던 것과 똑같은 비난이었다. 이 증거만으로는 해리슨과 웨어가 그 사건에 관해 서로 공모했다고 말할 수 없다. 그러나 그 당시에 두 사람은 틀림없이 서로 알고 있었을 것이다.

더블린의 트리니티칼리지 졸업생이자 신학박사였던 해리슨은 그 사건이 일어나던 1681년에 더블린의 어느 목사관에 거주하고 있었지

만, 그가 있어야 할 대성당에 있지 않았다. 아일랜드감독교회에 대해 알았다면, 스트라이프는 100년 이상 된 클론먹노이즈대성당이 그 관구의 그림자도 남기지 않은 채 완전히 황폐해졌다는 것과 그 성직자 회의가 해리슨으로만 이루어졌다는 것을 너무 많이 염려하지 않았을 것이다. 클론먹노이즈의 소실은 로버트 웨어의 훌륭함을 보증하는 사람에게는 합당하게 보인다.[80]

1696년부터, 해리슨은 성 워버(St. Werburgh)에 있던 로버트 웨어의 집과 근접한 교구였던 더블린의 성 요한(St. John)의 교구 목사였다.[81] 웨어와 마찬가지로, 해리슨은 제임스 2세가 통치하던 혼란스런 기간 동안 잉글랜드에서 망명 생활을 했다(아마도 그 당시 스트라이프의 로우 레이튼[Low Leyton] 에섹스 교구에서 생활했을 것이다).

그 후 그가 돌아왔을 때 그의 교구는 이미 로마 가톨릭에 의해 폐허가 되어 있었다.[82] 해리슨은 제임스 2세 통치 기간 동안 웨어가 겪은 문제들을 알고 있었을 것이다. 프로테스탄트 신앙을 고백하던 웨어가 그 무엇보다 역사적인 자료에 확신을 가진 것처럼 보였으므로, 그것을 고려할 때 이 교구 목사가 그의 마음에 품고 있었을 만한 어떤 의구심도 수그러들 수 있었을 것이다.

스트라이프 편에서는, 웨어를 보증해 줄 또 다른 아일랜드 증인이 있었다. 그가 사랑하던 사촌이자 케임브리지 학부를 졸업한 제임스 보넬(James Bonnell)이었다. 그는 잉글랜드에서 태어났지만 아일랜드 정부 재정 담당 부서에서 일을 하던 공무원이었는데, 사실 그가 맡았던 일은 오랫동안 웨어의 가문에게 상속되던 직책이었다.

보넬은 사제가 된 적은 없지만 매우 경건한 국교도였다. 18세기에 아마(Armagh)의 부감독이 쓴 그의 전기는 '전기라기보다는 경건의 책'이라고 불렸다.[83] 보넬은 또한, 해리슨의 좋은 친구였으며, 적어도

1691년 초에 그를 통해 스트라이프와 서신 교환을 했다. 어쩌면 해리슨이 두 사람을 서로 소개시켜 주었을 수도 있다.[84]

해리슨이 더블린의 성 요한의 성직록을 받기 4년 전에, 보넬은 스트라이프에게 '이튿날 매우 유쾌한 마음으로' 그를 방문해도 좋다고 말했다.[85] 보넬은 해리슨의 재임 중에 세인트존스교회(St. John's church)에 장사되었다. 스트라이프가 해리슨에게 웨어의 훌륭함에 대해 보증을 해달라고 요청할 당시에 보넬은 이미 죽은 지 10년이 더 되었었다. 따라서 어찌되었든지 간에 보넬은 교구 목사로서, 또는 아일랜드 교구 목사로서 스트라이프에게 공적인 증언을 해줄 만한 인물이 아니었다.

사실, 보넬은 해리슨만큼이나 웨어와 스트라이프 사이에 중개자 역할을 했다. 보넬이 스트라이프에게 보낸 수많은 편지들 중에는 그가 1691년 초부터 스트라이프에게 웨어의 출판물들과 원고(상당히 완벽한 아일랜드 역사적 자료들 중에서)를 보냈다는 여러 언급들이 있다. 이것은 보넬이 그를 알고 있었음을 확증해 준다.[86]. 어느 편지에서, 보넬은 조지 브라운(George Browne)에 관한 웨어의 자료에 대해 "위대한 제임스 경의 아들 로빈 웨어에 의해 산만하게 수집되었다"라고 말했다.

따라서 보넬이 웨어를 알고 있었던 것은 맞지만, 특별히 잘 알았거나 존경을 한 정도는 아니었고, 단지 딱 아는 정도였거나 또는 어떤 문제를 의심하지 않을 만큼 개인적인 관심은 없는 정도였다. 사실 어떤 문제를 느꼈다 해도, 그것은 단지 웨어의 학문적인 평범함이었지 부정직함은 아니었다. 이 점은 스틸링플리트도 이미 1681년 초에 간파했다.[87] 보넬이 언급한 내용들 중에서, 웨어의 출판물들의 내용에 대해 의심을 했다는 암시는 전혀 찾아볼 수 없다.

그 특별한 이유 중 하나는, 스트라이프를 위해 이 자료를 수집해 준 대행인이 바로 헨리 존스 후임으로 미스(Meath) 주교직을 승계한 학문적으로 존경받는 앤써니 도핑(Anthony Dopping)였기 때문이다. 그들이 아일랜드를 떠나기 전에 웨어의 문서들을 필사한 골동품 연구가들 중 한 명이 바로 도핑이었음을 기억해야 한다.[88] 스트라이프, 보넬 그리고 해리슨 사이에 이러한 복잡한 유대 관계가 있었다면, 스트라이프가 웨어의 자료를 기꺼이 신뢰하고 받아들인 사실이 결코 놀랍지 않다.

길버트 버넷(Gibert Burnet)은 스트라이프보다 훨씬 더 선천적으로 재치가 있고 역사적으로 예민했기 때문에, 그의 역사 저술들에 웨어의 자료를 대규모로 받아들이는 실수를 범하지 않았다. 우선, 이것은 그가 어떤 판단을 내렸다기보다는 운이었다. 왜냐하면, 출판되자마자 성공을 거둔 버넷의 『종교개혁사』(History of the Reformation) 제1권이 출판된 1679년은 웨어가 날조된 잉글랜드 역사를 공적으로 쏟아내기 전이었기 때문이다.

그러나 대영도서관에 보관된 웨어의 문서들 중에서 헨리 8세부터 엘리자베스 시대까지 이야기들을 담고 있는 어느 문서의 여백에는 웨어의 것일 수도 있고 그렇지 않을 수도 있는 메모가 적혀 있다.

"1679년 4월, 미스(Meath) 주교 헨리가 여기에서 발췌한 사본을 버넷 박사에게 보냈다"(삽화 14를 보라).[89]

이렇게 버넷을 로마 가톨릭 음모 사건 기간 동안 책략 그룹에 끌어들이려고 했던 초기의 노력(웨어의 날조 사업에 존스가 중추적인 역할을 했다는 증거를 더 제공하면서)은 성공을 거두지 못했다. 존스가 계속 노력을 하지 않았기 때문일 수도 있고, 버넷이 관심을 갖지 않았기 때문일 수도 있다.

버넷의 『종교개혁사』 제2권은 뒷표지에 실린 의회의 추천사와 함께 1681년에 출판되었다. 이때만 해도 엘리자베스 시대의 두 유명 인사

신실한 커민과 토머스 히스에 관한 흥미진진한 문서가 『여우와 횃불』에 새롭게 들어갔기에, 버넷의 책이 이 이야기들에 관심을 기울였을 만도 한데, 버넷은 그렇게 하지 않았다. 이것이 의미하는 바는, 버넷이 약간의 동요가 있기는 했어도 타이터스 오우츠나 로마 가톨릭 음모의 존재에 대해 전혀 관심이 없었으며, 찰스 2세에게 그의 부정적인 생각을 여러 번 확신시켰다는 사실이다.[90]

나중에, 명예혁명이라는 또 다른 위기가 찾아 오고, 로마 가톨릭교회의 정치적인 행동이 1679-81년보다 훨씬 더 현실적이 되었을 때, 웨어의 반로마 가톨릭적 자료를 무시하려는 버넷의 다짐은 약화되었다. 1689년 1월 31일, 의회가 잉글랜드 대소동의 행복한 결말에 대해 감사하던 흥미진진한 날에, 버넷은 하원에서 설교를 했다. 이 설교에서 그는 엘리자베스 종교화해에 대해 자세하게 논의하면서 이렇게 말했다.

> 나는 그 당시 주요 주교들의 편지들을 살펴보았습니다. 그로 보건대, 여왕이 몇몇 의식들을 유지하려고 했던 완고한 태도는 추밀원의 결정에서 나온 것이 아니라, 어떤 가면의 교황주의자들의 풍습에서 나온 것 같습니다.

이것은 사실 웨어의 위조품들에 대한 언급이었다.[91] 더욱이, 웨어가 버넷에게 영향을 준 후대의 사소한 사례가 있는데, 그것은 1714년에 스트라이프를 통해 간접적으로 버넷의 『종교개혁사』 개정판과 확장판이 출판된 것이었다. 그 무렵, 스트라이프는 『종교개혁 연대기』 (*Annals of the Reformation*)을 출판했는데(초판, 1709년), 버넷이 취리히에 보관된 잉글랜드 종교개혁가들의 편지를 새롭게 찾아 내어 처음으로

삽화 14
헨리 주교와 길버트 버넷이 서로 연락을 주고받았음을 보여주는 난외주가 있음.

출판했을 때, 그는 존 주얼(John Jewel)의 편지들 중에서 영어로 번역되어 스트라이프의 『종교개혁 연대기』에 실려 있는 편지 일부를 자기 책에 추가했다.

그럼에도 불구하고, 자료에 대해 각별한 주의를 기울였던 버넷은 본문의 각주에서 언급한 존 주얼 주교가 피터 마터 버미글리에게 보낸 라틴어 편지 원본의 필사본도 출판함으로써 부지런한 독자들이라면 누구나 이것을 알아챌 수 있게 해 주었다. 그 원본에는 당연히 웨어의 자료가 포함되지 않았다. 버넷의 역사적인 글이 단 한 번 웨어의 위조품에 의해 오염되었던 사례를 찾아낸 사람은 빅토리아 시대 학자 T. E. 브리젯(T. E. Bridgett)이었다.[92]

로버트 웨어는 1697년에 죽었지만, 그의 날조된 이야기들이 그의 아버지의 명성을 빌려서 출판되는 일은 여전했다. 1704-5년, 더블린과 런던에서 동시에 제임스 웨어 경의 모음집을 출판하려는 노력이 있었는데, 로버트의 위조품들이 상당히 많이 포함되었다. 더블린 시의회는 더블린 판이 출판된 후에 출판업자 매튜 구니(Matthew Gunne)의 요청에 의해 보조금을 지급했다. 이 사실은 그가 사랑한 도시를 대신한 로버트의 웨어의 귀에 거슬린 소리가 결코 잊히지 않았음을 보여준다.[93] 구니가 시의회에 보낸 청원서에서는 이 자료를 편집한 사람이 자신이라고 밝히고 있지만, 사실 누가 최종적으로 이 자료를 편집했는지는 확실하지 않다. 그럼에도 불구하고 구니는 그 본문이 마치 고 (故) 로버트 웨어에 의해 편집된 것처럼 제시한다. '2년 전,' 1681년에 출판된 조지 브라운에 관한 웨어의 자료를 일인칭으로 언급하면서 말이다.

반면에 런던의 출판업자 언섬 처칠(Awnsham Churchill)은 웨어의 생전에 그의 『여우와 횃불』 최종판을 1689년에 출판할 수 있게 도운 사람이었다.⁹⁴ 또한, 구니의 출판은 로버트 웨어의 할머니 메리 브라이덴(Mary Briden)을 켄트 주 기사(knight)의 딸이라고 소개하는 또 하나의 거짓 전통의 시작이라는 점에서 중요하다.

사실 웨어의 할머니는 암브로즈 브라이덴(Ambrose Briden)의 딸이었으며, 당연히 서퍽 주 베리 성 에드먼즈(Bury St. Edmunds)의 공민이었고, 책에 관심이 많은 부유한 바느질 도구 판매상이었다. 더욱이 로버트 웨어가 향사(esquire)로서의 자기 신분을 더 높여보려는 노력을 했던 적이 있었다.

그가 정말로 기사의 아들이거나 손자였다면 그런 노력을 할 필요가 없지 않았겠는가.⁹⁵

1704년 책임 편집자가 분명히 그 다음 웨어 문서 편집자 월터 해리스(Walter Harris)는 아니었다. 그는 그 당시에 더블린 트리니티칼리지에 재학 중인 18살 소년에 불과했으며, 나중에 그가 새로운 편집을 하게 된 동기는 1704-5년 판에 불만족했기 때문인 것으로 보이기 때문이다. 해리스가 훨씬 확장해서 편집한 1739년판 『아일랜드에 관련된 제임스 웨어 경 전집』(The whole works of Sir James Ware concerning Ireland)은 중세 아일랜드 대성당들에 대한 몇 가지 중요한 새로운 삽화들을 포함하고 있는데, 아일랜드 역사에 관한 그의 수많은 출판물들 중에서 첫 번째 작품이었다. 그의 야심찬 계획은 그가 로버트 웨어의 손녀와 두 번째 결혼을 한 것과 관련이 있었다. 그의 장인이 그의 책 속표지에 들어갈 제임스 웨어 경의 초상화를 제공해 주었다.

그럼에도 불구하고, 그 결혼은 그 이전의 관심 때문에 이루어진 것일 수도 있다. 즉, 해리스는 독자들을 위한 서문에서 밝히기를, 그의 계획이 그 이전의 잉글랜드 판의 오류들을 수정하려는 자기의 노력에서 시작되었다고 말한다. 해리스가 1674년에 펴낸 판본도 있었다. 그

판본은 로버트 웨어의 위조품들뿐 아니라 해리스가 더 노골적으로 추가한 것들로 인해 얼룩졌다.[96]

비록 해리스에게 전임자만큼의 죄의식이 부족하긴 했지만, 그가 제임스 웨어 경의 원본들에 덧붙인 수많은 내용들의 역사와 실상은 더 연구되어야 한다. 반면에 그는 로버트 웨어처럼 로마 가톨릭을 혐오했으며, 또한, '로마에서 로마 가톨릭교회의 편협함과 잔인함 속에서 성장'[97]한 교황의 피보호자 제임스 2세의 아들을 혐오했다. 해리스가 당대의 아일랜드 로마 가톨릭교도들과 그들의 과거 왜곡에 대해 공격한 논증서들 중 하나는 『가면을 벗은 허구』(Fiction unmasked)라는 제목의 책이다.[98]

이 책은 지혜롭지 못한 주장이었다. 왜냐하면 해리스가 그의 역작에서 웨어처럼 암묵적으로 과거를 왜곡했기 때문이다. 이번에는 제임스 경이 17세기에 물려준 치명적인 상속을 둘러싸고 여전히 웨어 가문에서 들끓고 있던 분쟁 이야기에 대한 것이었다. 해리스는 제임스 경과 로버트 웨어에 대한 전기적인 이야기 속에서, 그 역사가의 두 번째 결혼이나 로버트 웨어의 형의 두 번째 결혼에 대해 전혀 언급하지 않는다. 사실 그 문제들이 상속에 큰 영향을 미쳤음에도 불구하고 말이다.[99]

19세기 들어 간헐적으로 다시 나타난 분파주의적 긴장 속에서, 『여우와 횃불』과 그 밖의 웨어 저서들에 대한 집착은 어셔의 예언들로부터 계속해서 광범위하게 영향력이 있었다. 그 중의 한 가지 무서운 공적인 사례는 아일랜드 의회가 1719-23년에 로마 가톨릭 사제들의 강제적인 거세를 발의한 것이었다. 물론 잉글랜드 추밀원이 포이닝스법(Poynings' Law)의 일환으로 강력하게 주장함으로써 이 제안은 결국 거부되었다.

이러한 생각은 버킹엄 공작 조지 빌리어즈(George Villiers)가 발의한 예수회 신도 거세에서 시작되긴 했으나, 『여우와 횃불』 제2부에서 나온 것이었다.[100] 하지만, 19세기 아일랜드감독교회가 로마 가톨릭교회의 부흥에 위협을 받고, 19세기 전반기 내내 그 국교회 지위를 유지하기 위해 고군분투하는 동안, 교활한 로마 가톨릭교도들과 미혹된 비국교도들에 대한 웨어의 생각이 아일랜드감독교회의 심금을 울렸으며, 따라서 그의 수많은 이야기들이 계속해서 사용되었다.[101]

반대로, 잉글랜드 역사가들은 로버트 웨어의 위조품들을 주로 스트라이프의 글을 통해 접했다. 빅토리아 시대 편집자들은 더 엄격한 학문적 기준을 마련하기 위해 스튜어트 시대와 조지아 시대의 원자료 인용을 개선시키는 데에 심혈을 기울였지만, 스트라이프가 인용한 웨어의 자료들이 진짜임을 증명하는 일에 있어서 번번이 장애물을 만났다.

따라서 크랜머 전집을 출판한 파커소협회(Parker Society)출판사 편집자는 크랜머의 즉위식 설교에 대해 당황하여 다음과 같이 말했다.

> 젠킨스 박사는 더블린에서 아무리 찾아보아도 원본을 찾을 수 없었다... 이 전집을 위해서 계속해서 더 찾아보았지만, 결국 성공하지 못했다.[102]

스트라이프의 『크랜머 회고록』의 새로운 독립판 편집자도 스트라이프의 원자료를 원본으로부터 신중하게 재편집했음에도 불구하고 결국 자기의 실패를 인정하면서 독자들에게 다음과 같이 말할 수밖에 없었다.

"이 설교 원본은 결코 찾을 수 없었다. 본문은 스트라이프가 인용한 책으로부터 수정했다."

다시 말하면, 『여우와 횃불』이 그 영광을 다 누린 것이었다.[103] 따라서 웨어는 유일하게 정말로 학문적인 편집자로부터 주목을 받은 것에 매우 기뻐했을 것이다.

그러나 주목할 것은, 스트라이프가 웨어에게서 가져온 것들 중에서, 잉글랜드 역사가들이 암묵적으로 지나친 것들이 매우 많다는 사실이다. 비록 리폰(Ripon)의 엄격한 복음주의 교구 목사 윌리엄 구디(William Goode)의 『로마의 책략』(Rome's tactics)과 같은 논쟁서들이 로마 가톨릭뿐 아니라 고교회파 국교도들을 비난하려는 목적으로 『여우와 횃불』의 전체 이야기를 무심코 다 펼쳐보였지만, '신실한 커민'과 같이 교묘하게 위장된 다섯 번째 로마 가톨릭 칼럼니스트의 이야기들에 대한 관심은 점차 사라지기 시작했다.[104]

19세기 말까지 살아남은 두 개의 주요한 자료는 크랜머의 즉위식 설교와 노웰(Nowell) 교구 목사가 삽화가 들어있는 공동기도서를 사용한 것을 둘러싸고 엘리자베스 여왕과 벌인 논쟁이다. 이 중에서 1809년에 출판된 노웰 교구 목사 전기에서 새로운 바람을 일으킨 두 번째 자료는[105], 교회 안에서 형상들의 역할과 공동기도서의 성격에 대해 의식주의자들과 저교회파 성직자들 사이에 발생한 끝없는 충돌에 관심이 있었다.

반면, 첫 번째 자료는 잉글랜드 종교개혁 기록에 있는 현저한 결함을 메우는 데에 약간의 공헌을 했다. 즉, 그 당시 가장 저명한 잉글랜드 프로테스탄트였으며, 따라서 그의 공적인 생애에서 다양한 경우에 중요하고 유명한 설교를 했다고 알려진 대주교의 설교를 전혀 찾아볼 수 없을 뻔 했는데 그것을 막아준 것이었다. 즉위식 설교 본문을 재생산하려는 유혹이 많았으며, 따라서 많은 사람들이 그렇게 했다.

빅토리아 시대에 웨어의 대적이 된 사람은 로마 가톨릭교회 사제 토머스 브리짓(Thomas E. Bridgett) 신부였다. 그는 더비(Derby) 사람으로 유니테리언이었다가 고교회파 성공회주의를 거쳐 로마 가톨릭교회로 개종했고, 리뎀프토르회(Redemptorist) 사제였으며, 리머릭(Limerick)과 잉글랜드에서 사역했다.[106]

브리짓은 철저하고 성실한 역사가였다. 그가 쓴 토머스 모어 전기에 대해 리처드 마리우스(Richard Marius)는 "현대 전기들 중 가장 우수하다"라고 평가했다. 또한, 브리짓은 로마 가톨릭교회 역사에 대한 프로테스탄트의 치우친 이야기들을 바로잡는 데에 헌신했다.[107] 브리짓은 기술적으로 부족했던 점을 끈기로 극복했다. 또한, 비록 그는 앤써니 콜린스가 그의 1700년판 저서를 예상했다는 사실을 몰랐던 것 같지만, 그가 처음에 『태블릿』(Tablet)의 일부로 출판했다가 나중에 별도로 출판하게 된 웨어에 대한 80페이지 이상의 연구는 그보다 앞선 연구자들을 충분히 만족시키기도 남을 만큼 매력적이고 철저한 연구서이다.[108]

브리짓은 웨어의 소책자들의 출판 역사를 연구했으며, 그 자료들이 역사적인 기록들에 스며들게 된 주 원인이 스트라이프라고 정확히 짚어냈다. 브리짓은 또한, 웨어의 위조품들을 이해하는 데에 있어서 매우 유용한 실마리가 될 수 있는 웨어만의 독특한 버릇을 찾아냈다. 그것은 바로, 웨어가 그의 창작품들의 하나를 로마 가톨릭과 관련해서 사용할 때마다, '모교회'(the mother Church)라는 단어를 사용했다는 사실이다.[109]

브리짓 시대에 대부분의 주류 잉글랜드 역사가들에게는, 명백히 논쟁적인 로마 가톨릭 배경에서 처음에 『태블릿』에 출판되었다가 나중에는 최근에 로마 가톨릭교회로 전향한 출판업자 케건 폴(Kegan Paul, Trench and Trübner Firm)에 의해 출판된 것을 알아차리는 것이 쉽지 않았다. 그럼에도 불구하고 재출판된 지 불과 일 년 후에, 잉글랜드 로마 가톨릭의 변두리에 있던 매우 학문적인 어느 비평가가 브리짓에게서 강력한 지지를 얻어, 잉글랜드의 새로운 과학 역사 저널 「잉글랜드 역사 리뷰」(*English Hitorical Review*)에 더 많은 자료들을 출판했다.[110]

그는 대영박물관 문서 보관 부주임이었던 조지 프레데릭 워너(George Frederick Warner, 1845-1936)였다. 그는 그가 취급하던 그렌빌(Grenville) 문서들 중 하나(Additional 33746)가 모건 갓윈(Morgan Godwin)의 『잉글랜드의 연대기』(*Annals of England*, 1630년과 1675년에 출판)와 로버트 웨어의 자료를 합쳐놓은 것으로서 웨어의 원고 전체에 해당한다는 것을 알게 되었다. 그의 주목을 끈 웨어의 날조 이야기는, 1538년에 헨리 8세와 그의 추밀원 앞에서 성 토머스 베킷(St. Thomas Becket)의 유물이 산산이 파괴된 이야기였다. 정황상으로 볼 때 불가능했을 뿐 아니라, 다른 곳에서 전혀 증거를 찾을 수 없는 이야기였기 때문이었다.

이렇게 신선한 충격을 던져준 웨어의 작품에 자극을 받은 워너는 브리짓 신부에게 '그의 특별한 게임'으로 돌아오라고 권했지만, 브리짓은 더 이상 아무 것도 하지 않았다. 워너는 말을 더듬는 것 때문에 공중 앞에서 이야기 하기를 꺼려하던 내성적인 사람이었다.

따라서 그는 「잉글랜드 역사 리뷰」의 『메모와 문서들』(*Notes and Documents*)에서 첫 세 페이지에 밝힌 것을 제외하고는 웨어의 잘못을 떠벌리기 위해 더 많은 것을 할 것 같지 않았다. 워너의 탐구 작업은 그럼에도 불구하고 대영박물관에 소장된 추가적인 문서들(Additional Manuscripts)중 웨어 항목에 들어 있으며, 따라서 이것은 웨어의 자료가 가짜라는 사실을 확실히 보여 준다. 그러나 대영박물관 항목들 외에는, 이 아일랜드 날조자가 결정적인 탐구를 잘도 피해 다녔다.[111]

20세기 들어, 아일랜드와 잉글랜드의 역사적인 관심은 점차 다양해졌다. 그러나 로버트 웨어는 여전히 영국 해협 양편 모두에서 역사가들을 따라다니고 그들을 오도했다. 아일랜드의 로마 가톨릭 역사 연구가 잉글랜드 로마 가톨릭 역사 연구보다 훨씬 더 브리짓 신부에게 주목했다.

예를 들어, 아일랜드 역사가이자 전기 작가인 필립 윌슨(Philip Wilson)은 웨어의 위조품들 중 하나에 속은 이후에, 웨어를 더욱 해체해야겠다는 생각을 하게 되었다. 웨어는 심지어 그의 대적들조차 감염시킬 수 있을 것 같이 보였다. 왜냐하면 윌슨이 틀림없이 웨어에 대한 연구에 있어서 브리짓의 선구자적인 저서를 사용했지만, 그 사실을 시인하지 않았기 때문이다.[112]

어쨌든, 윌슨이 웨어에 대해 재평가를 했음에도 불구하고 그것은 잉글랜드 역사가들에게 큰 영향을 주지 못했다. 아마도 잉글랜드 역사가들이 원자료 문서 연구에 부주의했기 때문이거나, 또는 윌슨의 글이 제1차 세계대전 마지막 해에 아일랜드 자치법(Ireland's Home Rule) 위기가 한창일 때 출판되었기 때문일 것이다.

그 이후, 아일랜드 역사학자 로버트 더들리 에드워즈(Robert Dudley Edwards)가 1933년에 영국 「역사 연구소 간행지」(*Bulletin of the Institute of Historical Research*)에 기고한 일련의 『영국국립인명사전』(*Dictionary of National Biography*) 수정안을 보면, 그가 그 전까지 아일랜드 종교개혁에 관해 웨어에게 얼마나 크게 속았었는지 깊이 깨닫게 되었음을 알 수 있다.

그러나 소논문 제목에 주제를 명시하지도 않은 채 어느 학회지에 실린 웨어에 대한 비판이 주목받기란 쉽지 않았다. 그러나 어쨌든, 더들리 에드워즈는 웨어의 위조품들 중에서 아일랜드 부분을 찾아낸 유일한 사람이었다.[113] 웨어의 허구들은 계속해서 아일랜드 역사가들을 현혹시켰다. 왜냐하면 그들의 다양성 때문이었다.

더블린에서 어떤 문법책을 사용할 것인가를 둘러싸고 1587년에 있었던 논쟁과 관련한 웨어의 위조품들 중 하나가 1976년에 대영도서관 웨어 문서 모음집으로부터 아일랜드 교육 역사에 수록되게 되었다.[114] 마찬가지로, 로버트 코튼 경(Sir Robert Cotton)의 도서관에 보관되어 있던 셀틱의 영웅 코맥(Cormac)의 죽음에 관한 문서를 로버트가 언급했다는 매혹적인 내용들도 당연히 웨어의 창작품 안에 들어 있었으며, 이것은 지난 20년 동안 아일랜드 문학 편저자들을 흥분시켰다.[115]

웨어의 원본에 있어서 잉글랜드는 아일랜드 다음이었지만, 아일랜드인들이 그들의 동포를 돌아볼 수 있게 된 순간에 마지막까지 그의 자료가 안전하게 활동된 곳은 잉글랜드였다. 잉글랜드 종교개혁을 연구하는 역사가들이 성공회 기원이 없는 자료들을 20세기까지 줄곧 무시했던 잘못 외에, 그들의 또 다른 큰 실수는 바로 브리짓 신부가 스트라이프에게서 발견되는 가장 황당하고 오래된 웨어의 두 위조품에 주의를 기울이지도 않고 심지어 언급조차 하지 않았다는 사실이다. 즉, 크랜머 대주교의 에드워드 6세 즉위식 설교와, 엘리자베스 1세와 알렉산더 노웰 목사의 충돌이다. 아마도 두 이야기 중에서 노웰 이야기가 더 황당하게 남아 있을 것이다.

왜냐하면 그 이야기는 누가 보아도 변칙적이었기 때문이다. 다시 말하면, 두 사람의 신앙적인 입장을 완전히 뒤바꾸어 놓았다. 진짜 노웰 목사는 두루 회람된 그의 교리문답에서 철저하게 존 칼빈을 따르던 전형적인 개혁파 프로테스탄트였다. 따라서 사실 정말로 엘리자베스 여왕과 충돌했을 때 노웰이 어려움을 겪게 된 이유는, 1565년에 여왕 앞에서 형상들과 우상 숭배에 반대하는 설교를 했기 때문이었다.

그는 결코 여왕에게 삽화가 들어 있는 공동기도서를 보낼 사람이 아니었다. 반면에, 노웰의 1565년 설교에 격노한 엘리자베스는, 다른 많은 경우에서처럼, 성인들의 가시적인 형상을 옹호하던 사람이었다. 그러한 태도는 여왕이 수장권을 가지고 있던 우상 반대 성향 교회에 어울리지 않는 입장이었다.

다른 경우에 있어서 여왕이 공동기도서 안에 들어 있는 형상을 공격한 것은 도대체 무슨 일이었을까?

그리고 노웰 교구 목사가 그 기도서 안에 형상들을 넣은 것은 어떻게 된 일일까?

이 사건은 단순히 엘리자베스의 여성으로서의 변덕스러움을 보여 주는 증거인 것 같았다. 그러나 이런 관점은 남성 역사가들이 자기들을 방어하기 위해 만들어낸 상투적인 생각이었다.

노웰과 크랜머에 관한 위조품이 살아 남은 또 다른 이유는, 다른 창작물들과는 달리 두 경우에, 웨어가 비교 판단의 가능성을 최소화했기 때문이다. 다시 말하면, 웨어는 다른 등장인물들을 전혀 언급하지 않음으로써 그들을 다른 곳에서 추적해서 그의 허구를 부인할 수 있는 여지를 남기지 않았다.

또한, 두 이야기 모두 상대적으로 짧다. 한 이야기에서는, 대화가 전적으로 여왕과 교구 목사 사이에서만 오고 갔다. 또한, 다른 이야기에서는 크랜머만 이야기를 하고, 왕과 회중은 침묵했다. 20세기 전체에 걸쳐 그리고 현재에 이르기까지, 크랜머의 설교는 역사가들이 좋아하는 주제로 남아 있다. 그 역사가들 중에 필자도 최근까지 포함되었다. 다만 지금은 점점 흥미를 잃고 있다.[116]

그 설교는 우리가 재발견한 튜더 왕조 시대의 반형상 풍조(iconophobia)와 일치했으며, 따라서 그 시대에 관한 신빙성 있는 자료들에서 정말로 공통된 주제로 다루어지던 것처럼, 에드워드 6세를 요시야 왕으로 특징짓던 당대의 인식을 가장 잘 보여 주는 사례였던 것 같다.[117]

노웰 일화는 그 동안 덜 주목받았지만, 지난 40년 동안 적어도 네 번 이상 증거가 제시되었다. 그리고 현재 『옥스퍼드 영국국립인명사전』(Oxford Dictionary of National Biography)에 그 교구 목사에 관한 스탠포드 램버그(Stanford Lehmberg)의 이야기가 실리게 되었다.[118] 이제 이 두 이야기에 작별을 고할 때가 되었다. 또는 그 이야기들이 17세기 세 왕국의 위기에 만들어진 영향력 있는 산물로서의 바른 위치와 중요성을 갖게 해야 한다.

브리짓이 웨어를 분석한 방식은 그가 엘리자베스 시대에 잉글랜드 국교회에서 자리를 잃어 버린 메리 시대 주교들에 관한 이야기를 다루면서 시작되었다. 그러나 그 방식은 웨어의 모든 저서들을 판단하고 그가 더럽혀 놓은 모든 오염물들을 제거하는 데에 유용한 무기가 된다. 브리짓의 말을 길게 인용할 필요가 있겠다.

> 나는 폐위된 주교들에 관해 출처가 의심스러운 역사들을 일체 거부한다.
>
> ① 그 역사들은 그 자체로 개연성이 없을 뿐 아니라, 등장인물들의 잘 알려진 특성과 일치하지 않기 때문이다.
> ② 그 역사들은 확증된 사실들 및 날짜들과 비교해 볼 때 불가능한 것들로 가득하기 때문이다.
> ③ 공적인 성격을 볼 때, 그것들은 당대의 역사가들에 의해 기록되었어야 했는데, 실제로는 그 사건이 발생한 지 한 세기 이상 지날 때까지 알려지지 않았기 때문이다.

④ 현재 정부 문서에 그러한 기록들이 전혀 없기 때문이다.

⑤ 그 역사들의 출처인 것처럼 말하는 '회고록들'이 존재하지 않으며, 존재했다고 알려지지도 않았기 때문이다.

⑥ 처음으로 그것들을 기록한 책이 명백한 날조들로 가득하고, 그로 인해 이것들도 의심스러울 수밖에 없기 때문이다.

⑦ 마지막으로, 그것들을 만들어낸 목적이 분명하기 때문이다. 즉, 교회와 주교들을 로마의 악랄한 대리자들이라고 비난을 퍼붓기 위함이었다. 그들은 상황에 따라 기꺼이 위협을 하거나 거짓말을 하는 자들이었으나, 프로테스탄트의 단순함과 진리에 의해 파멸되었으며, 그 모든 것들에 대해 이 책들이 흥미로운 사료가 된다는 것이었다.[119]

웨어의 창작물을 다룰 때 지켜야 한다고 널리 동의되는 금언이 있다. 제임스 웨어 경의 유고집으로 출판된 문서들 중에서 그 어느 것도 완전히 신뢰할 만하지 못하다는 것이다.

그 문서들에 들어 있는 진술들 중에서 그것이 기초를 두고 있는 원고 모음집(제임스 생전에 출판된 저서들)과 대조하거나, 1648년에 출판된 제임스 경 문서 목록에 그 문서들이 존재하는지 살펴보지 않은 채 유효한 역사적 증거로 채택할 만한 것은 하나도 없다. 로버트 웨어가 아버지에 대한 복수로 이것을 의도했는지는 몰라도, 그 복수는 오히려 3세기가 넘도록 세상의 주목을 받는 달콤한 것이 되었다.

제22장

결론: 성공회주의의 특성

'성공회 교도'라는 단어는 '감리교도' 또는 실제로 '그리스도인'이라는 단어처럼 경멸적인 의미로 시작된 꼬리표였다. 1590년대에, 스코틀랜드 왕 제임스 6세(James VI)는 그의 의심 많은 스코틀랜드 성직자들에게 자신이 그들에게 '교황주의 또는 국교회 주교직'을 억지로 떠맡기지 않을 것이라고 확신시켰다(이 교활한 왕은 자신이 잉글랜드의 제임스 1세[James I]가 되자 마음을 바꾸었다).

그러나 그 이후 이 단어는, 1830년대까지는 거의 사용되지 않았다. 1830년대에 잉글랜드 고교회파 신자들이 그 단어를 재발견하여, 그들의 교회가 로마 가톨릭교회나 프로테스탄트교회와 어떻게 다른지 강조하기 위해 이 단어를 사용했다.

그러자 '성공회 교도'는 즉시 그 '분파'적인 의미를 잃어버렸다. 왜냐하면 이 단어가 새로운 실재를 묘사하기 위해 얼마나 유용한지 모두가 알았기 때문이다. 두 개의 국립 국교회들, 즉 잉글랜드국교회와 아일랜드감독교회는 대영 제국과 협력하여 확장된 전 세계적인 교단으로 탈바꿈했다.

이것을 어떻게 부를 것인가?

성공회이다. 따라서 종교개혁 시대에 탄생한 이후 이제 세계적인 기독교 신앙의 형태로 발전하기까지의 전혀 예상치 못한 행복한 과정을 거쳐 드디어 '성공회 연합'(Anglican Communion)이 탄생했다.

오해하지 않기 바란다. 성공회주의는 독특하기는 해도 종교개혁의 산물이다. 만일 당신이 1570년으로 돌아가 이 섬나라에 공식적으로 설립된 세 교회를 모두 조사해 보았다면, 그들을 가리켜 프로테스탄트라고 불렀을 것이다.

그러나 어떤 종류의 프로테스탄트라고 했을까?

두 개의 유럽 프로테스탄트교회들이 발전하고 있었다. 하나는 루터교회였고, 다른 하나는 루터교에 찬성하지 않은 사람들로서 취리히교회나 존 칼빈의 제네바에 더 의존하는 교회였다. 분명한 것은, 잉글랜드국교회, 스코틀랜드장로교회 그리고 아일랜드감독교회는 모두 루터교가 아니라 개혁파였다. 세 교회 모두에 주교들이 있었지만(스코틀랜드장로교회는 1690년에 주교직을 폐지했다), 헝가리나 폴란드 또는 트란실바니아교회들과 같은 다른 개혁파교회들에도 주교들이 있었다.

그런데, 한 가지가 잉글랜드국교회의 차이점을 만들었다. 그리고 스코틀랜드에 있는 개혁파교회로부터 점점 멀어지게 했다. 엘리자베스 1세의 마음 깊이 새겨진 이유들 때문에, 잉글랜드국교회는 대성당을 고수했다. 이미 이 문제는 이 책의 중요한 주제 중 하나였다. 다른 프로테스탄트교회들도 건물들을 유지했다(무슨 논리인지 모르겠지만, 스코틀랜드장로교회들은 이미 3세기 전에 주교들을 폐지했음에도 불구하고 옛날의 성당들을 지금도 성당이라고 부른다).

그러나 잉글랜드를 독특하게 만든 것은 중세의 것들 모두가 살아남았다는 사실이다. 지방 부감독, 참사회, 성직록, 오르간, 성가대, 성당의 경내, 그리고 과세 등이다. 무엇보다, 살아 남은 것은 대성당 에토스였다. 즉, 아름답게 시행되는 예식과 신성한 음악을 주기적으로 행하는 풍습이었다. 대성당들은 이 고대의(매우 비프로테스탄트적인) 예식 행사에 토머스 크랜머『공중기도서』의 튜더 왕조식 산문을 추가시켰으며, 지금까지도 시행하고 있다.

저녁기도송보다 더 성공회적인 것이 무엇이겠는가?

그러나 크랜머는 대성당에 갈 시간이 많지 않았으니 그것에 별로 감동하지 않았을 것이다.

이것이 바로 성공회 전통의 영광이다. 성공회는 두 개의 상호 모순되는 것이 서로 뒤얽혀 있는 이중 나선형 구조다. 바로 로마 가톨릭 교회와 개혁파이다. 처음에 그 균형은 극도로 불안정했다. 그리고 그것이 바로 찰스 1세의 머리를 요구한 17세기 시민 전쟁의 주요 요소였다.

그러나 대부분의 잉글랜드인들은 자신들이 한 일에 대해 철저히 두려움을 느꼈으며, 1660년에 찰스 2세를 다시 왕위에 앉혔다. 그리고 그와 함께 주교, 대성당, 그리고 잉글랜드국교회의 『공중기도서』를 돌려놓았다. 잉글랜드의 귀족과 향사들이, 그때까지 줄곧 존재하던 장엄한 제도들을 개선하기 위한 목적만으로, 올리버 크롬웰로부터 기쁘게 하사받은 교회의 모든 소유지를 순순히 포기했다는 사실은 잉글랜드 역사에서 놀랄 만한 일들 중 하나이다. 사실 우리는 1660년 찰스의 왕정복고와 함께 비로소 성공회주의의 존재에 대해 이야기할 수 있다. 물론 그 당시에 아직 그렇게 불리지는 않았지만 말이다.

왕정복고 시대 성공회주의의 또 다른 특징은, 그 이후 내부적인 반목과 외부적인 프로테스탄트의 비판들을 감내해야 했다는 사실이다. 네덜란드 개혁파교회(매우 다른 이유로)를 제외하고는 유럽의 다른 어느 프로테스탄트교회도 이런 경험을 하지 않았다. 시민전쟁 이전에 잉글랜드국교회 안에 그럭저럭 머물러 있던 많은 프로테스탄트들은 새로워진 교회 예식을 소화시킬 수 없었다.

이 모래 같은 영혼들은 '반대자들'(Dissenters)이라는 이름이 붙여졌고, 그 후에 '비순응주의자들'(Non-conformists) 또는 '자유파 신자들'(Free Churchmen)이라고 불렸다. 100년 후, 존 웨슬리는 잉글랜드국교회 안에 그런 영적인 에너지를 풀어 놓았다. 그래서 에너지가 경계를 허물고 교회 밖에 감리교라는 새로운 그룹을 만들었다.

잉글랜드 프로테스탄티즘의 풍성함 중의 하나는, 그것이 성공회 영성(Anglican spirituality)이라는 장엄한 오케스트라에 활력을 불어넣어 주는 활기찬 자유교회(Free Church) 퍼커슨과 같은 시끄럽고 고집스러운 소리라는 사실이다. 18세기부터, 잉글랜드와 미국의 국교회들은 서로 찬송가를 공유했다. 그 결과 세계의 찬송가 중 상당수는 이 분열되고 논쟁적인 영어권 신앙 흐름에서 나오고 있다.

성공회주의의 이튼 메스(Eton Mess, 딸기와 크림, 머랭으로 만든 디저트-역자주)에 공헌한 또 다른 것은 로마 가톨릭교회 에토스를 강조한 19세기의 옥스퍼드 운동이다. 이 운동은 선한 여왕 베스(Good Queen Bess, 엘리자베스 1세를 가리키는 별칭-역자주)의 대성당을 고수했고, 가끔씩은 그것이 잉글랜드국교회 안에서 가치 있는 유일한 것인 양 강조했다.

이 '앵글로-가톨릭적' 운동의 추종자들은 항상 그것이 그렇게 간단하지 않다는 것을 알았다. 그들은 성공회 예배에 진지함과 예술적인 민감함 그리고 능숙한 유머를 함께 도입했으며, 그 과정에서 성공회 예배를 폭넓게 변화시켰다. 그들은 복잡한 과거에 대한 반성을 가치 있게 생각했다(성공회 교도라면 필수적이었다). 매우 종종, 그들은 로마 가톨릭이 된다는 것이 과거와 결혼하는 것이 아니라, 여성을 사제로 안수하거나 동성애자를 올바르게 대하는 것 등의 문제에 대해 현재가 우리에게 하는 말을 듣는 것이라는 사실을 깨달았다.

다른 사람들은, 아주 가끔, 싸움을 포기한 채 로마가 가장 잘 안다고 결론지었다. 그것은 수치다. 왜냐하면 로마가 비록 훌륭했고 현재도 그렇다 해도 가장 잘 아는 것은 아니라는 사실이 잉글랜드국교회 종교개혁의 전반적인 근거이며, 성공회주의가 분리되어 존재하는 이유이기 때문이다. 저널리스트들은 여성과 동성애자들을 둘러싼 성공회주의의 위기에 대해 글쓰기를 좋아하고, 그 문제는 멋진 헤드라인을 만들어 낸다.

"그렇게 많은 사람이 로마로 넘어가는 것은 아니다."

"복음주의자들은 그들이 계획했던 소란을 피우지 못한 채 끝나고 말았다."

하지만, 이런 것들은 그다지 큰 영향력을 미치지 못한다. 헤드라인을 쓰는 기자들은 성공회의 위기가 1533년에 시작되어 지금까지 그치지 않고 있다는 사실을 모르는 것 같다. 이것이 바로 성공회 교도가 되는 것이 만족스러운 이유이다. 성공회주의는 시행착오를 겪은 기독교의 형태이다. 과거에는 실수들을 했으며(로마 가톨릭교도들을 죽인 것은 말할 것도 없고, 비국교도들과 감리교도들을 잃은 것이 가장 큰 실수들이다), 솔직히 그것들을 후회하고 있다.

성공회주의는 하나님께서 종종 침묵하시고 대답보다는 더 많은 질문을 일으키신다는 사실을 깨달으면서 하나님께로 나아가는 길이다. 성공회 교도들은 공개적으로 논증하는 것을 두려워하지 않는다.

크랜머 대주교 덕분에 그리고 그의 『공중기도서』를 주의 깊게 수정한 일단의 위원들 덕분에, 성공회주의는 위엄과 엄숙함을 겸비한 교회 예식을 가지고 있다. 그 예식은 파도치는 바다를 항해하는 동안 확실한 도움이 될 수 있다.

　크랜머의 저녁 기도를 찾아 보라.

　그 아름다운 합창 너머로 죽은 대주교의 쯧쯧 거리는 소리에 귀기울여 보라.

　그리고 과거가 우리의 교조주의(dogmatism)를 조롱하고 우리에게 다시 생각해 보라고 요구하는 소리를 즐겨 보라.

미주

제1장 기독교: 더 큰 그림

1. Diarmaid MacCulloch, *A History of Christianity: the First Three Thousand Years* (London, 2009), p. 1.
2. 더 충분한 설명을 위해서는, 제4장 "존 칼빈"을 보라.

제2장 천사와 종교개혁

1. 제4장 "존 칼빈"을 보라.
2. *Angels in the Early Modern World*, ed. P. Marshall and A. Walsham (Cambridge, 2006), p. 204.
3. J. Arnold, *Dean John Colet of St Paul's: humanism and reform in early Tudor England* (London, 2007).

제3장 동정녀 마리아와 개신교 종교개혁가들

1. G. C. G. Thomas, 'The Stradling Library at St. Donat's, Glamorgan,' *National Library of Wales Journal* 24 (1986), pp. 402-19, at 408. 이 사건에 대한 몇 가지 기록이 있다: [?N. Harpsfield], *Bishop Cranmer's Recantacyons*, ed. Lord Houghton with introduction by J. Gairdner (Philobiblon Society Miscellanies 15, London, 1877-84), p. 15; *A Chronicle of England... by Charles Wriothesley, Windsor Herald*, ed. W.

D. Hamilton (2 vols, Camden Society, 2nd series 11, 20, 1875, 1877), vol. 2, p. 10; *Chronicle of the Grey Friars of London*, ed. J. Gough Nichols (Camden Society, 1st series 53, 1852), p. 58. 급진적 도덕률폐기론자 존 챔프니스(John Champneis)의 재판에 관해 남아 있는 기록으로는, Lambeth Palace Library, Cranmer's Register, fo.71v을 보라; 기록에 있는 다른 이야기들, 특히 나중에 순교한 조안 보처(Joan Bocher)의 이야기는 소실되었다.

2. L.-E. Halkin, Erasmus: *a critical biography* (Oxford, 1993), pp. 224-5, 229. *Ciceronian*은 *Collected Works of Erasmus*, XXVIII, ed. A. H. T. Levi (Toronto, 1986), pp. 381-2에 번역 수록되어 있다. 에라스무스가 마리아에 관해 쓴 주요 작품들은 *Collected Works of Erasmus*, LXIX: Spiritualia and Pastoralia, ed. J. W. O'Malley (Toronto, 1999): cf. pp. 25, 44-5에 들어 있으며, 그의 당황함에 대해서는 ibid., p. 40에서 볼 수 있다.

3. *Collected Works of Erasmus*, LXVI: *Spiritualia: Enchiridion; de contemptu Mundi; De vidua Christiana*, ed. J. W. O'Malley (Toronto, 1988), p. 71.

4. Halkin, *Erasmus*, p. 230.

5. Halkin, *Erasmus*, p. 229. 핼킨은 에라스무스의 친구 존 피셔가 그의 설교에서 계속해서 아가서를 마리아와 연결시켰다고 지적한다.

6. Halkin, *Erasmus*, p. 225; cf. *Modus Orandi Deum*: Opera Omnia Desiderii Erasmi Roterodami (Amsterdam, 1969-), vol. 5, part i, pp. 146-7.

7. 이 변화에 대해 설교자가 에라스무를 공격한 것에 대해서는 Halkin, *Erasmus*, p. 209. Cf. *Opus Epistolarum Des. Erasmi Roterodami...*, eds P. S. Allen, H. M. Allen and H.W. Garrod (12 vols, Oxford, 1906-58), vol. 8, p. 421를 보라.

8. *Opera Erasmi*, 6.5, pp. 490-92.

9. 세미나에 대해서는 M. Aston, *England's Iconoclasts I: Laws against Images* (Oxford, 1988), pp. 197-9를 보라.

10. Cf. 이 점에 관한 흥미로운 언급이 J. Pelikan, *Mary through the centuries: her place in the history of culture* (New Haven and London, 1996), pp. 210-11에 있다.

11. *Collected Works of Erasmus, XXXIX-XL: Colloquies*, ed. C. R. Thompson (Toronto, 1997), vol. 2, pp. 630-33, 636; *An admonition showing the advantages which Christendom might derive from an Inventory of Relics*, printed in *Tracts relating to the Reformation* by J. Calvin, ed. H. Beveridge (3 vols, Edinburgh, 1844-51), vol. 1, pp. 287-341, esp. pp. 316-18.

12. *Collected Works of Erasmus: Colloquies*, vol. 1, p. 355; *Opera Erasmi* 5.1 (Modus Orandi Deum), pp. 155-6, 172; cf. Halkin, *Erasmus*, p. 222.

13. *Certain Sermons or Homilies appointed to be read in Churches in the Time of the*

Late Queen Elizabeth... (London, 1852), pp. 206-8. For discussion, see Aston, *England's Iconoclasts*, pp. 320-25, esp. n. 96.
14. *Precationes aliquot novae* (Basel, 1535): *Collected Works of Erasmus*, LXIX, pp. 117-52, at pp. 126-7, cited by Halkin, *Erasmus*, pp. 261, 334. 에라스무스가 Colloquies 와 1530년대의 다른 저서들에 자료의 균형을 잡으려 했던 것 참조: Aston, *England's Iconoclasts*, p. 199; Halkin, *Erasmus*, p. 225.
15. Halkin, *Erasmus*, pp. 226-8: *Collected Works of Erasmus*, LXIX, pp. 79-108, esp. at pp. 98-9.
16. Halkin, *Erasmus*, p. 331.
17. 그들이 교환한 서신 본문에 관해서는 B. Collett, *A long and troubled pilgrimage: the correspondence of Marguerite D'Angoulême and Vittoria Colonna 1540-1545* (*Studies in Reformed Theology and History* new series 6, 2001), pp. 125-43을 보라. 그리고 콜로냐에 관해서는 the Virgin and Michelangelo, Collett., pp. 87, 89-92를 보라.
18. B. Cottret, *Calvin: A Biography* (Grand Rapids and Edinburgh, 2000), p. 62.
19. H. A. Oberman, *The impact of the Reformation* (Edinburgh, 1994), p. 213, quoting *Die Chronik des Bernhard Wyss*, ed. G. Finsler, p. 16.
20. *To the Christian Nobility of the German Nation*, in *Luther: Three Treatises* (Philadelphia, 1970), p. 75: *D. Martin Luthers Werke* (Weimar, 1883-) [hereafter WA], vol. 6, pp. 447, 18 and n. Michael Ostendorfer가 레겐스부르크 순례 여행에 대해 1520년에 출판한 책의 삽화와 1523년에 추가된 Albrecht Dürer의 악의적인 비평에 관해서는 S. Michalski, *The Reformation and the visual arts: the Protestant image question in western and eastern Europe* (London, 1993), pl. 3. 중세 후기 마리아 숭배와 반유대주의 사이의 관계에 대해서는 M. Rubin, 'Europe remade: purity and danger in late medieval Europe,' *Transactions of the Royal Historical Society*, 6th series 11 (2001), pp. 101-24, at pp. 118-19를 보라.
21. Aston, *England's Iconoclasts*, pp. 35-6.
22. R. Bireley, *The refashioning of Catholicism, 1450-1700* (London, 1999), p. 111.
23. H.-J. Goertz, *Thomas Müntzer: apocalyptic mystic and revolutionary* (Edinburgh, 1993), pp. 114-16.
24. Michalski, *Reformation and visual arts*, p. 92.
25. 1528년 파리, 1532년 제네바에 관해서는 Cottret, *Calvin*, p. 49를 보라. St Alban's College Valladolid에 있는 카디스에 관한 이미지에 대해서는 see A. Shell, *Catholicism, controversy and the English literary imagination, 1558-1660* (Cambridge, 1999), pp. 200-207를 보라.

26. Aston, *England's Iconoclasts*, pp. 39-43. 그럼에도 불구하고 루터교들은 형상에 관한 그들의 긍정적인 태도에 대해 정통 기독교인들로부터 신임을 얻지 못했다. 리가(Riga) 등과 같은 1520년대 북방 고대 도시에 대한 유물들이 강력하게 남아 있다. Michalski, *Reformation and visual arts*, pp. 102, 114, 134-5, 148, 154.
27. 영어로 된 유용한 자료들로는 P. Newman Brooks, 'A lily ungilded? Martin Luther, the Virgin Mary and the saints,' *Journal of Religious History* 13/2 (1984), pp. 136-49, and G. Müller, 'Protestant veneration of Mary: Luther's interpretation of the Magnificat,' in *Humanism and Reform: the Church in Europe, England and Scotland, 1400-1643. Essays in Honour of James K. Cameron*, ed. J. Kirk, Studies in Church History, *Subsidia* 8 (1991), pp. 99-112. 이 작품은 *WA*, vol. 7, pp. 538-604에 들어 있다.
28. *WA*, vol. 7, p. 568, ll. 11 and 15-16; vol. 7, p. 573, ll. 32-3.
29. *WA*, vol. 7, p. 569, ll. 33; p. 570, ll.3.
30. Cf. Halkin, *Erasmus*, p. 105.
31. *WA*, vol. 7, p. 569, ll. 14-15.
32. *WA*, vol. 7, p. 601, ll. 8-11.
33. W. Tappolet with A. Ebneter, *Das Marienlob der Reformatoren: Martin Luther, Johannes Calvin, Huldrych Zwingli, Heinrich Bullinger* (Tübingen, 1962), pp. 357-65. 루터와 마리아에 관한 조금 더 깊은 논의는 H. Düfel, *Luthers Stellung zur Marienverehrung* (Göttingen, 1968)를 보라.
34. On Luther's hymnology, Tappolet, *Marienlob*, pp. 127-44, and on this poem, pp. 141-4. See also Brooks, 'A lily ungilded,' p. 147, and Pelikan, Mary, p. 13.
35. Tappolet, *Marienlob*, p. 156. Reims Testament 편집자들은 잉글랜드 프로테스탄트들이 정말로 그리스도 중심적인 마리아 축제들만 유지하는 것에 대해 비평하면서 루터의 이론적 근거를 강조했다. "그러므로 이런 의미에서 그녀에 대한 축제는 전혀 없다": *The New Testament of Jesus Christ* (Rheims, 1582), p. 191. 1516-17년 무흠수태 축제일에 관한 루터의 1516-17년 언급에 대해서는 Rubin, 'Europe remade,' p. 121을 보라.
36. *Martin Bucer and the Book of Common Prayer*, ed. E. C. Whitaker, *Alcuin Club Collections* 55 (1974), pp. 140-41. 수태고지 축제일이 그의 생일이었던 것은 크랜머의 특징적인 자기 겸손을 보여 주는 것이다.
37. 현대화해서 요약한 본문에 관해서는 Tappolet, *Marienlob*, pp. 221-39을 보라. 'contumeliose nos loqui de beate virgine' 때문에 불링거가 1558년에 설교한 마리아에 관한 유사한 설교는 Tappolet, *Marienlob*, pp. 275-302를 보라.
38. G. W. Locher, *Zwingli's Thought: New Perspectives* (Leiden, 1981), p. 60; 마리아

축제들에 관해서는 ibid. pp. 89, 91, and K. Biegger, 'De invocatione beatae Mariae Virginis': Paracelsus und die Marienverehrung (Kosmosophie 6, 1990), p. 86. 쯔빙글리가 "마리아 찬가" 사용을 옹호한 것에 대해서는 Oberman, Impact, p. 243을 보라. 취리히의 저명한 목사 Ludwig Lavater가 천사의 인사를 예전적으로 사용한 것에 대한 신중한 비평에 주목하라. De ritibus et institutis ecclesiae Tigurinae (1559), qu. Private Prayers put forth by authority during the reign of Queen Elizabeth, ed. W. Keatinge Clay (Parker Society, Cambridge, 1851), p. viii.

39. 'Hac caussa credimus et Deiparae virginis Marie purissimum thalamum et spiritus sancti templum, hoc est, sacrosanctum corpus eius deportatum esse ab angelis in coelum': H. Bullinger, De origine erroris libri duo (Zürich, 1539), fo. 69v, and subsequent editions; the sentence does not occur in the much shorter first version, Zürich, 1529. 쯔빙글리와 성모 몽소승천 축일에 관해서는 Locher, Zwingli's Thought, pp. 89-90을 보라.

40. Tappolet, Marienlob, p. 327.

41. Calvin's Theological Treatises, vol.1, pp. 118-20; 이것은 1542년에 발표된 파리대학교 신학박사들의 25편의 논문들에 대한 칼빈의 반격이다. 루터에 관해서는 Tappolet, Marienlob, p. 126을 보라.

42. J. Cadier, 'La Vierge Marie dans la dogmatique réformée au XVIe et au XVIIe siècle,' La revue réformée 9/no. 36 (1958/4), pp. 46-58, at p. 46은 『기독교 강요』에 대한 Marlorat의 색인에 마리아에 대한 언급이 없음을 지적한다.

43. W. J. Bouwsma, Calvin: a sixteenth-century portrait (New York and Oxford, 1988), pp. 123, 267.

44. 칼빈에게서 단서를 가져왔기 때문에, 제네바 성경에 대한 주석들은 마리아에 대해 놀라울 정도로 침묵한다. 심지어 마리아에 대한 해설임에 분명한 단락에서조차 그렇다. 다만 교황주의자들이 겔 7:18과 44:17에서 마리아에게 영예로운 칭호를 붙여 주려고 하는 것에 대해 비난을 퍼붓는 대목에서는 예외다. The Bible: that is the Holy Scriptures conteined in the Old and New Testament (London, 1606), sigs HH8v and KK6r.

45. Sermons and Remains of Hugh Latimer..., ed. G. E. Corrie (Parker Society, Cambridge, 1845), p. 393. 마리아와 롤라드에 관해서는 Aston, England's Iconoclasts, pp. 130-39; C. Marsh, Popular Religion in sixteenth century England: holding their peace (Houndmills, 1998), p. 165를 보라.

46. Sermons of Hugh Latimer, ed. G. E. Corrie (Parker Society, Cambridge, 1844), pp. 383, 515; Sermons and Remains of Latimer, ed. Corrie, pp. 91, 117, 157-8; An Answer to Sir Thomas More's Dialogue, the Supper of the Lord... and William Tracy's

Testament expounded. By William Tyndale..., ed. H. Walter (Parker Society, Cambridge, 1850), p. 207. 라티머는 그럼에도 불구하고 마리아의 침묵(눅 2:51)을 다른 여인들의 침묵의 본보기로 적용한다. *Sermons and Remains of Latimer*, ed. Corrie, p. 91.

47. C. W. Foster, *The state of the church... as illustrated by documents relating to the Diocese of Lincoln*, vol. 1 (Lincolnshire Record Society 23, 1926), p. 370.
48. *The Sources of Swiss Anabaptism: the Grebel Letters and related documents*, ed. L. Harder (Scottdale, PA, 1985), p. 362 and n. 1, p. 719: 7이라는 숫자는 막 6:3에서 가져왔다. 여기에서 네 명의 형제들과 복수의 자매들을 언급하는 것으로 보아, 예수님 가족 구성원이 최소한 7명 이상이었다.
49. E. Mâle, *Religious Art* (London, 1949), p. 167에 인용. 천상 육체 교리의 중세적 배경에 관해서는 G. H. Williams, *The Radical Reformation* (London, 1962), pp. 325-35를 보라.
50. A. Duke, 'The face of popular religious dissent in the Low Countries, 1520-1530,' *Journal of Ecclesiastical History* 26 (1975), pp. 41-67, at p. 52, quoting Gemeentearchief Gouda, Oud-rechterlijk archief 147, fo. 45v. and *Corpus documentorum inquisitionis haereticae pravitatis Neerlandicae*, ed. P. Fredericq (5 vols, Ghent/The Hague, 1889-1902), vol. 4, p. 372.
51. *Sermons of Latimer*, ed. Corrie, p. 60.
52. Williams, *Radical Reformation*, p. 245.
53. Williams, *Radical Reformation*, pp. 329, 330-32. 아마도 호프만은 끌레르보의 버나드의 가장 유명한 마리아 설교들 중 하나가 그녀의 중보적 은혜를 묘사하기 위해 수로 비유를 사용했다는 사실을 알고 있었을지도 모른다. D. Spivey Ellington, *From sacred body to angelic soul. Understanding Mary in late medieval and early modern Europe* (Washington DC, 2001), p. 128을 보라.
54. 보처의 신앙과 당대의 잉글랜드 급진주의자들에 관해서는 I. B. Horst, *The Radical Brethren: Anabaptism and the English Reformation* (Nieuwkoop, 1962), pp. 109-15을 보라. Williams, *Radical Reformation*, pp. 394-5, 490-92를 보라.
55. Williams, *Radical Reformation*, pp. 176-8.
56. Williams, *Radical Reformation*, pp. 490-93, 562, 610, 666-8, 745. 16세기 말 프리울리 지방 방앗간 주인 Menocchio에게 이탈리아의 유니테리언주의가 들어 있었음에 대해서는 A. del Col, trans. J. and A. Tedeschi, *Domenico Scandella known as Menocchio: his trials before the Inquisition (1583-1599)* (Binghamton, NY, 1996), esp. pp. liii-liv, 4, 6-8, 54을 보라.
57. 예를 들어, 아펜젤의 스위스 급진주의자 그룹은 한 여인 때문에 넋을 잃고 말았

다. 그녀는 자기가 새로운 여성 메시아이며, 새로운 마리아는 아니라고 주장했다. A. Jelsma, 'A "Messiah for women": religious commotion in the north-east of Switzerland, 1525-1526,' in *Women in the Church*, ed. W. J. Sheils and D. Wood (Studies in Church History 27, Oxford, 1989), pp. 295-306.

58. K. Biegger, '*De invocatione beatae Mariae Virginis*': *Paracelsus und die Marienverehrung* (Kosmosophie 6, 1990)은 중요한 마리아 관련 소책자와 매우 귀중한 일반적인 토론을 제공해 준다; 또한, U. Gause, *Paracelsus (1493-1541): Genese und Entfaltung seiner frühen Theologie* (Tübingen, 1993)을 보라. Biegger, *Marienverehrung*, pp. 60-68은 *De Invocatione*의 연대가 대략 1527년이라고 본다. 그러나 『파라셀수스의 연대기』에서는 많은 것들이 불확실하다. *De Trinitate* 본문은 *Paracelsus: sammtliche Werke II: theologische und religionsphilosophische Scriften III: dogmatische und polemische einzelschriften*, ed. K. Goldammer (Stuttgart, 1986), pp. 233-66에서 찾을 수 있으며, 또한, ibid., pp. xlii-xliv의 논의도 보라. 필자에게 파라셀수스에 관한 자료들을 알려 준 사람은 Charles Webster다.

59. Biegger, *Marienverehrung*, pp. 26-38, 201.

60. Biegger, *Marienverehrung*, pp. 51, 163, 197, 254-5.

61. Biegger, *Marienverehrung*, pp. 238, 248, 262.

62. Williams, *Radical Reformation*, pp. 286-8, 292.

63. J. Boehme, *The way to Christ* (New York, 1978), esp. pp. 9, 44, 150. 잉글랜드 순응주의자이자 변론가였던 Thomas Rogers는 1580년대에 주장하기를, 사랑의 가족 분파의 급진적인 여성들이 자기들 모두가 마리아라고 믿으면서 "그리스도께서 자기들의 육체 안으로 오신다고 말한다"라고 주장했다. P. Crawford, *Women and Religion in England, 1500-1720* (London, 1993), p. 122에서 T. Rogers, *The Family of Love*, sigs. kv, kii 인용. 패밀리스트들이 표현한 신앙에는 이러한 와전된 신앙의 흔적이 없다. cf. e.g. C. Marsh, *The Family of Love in English Society* (Cambridge, 1993), Ch. 2.

64. Cf. e.g. *Zwingli and Bullinger*, ed. G.W. Bromiley (London, 1953), p. 256, and Locher, *Zwingli's Thought*, p. 87; *A Disputation on Holy Scripture... by William Whitaker*, ed. W. Fitzgerald (Parker Society, Cambridge, 1849), pp. 538, 603.

65. Cf. e.g. *Doctrinal Treatises and Introductions to Different Portions of the Holy Scriptures. By William Tyndale...*, ed. H. Walter (Parker Society, Cambridge, 1848), p. 315; *An Answer to Sir Thomas More's Dialogue... by Tyndale*, ed. Walter, p. 28; Tappolet, Marienlob, p. 55 (Luther); H. Hackett, *Virgin Mother, Maiden Queen: Elizabeth I and the cult of the Virgin Mary* (Basingstoke, 1995), p. 204 (William Perkins). 초기 개혁가들 중 일부는 성모 몽소 축일을 일부 급진주의자들이 주장

하던 영혼 수면 교리에 대항할 수 있는 논증으로 보았던 것 같다.
66. 잉글랜드의 사례에 관해서는 *Treatises by Tyndale*, ed. Walter, p. 159; *An Answer to Sir Thomas More's Dialogue... by Tyndale*, ed. Walter, p. 131; H. Joliffe and R. Johnson, *Responsio venerabilium sacerdotum, Henrici Joliffi et Roberti Jonson* (Antwerp, 1564), fo. 165v (John Hooper); *The Works of John Jewel, Bishop of Salisbury*, ed. J. Ayre (2 vols. in 4, Parker Society, Cambridge, 1845-50), vol. 3, p. 611, vol. 4, pp. 1045-6, 1053; *A defence of the sincere and true translations of the Holy Scriptures ... by W. Fulke*, ed. C. H. Hartshorne (Parker Society, Cambridge, 1843), p. 35; *A disputation on Holy Scripture by William Whitaker*, ed. W. Fitzgerald (Parker Society, Cambridge, 1849), pp. 504-5.
67. D. Steinmetz, *Calvin in context* (New York and Oxford, 1995), p. 86, citing WA, vol. 44, p. 324: Luther's lectures on Genesis, 1545.
68. *The Works of Roger Hutchinson*, ed. J. Bruce (Parker Society, Cambridge, 1842), p. 148.
69. On More, see *An Answer to Sir Thomas More's Dialogue... by Tyndale*, ed. Walter, p. 96; cf. *Remains of Myles Coverdale...*, ed. G. Pearson (Parker Society, Cambridge, 1846), p. 414.
70. [T. Swynnerton], J. Roberts [pseud.], *A mustre of scismatyke bysshoppes of Rome* (London, 1534), sigs. Eviiir-Fir. '기록되지 않은 진리'에 관한 논증의 중요성에 대해서는 P. Marshall, 'The debate over "unwritten verities" in early Reformation England,' in B. Gordon, ed., *Protestant history and identity in 16th century Europe* (Aldershot, 1996), pp. 60-77을 보라.
71. *Documents on the Continental Reformation*, ed. W. R. Naphy (Basingstoke, 1996), p. 97 (Zwingli); Tappolet, *Marienlob*, pp. 227, 246 (Zwingli and Osiander); *The Decades of Henry Bullinger*, ed. T. Harding (4 vols, Parker Society, Cambridge, 1849-52), vol. 4, p. 437; Cadier, 'Vierge Marie,' p. 47 (Calvin); *Works of Archbishop Cranmer*, ed. J. E. Cox (2 vols, Parker Society, Cambridge, 1846), vol. 2, p. 60; *The Examinations and Writings of John Philpot...*, ed. R. Eden (Parker Society, Cambridge, 1842), pp. 426-7 (Caelius Curio and Philpot); *Sermons and Remains of Latimer*, ed. Corrie, pp. 104-6; *Early Writings of Bishop Hooper...*, ed. S. Carr (Parker Society, Cambridge, 1843), p. 161; *Works of Jewel*, ed. Ayre, vol. 3, p. 440.
72. Tappolet, *Marienlob*, pp. 245, 280. 더욱 신중하게, 대주교 크랜머의 신학 비망록에는 에스겔 44장으로부터의 풍유적 논증이 취할 만한 방법이라고 적혀 있었다. *Works of Cranmer*, vol. 2, p. 60.
73. *An Answer to Sir Thomas More's Dialogue... by Tyndale*, ed. Walter, p. 33; Bouws-

ma, *Calvin*, p. 267; *Fulke's Answers to Stapleton, Martiall and Sanders*, ed. R. Gibbings (Parker Society, Cambridge, 1848), p. 272; *Disputation by Whitaker*, p. 538.

74. *Ecclesiastical Polity* I.7.5 (*Folger Library Edition of the Works of Richard Hooker*, ed. W. R. Speed Hill et al. (7 vols, Cambridge and Binghamton, 1977-94), vol. 1, p. 179, line 27. 영원 동정성과 연관된 프로테스탄트의 문제에 관한 로마 가톨릭교회의 인식에 대해서는 [P. de la Place], *Commentaires de l'estat de la religion et Republique soubs les Rois Henry et Francois seconds et Charles neufieme* ([Paris], 1565), pp. 291-4와 S. M. Manetsch, *Theodore Beza and the quest for peace in France 1572-1598* (Brill, 2000), pp. 274-5를 보라. 필자에게 이러한 자료들에 대해 알려 준 Philip Benedict에게 감사를 표한다.
75. *Documents*, ed. Naphy, p. 97.
76. *Documents*, ed. Naphy, p. 101.
77. Tappolet, *Marienlob*, p. 246.
78. A. Walsham, *Providence in early modern England* (Oxford, 1999), pp. 80, 91-3.
79. T. Watt, *Cheap Print and popular piety* (Cambridge, 1991), pp. 120-21. 또한, 요셉에 대한 프로테스탄트의 태도에 관해서는 cf. *A Defence of the sincere and true translations of the Holy Scriptures into the English tongue by William Fulke*, ed. C. H. Hartshorne (Parker Society, Cambridge, 1843), pp. 535-6.
80. Cf. *Calvin, Theological Treatises*, ed. J. K. S. Reid (Library of Christian Classics 22, London, 1954), p. 97, the Latin catechism of Geneva, 27 November 1545, 거의 확실히 칼빈이 작성한 것으로 보임; *A catechism in Latin by Alexander Nowell... together with the same catechism translated into English by Thomas Norton...*, ed. G. E. Corrie (Parker Society, Cambridge, 1853), p. 150; I. Green, *The Christian's ABC: Catechisms and catechizing in England c. 1530-1740* (Oxford, 1996), p. 336.
81. *Certain Sermons or Homilies* (1547) and *A Homily against Disobedience and Wilful Rebellion* (1570), ed. R. B. Bond (Toronto, 1987), p. 200, 마리아송가에 들어 있는 눅 1:52을 암시하는 듯한 1547년 언급은 1563년 언급에서 훨씬 더 명시적이 되었다(cf. *Certain Sermons or Homilies appointed... in the Time of the Late Queen Elizabeth*, p. 139); *Homilies*, ed. Bond, p. 169; *Certain Sermons or Homilies appointed... in the Time of the Late Queen Elizabeth*, p. 150.
82. E. A. McKee, *Katharina Schütz Zell. 1. The life and thought of a 16th century Reformer. 2. The writings: a critical edition* (2 vols, Leiden, 1999). 유사한 비평에 대해서는 P. Russell, *Lay Theology in the Reformation: Popular Pamphleteers in Southwest Germany 1521-1525* (Cambridge, 1985), pp. 201, 222를 보라. 마리아의 겸손에 대한 반종교개혁적 논의에 관해서는 특히 Ellington, *From sacred body to angelic*

soul, pp. 182-4를 보라.

83. C. B. and J. B. Atkinson, 'The identity and life of Thomas Bentley, compiler of *The Monument of Matrones*,' *Sixteenth Century Journal* 31 (2000), pp. 323-47, at p. 328.
84. 아마도 가장 현저한 것은, Dr John King이 엘리자베스 서거 직후에 행한 유명한 설교에 대한 해킷의 균형 잡힌 논의일 것이다. Hackett, *Virgin Mother*, p. 225.
85. 1607년에 시작된 햇필드의 정치인 Robert Cecil의 개인 예배당의 중요성에 대해서는 P. Croft, 'The religion of Robert Cecil,' *Historical Journal* 34 (1991), pp. 773-96, at pp. 787-9를 보라.
86. Cadier, 'Vierge Marie,' pp. 49-53: C. Drelincourt, *De l'honneur qui doit estre rendu a la saincte et bienheureuse Vierge Marie: Auec la response à Monsieur l'euesque de Belley sur la qualité de cét honneur* (Paris, 1642).
87. *Works of Jewel*, ed. Ayre, vol. 3, p. 578.

제4장 존 칼빈

1. A. N. S. Lane, *Calvin and Bernard of Clairvaux* (Studies in Reformation Theology and History new series, 1, Princeton, 1996).
2. J. Calvin, *Institutes of the Christian religion*, ed. J. T. McNeill and F. L. Battles (2 vols, Philadelphia, 1960), vol. 1, pp. 164-5 [Institutes I.xiv.4].
3. I. Backus, *Historical method and confessional identity in the era of the Reformation (1378-1615)* (Leiden, 2003), pp. 71, 79, 86, 99-100.
4. 이것을 주의 깊게 다룬 A. N. S. Lane, *John Calvin: student of the Church Fathers* (Grand Rapids, 1999), pp. 226-9를 보라.
5. The discussion of leadership for rebellion which became *Institutes* IV.xx.31 (Calvin, Institutes, ed. McNeill and Battles, vol. 2, pp. 1518-19)가 된 반역을 위한 리더십에 관한 논의는 라틴어와 프랑스어로 된 다양한 판본을 위해, 그리고 『기독교 강요』의 다양한 판본을 둘러싸고 *Luther and Calvin on Secular Authority*, ed. H. Höpfl (Cambridge, 1991), pp. 82-3에서 효과적으로 연구되어 있다.
6. J. Calvin, *Institutes of the Christian religion, 1536 Edition*, ed. F. L. Battles (London, 1975), p. 12: cf. Calvin, *Institutes*, ed. McNeill and Battles, vol. 1, pp. 28-9의 서문 참조.
7. *Institutes* IV.xx.8 (Calvin, Institutes, ed. McNeill and Battles, vol. 2, pp. 1493-5), 『기독교 강요』의 라틴어 및 프랑스어 역본과 『기독교 강요』의 다양한 판본들이 Luther

and Calvin on Secular Authority, ed. Höpfl, pp. 56-7, 84-6에 유용하게 소개되어 있다.
8. J. Calvin, *Sermons on the Acts of the Apostles*, ed. W. Balke and W. H. T. Moehn (Neukirchen, 1994), pp. 160-61.
9. J. Calvin, *Confessio Genevensium praedicatorum de Trinitate*, ed. M. Vial [제2부, *Instruction et Confession de Foy dont on use en l'Eglise de Geneve*, ed. A. Zillenbiller, *Ioannis Calvini Opera omnia denuo recognita et adnotatione critica instructa notisque illustrata*, III/2 (Geneva, 2002)], pp. 123-52는 훌륭한 개론과 함께 본문을 제공해 준다. 이것으로부터 나온 논쟁과 문서들은 E. Bähler, 'Petrus Caroli und Johannes Calvin. Ein Beitrag zur Geschichte und Kultur der Reformationszeit,' *Jahrbuch für Schweizerische Geschichte* 29 (1904), pp. 39-168, esp. at pp. 62-96에 자세하게 설명되어 있고, W. de Greef, *The Writings of John Calvin: an introductory guide* (2nd edn, Louisville and London, 2008), pp. 158-60에서도 간략하게 다루어지고 있다.
10. 이 점에 관해서는 J. I. Israel, *Radical Enlightenment: philosophy and the making of modernity 1650-1750* (Oxford, 2001)을 보라.
11. Calvin, *Confessio Genevensium praedicatorum de Trinitate*, ed. M. Vial, p. 129 and n.
12. Calvin, *Confessio Genevensium praedicatorum de Trinitate*, ed. M. Vial, pp. 151-2.
13. 1545년 카롤리를 둘러싼 칼빈의 트라우마에 관해서는 J.-F. Gilmont, *John Calvin and the Printed Book*, trans. K. Maag (Sixteenth Century Essays and Studies 72, Kirksville, MO, 2005), pp. 1-3.
14. Calvin, *Institutes*, ed. McNeill and Battles, vol. 2, p. 1052 [Institutes IV.ii.11].
15. 칼빈의 마지막 저서이자 유고집에서, 하나님께서 지속적으로 돌보시므로 "감추어진 씨, 곧 교회는 결코 완전히 소멸하지 않을 것이다"라고 주장한 유사한 내용을 보라: J. King (ed.), *Commentary on Ezekiel ii* (Calvin's Commentaries 23, Edinburgh, 1847-50), vol. 2, p. 165, on Ezek. 16:53; 'greatest sacrilege': Calvin, *Institutes*, ed. McNeill and Battles, vol. 2, p. 1050 [Institutes IV.ii.9].
16. 이것에 대한, 그리고 칼빈의 신학에서 이와 관련된 변화에 대한 탁월한 논의가 R. C. Zachman, 'Revising the reform: what Calvin learned from dialogue with Roman Catholics,' in *John Calvin and Roman Catholicism: critique and engagement, then and now*, ed. R. C. Zachman (Grand Rapids, 2008), pp. 165-91, esp. p. 186에 들어 있다.
17. Pastors' memorandum on Castellio, February 1544, Corpus Reformatum, vol. xxxix, cols. 673-75, quoted in translation in *John Calvin: Documents of Modern History*, ed. G. R. Potter and M. Greengrass (London, 1983), p. 101. 테오도르 베자가 나중에 카스틸로를 공격하면서 이 교회 전통을 옹호한 것에 대해서는 Backus, Histori-

cal method and confessional identity, pp. 118-21을 보라.
18. 칼빈, 루터, 그리고 마리아에 관한 더 깊은 논의에 대해서는 제3장 '동정녀 마리아와 프로테스탄트 종교개혁가들'을 보라.
19. 성육신과 인성에 관한 논의에 대해서는 Calvin, *Institutes of the Christian religion, 1536 Edition*, ed. Battles, p. 52을 보라. 또한, Calvin, Institutes, ed. McNeill and Battles, vol. 1, p. 482 [Institutes II.xiv.1]에서 그 발전을 비교해 보라. 1543년에 명시적으로 칼케돈이 추가 언급된 것에 대해서는 Institutes II.xiv.4; IV.v.4; IV.vii.2; IV.vii.4; IV.vii.15; IV.ix.11을 보라.
20. Backus, *Historical method and confessional identity*, Ch. 4.
21. Calvin, *Institutes*, ed. McNeill and Battles, vol. 2, p. 1367 [*Institutes* IV.xvii.7]. 1550년대에 루터와 쯔빙글리에 대한 칼빈의 평가에 대해서는 B. Cottret, Calvin: A Biography (Grand Rapids and Edinburgh, 2000), p. 66.
22. *Short treatise on the Lord's Supper* (1541), quoted in P. Rorem, 'Calvin and Bullinger on the Lord's Supper,' *Lutheran Quarterly* 2 (1988), pp. 155-84 and 357-89, at p. 156. 영어 본문은 현대 번역본 *Writings and translations of Myles Coverdale*, ed. George Pearson (Parker Society, Cambridge, 1844), pp. 434-66에서 쉽게 찾을 수 있다. 다만 Mies Coverdale이라고 잘못 소개되어 있다.
23. Calvin, *Institutes*, ed. McNeill and Battles, vol. 2, pp. 1379-1403 [Institutes IV.xvii.16-31].
24. *Commentary on Isaiah* (published 1551), p. 211, quoted in Calvin, ed. Potter and Greengrass, p. 36.
25. Calvin, *Institutes*, ed. McNeill and Battles, vol. 1, pp. 486-7 [*Institutes* II.xiv.4]. A fine treatment of the question is H. A. Oberman, 'The "Extra" dimension in the theology of Calvin,' *Journal of Ecclesiastical History* 21 (1970), pp. 43-64, esp. pp. 56-7.
26. Calvin, *Institutes*, ed. McNeill and Battles, vol. 2, p. 1277 [*Institutes* IV.xiv.4].
27. B. A. Gerrish, 'Sign and reality: the Lord's Supper in the Reformed Confessions,' in Gerrish, *The Old Protestantism and the New* (Edinburgh, 1982), pp. 118-30.
28. 여기에서 핵심적인 논의가 Institutes 1559년판에서 발전되었다. *Institutes*, IV.xvii.16-34 (Calvin, Institutes, ed. McNeill and Battles, pp. 1379-1411).
29. Calvin, *Institutes*, ed. McNeill and Battles, p. 1412 [*Institutes* IV.xvii.36], 그리고 Zachman, 'Revising the reform,' pp. 177-9이 인용한 칼빈의 다른 사례 참조. 또한, C. B. Kaiser, 'Climbing Jacob's ladder: John Calvin and the early church on our Eucharistic ascent to heaven,' *Scottish Journal of Theology* 56 (2003), pp. 247-67을 보라.
30. Cf. T. Harding (ed.), *The Decades of Henry Bullinger* (4 vols, Parker Society, Cam-

bridge, 1849-52), p. 4 [The Fifth Decade], p. 309. 마틴 부처는 *surmsum corda* 비유를 인정하지 않았다; see D. F. Wright (ed.), *Common Places of Martin Bucer* (Appleford, Oxon, 1972), p. 79.

31. *Consensus* 의 기원에 관한 훌륭한 논문은 Rorem, 'Calvin and Bullinger on the Lord's Supper'이다.
32. L. W. Levy, *Treason against God: a history of the offense of blasphemy* (New York, 1981), esp. pp. 135-47.
33. 칼빈과 다윗에 관해서는 H. Selderhuis, *Calvin's theology of the Psalms* (Grand Rapids, 2007)을 보라. 프랑스어권과 영어권을 제외하고 북유럽에 미친 제네바 시편집의 영향에 관해서는 *Der Genfer Psalter und seine Rezeption in Deutschland, der Schweiz und den Niederlanden 16.-18. Jahrhundert*, ed. E. Grunewald, H. Jürgens and J. R. Luth (Tübingen, 2004)을 보라.

제5장 트렌트 공의회

1. Chisholm의 생애를 재구성하면서 필자는 K. Lualdi, 'Persevering in the faith: Catholic worship and communal identity in the wake of the Edict of Nantes,' *Sixteenth Century Journal* 35 (2004), pp. 717-33에 의존했다.
2. J. W. O'Malley, *Four Cultures of the West* (Cambridge, MA, 2004), p. 197.
3. O'Malley, *Four Cultures of the West*, p. 175.

제7장 튜더 왕조의 이미지 메이킹

1. 제12장 '윌리엄 버드'를 보라.
2. C. S. L. Davies, 'The Tudor Delusion,' *Times Literary Supplement*, 13 June 2008.
3. 제21장 '날조된 종교개혁 역사'를 보라.
4. E. Ives, *Lady Jane Grey: a Tudor mystery* (Chichester, 2009).

제8장 헨리 8세: 경건한 왕

1. J. C. Dickinson, *An Ecclesiastical History of England: the Later Middle Ages from the Norman Conquest to the eve of the Reformation* (London, 1979), pp. 66-8.

2. B. Bradshaw, *The Dissolution of the Religious Orders in Ireland under Henry VIII* (Cambridge, 1974), Ch. 1; I. B. Cowan, *The Scottish Reformation: Church and Society in 16th century Scotland* (London, 1982), Chs 1-3.
3. R. L. Storey, *Diocesan Administration in Fifteenth Century England* (Borthwick Papers 16, 1972), pp. 29-30.
4. [Anon., possibly F. E. Brightman], 'Cranmer's Liturgical Projects,' *Church Quarterly Review* 31 (1891), pp. 446-62, at p. 459. Cf. R. O'Day, *The Debate on the English Reformation* (London and New York, 1986), Ch. 4.
5. "월싱엄 찬송가"(Walsingham Hymn)는 Sir William Milner이 썼다. (8th baronet, 1893-1960).
6. Grynaeus와 그의 사역에 대해서는 D. MacCulloch, Thomas Cranmer: a life (New Haven and London, 1996), Ch. 3을 보라. 헨리 8세를 만난 두 번째 주요 종교개혁가는 Gotha의 감독이자 1538년 루터교 잉글랜드 사절단원이었던 Friedrich Myconius였다.
7. 취리히의 쯔빙글리 후계자 하인리히 불링거의 선물에 대해 1538년 8/9월에 헨리가 보인 친절한 반응에 대해서는 *Original Letters relative to the English Reformation ...*, ed. H. Robinson (2 vols, Parker Society, Cambridge, 1846-7), pp. 610, 617을 보라. 그러나 그 책의 내용에 대한 왕의 부정적인 반응에 대해서는 J. J. Scarisbrick, Henry VIII (London, 1968), p. 418을 보라.
8. 커딩턴교회(Cuddington Church)와 롤리 대수도원(Rewley Abbey)에 대해서는 *The History of the King's Works*, ed. H. M. Colvin et al. (6 vols, plus plans, 1963-82), vol. 4, pp. 179, 132를 보라.
9. Act from *Rotuli Parliamentorum* VI, 270. G. R. Elton, *The Tudor Constitution* (2nd edn, London, 1982), p. 4에 잘 제시되어 있다.
10. 왕실의 이 활동에 대해서는 V. Murphy, 'The literature and propaganda of Henry's divorce,' in *The Reign of Henry VIII: Politics, Policy and Piety*, ed. D. MacCulloch (Basingstoke, 1995), Ch. 6을 보라.
11. W. Ullmann, 'This realm of England is an Empire,' *Journal of Ecclesiastical History* 30 (1979), pp. 182-4. 필자는 Pamela Tudor-Craig이 Ullmann에 반대하여 헨리가 이 서약을 1509년에 했거나 또는 그때 사용한 것 같지 않고, 그 이후에도 사용되지 않았다고 한 주장에 동의한다. P. Tudor-Craig, 'Henry VIII and King David,' in *Early Tudor England*, ed. D. Williams (Woodbridge, 1989), pp. 187-9, 199.
12. *Works of Archbishop Cranmer*, ed. J. E. Cox (2 vols, Parker Society, Cambridge, 1844, 1846), vol. 2, pp. 100, 106.
13. Tudor-Craig, 'Henry VIII and King David,' pp. 193-7에 있는 문서들에 관한 논

의 참조. *King's Book*에 대한 헨리의 나중 원고나 수정에 대해서는 PRO, SP 1/178 fos 107-9 (*Letters and papers, foreign and domestic, of the Reign of Henry VIII*, ed. J. Gairdner, J. S. Brewer, and R. H. Brodie, 21 vols in 33 parts, 1862-1910 and revision of vol. 1, and 2-part addenda, by Brodie, 1920-32, vol. 18, Pt I, no. 609.2)를 보라.

14. M. K. Jones and M. G. Underwood, *The King's Mother: Lady Margaret Beaufort, Countess of Richmond and Derby* (Cambridge, 1992), especially pp. 208-10.
15. Colvin et al., *History of the King's Works*, vol. 3, pp. 195-6, vol. 4, pp. 105, 227-8.
16. J. K. McConica, *English Humanists and Reformation Politics under Henry VIII and Edward VI* (Oxford, 1965), p. 63. *A Chronicle of England... by Charles Wriothesley, Windsor Herald*, ed. W. D. Hamilton (2 vols, Camden Society, 2nd series 11, 20, 1875, 1877), p. 109.
17. *Expositions and Notes on sundry portions of the Holy Scriptures together with the Practice of Prelates. By William Tyndale...*, ed. H. Walter (Parker Society, Cambridge, 1849), p. 81. 'Friars' in this instance is a loose usage for 'brothers'.
18. Scarisbrick, *Henry VIII*, p. 29.
19. A. Fox and J. Guy, *Reassessing the Henrician Age: Humanism, Politics and Reform 1500-1550* (Oxford, 1986), p. 167.
20. T. F. Mayer, 'Tournai and tyranny: imperial kingship and critical humanism,' *Historical Journal* 34 (1991), esp. pp. 263-8.
21. Scarisbrick, *Henry VIII*, pp. 110-17, 270-71.
22. 서퍽의 종교적 입장에 관해서는 S. G. Gunn, *Charles Brandon Duke of Suffolk c.1484-1545* (Oxford, 1988), esp. pp. 103-7, 159-64, 199-201.
23. J. Guy, 'Thomas More and Christopher St. German,' in Fox and Guy, *Reassessing the Henrician Age*, Ch. 5.
24. *Calendar of State Papers, Spanish*, ed. P. de Gayangos, G. Mattingly, M. A. S. Hume and R. Tyler (15 vols in 20 parts, HMSO, 1862-1954), vol. 4, Pt I, no. 224, pp. 349-50. 귀족적인 계획에 관해서는 J. Guy, *The public career of Sir Thomas More* (New Haven and London, 1980), pp. 106-7 and Appendix 2 (cf. Letters and papers, ed. Gairdner, Brewer and Brodie, vol. 4, Pt III, no. 5749)를 보라.
25. 앤 볼린을 둘러싼 논쟁에 대해서는 G. W. Bernard, 'Anne Boleyn's religion,' *Historical Journal* 36 (1993), pp. 1-20을 보라. 이에 대해 E. W. Ives가 다양한 저술을 통해 답변했다. 그의 마지막 구체적인 답변은 E. W. Ives, 'Anne Boleyn on trial again,' *Journal of Ecclesiastical History* 62 (2011), pp. 763-77이다.
26. Edward Underhill이 1553년에 처음으로 '프로테스탄트'라는 단어를 사용한 것

에 대해서는 *Narratives of the Reformation*, ed. J. G. Nichols (Camden Society, 1st series, 77, 1859), pp. 141, 148, 163을 보라. 그리고 그 단어를 메리 시대 순교자들에게 조심스럽게 사용한 것에 대해서는 *The Works of Thomas Becon*, ed. J. Ayre (3 vols, Parker Society, Cambridge, 1843-4), vol. 3, p. 211; *The Writings of John Bradford...*, ed. A. Townsend (2 vols, Parker Society, Cambridge, 1848, 1853), vol. 1, p. 452; *The Works of Nicholas Ridley...*, ed. H. Christmas (Parker Society, Cambridge, 1843), p. 14를 보라.

27. D. MacCulloch, 'England,' in *The Early Reformation in Europe*, ed. A. Pettegree (Cambridge, 1992), esp. pp. 169-74. 또한, C. Trueman, *Luther's Legacy* (Oxford, 1994), 여러 곳 참조.
28. 스톡슬리에 관해서는 *Narratives of the Reformation*, ed. Nichols, pp. 277-8을 보라. 가디너에 관해서는 G. Redworth, *In Defence of the Church Catholic: the life of Stephen Gardiner* (Oxford, 1990), pp. 159-64를 보라. 피셔에 대해서는 R. Rex, *The Theology of John Fisher* (Cambridge, 1991), pp. 149, 158-9를 보라.
29. 윌킨슨과 볼린의 접촉점에 관해서는 'William Latymer's Chronickille of Anne Bulleyne,' ed. M. Dowling, *Camden Miscellany* 30 (Camden Society, 4th series, 39, 1990), p. 28을 보라. 놀랍게도, Christina Garrett은 윌킨슨이나 다른 어느 여인이 Garrett's *Marian Exiles: a study in the origins of Elizabethan Puritanism* (Cambridge, 1938)에서 별도의 항목으로 다루지 않는다: p. 334 참조하라. 윌킨슨의 1556년 유언장(National Archives, Kew, PROB 11/42B fos 233-234v)은 그녀가 얼마나 중요했는지 여실히 보여 준다.
30. 이 편지-책은 현재 런던에 있다: British Library MS Harley 6148. 여기에는 왕 자신 등의 중요한 정치적 인물들에게 보내는 편지가 포함되어 있다.
31. 이 이야기에 대해, 그리고 이 이야기와 대리인과의 관계에 대해 가장 잘 다룬 글은 F. D. Logan, 'Thomas Cromwell and the Vicegerency in Spirituals: a revisitation,' *English Historical Review* 103 (1988), pp. 658-67와 P. Ayris in *Thomas Cranmer: Churchman and Scholar*, ed. P. Ayris and D. Selwyn (Woodbridge, 1993), pp. 122-9이다.
32. Bod. Lib. MS Jesus 74, fo. 299v.
33. 1535년 크랜머의 연루에 대해서는 *Letters and papers*, ed. Gairdner, Brewer and Brodie, vol. 8, no. 846을 보라; 그는 또한, 1535년 5월 22일 편지에서 재세례파에 대한 그의 심문을 어렴풋이 묘사하고 있는 듯하다, *Works of Archbishop Cranmer*, ed. Cox, vol. 2, p. 306.
34. R. Rex, 'The New Learning,' *Journal of Ecclesiastical History* 44 (1993), pp. 26-44.
35. 이 분열의 예에 해당하는 Robert Wakefield에 대해서는 Rex, *Theology of John Fish-*

er, p. 168을 보라; 또 다른 사례는 Richard Croke였다. 다만 그와 피셔 사이의 다툼은 무효 논쟁 이전이었다: ibid., p. 56.
36. D. MacCulloch, *Suffolk and the Tudors: Politics and Religion in an English County* (1986), pp. 151-3.
37. R. W. Hoyle, 'The origins of the dissolution of the monasteries,' *Historical Journal* 38 (1995), pp. 275-305.
38. 교리 선언들에 대해 접근 가능한 논의에 대해서는 bibliographical note. Six Articles text: Elton, *Tudor Constitution*, pp. 399-401을 보라; P. Avis, *The Church in the Theology of the Reformers* (Cambridge, 1981), esp. p. 25 참조. 그 조항들에 "회중"이라는 단어가 들어 있음을 내게 일깨워 준 사람은 Sir Geoffrey Elton이다.
39. E. Hall, *The Triumphant Reigne of Kyng Henry the VIII*, ed. C. Whibley (2 vols, London, 1904), vol. 2, p. 356; S. E. Lehmberg, *The Later Parliaments of Henry VIII 1536-1547* (Cambridge, 1977), pp. 229-31.
40. Cf. Hall, *Triumphant Reigne of Kyng Henry the VIII*, ed. Whibley, vol. 2, p. 357 and *Works of Archbishop Cranmer*, ed. Cox, vol. 2, pp. 118-25, esp. p. 122.
41. *Letters and papers*, ed. Gairdner, Brewer and Brodie, vol. 18, Pt II, p. 353, quoting Corpus Christi Colleges, Cambridge MS 128, f. 245.
42. *Sermons and Remains of Hugh Latimer...*, ed. G. E. Corrie (Parker Society, Cambridge, 1845), pp. 379-80.
43. London, Lambeth Palace MS 1107, fos 125-32. 이 문서들에 대한 논의는 현대 편집자에 의해 불필요하게 복잡해졌다. 그는, 강력한 근거도 없이, 마치 이 문서들이 1540년대의 후대 문서와 연관성이 있는 것처럼 출판을 했다. 또한, 그 문서들이 두 개의 다른 초안으로 구성되어 있다는 것도 알지 못했다: *The Rationale of Ceremonial 1540-1543 with Notes and Appendices and an essay on the Regulation of Ceremonial during the Reign of Henry VIII*, ed. C. S. Cobb (Alcuin Club Collections 18, 1910), pp. 44-52.
Ten Articles 본문에 대해서는 *English Historical Documents 1485-1558*, ed. C. H. Williams (London, 1967), pp. 795-805를 보라.
44. *Sermons and Remains of Latimer*, ed. Corrie, p. 247.
45. A. Kreider, *English Chantries: the road to Dissolution* (Cambridge, MA, 1979), p. 152, and cf. ibid., pp. 127, 134-8.
46. Scarisbrick, *Henry VIII*, pp. 412-18.
47. Redworth, *In Defence of the Church Catholic*, pp. 98-9. Cf. *Miscellaneous writings of Henry the Eighth...*, ed. F. Macnamara (London, 1924), pp. 97-9.
48. 주해는 Tudor-Craig, 'Henry VIII and King David,' pp. 200-202: NB Henry's

comments on Psalms 53⁽⁵⁴⁾, 96⁽⁹⁷⁾, 105⁽¹⁰⁶⁾에 적혀 있다.
49. 헨리와 크랜머 사이의 논쟁을 보라. *Works of Archbishop Cranmer*, ed. Cox, vol. 2, pp. 83-114.
50. G. Rupp, *Studies in the Making of the English Protestant Tradition* (Cambridge, 1947), pp. 140-41.
51. Scarisbrick, *Henry VIII*, p. 419.
52. M. St. Clare Byrne, *The Letters of King Henry VIII*… (London, 1936), p. 86.
53. January: *Works of Archbishop Cranmer*, ed. Cox, vol. 2, pp. 414-17. August: *The Acts and Monuments of John Foxe*, ed. G. Townshend and S. R. Cattley (8 vols, 1837-41), vol. 5, pp. 561-4. 헨리의 말년에 대한 훌륭한 개론으로는 D. Starkey, Henry VIII: Personalities and Politics (London, 1985), pp. 140-67을 보라.
54. C. Haigh, *English Reformations* (Oxford, 1993), p. 162와 R. Rex, *Henry VIII and the Reformation* (1993), pp. 169-70는 모두 헨리 8세가 의도적으로 복음주의자들을 교사로 선택했다는 것에 회의적이다. McConica, *English Humanists*, pp. 213-18은 이와 대조적으로 그 가능성을 확신한다. 다만 그가 아마도 캐서린 파의 역할을 지나치게 강조했던 것 같다.
55. *The Gratulation of the most famous Clerk M. Martin Bucer*…, trans. and with Preface by T. Hoby (London, 1548), sigs. Biv-Bv.
56. P. Tudor-Craig, 'Henry VIII and King David,' 여러 곳에 있는 탁월한 논의를 보라.

제9장 관용적인 크랜머?

1. M. Turchetti, 'Religious concord and political tolerance in 16th and 17th century France,' *Sixteenth Century Journal* 22 (1991), pp. 15-26; M. C. Smith, 'Early French advocates of religious freedom,' *Sixteenth Century Journal* 25 (1994), pp. 29-51.
2. 여기에서 필자는 Smith가 'Early French advocates,' p. 35 n. 13에서 제시한 논점을 버리고, Turchetti의 가정을 받아들여, 이 두 형태가 모두 일치의 다양성을 보여준다고 생각한다.
3. Smith, 'Early French advocates,' p. 29; B[R. W.]. Scribner, 'Preconditions of tolerance and intolerance in sixteenth-century Germany' in *Tolerance and intolerance in the European Reformation*, ed. O. Grell and B. Scribner (Cambridge, 1996), pp. 32-47, 34쪽에는 이 문구가 '일정한 종류의 다름에 대한 비차별'이라는 다소 완화된 표현을 사용하고 있지만, 필자는 그의 원본에서 이보다 더 냉정한 표현을 사용했던 것을 생생히 기억한다. Corpus Christi College, Cambridge, in 1994.

4. 모어 사상의 이 측면에 관해서는 G. R. Elton, 'Persecution and Toleration in the English Reformation,' in *Persecution and Toleration*, ed. W. J. Sheils (Studies in Church History 21, Oxford, 1984), pp. 164-71.
5. F. E. Brightman, *The English Rite* (2 vols, London, 1915), vol. 1, p. 372.
6. 크랜머가 왕의 수장권을 받아들인 날짜에 관해서는 D. MacCulloch, Thomas Cranmer: a life (New Haven and London, 1996), Chs 2-3을 보라. 이신칭의를 둘러싼 헨리 8세와의 논쟁에 관해서는 ibid., Chs 6, 8.
7. 질문들과 답변들은 London, Lambeth Palace MS 1108, fos 69-141; National Archives, SP 1/1605 fos 2-5, SP 6/6/9, fos 77-81; London, British Library, MS Cotton Cleopatra E V, fos 38, 53, 113 (*Letters and papers, foreign and domestic, of the Reign of Henry VIII*, ed. J. Gairdner, J. S. Brewer and R. H. Brodie, vol. 15, no. 826)에서 찾을 수 있다. 크랜머의 답변들은 *Works of Archbishop Cranmer*, ed. J. E. Cox (2 vols, Parker Society, Cambridge, 1844, 1846), vol. 2, pp. 115-17에 잘 모아져 있다.
8. M. Brock, The Great Reform Act (London, 1973), p. 40에 인용됨.
9. MacCulloch, *Thomas Cranmer*, 여러 곳.
10. *A Chronicle of England... by Charles Wriothesley, Windsor Herald*, ed. W. D. Hamilton (2 vols, Camden Society, 2nd series 11, 20, 1875, 1877), pp. 33-4, and *Sermons of Hugh Latimer*, ed. G. E. Corrie (Parker Society, Cambridge, 1844), p. 49. Cf. *An Answer to Sir Thomas More's Dialogue, the Supper of the Lord... and William Tracy's Testament expounded. By William Tyndale...*, ed. H. Walter (Parker Society, Cambridge, 1850), and *Expositions and Notes on sundry portions of the Holy Scriptures together with the Practice of Prelates. By William Tyndale...*, ed. H. Walter (Parker Society, Cambridge, 1849), p. 183 (1532). 이 설교에 대한 더 많은 논평을 위해서는 MacCulloch, *Thomas Cranmer*, Ch. 5.
11. *Letters and papers*, ed. Gairdner, Brewer and Brodie, 8, no. 846; 이것은 'Dr. Chramuel'을 언급한다. 그러나 필자는 크롬웰보다는 대주교가 더 맞다고 생각한다. 특히 왜냐하면, 이때만 해도 대리인(Vice-gerency)이 완전히 발전하지 않았기 때문이다. Cf. I. B. Horst, *The Radical Brethren: Anabaptism and the English Reformation to 1558* (Nieuwkoop, 1972), p. 59; *Tudor Royal Proclamations*, ed. P. L. Hughes and J. F. Larkin (vols 1, 2, New Haven and Yale, 1964, 1969), vol. 1, no. 155; MacCulloch, *Thomas Cranmer*, Ch. 5.
12. *The Works of Thomas Becon*, ed. J. Ayre (3 vols, Parker Society, Cambridge, 1843-4), vol. 3, p. 41.
13. *Works of Thomas Becon*, ed. Ayre, vol. 3, pp. 40-41. 다양한 급진주의와 함께 단순히 '교황주의자들'을 포함시킨 비컨의 또 다른 목록에 대해서는 ibid., p. 401

을 보라.
14. *Sermons and Remains of Hugh Latimer...*, ed. G. E. Corrie (Parker Society, Cambridge, 1845), p. 197. 크랜머는 『설교집』에서, 아마도 비컨의 지지를 받아, 종교적 질서들을 가리켜 급진주의자들과 아무런 구별도 없이 '분파'라고 일컬었다: *Certain Sermons or Homilies (1547) and A Homily against Disobedience and Wilful Rebellion (1570)*, ed. R. B. Bond (Toronto, 1987), pp. 110-12.
15. 중도에 대한 헨리의 견해와 그의 수사학에 대해서는 제8장 '헨리 8세: 경건한 왕'을 보라.
16. MacCulloch, *Thomas Cranmer*, pp. 274-5.
17. 필자는 이 사건들에 대해 MacCulloch, *Thomas Cranmer*, Chs 5, 7에서 다루고 있다.
18. *Works of Archbishop Cranmer*, ed. Cox, vol. 2, p. 218.
19. London, British Library MS Harley 6148, fo. 25r; *Works of Archbishop Cranmer*, ed. Cox, vol. 2, p. 246 (17 June 1533).
20. L. W. Levy, *Treason against God: a history of the offense of Blasphemy* (New York, 1981), pp. 124-30.
21. 브리스톨에서의 라티머 사건에 관해서는 M. C. Skeeters, *Community and Clergy: Bristol and the Reformation c.1530-c.1570* (Oxford, 1993), pp. 38-46과 MacCulloch, *Thomas Cranmer*, Ch. 4에 있는 논의를 보라. 스톡슬리의 금지에 관해서는 *Acts and Monuments of John Foxe*, ed. Townshend and Cattley, vol. 7, p. 459; Appendix VII.
22. *The Acts and Monuments of John Foxe*, ed. G. Townshend and S. R. Cattley (8 vols, 1837-41), vol. 5, p. 11; vol. 8, pp. 697-9; vol. 5, p. 9.
23. 이 사건들에 대한 폭스의 이야기를 보라. *Acts and Monuments of John Foxe*, ed. Townshend and Cattley, vol. 5, pp. 227-36; 다른 언급이 없다면 모든 자세한 이야기는 여기에서 가져왔다.
24. John Husee는 램버트가 이 재판에서 '육체적 실체'의 임재를 거부했다고 말했다. 이것은 그가 화체설의 문제를 언급했다는 것과는 다르다. *The Lisle Letters*, ed. M. St. C. Byrne (6 vols, Chicago, 1980), vol. 5, p. 1273 (*Letters and papers*, ed. Gairdner, Brewer and Brodie, vol. 13, Pt II, no. 854).
25. National Archives, SP 1/135 fos 86-7 (*Letters and papers*, ed. Gairdner, Brewer and Brodie, vol. 13, Pt II, no. 97).
26. See MacCulloch, *Thomas Cranmer*, Ch. 9.
27. M. Parker, *De Antiquitate Britannicae Ecclesiae...* (London, 1572), p. 396; 이것은 소위 '성직급' 음모 이후였다. 이에 대해서는 MacCulloch, *Thomas Cranmer*, Ch. 8을 보라.

28. National Archives, SP 1/92, fo. 120, *Works of Archbishop Cranmer*, ed. Cox, vol. 2, p. 303 (*Letters and papers*, ed. Gairdner, Brewer and Brodie, vol. 8, no. 616).
29. National Archives, SP 1/143 fos 30-31, *Works of Archbishop Cranmer*, ed. Cox, vol. 2, p. 361 (*Letters and papers*, ed. Gairdner, Brewer and Brodie, vol. 14, Pt II, no. 244에 의해 1539년으로 날짜 정정). 포레스트와 페인에 관해서는 MacCulloch, *Thomas Cranmer*, 각각 Ch 6과 5를 보라. 또한, 다른 엄수파들에 관한 논평은 ibid., Ch. 4을 보라.
30. *Works of Archbishop Cranmer*, ed. Cox, vol. 1, p. 6.
31. 이 본문은 *Narratives of the Reformation*, ed. J. G. Nichols (Camden Society, 1st series, 77, 1859), pp. 246-7에서 가져왔다.
32. 이에 대해서는 A. Null, *Thomas Cranmer's Doctrine of Repentance: renewing the Power to Love* (Oxford, 2001), 여러 곳을 보라.
33. 에드워드 6세 치하의 재세례파 재판들에 대해서는 P. Ayris in *Thomas Cranmer: Churchman and Scholar*, ed. P. Ayris and D. Selwyn (Woodbridge, 1993), pp. 148-52을 보라. Corpus Christi College, Cambridge MS 105, pp. 233-4은 이단 심문의 일환으로 크랜머와 재세례파 사이에 나눈 대화를 기록한 것처럼 보이는 흥미로운 문서다. 1549년 에섹스 말돈(Maldon)에서 세 번째로 화형당한 이단은 W. J. Petchey, *A Prospect of Maldon 1500-1689* (Essex Record Office Publications 113, 1991), p. 171에 기록되어 있다.
34. 두 문서 사이의 관계에 관한 유용한 논의에 대해서는 L. R. Sachs, 'Thomas Cranmer's "Reformatio Legum Ecclesiasticarum" of 1553 in the context of English Church Law from the Later Middle Ages to the Canons of 1603' (Catholic University of America J.C.D., Washington DC, 1982), pp. 111-16을 보라.
35. 보처에 관해서는 J. Davis, 'Joan of Kent, Lollardy and the English Reformation,' *Journal of Ecclesiastical History* 33 (1982), pp. 225-33을 보라.
36. 생략은 본문은 19세기 편집자에 의해 부록으로 출판되었다. *Acts and Monuments of John Foxe*, ed. Townshend and Cattley, vol. 5, p. 860. 크랜머, 에드워드 6세 그리고 보처에 관한 논의는 J. G. Ridley, Thomas Cranmer (Oxford, 1962), pp. 291-3을, 그리고 관용에 관한 폭스의 견해는 Elton, 'Persecution and Toleration,' pp. 171-80을 보라.
37. A. Pettegree, *Foreign Protestant Communities in Sixteenth-Century London* (Oxford, 1986), p. 31, 그리고, 그 다음에 이어지는 전반적인 개요에 대해서는 ibid., Ch. 2.
38. *Joannis a Lasco opera tam edita quam inedita*, ed. A. Kuyper (2 vols, Amsterdam, 1866), vol. 2, pp. 655-62, 여기에서 라스키의 편지가 1551년으로 표기되어 있지

만, 1550년 가을로 보는 것이 더 적합하다.
39. MacCulloch, 'Two Dons in Politics,' pp. 12-13, and MacCulloch, *Thomas Cranmer*, Ch. 2.
40. 이에 대해서는 *Works of Cranmer*, ed. Cox, vol. 2, pp. 431-3; *Epistolae Tigurinae de rebus potissimum ad ecclesiae Anglicanae Reformationem pertinentibus...* (Parker Society, Cambridge, 1848), pp. 462-3, or *Original Letters relative to the English Reformation* ., ed. H. Robinson (2 vols, Parker Society, Cambridge, 1846-7), p. 711; *Gleanings of a few scattered ears, during the period of the Reformation in England* ..., ed. G. C. Gorham (London, 1857), p. 277; C. G. Bretschneider (ed.), *Corpus Reformatorum* 42 (Calvini Opera 14), col. 370.
41. *The Chronicle and Political Papers of Edward VI*, ed. W. K. Jordan (Ithaca, NY, 1966), p. 37.
42. D. W. Rodgers, *John à Lasco in England* (New York and Frankfurt, 1994), pp. 67, 93 n. 139.
43. Pettegree, *Foreign Protestant Communities*, pp. 65-6.
44. 특히 1555년 9월에 여왕에게 보낸 그의 편지 참조. *Works of Cranmer*, ed. Cox, vol. 2, pp. 447-54.
45. Elton, 'Persecution and Toleration,' pp. 183-4.

제10장 공동기도서 제작

1. *The bibliography of the Book of Common Prayer, 1549-1999*, ed. D. N. Griffiths (London/New Castle, DE, 2002).
2. D. MacCulloch, *Introduction to The Book of Common Prayer 1662 Version* (London, 1999), pp. ix-xxxiv.
3. Margaret Houlbrooke, *Rite out of Time: a study of the churching of women and its survival in the twentieth century* (Donington, Lincs, 2011).
4. George Herbert, 'Love (III),' from *The Temple* (1633).

제11장 튜더 여왕들: 메리와 엘리자베스

1. E. Ives, *The Life and death of Anne Boleyn* (Oxford, 2004).
2. A. Weikel, 'The Marian Council revisited,' in *The Mid-Tudor Polity c.1540-1560*,

ed. J. Loach and R. Tittler (Basingstoke, 1980), Ch. 3.
3. E. Duffy, *The Stripping of the Altars: traditional religion in England 1400-1580*, 특히 제2판 서문 (London and New Haven, 2005); C. Haigh, *English Reformations: Religion, Politics and Society under the Tudors* (Oxford, 1993); *Reforming Catholicism in the England of Mary Tudor: the achievement of Friar Bartolomé Carranza*, ed. J. Edwards and R. Truman (Aldershot, 2005); D. M. Loades, 'The piety of the Catholic Restoration in England, 1553-1558,' in *Humanism and Reform: the Church in Europe, England and Scotland, 1400-1643. Essays in Honour of James K. Cameron*, ed. J. Kirk (Studies in Church History, Subsidia 8, Oxford, 1991), pp. 289-304, repr. in D. Loades, *Politics, Censorship and the English Reformation* (London, 1991), pp. 200-212.
4. A. G. Dickens, *The English Reformation* (London, 1967), p. 384.
5. G. Cavendish, ed. S. W. Singer, *Life of Cardinal Wolsey* (2 vols, London, 1825), vol. 2, pp. 136, 164.

제12장 윌리엄 버드

1. K. McCarthy, *Byrd* (Oxford, 2013), p. 71.
2. 제10장 '공동기도서 제작'을 보라.
3. McCarthy, *Byrd*, p. 62.
4. McCarthy, *Byrd*, p. 237.

제13장 킹 제임스 역 이전의 성경

1. J. Kloczowski, *A History of Polish Christianity* (Cambridge, 2000), p. 84.
2. D. Daniell, 'William Tyndale, the English Bible, and the English language,' in *The Bible as book: the Reformation*, ed. O. O'Sullivan (New Castle, DE, and London, 2000), pp. 39-50, at pp. 3, 65f.
3. A. J. Brown, *William Tyndale on priests and preachers with new light on his early career* (London, 1996). Chs 1 and 2은 그의 어린 시절에 대한 필자의 생각을 설득력 있게 바꾸어 놓았다.
4. D. Daniell, *William Tyndale: a biography* (New Haven and London, 1994), p. 1.
5. *The Bible as book*, ed. O'Sullivan, p. 47.

6. R. Rex, *The Theology of John Fisher* (Cambridge, 1991), pp. 149, 158-60.
7. *Tudor Royal Proclamations*, ed. P. L. Hughes and J. F. Larkin (vols 1, 2, New Haven and Yale, 1964, 1969), vol. 1, pp. 193-7 (no. 129); cf. G. R. Elton, *Policy and Police: the enforcement of the Reformation in the age of Thomas Cromwell* (Cambridge, 1972), pp. 218-20, and A. Fox, *Thomas More: history and providence* (Oxford, 1982), pp. 169-70.
8. *Letters and papers, foreign and domestic, of the Reign of Henry VIII*, ed. J. Gairdner, J. S. Brewer, and R. H. Brodie (21 vols in 33 parts, 1862-1910), vol. 7, no. 1555.
9. 파커의 회상은 M. Parker, *De Antiquitate Britannicae Ecclesiae...* (London, 1572), p. 385에 있다: 가디너의 편지는 His Majesty's Commission의 권위에 의해 출판된 State Papers에 들어 있다, *King Henry VIII* (11 vols, 1830-52), vol. 1, pp. 430-31 (*Letters and papers*, ed. Gairdner, Brewer and Brodie, vol. 8, no. 850). 롤라드 역사가 James Gairdner는 가디너의 번역이 1554년에 그의 도서관이 Sir Thomas Wyatt의 폭도들에 의해 약탈당할 때 파괴되었다고 제안했다: J. A. Muller, *Stephen Gardiner and the Tudor Reaction* (New York, 1926), p. 350 n. 23.
10. *Chronicle of the Grey Friars of London*, ed. J. G. Nichols (Camden Society, 1st series 53, London, 1852), p. 38.
11. A. Freeman, 'To Guard his words,' *Times Literary Supplement*, 14 December 2007, pp. 13-14.
12. *Works of Archbishop Cranmer*, ed. J. E. Cox (2 vols, Parker Society, Cambridge, 1844, 1846), vol. 2, p. 344.
13. 안트워프에서 출판된 것에 관해서는 G. Latré, 'The 1535 Coverdale Bible and its Antwerp origins,' in *The Bible as book*, ed. O'Sullivan, pp. 89-102, at pp. 92-8을 보라.
14. 크롬웰의 명령과 성경 보급 그리고 성경이 천천히 받아들여진 것에 관해서는 see MacCulloch, *Thomas Cranmer*, p. 166n을 보라.
15. N. Tyacke, 'Introduction,' in *England's Long Reformation*, ed. N. Tyacke (London, 1998), pp. 1-32, at pp. 7-8, 28.
16. M. Dickman Orth, 'The English Great Bible of 1539 and the French Connection,' in *Tributes to Jonathan J. G. Alexander: the Making and Meaning of Illuminated Medieval & Renaissance Manuscripts, Art and Architecture*, ed. S. L'Engle and Gerald B. Guest (London, 2006), pp. 171-84.
17. 필자는 이 점에 관해 필자의 옛 제자였던 Dr Ellie Gebarowski-Shafer에게서 도움을 얻었다.
18. *Tudor Royal Proclamations*, ed. Hughes and Larkin, vol. 1, pp. 296-8 (no. 200).

제14장 킹 제임스 성경

1. A. Nicolson, *Power and Glory: Jacobean England and the making of the King James Bible* (London, 2003).
2. *Ecce the New Testament of our Lords and Saviours, the House of Commons at Westminster...* (London, 1648/9), p. 2.

제15장 베이 시편집

1. *The Bay Psalm Book: imprinted 1640* (Oxford, 2014).
2. S. Ahlstrom, *A religious history of the American people* (New Haven and London, 1972), p. 136.
3. 코튼과 '회중교회주의'의 기원에 관해서는 *John Cotton on the Churches of New England*, ed. L. Ziff (Cambridge, MA, 1962), p. 2.
4. B. Wendell, *Cotton Mather: the Puritan priest* (Cambridge, MA, 1926), p. 12.
5. 예를 들어, T. D. Bozeman, *To Live Ancient Lives: The Primitivist Dimension in Puritanism* (Chapel Hill, 1988), p. 149을 보라.
6. K. J. Höltgen, 'New verse by Francis Quarles: the Portland manuscripts, metrical psalms, and *The Bay psalm book* (with text),' *English Literary Renaissance* 28 (1998), pp. 118-41.

제16장 잉글랜드 종교개혁의 지형도

1. 우리는 탁월한 참고서인 *The Oxford Dictionary of the Christian Church*, ed. F. L. Cross (Oxford, 1957)에 수록된 잉글랜드 종교개혁과 관련한 항목들을 통해 앵글로-가톨릭교회의 왜곡들과 혼동들을 더욱 발전시킬 수 있다. 그러나 이 사전의 현재 판본인 *Dictionary* by E. A. Livingstone (3rd edition, Oxford, 1997, 또한, 그 이후 여러 차례 개정)에서는 그렇지 않다. 내부적인 국교회 역사연구 태도에 관한 최근의 개요가 Paul Avis, *Anglicanism and the Christian Church: theological resources in historical perspective* (rev. edn, Edinburgh and New York, 2002)가 담겨 있다.
2. P. Nockles, 'Survivals or new arrivals? The Oxford Movement and the nineteenth-century historical construction of Anglicanism,' in *Anglicanism and the Western Christian tradition*, ed. S. Platten (Norwich, 2003), pp. 144-91. 필자는 또

한, 이 점을 제19장 '토머스 크랜머의 전기 작가들'에서 더 상세하게 다룰 것이다.
3. '성공회주의'라는 용어가 19세기 이전에 일시적인 사용된 용례와 그 단어가 처음으로 스코틀랜드의 왕 제임스 6세의 입에서 나왔을 가능성에 대한 논의는 *The Short Oxford History of the British Isles: the sixteenth century*, ed. Patrick Collinson (Oxford, 2002), pp. 110-11을 보라.
4. 후커가 잉글랜드에 미친 영향에 관해서는 제20장 '리처드 후커의 명성'을 보라.
5. 더 깊은 논의에 대해서는 제8장 '헨리 8세: 경건한 왕'을 보라.
6. 이것은 Peter Marshall이 만들어낸 형식이다: cf. A. Ryrie, 'The strange death of Lutheran England,' *Journal of Ecclesiastical History* 53 (2002), pp. 64-92, at p. 67.
7. J. Estes, 'Melanchthon's confrontation with the "Erasmian" *via media* in politics: the *De officio principum* of 1539,' in *Dona Melanchthoniana*, ed. J. Loehr (2001), pp. 83-101, at pp. 93-5.
8. Estes, 'Melanchthon's confrontation,' at pp. 96-7.
9. T. String, 'A neglected Henrician decorative ceiling,' *Antiquaries Journal* 76 (1996), pp. 139-52, at pp. 144-5. For an illustration of the Great Bible and discussion, see D. MacCulloch, Thomas Cranmer: a life (New Haven and London, 1996), pp. 238-40.
10. Gordon Donaldson, *The Scottish Reformation* (Cambridge, 1969), p. 30.
11. 유용한 논의에 대해서는 George Bernard, 'The making of religious policy, 1533-1546: Henry VIII and the search for the middle way,' *Historical Journal* 41 (1998), pp. 321-51을 보라.
12. Richard Rex, The Lollards (Basingstoke, 2002), esp. Ch. 5와 Collunsion에 있는 매우 다른 논의를.
13. 롤라드에 관한 방대한 문서들 중에서 특히 Margaret Aston, *Lollards and Reformers: images and literacy in late medieval religion* (London, 1984), A. Hudson, *Lollards and their books* (London, 1985), A. Hope, 'Lollardy: the stone the builders rejected?,' in *Protestantism and the national Church in 16th century England*, eds. P. Lake and M. Dowling (London, 1987), pp. 1-35을 보라. 위클리프 이후 롤라드 그룹의 신학에 대해 연구할 수 있는 저서들이 여전히 많이 있지만, P. Hornbeck, *What is a Lollard? Dissent and Belief in Late Medieval England* (Oxford, 2010)을 보라.
14. 필자는 이 사상에 대해 D. MacCulloch, *The Later Reformation in England, 1547-1603* (Basingstoke, 1990), pp. 55-65에서 더 길게 다루었다.
15. 예를 들어, D. MacCulloch, *Tudor Church Militant: Edward VI and the Protestant Reformation* (London, 1999), pp. 2, 4을 보라.

16. MacCulloch, *Thomas Cranmer*, p. 192.
17. 1540년대를 가장 잘 다룬 글로는 A. Ryrie, *The Gospel and Henry VIII: evangelicals in the early English Reformation* (Cambridge, 2003)을 보라.
18. MacCulloch, *Thomas Cranmer*, pp. 393-4 and other index refs. s.v. von Wied, Hermann. 또한, J. K. Cameron, 'The Cologne Reformation and the Church of Scotland,' *Journal of Ecclesiastical History* 30 (1979), pp. 39-64와 R. W. Scribner, 'Why was there no Reformation at Cologne?,' *Bulletin of the Institute of Historical Research* 49 (1976), pp. 217-41을 보라.
19. H. E. Jannsen, *Gräfin Anna von Ostfriesland: eine hochadelige Frau der späten Reformationszeit* (1540/42-1575) (Munich, 1988).
20. Andrew Pettegree, *Marian Protestantism: six studies* (Aldershot, 1996), pp. 80-84. 라스키에 대해 전체적으로 가장 잘 다룬 글은 Johannes à Lasco: *Polnischer Baron, Humanist und europäischer Reformator*, ed. Christoph Strohm (Tübingen, 2000)에서 볼 수 있고, 특히 그의 성찬신학에 관해서는 C. Zwierlein, 'Der reformierte Erasmianer a Lasco und die Herausbildung seiner Abendmahlslehre 1544-1552,' ibid., pp. 35-100을 보라.
21. Andrew Pettegree, *Foreign Protestant Communities in sixteenth century London* (Oxford, 1986), Chs 2-4.
22. MacCulloch, *Thomas Cranmer*, pp. 538-40.
23. MacCulloch, *Thomas Cranmer*, pp. 461-2, 504-8.
24. 특히 *Tudor Church Reform: the Henrician Canons of 1535 and the Reformatio Legum Ecclesiasticarum*, ed. Gerald Bray (Church of England Record Society 8, Rochester, NY, 2000), pp. 186-213에 수록된 *Reformatio*'s의 이단에 관한 부분을 보라.
25. 이에 대해서는 MacCulloch, *Thomas Cranmer*, pp. 531-5을 보고, 그 패배의 구체적인 배경과 성격에 관해서는 J. F. Jackson, '*The Reformatio Legum Ecclesiasticarum*: politics, society and belief in mid-Tudor England' (D.Phil. thesis, Oxford University, 2003), pp. 222-4를 보라.
26. 이 분야를 개척하는 데 있어서 최근에 가장 중요한 공헌을 한 두 개의 글은 E. Duffy, *The Stripping of the Altars: traditional religion in England 1400-1580* (London and New Haven, 2005), pp. 524-63와 T. F. Mayer, *Cardinal Pole: priest and prophet* (Cambridge, 2000), pp. 203-301이다.
27. 화해의 설립에 대해 가장 상세하게(1558-9년에 존 니일 경이 사건들을 재구성하려고 했던 시도가 철저하고 효과적으로 파괴된 것을 포함해서) 기술된 곳은 N. L. Jones, *Faith by Statute: Parliament and the Settlement of Religion, 1559* (London, 1982)이다.

28. MacCulloch, *Thomas Cranmer*, pp. 620-21.
29. 이와 상반되는 *Pace*의 논증 in Roger Bowers, 'The Chapel Royal, the First Edwardian Prayer Book, and Elizabeth's settlement of religion, 1559,' *Historical Journal* 43 (2000), pp. 317-44. 그의 사건의 핵심은, 1549년 예전의 특히 화려한 음악 장치들이 1549-52년에 쓰여진 것일 수는 없고, 틀림없이 메리 여왕의 로마 가톨릭교회 재건이 있던 후대에 음악 혁명이었다는 주장이다. 이렇게 기정사실화된 가정은 바우어가 제시한 사례들 중 하나인 John Sheppard의 'Second Service'가 엘리자베스를 위해 쓰인 것이라고 보기 어렵다는 사실에 의해 반박된다. 왜냐하면 Sheppard는 엘리자베스가 즉위한 이후에 유언장을 만들고 2주 후에 죽었기 때문이다 (바우어는 그의 사망일을 잘못 알았다). Sheppard는 아마도 죽어가던 주간에 왕실 예배당을 위한 음악을 제공하는 것보다는 다른 일에 더 관심을 가졌던 것 같다. 만일 Sheppard의 정교한 음악이 1549-52년 기간에 만들어진 것이라고 재설정하면, 1559년 배경이라고 보이는 다른 1549년 본문들 중 어느 것도 그렇게 하지 말아야 할 근거가 없고, 그들 중 어떤 것을 1559년으로 돌릴 근거도 없다.
30. 그 분위기는 1559-61년에 취리히 종교개혁가들과 잉글랜드로 귀환한 주요 망명자들 사이에 오고간 편지들 잘 담겨 있다. *The Zürich Letters...*, ed. H. Robinson (2 vols, Parker Society, Cambridge, 1842, 1845), 여러 곳. 또한, D. MacCulloch, 'Peter Martyr Vermigli and Thomas Cranmer,' in *Peter Martyr Vermigli: Humanism, Republicanism, Reformation*, ed. E. Campi et al. (Geneva, 2002), pp. 173-201, at pp. 199-200을 보라. 성찬의 조정이 개혁파 프로테스탄트 사상의 발전에 예전을 부합시키기 위한 노력의 일환이었다는 보는 전혀 다른 관점의 흥미로운 논증에 대해서는 C. S. Carter, 'The Anglican "Via Media": a study in the Elizabethan Religious Settlement,' *Church Quarterly Review* 97 (1924), pp. 233-54.
31. 여왕의 분노가 어느 정도였는지는 Pettegree, *Marian Protestantism*, pp. 144-8, 197-9에 잘 드러난다.
32. See MacCulloch, *Thomas Cranmer*, pp. 278-9, 460-61.
33. 후대의 고교회파 문제들과는 무관하지만 틀림없이 파커의 성직 임명을 둘러싼 로마 가톨릭과의 논쟁에 들어 있던 옥스퍼드 운동 이전의 문제들을 일으킨 성직 임명에 관한 17세기 후반의 흥미로운 논쟁에 관해서는 J. Strype, The Life and Acts of Matthew Parker... (3 vols, Oxford, 1821), vol. 1, pp. 112-22을 보라. 발로우 논쟁에 관해서는 A. S. Barnes, Bishop *Barlow and Anglican Orders: a study of the original documents* (New York and London, 1922)를 보라.
34. 웨스트민스터 사원에 관해서는 특히 J. F. Merritt, 'The cradle of Laudianism? Westminster Abbey, 1558-1630,' *Journal of Ecclesiastical History* 53 (2001), pp. 623-46와 *Westminster Abbey Reformed 1540-1640*, eds C. S. Knighton and R.

Mortimer (Aldershot, 2003), pp. 38-74에 있는 여러 글들을 보라.

35. 성당 음악과 교회 음악 사이의 차이점에 관한 가장 기초가 되는 저서는 N. Temperley, *The Music of the English Parish Church* (Cambridge and New York, 1979)이며, 또한, 매우 중요한 또 다른 저서는 R. A. Leaver, 'Goostly psalmes and spirituall songes': *English and Dutch Metrical Psalms from Coverdale to Utenhove, 1536-1566* (Cambridge, 1991)이다. 더 전반적인 유럽의 찬송기집 현상에 관해서는 D. MacCulloch, *Reformation: Europe's House Divided 1490-1700* (London, 2003), pp. 146, 307-8, 326, 352, 460, 511, 536, 588, 590-91을 보라.

36. 1553년 스칸디나비아에서 있었던 라스키 사건에 관해서는 O. P. Grell, 'Exile and tolerance,' in *Tolerance and intolerance in the European Reformation*, eds O. Grell and B. Scribner (Cambridge, 1996), pp. 164-81. On Wesel and Aarau, *Original Letters relative to the English Reformation...*, ed. H. Robinson (2 vols, Parker Society, Cambridge, 1846-7), vol. 1, pp. 160-68을 보라.

37. P. Lake, 'Calvinism and the English Church 1570-1635,' *Past and Present* 94 (February 1987), pp. 32-76: 이 논쟁에 관한 또 다른 유용한 견해는 Nicholas Tyacke, 'The ambiguities of early-modern English Protestantism,' *Historical Journal* 34 (1991), pp. 743-54에 있다. 이와 반대되는 견해에 대해서는 Peter White, *Predestination, policy and polemic: conflict and consensus in the English Church from the Reformation to the Civil War* (Cambridge, 1992)를 보라. 이 책에 대해서는 P. Lake, 'Predestinarian propositions,' *Journal of Ecclesiastical History* 46 (1995), pp. 110-23에서 훌륭하게 논평하고 있다. 정치적 안목이 있는 회고에 관해서는 S. F. Hughes, '"The Problem of Calvinism": English theologies of predestination c. 1580-1630,' in *Belief and practice in Reformation England*, eds. S. Wabuda and C. Litzenberger (Aldershot, 1998), pp. 229-49을 보라.

38. MacCulloch, *Tudor Church Militant*, pp. 173-4, 176.

39. 이 결과에 관한 Sidney Sussex의 Samuel Ward의 견해는 B. D. Spinks, *Two Faces of Elizabethan Anglican Theology: Sacraments and salvation in the thought of William Perkins and Richard Hooker* (Lanham, MD, 1999), p. 164을 보라.

40. 이에 대해서는 N. Tyacke, *Anti-Calvinists: The rise of English Arminianism, c. 1590-1640* (Oxford, 1987), 특히 pp. 20, 39, 59을 보라.

41. Lancelot Andrewes가 Martin Chemnitz의 *Examinis Concilii Tridentini* (Frankfurt, 1574)을 사용한 것을 필자가 알 수 있게 된 것은 Peter McCullough 덕분이었다. 이 책에 대해 McCullough은 특히 Andrewes가 1598년 10월 1일에 설교하고 L. Andrewes, Αποσπασμάτια Sacra (London, 1657), pp. 515-22에 출판한 사 6:6-7 설교와 관련시켜서 적고 있다. Andrewes는 틀림없이 이 설교에서 루터의 비유

에 주목하고 있는데, 성찬의 임재가 마치 빨갛게 달구어진 다리미의 열과 같다고 보는 것이었다. 우리는 McCullough의 Andrewes 전기를 기다리고 있다. 잉글랜드 종교개혁 논쟁과 자기 변호에 있어서의 루터의 불편한 입장에 관해서는 R. H. Fritze, 'Root or link? Luther's position in the historical debate over the legitimacy of the Church of England, 1558-1625,' *Journal of Ecclesiastical History* 37 (1986), pp. 288-302을 보라.
42. 보다 심도 있는 논의에 대해서는 MacCulloch, *Later Reformation in England*, Ch. 6을 보라.
43. 웨일즈 왕 찰스의 왕실 예배당 주도권을 얻은 앤드루스의 성공적인 활동과 그 이후 왕실의 신학적 미래에 관해서는 Peter McCullough, *Sermons at Court: politics and religion in Elizabethan and Jacobean preaching* (Cambridge, 1997), pp. 194-209을 보라.
44. MacCulloch, *Tudor Church Militant*, p. 173.
45. Anne Oakley, 'Archbishop Laud and the Walloons in Canterbury,' in *Crown and Mitre: religion and society in Northern Europe*, ed. W. M. Jacob and N. Yates (Woodbridge, 1993), pp. 33-44.
46. See F. J. Bremer, *John Winthrop: America's forgotten founding father* (Oxford, 2003).
47. 미국 식민지에 있던 잉글랜드 종교에 관한 훌륭하고 섬세한 개관에 대해서는 P. Bonomi, *Under the cope of heaven: religion, society and politics in Colonial America* (Oxford, 1986)을 보라. 잉글랜드 본토와 뉴잉글랜드 사이의 지속적인 관계에 관해서는 F. J. Bremer, *Congregational communion: clerical friendship in the Anglo-American puritan community, 1610-1692* (Boston, MA, 1994)을 보라.

제17장 잉글랜드국교회의 좌표

1. 이 논문은 본래 위령의 날(All Souls)에 'Doubt and Belief in early modern Europe'이라는 시리즈로 발표한 것이다. 그때 이 논문에 논평을 해준 사람들에게 감사를 표한다. 또한, Nicholas Tyacke가 나에게 큰 영감을 주어 종교개혁 교회 역사에 대한 논의에 새로운 방향을 제시해 주어서 이 논문에 반영할 수 있게 되었음에 깊은 감사를 드린다. 필자가 어떤 도움을 얻었는지는 앞으로의 미주(尾註)에서 분명하게 드러날 것이다.
2. 제16장 '잉글랜드 종교개혁의 지형도'를 보라.
3. 잉글랜드 종교개혁에 관한 수정된 역사 연구 방법에 대한 훌륭한 개관은 N. Tyacke, 'Re-thinking the "English Reformation,"' in *England's Long Reformation*

1500-1800, ed. N. Tyacke (London, 1998), pp. 1-32, reprinted in N. Tyacke, *Aspects of English Protestantism c.1530-1700* (Manchester, 2001), pp. 37-60을 보라.
4. 제임스 1세가 '국교도'라는 말을 만들어낸 것이 분명하다는 사실은 D. Calderwood, *History of the Church of Scotland*, ed. T. Thomson (8 vols, Wodrow Society, Edinburgh, 1842-9), vol. 5, p. 694에서 찾을 수 있다.
5. 제16장 '잉글랜드 종교개혁의 지형도'를 보라.
6. A. Ryrie, 'The strange death of Lutheran England,' *Journal of Ecclesiastical History* 53 (2002), pp. 64-92. 또한, K. Maas, *The Reformation and Robert Barnes: history, theology and polemic in early modern England* (Woodbridge, 2010)을 보라.
7. D. MacCulloch, *Thomas Cranmer: a life* (New Haven and London, 1996), pp. 232-4, 또한, 제9장 '관용적인 크랜머?'
8. 이것과 그 이후 취리히와 관련된 일들에 대해 자세히 다룬 D. MacCulloch, 'Heinrich Bullinger and the English-speaking world,' in P. Opitz and E. Campi (eds), *Heinrich Bullinger (1504?-1575): Leben, Denken, Wirkung* (Zürcher Beiträge zur Reformationsgeschichte, 24, 2006), pp. 891-934를 보라.
9. 필자는 이 주제에 관해 곧 출판된 토머스 크롬웰 전기에서 더 길게 다루려고 한다.
10. 제16장 '잉글랜드 종교개혁의 지형도'를 보라.
11. 이 사건들에 관한 이야기에 대해서는 MacCulloch, *Thomas Cranmer*, pp. 352-5를 보라.
12. MacCulloch, 'Bullinger'.
13. C. Euler, 'Heinrich Bullinger, marriage, and the English Reformation: *The Christen state of Matrimonye in England, 1540-53*,' *Sixteenth Century Journal* 34 (2003), pp. 367-94.
14. D. MacCulloch, *Tudor Church Militant: Edward VI and the Protestant Reformation* (London, 1999), pp.173-4.
15. N. L. Jones, *Faith by Statute: Parliament and the Settlement of Religion*, 1559 (London, 1982).
16. 이것에 대해서는 제16장 '잉글랜드 종교개혁의 지형도'에서 더 자세히 다루고 있다.
17. 앵글로-가톨릭들은 항상 이 조항을 의회가 1549년 공동기도서를 승인한 것과 연관시키지 않았다. 그리고 이 단어가 가리키는 에드워드 6세 제2년을 1548년 전체를 가리키는 것으로 보았다. 그 해에는 첫 번째 공동기도서보다는 훨씬 더 예전적인 여지가 있었다. 그러나 상황적으로 볼 때, 이것이 가리키는 것은 에드워드 6세 제2년(사실 1548년 11월)에 시작된 의회 회기에서 승인을 얻은 1549년 공동기도서이다. 그러므로 1549년 이전에 승인된 상황이 아니었다. *Documents*

of the English Reformation, ed. G. Bray (Cambridge, 1994), p. 334에 있는 본문을 보라. 그리고 에드워드 6세 제5년과 제6년에 의회법에 의해 그것이 승인을 받은 관점에서 1559년 일치조항에 있는 언급을 1552년 공동기도서와 비교해 보라. The First Prayer Book of Edward VI compared with the successive revisions of the Book of Common Prayer, ed. J. Parker (Oxford and London, 1877), p. 64. 가장 주된 효과는 성찬식에서 사용하던 흰색 장백의(alb) 대신 '제의 또는 망토'(vestment or cope)를 승인하는 것이었다. The two Liturgies... of King Edward VI, ed. J. Kettley (Parker Society, Cambridge, 1844), p. 76 참조; '제의'는 전통적으로 성찬식에 입던 가운이고, 망토는 성찬식 가운은 아니었다. 이것은 사실상 폭넓게 사용될 수 있었다.

18. 1570년대에 예배 시간에 망토(cope)를 입은 Kenton의 Thomas Shackleton라는 서퍽 성직자 사례에 대해서는 D. MacCulloch, 'Catholic and Puritan in Elizabethan Suffolk: a county community polarises,' Archiv für Reformationsgeschichte 72 (1981), pp. 232-89, at p. 254.

19. Washington DC, Folger Shakespeare Library, MS V.b.303, pp. 183-6, quoted in P. Collinson, 'Puritans, Men of Business and Elizabethan Parliaments,' Parliamentary History 7 (1988), pp. 187-211, at p. 192.

20. The Works of John Jewel, Bishop of Salisbury, ed. J. Ayre (2 vols in 4, Parker Society, Cambridge, 1845-50), vol. 3, p. 109.

21. 존 윌리엄스(John Williams)가 1637년에 로드(Laud)를 언급하면서 대성당들과 지역교회들을 위한 다른 규정들이 있었다고 말한 것에 관해서는 The Work of Archbishop John Williams, ed. B. Williams (Sutton Courtenay, 1988), p. 182를 보라. 각기 다른 예전을 법제화하려는 노력이 있었던 1680년 말, 비순응주의자들에 대한 포용주의를 둘러싼 의회의 협상이 있었는데, 이때 중(소)백의(surplice)를 오직 성당과 왕실 예배당에서만 입게 하자는 제안이 있었다. J. T. Cliffe, The Puritan Gentry besieged, 1650-1700 (London and New York, 1993), p. 183. 교구 음악에 관해서는 N. Temperley, The Music of the English Parish Church (Cambridge and New York, 1979)와 J. Ottenhoff, 'Recent Studies in Metrical Psalms,' English Literary Renaissance 33 (2003), pp. 252-75을 보라.

22. MacCulloch, Tudor Church Militant, pp. 204-8, 210-15; J. F. Merritt, 'The cradle of Laudianism? Westminster Abbey, 1558-1630,' Journal of Ecclesiastical History 53 (2001).

23. 흥미롭게도, 대주교 로드가 Anderwes 전집에 이 설교들을 포함시키지 않음으로써 이 설교 본문들이 향후에 무시되는 결과가 일어났다. 우리는 Peter McCullough의 Anderewes 전기를 기다리고 있다; P. McCullough, 'Making dead men

speak: Laudianism, print and the works of Lancelot Andrewes, 1626-1642,' *Historical Journal* 41 (1998), pp. 401-25에 있는 의식 참조. 로드가 96개 설교집에 넣지 않은 크리플게이트 시절의 몇 안 되는 설교들 중에서 가장 놀랍고 대담한 설교는 1593년 1월에 써서 설교한 "열다섯 가지 상상"(Imaginations 15)에 관한 설교였다. 이때는 분리주의 비순응주의자들에 대한 작전이 절정에 이른 때였으며, 후커의 『교회 정치』 중 일부가 처음으로 출판된 때였다. 이 설교는 개혁파 프로테스탄트 배경에서 매우 익숙하던 우상 숭배 비유를 사용한다. 그리고 로마 가톨릭 교도들을 통렬히 비판함과 동시에, 이 비유를 청교도와 분리주의자들의 교회 정치 및 예전에 관한 입장에 적용한다. 이 놀라운 설교에 대한 우리의 논의에 대해 McCullough 교수에게 감사를 표한다.

24. See N. Tyacke, 'Lancelot Andrewes and the myth of Anglicanism,' in *Conformity and Orthodoxy in the English Church, c.1560-1660*, ed. P. Lake and M. Questier (Woodbridge, 2000), pp. 5-33, at pp. 19-24.

25. 그 조항들에 관해서는 E. Gilliam and W. J. Tighe, 'To "Run with the Time": Archbishop Whitgift, the Lambeth Articles and the politics of theological ambiguity in late Elizabethan England,' *Sixteenth Century Journal* 23 (1992), pp. 325-40을 보라. 알미니안 운동과 그 선조들에 대한 최고의 개관은 N. Tyacke, *Anti-Calvinists: The rise of English Arminianism, c.1590-1640* (Oxford, 1987)에 들어 있다. 특히 1990년 단행본 서문을 보라.

26. E. Evenden, 'The Michael Wood mystery: William Cecil and the Lincolnshire printing of John Day,' *Sixteenth Century Journal* 35 (2004), pp. 383-94.

27. 종종 잘못 인용되고 종종 엘리자베스의 것이라고 여겨지는 이 말은 *The Works of Francis Bacon*, ed. James Spedding, Robert Leslie Ellis and Douglas Denon Heath (14 vols, London, 1857-74: *Lord Bacon's Letters and Life*, vol. 1, p. 178. 이 말은 Bacon의 'Observations on a Libel' of 1592에 나오지만, Francis Walshingham이 1589년에서 그의 죽기 전 1590년 사이에 M. de Critoy에게 보낸 편지에 단어 하나도 틀리지 않게 정확히 들어 있다: ibid., p. 98. Bacon이 이 Walshingham의 편지를 대필했다고 주장하는 Spedding의 말이 옳다.

28. 이것들과 "제3의 길"에 관해서는 D. MacCulloch, *Reformation: Europe's House Divided 1490-1700* (London, 2003), pp. 253-5, 290, 310, 317-19, 354, 570와 제16장 '잉글랜드 종교개혁의 지형도'를 보라.

29. C. W. Marsh, *The Family of Love in English Society, 1550-1630* (Cambridge, 1993), pp. 131-3.

30. Marsh, *Family of Love*, pp. 282-3. Marsh의 독창적인 책이 잉글랜드 패밀리스트들의 결정적인 이야기이다.

31. D. Wootton, 'Deities, devils, and dams: Elizabeth I, Dover Harbour and the Family of Love,' *Proceedings of the British Academy* 162 (2009), pp. 45-67. Noel Malcolm 은 (논의와 개인 서신에서) 이 시가 창작이 아니라 여왕이 스페인 시를 번역한 것이었다고 주장했다. 그 본문에 대해서는 S. W. May and A. L. Prescott, 'The French Verses of Elizabeth I,' *English Literary Renaissance* 24 (1994), pp. 9-43을 보라.
32. 페른과 위트기프트에 관해서는 P. Collinson, 'Andrew Perne and his times,' in P. Collinson et al., *Andrew Perne: Quatercentenary studies*, Cambridge Bibliographical Society 11 (1991), pp. 1-34, at pp. 2, 20, 24, 34를 보라.
33. 페른과 바로에 관해서는 H. C. Porter, *Reformation and Reaction in Tudor Cambridge* (Cambridge, 1958), p. 376을 보라.
34. W. McFadden, 'The life and works of Antonio del Corro, 1527-91' (unpublished Ph.D. thesis, Queen's University Belfast, 1953; 필자는 Dr. Ronald Trueman 덕분에 이 논문을 볼 수 있었다). Corro의 글을 다룰 수 있었던 것은 McFadden의 저서 덕분이었지만, 더 많은 자료를 위해서는 C. M. Dent, *Protestant Reformers in Elizabethan Oxford* (Oxford, 1983), pp. 119-22를 보라.
35. McFadden, 'Corro,' pp. 350-52; 코로의 반예정론과 유니테리언주의에 대해서는 ibid., pp. 362-6, 373-84, 512, 624-32, 648-9, 737-8을 보라. 1571년에 소집된 프랑스 전국 프로테스탄트 노회는 동유럽의 유니테리언주의와 코로의 연관성을 명시적으로 선언했다: ibid., p. 398.
36. McFadden, 'Corro,' p. 498.
37. McFadden, 'Corro,' p. 508 (Spanish Ambassador Mendoza의 견해를 인용). 또한, 레스터의 일반적인 코로 후원에 관해서는 ibid., pp. 365-8, 405-7, 434-5, 445-65, 484, 494-6, 508, 511-13, 527-8을 보라.
38. 세실의 후원에 대해서는 McFadden, 'Corro,' pp. 337-8을, 그리고 해튼에 대해서는 ibid., pp. 482, 539-42를 보라.
39. McFadden, 'Corro,' pp. 379-80. Lady Dorothy Stafford에 대해서는 *History of Parliament: The House of Commons 1509-1558*, ed. S. T. Bindoff (3 vols, London, 1982), vol. 3, p. 365와 C. H. Garrett, *Marian Exiles: a study in the origins of Elizabethan Puritanism* (Cambridge, 1938), p. 296을 보라.
40. *The Zürich Letters...*, ed. H. Robinson (2 vols, Parker Society, Cambridge, 1842, 1845), vol. 2, p. 259. 정통주의 성직자들과 비정통주의 성직자들 사이의 다툼을 조금 더 확장해 보면, 1576년부터 1582년 사이 코로가 곤란을 겪던 시절 그의 주적은 리처드 후커의 후견인이자(후커는 나중에 그와 거리를 두게 된다) Corpus Christi College의 John Raignoldes였다. Dent, *Protestant Reformers in Elizabethan*

Oxford, pp. 119-25를 보라.
41. 이 미묘한 차이들에 관해서는 MacCulloch, *Thomas Cranmer*, pp. 620-21을 보라.
42. *Zürich Letters*, ed. Robinson, vol. 2, p. 127.
43. 특히 *Works of Jewel*, ed. Ayre, vol. 3, p. 69 참조.
44. 엘리자베스 왕실 예배당에 있던 은색 십자가의 파괴에 대한 Parkhurst 주교의 기쁜 반응 참조: *Zürich Letters, ed. Robinson*, vol. 1, pp. 121, 128; *The Letter Book of John Parkhurst, Bishop of Norwich*, 1571-75년에 수집, ed. R. A. Houlbrooke (Norfolk Records Society, Norwich, 43, 1975), p. 62.
45. 전반적인 이야기에 대해서는 특히 J. H. Primus, *The Vestments Controversy* (Kampen, 1960)와 H. Horie, 'The influence of Continental Divines on the making of the English Religious Settlement ca. 1547-1590: a reassessment of Heinrich Bullinger's contribution' (unpublished Cambridge University Ph.D. thesis, 1991), pp. 243-68을 보라.
46. *Zürich Letters*, ed. Robinson, vol. 1, p. 357; 1572년 Gwalther의 콕스 주교에 대한 논평 참조, ibid., vol. 1, p. 362.
47. A. Mühling, *Heinrich Bullingers europäische Kirchenpolitik* (Bern and Frankfurt am Main: Zürcher Beiträge zur Reformationsgeschichte 19, 2001), pp. 116-17.
48. 이 큰 주제에 관해서는 J. W. Baker, 'Erastianism in England: the Zürich connection,' in *Die Zürcher Reformation: Ausstrahlungen und Rückwirkungen, ed. A. Schindler and H. Stickelberger* (Zürich, 2001), pp. 327-49를 보라. K. Rüetschi, 'Rudolf Gwalthers Kontakte zu Engländern und Schotten,' in ibid., p. 368은 잉글랜드와 취리히 정치의 차이를 지적해 주는 유용한 주석인 것 같다. Horie in 'Heinrich Bullinger's contribution,' p. 297도 이와 비슷하다.
49. D. J. Keep, 'Bullinger's Defence of Queen Elizabeth,' in *Heinrich Bullinger 1504-1575: Gesammelte Aufsätze zum 400 Todestag, Bd. 2: Beziehungen und Wirkungen*, ed. U. Gäbler and E. Herkenrath (Zürich, 1975, Zürcher Beiträge zur Reformationsgeschichte 8), pp. 231-41.
50. M. Taplin, *The Italian Reformers and the Zürich Church, c.1540-1620* (Aldershot, 2003), passim and p. 191.
51. *Zürich Letters*, ed. Robinson, vol. 2, p. 254.
52. *Zürich Letters*, ed. Robinson, vol. 1, p. 276; *The Works of John Whitgift*..., ed. J. Ayre (3 vols, Parker Society, Cambridge, 1851-3), vol. 3, pp. 496-7.
53. *Works of John Whitgift*..., ed. Ayre, vol. 1, p. 184. 위트기프트가 그왈터를 인용한 매우 유사한 구절 참조, ibid., vol. 1, p. 186.
54. 이 이야기는 Horie, 'Heinrich Bullinger's contribution,' pp. 302-66에 잘 기록되어

있다. 별다른 언급이 없는 것들은 모두 여기에서 인용한 것이다.
55. A. B. Emden, *A Biographical Register of the University of Oxford A.D. 1501 to 1540* (Oxford, 1974), p. 135.
56. *The Decades of Henry Bullinger*, ed. T. Harding (4 vols, Parker Society, Cambridge, 1849-52), vol. 1, pp. 8, 9.
57. 그린달과 설교에 관해서는 P. Collinson, *Archbishop Grindal 1519-1583: the Struggle for a Reformed Church* (London, 1979), Part 4를 보라. 다른 사용에 관해서는 Horie, 'Heinrich Bullinger's contribution,' p. 318.
58. 이 기간에 관한 최고의 이야기는 P. Collinson, *The Elizabethan Puritan Movement* (London, 1967), Parts 5와 6이다.
59. 이 긴장 관계에 관한 탁월한 연구는 G. Murdock, *Calvinism on the frontier 1600-1660: international Calvinism and the Reformed Church in Hungary and Transylvania* (Oxford, 2000)을 보라.
60. 제20장 '리처드 후커의 명성'을 보라.
61. M. E. C. Perrott, 'Richard Hooker and the problem of authority in the Elizabethan Church,' *Journal of Ecclesiastical History* 49 (1998), pp. 29-60, esp. pp. 32, 37, 39, 49.
62. Perrott, 'Richard Hooker and the problem of authority,' pp. 50, 51, quoting R. Hooker, *Folger Library Edition of the Works of Richard Hooker*, ed. W. R. Speed Hill et al. (7 vols, Cambridge and Binghamton, 1977-94), vol. 1, pp. 179-80, 185.
63. P. Collinson, *The Religion of Protestants* (London, 1983), p. 90.
64. *The Autobiography of Richard Baxter*, ed. N. H. Keeble, abridged by J. M. Lloyd Thomas (London, 1974), pp. 84, xvii.
65. *Autobiography of Richard Baxter*, ed. Keeble, p. 9.
66. *Autobiography of Richard Baxter*, ed. Keeble, p. 11.
67. *Autobiography of Richard Baxter*, ed. Keeble, p. 111.
68. R. Askew, *Muskets and Altars: Jeremy Taylor and the last of the Anglicans* (London, 1997).

제18장 잉글랜드 종교개혁가에 대한 현대 역사가들

1. 이 논문은 본래 2011년 4월 30일 Dr. Felicity Heal의 은퇴기념 세미나에서 발표한 것이다. Felicity 교수가 지난 반 세기 동안 종교개혁 연구에 있어서 중심적인 역할을 한 것을 생각할 때, 필자는 본래 이 논문에서 언급되었던 Felicity 교수의 이름을

많이 제거할 필요가 없다고 느꼈으며, 따라서 이 확장된 논문에서도 그녀의 계속된 연구를 기꺼이 기념하고자 한다.
2. 이 '대륙'이라는 단어 사용에 대한 필자의 비판을 반복하지는 않겠다: D. MacCulloch, M. Laven, and E. Duffy, 'Recent Trends in the Study of Christianity in Sixteenth-Century Europe,' *Renaissance Quarterly* 59 (2006), pp. 697-731, at pp. 697-8.
3. E. G. Rupp, *The Righteousness of God: Luther Studies* (London, 1953); E. G. Rupp, *Religion in England 1688-1791* (Oxford, 1985).
4. 스트라이프의 치명적인 실수에 관해서는 제21장 '날조된 종교개혁 이야기'를 보라. 필자가 보기에는 그의 학문성이 평가절하된 것 같은 윌리엄스에 대해서는 *The Work of Archbishop John Williams*, ed. B. Williams (Sutton Courtenay, 1988)을 보라. 그리고 윌리엄스의 명성에 관한 또 다른 건전한 글로는 S. Hampton, 'The Manuscript Sermons of Archbishop John Williams,' *Journal of Ecclesiastical History* 62 (2011), pp. 707-25을 보라.
5. 빅토리아 시대 복음주의자들에 관해서는 D. Rosman, *Evangelicals and Culture* (London, 1984)를 보라.
6. A. Milton, *Laudian and Royalist Polemic in 17th-century England: the Career and Writings of Peter Heylyn* (Manchester, 2007). 훌륭한 개관은 P. Nockles, 'A disputed legacy: Anglican historiographies of the Reformation from the era of the Caroline divines to that of the Oxford Movement,' *Bulletin of the John Rylands Library* 83 (2001), pp. 121-67에 들어 있다.
7. 예를 들어(솔직히 필자가 관여한 것들이다), 『옥스퍼드기독교회사전』(*Oxford Dictionary of the Christian Church*)의 각 판본마다 다음의 항목들을 비교해 보라. s.v. Browne, Robert (더 이상 '분명히 정신적으로 불안정한'이라는 문구가 없다); Real Presence (이제는 이 교리를 거짓되게 Hugh Latimer에게 돌리지 않는다); Stubbs, John (더 이상 '광신자'라는 단어가 없다).
8. H. Butterfield, *The Whig Interpretation of History* (London, 1931). 버터필드에 잘 알려 주는 책은 M. Bentley, *The Life and Thought of Herbert Butterfield: History, Science and God* (Cambridge, 2011)이다.
9. C. Dugmore, *The Mass and the English Reformers* (London, 1958). 그에 대해 공정하게 말한다면, 그는 명민한 교회 역사가 Norman Sykes가 그의 책에 대해 겸손하지만 회의적으로 논평한 서평을 자기가 편집한 저널에 실었다: *Journal of Ecclesiastical History* 10 (1959), pp. 246-8.
10. H. Davies, *Worship and Theology in England. I. From Cranmer to Hooker, 1534-1603* (Princeton, 1970), p. 54.

11. Davies, *From Cranmer to Hooker*, pp. 236, 440.
12. Davies, *From Cranmer to Hooker*, p. 34.
13. H. Davies, *Worship and Theology in England. II. From Andrewes to Baxter and Fox, 1603-1690* (Princeton, NJ, 1975), p. 159.
14. 물론, 독일에서 훌륭한 예외들도 있다. 그리고 그 특별한 증거 중 하나는, 그 경계를 넘어가는 데 있어서 선구자적 역할을 한 에세이 모음집, D. Wendebourg (ed.), *Sister Reformations /Schwesterreformationen: the Reformation in Germany and in England – Die Reformation in Deutschland und in England* (Tübingen, 2010)이다(필자도 여기에 글을 기고했다).
15. P. Hughes, *The Reformation in England* (3 vols, London, 1950-54).
16. E. Duffy, *The Stripping of the Altars: traditional religion in England 1400-1580* (London and New Haven, CT, 2005); E. Duffy, *Fires of Faith: Catholic England under Mary Tudor* (London and New Haven, 2009).
17. D. Knowles, *The Religious Orders in England* (3 vols, Cambridge, 1948, 1955, 1959).
18. D. Knowles, *The Religious Orders in England, III: the Tudor Age* (Cambridge, 1959), p. 464, and cf. ibid., p. 460: 'With the exception of the Carthusians, the Bridgettines and the Observant Franciscans, the religious life in England was humanly speaking easier and less spiritually stimulating in 1530 than it had been a century earlier.'
19. J. G. Clark, 'The Culture of English Monasticism,' in *The Culture of English Monasticism*, ed. Clark (Woodbridge, 2007), pp. 1-18.
20. Kowles의 생애에 관한 C. Brooke의 섬세하고 풍성한 묵상을 보라; 'Dom David Knowles and his vocation as a monastic historian,' *Downside Review* 110 (1992), pp. 209-25.
21. ARCIC 문서들에 나타난 이러한 경향들에 대한 한 가지 예를 날카롭게 분석한 글로는 J. Maltby, 'Anglicanism, the Reformation and the Anglican-Roman Catholic International Commission's Agreed Statement, *Mary: Grace and Hope in Christ*,' *Theology* 110 (2007), pp. 171-9를 보라.
22. A. L. Rowse, *Tudor Cornwall* (London, 1941). Trevelyan이 *Sunday Times*에서 Rowse의 *England under Elizabeth: the Structure of Society* (London, 1950)에 대해 논평하면서 한 말이은 H. P. R. Finberg, *The Local Historian and his Theme* (Leicester University Department of English Local History Occasional Papers 1, 1952), p. 8에 인용되었다.
23. 이것은 틀림없이 인물 연구로서의 이 주제들에 대한 Sir John Neale이 태도였

다. 의회에 관한 그의 연구는 여기에 크게 기초했다. 따라서 이것은 문학석사 (M.A.) 이상을 공부할 수 없었던 여성들에게 맡겨졌다. 이에 대해 P. Collinson, *The History of a History Man: or, the Twentieth Century viewed from a Safe Distance* (Woodbridge, 2011), p. 78을 보라. 적어도 Neal은 청교도주의에 대한 연구에서 Collinson을 다루고 있다; ibid., pp. 77-8.
24. A. G. Dickens, *The English Reformation* (1st edn, London, 1964).
25. Collinson, *History of a History Man*, pp. 5-37.
26. C. Haigh, *Reformation and Resistance in Tudor Lancashire* (Cambridge, 1975).
27. *The English Reformation Revised*, ed. C. Haigh (Cambridge, 1987).
28. 이 회고에 대해 Felicity Heal에게 감사한다. 그 해가 아마도 1976년 세미나를 준비하던 1974년이었던 것 같다.
29. J. J. Scarisbrick, *The Reformation and the English People* (Oxford, 1983).
30. C. Haigh, 'The English Reformation: a Premature Birth, a Difficult Labour and a Sickly Child,' *Historical Journal* 33 (1990), pp. 449-59: 지난 몇 년 간의 주요 본문들에 대한 방대한 논평. Haigh의 마지막 작품은 종교개혁의 유효성을 기린 것이라고 말할 수도 있다. C. Haigh, *The Plain Man's Pathways to Heaven: Kinds of Christianity in Post-Reformation England* (Oxford, 2007).
31. P. N. Brooks, *Thomas Cranmer's Doctrine of the Eucharist* (London, 1965; revised edn, Basingstoke, 1992). Brooks가 이 변화를 나타내기 위해 사용한 용어에 대한 필자의 비평적인 언급에 대해서는 D. MacCulloch, *Thomas Cranmer: a life* (New Haven, CT, and London, 1996), pp. 182-3, 392를 보라.
32. P. Lake, *Moderate Puritans and the Elizabethan Church* (Cambridge, 1983).
33. D. MacCulloch, 'The importance of Jan Laski in the English Reformation,' in C. Strohm (ed.), *Johannes à Lasco: Polnischer Baron, Humanist und europäischer Reformator* (Spätmittelalter und Reformation, New series, 14, 2000), pp. 325-46; D. MacCulloch, 'Peter Martyr Vermigli and Thomas Cranmer,' in *Peter Martyr Vermigli: Humanism, Republicanism, Reformation*, ed. E. Campi et al. (Geneva, 2002); D. MacCulloch, 'Heinrich Bullinger and the English-speaking world,' in P. Opitz and E. Campi (eds), *Heinrich Bullinger (1504?-1575): Leben, Denken, Wirkung* (Zürcher Beiträge zur Reformationsgeschichte, 24, 2006).
34. 잉글랜드 종교개혁에 대한 깊은 이해를 문학과 병행하는 것의 효율성을 보여 주는 좋은 예를 원한다면 D. Womersley, Divinity and State (Oxford, 2010)를 보라.
35. A. Ryrie, 'The strange death of Lutheran England,' *Journal of Ecclesiastical History* 53 (2002), pp. 64-92; A. Ryrie, *The Gospel and Henry VIII: evangelicals in the early English Reformation* (Cambridge, 2003).

36. G. Murdock, *Calvinism on the frontier 1600-1660: international Calvinism and the Reformed Church in Hungary and Transylvania* (Oxford, 2000), p. 65. 이 책의 제목은, Murdock이 '칼빈주의'보다 훨씬 더 폭넓은 것을 묘사하고 있기 때문에, 별로 좋지 않은 특징이라고 말할 수 있을 것이다.

37. B. D. Spinks, *Two Faces of Elizabethan Anglican Theology: Sacraments and salvation in the thought of William Perkins and Richard Hooker* (Lanham, MD, 1999); 또한, W. B. Patterson, 'William Perkins as apologist for the Church of England,' *Journal of Ecclesiastical History* 57 (2006), pp. 252-69를 보라. 월튼에 관해서는 또한, J. Martin, *Walton's Lives: Conformist Commemorations and the Rise of Biography* (Oxford, 2001)를 보라.

38. J. Maltby, *Prayer Book and People in Elizabethan and Early Stuart England* (Cambridge, 1998); K. Fincham and S. Taylor, 'Vital Statistics: Episcopal Ordination and Ordinands in England, 1646-60,' *English Historical Review* 126 (2011), pp. 319-44를 보라.

39. F. Heal, *Reformation in Britain and Ireland* (Oxford, 2003). 필자가 2000년에 Felicity Heal의 준비 세미나에 참석했을 때, 이 책을 어떻게 구성할 것인지 보여 준 그녀의 논문을 보고 필자는 그와 유사한 본인의 저술 계획을 포기했다. 그녀가 보여 준 탁월한 프로젝트를 필자가 반복할 필요가 없다고 느꼈기 때문이었다.

40. 매우 권장할 만한 짧은 논의를 보라. R. Biebrach, 'Conspicuous by their absence: rethinking explanations for the lack of brasses in medieval Wales,' *Transactions of the Monumental Brass Society* 18 (2009), pp. 36-42.

41. M. Aston, 'Public Worship and Iconoclasm,' in The *Archaeology of Reformation 1480-1580*, ed. D. Gaimster and R. Gilchrist (Leeds, 2003), pp. 9-28, at pp. 16-17.

42. P. Everson and D. Stocker, 'The Archaeology of Vice-regality: Charles Brandon's Brief Rule in Lincolnshire,' in Gaimster and Gilchrist (eds), *The Archaeology of Reformation*, pp. 145-58.

43. N. Oakey, 'Fixtures or Fittings? Can Surviving Pre-Reformation Ecclesiastical Material Culture be used as a Barometer of Contemporary Attitudes to the Reformation in England?,' in Gaimster and Gilchrist (eds), *The Archaeology of Reformation*, pp. 58-72. '로마 가톨릭적' 의식의 이념적인 파괴는 당연히 유럽 전역에 걸친 반종교개혁적인 교회 재정비 사업에서도 그 유사함을 널리 찾아볼 수 있다. E. C. Tingle, 'The Catholic Reformation and the Parish: the Church of Saint Thégonnec (Finistère, France) 1550-1700,' in Gaimster and Gilchrist (eds), *The Archaeology of Reformation*, pp. 44-57을 보라.

44. Heal, *Reformation in Britain and Ireland*, p. 478.
45. 그들이 이것을 이루어 낸 방식들에 대해서는 I. Green, *The Christian's ABC: Catechisms and Catechizing in England c.1530-1740* (Oxford, 1996), T. Watt, *Cheap Print and Popular Piety* (Cambridge, 1991) and R. A. Leaver, 'Goostly psalmes and spirituall songes': *English and Dutch Metrical Psalms from Coverdale to Utenhove, 1536-1566* (Cambridge, 1991); L. Dixon, 'Richard Greenham and the Calvinist Construction of God,' *Journal of Ecclesiastical History* 61 (2010), pp. 729-45.

제19장 토머스 크랜머의 전기 작가들

1. D. MacCulloch, *Thomas Cranmer: a life* (New Haven and London, 1996), pp. 584-5. 합스필드에 관해서는 A. B. Emden, *A Biographical Register of the University of Oxford A.D. 1501 to 1540* (Oxford, 1974), p. 269를 보라.
2. T. S. Freeman, 'Did Cranmer equal six hundred Beckets? John Foxe, Nicholas Harpsfield and the martyrs of the English Reformation,' in *Sanctity and Martyrdom in Early Modern England*, ed. T. S. Freeman and T. Mayer (Woodbridge, 근간).
3. 'tanquam institor, merces in operto exportabat, ut ad singula divortia presto adesset capsa cum impedimento': [?N. Harpsfield], *Bishop Cranmer's Recantacyons*, ed. Lord Houghton with introduction by J. Gairdner (Philobiblon Society Miscellanies 15, London, 1877-84), p. 8.
4. MacCulloch, *Thomas Cranmer*, p. 250.
5. *A treatise on the pretended divorce between Henry VIII and Catherine of Aragon, by Nicholas Harpsfield...*, ed. N. Pocock (C.S. 2nd series 21, London, 1878), p. 292, and on the box, ibid. p. 275. 크랜머와 수도원들에 관해서는 MacCulloch, *Thomas Cranmer*, pp. 166-9, 263-4.
6. J. A. Champion, *The Pillars of Priestcraft Shaken: the Church of England and its Enemies, 1660-1730* (Cambridge, 1992), p. 87, quoting J. Bossuet, *History of the variations of the Protestant Churches* (2 vols, Antwerp, 1742), vol. 1, p. 303.
7. A. Woodhead, *A compendious discourse on the Eucharist with two appendixes* (Oxford, 1689), p. 155.
8. Champion, *Pillars of Priestcraft Shaken*, p. 84, quoting P. Manby, *A Reformed Catechism, in two dialogues concerning the English Reformation* (London, 1687), epistle to the reader.
9. R. O'Day, *The Debate on the English Reformation* (London, 1986), pp. 60-80.

10. H. Belloc, *Cranmer* (London, 1931): 서론적인 주석을 보라.
11. H. Belloc, *Characters of the Reformation* (London, 1955 edn), pp. 80-89. 크랜머의 산문에 관해서는 Belloc, *Cranmer*, pp. 30-31, 244-6.
12. MacCulloch, *Thomas Cranmer*, pp. 633-6. 네빈슨에 관해서는 『영국인명사전』(*The Oxford Dictionary of National Biography*)에 필자가 작성해 놓은 'Nevinson, Stephen'을 보라.
13. London, British Library MS Harley 417, fos 90-93. J. Foxe, *Rerum in ecclesia gestarum commentarii* (2 vols, Basel, 1559-63).
14. J. Foxe, *Acts and Monuments of these latter and perilous days...* (1583), pp. 1859-93.
15. Foxe, *Acts and Monuments* (1583), pp. 1121, 1870.
16. Foxe, *Acts and Monuments* (1583), p. 1862. 폭스는 아마도 이 아이디어를 그 당시 루터의 저작으로 생각했던 1536년 잉글랜드 소책자에서 가져왔던 것 같다, *A descrypcyon of the images of a verye Chrysten bysschop and of a counterfayte bysshop*: J. Martin, *Walton's Lives: conformist commemorations and the rise of biography* (Oxford, 2001), pp. 72-4.
17. Foxe, *Acts and Monuments* (1583), pp. 1862-3.
18. Martin, *Walton's Lives*, pp. 78-81.
19. P. J. Olsen, 'Was John Foxe a millenarian?,' *Journal of Ecclesiastical History* 45 (1994), pp. 600-624, at p. 601.
20. Augustinus Jonas, *Historia von Thoma Cranmero dem Ertzbischoff zu Cantuaria in Engellend... durch J.F... beschrieben, und itzt aus dem Latein verdeutscht* (Weissenfels, 1561): the British Library copy is shelf-mark 1126.h.11. Dr Thomas Freeman가 이 자료를 내게 알려주었다.
21. M. Sztárai, *Historia Cranmerus T. Erseknek az igaz hitben valo alhatatosagarol... Sz M. által énekben szeresztetet* (Debrecen, 1582): 브리티시도서관 소장본(C.38.e.14)이 유일하게 남아 있는 견본이다. K. Erdös, 'Sztárai Mihály Cranmerus Thamásrol szólór historiás énekének forrása,' *Irodalomtörténeti Közlemények* 24 (1914), pp. 215-19에 있는 논의를 보라. 이 작품에 대한 우리의 논의에 대해, 그리고 그 시의 일부 번역본을 필자에게 준 것에 대해 Graeme Murdock에게 가장 감사하다.
22. M. Parker, *De Antiquitate Britannicae Ecclesiae ..* (London, 1572), pp. 381-405.
23. [Anon., ?J. Stubbs], *The life off the 70. Archbishopp off Canterbury presentlye sitting Englished...* (n.p., 1574), sigs. E1v, E6r.
24. *Tudor Church Reform: the Henrician canons of 1535 and the Reformatio legum ecclesiasticarum*, ed. G. Bray (Church of England Record Society, 8, London, 2000), pp.

164-65; cf. M. Graves, *Thomas Norton: the Parliament Man* (Oxford, 1994), pp. 299-301.

25. Parker, *De Antiquitate*, pp. 398-9.
26. 공동 기도서를 다루는 이 수많은 사례들 중에서, 필자는 부당하게 간과된 로마 가톨릭교도 Abraham Woodhead를 꼽고자 한다. 그는 로마 가톨릭으로 개종한 옥스퍼드 명사로서 종교개혁에 대한 통찰력 있는(비록 신랄하기는 하지만) 분석가였다. Woodhead, *Church-Government Part V. A relation of the English Reformation, and The lawfulness thereof examined by the Theses deliver'd in the Four former Parts* (Oxford, 1687), pp. 129, 143-51 참조.
27. 이에 대해서는 D. MacCulloch, *Tudor Church Militant: Edward VI and the Protestant Reformation* (London, 1999), pp. 176-9를 보라.
28. MacCulloch, *Thomas Cranmer*, pp. 624-5. 청교도들과 반알미니안 신자들이 대주교 로드를 괴롭히고 비판하기 위해 유사한 방식으로 크랜머를 사용한 사례에 대해서는 ibid., pp. 626-7을 보라.
29. *A brief discourse of the troubles at Frankfort 1554-1558 A.D.*, ed. E. Arber (London, 1908), p. 75, 망명가들 중에서 누구를 가리키는지 정확히 알 수 없는 "Master H"의 보고: 어쩌면 Christopher Hales일 수도 있다. C. H. Garrett, *Marian Exiles: a study in the origins of Elizabethan Puritanism* (Cambridge, 1938), pp. 171-2. 또한, *Brief discourse*, ed. Arber, pp. 37, 45를 보라.
30. MacCulloch, *Tudor Church Militant*, pp. 218-20.
31. MacCulloch, *Thomas Cranmer*, pp. 626-7. 이보다 앞선 것은 엘리자베스 화해 정책의 옹호자였던 리처드 후커를 조롱한 것이었다. 이것은 1599년에 *A Christian Letter*에서 청교도들이 그를 공격하면서 한 말이었다: 후커의 주석에 대한 그들의 저서 *Folger Library Edition of the Works of Richard Hooker*, ed. W. R. Speed Hill et al. (7 vols, Cambridge and Binghamton, 1977-94), vol. 4, pp. 47, 64, 71, 228-9 참조.
32. D. Nussbaum, 'Laudian Foxe-hunting? William Laud and the status of John Foxe in the 1630s,' in *The Church Retrospective*, ed. R. N. Swanson (Studies in Church History 33, Oxford, 1997), pp. 329-42.
33. P. Heylyn, *Cyprianus Anglicus, or the history of the life and death of . . . William by divine providence Lord Archbishop of Canterbury* (London, 1668), p. 532. 한 가지 작은 실수는, 로드가 그의 연설에서 Cyprian을 주교에서 대주교로 승진시킨 것이었다.
34. G. Burnet, *History of the Reformation of the Church of England* (2 vols, London, 1679-81).

35. Champion, *Pillars of Priestcraft shaken*, p. 87.
36. 버넷과 스트라이프에 관해서는 O'Day, *Debate on the English Reformation*, pp. 38-53을 보라.
37. 예를 들어, Foxe, *Acts and Monuments* (1583), p. 1294 참조. 또한, 예를 들어, MacCulloch, *Thomas Cranmer*, p. 388에 들어 있는 크랜머의 1538년 'Osiander' 교리문답도 참조하라.
38. 초상화와 그림에 대해서는 MacCulloch, *Thomas Cranmer*, pp. 338-47, 602, 621: beards: ibid., pp. 361-2, 472.
39. MacCulloch, *Tudor Church Militant*, p. 78.
40. C. Lever, *The history of the Defendors of the Catholique Faith. Wheareunto are added Observations Divine, Politique, Morrall...* (London, 1627): illus. in MacCulloch, *Tudor Church Militant*, p. 16.
41. Burnet, *History of the Reformation*, p. i, facing p. 179. 스트라이프와 버넷은 똑같은 출판업자를 Richard Chiswell을 고용했는데, 그는 두 책 사이에 다양한 초상화들을 재사용했다.
42. 이 논의에 대해 필자는 보들레이언 도서관에 있는 스트라이프의 *Memorials* 두 가지 판본을 사용했는데, 둘 다 겉표지가 있었다: Douce S.542 and C.19.Theol. 이 겉표지들이 원본이고 완전하다는 것을 알 수 있는 증거는, 두 개 모두 아무 가공이 되어 있지 않고, 그 뒷면에 똑같이 'THE LIFE OF ARCH-BISHOP CRANMER'라고 적혀 있는 것이다.
43. Fox's original and complete book of martyrs, ed. P. Wright (issued in parts, London, 1811-17), 크랜머의 마지막 설교와 화형 장면, pp. 486, 487. 아이작 월튼이 이와 비슷하게 이론적으로 리처드 후커에 대해 다룬 것은 제20장 '리처드 후커의 명성'을 보라.
44. Champion, *Pillars of priestcraft shaken*, p. 84.
45. 그 사본은 현재 Oxford Bodleian Library K.5.13.Art에 있다.
46. MacCulloch, *Thomas Cranmer*, pp. 475-6. 폭스의 전반적인 태도에 관해서는 Elton, 'Persecution and Toleration,' pp. 171-80을 보라.
47. 급진주의자들에 관해서는 MacCulloch, *Thomas Cranmer*, pp. 474-7, *The Catholic doctrine of the Church of England... by Thomas Rogers...*, ed. J. J. S. Perowne (Parker Society, Cambridge, 1854), p. 350; G. H. Williams, *The Radical Reformation* (London, 1962), pp. 789-90, and cf. J. R. Knott, *Discourses of martyrdom in English literature, 1563-1694* (Cambridge, 1993), p. 116.
48. J. Hayward, *The Life and raigne of King Edward the Sixt* (London, 1630), pp. 7-8. 그가 타키투스에서 빌려온 것에 대해서는 L. Richardson, 'Sir John Hayward and early Stuart Historiography' (Cambridge Ph.D., 1999)를 보라.

49. W. Cobbett, *A History of the Protestant Reformation in England and Ireland* (London, 1925), para. 64. 코벳은 이 책의 한 부를 교황 피우스 8세에게 1829년에 선물했다; St Philip's Books (Oxford) 판매 품목 no. 33, item 1551에 있는 그 책 견본에 대한 설명을 보라. Cf. O'Day, *Debate on the English Reformation*, pp. 73-7, and A. G. Dickens and J. M. Tonkin, *The Reformation in Historical Thought* (Oxford, 1985), pp. 193, 195, 265, 344.
50. Cobbett, *Protestant Reformation*, para. 64. 깁본에 관해서는 Dickens and Tonkin, *Reformation in Historical Thought*, p. 136을 보라.
51. W. F. Hook, *Lives of the Archbishops of Canterbury* (12 vols, London, 1860-76), new series, vol. 2, p. 418.
52. 제18장 '잉글랜드 종교개혁에 대한 현대 역사가들의 연구'에서 H. Davies, *Worship and Theology in England. II. From Andrewes to Baxter and Fox, 1603-1690* (Princeton, 1975)를 보라. 훌륭한 설명은 P. Nockles, 'A disputed legacy: Anglican historiographies of the Reformation from the era of the Caroline divines to that of the Oxford Movement,' *Bulletin of the John Rylands Library of Manchester* 82 (2002), pp. 121-67.
53. G. W. Bromiley, *Thomas Cranmer*, Theologian (London, 1956), esp. pp. 67, 75; and cf. MacCulloch, *Thomas Cranmer*, pp. 209-12.
54. A. C. Deane, *The Life of Thomas Cranmer Archbishop of Canterbury* (London, 1927), pp. 240-41.
55. F. E. Hutchinson, *Cranmer and the English Reformation* (London, 1951), pp. 182-3. 허친슨은 Fellow of All Souls였다. (그의 All Souls 동료 A. L. Rowse는 Teach Yourself 시리즈의 편집장이었다).
56. [Anon., possibly F. E. Brightman], 'Cranmer's Liturgical Projects,' *Church Quarterly Review* 31 (1891), pp. 446-62, at pp. 457, 462.
57. Belloc, *Cranmer*, pp. 30-31. 필자의 전기 이후 나온 벨록의 관찰 결과를 보니, 기쁘기도 하고 당황스럽기도 할 만큼 필자의 관찰 결과와 유사하다.
58. C. H. Smyth, *Cranmer and the Reformation under Edward VI* (London, 1926). 이 에세이에 가끔 해석상의 오류가 있지만 그 중요성을 훼손시킬 만큼은 아니다.
59. 목록을 보라. P. N. Brooks (ed.), *Cranmer in Context: Documents from the English Reformation* (London, 1989).
60. *The Guardian*, section 2, 6 July 1998, p. 4.
61. *New Oxford Review* (December 1998), pp. 41-3, at p. 43.
62. *First Things* (November 1996), pp. 66-74, at p. 72.
63. 이 사건에 관한 관련 문서들을 필자에게 건네 준 Dr David Hilliard에게 감사한

다. 그 문서들에는 1999년 11월 9일에 대주교 Goodhew가 쓴 회람 편지와, 2000년 6월 5일에 Dr. Head가 쓴 회람 에세이가 포함되어 있다.

제20장 리차드 후커의 명성

1. 이 논문은 본래 2000년 가을 후커의 사망 400주기를 기념하여 옥스퍼드 Corpus Christi College의 후원을 받은 강의 시리즈를 위해 쓴 것이었다. 필자는 아래에 언급하는 분들에게 그들의 미출판 글들을 볼 수 있게 해 주신 것에 대해 깊이 감사드린다. 고(故) Patrick Collinson, Susan Doran, Jessica Martin and Peter Nockles. 또한, 이 논문 초안에 대해 이루 말할 수 없는 귀한 논평을 해준 Steven McGrade와, Pusey House Library에서 도움을 준 Peter Groves, 세미나에서 필자에게 도전을 주는 대화를 나눈 Séan Hughes, 그리고 다양한 2차 자료들을 공급해 준 Conal Condren 등에게도 감사를 드린다. 필자는 특히 Michael Brydon에게 큰 신세를 졌는데, 필자가 그를 구체적으로 어디에서 사용했는지 이 미주(尾註)에서 모두 밝히겠다. M. Brydon, *The Evolving Reputation of Richard Hooker: an examination of responses* (Oxford, 2006).
2. R. Keen, 'Inventory of Richard Hooker, 1601,' *Archaeologia Cantiana* 70 (1957), pp. 231-6, at p. 231. 이 참고 자료를 필자에게 일깨워 준 Dr Kenneth Fincham에게 감사하다.
3. *The Folger Library Edition of the Works of Richard Hooker* [*FLE*], ed. W. R. Speed Hill et al. (7 vols, Cambridge and Binghamton, 1977-94).
4. 후커의 역할에 대한 전통적인 인용에 대해서는 *Richard Hooker and the Construction of Community*, ed. A. S. McGrade (Tempe, 1997), pp. 221, 261을 보라; 조금 더 심도 있는 논의를 위해서는 Brydon, *Evolving Reputation of Hooker*, Introduction을 보라.
5. P. Lake, *Anglicans and Puritans? Presbyterianism and English Conformist Thought from Whitgift to Hooker* (London, 1988), p. 230.
6. John Hooker, 일명 Bowell에 관해서는 *The History of Parliament: The House of Commons 1558-1603*, ed. P. W. Hasler (3 vols, London, 1982), vol. 2, pp. 334-5, and W. T. MacCaffrey, *Exeter, 1540-1640: The Growth of an English County Town* (Cambridge, MA, 1958), pp. 3, 7-8, 50, 120, 139, 144, 225, 272-4.
7. *FLE*, vol. 1, p. 171, ll. 2-4 (II.6.4).
8. *FLE*, vol. 5, p. 33, ll. 6-7; v.49, ll. 9-10; cf. also vol. 5, p. 112, l. 6; cf. R. Bauckham, 'Hooker, Travers and the Church of Rome in the 1580s,' *Journal of Ecclesiastical History* 29 (1978), pp. 37-50, at pp. 37-40; A. Milton, *Catholic and Reformed*:

the Roman and Protestant Churches in English Protestant Thought, 1600-1640 (Cambridge, 1995), pp. 211-12. 존 케블의 앵글로-가톨릭적 감각이 유다서에 대한 설교에 의해 불쾌감을 느낀 것은 놀랄만한 일이 아니다. 또한, 그가 이 설교들을 후커 전집 1836년판에 포함시키면서 그 진정성에 대한 건강한 경고를 추가해 놓은 것도 마찬가지다: *The Works of that learned and judicious divine Mr. Richard Hooker*, ed. J. Keble (3 vols in 4, Oxford, 1836), vol. 1, pp. xlvi-xlviii.

9. 레이놀즈에 관해서는 C. M. Dent, *Protestant Reformers in Elizabethan Oxford* (Oxford, 1983), index, sub nomine을 보라.

10. *The History of the University of Oxford*, vol. III, *The Collegiate University*, ed. J. McConica (Oxford, 1986), pp. 21-2, 24-8, 658, 693.

11. Dent, *Protestant Reformers*, pp. 25-8, 43; *Collegiate University*, ed. McConica, pp. 381, 408.

12. *FLE*, vol. 5, pp. 146-8.

13. Cf. Milton, *Catholic and Reformed*, pp. 106, 146-7, 286; A. Milton, in *The Early Stuart Church, 1603-1642*, ed. K. Fincham (Basingstoke, 1993), pp. 206-7.

14. Bauckham, 'Hooker, Travers and the Church of Rome,' pp. 41-50.

15. T. Fuller, *The Worthies of England*, ed. J. Freeman (London, 1952), p. 133; I. Walton, *The Lives of John Donne, Sir Henry Wotton, Richard Hooker, George Herbert and Robert Sanderson*, ed. G. Saintsbury (Oxford, 1927) [reproduction of 1675 edn of Hooker's life], p. 200.

16. W. D. J. Cargill Thompson, 'The source of Hooker's knowledge of Marsilius of Padua,' *Journal of Ecclesiastical History* 25 (1974), pp. 75-81.

17. [J. Throckmorton], *M. Some laid open in his colors* ([La Rochelle], 1590), p. 29. C. Condren, 'The creation of Richard Hooker's public authority: rhetoric, reputation and reassessment,' *Journal of Religious History* 21 (1997), pp. 35-59는 p. 38에서 이 언급을 논의한다. 그러나 John Greenwood에게 돌리던 옛 실수를 반복한다: 동일성에 대해서는 P. Milward, *Religious Controversies of the Elizabethan Age: A survey of printed sources* (Lincoln, NE, and London, 1977), p. 85, no. 311을 보라. Marprelate Tracts의 저자에 관한 Patrick Collinson의 새로운 의심에 대해서는 *The Reign of Elizabeth I: Court and culture in the last decade*, ed. J. Guy (Cambridge, 1995), pp. 157-8을 보라.

18. Milton, *Catholic and Reformed*, p. 48. 부분적인 예외는 현재『교회 정치』제6권을 구성하고 있는 죄고백에 관한 논의이다.

19. L. H. Carlson, *Martin Marprelate, gentleman: Master Job Throckmorton Laid Open in his Colors* (San Marino, CA, 1981), pp. 117-18, 377.

20. T. Cartwright, *The second replie... agaynst Maister Doctor Whitgiftes second answer* (1575)와 *The rest of the second replie... agaynst Master Doctor Whitgifts second answer* (1577).
21. 이 배경에 대해서는 P. Collinson, 'Richard Hooker and the construction of Christian community,' in *Richard Hooker*, ed. McGrade, pp. 149-80, at pp. 161-70을 보라.
22. *FLE*, vol. 3, p. xxiv.
23. 이 책의 수용에 관한 저술은 방대하다. 그러나 가장 간략한 안내서 중 하나는 Brydon, *Evolving Reputation of Hooker*, Introduction이다. 또한, Lake, *Anglicans and Puritans?*, pp. 145-252와 M. Perrott, 'Richard Hooker and the problem of authority in the Elizabethan Church,' *Journal of Ecclesiastical History* 49 (1998), pp. 29-60을 보라.
24. 이 점에 대한 날카로운 논의에 대해서는 W. D. Neelands in *Richard Hooker*, ed. McGrade, pp. 75-94, esp. p. 89를 보라.
25. 필자는 이에 대한 사례를 *Tudor Church Militant: Edward VI and the Protestant Reformation* (London, 1999), pp. 191-2에서 제시했다.
26. N. Atkinson, *Richard Hooker and the Authority of Scripture, Tradition and Reason: Reformed Theologian of the Church of England?* (St Ives, 1997)은 종교개혁 프로테스탄티즘을 구성하는 견해를 지나치게 하나의 견해로 봄으로써 후커의 이 면을 지나치게 과장했다. 예를 들어, 그는 후커가 루터교 성찬 교리에 반대한 사실을 간과했다. 더 미묘하게 다룬 것은 T. Kirby, 'Richard Hooker's theory of natural law in the context of Reformation theology,' *Sixteenth Century Journal* 30 (1999), pp. 681-703와 Kirby in *Richard Hooker*, ed. McGrade, pp. 219-36이다.
27. B. D. Spinks, *Two Faces of Elizabethan Anglican Theology: Sacraments and salvation in the thought of William Perkins and Richard Hooker* (Lanham, 1999)는 이 주제에 관한 주의 깊고 유용한 분석이다.
28. *FLE*, vol. 2, pp. 340-43 (V.67.12). *Richard Hooker*, ed. McGrade, p. 145를 보라. 또한, *FLE*, n. to vol. 2, p. 343.6-26을 보라.
29. 1600년 10월 26일 후커의 유언장은 *Works of Hooker*, ed. Keble, vol. 1, pp. 12-113n에 실려 있다.
30. Featley의 Rainolds 전기는 T. Fuller, *Abel Redevivus, or the Dead yet speaking. The lives and deaths of the modern divines*, ed. W. Nichols (2 vols, London, 1867)에 실려 있다: cf. vol. 2, p. 219. 후커와 논리에 관한 우리의 논의에 대해 필자는 Brian Vickers에게 신세를 졌다.
31. *FLE*, vol. 1, p. 264, ll. 3-15 (III.11.16). *Works of Hooker*, ed. Keble, vol. 1, p. lxxiv에 있는 인용 참조.

32. *FLE*, vol. 3, pp. 333-5. 시민 법률가들이 교회와 국가에 관해 절대주의 이론을 점점 더 따르게 된 것에 관해서는 J. Guy, in The Reign of Elizabeth I, ed. Guy, pp. 126-49를 보라.
33. P. E. McCullough, *Sermons at Court: Politics and religion in Elizabethan and Jacobean preaching* (Cambridge, 1998), p. 97. 후커가 왕실에서 설교를 하지 않은 것은 그의 친구 Lancelot Andrewes가 꾸준히 그곳에서 설교를 한 것과 크게 대조를 이루며, 그가 1581년에 Paul's Cross에서 오래 전에 설교를 했던 것을 생각하면 참으로 놀라운 일이다.
34. S. Doran, 'Elizabeth I's religion: the evidence of her letters,' *Journal of Ecclesiastical History* 50 (2000), pp. 699-720; see also MacCulloch, *Tudor Church Militant*, pp. 185-95.
35. C. H. Sisson, *The Judicious Marriage of Mr. Hooker and the birth of The Laws of Ecclesiastical Polity* (Cambridge, 1940), p. 134; cf. also pp. 132, 145, 149, 151, 156.
36. Chicago University Joseph Regenstein Library, MS 109, fo. 21r. 이 짧은 풍자가 담긴 MS는 틀림없이 Lawes의 출판을 본래 날짜보다 늦추어 적고 있다. 그래서 Rogers가 1590년에 쓴 더 긴 MS 소책자보다도 늦다. J. Craig, 'The "Cambridge Boies": Thomas Rogers and the "Brethren" in Bury St. Edmunds,' in *Belief and Practice in Reformation England: A Tribute to Patrick Collinson*, ed. S. Wabuda and C. Litzenberger (Aldershot, 1998), pp. 153-76에서 다루고 있다. Rogers의 후커 인용에 대해서는 ibid., p. 174n과 T. Rogers, *The Catholic Doctrine of the Church of England, an exposition of the Thirty-Nine Articles*, ed. J. J. S. Perowne (Parker Society, Cambridge, 1854), p. 359를 보라.
37. J. Throckmorton, *The defence of Iob Throkmorton, against the slaunders of Maister Sutcliffe* ([London], 1594), sigs. Ciiiv-Civ; cf. Carlson, *Martin Marprelate*, p. 124.
38. [?A. Willet], *A Christian Letter, of certaine English Protestants, unfained favourers of the present state of English Religion, authorised and professed in England: unto that Reverend and learned man, Mr. R. Hoo* (Middelburg, 1599); 후커의 난외주와 함께 본문이 *FLE*, vol. 4, pp. 1-80에 실려 있다.
39. 윌렛의 저자권에 관한 이 문제는 *FLE*, vol. 4, pp. xix-xxv에 제시되어 있다. 윌렛은 나중 공격에 대해서는 Milton, *Catholic and Reformed*, pp. 17, 20, 128. *A Short Title Catalogue of Books printed in England, Scotland, and Ireland and of English Books Printed Abroad before the year 1640* (3 vols, London, 1976-91)에는 1640년 이전에 출판된 윌렛의 저서 48권이 후커의 20권과 별도로 실려 있다(pp. 25672-707) (*Short Title Catalogue of Books... before the year 1640*, pp. 13706-23).
40. [Willet], *A Christian Letter*, 표지.

41. [Willet], *A Christian Letter*, p. 45.
42. 이 점에 관해서 Peter Lake에게 신세를 졌다: P. Lake, 'Business as usual? The immediate reception of Hooker's Ecclesiastical Polity,' *Journal of Ecclesiastical History* 52 (2001), pp. 456-86. 바렛에 관해서는 H. C. Porter, *Reformation and Reaction in Tudor Cambridge* (Cambridge, 1958), Chs 15-17을 보라; 그의 회심에 관해서는 pp. 362-3.
43. Andrewes to Henry Parry, 7 November 1600, pr. *Works of Hooker*, ed. Keble, vol. 1, pp. 115n-116n.
44. 관련 구절들에 대해서는 Walton, *Lives*, ed. Saintsbury, pp. 166, 216을 보라. 세례 모티브에 대한 월튼의 본래 형식은 훨씬 더 간접적이었다: Brydon, *Evolving Reputation of Hooker*, p. 115.
45. Keen, 'Inventory'; cf. Walton, *Lives*, ed. Saintsbury, p. 229, Sisson, *Judicious Marriage*, pp. 133, 136, and Hooker's will, pr. *Works of Hooker*, ed. Keble, vol. 1, pp. 112n-113n.
46. Sisson, *Judicious Marriage*, pp. 124-6.
47. *FLE*, vol. 4, p. 70, ll. 15-17 and nn; p. 78, ll. 4-7; 또한, 그가 출판업자들을 다룬 것에 대한 방대한 증거를 Sisson, *Judicious Marriage*, pp. 132-56에서 보라. Cf. *Works of Hooker*, ed. Keble, vol. 1, pp. xiv, cxiii. 후커의 시골 은둔을 보호하고 싶었던 케블은 위트기프트가 그에게 말을 했을 것이 틀림없다고 말함으로써 현 출판 계획에 관한 후커의 지식에 대해 설명했다. G. M. Young도 줄리어스 시이저 언급에 대해 비슷한 제안을 했다: *FLE*, vol. 4, pp. 233-4. 후커가 카시우스와 브루투스를 언급한 것의 중요성을 지적해 준 것에 대해 Brian Vickers에게 감사한다.
48. Walton, *Lives*, ed. Saintsbury, p. 223. 매춘부에 관한 이야기는 *The Works of Mr. Richard Hooker (that learned, godly, judicious and eloquent Divine)… with an account of his holy life and happy death…*, ed. J. Gauden (London, 1662), pp. 32-3을 보라.
49. *Conversations of Ben Jonson with William Drummond of Hawthornden* (London, 1906), ed. P. Sidney, p. 20.
50. Sisson, *Judicious Marriage*, p. 126.
51. '아방가르드 순응주의'에 대한 탁월한 서론으로는 P. Lake, 'Lancelot Andrewes, John Buckeridge, and Avant-Garde Conformity at the Court of James I,' in *The Mental World of the Jacobean Court*, ed. L. L. Peck (Cambridge, 1991), pp. 113-33을 보라.
52. Milton, *Catholic and Reformed*, p. 240.
53. Lake, 'Business as usual?,' pp. 475-81.

54. Rogers, *Catholic Doctrine of the Church of England*, ed. Perowne, p. 359.
55. *Conversations of Ben Jonson with William Drummond*, ed. Sidney, p. 20.
56. P. Croft, 'The Catholic gentry, the Earl of Salisbury and the Baronets of 1611,' in *Conformity and Orthodoxy in the English Church, c. 1560-1660*, ed. P. Lake and M. Questier (Woodbridge, 2000), pp. 262-81.
57. W. B. Patterson, *King James I and the Reunion of Christendom* (Cambridge, 1997).
58. Lake, 'Business as usual?,' p. 483.
59. Condren, 'Hooker's public authority,' discusses Brereley at pp. 40-41: 그러나 p. 40 and nn. 25-27에서 Condren은 로버트 파슨즈가 리처드 후커의 삼촌 존 후커 일명 바우웰을 언급한 것을 리처드 후커 자신을 언급한 것처럼 실수를 범한다. 문맥으로 볼 때 이것은 불가능하다: cf. N. D. [R. Parsons], *A Treatise of Three Conversions of England from Paganisme to Christian Religion*... ([St Omer, F. Bellet] 1604), pp. 92, 162, 169, 623. [J. Anderton], J. Brereley, *pseud.*, *The Protestants Apologie for the Roman Church* (St Omer, 1608), p. 169.
60. 이것을 탁월하게 보여 주는 것으로는 Condren, 'Hooker's public authority,' pp. 41-2; Brydon, *Evolving Reputation of Hooker*, pp. 150-57을 보라. 브레렐리 논쟁이 윌리엄 로드의 저술들을 통해 그리고 그 너머에까지 장기적으로 파장을 미친 사례에 대해서는 [T. Thorold], T. Carwell, *pseud.*, *Labyrinthus Cantuariensis: or Doctor Lawd's labyrinth* (?London, 1658), pp. 93-6을 보라.
61. Lady Falklanddp 관해서는 Brydon, *Evolving Reputation of Hooker*, pp. 35, 151을; 제임스 2세에 관해서는 *Works of Hooker*, ed. Keble, vol. 1, pp. civ-cv와 J. Miller, *James II: A study in kingship* (London, 1978), pp. 57-8을 보라. Michael Brydon은 제임스 2세 시대에 로마 가톨릭과의 논쟁에서 어떻게 성공회 교도들이 후커를 거의 사용하지 않았는지에 대해 관찰한다. 그리고 그 이유가 로마 가톨릭이 초기에 후커의 저서들을 탐구하는 데 성공했기 때문이라고 본다: Brydon, *Evolving Reputation of Hooker*, pp. 156-7.
62. Walton, *Lives*, ed. Saintsbury, pp. 211-12.
63. 후커를 번역하려는 노력과 제안에 대하여는 Walton, *Lives*, ed. Saintsbury, pp. 213-14; *Works of Hooker*, ed. Keble, vol. 1, pp. 92n-3n; R. Eccleshall, 'Richard Hooker and the peculiarities of the English: the reception of the Ecclesiastical Polity in the 17th and 18th centuries,' *History of Political Thought* 2 (I) (Spring 1981), pp. 63-117, at p. 68; H. R. Trevor-Roper, *Catholics, Anglicans and Puritans* (London, 1987), p. 191; *Oxford Dictionary of National Biography*, s.v. Earle, John; C. H. Miller, 'Seventeenth-Century Latin Translations of Two English Masterpieces: Hooker's Polity and Browne's Religio Medici,' *Acta Conventus Neo-Latini Abulensis: Pro-*

ceedings of the Tenth International Congress of Neo-Latin Studies, Avila, 4-9 August 1997 (Medieval and Renaissance Texts and Studies, 207, 2000), pp. 55-72.
64. J. Blatchly, *The Town Library of Ipswich... a history and catalogue* (Woodbridge, 1989), p. 79. Whitgift, Bridges 그리고 Saravia도 없다.
65. Spinks, *Two Faces of Elizabethan Anglican Theology*, p. 168.
66. Milton, *Catholic and Reformed*, p. 427.
67. 'Cui deerat inimicus, per amicos oppressus': R. Hooker, *A learned dis-course of justification, workes, and how the foundation of faith is overthrowne* (Oxford, 1612); [*FLE*, vol. 5, pp. 83-170], Preface, sig. A2. John Keble commented sourly on Jackson that he was 'evidently of the Reynolds school in theology': *Works of Hooker*, ed. Keble, vol. 1, p. xlviii.
68. R. Hooker, *Two sermons upon part of S. Judes epistle* (Oxford, 1614 [*FLE* vol. 1, pp. 1-57]), Preface, passim.
69. Collinson, 'Hooker and the construction of Christian community,' p. 158.
70. G. Hakewill, *An apologie of the power and providence of God in the government of the world* (3rd edn, London, 1635), sig. A2v; Condren, 'Hooker's public authority,' p. 41. 의도적으로 후커에 대한 전기를 의도적으로 온건하게 쓴 Gauden이 1662년 '삼인방' 비유를 사용한 것은 흥미롭다: *Works of Hooker*, ed. Gauden, Life, p. 10.
71. Milton, *Catholic and Reformed*, p. 533, and Brydon, *Evolving Reputation of Hooker*, pp. 37-9에서 많은 예들을 보라.
72. Spinks, *Two Faces of Elizabethan Anglican Theology*, pp. 164-5. 칼빈주의자 에드워드 레이놀즈의 성찬 논의에 미친 후커의 영향에 대해서는 B. Spinks, *Sacraments, ceremonies and the Stuart Divines: sacramental theology and liturgy in England and Scotland 1603-1662* (Aldershot, 2001)을 보라.
73. P. Collinson, *The Religion of Protestants: the Church in English Society, 1559-1625* (Oxford, 1982), p. 92n에 인용된 본문.
74. Cf. Milton, *Catholic and Reformed*, pp. 496-7. Prynne과 Burton은 후커와 로드주의자들 간의 대조에 즉시 주목했다: Brydon, *Evolving Reputation of Hooker*, pp. 50-51.
75. 그러한 반응의 예는 Milton, *Catholic and Reformed*, p. 533; Brydon, *Evolving Reputation of Hooker*, p. 38 (Robert Sanderson에 관해)를 보라.
76. *Correspondence of Cosin*, Surtees Soc. 1869, p. xxi.
77. *FLE*, vol. 1, p. 347.
78. W. Page, *A treatise or justification of bowing at the name of Jesus* (Oxford, 1631), dedicatory, p. *3.

79. London, 1675: 편집자 무명. 로드주의자 Sir Robert Shirley에 의한 1650년대의 또 다른 사례에 대해서는 Brydon, *Evolving Reputation of Hooker*, p. 76 참조. 1630년대 비숍번 성직록 목사 John Warner에 관해서는 ibid., p. 50을 보라.
80. *Early Stuart Church, 1603-1642*, ed. Fincham, p. 42.
81. McCullough, *Sermons at Court*, pp. 200-209.
82. 예를 들어, Skinner 주교는 1637년에 Bristol을 그의 Dorset 성직자에게 맡겼다: *Early Stuart Church*, ed. Fincham, p. 81. 로드주의자들이 후커에게 했던 똑같은 방식으로 Andrewes를 자기들의 목적에 이용한 것에 대해서는 N. Tyacke, 'Lancelot Andrewes and the myth of Anglicanism,' in *Conformity and Orthodoxy*, ed. Lake and Questier, pp. 5-33, 특히 pp. 7 and 12.
83. P. Heylyn, *Cyprianus Anglicus, or the history of the Life and Death of... William by divine providence, Lord Archbishop of Canterbury...* (London, 1668), p. 318. 제임스 1세 이전에 로드가 후커를 설교에 인용한 초기 사례에 대해서는 1622년 3월 24일에 왕궁에서 한 설교를 보라: McCullough, *Sermons at Court*, microfiche listing of sermons, s.v. 24 March 1622.
84. [J. Gauden], *Eikon Basilike...* (London, 1649), appended material, p. 9 (copy in my possession; pagination is irregular).
85. Condren, 'Hooker's public authority,' pp. 45-6; Eccleshall, 'Hooker,' pp. 71-4.
86. G. Gillespie, *A dispute against the English-Popish ceremonies obtruded upon the Church of Scotland, Wherein not only our own arguments against the same are strongly confuted, but likewise the answers and defences of our opposites, such as Hooker, Mortoune, Burges, Spring, Paybody, Andrewes, Saravia, Tilen, Spotiswood, Lindsey, Forbesse &c., Particularly confuted* (Edinburgh, 1637). 탁월한 논평으로는 Condren, 'Hooker's public authority,' pp. 42-3; Brydon, *Evolving Reputation of Hooker*, pp. 55-6, 83-4를 보라.
87. R. Baillie, *Ladensium autokatakrisis, the Canterburians self-conviction...* (Amsterdam, 1640), p. 109.
88. Condren, 'Hooker's public authority,' p. 43.
89. Eccleshall, 'Hooker,' pp. 66-7; Brydon, *Evolving Reputation of Hooker*, pp. 71-4.
90. Eccleshall, 'Hooker,' p. 88; Brydon, *Evolving Reputation of Hooker*, pp. 74-5.
91. 이 복잡한 문제에 대해 최근에 훨씬 더 의미 있는 논의가 있었다. 가장 결정적인 분석으로는 *FLE*, vol. 3, pp. xiii-lxxv을 보라. 그러나 또한, Sisson, *Judicious Marriage*, 여러 곳도 보라.
92. 이 문제에 관한 유용한 분석에 대해서는 A. S. McGrade, 'Repentance and spiritual power: Book VI of Richard Hooker's Of the Laws of Ecclesiastical Polity,' *Journal*

of Ecclesiastical History 29 (1978), pp. 163-76을 보라.
93. Steven McGrade는 *FLE*, vol. 6, p. 309n에서 제7권의 문체가 일관되지 않는 다양한 사례들을 제시한다; 또한, *FLE*, vol. 6, pp. 243-6에 있는 그의 논의를 보라.
94. *Hooker*, ed. McGrade, pp. 308n, 340.
95. *Works of Hooker*, ed. Keble, vol. 1, p. xxiv.
96. 제8권의 인기에 관해서는 *FLE*, vol. 3, p. xxix을 보라. 케블도 이러한 현상을 주목했다: *Works of Hooker*, ed. Keble, vol. 1, pp. xxiv-xxvi.
97. Hugh Peter에 관해서는 Brydon, *Evolving Reputation of Hooker*, pp. 58, 61, 108을 보라. Usher가 1641년에 후커의 소소한 글들을 출판한 것에 관해서는 R. P. Almasy, 'They are and are not Elymas: the 1641 "causes" notes as postscript to Richard Hooker's "Of The Lawes of Ecclesiasticall Politie"' in *Hooker*, ed. McGrade, pp. 183-201을 보라.
98. Eccleshall, 'Hooker,' pp. 89-90; Condren, 'Hooker's public authority,' pp. 47-9. 두 사람 모두 대공위 시대에 급진주의자들이 후커를 사용한 다른 사례들을 제시한다. 또한, Henry Parker에 대해서는 Brydon, *Evolving Reputation of Hooker*, pp. 57-8을, 그리고 James Harrington에 대해서는 J. Champion, *The Pillars of Priestcraft Shaken: The Church of England and its enemies, 1660-1730* (Cambridge, 1992), p. 204을 보라.
99. C. McKelvie, 'Jeremy Taylor's recommendations for a library of Anglican theology (1660),' *Irish Booklore* 4, ii (1980), pp. 96-103 (필자는 이 참고 자료에 대해 Jessica Martin에게 감사하다).
100. Eccleshall, 'Hooker,' p. 72 and n.31.
101. Trevor-Roper, *Catholics, Anglicans and Puritans*, p. 191.
102. J. Martin, *Walton's Lives: Conformist commemorations and the rise of biography* (Oxford, 2001), pp. 81-2, 231.
103. T. Fuller, *The Church-History of Britain... until the year MDCXLVIII* (London, 1655), Book ix, pp. 216-19, 235. Brydon, *Evolving Reputation of Hooker*, pp. 75-6에 있는 논의 참조. Fuller가 1651년 *Abel Redevivus*에서 Lancelot Andrewes의 생애와 Hooker의 논적 Andrew Willet의 생애는 다루면서 Hooker의 생애를 다루지 않는 것은 흥미롭다.
104. Fuller, *Worthies*, ed. Freeman, p. 133. 왕정복고 이후의 이 저서에서, 장로파들에 대한 신랄한 공격에도 불구하고, Fuller는 '그러나 모든 것이 행해질 것인지, 그리고 언제 행해지는지 신중한 자들에게 보고되어야 하고, 교회 정부에 있는 분별 있는 대리인들을 위해 남겨진 것이 있어서는 안 된다'라는 말을 덧붙였다: p. 134. 이것은 틀림없이 '신중한' 후커에 대한 언급이다.

105. Brydon, *Evolving Reputation of Hooker*, pp. 85-6; Eccleshall, 'Hooker,' p. 70.
106. *Works of Hooker*, ed. Gauden, Life, pp. 7, 32-3.
107. *Works of Hooker*, ed. Gauden, Life, p. 22.
108. *Works of Hooker*, ed. Gauden, Life, pp. 4, 5.
109. *Works of Hooker*, ed. Gauden, Life, pp. 25, 40.
110. 그렇게 재구성한 이야기가 Martin, *Walton*, pp. 227-72와 Brydon, *Evolving Reputation of Hooker*, pp. 105-22에서도 똑같이 잘 서술되고 있다. 이보다 오래된 이 이야기는 D. Novarr, *The Making of Walton's Lives* (Ithaca, NY, 1958)이다.
111. 1670년과 1675년 독자들에게 보낸 편지는 더 솔직하다. 그리고 쉘던이 월튼에게 고덴을 교정하고 위임했다고 더 솔직하게 말하고 있다.
112. Eccleshall, 'Hooker,' pp. 74-5.
113. 칼러리지와 핼럼에 대해서는 Sisson, *Judicious Marriage*, pp. 186-7을 보라. Sisson은 칼러리지의 말의 날짜를 잘못 적고 있다. 이것은 British Library, Ashley 5175, Hooker의 *Works* 1682년 판에 대한 전기적 서문 p. 28에 기록되어 있다; 이 날짜는 칼리지가 후대에 토리주의에 빠지게 될 때가 아니라, 1790년대 케임브리지에서 급진주의에 빠져 있을 때로 바꾸어야 한다. 필자는 이 점에 대한 논의에 있어서 Luke Wright를 따른다.
114. 1906년 후커의 Everyman 판은 첫 다섯 권만 출판했다. Cargill Thompson은 1973년에도 이 오류를 부득이하게 반박해야 한다고 생각했다. Cargill Thompson, 'Hooker's knowledge of Marsilius of Padua,' p. 81 and n.2.
115. Cf. J. Edwards, *Veritas Redux...* (London, 1707), p. 539; Edwards, *The Doctrine of Faith...* (London, 1708), pp. 313-14. 필자에게 이 자료들을 일러 준 Stephen Hampton에게 감사하다.
116. 후커, 백스터 그리고 17세기 후반의 비순응주의자들에 대한 논의는 Brydon, *Evolving Reputation of Hooker*, pp. 60-61, 125-33, 141-4; Condren, 'Hooker's public authority,' pp. 50-51을 보라.
117. Brydon, *Evolving Reputation of Hooker*, pp. 146-8.
118. Eccleshall, 'Hooker,' pp. 95-6; Brydon, *Evolving Reputation of Hooker*, pp. 136-7.
119. Eccleshall, 'Hooker,' pp. 95-6; A. P. Monahan in *Hooker*, ed. McGrade, p. 215. Michael Brydon, *Evolving Reputation of Hooker*, pp. 139-40은 로크가 후커를 얼마나 방대하고 심오하게 읽었는지에 대해 상상하여 추측한다. 그러나 Steven McGrade는 로크가 다양한 시기에 적어도 세 권의 후커 작품들을 가지고 있었다고 필자에게 말해 준다: *The Library of John Locke*, ed. J. Harrison and P. Laslett (Oxford Bibliographical Society publications new series 13, 1965), p. 157, nos. 1490-92.

120. Eccleshall, 'Hooker,' p. 98; Condren, 'Hooker's public authority,' p. 53; Brydon, *Evolving Reputation of Hooker, pp. 160-65*; T. Claydon, *William III and the Godly Revolution* (Cambridge, 1996), pp. 4-6, 28-33, 83-7. 찰스 1세의 이미지조차도 혁명을 변호하는 데 사용될 수 있었다. K. Sharpe, '"So hard a text"? Images of Charles I, 1612-1700,' *Historical Journal* 43 (2000), pp. 383-407, at pp. 401-3.

121. *Charges to the Grand Jury 1689-1803*, ed. G. Lamoine (Camden 4th series 43, 1992), pp. 30-31, 41-2. 후대의 휘그당이 대배심원 판결문에 후커를 이용한 것에 대해서는 Lamoine (ed.), pp. 255, 267, 434-5를 보라.

122. '... there is not any man of the Church of England, but the same man is also a member of the *Commonwealth*, nor any man a member of the Commonwealth which is not also of the Church of England': in FLE, vol. 3, p. 319.

123. J. Maltby, *Prayer Book and People in Elizabethan and early Stuart England* (Cambridge, 1998), p. 235.

124. Brydon, *Evolving Reputation of Hooker*, pp. 168-9; J. Gascoigne, 'The Unity of Church and State challenged: responses to Hooker from the Restoration to the Nineteenth-Century age of reform,' *Journal of Religious History* 21 (1997), pp. 60-79, see p. 62.

125. 에라스투주의 이신론자 Matthew Tindal에 의한 사용에 관해서는 Gascoigne, 'Unity of Church and State,' 61을 보라.

126. *The present Constitution and the Protestant Succession vindicated: in Answer to a late Book intituled "The Hereditary Right of the Crown of England asserted"* (London, 1714), p. 1, 또한, Brydon, *Evolving Reputation of Hooker*, pp. 193-4를 보라.

127. Brydon, *Evolving Reputation of Hooker*, pp. 176-97.

128. Condren, 'Hooker's public authority,' p. 55; Eccleshall, 'Hooker,' pp. 102-5.

129. W. Warburton, *The Alliance between Church and State: or the Necessity and Equity of an established religion and a Test-Law demonstrated...* (editions from 1736). 1736년 이후 *Alliance*가 독립된 본문으로 확장된 것은 1748년과 1766년이었다. 그 원문은 Warburton의 더 방대한 저서 *The Divine Legation of Moses*의 일부로 계획되었었다. 이 책은 1720년대 말에 시작되긴 했으나 1738년에 처음으로 완간되었다. Gascoigne, 'Unity of Church and State,' pp. 63-6와 J. Van Den Berg, 'Thomas Morgan versus William Warburton: a conflict the other way round,' *Journal of Ecclesiastical History* 42 (1991), pp. 82-5, at p. 84에 있는 유용한 논의들을 참고하라.

130. Warburton, *Alliance* (1748 edn), dedication to Philip, Earl of Chesterfield, unpaginated.

131. Warburton, *Alliance* (1741 edn), pp. 63, 88n.
132. Warburton, *Alliance* (1741 edn), pp. 113-114, 색인 항목이 이것을 참조함. 틀림없이 스코틀랜드장로교회와의 관계는 워버튼의 독특한 동맹 이론을 형성한 유일한 문제는 아니었다. 분명히 그의 마음에는 있었지만 본문에서는 이름을 밝힐 수 없었던 것은 하노버 왕조 첫 군주들의 고백적인 루터교 신학이었다. 그러나 이것은 (스코틀랜드장로교회와는 달리) 동맹이 점차 발전되어가면서 감소되고 있던 요소였다.
133. Warburton, *Alliance* (1741 edn), p. 30; Eccleshall, 'Hooker,' p. 76. 닐과 워버튼에 대해서는 *The Ecclesiastical Polity and other works of Richard Hooker ...*, ed. B. Hanbury (3 vols, London, 1830), vol. 1, pp. xxxvii-xxxix와 Warburton, *Works* (1788 edn), vol. 7, p. 898을 보라.
134. Condren, 'Hooker's public authority,' p. 56.
135. The new excursus on Hooker occupies pp. 180-87 of Warburton, *Alliance* (vol. 4 of 1788 edn of Warburton, *Works*, reprinting the 1766 edn).
136. Warburton, 1788 edn of *Works*, vol. 4, pp. 180-81, 186-7, 243, 304. Gascoigne, 'Unity of Church and State,' p. 65는 후커가 워버튼이 호들리에 대한 숨은 공격을 하는 데 앞세운 허수아비였을 수도 있다고 말한다. 이것이 정말로 그의 의도에 포함되었을 수도 있지만, 1766년은 그런 의도를 하기에 너무 늦은 시기였다. 또한, *Works*, vol. 4, pp. 180-81에서 워버튼은 1766년 판 ibid. vol. 4, pp. 300-304의 후기에 있는 자료들을 언급하면서 그의 충돌을 명시적으로 볼링브로우크와 연결시킨다.
137. S. Taylor, 'William Warburton and the alliance of Church and State,' *Journal of Ecclesiastical History* 43 (1992), pp. 271-86; P. Nockles, *The Oxford Movement in Context: Anglican High Churchmanship, 1760-1857* (Cambridge, 1994), p. 56.
138. Nockles, *Oxford Movement in Context*, p. 63; cf. Gascoigne, 'Unity of Church and State,' pp. 67-8.
139. Nockles, *Oxford Movement in Context*, pp. 64-5. Gascoigne, 'Unity of Church and State,' p. 67; Condren, 'Hooker's public authority,' p. 56.
140. Gascoigne, 'Unity of Church and State,' pp. 69-70.
141. Gascoigne, 'Unity of Church and State,' p. 76.
142. *Works of Hooker*, ed. Keble, vol. 1, p. li.
143. *Works of Hooker*, ed. Keble, vol. 1, p. cv. *Works of Hooker*, ed. Hanbury, vol. 1, p. xiii.
144. *Works of Hooker*, ed. Keble, vol. 1, pp. ii, civ. Contrast Hanbury's trenchant criticism of Walton: *Works of Hooker*, ed. Hanbury, vol. 1, pp. cxviii-cxxii.

145. *Works of Hooker*, ed. Keble, vol. 1, pp. lii, lviii, lxxxiii, xcvi.
146. Cf. Keble's Preface in *Works of Hooker*, ed. Keble, passim, but esp. vol. 1, pp. lxi-lxii, lxvii, lxix, lxxii-lxxviii, lxxxi, xcii. 유용한 논평에 대해서는 Gascoigne, 'Unity of Church and State,' pp. 73-4; Brydon, *Evolving Reputation of Hooker*, pp. 13-14; Nockles, *Oxford Movement in Context*, pp. 242, 250, 256, 264를 보라.
147. *Works of Hooker*, ed. Keble, vol. 1, p. lxxxix; cf. Nockles, *Oxford Movement in Context*, p. 207.
148. H. Froude, *Remains*, ed. J. H. Newman and J. B. Mozley (4 vols, Oxford, 1837-9), vol. 1, p. 415. 후커 및 케블에 대한 후커의 영향력에 관한 프라우드의 발전된 태도 대해서는 Nockles, *Oxford Movement in Context*, p. 80, and W. J. Baker, 'Hurrell Froude and the Reformers,' *Journal of Ecclesiastical History* xxi (1970), pp. 243-59, esp. pp. 251, 255를 보라.
149. J. H. Newman, *Lectures on Justification* (London, 1838), p. 442; this is in an Appendix to the actual lectures. I am grateful to Peter Nockles for leading me to this reference.
150. Nockles, *Oxford Movement in Context*, p. 242.
151. H. Fish, *Jesuitism traced in the movements of the Oxford Tractarians* (London, 1842), p. 61; cf. p. 26. Oxford, Pusey House, Pusey-Tyndale correspondence (uncatalogued). Peter Nockles은 나에게 이 자료들을 알게 해 주었고, 아직 출판되지 않은 그의 논문 'Anglicanism "Represented" or "Misrepresented"? The Oxford Movement, the Reformation and the 17th-century Divines'을 볼 수 있게 해 주었다.
152. 이 주제에 관한 유용한 논의와 후커의 조상(影像)에 대해서는 Brydon, *Evolving Reputation of Hooker*, pp. 15-16. 성공회가 20세기 에큐메니컬 대화에 공헌하면서 후커를 얼마나 이용했는지 분석하려면 또 다른 방대한 논문을 써야 한다.
153. A. P. d'Entrèves, 'Richard Hooker: a study in the history of political philosophy,' Oxford D.Phil. thesis, 1932: published and translated as Ricardo Hooker (Turin, 1932). Cf. W. J. T. Kirby, *Richard Hooker's Doctrine of the Royal Supremacy* (Leiden, 1990), p. 12.

제21장 날조된 종교개혁 역사: 경고성 이야기

1. 아래에 나오는 로브트 웨어의 원저에 대한 참고문헌들에서, 그와 관련된 복잡한 출판물들을 구체적으로 언급해야 한다. 그래서 필자는 *Short-title Catalogue of Books printed in England, Scotland, Wales, and British America, and of English books printed in other countries, 1641-1700*, ed. D. G. Wing (2nd edn, ed. J. J. Morrison

and C. W. Nelson with M. Seccombe, assistant editor, 4 vols, New York, 1972, 1982, 1988, 1998)을 참고했다. 이것들은 참고 자료와 함께 'Wing'형식으로 만들어졌다. *Oxford Dictionary of National Biography*에는 후커에 관한 이야기가 없다. 그러나 *Dictionary of Irish Biography from the earliest times to the year 2002*, ed. J. McGuire and J. Quinn (9 vols, Cambridge, 2009), s.v. Ware, Robert, 9/799-800에는 훌륭한 항목이 있다. 이 사전은 후커가 1696년에 죽었다고 하지만, 실제로 죽은 때는 옛 달력 1696년 3월이므로, 현 달력으로는 1697년이다.

2. 어셔에 관한 결정적인 이야기는 현재 A. Ford, *James Ussher: theology, history and politics in early-modern Ireland and England* (Oxford, 2007)이다.

3. Margaret Statham은 이 개혁과 학문적 에토스가 로버트 웨어의 증조부 공동체까지 거슬러 올라간다고 필자에게 알려 주었다. 그의 증조부는 서퍽의 신사용 양품 장수 Ambrose Briden이었으며, 서퍽의 도시 Bury St. Edmunds의 청교도 엘리트 중 한 명이었다. 또한, 그 도시에 새롭게 세워진 도서관에 M. de la Bigne (ed.), Bibliothecae veterum patrum et auctorum ecclesiasticorum (8 vols and supplementary vol., Paris, 1609-24) 세트를 기증한 지역 유지들 중 한 명이었다.

4. 이것을 탁월하게 다룬 글은 A. Ford, 'The Irish historical renaissance and the shaping of Protestant history,' in *The Origins of Sectarianism in Early Modern Ireland*, ed. A. Ford and J. McCafferty (Cambridge, 2005), pp. 127-57이며, pp. 152-7에서는 제임스 웨어 경에 대해 논의하고 있다.

5. 제임스 웨어 경은 1659년 더블린 인구 조사에 의하면 St Werburgh 교구의 Castle Street에 거주하고 있었다: *Calendar of ancient records of Dublin*, ed. J. T. Gilbert and R. M. Gilbert (18 vols, Dublin, 1889-1903), vol. 4, p. 564.

6. Oxford, Bodleian Library MS Carte 30, fo. 634: Sir James Ware to the Duke of Ormond, 9 May 1660.

7. 윌리엄 캠든의 전통 안에 있는 제임스 웨어 경의 엄격한 고서주의와 그의 게일 역사가들과의 친분과 후원 등에 관한 짧은 논의는 M. Herity, 'Rathmulcah, Ware and Macfirbisigh,' *Ulster Journal of Archaeology* 33 (1970), pp. 49-53을 보라.

8. W. O'Sullivan, 'A finding list of Sir James Ware's manuscripts,' *Proceedings of the Royal Irish Academy* 97 section C (1997), pp. 69-99, at pp. 84-99. 제임스 경의 모음집들 중에서 더럽혀지지 않은 원고들 중 하나에 대한 표본적인 설명으로는 Kathleen Hughes, 'A manuscript of James Ware, British Museum, Additional 4788,' *Proceedings of the Royal Irish Academy* 55 section C (1952-53), pp. 111-16을 보라.

9. *The whole works of Sir James Ware concerning Ireland Revised and improved, in three volumes*, ed. W. Harris (3 vols in 2, Dublin, 1739-46), vol. 3, pp. 155-6, augmented in J. Burke, *A genealogical and heraldic history of the commoners of Great Britain* (4

vols, London, 1833-8), vol. 4, p. 498. 로버트가 처음으로 공적인 무대에 모습을 드러낸 사건은 1664년 4월 그가 더블린 뱃사공을 때렸다가 호되게 폭행을 당한 것이었다. 그 후에 아버지의 도움으로 그 사람을 감옥에 넣고 사과를 받아냈다: Oxford, Bodleian Library MS Carte 159, fos 237r, 239r.

10. *Dictionary of Irish Biography*, ed. McGuire and Quinn, vol. 9, p. 799.
11. *The Irish statute staple books*, 1596-1687, ed. J. Ohlmeyer and E.Ó. Ciardha (Dublin, 1998), p. 155. 그 기간은 1666년 12월 13일부터 1669년 11월 17일까지였으며, 1684년 1월 5일에 £400의 채권이 있었다. 로버트의 아버지는 1665년 5월에 £10,000이라는 엄청난 액수의 채권자였는데, 이것은 로버트의 증여와 관련이 있었던 것 같다.
12. *Historical Manuscripts Commission: Calendar of the Manuscripts of the Marquess of Ormonde, K.P., preserved at Kilkenny Castle* (new series, 8 vols, 1902-20), vol. 4, p. 170: Earl of Arran to Duke of Ormond, London, 20 July 1678. 이 책의 색인은 '웨어 씨'를 로버트의 형 제임스와 같은 인물로 보고 있지만, 1681년 10월 8일에 오먼드는 아란에게 편지하면서 로버트 웨어를 '당신의 주인'이라고 묘사했다: *HMC Ormonde* new series, 6/200.
13. London, British Library, MS Additional 4813, fo. 3r.
14. Oxford, Bodleian Library MS Carte 45, fos 210 (Ormond to Archbishop of Canterbury, 11 February 1667). 또한, 오먼드에게서 Albemarle의 공작에게 넘어간 상속권에 대한 덜 사적인 편지 (공작의 비서 Matthew Locke는 우표를 찾고 있었다, MS Carte 45, fo. 204), 같은 날 같은 장소, MS Carte 49, fo. 389. Locke를 대신한 캔터베리 대주교의 요청에 대해서는 31 December 1666, MS Carte 45, fo. 204, Locke의 청원 포함, ibid., fo. 206. 일찍이 오먼드는 제임스를 가리켜 "그의 인격으로 보건대 그것[감사관직]을 맡을 수 없는 사람이지만, 그 결점은 매우 능력 있고 매우 정직한 관리에 의해 보완될 수 있고, 아버지의 훈육을 받을 수 있다"라고 묘사했다: MS Carte 51, fos 263-4, Ormond to Arlington, Dublin, 17 December 1666.
15. O'Sullivan, 'A finding list of Sir James Ware's manuscripts,' p. 73 and n. 그러나 로버트 웨어의 날조된 더블린 역사를 신중하지만 호의적으로 분석하는 R. Gillespie, 'Robert Ware's telling tale: a medieval Dublin story and its significance,' in *Medieval Dublin V: Proceedings of the Friends of Medieval Dublin Symposium 2003*, ed. S. Duffy (Dublin, 2004), pp. 291-301을 보라. For Ware's pride in Dublin, see ibid., p. 300.
16. Armagh Public Library, 'Ware's history and antiquities,' p. 6, quoted in Gillespie, 'Robert Ware's telling tale,' p. 292.

17. Armagh Public Library, 'Ware's history and antiquities,' p. 94, quoted in Gillespie, 'Robert Ware's telling tale,' p. 301.
18. Oxford, Bodleian Library MS Tanner 114, no. 5, fo. 4; MS Tanner 90, no. 56, fo. 181. Tanner notes at the end of the latter, 'Out of Sir Ja. Ware's MSS Collections Vol 20. fo. 35 etc.' 한 세기 전에 다른 자료 모음을 통해 Phillip Wilson을 속인 것이 이와 똑같은 자료이다: P. Wilson, 'The writings of Sir James Ware and the forgeries of Robert Ware,' *Transactions of the Bibliographical Society* 15 (1917-20), pp. 83-94을 보라; 또한, 그가 속은 것을 깨달은 것과 비교해 보라, ibid., p. 88, with the deception at P. Wilson, *The Beginnings of Modern Ireland* (Dublin, 1912), pp. 325-9.
19. 이 예들은 London, British Library MS Additional 4797, fos 131r, 135r에서 왔다.
20. *Strange and remarkable prophesies and predictions of... James Ussher* (London, 1678; Wing U.225).
21. Cf. N. Bernard, *The life and death of the Most Reverend and learned father of our Church Dr James Usher...* (London, 1656; Wing B. 2012), pp. 38-40. 버나드의 설명은 그가 두 개의 설교, 즉 하나는 1602년 설교, 다른 하나는 1641-2년 설교를 묘사하고 있는 것인지 불분명하다. 따라서 당연히 *Strange and remarkable prophesies*의 편집자는 그의 설명을 단순화했다.
22. Ford, *Ussher*, pp. 30-31, 그리고 ibid., pp. 274-5에 있는 선지자들과 그들의 사후 세계에 대한 그의 논평 참조. A. Ford는 *Oxford Dictionary of National Biography*, s.v. Ussher, James, 'Death and afterlife'에서 어리석게도 모든 예언적 자료를 액면 그대로 받아들이는 것 같다.
23. 1678년 판본의 다양한 옥스퍼드 사본들은 Oxford, Bodleian Library Vet. A3 e.237 (19), Vet. A4 fo.1427, Wood 646 (14), Ashm. 1070 (21), Ashm. 1062 (3), Pamph. C 140 (6); G.Pamph. 1364 (1); New College BT3.199.5(6)이다. 그 이후 이어지는 사본들은 1679 (Cork), 1681 (no place of publication), 1682 (London), 1687 (London; significantly paired with other Ware forgeries of material relating to Sir William Boswell and Bishop Bramhall), 1688 (London; same pairing), 1689 and 1691 (London). Later editions were 1697 (London); 1701 (Dublin), 1702? (Dublin), 1708 (Edinburgh), 1717 (Dublin), 1734 (London), 1745 (London), 1770 (Dublin), 1779 (Leeds), 1780? (Dublin), 1793 (London), 1797 (Bristol), 1800 (Edinburgh), c. 1825 (Dublin), 1843 (Dublin), 1860 (pr., Middle Hill)이다.
24. [Anon. and Robert Ware], *Bishop Usshers second prophesie* (London, 1681; Wing U.222).
25. *The examinations of Faithful Commin Dominican fryer* (?Dublin, 1679; Wing

W.847AC). Wing이 이것을 더블린에게 돌리는지 불확실하다. 그러나 *The whole works of Sir James Ware*, ed. *Harris* (1739-46), vol. 3, p. 256은 그 출판지가 더블린이라고 한다. 다만, 날짜는 1671년으로 잘못 표기하고 있다.

26. 존스에 대해서는 *Oxford Dictionary of National Biography*, s.v. Jones, Henry를 보라; 이 음모에서 그의 역할에 대해서는 J. Gibney, *Ireland and the Popish Plot* (Basingstoke, 2009), 여러 곳을 보라.

27. T. C. Barnard, 'The uses of the 23 rd of October 1641 and Irish Protestant celebrations,' in Barnard, *Irish Protestant ascents and descents* (Dublin, 2004), pp. 111-42, at p. 115. 아일랜드에서 그 예언들이 더블린에서 출판되지 않고 아마추어 같은 판본으로 코크에서 출판되었다는 사실이 중요하게 생각될 수도 있다. 그러나 버나드 박사는 그 판본이 스스로를 가리켜 재인쇄라고 말하고 있는 것으로 보아, 이전 판이 이미 더블린에서 출판되었으나 현재까지 남아 있는 것이 없음을 가리키는 것이라고 말했다.

28. Gibney, *Ireland and the Popish Plot*, pp. 13-14, 20.

29. Oxford, Bodleian Library MS Carte 39, fos 146-70r은 1680년 6월과 7월에 존스 주교를 위해 모아놓은 문서 모음인데, 오먼드 공작의 대리인들이 가로채서 맨셀과 웨어 그리고 그들이 섀프츠베리를 다룬 것과 관련해서 오먼드 공작의 아들 오서리 백작을 위해 필사를 했다. 맨셀에 관하여 그리고 웨어가 이 편지에서 언급하고 있는 '아일랜드 음모' 날조의 주요 선동자 William Hetherington에 관하여 Gibney, *Ireland and the Popish Plot*, pp. 80, 88을 보라.

30. Oxford, Bodleian Library MS Carte 39, fo. 152r (extracts of Ware's letters, 26 and 29 June 1680), 170r (memorandum about a letter of Bishop Jones, 24 July 1680). 배경에 대해서는 Gibney, *Ireland and the Popish Plot*, pp. 88-9를 보라.

31. R. C. Richardson, 'Re-fighting the English Revolution: John Nalson (1637-1686) and the frustrations of late seventeenth-century English historiography,' *European Review of History/Revue européenne d'histoire* 14 (2007), pp. 1-20, at p. 16.

32. 예를 들어, J. Scott, *England's troubles: 17th century English political instability in European context* (Cambridge, 2000), esp. p. 441을 보라. 날슨과 댄비에 대해서는 M. Goldie, 'John Locke and Anglican Royalism,' *Political Studies* 31 (1983), pp. 61-85, at p. 67을 보라.

33. 어셔에 대한 섀프츠베리의 비판에 대해서, 그리고 1680년대에 왕정주의자들이 출판한 어셔 전집에 대해서는 Goldie, 'John Locke and Anglican Royalism,' pp. 66-7을 보라.

34. 날슨이 1640년대의 관점에서 휘그파와 자유를 개념정의한 것에 대해서는 T. Harris, '"Lives, Liberties and Estates": rhetorics of liberty in the Reign of Charles

II,' in *The Politics of Religion in Restoration England*, ed. T. Harris, P. Seaward and M. Goldie (Oxford, 1990), pp. 217-41, at pp. 231-4를 보라.

35. J. Nalson, *The common interest of King and People*... (London, 1677; Wing N.92), p. 257. 유사한 논평을 위해서는 Scott, *England's troubles*, pp. 164-5와 J. Rose, 'Robert Brady's intellectual history and Royalist antipopery in Restoration England,' *English Historical Review* 122 (2007), pp. 1287-1317, esp. p. 1294을 참조하라.
36. J. Nalson with Robert Ware, *Foxes and firebrands*... (London, 1680; Wing N.102). 출판업자 Benjamin Tooke는 잉글랜드 정부를 위한 공식적인 출판 책임을 지고 있었으며, 아일랜드에서는 오먼드 주지사를 위한 책임도 지고 있었다.
37. Rose, 'Robert Brady's intellectual history,' p. 1307.
38. Nalson with Ware, *Foxes and firebrands*, p. 7: 웨어와 히스의 자료들은 pp. 6-22에 함께 있다.
39. Richardson, 'Re-fighting the English Revolution,' p. 14은, 비록 리처드슨은 당대에 전형적인 토리당 역사가였지만, 날숨이 명백하게 자기 자신을 토리당과 구분시켰음을 지적한다. 이 시기의 불안정한 정치에 대한 개관은 T. Harris, 'From rage of party to age of oligarchy? Rethinking the later Stuart and early Hanoverian period,' *Journal of Modern History* 64 (1992), pp. 700-720이다.
40. J. Nalson, ed., *A True copy of the journal of the High Court of Justice for the tryal of K. Charles I*... (London, 1684; Wing T.2645), Epistle Dedicatory, and Introduction, p. xiv.
41. J. Scott, 'England's Troubles: exhuming the Popish Plot,' in *The Politics of Religion in Restoration England*, ed. Harris, Seaward and Goldie, pp. 107-31, at p. 126.
42. R. Ware, *The prophecy of Gnatus a Brittish prophet* (Dublin, 1681; Wing W.850A), sig. A2v. 이것에 대해 London, British Library MS Additional 4792, fo. 113 and MS Additional 4821, fos 209v-212v reversed에 있는 MS 버전을 보라.
43. R. Ware, *The Conversion of Philip Corwine* (Dublin, 1681; Wing G.278).
44. R. Ware, *The Reformation of the Church of Ireland, in the Life and Death of George Browne* (Dublin, 1681; Wing W.851), printed in London as *Historical Collections of the Church in Ireland* (London, 1681; Wing W.848). 이것도 오래 동안 살아 남은 것이다. Samuel Johnson에 의해 *Harleian Miscellany* (1745), 5, no. lxxiii에 재출판되었으며, 라틴어로 번역되어 D. Gerdes, *Scrinium Antiquarium sive miscellanea Groningana nova ad historiam Reformationis* (Groningen and Bremen, 1749-65)에 실렸다. 제임스 경이 마틴을 칭송한 것에 대해서는 *The whole works of Sir James Ware*, ed. Harris (1739-46), vol. 1, p. 157을 보라.

45. 이 복잡한 사건에 관한 자료는 *HMC Ormonde* new series, vol. 6, pp. 153, 157, 180, 189, 194, 200, 203에서 9월 18일부터 10월 19일 사이에, 그리고 1681년 7월 7월 사건에서 찾아야 한다. 더블린에서 Theophilus Harrison이 그 당시 가지고 있던 것이 무엇인지 불분명하다(1696년부터 그는 더블린의 성 요한의 목사였다). 그러나 Bartholomew St Lawrence 신부의 유언장, *HMC Ormonde* new series, vol. 6, p. 157에 의하면, 그는 St Audoen의 교회와 관련이 있었다. 유언장에 묘사된 그 사건들은 St Audoen의 교구에서 시작된 것 같았다. 즉, 해리슨이 세례를 베풀기 위해 Cook Street에 있는 어느 집에 오자, Cook Street에 있는 대부분의 사람들이 St. Audoen 교회에 몰려들었다.

46. [Anon.], *The mischiefs and unreasonableness of endeavouring to deprive his majesty of the affections of his subjects... printed by Joseph Ray at Colledge-Green, for Samuel Helsham Bookseller in Castle-street* (Dublin, 1681; Wing M.2238). See Raymond Gillespie, *Devoted People: belief and religion in early modern Ireland* (Manchester, 1997), p. 43, and Gillespie, 'The religion of the first Duke of Ormond,' in The Dukes of Ormonde, 1610-1745, ed. T. Barnard and J. Fenlon (Woodbridge, 2000), pp. 101-14, at p. 104.

47. *Mischiefs and unreasonableness*, p. 3.

48. *Mischiefs and unreasonableness*, pp. 3, 10-11.

49. 이 점에 있어서 Robin Usher를 따른다.

50. R. Ware [and J. Nalson], *Foxes and Firebrands... In Two Parts* (Dublin, 1682; Wing N.104), sig. A3r. 제2부에는 분리된 겉표지가 있고, 로버트 웨어의 첫 글자를 따서 대주교들과 주교들, 그리고 '아일랜드개혁교회 목사들'에게 보내는 헌정사가 있다.

51. Ware [and Nalson], *Foxes and Firebrands... In Two Parts*, Preface to Part 1, sig. A4rv.

52. Ware [and Nalson], *Foxes and Firebrands... In Two Parts*, p. 120.

53. R. Ware, *The hunting of the Romish fox* (Dublin, 1683; Wing W.849). William Turner's first effort in a sequence of similar titles was *The huntyng and fyndyng out of the Romyshe foxe which more then seuen yeares hath bene hyd among the bisshoppes of Englonde, after that the Kynges hyghnes had commanded hym to be dryuen owt of hys realme*. (Antwerp, 1544). T. Bell, *The hunting of the Romish foxe Presented to the popes holines, with the kisse of his disholy foote, as an odoriferous & redolent posie verie fit for his grauitie, so often as he walketh right stately, in his goodly pallace Bel-vidère* (London, 1598).

54. 저비스에 대해서는 *Dictionary of Irish Biography*, ed. McGuire and Quinn, s.v. Jer-

vis, Humphre를 보고, 저비스와 오먼드 시작 계획에 대해서는 *Calendar of ancient records of Dublin*, ed. Gilbert and Gilbert, vol. 6, pp. 582-605; vol. 5, pp. 302-4, 313-15, 603-8을 보라.

55. 이 인용구는 *HMC Ormonde* new series, vol. 6, p. 543 (Arran to Ormond, Dublin, 13 March 1683)이다. 1682년에서 1683년 사이의 오먼드 시장 계획에 관한 더 많은 자료를 위해서는 ibid., pp. 421-2, 524, 530을 보라. Robin Usher는 험프리 저비스를 공격하는 더블린 소책자들과 문서들 중 일부가 로버트 웨어에 의해 작성되었다고 주장한다.

56. D. Armitage, *The Ideological Origins of the British Empire* (Cambridge, 2000), Ch. 2 and pp. 67, 170-71. L. Colley, *Britons: forging the nation 1707-1837* (New Haven, CT, and London, 1992), pp. 5-6, 11-18.

57. *The Hunting of the Romish Fox*, Preface to the Reader. 서문에서 상당히 혼란스러운 특징들이 있다. 233-5쪽에는 웨어의 출판물들에 들어 있는 몇 안 되는 이야기들 중에서 그의 개인적인 경험과 관련된 이야기가 있다. 이 이야기는 진짜처럼 들린다. 왜냐하면 그가 로마에서 개종한 카르멜파의 수사 Gerrard Moor를 그 이전 해에 자기 자녀들의 라틴어 및 프랑스어 교사로 고용한 것과 관련된 이야기이므로 그 자체로 논쟁이 될 만하지 않기 때문이다.

58. *The Hunting of the Romish Fox* (pp. 250-51). *Historical collections*은 이미 1681년에 더블린 역사를 "출판할 준비가 되었다"라고 예견했다: *Historical collections*, p. 7.

59. Harris, ed., *The whole works of Sir James Ware* (1739-46), vol. 3, p. 256. 또한, *A genealogical and heraldic history of the commoners of Great Britain*, ed. Burke, vol. 4, p. 498에 있는 이야기를 보라.

60. 복잡한 이야기가 O'Sullivan, 'A finding list of Sir James Ware's manuscripts,' pp. 73-6에 설명되어 있다.

61. O'Sullivan, 'A finding list of Sir James Ware's manuscripts,' pp. 78-83.

62. O'Sullivan, 'A finding list of Sir James Ware's manuscripts,' p. 77. 아일랜드 출판물들은 *The antiquities and history of Ireland, by... Sir James Ware* (1 vol. in 5, Dublin, 1705)과 *The whole works of Sir James Ware concerning Ireland*, ed. and trans. W. Harris (2 vols in 3, Dublin, 1739); revd edn (1764)이다. 제임스 웨어와 로버트 웨어, 그리고 다른 웨어 집안 사람들을 위한 유용한 문서 개요는 *Manuscript sources for the history of Irish civilisation*, ed. R. J. Hayes (11 vols, 1965 and 1979, available on microfiche), vol. 4, pp. 814-18, s.v. Ware (James) and Ware (Robert)에 들어 있다. 여기에서 Hayes는 출판되지 않은 로버트의 반로마 가톨릭적 문서 Robert, 'Rome's monarchical power blasted': Queen's University Library Belfast MS 1/149을 언급한다.

63. R. Ware [and J. Nalson], *Foxes and Firebrands... the Third and Last Part* (London, 1689; Wing W.847B). 처치힐은 제1부와 제2부를 구분했다. 서문에서, 웨어는 날슨이 제1부에서 사용했던 'Philirenes'라는 가명을 사용했다.
64. R. Ware [and J. Nalson], *Foxes and Firebrands... the Third and Last Part*, pp. 19-23.
65. R. Ware, *Pope Joan* (London, 1690, Wing W.850); it bears licence 31 January 1689 Old Style. 웨어가 1687년에 교황 Joan에게 보내는 헌정사에서 언급된 *A history of Pope Joan and the Whores of Rome*은 유일하게 1687년판에만 나오며, 출판된 지역이 어디였는지에 대한 기록은 없다(Wing H.2132).
66. 잉글랜드가 교황 Joan의 전설을 사용한 배경에 대해서는 T. S. Freeman, 'Joan of contention: the myth of the female Pope in early modern England,' in *Religious Politics in post-Reformation England: essays in honour of Nicholas Tyacke*, ed. K. Fincham and P. Lake (Woodbridge, 2006), pp. 60-79을 보라.
67. 두 역사적인 즐거운 사건 속에서, 결국 대영도서관으로 들어가게 된 웨어의 문서들을 구입했던 Jeremiah Milles는 채터튼이 꾸며낸 중세 시인 Thomas Rowley가 실제로 존재했으며, 존 스트라이프를 이어 서섹스 웨스트 테링의 교구 목사가 되었다고 주장했다. *Oxford Dictionary of National Biography*, s.v. Milles, Jeremiah을 보라. 서로 무관한 일이 동시에 발생할 수 있다고 믿는 사람들은 또한, 채터튼이 사로잡혀서 St. Werber의 성별에 대한 오류에 관해 설명을 해야만 했다는 점을 주목할 수도 있다. (중세에 두 도시가 서로 밀접한 연관이 있었기 때문에 더블린에서만큼이나 브리스톨에서도 교구의 헌신이 뚜렷했다): J. Rosenblum, *Practice to deceive: the amazing stories of literary forgery's most notorious practitioners* (New Castle, DE, 2000), p. 67.
68. 스트라이프에 대한 좋은 평가는 W. D. J. Cargill Thompson, 'John Strype as a source for the study of sixteenth-century English Church History,' in *The materials, sources and methods of ecclesiastical history*, ed. D. Baker (Studies in Church History xi, Oxford, 1975), pp. 237-47, reprinted in Thompson, *Studies in the Reformation: Luther to Hooker*, ed. C.W. Dugmore (London, 1980), pp. 192-201이다.
69. J. Strype, *Memorials of... Thomas Cranmer...* (London, 1694; Wing S.6024), pp. 144-5.
70. Strype, *Memorials of Cranmer*, p. ix. Strype's use of an anecdote about Archbishop Arundel from 'an Ancient MS Fragment,...formerly belonging to the Church of Worcester,' in his Epistle Dedicatory to Archbishop Tenison은 웨어에게서 가져온 것처럼 보인다. 필자는 또한, Strype, *Memorials of... Thomas Cranmer...* Ch. 11, p. 45에서 헨리 8세의 불완전한 종교개혁의 특성을 가리켜 '우상 숭배의 짙은 안개

를 뚫고 비치는... 진리의 태양'이라고 비유한 스트라이프의 훌륭한 비유에 대해 서도 의심스럽다. 그러나 이것이 웨어에게서 가져온 것인지는 아직까지 추적하지 못했다.

71. 스트라이프가 특히 Sir William Hickes를 다룬 것에 대해서는 *Oxford Dictionary of National Biography*, s.v. Strype John, 'Biographical Works,' and Cargill Thompson, 'John Strype as a source for the study of sixteenth-century English Church History'을 보라.

72. [A. Collins], *An answer to Dr. Scot's cases against dissenters concerning forms of prayer. And the fallacy of the story of Commin, plainly discovered* (London, 1700; Wing C.5356), pp. 3-17. *Oxford Dictionary of National Biography*에서 Collins, s.v. Collins, Anthony에 대해 다룬 항목은 콜린스의 다른 경우에서처럼 익명으로 쓰인 이 소책자를 언급하지 않는다. 또한, 그의 최초의 출판을 1706으로 본다. 이 작품이 존재하는 것에 대해 필자에게 알려준 Mark Williams에게 깊이 감사한다. Sandon에 있던 콜린스 가문 재산에 대해서는 P. Morant, *The history and antiquities of the county of Essex*... (2 vols, London, 1768), vol. 2, p. 27을 보라.

73. [J. Scott], *Certain cases of conscience resolved, concerning the lawfulness of joyning with forms of prayer in publick worship. Part II*... (London, 1684; Wing S.2042), pp. 59-60.

74. [Collins], *An answer to Dr. Scot's cases against dissenters*, p. 5. 콜린스가 거듭 '로맨스'와 '로맨틱'이라는 단어를 사용한 것은 흥미롭게도 로버트 웨어가 그의 *The hunting of the Romish fox* 서문에서 '로맨틱'이라는 단어를 사용한 것과 매우 유사하다. 그러나 아마도 우연의 일치로 보인다.

75. E. Stillingfleet, *The unreasonableness of separation* (London, 1681; Wing S.5675), pp. xii-xiii. 여기에서의 모든 참고 자료들은 그 이름들의 원자료들을 가리킨다. W. Camden, *Annales rerum Anglicarum, et Hibernicarum*... (Frankfurt-am-Main, 1616), p. 149. 1694년에 존 스콧은 스틸링플리트가 우스터 주교로 수임되던 임직식에서 설교했다. (Gilbert Ironside와 Simon Patrick도 수임되었다).

76. J. Strype, *The Life and Acts of Matthew Parker*... (London, 1711), p. iv.

77. Strype, *Life and Acts of Matthew Parker*, p. iii.

78. 스트라이프의 서신은 Cambridge University Library, Additional MSS 1-10이고, 해리슨이 1689년부터 1719년 사이에 스트라이프에게 보낸 편지들은 vols 1, 4, 6, 8 and 9에서 찾을 수 있다. London, British Library MS Additional 5853은 William Cole이 이 편지들을 일부 부정확하게 필사한 것들이다. 해리슨은 자기를 가리켜 거듭 스트라이프의 '형제'라고 부르지만, 두 사람의 정확한 관계는 불분명하다. 아마도 서로 성직자로서의 지위를 가리키는 것으로 보인다. 해리슨은

나중에 종종 몇 가지 다른 표현을 사용한다. 예를 들어, '현재 Low Laton에서 나를 아는 몇 안 되는' 사람에게 등이다. (Cambridge University Library, MS Additional 6, fo. 808; London, British Library, MS Additional 5830, fo. 94v, Harrison to Strype, 29 August 1711), 이 시기는 아마도 그가 제임스 2세 통치기간 동안 아일랜드를 떠나 스트라이프가 머물던 에섹스에서 망명을 하며 보낸 기간이었던 것 같다. 스트라이프의 출판물들에 대한 해리슨의 기부금에 대해서는 Cambridge University Library, MS Additional 6, fos 640, 700, 732, 741, 771 (transcribed in London, British Library, MS Additional 5853, fos 86, 88, 89, 90, 91, 94); Harrison to Strype, 10 April 1710, 29 August 1710, 14 November 1710, 29 December 1710, 3 April 1711, 4 August 1711); also Cambridge University Library, MS Additional 5 no. 247, Additional 8, nos. 203, 263, 269, 277, 290, 296, Additional 9, nos. 327, 333, 341, 342, 343, 351 (Harrison to Strype, 26 February 1709, 23 August 1715, 5 June 1717, 3 July 1717, 3 August 1717, 5 October 1717, 25 November 1717, 3 March 1718, 22 April 1718, 21 June 1718, 5 August 1718, 28 August 1718, 22 January 1719; the 1717 campaign extended Harrison's subscription efforts to the West of England)을 보라.

79. Cambridge University Library, MS Additional 4, fo. 205v (Cole이 번역하지 않음). 편지(주로 해리슨을 위한)에는 날짜가 적혀 있지 않다. 하지만 우편소인과 스트라이프의 배서로 보면, 그가 이 편지를 받은 것은 1709년 5월 9일이다. 그는 또한, 이 편지에 '여우와 횃불들'이라고 배서했다.

80. [?J.C. Cox], 'Notes on the smaller Cathedral Churches of Ireland,' *Reliquary*, new series 5 (1891), pp. 163-77, at p. 165. 해리슨이 스트라이프에게 보낸 많은 편지들 중에서 단 하나만 더블린이나 또는 잉글랜드의 다른 도시가 아닌 클론먹노이즈에서 발송되었다: Cambridge University Library, MS Additional 4, no. 311, 14 September 1709.

81. S. C. Hughes, *The Church of St John the Evangelist*, Dublin (Dublin, 1889), pp. 58, 97; 이 무렵 St. John 교구는 St. Werburgh교구와 합병되었다. 해리스는 1672년 경에 더블린 트리니티칼리지를 졸업했다; 그는 클론먹노이즈에서 1682년부터 목회를 시작하여 1720년에 사망할 때까지 계속했다. 다만 제임스 2세 시절에 망명을 하면서 잠시 목회 공백기간이 있었다. (J. Healy, *History of the Diocese of Meath* (2 vols, Dublin, 1908), vol. 2, p. 278). 해리스는 교구 목사 Jonathan Swift의 삼촌의 딸과 1702년에 St. John교회에서 결혼했으며, 가족들은 친밀했다.

82. 1690년 8월 23일에 아일랜드 더블린에서 있었던 제임스 2세의 군사 작전의 영향에 대해 해리슨이 스트라이프에게 증언한 생생한 이야기가 *Original Letters illustrative of English History...*, ed. H. Ellis (second series, London, 1827), vol. 4,

no. 389, pp. 209-13, from London, British Library MS 5853, fos 26v-7r, old pagination pp. 392-3 (a transcript of the original in Cambridge University Library, MS Additional 1, fo. 145)에 들어 있다.
83. 보넬에 대해서는 *Oxford Dictionary of National Biography*, s.v. Bonnell, James를 보라. 보넬이 스트라이프와 주고받은 서신은 Cambridge University Library, MS Additional 1, fos 35-129, transcribed not accurately but supplying some lacunae in London, British Library MS Additional 5853, fos 5v-23v, and Cole's comment on Archdeacon Hamilton's biography of Bonnell can be found at ibid., fo. 5v에서 찾아볼 수 있다.
84. Cambridge University Library, MS Additional 1, fo. 93r, Bonnell to Strype, Dublin, 24 April 1691: 'The opportunity of Dean Harisons hand obliges me no longer to delay answering yours of 24 past'; ibid., fo. 89r, Bonnell to Strype, Dublin, 13 February 1691/2: 'I have not heard of Dean Harison since I writ to you by him...' 이밖에도 유사 사례들이 많이 있다.
85. Cambridge University Library, MS Additional 1, fo. 110r, transcribed in London, British Library MS Additional 5853, fo. 20r: Bonnell to Strype, Dublin 26 June 1693. 1697년 5월 26일 편지(Cambridge University Library, MS Additional 1, fo. 124r, transcribed in London, British Library MS Additional 5853, fo. 21v)에서, 보넬은 해리슨의 목회 능력에 대해 크게 감동을 받았다. "그는 비록 설교에 있어서는 평소의 대화와 다르게 크게 부담을 가지지만, 그의 성도들을 만족시키는 일을 매우 잘 해낸다. 그는 정말로 좋은 사람이다. 그리고 성도들 사이에 선을 증진시키는 데에 열정적이다."
86. Cambridge University Library, MS Additional 1, fos 94r, 96r, 100r, transcribed in London, British Library MS Additional 5853, fos 17r, 18v, 19r.
87. Cambridge University Library, MS Additional 1, fo. 104r, transcribed and shortened in London, British Library MS Additional 5853, fo. 19r.
88. 도핑을 유용하게 다룬 글은 J. I. Peacocke, 'Anthony Dopping, Bishop of Meath,' *Irish Church Quarterly* 2 (1906), pp. 120-33이다.
89. London, British Library MS Additional 4797, fo. 131r. 메모는 둘 중 한 곳에 서로 다르게 적어놓은 것처럼 보인다. 그 중 한 곳은 문서 글머리에 "Ex Bib. Cottones. 이 기억들을 1657년 10월 6일에 얻었다"라고 쓰여 있는 것이고, 다른 하나는, 본문 안에 공식적으로 들어 있는 내용이다. 둘 다 웨어가 직접 서로 다르게 적어 놓은 것 같다.
90. G. Burnet, ed. O. Airy and H. C. Foxcroft, *History of my own Time* (3 vols, Oxford, 1897-1902), vol. 2, pp. 171, 174, 178-81.

91. G. Burnet, *A sermon preached before the House of Commons, on the 31st of January, 1688...* (London, 1689; Wing B.5885), p. 15. T. E. Bridgett first made these connections: Bridgett, *Blunders and Forgeries: historical essays* (London, 1890), pp. 213-14. W. Goode, *Rome's tactics: or, A lesson for England from the past . . . with a brief notice of Rome's allies in the Church of England* (London, 1867), p. 6은 버넷이 주교들의 편지들을 언급한 것에 주목했다.

92. Bridgett, *Blunders and Forgeries*, pp. 277-8. 존 주얼이 취리에서 쓴 편지 원본은 G. Burnet, *History of the Reformation of the Church of England. The Third Part...* (London, 1715), Records no. 51 [second pagination], p. 275에 들어 있다. 이것은 버넷이 제6권에 대해 논평한 본문과 비교해 보아야 한다, ibid., [first pagination], p. 277. 버넷이 그의 1681년판 *History*에서 다루고 있는 에드워드 6세 즉위식에 관한 이야기(Wing B.5798A), Pt II, Bk 1, p. 15는 추밀원에서 나온 단일 문서 (*Collections* no. 4, pp. 93-6)에 근거한 짧은 글이다. 또한, 따라서 그것은 웨어에게 영감을 주어 크랜머를 위한 설교문을 창작해서 *Foxes and Firebrands* 1682년판 제2부를 여는 글로 쉽게 했을 수도 있다(Part II, pp. 1-9) - 갑자기 시작된 그 본문은, 주로 17세기 '문서'로 전해진 책 속에 변칙적으로 남아 있다.

93. *Calendar of ancient records of Dublin*, ed. Gilbert and Gilbert, vol. 6, p. 349: resolution of 24 March 1706 (이 참고 자료를 알게 해 준 Toby Barnard에게 감사를 드린다).

94. [J. Ware et al.], *The Antiquities and History of Ireland, by the Right Honourable Sir James Ware, Knt...* (Dublin, 1705), and [J. Ware et al.], *The antiquities and history of Ireland, by the Right Honourable Sir James Ware, Knt...* (London, 1705). Browne에 대한 언급으로는 ibid., second pagination, p. 147, introductory to the reprint of the two collections of spurious material on Archbishop Browne, pp. 147-55, 155-64. 교구 목사 데오필루스 해리슨의 이름은 아일랜드판 서문에 들어 있는 후원자 명단에 포함되어 있지 않다.

95. [Ware et al.], *The Antiquities and History of Ireland*, Life of James Ware, after Preface, no pagination. 1640년 2월 6일 유언장(Suffolk Record Office, Bury Wills, Muriell 157)에서 언급된 메리의 오빠 암브로즈는 (어쩌면 웨어 집안의 전통에 따라) 켄트 주 Maidstone의 암브로즈 브라이덴이라고 불리고 있다. 암브로즈 브라이덴이 이 기간에 기사 작위를 받았다는 기록은 없다.

96. *The whole works of Sir James Ware*, ed. Harris (1739-46), 또한, 특히 제1권 서문을 보라. 제1권 349-51쪽에 있는 대주교 조지 브라운에 관한 거짓 자료는 1704-5년판에서보다 축약되어 본문에 함께 실려 있다. 제1권 96쪽에 있는 대주교 가비에 관한 이야기에서는 단순히 로버트 웨어가 그에게 바치는 논문을 출판했다고

만 언급한다. 두 권으로 된 1704년 더블린 판에는 새로운 서문이 붙었다. 해리스에 대해서는 *Oxford Dictionary of National Biography*, s.v. Harris, Walter와 T. C. Barnard, 'Improving Ireland's past,' in *Improving Ireland? Projectors, prophets and profiteers, 1641-1786*, ed. T. C. Barnard (Dublin, 2008), pp. 89-119, esp. pp. 112-19에 있는 유용한 배경을 보라.

97. *The whole works of Sir James Ware*, ed. Harris (1739-46), vol. 3, Preface.
98. Barnard, 'Improving Ireland's past,' p. 113 and n.
99. The silence was noticed (p. 499n) amid a genealogical account of the Wares in *A genealogical and heraldic history of the commoners of Great Britain*, ed. Burke, vol. 4, pp. 498-500에 들어 있는 웨어 가문의 이야기(499쪽 이하) 중에도 언급되지 않고 있다. 또한, Burke은 500쪽에서 17세기말까지 계속된 상속 관련 소송들도 열거한다. Cf. *The whole works of Sir James Ware*, ed. Harris (1739-46), vol. 3, pp. 145-6 and 256-7.
100. Bridgett, *Blunders and Forgeries*, p. 215은 우선 의회의 거세 법안을 둘러싼 연쇄적인 악과 그것의 웨어와의 연관성을 주목한다. 추밀원 편지에 들어 있는 것으로 꾸민 웨어의 버킹엄 법안 위조 원본은 London, British Library MS Additional 4791 fo. 38, and also in *Ware, Foxes and Firebrands... The Second Edition*, pp. 127-8에 있다. 이 법안은 ibid., pp. 118-24에 적힌 대로, 웨어 이전에 예수회 신도들에 의해 만들어진 거짓 편지와 관련이 있으며, 웨어에게 영향을 주어 그가 그의 공저자 존 낫슨이 싫어하던 비국교도 역사가 John Rushworth (ibid., p. 129)의 *Collections*으로부터 이 위조품을 인용하게 한 것일 수도 있다.
101. Bridgett, *Blunders and Forgeries*, pp. 218-21, usefully gathers together examples.
102. *Works of Archbishop Cranmer*, ed. Cox, vol. 2, p. 126n. 알렉산더 노웰의 교리문답 편집자는 그의 전기적인 서문에서 노웰과 엘리자베스 여왕 사이의 일화를 언급하지 않는다: *A catechism in Latin by Alexander Nowell... together with the same catechism translated into English by Thomas Norton...*, ed. G. E. Corrie (Parker Society, Cambridge, 1853), pp. i-ix.
103. J. Strype, *Memorials... of... Thomas Cranmer...*, ed. P. E. Barnes (2 vols, London, 1853), vol. 1, p. 205n.
104. Bridgett, *Blunders and Forgeries*, pp. 223-4. W. Goode, *Rome's tactics: or, A lesson for England from the past... with a brief notice of Rome's allies in the Church of England* (London, 1867); 그가 스트라이프를 통해 웨어를 사용하기도 하고, *Foxes and Firebrands*에서 직접 사용하기도 한 것에 대해서는 ibid., pp. 5-24, 45-51, 53을 보라.
105. R. Churton, *The Life of Alexander Nowell, Dean of St Pauls...* (Oxford, 1809),

pp. 71-3.
106. *Oxford Dictionary of National Biography*, s.v. Bridgett, Thomas.
107. R. Marius, *Thomas More: a biography* (London, 1986), p. xix.
108. It is most easily sampled in its London reprint of 1890: Bridgett, *Blunders and Forgeries*, Ch. 7: 'Robert Ware; or, a rogue and his dupes,' pp. 209-96.
109. Bridgett, *Blunders and Forgeries*, p. 245.
110. G. F. Warner, 'A forged account of the demolition of the shrine of St Thomas of Canterbury,' *English Historical Review* 6 (1891), pp. 754-6. 케건 폴에 대해서는 *Oxford Dictionary of National Biography*, s.v. Paul (Charles) Kegan을 보라.
111. 워너에 대해서는 *Oxford Dictionary of National Biography*, s.v. Warner, Sir George Frederic을 보라.
112. Wilson, 'The writings of Sir James Ware and the forgeries of Robert Ware,' in particular his note of being deceived, p. 88, as at Wilson, *The Beginnings of Modern Ireland*, pp. 325-9. B. Bradshaw, 'George Browne, first Reformation Archbishop of Dublin, 1536-1554,' *Journal of Ecclesiastical History* 21 (1970), pp. 301-26, at pp. 301-2에서 역사가들은 윌슨의 작품이나 웨어의 위조품을 조지 브라운과의 관계에서 살펴볼 수 있지만, 더 폭넓은 교훈을 얻을 수는 없다. 또한, 이것은 비록 정확하지는 않지만 J. Rosenblum, Practice to deceive, p. xvii에 간략하게 인용되어 있다.
113. R. Dudley Edwards, 'The Dictionary of National Biography,' *Bulletin of the Institute of Historical Research* 15 (1933), pp. 54-6.
114. W. B. Stanford, *Ireland and the classical tradition* (Dublin, 1976), pp. 20-21, 41-2n, uses London, British Library MS 4813 fos 157v-8r, Richard Owde가 1587년에 더블린의 St. Patrick Grammar School에서 '새 문법'을 가르친 것에 관한 제임스 웨어 경의 이야기 라틴어 버전을 로버트 웨어가 번역했다고 여겨지는 영어 버전, 그리고 그로 인해 발생한 논쟁과, 대주교 Loftus가 '문법이 다양해지면 교육이 붕괴되기 때문에' Lily의 옛 문법(1540)의 입장에서 중재에 나선 이야기. 스탠포드는 로버트의 미심쩍은 명성에 주목하지만, 어리석게도 이 사소한 증거에 신빙성을 두는 선택을 하고 만다. 마찬가지로, 확증이 없다면, J.C. Walker, 'An historical essay on the Irish Stage,' *Transactions of the Royal Irish Academy*, 2 (1788), 3d pagination ('Antiquities'), pp. 75-90, at pp. 78-80에 인용되어 있는 1528년 아일랜드 최초의 윤리와 신비에 관한 연극에 대해 웨어의 문서를 증거로 삼는 것은 안전하지 않다.
115. *Field Day Anthology of Irish Writing*, ed. S. Deane (5 vols, Derry and Cork, 1991-2002), vol. 5, pp. 264-5은 로버트 웨어의 1705년판 *De Hibernia*. R. Gillespie,

Devoted people: belief and religion in early modern Ireland (Manchester, 1997), p. 118에 대한 웨어의 '번역본'을 인용하고 있는데, "사악한 프로테스탄트 로버트 웨어는 로마 가톨릭교회를 불신하는 이야기를 적어도 하나 이상 만들어 냈다"라고 말하고 있다는 점에서 지나치게 부당하다.

116. 시간 순서에 따라, P. Hughes, *The Reformation in England* (3 vols, London, 1950-54), vol. 2, p. 81; J. Ridley, *Thomas Cranmer* (Oxford, 1962), pp. 262-3; John M. King, *English Reformation Literature: the Tudor origins of the Protestant tradition* (Princeton, 1982), p. 67; M. Aston, *England's Iconoclasts I. Laws against images* (Oxford, 1988), pp. 249-50; MacCulloch, *Thomas Cranme*r, pp. 349, 364-5; C. Bradshaw, 'David or Josiah? Old Testament kings as exemplars in Edwardian religious polemic,' in *Protestant history and identity in sixteenth-century Europe*, ed. B. Gordon (2 vols, Aldershot, 1996), vol. 2, pp. 77-90, at p. 84; G. Murdock, 'The importance of being Josiah: an image of Calvinist identity,' *Sixteenth Century Journal* 29 (1998), pp. 1043-59, at p. 1048; J. Loach, *Edward VI* (New Haven, CT, and London, 1999), pp. 37, 48-9 (with some characteristic but not absolute reservations); D. MacCulloch, *Tudor Church Militant: Edward VI and the Protestant Reformation* (London, 1999), pp. 62 and 231 n. 8 (by now my faith in the speech was wavering); S. Alford, *Kingship and politics in the reign of Edward VI* (Cambridge, 2002), p. 52; F. Heal, *Reformation in Britain and Ireland* (Oxford, 2003), pp. 157-8; C. Skidmore, *Edward VI: the lost king of England* (London, 2007), pp. 61-2; A. Hunt, *The drama of coronation: medieval ceremony in early modern England* (Cambridge, 2008), pp. 78-98; K. Sharpe, *Selling the Tudor monarchy: authority and image in sixteenth-century England* (New Haven, CT, and London, 2009), pp. 212, 236; E. Duffy, *Fires of Faith: Catholic England under Mary Tudor* (London and New Haven, CT, 2009), p. 88. 우리는 모두 A. F. Pollard, *Thomas Cranmer and the English Reformation 1489-1556* (London, 1904), p. 186n의 회의주의에 주의해야 한다.

117. C. Bradshaw, 'David or Josiah? Old Testament kings as exemplars in Edwardian religious polemic'은 에드워드 6세와 연관된 요시야 주제를 잘 다루고 있다.

118. 시간적으로 가장 최근에 나온 것부터, J. Phillips, *The Reformation of Images: destruction of art in England, 1535-1660* (London, 1973), pp. 127-8; W. S. Hudson, *The Cambridge Connection and the Elizabethan Settlement of 1559* (Durham, NC, 1980), pp. 142-3 ('the story undoubtedly was embellished in the telling of it'); P. Collinson, *Godly people: essays on English Protestantism and Puritanism* (London, 1983), pp. 109-33, at p. 132, reprinted from Collinson, 'If Constantine,

then also Theodosius: St Ambrose and the integrity of the Elizabethan *Ecclesia Anglicana*,' *Journal of Ecclesiastical History* 30 (1979), pp. 205-29; D. MacCulloch, *The Later Reformation in England, 1547-1603* (Basingstoke, 1990), p. 25; *Oxford Dictionary of National Biography*, s.v. Nowell, Alexander.

119. Bridgett, *Blunders and Forgeries*, pp. 294-5. 로버트 웨어에 대해 더 최근에 그리고 비교적 정확한 비전문적으로 다룬 글은 Owen Roberts가 2009년 8월 7일에 블로그에 올린 글이다; http://this-recording.com/today/2009/8/7/in-which-a-forgery-just-breaks-our-heart.html, in which he not unjustly describes Robert Ware's *oeuvre* as 'crazy shit.'

색인

ㄱ
가시적 교회 112, 117
감독 정치 135
강요에 의한 일치 128, 135, 208, 218,
　　　222, 223, 242, 294, 344,
　　　348, 454, 490
개혁파 예정론 343
개혁파 프로테스탄티즘 263, 308,
　　　331, 332, 372, 395, 420, 520
고교회파성공회 319, 380, 389
고전적 옥스퍼드 운동 454
공교회성 102
공교회적 균형 117
공교회적 기독교 122
공의회수위설 438
관용 119, 198, 199, 219, 220
광교파 교회 491
교황 없는 로마 가톨릭주의 321
군인-천사 미카엘 56
권고 논쟁 370
그릇 이론 88
그리스도 중심의 고난신학 71
극단적 에라스투스주의자 495
극동교회 47
글라스노스트 176
기념설 87

ㄴ
나그네교회 219, 220, 221, 222, 331,
　　　342, 345, 352, 363

네스토리안주의 93
네스토리안주의자 46
니고데모주의자 338, 360, 361, 365
니케아 공의회 86, 110
니케아 신조 96

ㄷ
다섯 번째 라틴 학자 123
단성론 57
단성론자 46, 111
대성경 278, 279, 281, 283, 289
도구주의 386
도미니칸 141
독단주의적 병리학 50
동방정교회 33, 140
디오니시우스 아레오파기테 57, 104

ㄹ
라이덴의 존 107, 109
라틴 불가타 성경 291
랭스 신약성경 283
러시아정교회 140
로드주의 482
로드주의자 344, 461, 469, 470, 472,
　　　479, 499
로마 가톨릭 상징주의 323
롤라드 324, 325, 326
롤라드파 87, 163, 176
롤라드파 비국교도 176
루시퍼 54

루터와 천사 61
루터의 성찬신학 118
루터주의 26, 76, 179, 203, 321, 326, 331, 332, 333, 341, 342, 343
르네상스 25, 423
리처드 후커 63, 95, 99, 318, 343, 359, 362, 374, 386, 397, 442, 446, 457, 467, 479

ㅁ

마니교 139
마르케 공의회 246
마리아의 평생 동정성 86
마틴 루터 23, 73, 114, 143, 172, 201
마틴 부처 81, 194, 203, 205, 217, 221, 330, 436
말라크 51
말부르크 회담 96, 117
매사추세츠 베이 회사 306
메노나이트 89
메노 시몬스 89
멜키오르파 89, 94
모스크바정교회 34
무흠 교리 73
무흠 수태 91
뮌스터 재세례파 114
미카엘 세르베투스 121

ㅂ

바쓰의 수도원교회 52
반고위성직자주의 173, 174, 184
반로마 가톨릭주의 334
반삼위일체 급진주의자 368
반삼위일체주의 111
반성직주의 59, 173
반알미니안주의자 374
반예정론자 359

반종교개혁 22, 31, 32, 33, 35, 61, 63, 75, 128, 129, 138, 143, 252
반종교개혁 가톨릭주의 129
발데스주의 143, 144, 145
발데스주의자 143
발칸정교회 140
발타사르 후브마이어 89
보나벤튜라 58
보편적 선택 117
복고 운동 252
분리주의자 302, 306, 417, 488, 489, 493
분파 41, 139, 141, 174, 204, 206, 215
비가시적 교회 117
비국교도 382
비루터교 개혁파 117
비루터교 프로테스탄트 교회 121
비순응주의 382
비순응주의자 486

ㅅ

사랑의 가족 361, 363, 364
사제독신주의 232, 336
사탄 54
삼중 직분 339
상징적 기념주의 119
상징적 병행주의 119
상징적 수단주의 119
새로운 성직자의 길 376
선서 거부자 345, 426, 431, 489, 495, 536
선서 거부자 운동 427
설득에 의한 일치 208, 213, 218, 222, 223
성경엄수주의 86, 95, 111

성경엄수주의자 110
성공회 348, 380, 384, 396
성공회연합 243
성공회 영성 567
성공회주의 242, 317, 335, 346, 348,
　　　349, 382, 397, 406, 420,
　　　424, 426, 436, 438, 439,
　　　444, 568
성공회 토리파 487
성례적 신비주의 475
성례주의자 209, 344, 351, 418, 446
성례주의적 성공회주의 484
성상파괴자 87
성직자 계급 제도 58
성직자 계급주의 60
성찬 논쟁 211, 366, 385
성찬 시 영적 임재설 373
성찬신학 209, 343, 350, 351, 429
세바스티앙 카텔롱 114
소치니주의 111, 363
소치니주의자 490
수염 논쟁 437
수염 전쟁 423
수장령 180, 195, 197, 206
수정주의 393
수정주의자 344
순응 운동 345
순응주의자 371, 372, 450, 481
슈말칼덴 동맹 352
슈말칼덴 전쟁 330
스위스 개혁가 328
스위스 종교개혁 26, 326
스코틀랜드장로교회 128, 241, 283,
　　　291, 294, 348, 395, 420,
　　　454, 477, 492, 565
스코틀랜드 종교개혁 128
스탈린주의 50

스토아 학파 105
신세계 305
신앙교리성 138
신의 어머니 93
신지식 182, 275
실재적 임재 교리 329

○

아디아포라 451
아라곤의 캐서린 132
아리안주의 90
아리안주의자 110
아바스 왕조 46
아방가르드국교도 101
아방가르드 순응주의자 344, 461,
　　　462, 463
아타나시우스 신조 111
안드레아스 오시안더 97, 428
알미니안주의 359, 373, 382, 420,
　　　429, 486, 531
알미니안주의자 101, 374, 376, 418,
　　　419, 427
알비의 사람들 140
알비파 140, 141
앵글로-가톨릭교도 381
앵글로-가톨릭주의 381
야콥 뵈메 92
얀 라스키 328, 331, 424
양성론 기독교인 47
양성론 동방교회 46
양성론자 46
어거스틴 24
어거스틴의 중심 사상 24
어거스틴적 성찬신학 120
에라스무스 25
에라스투스주의 427, 491, 494, 500
에라스투스주의자 431

에라스투스파교회 491
역사적인 기술의 변화 30
연옥 교리 321
연합법 533
영성파 143, 144, 145
예수 그리스도의 속성 45
예언적 설교 372
옥스퍼드 운동 164, 317, 345, 355, 358, 374, 381, 382, 427, 432, 495, 497, 500, 501, 567, 597
와하비 운동 21
왕실의 교회 수장권 202
왕위 계승 배제 위기 486, 519, 521, 522, 527, 535, 536
요하네스 외콜람파디우스 97, 118, 120, 165
울리히 쯔빙글리 25, 31, 73, 112, 319
움마 21
워버튼주의 492
원시주의자 308
웨스트민스터 운동 358
위-디오니시우스 59, 64
유니테리언 430
유니테리언적 기독론 217
유니테리언주의 90, 111
유심론자 361
유아 세례 96, 97, 112, 212, 221
유티케스 119
의식주의자 306
이그나티우스 로욜라 142
이신론자 490
이신칭의 없는 루터주의 321
일신론자 89
잉글랜드 패밀리스트 361

ㅈ

자유교회 386, 388
자코바이트주의 492
잠재적 실체 385
장로 제도 375
장로주의 449, 450
장로파 371, 376, 449, 473, 476, 478, 481, 483
재세례파 96, 107, 108, 109, 111, 112, 113, 181, 203, 217, 221, 221, 333, 353, 370, 508
재세례파 이단 65
정교회 33
정적주의자 361
제2차 종교개혁 343
제2차 혁명적 신학 344
제3의 길 328, 329, 349, 353, 360
제5왕국파 523
제네바교회 499
제네바 성경 281, 283, 289, 290
제한적 선택 117
존 낙스 201, 337
존 칼빈 69, 99, 102, 165, 338, 341, 342, 352, 560, 565
종교화해 338, 349, 355, 359, 361, 366, 445, 452, 550
주교들의 성경 282, 289
중도 323, 326, 437, 444, 470
중도의 길 406
중도적인 교회 시대 382
중동교회 47
중용 194, 462, 463, 469, 470, 472, 475, 482, 502

ㅊ

참된 양심을 가진 자 375
천상육체 교리 88

청교도 60, 273, 301, 304, 305, 309, 313, 361, 362, 363, 367, 371, 372, 522
초에라스트주의 절대론 475
최소주의자 476
최후의 성공회 교도 377

ㅋ

카타리파 140
칼빈주의 122, 396, 609
칼빈주의자 122
칼빈주의적 합의 342
칼케돈 공의회 45, 57, 85, 86, 116, 117, 123
칼케돈 신조 45, 86, 96, 116, 117, 119, 121
퀘이커교도 523
크랜머의 성경 278

ㅌ

타나크 51
타메치 130, 131
타보르파 87
타킨 47
테오도레 베자 282, 367
토리파 489, 490, 495, 498
토머스 모어 67, 93, 171, 183, 199, 200, 275
토머스 뮌처 201
토머스 크랜머 166, 198, 275, 276, 325, 327, 384, 405
튜더 왕조 153
트란실바니아 의회 29
트렌트 공의회 115, 124, 125, 127, 221, 253
티티카카호 천사 62

ㅍ

파라셀수스 90
파라셀시안주의 92
파시즘 50
패밀리스트 361
페레스트로이카 176
평생 동정성 91, 94
프랑스 혁명 50
프로테스탄트 비국교도들 60, 293, 420, 421, 489, 495, 515, 517, 522, 531
프로테스탄트주의 102
프로페차이 372
피터 마터 버미글리 330, 373, 445, 552
피터 아벨라드 103
필그림 파더스 306, 313
필립 멜란히톤 187, 188, 194, 221, 331, 343, 429

ㅎ

하노버 왕조 156, 426, 490, 626
하사탄 54
하인리히 불링거 69, 111, 119, 120, 239, 343, 344, 352, 370, 424, 445
합스부르크 왕조 248, 260
헨리 8세 161
헬비디우스 96
홉스주의 427
홉스주의자 408
화체설 211
회중교회주의자 307, 388
후기 수정주의 398
휘그노파 422
휘그파 383, 487, 489, 490, 494, 498, 520